中国社会科学院文库
哲学宗教研究系列
The Selected Works of CASS
Philosophy and Religion

中国社会科学院创新工程学术出版资助项目

中国社会科学院文库·哲学宗教研究系列
The Selected Works of CASS · Philosophy and Religion

哲学治疗的可能性
——重新发现叔本华与尼采

THE POSSIBILITY OF PHILOSOPHICAL THERAPY:
A Rethink of Schopenhauer and Nietzsche

尚杰 著

中国社会科学出版社

图书在版编目（CIP）数据

哲学治疗的可能性：重新发现叔本华与尼采／尚杰著 . —北京：中国社会科学出版社，2018.6（2021.7 重印）

ISBN 978-7-5203-3207-1

Ⅰ.①哲… Ⅱ.①尚… Ⅲ.①叔本华（Schopenhauer, Arthur 1788-1860）—哲学思想—研究②尼采（Nietzsche, Friedrich Wilhelm 1844-1900）—哲学思想—研究 Ⅳ.①B516.41②B516.47

中国版本图书馆 CIP 数据核字（2018）第 220815 号

出 版 人	赵剑英	
责任编辑	冯春凤	
责任校对	张爱华	
责任印制	张雪娇	
出　　版	中国社会科学出版社	
社　　址	北京鼓楼西大街甲 158 号	
邮　　编	100720	
网　　址	http://www.csspw.cn	
发 行 部	010-84083685	
门 市 部	010-84029450	
经　　销	新华书店及其他书店	
印　　刷	北京君升印刷有限公司	
装　　订	廊坊市广阳区广增装订厂	
版　　次	2018 年 6 月第 1 版	
印　　次	2021 年 7 月第 2 次印刷	
开　　本	710×1000　1/16	
印　　张	34.75	
插　　页	2	
字　　数	568 千字	
定　　价	138.00 元	

凡购买中国社会科学出版社图书，如有质量问题请与本社营销中心联系调换
电话：010-84083683
版权所有　侵权必究

《中国社会科学院文库》出版说明

《中国社会科学院文库》(全称为《中国社会科学院重点研究课题成果文库》)是中国社会科学院组织出版的系列学术丛书。组织出版《中国社会科学院文库》，是我院进一步加强课题成果管理和学术成果出版的规范化、制度化建设的重要举措。

建院以来，我院广大科研人员坚持以马克思主义为指导，在中国特色社会主义理论和实践的双重探索中做出了重要贡献，在推进马克思主义理论创新、为建设中国特色社会主义提供智力支持和各学科基础建设方面，推出了大量的研究成果，其中每年完成的专著类成果就有三四百种之多。从现在起，我们经过一定的鉴定、结项、评审程序，逐年从中选出一批通过各类别课题研究工作而完成的具有较高学术水平和一定代表性的著作，编入《中国社会科学院文库》集中出版。我们希望这能够从一个侧面展示我院整体科研状况和学术成就，同时为优秀学术成果的面世创造更好的条件。

《中国社会科学院文库》分设马克思主义研究、文学语言研究、历史考古研究、哲学宗教研究、经济研究、法学社会学研究、国际问题研究七个系列，选收范围包括专著、研究报告集、学术资料、古籍整理、译著、工具书等。

中国社会科学院科研局
2006 年 11 月

目 录

序言　关于哲学治疗 …………………………………………（1）

上卷　叔本华

第一章　究竟是意志还是任意性 ……………………………（75）
第二章　美感 …………………………………………………（103）
　　一　无我之境 ………………………………………………（103）
　　二　艺术—哲学天才 ………………………………………（114）
　　三　内心的情调：优美与壮美 ……………………………（127）
　　四　人之美 …………………………………………………（141）
第三章　生活的智慧 …………………………………………（152）
　　一　以艺术的方式活着 ……………………………………（152）
　　二　莫将别人眼中的我等同于我 …………………………（163）
第四章　新第欧根尼 …………………………………………（175）
　　一　缘起 ……………………………………………………（175）
　　二　我与自己的关系 ………………………………………（184）
　　三　我与我的时间 …………………………………………（193）
第五章　人与文 ………………………………………………（198）
　　一　阅读与思考 ……………………………………………（198）
　　二　世界就是我的图像 ……………………………………（201）
　　三　作者与风格问题 ………………………………………（210）
　　四　为自己而思考的文人与书面语 ………………………（222）
第六章　空虚的哲学 …………………………………………（243）

  一 空虚感的价值 …………………………………………（243）
  二 "人死后究竟有没有灵魂" ……………………………（251）

<h2 style="text-align:center">下卷 尼采</h2>

第一章 孤寂存在的可能性 ……………………………………（269）
  一 近代启蒙的一个思想陷阱 ……………………………（269）
  二 饥渴中蘸着自己的鲜血写哲学 ………………………（279）
第二章 快乐而抽象的心理冲动 ………………………………（305）
  一 有趣的深刻性 …………………………………………（305）
  二 严肃的思想游戏 ………………………………………（319）
  三 "实践哲学"新解：独自一人时的心事 ………………（335）
  四 当你写出"我很孤独"时，你就不再孤独了 …………（351）
第三章 心灵感应与语言的"炼金术" …………………………（365）
  一 通灵者的生命 …………………………………………（365）
  二 "笑起来"的哲学艺术 …………………………………（379）
  三 "爱智慧"的真谛：尼采发现了"无意识" ……………（386）
  四 感情是一种病：尼采的"自由增补式逻辑" …………（393）
  五 应和关系：知道/不知道，以及好意思/不好意思 ……（401）
第四章 尼采是20世纪新启蒙运动的开创者 …………………（409）
  一 "确定性的丧失"与"唤醒绝对的差异性" ……………（409）
  二 尼采的鉴赏力：一切感觉能诞生一切感觉 …………（418）
  三 存在的荒诞性：怀疑以"社会人"为基础的人道主义 …（428）
第五章 成为我自己 ………………………………………………（440）
  一 "太人性的"——这就是尼采的宗教感 ………………（440）
  二 叔本华的灵魂如何以另一种方式活在尼采的思想之中 …（447）
  三 尼采："我"不是一个有国籍的人 ……………………（458）
  四 "缘遇"与去标签化的思想运动 ………………………（468）
  五 "我"的教养：与自己搏斗并且认真地去"制造一个
    错误" ……………………………………………………（481）
  六 不合时宜的"超人"与生活在异域的"原始人" ………（490）

第六章　拂晓：道德的黎明 …………………………………（498）
　一　"破晓"的"地下人"：以绝对差异的方式去"爱智慧" …（498）
　二　荒谬感与道德 ……………………………………………（520）
　三　"去经历，就是去发明" …………………………………（531）

主要参考书目 ……………………………………………………（542）

序言　关于哲学治疗

我所谓哲学治疗，针对的是"我"自己的灵魂，因此，本书中出现最多的"实词"，除了是，大概就是"我"了。但是书里的"我"并不是指我本人，而是指一切人（只要是人）。每个人都自称"我"，因此，我是多种多样的、自相矛盾的、言行不一的，如此等等。总之，凡是人身上所具有的一切品质，无论是古代的、当今的、将来的、中国人的、外国人的，我都可能具有，当然，前提是只要我能想到。

内心生活，就是我的全部生活，我不知道别人，但我知道我自己就是这样的。我和卢梭一样，在人面前，有些不知所措，说话任性而不得体。笔下的卢梭，才算真正的卢梭，我知道我自己也是这样的。于是，孤寂是我和卢梭所面临的共同问题，至于这个问题是哲学的，对我来说并不重要，重要的是我的真实感受就是我的判断。我感到我存在，我既是判断者又是当事人，这怎么会错呢？"我思，故我在。"但很少有人把笛卡儿这句伟大的话朝我现在正在想到的方向想，我想说当我说"我感到我存在"的时候，我是彻底孤独的。孤独是人人都无法逃脱的"心理疾病"，但是难道不可以享受这种"心理疾病"吗？我没有体验外部世界的生活，但是难道我不是正在体验"没有体验外部世界的生活"的生活吗？只要乐观和愿意，满怀兴致地期待新的一天，我就能感受到独有的幸福。在孤独面前，就像在死亡前面一样，人人平等。我不知道别人，但我知道在我这里，活出我自己，就是活出我自己的孤独。怎么活出来呢？我把它写出来。帕斯卡尔曾经说过，人一想到自己，总会有一种凄凉感，无论是国王还是乞丐都是如此。怎么办呢？去消遣。当人沉浸于自己所喜欢的事情时，就不会感到孤寂无聊了。我总记着帕斯卡尔这句话，甚至当成自己的座右铭，我的意思是说消遣甚至比思想本身更重要、比"正确"或"无私"更重要。比如,你明明知道某个人很坏,或者这是个愚蠢和不争气的人,那么你完全可以用欣赏而不是绝望的眼光,满怀惬意地看着他到底能坏到什么程度、愚蠢到什么程度(这叫作精神能量在性质上默默而快乐的变形与转化),要滋润自己这样的能力:乐观豁达,不生气,就是不生气。当你该生气而不生气的时候,你周围会有某些熟人因为你不生气而生气,但这与你一点儿关系都没有。是的,你可能因此会失去某些"朋友",但倘若失去了,你应该理解为这些人从来就不曾是你的真朋友,因为他们并不了解你的真情实意,那就是你心底里的热情与才华。

由于每个人的具体天性不同,从而会有无数的消遣方式。我的消遣方式是精神的、形而上的,我写出自己的孤独。我惊奇地发现,书写使我不再孤独,写作是十分有效的心理治疗手段。但是,与其说我就是我自己的心理医生,不如说我在对自己进行哲学治疗,我在我自己身上做实验,这个实验不需要打针吃药,我唯一要做的,就是把自己本能的冥想如实记录下来。我让想与写同时发生,尽量避免人们早已习惯了的先想后写。当然,想与写的绝对同时性是不可能的,但可以把它们之间的距离缩小到几乎为零。这个零很像是遥远的地平线——无限,从那里冒出来的不仅是美、更是真实,因为来不及编造,就像恐怖袭击突然来临的时刻,即刻反应最能考验或检验一个人的内心素质。当我把写作当成最好的精神消遣并试图以如此方式化解孤寂无聊感时,我的精神处于矛盾状态:"我"成为这本书的关键词,它一再出现,但是它绝对不是我本人,它只是我想象出来的,就像卢梭创造出一个原本不存在的"爱弥儿"一样。在这个过程中,我是愉快的,时间在不知不觉地流淌,我以最适合自己的方式活出了我自己。我是当事人,因为我只写我的真实感受。"我思故我在"的另一个不容易被人想到的意思是,感受和判断其实是一回事。

那么,我在本书中不时会提到的奥古斯丁、卢梭、康德、叔本华、尼采、克尔恺郭尔、洛特雷阿蒙、弗洛伊德、海德格尔、萨特、德里达,或者直到勒·克莱齐奥[1],对于我的究竟是怎么回事呢?我不时地寄生在他

---

[1] 勒·克莱齐奥(Jean Marie Gustave Le Clézio),法国作家,出生于1940年,2008年获诺贝尔文学奖,颁奖词称勒·克莱齐奥为 Author of new departures, poetic adventure and sensual ecstasy, explorer of a humanity beyond and below the reigning civilization.(一位标志文学新开端的作家,一位书写诗歌历险、感官迷醉的作者,在主导文明之外和之下的人性探索者)

们身上。人类一切曾经有的伟大智慧，只要引起我的共鸣，都对我有深深的诱惑力，只要它们不妨碍我活出我自己、只要它们能让我以意想不到的方式活在永远绵延着的当下，只要它们是美的。它们越美，就越会使我产生对它们动手动脚的冲动。我来不及考虑应不应该的问题，因为我之所以有如此的举止或句子，漂亮本身要担负一定的责任。任何人都没有权利命令我或者教会我应该写什么或者怎么写，就像我对什么样的漂亮有更强烈的反应是天生的，我不是随意乱写的，但我选择句子的时候，并不会太在乎是否能从前面的句子中推论出来，甚至也不会有清晰明确的动机，我只是出于朦胧而清晰的抽象冲动，仿佛暗中获得了某种启示，但是在前一秒钟，我还不知道那是什么，句子和美一样是突然降临的。互相矛盾？是的，就像卢梭既撒谎又真诚，这两种情形都是真的！违反形式逻辑？难道人在激情的时刻会遵循逻辑吗？不会，怎么快乐就怎么来，思考反而成为快乐的障碍。但吊诡的是，思考同时又是快乐的发动机——这就是哲学治疗与心理医生的根本区别，尼采当然比弗洛伊德更加高明，因为弗洛伊德的唯一目的，是让病人解除精神压力乃至治愈精神抑郁，而尼采则说，这大可不必，抑郁和孤独一样根本是无药可医的。是的，弗洛伊德自己也抑郁。尼采的思考所给出的方案是：不必治，让坏事坏到底，等待事情最糟糕的结果出现，看它到底能糟糕到什么程度！并不能从"什么都不在乎"推导出"什么都可以做"，就像不能从"如果上帝不存在"推导出"什么都可以做"一样。因为人不同于一块石头、一棵树、一条狗，人有自己的世界。如果一个人在世界上不做人的事，那就把自己等同于石头、植物或动物了——人之所以不是它们，在于人会思考。人绝对不是只有学了哲学之后才会思考的，思考是人身上天然潜伏着的能力。所谓思考，最通俗的说法是：人在做某件事情的同时，有能力知道自己正在做这件事。普通人只是在做事情并从做事情本身的成败中获得快乐或苦恼，而哲人则能超越做事本身，返回在俗人看来是"没用的"心灵或者灵魂。因此，思考又分两种：在世俗的或表象的世界里，思考大致等同于某种计算或者算计，它们可以从实际效果中度量成败；活跃在心灵中的思考，才是哲学家的事情，属于哲学治疗的范围，它们属于神秘的本体世界。

　　哲学治疗师与心理医生的区别，恰恰在于对本体世界的态度。事实上，心理医生只停留在现象世界而没有接触到本体世界，因为即使在面对深层次的原样心理事实（无意识，如生理学意义上的做梦）时、在面对抑郁强迫心理时，心理医生治疗的前提是：只要找出原因，对症下药，就可以缓解乃至治愈，而其常用的传统方法即所谓谈心里话，认为只要把内心的秘密或者隐私吐露出来，就会逐渐放松乃至在心理医生的心理引导和药物的配合下，获得痊愈。但哲学治疗师说：这是不可能的，这样的所谓"治愈"只是一种自欺而已。终极问题是无法消解掉的。例如，只要是人就都怕死，对于这个怕或者恐惧，无法治也不必治，因为要是人世间消除了恐惧，人的幸福也就随之不存在了。这里不是说死是一种幸福（就像人们觉得晚期癌症患者离世是一种解脱），而是说恐惧本身就已经蕴含着痛快的因素（想想各种极限运动以及人们甚至喜欢观看恐怖场面），这并不指那些曾经嫉恨你的人或许会有的心绪，而是一种微笑的态度。是的，因为"我在，死就不在；死在，我就不在了，何忧之有？"古希腊哲人伊壁鸠鲁最早说出这句话，也许心理医生会对自己的病人重复这句话，但此时他只是在引用这位哲学家。如果不借助于哲学智慧，单纯从作为一门专业的"精神分析"或者"心理医生"之中，是无法产生这句话的。因此，这句话是灵魂在升华，属于"形而上学"。与心理医生比较，哲学治疗师更超脱、更有勇气、更孤独或更耐得住寂寞、更有信念（自由意志）。

  上述伊壁鸠鲁的名言本身，可以说是哲学治疗的经典示范，它不同于基督教牧师的临终祷告、更不同于中国传统文化中的算命先生或风水先生：哲学治疗师不同于牧师之处在于，我们已经事先知道牧师祷告的内容，某句话说得再好，但是没完没了的重复，灵魂就失去了某种新鲜感，从而大大降低了祷告的安魂作用，而哲学治疗的妙处在于，总是对人的灵魂形成变化莫测的刺激，哲学治疗从来没有想解决什么问题，只是想让灵魂享受某个问题；哲学治疗似乎从来都没有真正说出点什么（因为在俗人眼里那都是一些没用的话语），却说得滔滔不绝、有滋有味。哲学治疗和你一起思考，而这些思考与上哲学课不同，是在我与你之间不知不觉发生的。不知不觉中发生的思考可能是思考的原样、原样的思考。换句话说，与牧师祷告相比，哲学治疗不但更深刻、也更有趣。趣味或者心灵的消遣，可能是哲学研究中一个被严重忽略了的方向。哲学治疗师不同于算命或风水先生，很简单，哲学治疗从来不预测命运，而居住环境的优雅与高质量的精神生活之间，并不存在必然的因果关系。

序言 关于哲学治疗

"哲学治疗"的情形一向都存在着，例如在奥古斯丁和卢梭的作品中。是的，两本来自不同时代的《忏悔录》。"忏悔"本来是个宗教字眼，是针对灵魂的，但如果冲破了教会教条的束缚。去对活生生的灵魂进行极其残酷的思考，就会出现类似宗教所谓的"转宗"现象。两本《忏悔录》中的"忏悔"不同于上述的牧师祷告，而属于具有哲学性质的思考，它起着自我哲学治疗的作用。这种治疗从动笔写书的那一刻开始，以写作完成终了。卢梭终于畅快了，因为他真诚而详细地坦白了自己在何时何处何情景下说了谎话，卸下了精神压力。是的，放松了，但是如果有人认为卢梭的作品通俗易懂，那他肯定没有读懂卢梭。卢梭作品的难懂之处，在于他是在用心灵讲道理而不是用所谓的逻辑，而他的心是独一无二的。虽然这种独一无二性可以用在每个人身上，但由于每个人的天赋不同，精神显露的差异极大。心是独特的，而只要使用语言，话语的特征总是"一般"，因此言不由衷是无法避免的，与故意说谎无关。卢梭凭着敏锐的直觉去洞察几乎一切理性的道理。他的作品所吐露的，是他的天性，并没有刻意讨好读者的意思，但奇妙之处恰恰在于，他在吐露自己天性的过程中，无意中揭示了人类普遍具有的某种天性。这不属于发明而属于发现，因为人原本就有却不自知。心是流畅的而语言是僵死的，怎么办呢？那就让语言也流畅起来，词语在快速地跳跃，与其说这里涉及弗洛伊德所讨论的问题，不如说涉及的是深刻的哲学问题，属于哲学治疗而不是心理医生的治疗。语言一旦真的顺从心灵、语言一旦真的以快速跳跃的方式流淌，古老的逻各斯本身，就有被颠覆的危险。蹊跷的是，语言一旦顺从卢梭那颗极其敏感独特的心灵，就形成这样一道风景：它的字面意思和卢梭真正想说的意思不一致。也就是说，表面上通俗易懂，实际上极其艰晦。这种复杂来自于卢梭的心在暗处，而语言在明处，例如《爱弥儿》的首句"好的东西都出自造物主之手，然而一到了人的手里，就全变坏了。"[①] 字面上说得是"一到了人的手里"，实际上卢梭本意是想说"一到了社会手里"，这在《爱弥儿》全书的意思中是很明显的，人意味着社会人。这诚然不错，但是人还意味着很多"别的"，因此用社会性代替人性（或人的

[①] [法]让·雅克·卢梭著：《爱弥儿》，李士章译，内蒙古人民出版社2002年版，第4页。

本质）是危险的，这种危险就在于它用概念取代了心灵，而心灵和意志、自由、直觉、无意识等词语一样，其含义的无限丰富性使其不同于僵死的概念，因为这些词语的疆界是开放的、归属关系游离不定，具有不可定义性。也就是说，人性是一个永远没有标准答案的问题，它永远处于游离之中。

这种游离性，是哲学治疗所涉及的重要内容，它消解以逻辑思维为中心的哲学传统。这种传统总是事先假定了某种东西的"存在"，然后就这种东西是什么展开问答与争论。也就是说，以往哲学家关注的焦点，就是以这种方式去解释世界。但是，哲学家们忘了真正重要和真实的"东西"，也就是"存在"究竟是怎么登场亮相的。在这个意义上说，哲学家们以为自己一直在关注现象背后的本质，却不知他们所关注的所谓本质，其实属于现成的表象世界，而不是自在之物。为什么呢？当弗洛伊德将无意识①（无意识就是人的自在之物）上升到哲学高度时，他是哲学治疗师而不仅是心理医生："弗洛伊德是对的：大脑里必然有一个错综复杂的思想储藏室，待在意识之外，却一直保持警觉，随时准备接受征召，开拔到清醒时的思考舞台上。"② 这个"错综复杂的思想储藏室"含有无限的模糊而不确定的精神因素，其中哪种不确定的因素终于以断定性（即判断）的形式登场，永远是一个不解之谜，这与哲学家实际的思想过程、科学家实际的发明创造过程、作家的实际写作过程、甚至演说家的演讲过程，是一致的或者相似的：也就是即兴性与朦胧的前瞻性之混合，所有的时间因素都浓缩在当下。当下厚重而复杂无比。所谓绵延即处于永恒变化之中的

---

① "无意识"也属于发现而不属于发明，因为它原本就在人性之中，而人早就在时刻无意识地释放自己的精神——身体能量，但在相当长的人类文明时期，无意识是被精神文明压抑的对象。卢梭的天性及其精神创造，与无意识现象有非常重要的关联，康德关于意识自主性的讨论也涉及无意识联想或者创造性想象的作用，但卢梭和康德都没有使用"无意识"这个说法，康德之后的费希特、谢林、黑格尔也忽略了"无意识"现象，因此称他们属于"观念论"并不冤枉他们。真正开始突破的是叔本华和尼采，他俩使"自由意志"这个古已有之的词语走上代替"观念"或"概念"的不归之路，可以说没有他俩的"自由意志"，就没有弗洛伊德的"无意识"。自由意志与无意识之间，有直系血缘关系，可以相互揭示其内涵，不幸的是，弗洛伊德在自己的著作中很少提到叔本华与尼采，我觉得弗洛伊德是故意的。

② ［美］欧文·亚隆著：《当尼采哭泣》，侯维之译，机械工业出版社2014年版，第92页。

现在，这也就是上述所谓游离性，这当然同时也是创造过程，因此艺术也有份，它创造出不曾有过的精神连线。例如，把"玩"或者"消遣"与"信仰"连接起来，就有了"玩是一种信仰"，这是反辩证法的，也是反康德的，因为从此概念与概念之间的"对称性"或者"对立统一性"成了历史文物，"是"与"非"不再对称，由某词语或概念能引起怎样的联想，可能是任意的、自由的。

有个事实令人百思不得其解：那些似乎绝不相干的历史人物，都声称从卢梭那里获得了灵感，如康德和萨德，这是真的。奥秘或焦点在哪里呢？我琢磨"焦点"这个词突然就明白了，焦点者，十字路口也，焦虑时刻朦朦胧胧围绕着某种精神气氛。精神在十字路口迷失了，此刻没有什么唯一正确的选择，只是选择而已，即兴的选择、凭着感觉走，一切所谓的道理或神圣的光环或臭名昭著，都是后来加上去的，即夸大其词，实际的情形并没有那般好，也没有那么坏，所有这些都是一切人自身已经具有的人性之一部分。但这个所谓"已经具有"是一个彻头彻尾的黑洞、无底深渊。也就是说，我并不了解我自己的潜力，我将能想到或者做出什么，是我自己和别人都无法预判的，那可能令我自己和他人都目瞪口呆。因此，在叔本华批评康德的地方，我却觉得是康德哲学的优点。在《意志与表象的世界》中，叔本华说康德的《纯粹理性批判》始终在纠缠直观与思维之间的关系，而又始终没有说清楚。① 没有说清楚，这就对了，因为这本书康德写得太快，其难解主要在于书中串联起来的大大小小的概念之间，到底是什么关系，而恰恰在这个问题上，无数康德专家们基本上是白费力气了，因为就像卢梭一样，康德也"一边吃着碗里的，一边看着锅里的"。我的意思是说，当他说直观时总是联想到抽象思维，反之亦然。但康德并没有自主地意识到自己的混淆，他反而极力试图澄清直观与抽象思维的界限、在时间上和含义上把两者区分开来。换句话说，可以把他的"直观"理解为思维，如果有人抗议这样的理解，那就把他的"思维"理解为直观。这是误解，是的。我的意思不是说现在有两个东西，

---

① "是的，康德从没在哪儿——而这就是主要的一点——从没有明确地区分过直观的和抽象的认识；并且，如我们此后就将看到的，他正是由此而被裹入不可解决的自相矛盾之中去了。"参见［德］叔本华《作为意志与表象的世界》，石冲白译，杨一之校，商务印书馆1982年版，第587页。

一个叫直观,另一个叫思维,然后康德生硬地把两者撮合到一起,而是说直观直接就是思维,思维直接就是直观,是一个东西而不是两个东西。这不是康德书里的意思,是我的意思,我这个误解所强调的是"同时发生",一个概念的真相,存在于看似与其不同的另一个概念那里,就像人的真相是在自身所不是的地方,这并不是说人的真理在于非人,而是说关于什么是人,人已经说得够多了,但还很不够,人的真相尚在还没有被说到的X。X意味着游离状态即人已经在时间之中了。X还意味着精神总处于十字路口状态,这就能理解为什么萨德也崇拜卢梭,这是真的,但倘若卢梭知道萨德的德行会暴怒。只要卢梭的作品一出版,其命运就由不得卢梭自己了,萨德从卢梭作品中读出了对人的自然本能的崇拜及其在这个基础上联想到的一切(卢梭说是"替补性",而德里达称之为"危险的增补性"),这得归咎于卢梭自己的文字,他在《忏悔录》中描述他亲吻华伦夫人走过的地板和碰过的窗帘。重要的并不在于卢梭是否真的曾经有过类似的举止,而在于他通过自由想象创造出一种新的感情,人爱恋那些不在场的东西而对已经拥有的东西却往往感到麻木、无动于衷。表面上是为了拥有,其实是为了爱而爱、为了热情而热情、为了欲望而有欲望。

由此可知,哲学治疗与自由想象有密切关系。自由想象能任凭天性在自主意识和无意识之中变换任意的幻象。这与治疗有什么关系呢?这为什么属于哲学治疗而不仅是心理医生的治疗呢?就在于不可以究其一点而不计其余,不可以把某一瞬间的判断永恒化,使之代替其他无数瞬间的判断。通俗地说,这可以使人在面对任何焦虑乃至令人绝望的情景之下可以"想通一点儿"。不是解决了问题,而是想通。想通不是透明透亮的意思,而类似某种注意力转移的情形,仿佛在内心最黑暗处自发地透出亮光。这是纯粹形而上的情景,它叫哲学治疗而不叫心理治疗。这情景直接就是创造性的精神,因此也可以称为艺术(思考的艺术),如果从语言角度称呼这种艺术,那就是诗。它是一种需要重新界定的诗,我称为"哲学诗"。哲学诗与通常人们所理解的作为一种艺术门类的"诗"有性质上的差异,就像虽然都是"治疗",但哲学治疗不同于心理治疗一样。哲学诗是不同思想形象(思想情景,不完全同于古代中国文人所谓意象)之间的转换与连接,不同于演绎推理,也不同于回到词语本身(音韵、节奏、平仄)或事情本身(景物或人物行为事件的描写等)的传统诗歌。哲学诗是思想情景创造性的自然而然，是无意识在酝酿游离跃跃欲试的过程中无法自控突然"开拔到清醒时的思考舞台上"，其中存在着逻辑与推论，无意识的逻辑也是逻辑，这并不是否认形式逻辑的作用，而是表明不只有一种性质的逻辑。无意识的逻辑中所谓"是"，往往作为暗示性的过渡，含有类比隐喻等，并不连接起两个具有符合形式逻辑同一律（传统哲学往往称为"同一性"）的因素。或者可以这样说，哲学演变为哲学诗，而哲学诗本身就已经是哲学。从此可以用哲学诗的方式写哲学，这是一种新的哲学可能性。我这里说的是"一种"而不是"唯一"，因为就像不只有一种逻辑一样，也不只有一种哲学。尼采式（在这里"式"的意思，是说虽然可能不是尼采的原话，但尼采具有源源不断地做出类似判断的可能性）的文字是哲学诗的典型，例如这样的表达："希望是最大的祸害、真理是我们生存不可或缺的一种错误、真理的敌人不是谎言而是深信不疑、死亡的最终报酬是不会再死一次！"[①] "为有勇气去体验黑暗的情绪而感到骄傲。"[②] 洛特雷阿蒙的诗句"忧郁得像宇宙，美丽得像自杀"、魏尔兰的诗句"没有爱也没有恨，我的内心充满悲伤"。哲学诗的突出特点是充满有血有肉的绝不僵死的概念——其中没有任何概念的意思是现成的或者说概念的意思总在路途中，绝不会处于已经完成状态。随之而来的哲学诗的第二个特点，就是其抽象、朦胧性，因为概念本身就是抽象的，即使是有血有肉的概念。偏离哲学了吗？没有，这是以另一种方式深刻而有情调的显露（不是论证）康德曾经反复描述过的直观与思维之间的悖谬关系。哲学不止一种思想风景。康德没有像胡塞尔那样明确提出"理性直观"，康德是对的，因为直观总要和某种形象或情景联系起来，纯粹的被磨平了的"形象"不可以再被称作形象而是纯粹的范畴（如"因果必然性"）。[③] 但是，纯粹的范畴是纯粹的黑洞。我的意思是说，范畴必须通过直观显露自身的存在，这相当于陈述或者描述过程中所使用的"就像""好像"之

---

① 参见［美］欧文·亚隆《当尼采哭泣》，侯维之译，机械工业出版社2014年版，第93页。

② 同上书，第101页。

③ 德里达在《哲学的边缘》一书中，曾经批评西方传统哲学像是一幅"白色的神话"。在这里，德里达所谓"白色的"，就像是把硬币上的人头像磨平了，看不出硬币原来的样子，硬币变成了概念的平面，从此一无所有。

类，所谓举例子，就是展示某形象或情景，这已经是直观。没有直观，范畴本身确实就是空的。这里的空或空无内容指缺乏形象或情景，而不是指句子的含义，因为句子的含义仍旧在语言之内，而直观的意思是想超出语言、超越可说的范围。因此，直观暗示着与语言冲突的无意识（可以从无意识角度扩展或"误解"康德的直观），在这方面我宁肯站在德里达一边（而不是拉康），因为德里达认为无意识的情景（如梦境）更接近行为动作而不是话语。语言自身不是行为动作，而是静态的、解释性的、受制于一般性。当然，语言可以朝着行为动作方面努力，这是语言试图突破自身界限的努力，如直接导致肢体语言（或者由身体行为导致）的那些类似原始语言的语言（激情的语言，类似喊叫）、原始文字（如象形文字）。但是在抽象思维能力的意义上，胡塞尔的"理性直观"也是对的，尽管它就像"木制的铁"一样悖谬，就像数学上"0"这个符号同时意味又不意味着什么都没有。

为什么强调哲学的"诗性"？因为着眼点不再是注释某种已有的思想，而是去创造思想，发现乃至发明不曾被揭示的精神连线。"因果必然性"或者"充足理由律"连同三段论一起过时了、被超越了。哲学治疗本身显露出悖谬的特征，它本应起着安抚灵魂的作用，但是它本身却像是某种梦呓或精神的病态，这是由于它所面临的问题不可能有答案，例如如何化解绝望？要区别"解决方案"与"答案"，前者是实验或尝试错误，而后者通常是"正确"的同义词。在没有答案的情况下，精神怎么都行但又不是胡来，因为人性凭着直觉能判断出怎么都行的精神中有深刻与肤浅之别，而这又是悖谬的：正常的精神往往是肤浅的、自欺的，而深刻的精神却是残酷的，甚至是精神的病态，人们通常不愿意朝这个方向想，总想逃避，不愿意把坏事想到底，不敢直面最糟糕的情况。尼采就像那个能彻底忍受尴尬的人，而普通人受不了尴尬的折磨，总忍不住想打破尴尬。彬彬有礼，就是说，不敢直面野蛮的尴尬。

哲学治疗为幻觉恢复名誉，福柯曾经调侃是否可以不吸毒而获得毒品的力量。哲学治疗不是毒品，但幻觉作为一种精神享受，其安慰心灵的作用已经被普遍认可。用语言表述，所谓幻觉，就是把明明在场的某某不当成某某而当成任意别的。这里的"当成"相当于文学艺术上的移情、隐喻、唤醒，等等。例如，尼采式的幻觉可以把他的偏头疼当成诞生自己新作品之前的分娩阵痛。幻觉是人身上本已具有的一种与动植物区别开来的原始能力，作为精神原创性中的野蛮因素，幻觉是发现与发明的精神发动机，辐射到人类文明的全部领域。疯狂起来的智慧令人狂喜，深刻性与情趣融为一体。不向权威和习俗看法低头——这是笛卡儿、卢梭、尼采以及一切具有开创精神的哲学家的共同特点。当他们将习俗所认可的某某当成某种新颖的别的东西的时候，与其说他们的观点是正确的，不如说他们开辟了精神生活新的可能性，而新的可能性是没完没了的，因为别的之后还有别的。直白地说，哲学治疗包括了给事情重新命名（平反），在这个意义上说，命名能力的确是哲学家的基本功。给事情、给人重新命名，就相当于"动心理手术"，使人豁然开朗，因为无论语言有怎样的局限性，语言是终极意义上的人类家园，人的本性在精神，这就是人的世界。精神的复杂与微妙，终归要靠语言才能通达精密准确。没有确定性，不确定性将什么都不是。一个人为了证明自己有思想，必须拥有用语言表达思想的能力。命名能力，就相当于"动心理手术"（精神分析—哲学分析）的手术刀。

　　哲学治疗为"精神分裂"恢复名誉，这里当然不是指生理病态意义上的精神分裂症患者，而是指人在潜意识中同时具有相互冲突的精神倾向，这些倾向之间并不是对与错的关系。换句话说，人经常不是骗人而只是不自知，人经常不是自己认为自己所是的那种人。[①] 例如，某人实质上是在外人看来他不可能是的那种人。这些情形并不令人悲观反倒令人兴奋，因为每个人都是一个谜，常见常新。当然，稳定的因素必不可少，安全感是幸福的必要条件之一。我想说的是，每个人不仅有某种天生遗传而

---

① 一个"太坏了"或者"极其残忍恶毒"的人，绝对不会承认自己是这样的人，这些人甚至认为自己是在履行做人的职责、认为自己很直率。但是事实上，这些人是在凭着本能保护自己的生存而无视他人存在的权利或者漠视自己的行为给别人带来的毁灭性伤害。阿伦特在分析纳粹战犯艾希曼时，曾经提出"平庸之恶"的概念，即表面上罪大恶极，而犯罪的心理动机简单而又愚蠢。"平庸之恶"属于这样的芸芸众生：他们始终处于形而下的算计的世界，他们是没有哲学思考能力的乌合之众。这些乌合之众是有领袖或首脑的，但这个所谓首脑，是愚蠢而残暴的，并非像乌合之众们所欢呼的那样"伟大"。为什么愚蠢平庸残暴能够畅通无阻呢？因为拥有智慧的抵抗者，将面临周围人的嘲笑冷漠，甚至被投入监狱。在这种极端平庸怯懦的气氛中，智慧的价值不可能获得真正的尊重，就像一根划着的火柴，在漆黑中闪亮了几秒钟，却永远归于沉寂。这微弱的亮光之前不存在，之后也永不会存在了。

来的性格，还有天赋加后天修炼而成的风格气质。性格与风格之间，有着十分微妙隐秘的差异，却是本质的差异，因为性格与生理因素有关，而风格纯然是精神上的。

　　哲学治疗向习俗的想法和权威挑战，就像康德的"哥白尼式的哲学革命"那样肯定意识的活跃性表现在积极主动性，遗憾的是康德没有谈到这种主动性的非概念细节，但早他二百年前出生的蒙田却无意识地触摸到"无意识"的话题，"仿佛让我的思想无所事事，自由地运转和休息，这是对它的最大爱护……但我觉得事与愿违，我的大脑就像脱缰的野马，成天有想不完的事，要比给它一件事思考时还要多想一百倍；我脑海里幻觉丛生，重重叠叠，杂乱无章。为了能够随时细察这种愚蠢和奇怪的行为，我开始将之一一笔录下来，指望日后会自感羞愧。"① 蒙田觉得把自己这些无意识想到的真实细节和幻觉中的事情直白地记录下来，是值得羞愧的，为什么呢？因为他写出了一些"愚蠢和奇怪的"念头，这有碍礼貌。既然如此，为何还是忍不住记录？不是要打发无聊而是因为痛快，把无意识详细暴露出来需要胆量，说出别人想说而不敢说的话，或者没有能力说但一旦被别人说中了自己一定会有共鸣（这种共鸣来自内心深处，但口头上可能不承认）。也就是说，自己内心潜藏着的"痛快"唤醒了读者，这是蒙田和卢梭的作品之所以成功的主要原因，前提当然是他俩无意识个性的质量，敏感的程度，那种细心就像是蝴蝶效应。热带地区的某只蝴蝶轻轻扇动一下翅膀，就可能造成距离遥远的某个国家的一场飓风——这不是开玩笑，这是真的②（就像在《忏悔录》中卢梭描述的一个细节，当他还是一个懵懵懂懂的少年，被一位比他年长的姑娘无意中触摸，也就只有像卢梭这种精神神经细腻到病态的人，才会对这种几乎微小到尘埃里的小事情感到甜蜜，这甜蜜影响了他的一生，而那姑娘根本就毫无察觉，

---

① 《蒙田随笔全集》上卷，潘丽珍、王论跃、丁步洲译，译林出版社1996年版，第12—13页。

② 与此对应的是量子理论，据凤凰网2015年10月25日报道的科技新闻，在一个具有里程碑意义的研究中，荷兰代尔夫特理工大学的科学家披露，他们的实验可以证明量子力学最根本的理论之一：远隔很远距离的物体可以瞬间相互作用。证实了一个爱因斯坦曾经公开拒绝的想法。他说，量子论必须承认"幽灵般的远程效应"，他也拒绝接受"宇宙可以表现得如此奇怪，如此明显地随机"这一概念。

这不可能有可以解释清楚的原因，我觉得这是一个巨大的暗示黑洞、无底深渊，其中的痛苦和快乐直接是一回事）。像"蝴蝶效应"那样的"混沌理论"破坏了我们对因果关系的习惯理解，没有什么因果必然性，一切都是偶然的而不是命定如此的。虽然还使用类似"因为"的字眼，但已经不是"因此之故"的意思了，看似完全没有关系的距离遥远的两种因素是有关系的，但又不是必然有关系。如果初始条件不同，它们之间就不会发生任何关系，而初始条件是偶然具备的或发生的：偶然想到、碰到、想要，果断地去做某件即兴想到的事情，如此等等。所有这些，都不是否定逻辑或因果关系，而是强调初始条件的重要性。在我看来，就思想本身而言，初始条件几乎可以是任意的。去思想，就是去创造思想，而创造思想，就是修改乃至创造初始条件，笛卡儿、康德、胡塞尔都是这么做的——哲学就是如此做出来的，制造一个空前的思想事件。这甚至影响到20世纪文学与哲学的写作：传统的写书和读书方式"结束了"，可以这样写书和读书：可以从任何一句话开始写、可以从任何一页书读起，不影响理解和精彩，类似的情形甚至被拍摄成电影《云图》：一部总是重新开始的电影。思想家会说，一切思想总是重新想，就是尼采说的"永远回来"。

在暗示的黑洞中，有康德式的积极主动性。贝克莱的"存在就是被感知"只有在积极主动的感受意义上才被康德所接受。也就是说，并不存在"单纯的看见"这回事，我们并不是感知现实，而是组织现实，把当下的印象和曾经的经历、想象中就要发生的预测、已经有的知识、遗传而来的精神风俗、自己的精神个性，无意之中都混杂在一起，建立起新的精神连线。所有的感官材料都被神经组织重新过滤了。这个神经组织不仅天生拥有概念和制造新概念的能力，而且还是一个生理组织。生理的是精神的、精神的是生理的，它们共同构成了人的全部本能：无意识本能、性本性、自由意志本能、理性本能，等等——这些本能之间在某些时刻可以暂时相互独立，彼此关上合作的大门而独自行动，在另外一些时候又能相互配合，而这两种时刻什么时候到来和发生作用始终是一个谜。在效果上，我（同一个人）的精神显示出"分裂"的倾向，好像有不同的"我"似的，能做出来不像是我能做出来的坏事情和好事情，既富有才华而又愚蠢，就像卢梭既撒谎又真诚，而这两者同时都是真的。他真诚地撒谎。如果有人反驳我说无论如何不能混淆真诚与撒谎，那我只能说我们其实是从不同角度说这个事情，我回到事情发生的初始时刻、一切尚在混沌之中，而你说的是意识已经清醒过来登台亮相了。

就学理上说，人类性本能不可能是纯粹动物的或生理上的，因为人有人性。人性包括人所有的可能性。我可以用"无意识"替换"本能"，"无意识"是一个混沌的字眼，它既指精神因素也指身体因素。我更愿意把无意识与自由意志联系起来思考，如果把无意识理解为一架自动运转的机器，那是严重的曲解，因为从来没有纯粹无意识的过程（如果承认有这样的过程，就相当于把人等同于一架自动运转的机器），无意识中总是掺杂着判断，这停下来的判断显露了人的自由意志，① 即人能选择不做自己出于天性想去做的事情（如自杀：人天然地总想活着，自杀是自由意志的终极案例，以至于加缪认为真正的哲学问题只有一个，那就是自杀）。

一切现实的情景都是人的精神组织对感官材料重新组合的结果，也可以说是幻觉或者想象成为了现实。现实是物质的，但当我们享受这些物质成就时，其实是享受自己的想象。换句话说，我们未必比古人更幸福，尽管古人没有当今的科技成就，但是他们"在享受自己的想象"这种能力方面，一点也不比我们差，而这种对于快乐的感受，人类自古至今并没有大的改变。当然，变化还是有一些的，那就是与古代相比，当今的现实更复杂。卢梭悲伤地看到了这一点，即一旦实现了复杂，再回归简单就不再可能了，因为处女地已经没有了。复杂是怎么实现的？简单的回答就是增

---

① 在这个意义上，自由意志不同于无意识，尽管这两个概念有十分密切的关系，但是自由意志高于无意识。与无意识相比，自由意志更有哲学味儿、更高雅更容易激发想象力。自由意志的精髓在于自由而不在于意志，单纯的意志或者意愿含有预先性和目的性，而这种预先性或目的性是束缚自由的。无意识含有自发性或下意识的判断两种因素，后者取决于自由意志，但这只是我们分析的结果，单纯的无意识有时被片面地强调了其中"自动性"的一面，例如在布勒东的所谓"自动写作"中，极力回避自主判断与选择，从而成了机械的或机器式的。也就是说，在这里要区别自动与自主。当我们说"意识流"（"无意识"的另一种说法）时，也遭遇类似的情形，即意识流中应该包含自主意义上的自由意志。通俗地说，无意识或意识流中应该隐含着"知道"而不是单纯的"不知道"，这就像人在梦中不时有能力知道自己在做梦，在这个时刻人在梦幻中苏醒。思想的实际过程是按照自由意志操作的。无意识或意识流相当于人处于从事任何事情的行为之中，但人在这些行为之中时，已经具有知道自己正在从事这些行为的能力，这里的"知道"就属于具有判断意味的思想或反思，但这些判断可以是任意的，即出自自由意志。

加中间环节，也就是创造出更多抽象的概念，即想象出更多的思想情景，例如可以比较一下爱因斯坦的思想实验与中国古代盘古开天地的神话故事，可以看出前者是复杂的、科学的，后者是简单的、是纯粹的神话；前者是在有数学理据基础上的想象，而后者只有在超越自身、增加想象维度的情况下，才有可能转变成科学意义上的复杂。爱因斯坦用概念改变了世界，在这个意义上康德的思想是对的。因此，我可以变更一下伊壁鸠鲁关于"我"与"死"关系的说法：我在，自在之物就不在；自在之物在，我就不在。但这只是字面上的意思，我其实是想暗示我自己就是自在之物。活出我自己，就是活出了自在之物。这里有偷换概念吗？没有，是"自在之物"含义上的改变，也就是破坏人们通常的理解习惯，重新命名。这也使得"死"或者"神"不在我之外而就在我自身之中，我原封不动就地变成了神：一个有血有肉的神、我永远不能完全了解我自己，我自身就是一个黑洞、无底深渊。

尼采所开创的现代哲学，是哲学中的"蝴蝶效应"和"量子理论"，它继承了帕斯卡尔"微妙精神"的启蒙传统，也就是后现代哲学所强调的"差异"。这在心理层面上如何操作呢？就是初始念头总是出人意料，心理医生"不曾预期到尼采的记忆力（其实更准确说应该是'想象力'）如此丰富。任何问题一抛给他，即使是最微小的种子，都会在思想上快速成长为青葱的树木"。[①] 把看似简单的问题复杂化，极其善于倾听，能从一句话中听出一百句话。只有善于想象，才有善于倾听的能力。像倾听音乐？是的，但不仅适用于听觉，还适应于所有感官，更适用于抽象思维，能从初始的想法"在思想上快速成长为青葱的树木"。这不仅需要具有分辨细微差别的能力，还要有迅速转变思想镜头的能力，像一只嗅觉灵敏的猫。当代哲学试图恢复人类精神的原始能力，就像当代艺术那样不再让人舒舒服服地享受，把嘈杂和磨难撕裂了，赤裸裸地展示出来。在磨难中享受，冷水浴在使我身体强壮的同时，也使我的精神勇敢起来。智慧的首要因素是勇敢（自由意志）。是的，不能光是冷水，也要热水。冷要极冷，热要极热，我的意思是交替，就像人的情绪一样。这是磨炼阳刚之气的最

---

① [美] 欧文·亚隆著：《当尼采哭泣》，侯维之译，机械工业出版社2014年版，第118页。

好途径。有的文章有媚骨,有的文章有阳刚之气,像尼采的哲学诗:"任何不曾杀死我的东西,让我更强壮。"①

哲学治疗可以用哲学诗吟唱出来,但是没有温柔的旋律,旋律其实无所谓,只要有强烈的节奏就可以了。旋律像衣服,是外来的装饰,而节奏则来自生命本身,像呼吸的本能必不可少。冷热水浴是深呼深吸的直接现实,就像痛苦与快乐或交替或融为一体。此时此刻人不禁开始喊叫起来。是精神在呐喊,有身体的强烈动作。这使得哲学治疗直接变成了哲学摇滚乐,可以在哲学剧场上演。不需要导演甚至也不要排练。不要旋律,节奏是与生俱来的,就像呼吸与眨眼睛,排练过吗?没有而且毫无必要,只要人活着就有呼吸的能力、眨眼睛的能力。换句话说,生命意味着热情与渴望,也就是"我要"(活)——我要和我爱是同义词。为什么我说"哲学摇滚乐"?因为要把感性的身体纳入哲学分析的内容,离开肢体语言,摇滚乐不可能存在,它给单纯的唱歌添加了新的维度。我们不仅被声音节奏而且被身体的姿态所感染,我们不由自主地沉浸于肢体语言之中,与之融为一体。在这个过程中,释放身心的能量,就像把劳动当成休息。"这个感觉真让我舒服,它让我忘记了我没地儿住。"

要进得去,出得来,缺一不可。就是说,人不仅要有沉浸入迷的能力,还要有作为旁观者欣赏或者判断这种能力的能力。每个人同时既是演员又是观看自己演出的观众,人把自身一分为二,它们之间的转换就像呼吸一样自然而然。人随时都可能走神,但这种走神有时表现为沉浸其中,有时表现为中止沉浸即判断,就像一部小说时而描述时而评论一样。也就是说,对同一个词语或概念(如这里的"走神")重新命名或添加新内容的活动每时每刻都在发生,它是一种常态。沉浸或者无意识本身在当场亮相时才具有变成科学的可能性,即把自己表达出来,换句话说,要成为科学,必须以判断的形式表达出"怀疑"或者"相信"。但是倘若没有沉浸的内容,判断就是空的,就没有基础。

哲学治疗试图告诉我们,保持欲望的状态,远比在世俗世界里获得所欲望的对象更为重要,尽管这种观点可能被谎言所利用,但是如果我们将谎言转化为幻觉,如果考虑到有时说谎者自己也把握不住谎言的实际效

---

① [美]欧文·亚隆著:《当尼采哭泣》,侯维之译,机械工业出版社2014年版,第118页。

果，我们就不得不说，哲学治疗还必须对"动机"加以分析：可以将动机分为表层的和深层的。表层的动机是自主的有意识的，就像人有意说谎。深层次的动机是自己也不自知的，即我自己也不知道我是那样的人，它隐藏在无意识的深处，与表层动机并不一致。但这绝不是命运，因为人的一生是由无数瞬间组成的，人有后悔的能力，即重新开始的能力。从学理上说，命运是将瞬间化为永恒，这也是同一性或逻辑同一律的基础，从细节上看，这是不真实的，人具有重新修改初始条件的能力，因为人有自由意志。获得欲望对象有赖于满足世俗的条件，这不属于哲学治疗的管辖范围，哲学治疗是使人在任何条件下都能保持愉悦的欲望状态的"心理手术"。欲望与希望之间有着微妙而本质的差异，希望总与某个对象挂钩，而欲望只是保持愉悦的心态，也就是爱的心态，与其对立的概念是绝望（死、自杀）。当然，表层的动机不可缺少，它们是暂时的变来变去的，而且与深层动机纠缠在一起。所有这一切，都使得"动机"或者"原因"变得摇摆不定、模糊不清，必须有"动机"或"原因"这样的概念，否则准确性将不复存在。这又陷入两难，它们都是真实的。这对于"人是自私的"这个判断，是一个沉重打击，因为这个判断认定人有一个动机方向是终极意义上的。动机的散乱、转换无常并不能消解动机，我做一个不十分恰当的比喻，人的记忆不可靠，但倘若没有记忆能力，人的愉悦感连同思考能力一起将不复存在。为什么要比喻呢？这就好像当我们不能解决 A 问题时，可以将这个问题转换为 B 问题，通过解决 B 问题，A 问题自然而然被化解掉了。

我，谁没有"我"呢？有很多个我。我漠视别人的我，我冷酷无情？倒也未必。我只对自己感到亲切？因此我是自恋的或自私的？但是，如此谴责我的人，此刻忘记了纯粹而彻底地追问到底。我的意思是没有首先问"我"之所以成立的前提，没有问我是谁？或者我在哪里？人们在什么都没有搞明白的情况下，只是看到我不合群、不愿意搭理人、不愿意说客套话、不太善于没话找话，就武断地谴责我高傲自私，不关心别人的疾苦。其实人们是想说我是一个没用的人，但这没用的真实意思，其实是说我没有能力替别人办某件事情（至于我是否有生活自理的能力，这似乎不是别人关心的主要问题），这确实不是我的特长。我是谁？对于这个似乎在故弄玄虚的问话，实用主义者往往嗤之以鼻。你是否嗤之以鼻，我根本就不在乎，就像我以前总是自作多情地想着如果我这样做或者那样做，别人会怎么看我？但某一天早上我从睡梦中醒来的瞬间，突然想明白了：这个世界上根本就没有人真的在乎我或者关心我在做什么，我爱做什么就做什么，我的担心是多余的。如果我的行为给别人或者给社会造成了影响，别人或者社会就会警觉起来，这种影响越大，这警觉越大。出于理智，我发现以制造影响作为动机的行为，其影响大都是暂时的，缺少真正的精神价值。我不想制造任何影响。如果我的容貌特别帅或者特别丑，我在大街上旁若无人兴冲冲地大步朝前走，一定会不只一个人忍不住回头看我，这就是影响（如果我相貌一般或者平庸，行人根本就不会注意我。无论别人是否注意我，责任都在我，而不在别人）。这些人是否回头看我，我根本不关心，我也没有能力命令他们一定要回头看我。但我知道，他们回头看我，说明我对他们造成了某种影响，这种影响大都是瞬间的，这些人只是对我感到好奇，禁不住瞥了我一眼。本来彼此都是陌生人，什么关系都没有，但是好奇心有时会害死人的。我的意思是说，那些忍不住回头看我的人有可能被我对他或者她的影响害死，但也可能使别人有"深有体会"的幸福，就像卢梭在《忏悔录》中描述他少年时无意中触摸到一个姑娘的手。对的，我的意思是令人陶醉。谁知道呢？那姑娘一辈子都不知道，但卢梭知道。我是否可以认为没有这次触摸就没有卢梭的《忏悔录》呢？我觉得可以这样认为，如果就这本书中卢梭对自己精神感受的描述而言，整部《忏悔录》几乎全都是在没事找事、无中生有，可以与卢梭撒谎的能力相媲美。其实我不应该说撒谎而应该说幻觉。对的，就是我们常说的"自作多情"。话说回来，我根本不想制造影响，如果我特帅或者特丑，一不留神影响到你，那与我无关，因为我总不能不上街。我上街绝对不是为了制造影响，只想散步散心，就像我现在写出这句话，感觉很舒服。是的，我就是写出这句话的当事人，一句话写得是否舒服与痛快，就像做爱做得是否尽兴，只有我自己知道。如果一句话或一段话写得不满意，我会瞧不起自己，甚至感到绝望，但我不仅是一个性情之人，我是有理智的，会思考，能自我控制。我想啊想，不停地想，终于想明白了：最重要的问题，在于有心情，而不是有能力。能力我早就有了，潜在我的身上，我只是不自知而已。当然，我的能力可能很漂亮也可能很丑，但这些都是天生的，我的义务只是把能力发挥出来。是的，上大街走走，写几句，是骡子是马,拉出来遛遛。

　　我非常严肃地认为,写几句、写作能力,通过一个人的文字判断一个人的品质①,和通过看一个人出远门、打扑克、喝酒、开车时的举止表现,来判断一个人的素质,一样可靠。它们之间有什么共性呢?就在于它们都是只能亲自参加的行为。强调行为的亲自性,是说行为是难以作假的,需要真功夫,亮出本色。衣服漂亮不算真漂亮,身体婀娜多姿或坚毅强壮,才属于本色,是赤裸裸以诚相见。我意思是说,别瞎咋呼,不吵嘴,要真正征服一个人或一个民族,靠的是行为能力(也就是说,一个人要活出自己的本色即能力,那作为副产品的影响,也就是"回头率",会自动冒出来。换句话说,你只管埋头苦干就行了,别惦记着什么影响),虽然这其中包括了身体能力,但根据萨特的终身伴侣波伏娃的描述,萨特的性能力其实很一般,但他的软实力实在太厉害了,他"写几句"的能力或者说使人想入非非的能力太厉害,这不是仿佛而是实际上增补了他身体和外貌上的不足。他的文字含有身体因素,因此对于知性女人来说,萨特的《存在与虚无》显得很性感。当然,这种读解的功夫也非同一般。

　　文字是心情的直接现实,文字必须是发自内心的而不是抄来的,模仿也是变相抄,抄人家的思路也算抄。什么时候我们的学者不再抄了,他们的文字就有可能感动读者,但是现在不行,时下我们的学者似乎不"抄"就不会写文章,但真正的文章不是这样写出来的,你们只要读一读卢梭、康德、胡塞尔或海德格尔,他们的文章很少有注释。只有在万不得已的情况下,他们才援引别人说过的话,但也有"寄生"在别人著作中的,如德里达,但那是为了洞察一切现成的东西中没有被说出来的更重要的话语。

　　文字又是身体的直接现实(这是第一句话),但我接下来想到的却是满意的性爱是最好的安眠药,比任何药物更能解除羞于与人诉说的焦虑

---

　　① 我这里强调文字而不是说话,说话所暴露的只是一个人的表象,文字才会揭示一个人的精神气质和深刻性的程度,因为文字考验一个人的想象力。如果一个人缺乏想象力,其文字能暴露出来。文字是深层次的"交往"能力,具有形而上的倾向,而说话的直接目的是让人家听懂,属于日常生活中的交往能力,是形而下的。换句话说,文字比打扑克、喝酒、开车更为神圣,具有超时间性。

（这是第二句话）——能从这里的"第一句"推出"第二句"吗？似乎不能。如果把第一句当成大前提，第二句当成小前提，那么我的结论竟然是：尽兴写作的效果，相当于满意的性爱，是的，满意的写作会产生奇妙的沉醉身体之效果，写到自觉精彩处虽然也相当于付出了或舒展或强烈的体力劳动，但它是一种快活的累，相当于积极的精神发泄式（消遣式？）彻底放松，又像性爱一样。写作不仅是一种极好的哲学治疗手段，而且直接就是在以一种更自由的、更不依赖他人的方式享受人生。于是，弗洛伊德先生可以退出历史舞台了，他高估了性欲的力量而忽视了想象力或者幻觉的作用（我觉得不可以说"写作"是性欲的升华，一切有写作经验的人都知道弗洛伊德的这种观点是胡扯）。写作，就是制造幻觉以沉醉自己，被自己笔下的情景所感动，我的意思是说好玩也一样可以感动人，以前的哲学家们从来不谈这个。以上的推论好玩吗？我觉得不仅是好玩的，而且是道德的。道德要好玩，以前的哲学家们太拘谨了，他们从来不谈这个问题。我接下来想到的，是所谓思想的原创性，就是把两个陌生的思想情景，连接起来的能力。和演绎推理一样，我以上也有大前提、小前提、结论，但它们之间的"因果"关系是极其松散的。与那个俗例子（"人都是要死的，苏格拉底是人，所以苏格拉底必死"）比较，我的例子更有趣，同时也未必不深刻，因为我说出了新的意思。我这个例子所揭示的是"无意识的逻辑"。也就是说，所谓"因果关系"是各种各样的，"因此之故"中的"因"和"此"原先并不一定彼此暗含（如果一定说它们之间彼此暗含，那相当于中国古人所谓"赋比兴"的兴，例如从桃花盛开联想到姑娘要出嫁了），它们彼此之间原本是完全陌生的。

以上和哲学治疗有什么关系呢？当然有关系，证据就在于我写得高兴，显露了我的本色，活出了我自己，我根本不关心这本色漂亮或不漂亮，反正我已经享受过了，否则，我会觉得刚才的时间空无内容、过得很无聊。我没有无所事事，我的时间充满了兴奋。这兴奋不是被强迫出来的。至于后者，例如开一个走形式的会议，参与者们不得不硬着头皮参加。主持人说，下面请（似乎）重要的某某讲话（我说"似乎"的意思，是指其能主宰听会人的福利，而不是指这个人很有质量），听会人机械而响亮地拍起巴掌。倘若鼓掌不是来自自发的热情，就会稀稀拉拉，就好像这掌声在打盹似的。如果这掌声会说话，就会说"我是为了谋生"，这就令人感到焦虑，大家盼着会议快点结束，因为这时间空无内容。掌声给了虚荣的面子，就好像皇权时代"县太爷"坐着轿子出门，前面总要鸣锣开道，似乎后面亮相的是多么了不起的大人物。为什么呢？因为前面的锣声很响亮。那个童话故事《小王子》里的小王子很瞧不起大人，因为当小王子向大人们描述一朵花多么美时，大人们竟然无动于衷，但要是小王子对大人们说：某幢房子值100万法郎，大人们就会情不自禁地说："多么漂亮的房子啊！"还没亲眼看见那房子怎么就知道漂亮呢？原来是百万法郎漂亮。卢梭说这是异化。本来一个人的身份地位与其才能之间未必有等号的关系，就像声音大与真理之间没有等号关系，但是久而久之，人们就麻木了，就好像一个电影明星说的话比一个哲学治疗师说的话更接近真理似的。这些大人们还不如一个孩子——小王子。由此可见，真正的智慧是天真朴素的。

在尼采那里，只要头脑沉浸于纯粹形而上的精神之中、只要笔下正在尽兴完善刚才还在思绪中模模糊糊的念头，他就是幸福的。尼采的幸福既简单又困难。对于他来说是简单的，他只要具有非同凡响的思考和书写能力就可以了；换句话说，是住在豪宅里还是茅屋里甚至监牢里，都不会影响到尼采，他可以忍受任何过日子的方式，他只珍视自己的自由思考能力，就像斯宾诺莎一生的职业是一个磨眼镜片的，困苦孤单，但对于具有丰富精神世界的人来说，任何过日子的方式都可以忍受。"尼采与其他人的接触是如此之少，他花了难以想象的时间，与自身的神经系统对话。"[1]尼采与自己对话，就像苏格拉底说的"认识你自己"，这认识包括写出你自己，就像奥古斯丁和卢梭的《忏悔录》。同样，尼采与自己搏斗。少看书或只读最重要的书，以至不看书。为什么？我同意王尔德的说法，受别人影响是不道德的。我的补充是：写出自己头脑中降临的即兴念头就可以了，这才是道德的。

什么是非同凡响的思想呢？那是浮想联翩的能力，不仅是假设而且是直觉中的判断力。这些判断准确、残酷、怪异。只要每个人稍微用心想想，不难知道某个你非常熟悉的曾经彼此十分亲切的仍旧在世的好人，你

---

[1] ［美］欧文·亚隆著：《当尼采哭泣》，侯维之译，机械工业出版社2014年版，第73页。

这辈子都见不到他了（甚至他的葬礼你都可能错过）。见面并不难，只是不想见。为什么？没有为什么（彼此没有结过怨、甚至没有红过脸），因为指出为什么会使自己感到内疚，甚至觉得自己是不道德的。但你和他都是君子（越是君子就越会这样）：善良、正直、有进取心。就"不见面"这个事实而言，你们彼此似乎淡漠无情，但是却同时深深地挂念着对方、希望对方好——所有这些，都暴露出人与人之间关系的荒诞性。在表象世界背后还有作为本体世界的心灵。心灵深处的活动简直鬼神莫测，毫无规律可循。从欢喜异常到落落寡欢，只需要一瞬间，这种巨大心理落差的原因，就是心灵自己也永远不会知道。以上的不见面，是一种多么奇怪的自尊心啊！但类似的细微心情感受，几乎就是主宰我们幸福的最重要因素，而你去翻遍康德的著作，他几乎从来不谈这个。难怪德里达最想问黑格尔和海德格尔的问题，是这两个大哲学家的性生活质量，这么重要的主宰人的幸福之问题，这两个家伙从来避而不谈。当然，德里达也不谈自己的，就此而言，卢梭和萨特更真实，因为除了是哲学家，他俩还是作家，真实的想象力就从自己说起，感同身受。所谓哲学治疗，首先是对自身感受绝对忠实的记录，把埋藏在心底里的秘密毫无保留地写出来与读者分享。别害怕，因为你至少是勇敢的，而且实在说来，谁敢说自己比卢梭更干净更天真，更不要说他对人性超乎寻常的洞察力了。卢梭才是无与伦比的，真正的人就要这样。

  卢梭是多么容易满足啊！但他也非常容易感伤。令人深思的是，这个绝对不适合具体管理国家的人[①]却最为清晰地描绘出近代以来世界政治文明制度的蓝图，多少彼此势不两立的天才人物都曾经跪拜在他的脚下！但还有尼采啊！是的，要是缺少卢梭和尼采这样的天才，人类真应该对自身的存在感到羞愧，但这两个人曾经的存在，揭示了人类心灵的崇高、伟大、勇敢、神圣。哲学治疗就是要揭示人类心灵的真相，在尴尬面前无所畏惧，不动声色，这是性格表面上忽冷忽热的卢梭的真实面目，这个热爱人类的人似乎在世俗生活中冷酷无情、缺少人情味，他躲在喧闹的人群背后，在自己的笔下活出自己的本色。

  自由意志不是超自然的，而是心灵中最自然而然的深层内核，它不为我们所知，但是却直接左右着我们的行为。写作不能远离生命，哲学家应

---

① 因为他天生不善于与人相处，甚至远离社交场合。他冷漠地对待别人的好意，疑心重。

该实践自己笔下的文字,这文字描述和分析正在哲学家心灵中以及他周围人群中和世界上正在发生着的事情——如此登场亮相的哲学家显露自身,这就是我所谓亲自性或者参与者的态度,他不是以旁观者的态度说话,这就是哲学治疗的基本态度与工作方法。这样我就有了突破,就像我混淆了艺术品与艺术评论似的。在什么意义上艺术评论本身成为了一件艺术品?我的回答是:当艺术评论本身不仅是在评论而且这种评论本身就是由纯粹艺术的语言所构成的时候,这就使艺术评论与艺术创作难解难分了,二者直接就是同一个过程。可以把艺术评论与艺术品之间界限的消解视为精神上的"化学反应"过程。就像我这篇序言开头说的,我既是判断者又是当事人,我把在自己心灵中和身体上显露的一切赤裸裸地端出来,这就是卢梭《忏悔录》的态度,判断在无形中变成了亲身感受,反之亦然,二者直接就是同一个过程。这种写作态度充满诗意,它没有诗歌那种讲究平仄的形式,但浸透着诗的骨髓,可以说它是哲学诗。这种"哲学诗"的概念破除了人们对诗的一个误解,以为诗是想象中虚构的产物,不是的,诗不是虚构,我把在自己心灵中和身体上显露的一切赤裸裸地写出来,这怎么是虚构呢?它比一切表面的真实还要真实,就像卢梭的《忏悔录》一样,是由赤诚真实的诗意句子组成的。这里所谓"真",不是指狭义上某个物理事件的发生,而是指内心活动中的真实发生,就像《尼采在哭泣》这本心理分析小说中虚构了大量尼采的对话,但那并不是纯粹的虚构,而是说只要我们在骨子里读懂了尼采,就会知道尼采完全具有说出那些话语的潜在可能性。所谓思想的原创性,不是照着说而是接着说。接着说,就是卢梭和德里达都谈到的"增补性",其中有无形的变异,因此是危险的,但这危险同时又是深刻的,它借用原来的思想力量,开辟了一条新的思想道路,就像我的本意是想评论某一部才华横溢的小说,但是我无意中竟然把我的评论写成了一部新的小说,我的文字既是评论也是小说,既是真实的又是虚构的,就像卢梭在《忏悔录》中有时真诚地说谎(说谎成为真诚的一部分),就像哲学思想充满诗意(诗是由具有哲学性质的句子组成的),就像阿波利奈尔[①]把诗词设计成图画的形状,并且把如此

[①] 阿波利奈尔(Apollinaire 1880—1918),法国诗人,剧作家,20世纪超现实主义艺术的奠基人之一。

"写成"的诗集命名为"美丽的象形文字"（Calligrammes），尽管他书写的其实是拼音文字。

换句话说，哲学治疗，就是让顽固的精神强迫症（我用"强迫症"归纳一切想不开的问题）起化学反应，这种思想上的化学反应解构一切永恒的真理，把乏味的天命或者绝望（我把"绝望"视为最典型的关注，也就是总朝向某个方向想问题的顽固倾向，这种倾向可以暂时地移开或者走神，但是永远一再回来）魔术般地变成希望与趣味，哲学治疗使 1 + 1 不再等于 2 而是等于一个任意的未知数。我所谓"精神上的化学反应"是我所理解的哲学治疗的关键词之一，"精神上的化学反应"在形而上层面上增补了弗洛伊德的"精神分析"或"心理手术"，给心理治疗增加了超越的维度。

始终如一的关注，这就是对精神强迫症的通俗描述。使人绝望的不是关注本身，而是关注始终朝向某个唯一的方向或者对象。这种顽强的意志在以往总是被视为人类神圣伟大的象征，并被总结为"为了某某而奋斗一辈子"的公式。但是，20世纪的人类终于发现它是精神上的真正乌托邦。这种僵化无形中给人类带来无尽的人为的苦难。它没有实事求是，如果不信你就始终盯住同一张脸，即使那是一张十分漂亮的脸，你实验一下你能盯住多长时间——在这个过程之中，也许你从好奇或诱惑开始，你说你感到很舒服很幸福，但是会不知不觉地感到没有感觉，开始疲倦，以致开始厌烦，如果你终生都没有将这目光移开的可能性，你将感到绝望。这个情节是我虚构的，但每个有生活经验的人都会知道我虚构了一个生活中的真实情节。

哲学治疗的另一个有效策略是借力打力，顺流而下但却使思想的激情拐到另一个方向，例如心理医生本来想缓解一个精神强迫症患者的痛苦绝望心情，但哲学治疗师的建议却是，享受绝望所带来的精神压力，不眨眼睛看坏事能坏到何种程度。常言道不撞南墙不回头，而这个建议就仿佛是劝人享受头撞南墙所给人带来的痛快，就好像文明礼貌是格调低下的俗气，反倒是不正经显得很好玩儿。凡是坏事都有一个高峰，即坏到彻底的程度，例如死亡。那么好吧，真正的思想，就从思考死亡开始，苏格拉底早就说过此言。怎么享受呢？绝望中有变异了的冲动与热情，最危险的时刻使人原谅了枝节的小事情小问题，而径直去做（而不仅是想做）那平时不敢做的事情。换句话说，对绝望的思考是最能出"学术成果"的时刻（这里没有任何虚伪的时间，人在内心深处不会自己骗自己），而时下我们的教授们由于日子过得太舒服了，怎么能逼迫他们思考绝望呢？严格说来，似乎绝望是终极的冲动，但是思考绝望或者说思考死亡，只有冷静和理性的态度才做得到。如果说这个过程有"借力打力"的话，那就是把初始时刻的悲痛与冲动，化为超脱的思考——这个过程也发生了精神上的化学反应。也就是说，仿佛自己在沉默思考的关节点上，不再是即将或将来的死亡的当事人似的。享受绝望的一种方式，就是要唤醒潜藏于心的神圣与崇高的能力，从而超越绝望，嘲笑自己的绝望。

任何不曾杀死我的东西，都能使我更加强壮——这是尼采能说出来的心里话。也就是说，精神强悍的前提是曾经面临绝望，或者刚从死神那里苏醒。绝望是考验和锤炼精神质量必须路过的门槛，犹如没经历过炼狱，上不得天堂。完整而高质量的人生是由痛苦而不是由快乐组成的。痛苦使人沉浸于思考，这时人是孤独的，就像每个人都得亲自死；单纯的快乐使人肤浅，这时人在与他人在一起相互取暖。人在与别人融为一体时，会丧失自身独一无二的精神品质、丧失自身的深刻性。与别人交流的真正益处，在于那时刻你的思想激情拐到另一个方向。你要对交流心怀感激，因为一切交流都是刺激你获得一种新的独享的最有效要素。从任何一个非常不起眼的刺激点出发，都能迅速分叉生长，直到发动精神冲动的新鲜氧气全部耗光，思想又开始寻觅新的刺激，与原来的分叉或平行或交叉，直到有一天，这些主干、枝干、分权交织在一起，组成思想郁郁葱葱的参天大树，精神的我在大树荫下仿佛拥有了整个世界。

弗洛伊德在与尼采的搏斗中必将败下阵来，因为他只处理可能世界的事情，而尼采朝向不可能的世界。换句话说，哲学治疗的大师比心理医生技高一筹。为什么呢？很简单，弗洛伊德毕竟是医生，他太相信逻辑与实证了（心理医生也是医生，而医学是一门实证科学）。当然，无论怎样，弗洛伊德的思想，是刺激当代哲学的重要一环。弗洛伊德诉诸于开诚布公的对话，而尼采的文字则像卢梭的《忏悔录》那样自言自语，但这类自言自语或者独白就相当于缄默的"对话"。对话并不拘泥于有着哲学研讨会那样的对话形式，对话的实质在于精神不断地拐弯，出现新的精神刺激或者假设，而思考者在不停地回应这些刺激与假设——享受纯粹的智力活动,把智力活动(或者明显的与潜在的对话)串联起来,虚构一些人物和情节,添加上某些日常活动,就形成了一部思想小说或者智力小说。

关于如何将最为悲惨的时刻转化为希望(这曾经是尼采对法兰西民族的赞赏),或者如何将绝望转化为希望,《尼采在哭泣》这部智力小说中描述了一个日常生活中的例子,我认为可以当成绝妙的哲学治疗的案例。死亡当然是最终的具有形而上学意味的绝望,但如果我们寻找"绝望"的同义词,或者可以把失去永远不会再回来的机会当成一次绝望,每个有生活经验的人都会回忆起自己的人生曾经有过这些大大小小的绝望。小说中的情节是:一个女护士深爱着一个已婚的医生,甘愿以身相许,而这个医生同样也十分喜欢这个护士,有一次,这个女人在一个私密的场合公开暗示自己的性渴望。此时此刻,这个医生出于道德违心地拒绝了,不仅如此,他还残忍地开除了这个护士。我在此不讨论其中的道德问题,而只是描述事实,从此屈辱绝望的女护士由爱转为怨恨,永远从医生的视线中消失了。后来这个医生后悔了。当这个医生对尼采说自己失去了这个独一无二的永远不会再来的机会时,尼采的反应令医生目瞪口呆:"去说不,同样也是个独一无二的机会!去对性掠食者说出神圣的'不'字,这个机会你把握住了。"① 尼采的反应具有多重意义,我首先想到的是,哲学治疗不是超自然的,它的作用无处不在,就发生在我们日常生活的感受之中,它以非正常的方式调整我们的心态。医生认为尼采显然对性饥渴的强度一无所知,但很显然,医生对尼采在这种场合说"不"的神圣性同样一无所知,医生只是隐约感到尼采这个神圣的"不"字里有某种有趣的东西。②

那么,这个有趣的东西到底是什么呢?它是机会的盲点,因为人们绝少有像尼采那样理解"机会"这个概念的。如果世俗理解的"机会"是机会的正面或者光明的一面,那么尼采在这里所了解的"机会"就处于"机会"的反面、黑暗面,这里有不曾被探讨过的原创性的有价值的思

---

① [美]欧文·亚隆著:《当尼采哭泣》,侯维之译,机械工业出版社2014年版,第198页。
② 德里达敏锐地察觉到,哲学智慧不仅在哲学著作中,只要是用语言表达出来的意思,就可能蕴含着智慧,例如小说、诗歌、剧本中显示的思想,不仅是有趣的、供人消遣的,而且还可能是严肃的,深刻的。即使康德那样的思辨哲学,也是想象和假设的产物。而德里达的态度,则是径直将想象与思想形象引入到哲学思考之中。

想，而且源源不断。也就是说，这个东西不仅是有趣的，更是深刻的，它因深刻而显得有趣，而不是外表上的有趣。人性的精神潜能有多么巨大啊！它是一个无底深渊。我可以接着尼采的话头说：尼采相当于回到了"机会"本身，没有什么光明与黑暗的机会，只是机会，就像新浪潮电影大师戈达尔说的，没有什么正确的画面，只是画面；继续说，没有什么正确的音乐，只是音乐；没有什么正确的选择，只是选择，如此等等。因为关于什么是光明与黑暗、正确与错误，完全是悬而未决的，因人而异，就像那些选择一生不结婚或不生子的人，他们的人生未必就比结婚生子的人更加悲惨。不婚者不生子的人生享受，是结婚生子的人所不懂的。既然你不懂，你在评论人家时就会说外行话，就会把自己的观点强加给人家。回过头说，回到了"机会"本身，就是回到了事情本身，但是这个事情不是指日常生活中的任何具体事情，它是一个抽象的事情，相当于一个纯粹概念。这个抽象的事情本身或者纯粹概念是人类思维抽象能力的体现，是否有能力创造出这个概念，是精神是否高贵的标志。原始人类是不善于创造概念的，原始人有许多感受，但是难以表达出来，就在于缺乏将精神凝聚起来的能力（因此需要被唤醒，要从蒙昧进化到智慧）。这种凝聚众多感受的能力，就是发明一个相当于概念的抽象词语。

　　文明与哲学的进化，使当今有知识的人头脑中装满了很多现成的概念，例如说"机会"（机遇），似乎谁都理解它是什么意思。但绝大多数人的理解，只是表面上的，他们其实并没有理解，因为没有往深了想。什么是"机会"的深度呢？那就是在多数人的潜意识中，都是从以上的"光明"视角理解这个词的，尼采给出了另一个视角，我不是说尼采的视角是正确的，而是说他的深刻性在于他认为事情本身的意义，就在于我们看待事情本身的视角之中。这个视角，就相当于事物的显现方式。这里有两个必不可少的要素，第一个因素是抽象的概念（事物本身、自在之物、本体世界，这是柏拉图的伟大功绩，就是德勒兹说的创造概念的能力），这是思考的基础。第二个因素就是思考概念的方式，这个概念如何显示出来（胡塞尔说是意向性、现象学还原；康德说是现象世界。转化成普通人的表达，就是思路）。在实际的思考过程中，很少有人会把这两个因素分离开，它们是混杂在一起的，思考的速度往往很快，几乎一蹴而就。运用这两个因素的能力，我们叫它智慧。

"机会的盲点"（我们知道了"机会"这个词在词典上的现成意思，但这个现成的意思与我们看到这个词在心里唤起的意思之间，几乎没有关系。也就是说，"机会"的新内容，有待于我们去充满它）——这个说法无意中与胡塞尔"现象学还原"的说法遥相呼应，此刻我是凭着直觉马上把它们对应起来的，但前一种说法要通俗易懂很多，即极少有人想到尼采说的那种机会，但悟性好的人会联想到"现象学还原"给了"机会的盲点"一个正式的哲学称谓，其中有着与"机会的盲点"一样振奋人心的丰富智慧，没有它就没有海德格尔和德里达，而尼采的重要性也就不言而喻了。

　　问题的关键在于，当尼采对医生说"去对性掠食者说出神圣的'不'字，这个机会你把握住了"的时候，尼采并不是在安慰医生，也没有在虚构，尼采道出了一个"黑的机会"事实。尼采真够残忍的，但是残酷的事实也是事实，而神圣的思考通常冷酷无情，却未必没有温度，它有超越的热情，犹如临死之前的思考。就像一部电影有这样一个镜头：一个死刑犯在被处决之前，刽子手要求他脱掉身上的大衣，死刑犯默默地把大衣脱掉，然后把大衣放在了一块干净的草地上，这个镜头虽然是残酷的，但令人深思，难以忘怀。它是一部电影中的情节，但它在现实生活中完全可能发生，它是事实，或者叫作"不是虚构的虚构"。

　　无论思想，还是心情、情绪，都是被很多临时的刺激点所激发的，只有敏感而智慧的人，才有可能迅速抓住这些刺激点，并且能像尼采那样使它们郁郁葱葱，生长成思想的参天大树。在这个过程中，思想是蹦蹦跳跳的（传统哲学所谓的"同一性"反而成为思想的障碍），不断有新鲜的思想涌现出来，"我"的同一性不见了，就像唐代诗人经常以女人或妻子的口吻写诗，那是因为可以吐露得更为彻底，并且在所爱的人不在场的情况下，实现了一种分享的效果，诗人变身成为了女人（这并不是虚构，在日常生活中，同一个人不也是时而以这种或那种身份出现在人们面前吗?）。这不仅适用于抒情，也有益于做一种心理的甚至哲学的治疗，例如一个人为某件事情而痛苦，甚至痛不欲生，他或她可以想象这同样的事情不是发生在自己身上，而是发生在别人身上，他会怎么劝慰别人呢？他劝慰别人的过程，同时也是医治自己心灵创伤的过程。这个过程并没有与别人真正的交流，这里的"别人"是设想出来的任何一个不是自己的人——这也是对话。一切思想，都是以或明或暗的对话形式出现的，只不过我们经常没有注意到。

　　如果我无法预测下一句话我会写出什么，这可能并不表明我"江郎才尽"，反而预示着我的心灵处于原创状态，蓄势待发。这就有了：当两个人彼此责怪对方没有人性（或者自私）的时候，真理并不在彼也不在此，而是双方对人性的理解不同，他们之间的争论将没有胜者，彼此都不可能被对方说服。这是人类全部冲突的一个缩影。那么，结果就只能是你干你的，我干我的。公平的社会规则或者伦理义务就是，一个人不能单凭权力强迫另一个人接受自己的观点，或者做他所不愿意做的事情。即使实际生活中充满着强迫和人们不得不接受各种各样的强迫，保护个人权利神圣不可侵犯的社会公德，就像是一座永远不会熄灭的灯塔。

　　尼采的态度是：你爱什么，你就被什么所奴役（这是概念呈现方式转变的一个实例），好黑暗的想法啊！但心底里会叹服尼采道出了真理，而我们只是口头上拒绝尼采的态度，在行为中甘心情愿地继续"受奴役"。当人们谈论爱的时候，尼采却把爱比喻为利爪。尼采没有爱吗？或者说当他说他为未来的人类写作时，他把希望寄托在未来的人类（超人：人性，太性性的），但我怎么觉得他只是爱抽象的人呢？如果尼采今天还在人世，我敢肯定，他仍旧对当代人感到失望。但是，也许有一点会让他感到欣慰，人们已经开始接受他的哲学了，新人类正在形成。这确实是新启蒙的开端，在我们以往的印象中，西方文化非常重视保护人的隐私，甚至在逮捕犯人时，第一句话先说"你有权保持沉默"，而中国文化似乎把私人和公共的事情混杂在一起，对家庭和家族的关注使国家就像一个大家庭，其消极后果是"活出自己"实际上被等同于对得起家庭、家族、国家，至于自己的纯粹个人兴趣和与别人无关的私人杂念，从来都被各种无形的锁链束缚着。如果没有西方文化的传入，心理治疗和哲学治疗这类概念和学科，很难在中国文化的土壤上发展起来（至于我们中国人有类似"心理治疗"的文化传统，需要另一本书阐述，超出了本书的主题）。但是，自从叔本华、尼采、弗洛伊德以来，可以说心理分析（或者"精神分析"）实质上是"哲学的儿子"，是哲学＋医学的产物，"个人（心里）隐私"成为一门被探讨的科学，而且已经取得了丰富的研究成果。我们首先是人，与西方人有着共同的人性，我们要重视这些成果。

也就是说，一方面要保护隐私，另一方面，又要从科学的角度分析纯粹私人的内心秘密。在这里，两者之间有着鲜明的法律界限。一方面要有界限，科学的诞生与"划清界限"有密切关系，另一方面，学科之间又要相互影响、互动。所谓哲学思考能力，我概括为把看似混杂在一起的相似的或者一样的东西分解为不一样的，反过来，又把看似不一样的杂多感性因素用抽象概念统摄起来。在这种循环往复的分析过程中，事情越来越趋向于复杂，这就是智慧的使命。

"去对性掠食者说出神圣的'不'字，这个机会你把握住了。"在这个令人惊愕的表达中，有着与肉欲不一样的激情，它是超越肉欲的、仅仅属于真正的人的激情，很多人终生都不曾有过的激情。真正强大的不是实现自己所愿望的事情，而是控制住这种欲望，自觉地说"不"，这才是自由意志的精髓，这是一种理性的激情，是比性爱本身更为神圣的事情。换句话说，意志自由的真谛不是去真实拥有所欲望的对象，而是返回意志本身。对此，卢梭说得更为通俗易懂："只有当华伦夫人不在场的时候，我才感到自己是多么的爱她。"倘若只受无意识的控制，这使人变成动物或者机器，能控制自己的无意识，这才是一个真正的人。换句话说，人的伟大不在于去服从，而在于去怀疑、去拒绝、去否定——其中有精神的拐点或者新的维度。

不被别人控制，不被任何人，哪怕是天才，也不要被这个天才控制，也包括不被自己内心的纯粹肉欲的魔鬼所控制。或者退一步说，即使人有时难免被控制，但是在被控制的同时，也要保持摆脱控制的清醒意识，正是这一点点清醒，使我们成为人。这同样的话卢梭也说过："我只听从我的内心。"这里的重心是"我的内心"而不是别人对我内心的影响。"我只听从我的内心。"这说起来容易，真正做到困难无比，首先你得有自己的内心。谁没有自己的内心呢？表面上看谁都有，但那只是表面上的"内心"，而我这里指的是仅仅属于自己的独立思想，自己的精神风格与气质，活出你自己。在这个意义上，倔犟是人身上最宝贵的品质，即使这在日常生活中会经常碰壁——所以我才说真正做到困难无比。得罪人？得罪就得罪了（该得罪的，早晚得得罪，无论你如何小心翼翼），而那些在灵魂深处与你有共鸣的人，你是打不跑的，无论他在天涯海角，无论你们是否曾经谋面。如果你能够超越个人恩怨由衷地赞赏别人，你就是真正的人。

我只能活一次，我要自己支配自己的一切。哪怕别人觉得我无用而且生活悲惨，但这碍着别人什么事？别拿自己的人生和别人比较，因为彼此的尺度不同。别人只是表面上懂而实际上根本不懂我是怎么样的人（即使我把内心的秘密告诉你，你也听不懂）。这并不是我自视清高，因为我也不理解别人的世界，不知道别人到底是怎样的人。这样，对别人的问题心不在焉，就不是清高、冷漠，而是实事求是，除非别人与我有心灵上的共鸣而刺激到我。对于那些世俗的问题，我视而不见、充耳不闻，或者以所答非所问的方式加以回应。

想象力是"非理性"的，解释是理性的，有办法协调二者吗？在这二者中，都可能弥散着快乐与激情、乏味与痛苦。想象是被创造出来的，自由想象是快乐的，就像普鲁斯特描述的"非自主回忆"。专注一点的想象是痛苦的，例如精神强迫症。想象以判断力终结自己，也就是给出某种解释。没有思考（或者判断）的想象力是盲的，就像康德说没有思维的直觉是盲的，而没有想象的纯粹思考是空洞乏味的。也就是说，想象总混杂着无意中的解释因素，而解释总是想象（假设是想象的一种）中的解释。

哲学治疗的态度，始终像是两个老朋友在一个私密的场合，泡上一壶茶，燃上一支烟，私下谈谈。这是它与"学术论文"的根本区别。学术著述是公开谈谈。但是，有生活经验的人都知道"私下谈谈"与公开场所能说出的话之间的区别。私下谈谈最好只有两个人，三个人气氛就不同了，而如果在场说话的有四个人，那就几乎等同于公共场合了。即使三个人或四个人之间的私人关系很好，还是与只有两个人在场的私下谈谈之间，有着微妙而本质的差异。这种差异是亲密程度上的，甚至陌生人之间也可能发生这样的亲密。这是一种很奇怪而神秘的亲密性，比如你要乘坐10个小时的火车，一个并不让你讨厌的人坐在你身边，第一个开口说话的属于有勇气的。这里可以用"我"和"你"描述这两个偶遇的人，一开始我会与你说一些类似"今天天气如何"的客套话。你与我之间有说话的欲望，是由于彼此都有需求，要打发这10个小时的无聊。亲密性是在说话过程中不知不觉加深的，而且我可能对你吐露我与最亲近的人都不会说的事情。为什么呢？因为没有压力和风险，下了火车我们各走各的，彼此今生今世再不会相见。

　　人喜欢交朋友，隐秘的动机，就在于这些"私下谈谈"令人心驰神往。当然，天才往往属于那些朋友很少的人，天才精神世界丰富，更喜欢自己和自己"私下谈谈"，也就是内心独白。耐得住一个人。哲学治疗，有着类似私下谈谈的效果。哲学治疗中的私下谈谈具有纯粹性，什么都不图，只是为了私下聊天而"私下聊天"，这很像是回到了柏拉图本色的对话。是对话，本色的对话只发生在两个人之间——发生在我与你之间，如果嵌入了一个外人，你对我的亲密性就会大打折扣，如同在称谓上"他"与"你"之间有着某种说不清道不明的距离，而你则不然，你与我即使在陌生的时刻也是亲密无间的，就像我在内心独白时经常去这样责怪自己："你怎么又这样了，太没有自控能力了。"哲学治疗不仅发生在私下，而且发生在你与我之间。你与我有密切关系，即使这种密切表面上看不出来，或者这种密切随时可能中断，但曾经的密切令人终生难忘，而且我对将来与我目前尚不知道的某个你发生密切关系，持有强烈的自信。谁会是这个"你"呢？你是我可能偶遇的任何一个不仅不让我讨厌而且在你我之间有着某种心灵感应的人，是说话投机，就像是火车上两个偶遇的陌生人。在茫茫人海之中，有很多我现在尚不知道的你。你支撑着我的幸福，给我以活着的希望，存在于我的幻觉之中。

　　私下谈谈与私人语言之间是什么关系？但难道真的有私人语言吗？似乎没有，可我觉得私人语言在如下场合是可能的，那就是在试图尽兴坦露内心的时候（无论是私下谈话还是独白）所出现的词不达意，不是不想说出来而是无力说出来，一说就说错但仍然在极力说。这种说不是为了解释，而是像精神呼吸一样，为了现身自己的精神。这种"说"是个人亲自性的直接显露，具有鲜明的个人风格。似乎语言不是为了传递思想，而是为了享受自己此刻的心情、语言直接沉浸于心情之中。

　　我所谓"你"不一定非得是某个人，一部好电影、我家养的猫、晚上即将电视直播的我期待中的篮球或足球赛、昨天我没有读完今天将接着读的一本好书、每天清晨例行的冷水浴、相信今天的写作中还会写出几段我满意的句子。这些都被我称作"你"，你是我生命的一部分，没有你就没有我。我沉浸于或陶醉于你身上。我在这些幸福的瞬间忘记了我，而你不知道你已经成为我。你是我的亲自性，你给了我活着的意义与快乐。你给了我偶遇的生命，而我也给了你新鲜的生命。谁也没有能力抢走我与你之间的亲密关系。一本厚厚的书重重而霸道地压在一本单薄的小册子上面，我觉得小册子在窒息，这太欺负你了，只要让我看见，我绝不能容忍，因为这情景让我感觉非常不舒服，我一定要把这两本书的位置颠倒过来，否则我就会总想着这事，无心做其他的事情。我认为在这里我的"颠倒行为"就是在进行自我哲学治疗的过程。是的，我似乎区别不出大事情与小事情，经常为了小事情而耽误大事情。我既抓紧时间又把大量的时间花费在似乎毫无意义的事情上。在别人看来我这样过日子，几乎等于每天什么都没有做，而我却觉得我过得很充实，因为我和我所喜欢的这些活生生的你在一起，至于别人是否理解这些，我真的不在乎。

于是，我给了你新的生命，"你"不是在词典上的意思，你有别的意思。比如，我说我爱你，是因为你是你。在这里，"你是你"不是同义反复，不是 A = A。前一个"你"的意思就是字典里的意思，可以在字典里查到，但是后一个"你"的意思，在字典里就查不到了。后一个"你"的意思，就像是一个幽灵，在我的幻觉中捕捉不到，却又在我眼前蹦蹦跳跳，时刻在我的脑海中萦绕着，挥之不去，就像强迫症似的，无论我怎么试图转移自己的注意力，你总是一再回来。你是美丽、你是才气，你是一个 X——就是某种任意的独特性，你身上那种无法与任何一个别人公约的因素（一部老电影《闻香识女人》）深深吸引着我。这些因素在你身上活灵活现，这使我即使在羡慕甚至在怨恨你的时候也是爱你的。我不能抽象而一般地谈论什么是爱，而只能顺着你对我的某种诱惑浮想联翩，跃跃欲试。

如果我在日常生活中感到某场合是无趣的，我会起身走开，就像调换电视频道那样迅速。我相信第一眼的直觉。是的，是迅速的准确性。思考的质量就在速度之中（反复的思考就像某样东西被第二次使用一样，因不再新鲜而丧失了些许魅力，又像某本即使有才华的好书或好电影好音乐，也要隔上好长时间再读再看再听，才会品出新的味道。思考的质量就在瞬间之中，快速抓住灵感，有就有，没有就是没有。懂就立刻就懂，要是不懂，无论如何冥思苦想，都不太可能懂。才华并非是用功"用出来"的），而不在于国人笃信的所谓"三思而后行"，因为在你的所谓"三思"之后，你的行为已经落在别人后面了，别人已经筑好了阻挡你的墙。思维的迅速敏捷——也就是出其不意，在别人还没有看清楚或者完全理解时，事情已经做完了（即已经写出了一闪而过的念头）。心思的敏捷性体现在随机应变、抓住机会。在快速反应中达到最佳效果，这才叫真正的智慧。思与行是同时发生的，思已经在行了，行意味着其中的思处于知与不知之间。如果我事先知道了结果，我的行为就没有滋味了。

哲学治疗的秘密在于，人类的很多忧虑来自从概念出发，而没有从心灵出发。从概念出发的好处是清晰，但是在效果上总觉得那阐述的东西与我无关，是我之外的某种东西；从心灵出发的坏处是往往词不达意，词不达意的语言模糊而不准确，看起来简单的表述其实隐晦而细腻，就像卢梭的文字那样。① 在这个意义上，哲学治疗首先是"治疗文字"：文字生病了，因为文字或者只是表面靓丽诱人，其真实的内涵空洞乏味，或者只在外表上是道德的，其真实面目猥琐不堪。或者文字看上去轻浮而不太正经，却隐藏着人生真谛。"治疗文字"是解释性的，但与传统哲学不同，作为文字治疗的解释，同时就是行为，或者说是改变我们内心感受的行为，是作为"精神手术刀"的行为语言。

如果缺少倾心交谈的人，如果不满足于内心独白，就把内心的不安写出来，我甚至觉得这是卢梭写《忏悔录》的动机。文字与仅仅停留在内心的想法之间，有一种奇特的区别，那就是如果念头仅仅停留在心思中，是混沌的，当我把它们写出来的时候，无论怎样词不达意，总是比停留在杂念之中要清晰得多。如果众多杂念相当于"它"，那我笔下的文字，则相当于你。我笔下生育出你。你的质量检验着我的生育能力。我此生的价值，在你身上获得了永生。这永生的痕迹是肉眼看不见的，我凭借直觉信仰它存在。我将我的担忧写出来之时，我的精神面貌发生了神奇的化学反应。也就是说，我暂时什么都不担忧了。我的全部注意力，都放在如何能更准确地描述我的担忧，这使我放下了我在写作之前所担忧的事情。我把担忧转移了，写作在移情过程中起了心理治疗的作用——我把原本具体的事情化成抽象中的幻觉，我自己诱惑了自己。

---

① 卢梭在写给一位朋友的信中说："如果您希望我们能相互理解，我的好朋友，那就要对我的遣词造句更加用心。相信我，我的词语很少是那通常上的意义；与您交谈的，一直是我的心，有一天您也许会明白，它不像别人那样说话。"转引自恩思特·卡西勒：《卢梭问题》，王春华译，译林出版社 2009 年版，第 12 页。

仅凭思想本身，就能诱惑人，你只要上了钩，下一步就由不得你了。我并没有强迫你跟随我的思想，我认为影响别人或者说让别人接受自己的影响是不道德的。但是我并不是让别人接受我的观点立场，其实我既没有观点，也没有立场。观点或所谓的立场，是由某些纯粹现成的观念组成的集合体，它们还没有登场亮相就已经是僵化的，因此和死掉了是差不多的。这些还没出生就已经死掉的东西怎么能诱惑人呢？为了诱惑你，我得有制造幻觉的能力，也就是催眠，不是真的让你空无内容地睡过去，而是使你醒着做梦、让你不由自主地感到眩晕，让你在听我讲话的同时想入非非。难道你不觉得想入非非的情景很迷人吗？你在着迷，你暂时忘记了世俗的烦恼。我再次声明，我不是在影响你，但是你活在世界上，每天总得遇到点什么吧？没有什么好的与坏的相遇，只是相遇。我的思想就是我的肌肉，你偶遇我的想法，就像你出门散步漫不经心地瞥了一眼随机看见的某样东西，就当是你看见了一处风景。思想的风景，也是风景。我只是你散步时在大街上偶遇的一个行人，如果你忍不住回头多看我几眼，那不是我的错，我只是凭着天真的愿望，写几句直率的心里话。我觉得写出自己就是活出自己，就像画家觉得画画就是活出自己。

现在是冬季，户外的天气很冷，而且乌烟瘴气，我指的是雾霾。在我写作时，总会莫名其妙地感到坐立不安，除非有我喜欢的别的消遣，否则我就会觉得是在浪费时间，只有在下笔时心里才是踏实而洁净的，不正经的想法也是洁净的想法。我反对"不正经"和"说话不得体"这类说法，因为这类说法都相当于某种评论。你应该先看风景再做评论，就像医生要先看病，再做诊断一样。如果在视觉感官舒服的情况下，你却说风景不正经，你就言不由衷了，因为此刻你没有用你的心说话，你只是在用概念说话。我说的思想风景相当于思想电影，而不是思想的照片。思想的电影是到处都有眼睛的思想，不同的眼神透露出生命的千姿百态。如果一本书处处有不一样的思想风景，就像思想的蒙太奇一样，那就比较耐看。如果一本书只是把现成的概念以教训人或者命令人的方式串联起来，那就相当于专制的思想照片，只有一种表情，话说得再多，也是面目可憎的！

思想风景与自然景色一样，类比康德的说法，有的自然风光是美丽而令人愉悦的，例如正在盛开的花朵释放出迷人的芳香，愉悦着人们的视觉与嗅觉。但这种温馨只是令人感到惬意，真正激动人心的是危急时刻，以至于恐怖而令人绝望,其中含有巨大的热情、让我们泪流满面。康德列举的例子是面对海洋(尤其是第一次看见大海的人,暴风雨来临前的海面、波涛汹涌的巨浪),以此类比,站在山巅之上控制不住跳下悬崖的欲望、想象一下没出生之前的自己(具有潜在的降临人世的可能性)和死亡之后的自己(永远的消失和被遗忘)、绝对的虚无、无依无靠的孤独感。所有这些,并不是我们生活中的稀有之物,它们只是被我们视之为恶而有意回避了(就像我们听到某个人死了,死只是对死亡者本人才是真正绝望的事)。这些危机时刻在我们身边却经常与我们失之交臂,我的意思是我们总是把意外看成是坏事情,说它们是"事故"。但实在说来,意外是创造真正历史的时刻,是原创性思想发生的时刻,这使我又一次想起以上尼采说过的话:"去对性掠食者说出神圣的'不'字,这个机会你把握住了。""意外"与"突然"在词义上相互增补。

  危急时刻使我联想到革命。"革命"这个词久违了。声称要"告别革命"的人,有意无意地回避了思考精神上的危机时刻,我相信尼采会鄙视这种懦弱的行为。也就是说,"告别革命"的人选择了舒服,而舒服或者只想着舒适,在某种意义上是平庸的另一种说法。我宁可选择磨难,磨难不一定非得有枪林弹雨。萨德曾经发动了一场性行为上的革命,他让性爱中身体的疼痛与极度的快感分不清彼此,痛并快乐着。一个更正经的说法是,参天大树在成长过程中,要经受电闪雷鸣般的考验。革命时我们喊叫,但是要真正由于痛快而亲自参与创造自身与人类的历史而呼叫,而不能像妓女那样,本来是为了钱,却装作在享受而呻吟不已。装出来的呻吟也是呻吟,但是这呻吟中的快乐在另一个角度上却是真实的,我认为对妓女的哲学治疗之最有效的办法,使其服务质量高的最佳办法,使其呻吟成为真实快乐的办法,就是在这个时刻多想想钱。钱和性一样,都会使人感到快乐得要死了,尽管前者属于异化,后者属于原始的野性。只有在危机的渴望状态下,才可能爆发性的高潮。因此,极端的"舒服"应该被读作"危急",其他事情是否也是这样呢?我以为是的,在没有战争的和平年代,当代人发明了各种各样令人眼花缭乱的极限运动,就是要享受紧张刺激或者危急。

  但是,有的危机只有凭借敏锐的悟性才有可能察觉,例如语言文化方面的危机,在这方面我们不是要等待危机,我们正处在危机之中而不自知，或者自知但却麻木，得过且过。

率性的写出内心流动着的念头，先不管正不正经的问题，先不做诊断，相当于秘不示人的隐私，这有一个好处，那就是会在不知不觉中暴露出你自己是怎样一个人，而实在说来，你自己并不清楚自己到底是怎样的人，你只是自以为知道。在我看来，俗语所谓"旁观者清"是胡扯，黑格尔临死时说没有一个人是真正理解他的，但是他理解他自己吗？如果换成卢梭更能说明问题，因为黑格尔清晰透明地设计自己的思想体系，而卢梭在强调"确定性"的启蒙时代，就已经超越了自己所处的时代，发现了不确定性在人类心灵中的位置。卢梭说自己所使用的词语经常不是通常的意思，实在说来，他自己都不确切地知道自己凭着直率而天真的心情写出的文字，到底是什么意思或到底有多少晦暗的意思。但是，与其说这表明了他的才华是有限的，不如说显露了他无限的智慧魅力——意犹未尽，常读常新。

不同时代的人在读到或者写出同一个词语时，想到的却是不同的意思，这个变化是缓慢的、是不知不觉中发生的。只有像卢梭或者尼采这样有超越自己所处时代和社会环境的天才，才具有哲学上的真正的一词多义的思考与写作能力，他们在词义的暗处思考，他们的思想在危急中迸发，海德格尔把真理比作闪电——瞬间划空而过，那光明聚集着极大的精神能量。这很像是冲动下的吼叫，具有瞬间的准确性。陌生人通常总对你彬彬有礼，而那当面跟你开玩笑的人，是你的熟人、朋友、亲人。瞬间划空而过，就像尖叫能释放压力。两个没有精神共鸣的人只能在远处相互理解，而难以相互欣赏。找乐子，两个没有精神共鸣的人并不妨碍彼此之间有乐子可找，因为彼此都有对方所没有的东西或者能力，这使到处都是的危机瞬间就可以变成到处都有的乐子，生活仍旧是值得过的，尼采还是太天真了，他的哭泣可以直接成为快活的尖叫。可以疯，但不要真疯。人能控制自己不做自己所愿意做的事情，这并非一定就是清教徒；人也能控制自己做自己所不愿意做的事情，这也并非一定意味着被他人所奴役。人是捉摸不定的怪物，人心是一个黑洞，这并不令我失望，倒是使我兴趣盎然。如果我彻底看透了一个人，总是能猜对其下一步的言行，我就会对此人失去兴趣。就像看一场球赛，事先知道了比赛结果还有什么意思呢？没有意思，因为不再精彩。

缺少抽象能力的人，其快乐停留在事情的表层，只能就事论事，联想的能力有限。联想的能力强，抽象能力随之亦强，既把看似没有关系的东西，看成有关系的，又把看似一样的东西，分解为不一样的。在这个过程中，不得不创造出原来没有的词语，思想的词汇不知不觉地复杂起来。这决不仅仅限于概念思维，艺术更是这样，当代艺术越来越抽象化，意象越来越融进思维的因素，如果追溯其直接的源头，它起源于象征——这与语言有直接的关系，发迹于19世纪象征派诗人波德莱尔、马拉美，波及印象派绘画，然后是超现实主义艺术——象征就是超越具象，艺术在抽象中像一匹脱缰的野马，任性地横冲直撞。艺术早就超越了自身原有的界限，而叔本华、尼采、弗洛伊德无意中促使哲学艺术化。与此同时，无论艺术还是哲学，都迅速地生活化。外观或者装饰，成为心灵的直接现实。

幻觉—梦幻与象征之间关系密切，它们都有抽象化的特征，但是与概念不同，象征是有形象的。象征的抽象性就在于象征的形象是意念中的，不是原本就存在于自然世界的，这很像是盲人摸象，会把触觉感最强烈的部位，当成象本身的模样。界限在这种超越自然的想象中，不知不觉地被跨越了，盲人心目中的大象是艺术之象。

还有，相思尤其是文人身上的一种特有疾病，它最基本的特征，就是变形的想象，也就是象征，它把所思恋的对象，变成了与自己亲近的任何别的东西，从而使本来没有生命的东西变成有生命的了，至于这些东西究竟是什么，那就因人而异了。

想不开的人，做了妄想的俘虏，而想得开的人，觉得自己的妄想很有趣。当他沉思这种有趣的时候，他从相思者变成了哲人，因为他从当事人变成了评判者。自己与自己保持距离，理性的态度就是这样。并不是所有的相思者都能达到这样的高度，这需要高贵的修养，它纯洁我们的人格。无论景色多么美妙，都需要语言，因为只有理解了的东西，我们才能更深刻地感觉它——这正是康德的思想。但康德把"理解"当成概念本身了，概念的意思，已经被完成了。概念是靠讲道理使我们心服口服的，这诚然不错：你的死亡意味着你已经不在了，而你活着的时候，你还没有死，因此死与你之间有着永远不会见面的巨大鸿沟，死对于你来说是一件根本不存在的事情，所以，你没有理由在你活着的时候恐惧对你来说尚不存在着的东西——这是哲学家讲道理的典范，它在逻辑上无懈可击，你必须承认它说得很有道理。但是，道理本身并不能解决感情问题。这就是哲学的界限。这个界限表明，如果哲学止步于讲道理，那么它的深刻性有限。换句话说，我知道上述的道理，但我临死时仍旧感到恐惧。任何语言上的意思，无论是来自哲学还是来自宗教的安慰，事实上都无法平息我对死亡的恐惧。

也就是说，哲学必须超越"讲道理"这个界限，而为了实现这一点，就得以治疗语言的方式"超越语言"。语言是一座迷宫，语言什么都不是同时语言又是一切。语言是必须被超越的，但语言又永远无法被超越。语言魔法无边，语言以变态的方式一再返回我们内心的最深处。因此，我不得不修改我的说法，语言可以被治疗，但永远无法被超越，因为语言是人类存在的家。无论人流浪到哪里，到处都是家。所谓治疗语言，就是制造这样一种幻象，即语言已经被我们超越了，我们不需要语言而获得了语言所无法言明的理解，这是精神上的珠穆朗玛峰。但是，在攀登这座世界最高峰的路途之中，我们要经历思想上各种高难动作，要完成这些动作，除了语言，我们再无其他的攀登工具了。哲学家和文学家一样，始终是"语言工作者"。这同时意味着哲学家的软弱无力，20世纪中叶以来各种"哲学已死"的说法，并不是字面上的意思，它是叔本华、克尔恺郭尔、尼采、弗洛伊德、海德格尔、德里达等思想巨人发起的，它将思想之剑转向了以往哲学上的"不可能性"：悖谬的思想，这就是虚无的"意思"。所谓不可能性，朝向悖谬。例如虚无的意思并非一无所有，而是因荒谬从而显得不可能，这就是哲学家已经开拓的新领域，它使不可能变成可能。它没有停留在康德为哲学所划定的界限，没有把康德不能用理解力所解决的问题，留给宗教，而是攻占从前由宗教所盘踞的地盘。不是说哲学变成了宗教，也不是说宗教变成了哲学，而是说哲学与宗教都不再是自己原来的模样，两者之间的交融形成了一种不曾有过的思想趋向。

于是，哲学开始这样解决问题，它超越伊壁鸠鲁关于"人的存在"与"死亡"之间互不存在的鸿沟，因为伊壁鸠鲁并没有真正解决问题，他只能暂时缓解我们对于死亡的恐惧，但如上所述，人在内心深处清醒地知道，即使在道理上认同伊壁鸠鲁的说法，我们仍旧恐惧死亡。那么，问题出在哪里呢？就在于即使我在死就不在，死在我就不在，但是，死对于我来说仍旧不是一件不存在的事——这个结论是从以上前提推论不出来的，它在逻辑上是不对的或者是荒谬的，但它在心理事实上是对的，即我仍旧感到恐惧——这就是在我面临死亡的时刻所感受到的实实在在的事。逻辑不能解决恐惧的问题，究竟逻辑是真理，还是我这里所谓"实实在在的事"是真理呢？于是，产生了不可能的事情，即存在着关于"恐惧的逻辑"，它是一种不可能的逻辑。而恐惧或者绝望，并不是我刚刚指出的"精神上的珠穆朗玛峰"，要登上这座高峰，就要真正超越恐惧，成为超人，也就是治疗绝望。弗洛伊德认为，绝望是无法医治的；而尼采却认为，绝望是可以治愈的，他的《查拉图斯特拉如是说》就试图攀上"精神上的珠穆朗玛峰"。尼采的"上帝已死"也不是字面上的意思，而是说，"上帝"再也不能以从前的方式存在了，因为"超人"的思想攻占了从前属于上帝的地盘。神圣性仍旧存在，但是超人取代了从前上帝的位置，代替上帝思考。即使尼采的追随者们之后很少再谈论超人（就像弗洛伊德的著作中极少谈及尼采），但他们都在探讨超人的思想，即那些不可能的思想、悖谬的思想。

令人惊讶的是，从此这使得哲学从天上降临人间，哲学开始"食人间烟火"，它关心人类生命的质量。哲学不再是课堂里的知识，而是与我们的日常生活息息相关，与其说从此哲学真正开始指导我们的日常生活，不如说哲学变成了生活方式本身，哲学是活着的艺术。以思想艺术的方式活着，使"艺术"不再是字面上的意思，艺术与哲学、艺术与宗教之间的界限被人类的热情融化了，被自由意志融化了。

以往的哲学家只是以各种方式解释世界，但问题在于改变世界——马克思的这个说法充满哲学智慧，但可能要从哲学心理学的方向加以补充说明，马克思指向的是改变社会制度的方向，一种"武器的批判"，但也许心理素质领域里的革命同样重要，制度的变革与心理的变革相辅相成，互为因果。哲学永远无法逃脱"解释世界"的迷宫（就像哲学无法超越语言的迷宫一样），但这并不令人绝望，因为"解释"和"语言"一样不是字面上的意思。有对于"语言"的治疗，就有对于"解释"的治疗。解释的不可能性仍旧是一种"解释"，但这使得"解释"一词被超越了，解释变异为激进的心理治疗手段，如同进入超人阶段的人仍旧是人、不可能的人仍旧是人，但已经成为一种新人，人类再也不会以从前的方式生活了，与其说这是手机互联网等物质生活方式的变化所带来的，不如说是心理领域里的革命所带来的，因为人类历史总是人创造的，人无论做什么事情（包括发明创造），总要首先想到，才有可能实现之。21世纪的哲学，就是要站在"精神的珠穆朗玛峰"高度，创造性地想到以往的哲学家所没有想到的事情。在这里，与其说是使人类从此脱离世俗的动机与快乐，不如说是不动声色地在心理上如何使身心所沉浸其中的世俗生活变得深刻神圣，成为我们值得过的生活。这仍旧是理性的，但已经不再是从前的哲学家所说到的"理性"。

这种新理性告诉我们说，要去爱那些真正值得爱的事情。问题并不在于抛弃幻觉，而在于抛弃幻觉中的那些建立在偏见基础上的固执。以往人类的各种冲突，就在于太相信自己相信的各种所谓"应该"了，而没有直面这些应该的反面或者"不应该"，倒可能是真正会唤起我们的热情、给予我们快乐和幸福、值得我们去做的事情。

例如，当我们觉得自己很自由时，却不知真实的情形是我们正在受奴役。我们受我们所爱的事和所爱的人的奴役，把自己的身家性命都交付出去，而一旦那被我们所爱的东西原本就是一场靠不住的欺骗，即发现其真相是不值得我们去爱，那么绝望的时刻就到来了，因为我们几乎将自己的一生托付给那东西，我们误将原本不是自己的东西当成自己的，我们为我们固执的无知付出了无法挽回的代价。

新理性告诉我们，思想仍旧是我们的生命之本，但我们完全有权利不再像从前那样想，我们要顶着绝望想那些从前不敢想的不可能之事，于是，黑夜中瞬间现出了光明。

不是说不要爱或者不要自由，恰恰相反，要彻底释放爱或者自由的全部可能性，而很多爱或者自由的可能性，在以往我们出于固执的爱憎观中，是不可能的。痴迷和精神强迫症很相似，即使有出于爱的痴迷之强迫（一种魔力）和痛苦的强迫（例如，一个动过手术的病人总是怀疑医生没有缝合好自己的伤口）的分别，精神只注意一个方向而不能转移，就会失去享有别的世界的机遇，要学会从中跳出来重新审视别的方向的可能性——新理性这样告诉我们。固执的痴迷相当于把某个瞬间的美好化为永恒，这是在浪费时间，相当于一天等于全部的日子。但真实的情形是，永恒是由性质不同的瞬间组成的，而日子并非周而复始乏味的重复，我们的感官每天享受的风景都不一样，这才叫过日子。

哲学治疗与医生在诊室里医治病人不同，后者所针对的，总是具体的病例，是一种实证的问诊与特殊的治疗过程，而哲学治疗适用于所有人，并不针对某个具体的人。也许有人会反驳我说，医学也适用治疗所有人，但我要回答，这是两种不同的所有，哲学治疗所指的"所有"存在于形而上的灵魂世界，医学治疗所指的"所有"是自然科学意义上的，这就像一个病人的身体在真正的医生眼中只是活生生的生命有机体，男女裸体中所唤起的色情念头，与医学没有丝毫关系。色情可能与绝望和死亡的念头有关（它们都只与人类有关，动物不拥有色情的、绝望的世界），但是这些念头都超越了医学有能力管辖的范围。哲学治疗师以语言治疗所有潜在的人的心灵创伤，但是真正的哲学治疗师并不挂牌营业，而是像卢梭和尼采那样只治疗自己的心灵，卢梭的《忏悔录》是一种自我救赎，尼采的《查拉图斯特拉如是说》也是，它们首先是写给自己阅读的，但是它们无意中与别人的内心产生了共鸣，也就是沟通，使别人心动。有的男人或女人，他或者她的精神气质或者其作品，就是有这样的魔力，你只要看上他们一眼，或只读其作品的一页，就会被迷住。这与他或者她无关。但无论怎样，这里提供了两个原本没有关系的世界之间的鸿沟被瞬间跨越的例子。在更多时候，这种跨越是不对称的，即不是相互拥抱，而是自己在任意别人那里引起共鸣，而引起者自己却是永远不知道的，这不但不会使后者失意，而是永远心怀渴望，充满永远不会实现的幸福。

这能极大地拓展我的心胸，转移存在于自身中的烦恼，宽阔自己的视野，从而投身于永远不会被任何人抢去的幸福，因为只要有想象的能力，这些幸福就会永远存在于我的心中。与其说幸福以实物的方式去占有，不如说幸福是一种永远的好心情。要有好心情，就得保持这样一种心理状态：满怀喜悦地渴望点什么。我这里说"点"，是说一个姿态、表情、眼神、怀着某种口气说一句话，就足以使我心满意足。室外有严重的雾霾算不了什么，我的心情仍旧很好，我有能力自己制造供我呼吸的氧气。永远在世俗生活里失意算不了什么，只要我内心没有丧失自信就可以了。

保持自信的办法绝对不是固执己见，而是内心有着在外人看来眼花缭乱的"鬼点子"，或者说得更光明一些，有无限的智慧魅力，而这种魅力是美丽的。只有对思想本身有共鸣的人，才有能力识别和感受这样的美丽。这不是容貌上的美丽，而是劳动本身的美丽，思想本身既是艰苦的又是诱人的。但是想想吧，以下哪一种情形更会使你感到幸福：你欺世盗名，在别人写的一本才华横溢的书稿上署上你自己的名字，好像那著作果真是你写的；你经过辛勤思索和笔下的耕耘，终于完成一本可以传世的佳作。答案不言自明，艰辛的劳动所收获的喜悦，才是由衷的。

我借用伊壁鸠鲁的思想力量，得出"死对于我来说不是一件不存在的事"这个结论，这个结论是他所不赞成的，但我很感激他，是他唤起了我的这个念头，他已经说得非常妙、非常富有哲理。阅读哲人的经典经常使我心潮澎湃，把我的阅读感受写出来，怀着热血沸腾的心情书写。这样的读与写，成为我的生活方式本身，仿佛我不是活在现实的当下的世界，而是活在不同时代的思想者所敞开的世界。我与这些伟大的思想天才倾心交谈，领略他们的精神世界。当我不同意他们的思想时，首先是建立在同意基础上的。死对于我来说是存在的，但这是一种多么奇怪而神秘的存在啊！这是等同于虚无的存在，而当我把虚无称作"存在"的时候，"存在"一词必须被打上引号，以表明它是一种不同于存在的"存在"：我们不可能知道它把握它，但自从人类脱离野蛮状态之后，它就成为人魂牵梦绕的核心问题。作为精神的疾病，关于人必须死亡的想法在令人永远感到恐惧的同时，更使人思想勇敢、健康，因为它能使人超越精神的疾病。

也许我们生活中渴望的多数事情不可能实现，但是死对于人来说一定会实现，在这个问题上人人平等，在这个时刻人与人之间有着终极意义上的情感眷恋，即使是发生在陌生人之间。对于人来说，死以什么方式存在呢？我们真实地谈论对我们来说尚不存在但一定会存在的命运。现存的事情中，很多问题有被解决的希望，但是"解决"这个词不适用于死亡，死亡不可能是被解决的问题，你"想它"是没有用的，但是你不得不想。虽然可能暂时不去想，但关于自己要死的顽念会一再回来纠缠你的灵魂，它强迫你不得不正视它。就此而言，每个人都有精神的疾病，这个疾病叫作绝望。从死亡、绝望、废墟出发思考，这思考属于具有艺术与宗教气质的哲学。"死亡"作为存在，不是"存在"一词字面上的意思，尼采洞察到了这个事实。很多学者认为尼采的哲学是一种修辞学或解释学的思想，这个说法只是从表面解读尼采。尼采说的不是语言或语义问题，而是精神的事实，不能用所谓"语言哲学"代替精神的事实，因为后者比语言本身更为根本。尼采所面对的问题是：那些不存在的"存在"是如何可能的？更高级的精神气质是如何可能的？

例如，学者们经常抱团取暖、互相吹捧为"大师"，而这些"大师"的真正名字，叫平庸。这是修辞的问题吗？不是，修辞不是夸大就是缩小事实，而当我说这种现象叫作"平庸"时（这就是我所谓"语言治疗"），可以说是戳穿了一个简单的事实，恰如其分、实事求是。语言要达到这样的境界，它与事实完全一致，以至于显得多余，就像事实本身直接呈现在我们面前似的。

哲学治疗手册，是与人类真正的忧虑周旋，可不是仅供消遣的轻松读物。消遣只是停留在精神的浅层次，其标志就是说出的话语，就是话语字面上的意思，文字让你注意什么，你就呆板地听文字的话，就只是简单地注意并且相信文字告诉你的事情，似乎深刻地领悟完全是一件多余的事情。领悟与走神相关，例如当我们看见俗不可耐的事情，走神就会自然而然的发生，我们的思绪到了别的地方，我们会想到事情为什么会俗不可耐？这个时刻，我们就走到了深刻的大门口。当一个人不礼貌地反常地对你发无名之火，你不必过于认真，他是在迁怒于你，而将其发火的真正原因深深隐藏起来，那才是病因。如果人缺乏深刻的思考能力，就会发一些浅薄而平庸的议论。

我们沉浸于平庸的事情上，日复一日，我们不能不这样，因为无聊或者无所事事比平庸更为可怕，因为彻底闲暇不被某件事情所占据时，我们会想到自己——孤独，这是比平庸更为可怕的事情。一个人是否不平庸，在于他是否有能力享受独处的快乐。平庸的学者认为只有被欣赏者簇拥着、忙碌地奔赴不同的飞机场和演说大厅，才会点燃他们的热情，而独处的热情是不可思议的，因为这时没有与别人在一起，没有交谈、没有聚餐、没有周围的掌声，自己对自己的热情是匪夷所思的。

我却认为，以为与人在一起才有热情与幸福，是精神怯懦的典型特征，而有能力享受长期独处所带来的快乐，这样的人才称得上勇敢——可以说这是返回了本色的人，即我以上反复提到的人的亲自性。对于人最有意义的事情，当然也包括维持自己生命活着的首要条件，都必须个人自己亲自参加（劳动创造与享受），这与周围是否有别人无关。可以有别人在你身旁与你共享美妙时光，但这并非必要条件。任何人，无论是对你多么亲密和爱你的人，都无法代替你。这与友谊无关。这种无法代替是最严酷的事实。需要友谊、希望有与别人共享的机遇，但这不是绝对必须的，我不要依赖它，它不是我呼吸的空气，不是我维持生命的必要条件。

我为什么强调人的亲自性？因为亲自性从学理上解释了独处的实质。这就像人的孤独感一样，在身居闹市、周围都是人的情况下，你仍旧会备感孤独，不被世人所理解，这就是你的"亲自性"在发挥作用。人在做某件事时的走神，就是自己的亲自性在出场亮相。这些情形，不是在我们的日常生活中偶然发生，而是时时发生。我寻找与我有瞬间共鸣的你，在这个瞬间你是另一个我，而在这个瞬间之后，你成为别人，似乎有了距离与陌生。无论是我觉得你陌生还是你觉得我陌生，并不重要，重要的是陌生感一定会发生（这更加凸显了你与我之间瞬间共鸣的珍贵），这不是不道德，无视自己的亲自性才是不道德的。

独处或者享受孤独，已经不再是一个学理上的问题，而是"老年社会"的严峻事实。但是说"严峻"也许夸张了，它只对平庸者来说才是严峻的，而对真正的哲学家来说，可以说是回到了哲学的故乡——如果关于独处或者孤独感已经被想象出的例子，就是漂流在孤岛上的鲁滨孙那样的极端情景，可以说孤独是一种使人绝望的"恶"，对于别人来说鲁滨孙已经"死了"，他再也回不到有人类存在的地方，这确实令人不寒而栗。生命中注定不再有别人的可能性，这使鲁滨孙成为一个新人——虽然他有人的灵魂和思维能力，但他得学着像原始人那样生活，不靠别人，自己亲自安排自己的一切，他得重新成为一个"动物"：嗅觉要灵敏、肢体要强健、独享自己的娱乐，衣、食、住、行还有性欲，一切都靠自己了。不寒而栗的孤独感，我不是在说鲁滨孙，而是现实中人的现实生活，狄德罗与卢梭分手的原因、友谊不再的原因，在于卢梭那赤裸裸的拒人于千里之外的态度。在卢梭面前，狄德罗觉得就像是在地狱面前。卢梭是孤独的、叔本华和尼采也孤独了一辈子。高处不胜寒，中国古代圣人和极具才华的诗人们也恐惧孤独，在他们笔下孤独是一件凄惨的事情（诗人们靠写作来排遣孤独）。

能享受独处与孤独的人，具有魔鬼与神的双重精神品格，它像虚无，不啻于死亡。与孤独打交道即与死亡打交道，享受孤独即享受死亡。因此，死亡以孤独的方式对我"存在着"。但是，这并不令我绝望，我并没有真死，我死去活来了，因为我有能力像鲁滨孙一样获得新生，我随时有能力被自己某个莫须有的念头激动起来。我有享受心情的能力，而且易如反掌。纯粹的孤独像是自杀，当加缪说"真正的哲学问题就是自杀"时，这句中的"自杀"不是字面的意思，而是说绝望，也就是荒谬，无法与人沟通。

　　孤独并不令人绝望而使人获得独一无二的享受，这种独有性就在于只有在孤独状态下，我才具有纯粹的魔力与热情。这热情中的魔力是自己产生自己的，自己对自己感到着迷。这是自恋？是也不是，说其是，在于供自己的精神所呼吸的空气，永远是自己制造的。说其不是，在于这种所谓的"自恋"并非只把目光盯住自己，而是忘我的。在这种自恋中，"我"已经没有意义，沉浸于随机相遇的、自己渴望的任何因素之中，在瞬间这些因素直接就是自己活着的理由，这些因素就是我的变异形式，就像我现在的文字。也许我的日常生活是呆板的，我的衣裳是灰色的，我的居室是凌乱的，但我的文字活灵活现，变化莫测。你不读我的文字，就不懂真正的我，不知道我的真正价值。

　　一切激情，都在瞬间产生，尽管出现和消失得极快，却令人难以忘怀。孤独并不象征着厌世，而是对生命满怀眷恋、对生活充满感激。孤独者只是不愿意将时间浪费在平庸之辈身上。孤独者活着只为了寻找知音，与知音共享生活中的精神，精神中的生活。沉浸确实是瞬间的，但可以有各种各样的沉醉，也就是性质不同的瞬间。神情投入与溢出、再次投入与再次溢出，这过程延长了黑夜之中闪电的时光，使我与你在漫漫长夜中也能永享光明。我孤独而又不孤独，这一切都是由于有了你！我爱一切初生的生命！没有我的创造性力量，我不想到这生命，我不劳动，这生命就不会诞生。

　　一件看似十分平常的小事也能给人莫大的渴望中的幸福。康德刻意每天只吃一顿饭，仿佛如果一日三餐，饭菜在香甜程度上就会大打折扣似的。机会少和某东西少的道理是一样的，我的意思是说那会显得非常珍贵。每天下午，康德早早就开始盼着这全天唯一的大餐，看他吃饭的人虽然自己没有亲自吃，似乎已经获得了享受。当我们以高贵而非平庸的眼光看待虽然是日常的但决不会以相同的方式再次出现的事情时，就进入都德小说《最后一课》的情景，这是绝望时刻的珍惜与留恋、临死之前的念头、生命中的危急时刻，无论它是什么，它再也不会回来了。它是最后的印象，这就是为什么人们用了那么多美丽而残酷的文字与歌声，抒发别离时的感受、生离死别。

热情是无前提的，对真正的热情而言，不存在"不应该"的问题，就像对一位真正的哲人而言，住什么房子都无所谓，可以忍受任何过日子的方式。在任何恶劣的环境下，哲人都有自由释放自己生命热情的能力。别害怕压力，压力就是供给生命活着的氧气，安逸本身（"一成不变"或者"了无新意"）就已经是压力，否则那些"亿万富翁"为什么要冒着风险去忍受大自然的残暴？要懂得生命首先是与自己搏斗。《最后一课》所描述的危急是普通人都能意识到的，但是普通日子中暗含的危机往往我们视而不见、意识不到。这些危急时刻同时也是机会，因此智者绝不会忽视小事情。要善于给自己制造心动的机会，要发动史无前例的事件，这些事件就像把一块石头扔进安静平淡的河水，会波及我们想象不到的地方。那些偏僻的角落会感激这块石头与波澜，因为这些角落已经无聊得要死了。毫无意义，与其无聊得要死，不如快活得要死。人总是要死的，但是死的意义是多么不同啊！

在很多时候，"逃跑"就是解放自己的唯一方式。我说的是"逃跑"而不是自杀，虽说自杀是解脱的终极方式，但那样的话，创造自己活着的价值的机会就没有了，而"逃跑"是为了抓住这样的机会。

以上情形，与象征密不可分。象征是思维中的感受，感受中的思维，它认定真实并不存在于似乎逼真的事实之中。象征就是隐藏在事实之中的意义，这些意义只有在我们想到它们的时候，才会存在。因此，意义是被创造发明出来的。所谓虚构，就是在从事发明创造——无论被虚构的是思想、事件、还是故事情节。象征具有一种超人的力量，而创造这种力量的能力，原本就潜伏在我们身上。我崇敬任何人身上的灵光一现，它既美丽又残酷，我需要的是震惊，魔力需要黑暗与神秘。我或者你不是一块石头，石头有本来的样子，而我和你是别人眼中或者印象中的样子。这些样子可能不准确，但是事实就是如此。

真正说服一个人是不可能的，因为说服人只是靠道理，人不可能被道理征服。在道理背后所隐藏着的，其实是感情（好奇与兴趣，都是感情的变体），而一个人为什么有这样的感情而不是那样的感情，没有任何道理能真正说清楚，简单地用贴标签的办法处理这个问题，根本于事无补。我这里只是用更通俗的语言，补充卢梭、尼采、弗洛伊德所发现的人类心灵的秘密。但"感情"本身有形而上与形而下之别，有平庸与高贵之别。感情又不单是字面上使我们想到的意思，它又是一种信念甚至信仰。感情的冲突，其实是信念和信仰的冲突。也就是说，不可能指望被别人理解。不被理解是绝对的，就像"翻译是不可能的"是绝对的，献身于被人家理解，就像终生献身于翻译事业一样，总是以失望而告终，这种努力是悲壮的，它的悲剧在于它束缚了我们的自由，试图完成一件一开始就注定失败的事情，而且并不深刻。我的意思是说，既然被别人理解是不可能的，既然真正说服别人是不可能的，那么真正的深刻性，就从这种不可能性开始思考。这看起来背离了启蒙的光明一面，也就是说，人是不可能被唤醒的。这并非否定启蒙或者走向反启蒙，而是说有黑色的启蒙，这就是回到孤独本身，寻找独享的快乐！先是被刺激，这些刺激与我们的天赋（生来有不同的天赋，从而生来蕴含着不同方向的感情之可能性，我甚至认为这是精神基因的差异）产生共鸣，从而激发起好奇与兴趣，无意或无形之中，我们就已经产生了感情。至于道理，表面上是解决应该与否或者正确与否的问题，其实所谓道理是在我们有了感情之后寻找出来的，而只要有了某个方向的感情，我们总不难找到与某个方向的感情相配套的道理。也就是说，道理和感情一样，都是被我们创造出来的——它们原来在世界上并不存在，但是现在存在了，如此而已。如果为了某种感情而感情，这就是不图回报的爱（包括爱情）；如果为了某种信念本身而投入信念，这就是信仰。这两种情形，都是深刻的，因为它纯粹或纯洁，但它们只针对有感情者或有信仰者自己，而不能将这种感情和信仰强加给他人，使别人与自己的感情和信仰相同。如果把这种"强加"也称为感情或者信仰，那么感情和信仰就开始异化而不再纯洁或纯粹。

　　因此，理解和宽容别人的感情与信仰，就具有"元道德"与"元政治"的意义，即使这难以做到，但它是神圣的，我们不能放弃这种似乎永远难以实现的神圣追求，即使人世间永远存在着感情的冲突、信仰的冲突。宽容的意思是相互"妥协"，而不是战争，战争是上述"强加"所导致的，那样的话，只能导致两败俱伤，人类的历史，充满了这些"强加"与战争，人类接受了这些教训吗？我想是渐渐接受了，因为在毁灭自己的时刻，人类的利益是共同的。强权与霸道本身，并不会给得势者带来真正的幸福。一个霸道的国王幸福吗？不幸福，他时刻在愤怒的火山上被"烧烤"。

弗洛伊德以及拉康用极其晦涩的、学院派教授式的概念拐弯抹角的分析，远不如尼采的格言式语言更加直截了当、一针见血。尼采作品的突出特点是句子高度凝缩，他说的一句话可以蕴含着100句话，甚至可以写一本书解读其内容，例如"（我们）对欲望比欲望的对象爱得更多！"[①] 我这里跳跃式地解读这句话：我以上几次说到，一个词语或者概念，并非其表面上所指的意思，它包括读到一个概念所引起的自然联想。例如"欲望"（愿望、期待、意向、动机）总是对应某个被欲望的对象，这是普通的解读，符合常识与人情味，这是一种自然而然的思想态度，似乎是不言而喻的。借用康德式的思考方式，如果没有欲望的对象，欲望岂不是空的？因此，尼采这句话与康德思想冲突，甚至也与胡塞尔关于"意向性"的定义（意向总是针对某事物的意向）冲突。但是尼采这句话的哲学智慧，就在于没有所欲望（意向）的对象，欲望不但不是空的，而且有着更为丰富的内容——这些内容，以往的哲学家基本是忽略了。我说"基本"，是说还是有稀少的先例可循，但它们像划过光明的黑暗一样，隐含在一闪而过的念头之中，例如奥古斯丁在《忏悔录》中提到自己在少年时代偷人家的梨子并非欲享受吃梨子的滋味，而是为了偷而偷，这心思就晦暗而复杂难解了，还有康德也说过"人自身就是目的"的名言，以及王尔德的"为了艺术而艺术"。康德和王尔德的这两句话的现代意义，要通过尼采上面那句话揭示出来，这意义朝着绝大多数哲学家都没有想到的方向，那就是欲望真正想要的，不是其表面上想要的东西，欲望不是朝向自身之外而是返回自身，这就等于暗中修改了"欲望"一词的字面意思。为了偷而偷，享受的是偷东西（偷任何东西）这种活动本身所带来的惊险刺激，进而获得了别人做梦都想不到的快乐（这很像窥视到别人的隐私，而别人根本不知道，甚至永远都不会知道）。这里没有任何玩弄辞藻的意思，而是返回赤裸裸的心理事实，与应该与否没有关系。它是独享

---

① ［美］欧文·亚隆著：《当尼采哭泣》，侯维之译，机械工业出版社2014年版，第276页。

的，与内心的无意识活动（康德、胡塞尔、海德格尔都没有自觉地讨论"无意识"话题）有隐秘的密切关系。我们真正爱的是我们的欲望本身、渴望本身。如果不渴望点什么，我们的生活就毫无滋味可言，但是其中的重点，并不是被渴望的对象或者"什么"，而是我们的欲望状态或保持欲望的姿态——生命就是欲望——例如，性欲是返回自身的，性欲本身已经意味着力量与激情。借用叔本华的说法，性欲本身就是自在之物。在这个意义上，人真正感兴趣的，是自己的性欲本身，而不是满足自己性欲的任何东西。在这个"欲望姿态"的思想黑洞中，有取之不尽的思想资源，它与世俗之物无关，而与我们那些晦暗的心情本身有关，海德格尔无意识地接触到这些思想，例如关于厌倦、无聊、绝望、恐惧的话题，它们与在世俗世界里的得失，几乎没有关系。

当我们爱某个人时，可能并非真的爱这个人，而是爱我们内心的爱本身。通俗地说，表面的动机是一回事，实质性的动机是另外一回事。我们真爱某个人，这在我们内心的感受中是绝对真实的，但我们其实爱的是我们自身的美好感受，这无意识的熊熊烈火却往往是我们不自知的。

进一步说，"（我们）对欲望比欲望的对象爱得更多！"还含有更加隐晦的意思，例如我可以克制自己不去获得自己想要的东西，从这种克制本身中获得快乐，这与我以上引用的尼采那句话（"去对性掠食者说出神圣的'不'字，这个机会你把握住了。"）是吻合的。我觉得这种克制才更加贴近"自由意志"的本意，即"克制欲望的欲望"要比"做任何自己想做的事情"更加深刻有力。换句话，要克服自己懒惰的顺从，与自然而然的顺从搏斗。

还有，人不是以为自己所是的那种人，人是不了解自己的。

还有，欲望也包含孤独的欲望，这与是否有人在场没有关系，孤独本身也是思想黑洞，其中有取之不尽的思想资源。总之，欲望凝视自身。

返回真实的自我，但我是谁呢？这个问题深刻而有趣。它的深刻性在于，人不是为了获得别人的肯定而活在世界上，人不是活给别人看的，因此不必在意他人的任何评价与目光。这当然会考验人的自信，越是无人喝彩，就越坚强。一切来自他人的评价都是过眼烟云，用不着在意被别人记住。也就是说，往"坏处想"，把坏处想到底。到底了又能怎么样呢？我的生活还是得继续，我终日沉浸于绝望之中，无事无补，没有任何人在意，最在意我的，只能是我自己。既然事情已经坏到底了而且我还要活下去——这个事实无法更改，那么"虱子多了"就不觉得咬了。

凡事一旦想彻底，就显得残酷，但是残酷不好吗？其实绝大多数人只是在装睡，我不可能唤醒一个装睡的胆小鬼！就让他在装睡的状态下度过悲惨的一生好了！关于残酷，我此刻的联想也许与别人不同，我想到每天早上我都用最冷的水浇灌我的身体，持续十几分钟，这个感觉让我特别舒服。是的，是残酷的舒服。最危急的时刻是最享受的时刻。让别人怕你的方法非常简单，那就是你什么都不怕！什么都不在乎，而任何表面厉害的人其实内心是脆弱的，他总是想着被别人牵挂、被别人记住，获得某种荣誉或名声。那么这个所谓厉害的人，就会败在我这个怯懦之人的脚下——我的胜利是终极意义上的，他的得意永远是表面的，因为他被自己在意的东西奴役着。这既不是我的自私，也不表明我无情，因为我的残酷无情是针对我自己的，我没有任何想伤害别人的意思，而那些虽然不怕死但是却伤害他人的恐怖分子，活得就没什么意思！

如果装睡的人并不觉得自己在苟活反而认为我的活法很悲惨，这与我无关，这种彼此无关的情形是极其真实的，我把它过早地揭示出来，至少说明我很勇敢。如果另一个如此勇敢的人与我在思想上有共鸣，可以联系我，我们一起散步。我相信在散步途中你我会聊出很多思想，从而结下难忘的友谊。于是，我本来残酷得就连友谊都不想要的人，却有了真正的知音。

所谓哲学智慧，是从把问题想得最残酷最彻底开始的，像笛卡儿和胡塞尔，他们两人怎样建立起自己的哲学？他们首先冒出来的想法是：无论以往的哲学说得似乎多么有道理，我也不相信！我先是毫无顾忌地"不讲理地"不相信，这就把自己先逼到绝路上，像是悬崖峭壁。也就是说，先树立起一种绝望的态度。在世人还没有遇见到危险之前，最有创见的哲学家就已经先绝望了。高处不胜寒，因此用最冷的水浸透身体，是成为一个哲学家的前提条件，我这么说当然含有比喻的性质，但悟性好的人会懂得我的玩笑中所透露的思想事实。既然别人说得再有道理，我都首先持有不相信的态度，那就逼迫自己处于极其孤独的状态。就思想而言，引用别人已经说过的意思，不再是必须的。当一切"应该"都不存在的时候，思想就什么都不害怕了，思想就怎么都行！头撞南墙，虽然头破血流，却倔犟地撞出一条没人走过的路。思想上最危急的时刻与社会生活中最危急的时刻遥相呼应，最激动人心的音乐就像是在呐喊，也就是激动人心的革命，《马赛曲》、《国际歌》、《义勇军进行曲》都诞生于这样的时刻。在惯常的日子里响起这样悲壮的旋律，也会心潮澎湃。历史或者历史事件，是由群情激奋造就的。如果人们面对奴役或者压迫不再生气愤怒，历史就终结了，时间就停止了，人也就没有资格再被称为人。社会革命的历史如此，哲学史也是如此，在这里，愤怒并不表现在身体上，而表现在把某个问题想彻底，即将自己逼到思想的绝路。

哲学从来就不是在课堂里学出来的，真正的哲学家从来都是自己培养自己，就像真正的英雄，一开始没人拥戴你、没人理睬你，你得顶着压力，在狂风暴雨中自我茁壮成长。这才叫勇敢！个人奋斗？是的！但很少有人把"个人奋斗"的含义想彻底。这个意义是哲学上的——当下哲学的一个时兴词是"他者"，这个词是从绝对孤独引申出来的。人与人之间的理解类似于一种"翻译"关系，翻译，就像德里达说的，是必须的，但又是不可能的。换句话，你只能指望你自己，这与别人的道德无关，"你只能指望你自己"本身就已经是道德——在这里，个人生活中的不幸反而有益于这种真正的道德。越是悲惨，这种道德感反而显得更加神圣，它告诉我们，要不惜一切代价，战胜诅咒与命运，就要成为别人认为你不可能成为的人，这不是一种报复，而是个人能力及其人格力量的证明！个人奋斗的历史，就是自我超越的历史。

一个人的生命能量与热情，是无法限制的。为了最充分地显示这种激情的力量，就得使自己置于危险的境地。安逸舒适是生命的敌人，绝不是生命的追求。安逸舒适是生命的死态，是最没有出息的人生。所谓诗意地活着，是充满激情而危险地活着，与安逸舒适没有任何关系。诗意、革命、浪漫，是相互印证的关系。在这个意义上，说"告别革命"的人，是一个懦弱的人，他的文章也不会再有真正的诗意。

询问什么是革命与询问什么是激情或者什么是浪漫，是一个意思，我的回答是，真正的浪漫、激情、革命，就是当下的身心行为，沉浸于某一个真正的事件之中，它具有独一无二的品质。这种独一无二，是人的行为创造出来的。这创造又分事实与想象两个层次，法国大革命，这是事实的例子。乔伊斯的《尤利西斯》，这是想象的例子。还有就是从平凡生活中体验到不平凡。总之，它们并不仅仅是时间中的关键时刻，即使是普通的日子，也可以过得有滋有味、充满激情与浪漫，也就是以革命的方式生活。就是说，去创造一种新的生活方式，而不是简单地寻找一种适合自己的现成的生活方式。我们可以把它们看成智力与行为的双重游戏，但作为游戏，它们很特殊，它们的游戏规则在玩游戏的过程中自发地循着心情而改变，从来不死板地遵循一定之规，因此这里没有输赢的问题，只要在参与，就不再平庸。要善于创造性地生活，就要有能力将日常生活中似乎没有关系的事情，联系起来思考，从中获得别人无法共享的"私下的快乐"，如此等等。这样的革命变味儿了？是的，革命从来就不是一个样子的。

对于我的文字，如果有几个读者喜欢，这当然令我高兴。如果没有，那也没有什么，因为我早就先把最残酷的事情料想到了，当那事情有一天真的到来时，也就不再那么可怕。但事先知道结果，与浪漫的心情格格不入。很多人都理解错了，其实浪漫并不是一件由轻松而带来的愉快心情。浪漫属于心情上的高难动作，要先紧张，然后克服恐惧心理，怀着决绝的心情向着诱惑自己的东西纵身一跃，以加速度坠落，这个过程中的大脑空白才是浪漫的。这很像是拿自己的生命去赌博，但我们不赌输赢，只图兴奋。我们处于另类的快活之中，这就足够了。转移绝望心情的最好方式，是处于引起我们某种兴趣（任何一种兴趣都行）的高度紧张过程之中，可以在这个过程中死去。即使没死也没有关系的，反正我们已经快活得要死了。我再次重申，即使没有读者也没关系的，因为我在书写过程中已经快活过了。这是自恋？随你怎么说去吧？不能获得别人的欣赏，难道自我欣赏这最后的权利也要被那些无聊的闲言碎语剥夺干净吗？因此，在这里更为准确的字眼不是"自恋"，而是自尊。在没人把你当回事儿的残酷事实面前，要是你自己也不把自己当回事儿，那么活着的理由在哪里呢？那将不再是活着，而是苟活。要记住啊，同志们，人活着可不是为了长寿而长寿。活着的理由是自己觉得有质量，这个质量是自己制定的，而不是他人眼中的，衡量的标准在哪里呢？说句实在话，那就是你打心眼里是否觉得自己"快活得要死了"，而且具有"持续创造这种心情的行为能力"，使其以性质不同的方式，一再反复地到来。要变化消遣的方式，不要觉得自己还有很多时间，谁都知道日子过得非常快，但是当别人问起我们

"最近过得怎样"的时候，我们却经常回答：混呗！这怎么可以呢！我们以后不要问人家最近混得怎么样，因为"混"这个字眼是自虐而并不表明谦虚，它很消极，不能使我们打起精神。

　　人们往往看不惯某个人自命不凡，与尼采同时代的人读到他的"我为什么这么聪明"，大概会停止阅读，认为这是一个疯子，有哪个精神正常的学者会这样炫耀自己呢？但百余年过去了，哲学史证明尼采这话没有丝毫夸大，他只是说了一句老实话。老老实实地自信，把心里话坦率地写成文字，有卢梭那样的，也有尼采这样的，因此善于读书的人绝不会读到一点使自己感觉不适的地方就把书扔掉，而是在脑际间飞速旋转由于作者的文字而刺激起来的念头。为什么某些句子能刺激我而对其他句子却无动于衷？对这个问题我谈谈自己的体会，那些能刺激我的句子，往往并不是直接以系统化的道理陈述方式表现出来的，它经常来自一个令人印象深刻的情节描述，但这些描述同时又是思想描述，即生活情节或者事件同时是思想情景与思想事件。它可以是恰到好处地插入某个概念甚至俗语，但是它们一定是感性事件的抽象凝聚。例如"自命不凡"总是被上下文的感受内容填满的，它有血有肉、自然而然到来，显得虎虎有生气和力量。这使我兴奋，促使我急不可待地接着说几句自己的心里话，我是说心里话而不是顺从原文的意思走，因为我心里有一股气不喷出来不舒服。这口气的长短是我所不知道的，但是所释放出来的，肯定是我自身存有的精神能量。对于一个书写者来说，这就是生命活着的证明了，而且它决不虚假。这当然不是认识论含义上的真假，它是一种真实在发生着的行为。它不同于引用别人的话，也不同于对原文作者某句话的解释，因为我的自由联想使我进入了异域，其中浮现的情景与思考是同时发生的，就像如果没有思想融入其中，我所看见的 A 与 B 之间本来不会发生任何关系，我以无中生有的方式建立这种关系。我是否能像尼采那样聪明，就看"我想"的质量了，因为实在说来，谁也管不住联想过程中究竟会发生什么，或者念头会在何处拐弯，它们是降临的而不是已有的。就是把明明的 A 想成 B 的能力，这已经与原文作者无关，因为原作者始终是在围绕着 A 说话，但 A 是导火索，没有 A 就没有 B，谁知道呢？当一股思想气氛在我的笔下彻底消散之后，我会再次返回感动我的那本书，又开始新的循环。这种方式使我的文字像一本被串联起来的连环画，每一页本身都是一个视角，下一页的景色要重新开始。也就是说，就像旅途一样，愉快的行程处处都要有风景，但情景要不停地变换，否则眼睛就会疲倦。要有很多只眼睛，很多味道不一样的菜肴，而最好不要这样，说是有十道菜，但每个菜都是豆腐或豆腐的变形，要吃出味道，得荤素搭配，全素或全荤都不利于胃口。从哪道菜开始动筷子都可以，从哪一页开始阅读都可以。

解除痛苦的一个有效办法，是把导致痛苦的对象看成某种别的东西，但这绝不是阿Q的精神胜利法，因为那别的东西，本来就隐藏在导致我们痛苦的对象之中，思索的任务就是找出这些"别的东西"。"别的东西"到底是什么呢？尼采是这样回答的："我不会去教导说，人应该'忍受'死亡，或者'坦然面对'死亡。那种方式里面存在着对生命的背叛！我要给你上的一课是这样，死得其所。"① "死得其所"就是我以上所谓"别的东西"，但它的真实面目并不是"别的东西"，而是事物本身，回归原貌，就这么简单！这并没有背叛生命，因为生命本来就是要死的，死是生命的组成部分，永远不死的东西（任何事物）不再是生命。这很严肃，不是吗？但我们可以"玩"这种严肃，而千万不能这么想：既然死是必然的，出生就没有意义（因此我不赞成任何悲观或低估欲望的哲学或者宗教。没有欲望或冲动就没有生命，强调以"空"始以"空"终的"生命哲学"不啻"死亡哲学"），而要想想尼采的态度："如果人在实现了他的生命之后死去，死亡就丧失了它的可怕！"② 什么叫实现了自己的生命？就是毫不后悔选择了自己的真心所爱，而且痴迷始终！要过自己想要的生活，而不是迫于外部的压力（这种压力可能是明显的也可能是暗藏的，它产生某种错觉——错以为是自己自主选择的——即为了获得任何一种身外之物。这些压力或者身外之物，成为奴役我们的力量，窒息我们的自由）去过一种别人指派给自己的生活。

因此，不自由的人，是不曾真正活过的人，因为他没有实现自己的生命——尽管这样说有些残忍，但真理本身就是赤裸裸的，残酷的。反过来也可以这样想，赤裸裸的东西简单而可爱，比如赤裸裸地回到自己的内心

---

① ［美］欧文·亚隆著：《当尼采哭泣》，侯维之译，机械工业出版社2014年版，第300页。

② 同上。

世界并把它像卢梭和尼采那样自由奔放地写出来，这叫"想得其所"。

哲学治疗不会具体告诉人们怎样生活，因为给他人设计人生背离了哲学治疗的初衷。哲学治疗传达的思想是悖谬的，它指出受他人影响而不是自主选择的行为有违道德的本意。

但是，尼采不是神而是人，只要是人，其想法就会出错。有缺点或会出错的思想伟人，令人感到亲切。我要修订尼采"永劫回归"的思想态度，因为如果将要来的事物永远是已经有过的事物的某种翻版，那么尼采就与自己其他重要的思想自相矛盾了，因为既然凡事都"永劫回归"，那么生命之兴趣、欲望就会自然而然地减弱。例如，游戏或者比赛不是输就是赢（或者顶多再加上"平局"），人不是活就是死，所有这些，确实是永远会回来的事实，但这只是事情空洞的形式而不是当下活生生的内容，后者是不重复的，犹如生日年年过，但过生日的哲理或真相，乃"不是今天的今天"。要克服和战胜重复，这才会给予以冲动和兴趣为内容的精神发动机最宝贵的燃料。重复的东西不再锐利，只有创造性的生活才是锐利的。即使真的在重复，我当下也要回避想到这个词，我要想每一次都是最后一次，每一天都像是世界末日，那么每分每秒就会盈盈满载着生命质量。

但尼采毕竟是尼采，我的意思是说"永劫回归"揭示出这样一个简单而复杂的真理：当下瞬间不是简单的当下瞬间，而是有厚度的瞬间，它浓缩了历史和即将发生的丰富内容，绝不是简单的重复。在"有厚度的瞬间"内部，充满了各种各样的可能性，这些可能性面临异域、他者或别的东西，这又是悖谬的。有各种各样的勇气，有勇气改变自己曾经坚定不移的信念（因为看穿了该信念的虚伪面目），是更大的勇气。也就是说，有勇气超越自己，相信自己还有其他的可能性。

任何一种解释，总是软绵绵的，听起来不过瘾，为什么呢？没有说到心坎上，思想要像锤子一样有力，就得使人震惊，目瞪口呆，比如尼采说"我为什么这样聪明？"萨德说："我为什么这么不正经？"福柯说"做一个无耻的人，这简直就是我的梦想"，这些话就有锤子的效果。它们不是字面的意思，因此就不是任何一种解释。它们有别的意思。什么意思呢？就是改变世界，马克思说过类似的话，他说是"武器的批判"。这里的武器，指的是无产阶级革命。我这里可以引申一下，使文字具有锤子的效果,也相当于"武器的批判",掷地有声的语言,并非一定得是理解了的东西。"做一个无耻的人"很像是对道貌岸然的咒骂。福柯所谓"无耻"与萨德的"不正经"一样,是行为语言,背后的发动机是激情。"我为什么这样聪明?"也是一种激情,那意思是这样的"锤子"——我就是挑衅你,想和你决斗,你是骡子是马拉出来遛遛!

很多人误会了尼采,认为尼采是讲究修辞的。错了,锤子的语言不多写一个字,能用2个字表达清楚的意思绝不用3个字。修辞等于给裸体穿上衣服,掩盖了男人的肌肉,不像个男人。勃起的锤子生生头撞南墙,给衣服戳出一个黑洞,所谓本能,意思就是革命。1968年巴黎声势浩大的学生运动,口号是"我越是恋爱,就越想造反!"修辞的坏处,在于太软绵绵了,好像说了很多悄悄话,但关键时刻却本事不够,因此在极其重要的环节上,还是锤子的粗鲁更能打动人,犹如野花的生命更为耀眼夺目,因为那是自然生长的,经历了风吹雨打,乃至狂风暴雨。英雄就是这样出来的,拿破仑、毛泽东,还有萨特,他们中哪一个是温室里培养出来的?他们甚至是造家庭的反出来的,恶劣的环境迫使小小的年纪过早痛苦地思考,倔犟者生存,软弱者被淘汰。倔犟,就是知道自己谁也指望不上,一辈子都得靠自己!倔犟对应锤子;勃起对应革命;横批是奋发图强!

但是爱啊!还有感恩。但它们所揭示的,是锤子的力量,而不是修辞之装饰。倘若还原残酷的真实,要辅之以那句古老的箴言:"我的朋友,这个世界上没有朋友!"这么说心胸太狭窄?错了,它揭示的是海纳百川——锤子的直接意思就是爱,马克思说哲学不是解释出来的,德勒兹说没错,哲学是做出来的。因此,锤子的直接效果,就是创造或诞生。以"打锤"的方式做哲学、如此的写作能治愈心理疾病,从而改变你的世界。让你的世界充满活力、激情、诞生。我们年轻,没有什么不可以!只要有力量和速度,就是年轻——对于思想者而言,就是写作的速度。在"二战"期间,萨特躲在咖啡馆里飞快地写着他最重要的哲学著作《存在与虚无》,一写就是一整天,天天的,直到写完。他说自己写哲学书比写小说还容易。他不必带参考书,我猜他几乎不引用(咖啡馆里没有书架,这叫破釜沉舟),我从书柜里拿出这本书,是法文原版,果不其然,我猜对了(他在书中靠记忆转引别人的想法,靠不住,他肯定不时将不是别人的想法,说成别人的想法,为什么呢?他需要,如此而已)。因此,我以锤子的方式坚决认为（与任何修辞或比喻无关）可以把《存在与虚无》读成文学作品、他的小说《厌恶》的翻版。同样写得飞快的，还有康德的《纯粹理性批判》，这书晦涩的主要原因之一，在于康德思想的速度比他笔下文字的速度更快，没时间考虑修辞。缺少修辞反而意思更加准确。写作的速度越快，表达的意思越是准确和逻辑严谨，因为流畅，流畅本身已经意味着逻辑。至于康德思想的自相矛盾，并非等同于"不准确"，原样的思想就是自相矛盾的、悖谬的。

原样的思想不掩饰，能用2个字表达清楚的意思绝不用3个字，多出来的1个字，叫修辞，又叫彬彬有礼，或者干脆说，叫掩饰。礼貌，可以叫伪装，例如外交辞令；倔犟，可以叫本能，原样的思想，就是处于本能状态的思想，思想在白天开会的时候打盹，软塌塌的像个柿子，到了夜晚才回归原样，顶天立地，像个男人，比彬彬有礼更令人着迷，有滋有味——这比"被理解"重要得多。锤子制造的不仅是深刻，更是深刻中的趣味：没有深刻，趣味是俗气的；没有趣味，则相当于误将"空洞的政治口号"视为深刻，那是没人要听的，如果你端着枪逼着我听，那我就想象我在监牢铁窗中倾听悠扬美妙的"逼着"的声音。是的，我享受谐音，崔健就是这么唱的："你用一块红布蒙住我双眼也蒙住了天，你问我看见了什么，我说我看见了幸福，这个感觉真让我舒服……"还没有唱完，后面因为太舒服反而由呐喊变成了呻吟——如果此刻有人问我："你这是什么意思？"我就回答没什么意思。我的意思，就是没有意思。有理不在声高，缄默不意味着无言。声音大可能是装出来的，亢奋地喘着粗气细气，这叫生命的节奏。旋律不过是装饰，是人为的；节奏才叫生命，属于身体本能。喘气本身自然是有节奏的。尽管会有装出来的喘气，但哲学治疗师火眼金睛，有本事识别真伪。黑夜就像被蒙住了双眼，但这绝对不是修辞而是真实。比黑还黑的黑，肉眼就没用了，你得靠心去看见幸福。这个正在感受着的黑洞，无底深渊，就是深刻中的趣味，有滋有味，由不得你不喘粗气。细气要是亢奋地喘起来，也会变粗的，因为你正在用心感触着幸福，这个感觉真让你舒服！一个过于强大的思想，就是这个过程中的锤子。是的，将你剥光，瞬间击碎你从前所相信的一切空洞教条。

锤子冒着风险，兴致勃勃，要本色不要工作服，这叫破釜沉舟，也叫坚强倔犟。幸福就在危险之中，不是在危险之后。把A说成B，这不叫修辞，而是真实——例如，理解哲学就是去做哲学！对这句话，你懂就懂。不懂拉倒，我只给你解释一次，若还是不懂，你就不是我的知音。如果一个人的名字相当于"工作服"，藏在这"工作服"下面的，是赤裸裸的各种各样的人本身，要拥抱人本身，而不是人的工作服。懂了吗？对，这就是"做哲学"的意思。将你剥光，清除路障。

下面，该怎么做，那是你自己的事了，你有独立自主的选择权。但我知道，至少在这个时刻，你忘记了绝望，你已经忘我，跃跃欲试，做哲学的情景：哲学是一座高峰，要以最快的速度攀登，选择路途最短的路，也就是最陡峭的路（如16岁就开始读康德的书）。修辞（多余的字或者那些冗长的句式）相当于在山顶之下绕圈子（仰仗范畴之类的间接性，就好像本来能好好走路，却偏使用拐杖，就好像我们锯下双腿，以便用拐杖走路，这是叔本华对康德《纯粹理性批判》的形象批评），这不成。做哲学，就是要一次又一次地征服精神的危机，相当于思想总是处于精神的高峰，要走最陡峭的路，用哲学之锤开路。

用哲学之锤开路。是沉醉之路。此时此刻，我似乎贴在你——叔本华与尼采身上，究竟是我融化为你还是你融化为我，真能分得开吗？为什么选中了你，因为我爱你！如此而已。这当然不意味着我一定终身不能再去爱别人，因为不可以将瞬间化为永恒，人生是由性质不同的很多瞬间构成的。可以爱一个"坏蛋"吗？可以，因为别人都称之为坏蛋的家伙，在我眼里简直就是英雄，理由很简单，我需要他的锤子，无论是思想之锤还是血肉之躯。人跟树是一样的，越是向往高处的阳光，它的根就越要伸向黑暗的地下。所以，深更半夜要比大白天的"光天化日"更为可爱。半夜里我们做梦，无论什么梦，即使噩梦也比没梦好，磨难也是很痛快的——梦得其所。

悟性好的人，会知道哲学治疗就是把苦难赤裸裸地给人观看。撕开伤疤，这与怜悯之心相背离，比如一个人患了晚期癌症还不自知，医生应该把真相告诉他吗？"好心人"往往选择隐瞒，就是说，既假定了人们都不敢直面自己即将死去，也不愿意直面他人的绝望心理，这就是不勇敢的人也培养起不勇敢的人。一旦面临危急，会手足无措。换句话，怜悯使人的能力下降，趋向柔弱。柔弱的激情，在力度上远不如毅然决然的激情、破釜沉舟的激情。没有力度，精神会早衰，即使身体还能存活很久，又有多少意义呢？有力度的精神富于创造性，首要的条件，就是直视血淋淋的精神与肉体的危机。碰到不可能继续想的死胡同不退缩，头撞南墙不回头，就可能撞出一道缝，透出一丝光亮，通过这丝亮光，能窥见异域的风光，自我救赎，化危机为拯救，危急的瞬间就是自我解放超越"旧我"的瞬间。在这里，就像在地狱的入口处一样，任何胆怯都无济于事，这就是科学的态度——马克思曾经引用了但丁在《神曲》里的这句名言。用信仰转化令人绝望的虚无，使其充满崭新的精神生命。失去，就是获得的机会。失去与机会是同时出现的。很多人不懂得这样的机会，哲学治疗师有义务告诉人们，这就得用锤子用力敲打灵魂。

对已经摇摇欲坠的东西，没有什么可惋惜的，要推上一把，加速它的消亡。你要挽救这苟延残喘的东西，就是在苟活。

任何仪式的起源，本来都是很神圣的，庄严肃穆，它来自毅然决然的激情、破釜沉舟的激情，临死之前或者面临生命的巨大威胁、民族存亡，无论宗教祈祷还是高歌《义勇军进行曲》《马赛曲》，都是这样的，不是让灵魂安息，而是激励灵魂与命运搏斗，猛踢马刺，策马狂奔。马刺，就是尼采的风格——德里达如是说。

仪式本来是不可以重来的，任何重复，都含有装饰的作用，这就像语言本身没有真正的力量（词语的意义只在于它的含义是可重复的、约定好了的，它忽视了时间能改变一切），文字不可能推倒一座山。尼采要用马刺的方式使用语言，他极力超出语言。怎么使用呢？就是让语言几乎喘不过气来，就像痛苦与快乐发生在同一时刻，这是奇怪的，犹如非常危险的时刻就是奇特的快活时刻，享受心惊肉跳。复杂点说，这个过程的革命作用，革语言的命，就是真正把时间因素引入语言的使用，破坏词语的可重复性或同一性，某词语的意思不再是其表面上的意思，这是事实，而不是任何意义上的修辞。为什么是事实？因为时间无比真实，我永远生活在时间之中与时间永远活在我之中，在我这里是一个意思。恰如其分地说，对独立的生命个体而言，对每个"我"而言，我出生前的时间和我死亡后的时间，已经与我无关，尽管时间还"存在着"，但没有我的存在。因此，时间就是我的骨肉，我以时间的方式活在世上。但是，尼采不是在说时间概念或者时间的一般性，他所瞄准的是"时刻"，也就是有厚度的瞬间，又叫机会，有时也变相地被称为选择，还有意外、事件之类，它们与瞬间都属于同一家族，容貌相似。让语言喘不过气来，因为瞬间的作用（词语的使用不再是表面的意思）破坏了词语的约定性或可重复性，显然，这些同属于"瞬间"的家族成员，远比时间的一般性更真实，从而更有力量。

事实上人永远处于瞬间之中，一个又一个瞬间组成了我们的日常生活。我把瞬间换成日常生活的语言，生活意味着告别。人永远处于告别的过程之中，直到生命的结束。每次告别，对于被告别的人与事来说，都是最后一次，是那个世界的末日。当然，这不是悲观而是珍惜，而且告别与新生是同一个时刻，分不开的，危急就是机遇，只是方向不同，因此时间是拐弯的，但绝不循环，因为循环是重复，而告别意味着丧失了重复的可能性。

把生活看成是不断"了断"的过程，这是事实，因此后悔与绝望都是无用的感情，相当于上述的"修辞"，尽管无用还免不了掉眼泪，但要极力控制它，眼泪掉得越少越好。掉眼泪远不如抓住当下的瞬间奋发图强更重要。是的，要干点实事。不能把希望寄托在将来。将来是我所不知道的，但是对于现在的选择，我可以做主。我的所谓将来，是由我现在不断的自主选择构成的，而不是待在那里等待我去实现的某样现成的东西。

还有，哲学治疗，不仅仅是对念头的治疗，更是针对时刻降临我们身上的实实在在的日常生活（例如，想离婚与真离婚，根本就不是一回事，离婚是一种真正的了断，等于灵魂被锤子重重敲打了一次），我们躲不过去的事件；例如择友、恋爱、结婚或不结婚、离婚或不离婚、生孩子或不生孩子、抚育、择业、娱乐、金钱、权力、生病、死亡。哲学治疗并不具体讲这些事件，因为悟性好的人通过哲学治疗，会对这些事件有崭新的目光。是的，治疗绝望。

别人安排你，但你不要误解，别以为你受到了重视，你只有在被别人需要的短暂时刻，才被偶然重视的，但这并不意味着别人冷漠，冷漠这个词应该换成"正常"，因为人人在下意识中都这样做，这就是"锤子"式的使用语言。实用与需要在这里相逢，就像看电视选择节目频道，谁愿意选择自己不要看的节目呢？但是，刻意被别人需要，注定不可能长久。我的意思还是说，活出原样的自我就可以了，如果这样的"活出"恰好被别人需要，那再好不过。如果别人不需要，也没什么，大可不必绝望，因为你的快活只有你知道。

要知道，这个世界上谁离开谁都能活，这个态度不是冷酷而叫勇敢。破釜沉舟使人因决绝而更有力量，做一个有才华的知识分子，决绝的勇气是先决条件，马克思说过了，就像站在地狱的入口处一样，让犹豫不决见鬼去吧！尼采说过了，去生活，就是学会去了断。加缪补充说，其中最紧要的，是自我了断。这不是鼓励自杀，而是说，生活就是一个又一个告别的过程：告别童年、少年、青年、中年、老年；告别亲朋好友，最后，与自己的人生告别！这些都必然到来，所以说要珍惜当下美好的时光。没有什么不美好的时光，生命本身就是美好的，因而凡时光都是美好的，包括残酷与磨难。深刻的人几乎没时间无聊，而平庸的人，不让其无聊几乎不可能。区分年轻与年老的标志，在于是否会把时间浪费在无用的回忆之中，也就是浪费在已经死亡的事情之中。

人总会孤独地死去，即使追悼会上来的人再多，又有什么意义呢？你活着的时候，人家远离你，死了能来，就算不错了，还计较人家是否掉眼泪甚至是否真悲痛吗？但我的真实意思其实是想说，悲痛是真的，但一会就永远地过去了（对此不能责备，因为人生就是告别，告别的太多以致麻木的程度），因此，这一切对你来说，只等于零。现在知道了真相难道就不活了吗？要活，尼采说了："凡不曾杀死我的东西，都使我更坚强。"感同身受，这个"我"也包括"你"。意思是说，要以决绝的态度，过生活！但心情别太沉重了，它不过就像吸一支香烟那样逍遥自在。你猛吸一口，烟丝点燃与毁灭，是同时发生的，你以为自己在消遣，殊不知这就是决绝。弗洛伊德说了，"我是个吸烟老手，不吸烟的生活，是不值得过的生活！"换句话，吸烟比喝酒的哲学意味更加浓郁。吸烟同时是拯救与毁灭，而喝酒只想到痛快，缺失了痛苦的维度。痛苦使人深刻并且在深刻中成长。温室里的盆景很好看，但长不成参天大树。我的意思不是与人奋斗或阶级斗争，而是与自己搏斗，尽量不让别人痛苦。从最小的事情做起，少给别人添麻烦。

人总会孤独地死去，接下来的话出人意料，它意味着人是自由的，这是尼采式的想到的能力："去对性掠食者说出神圣的'不'字，这个机会你把握住了。"这句话能治疗绝望，这就是决绝，又叫破釜沉舟。举一反三，我们会由此想到日常生活中很多情景。例如，没人关注你，岂不等于你在生活中有最大的自由吗？可不仅仅只有小偷才躲避人们关注的目光，卢梭写作的快感也来自可以逃避别人的关注（不幸而有幸的经历，他和奥古斯丁一样，在长大成人过程中都有偷东西的经历。"为了偷而偷"，这与获得了无人关注的享受有密切关系）。进一步说，享受秘密（或独一无二性）比共享的程度更高。

为了自己而活着，这观念国人尤其难以接受，但是都为别人了，"自己"跑到哪去了呢？没有了"我"，社会生活就缺少个性，还有众多活蹦乱跳形态不一的灵魂。

静下心来，倾听只属于自己的心声，无论那有多么残酷。

孩子出生了，不是去把他或她培养成另一个我自己，他或她要去过自己的生活，"不属于"我。我的义务，是培育孩子能独立面对危险与残暴的环境，而孩子的责任，是尽早脱离我获得自由。因此，要让孩子受委屈，甚至痛苦。

尼采与孔夫子，没有丝毫的相似之处。孔夫子是小农社会的圣人，尼采的思想适用于由陌生人组成的社会，后工业时代。你可以穿着汉朝的服装上街，见到熟人不是握手而是作揖，这没有问题，但它在效果上，完全不会是孔夫子式的，而是后现代式的。我的意思是说，它和一个身着比基尼几乎全裸的女子在超市购物所产生的被暂时关注的效果，在性质上是相似的，如果不信，你就试试看。看你的人只是暂时好奇，但让人家保持对你的好奇，是不可能的。不是你不好，而是很快又来了新的诱惑。你不得不被告别，这再正常不过了。哲学治疗师的劝慰是：虽然都是上街，但是你可以今天穿汉服，明天身着比基尼。年轻，没有什么不可以！都可以算作奇装异服，就像头型可以换来换去。要持久地被人关注，就得有令人眼花缭乱的能力！时髦的字眼，叫不断创新。我绝对不是在调侃，而是说，那样的举止，才表明你真正地活过。

人一旦长大，再回到童年，是不可能的。要让人永远长不大，只有让其不知道外面的世界，但在当下信息全球流通的时代，这又是不可能的。螳臂当车，这种倔犟，令我很生气。男孩早晚要长成男人，小姑娘迟早要成为女人，难道还用别人教吗？这么简单的道理，平庸的人竟然不懂。悲哀啊！人与人之间的差别，怎么就这么大。不是不懂啊！只是不愿意，庸人毕竟不是傻子，那我只能用"猥琐"来形容了。

同情弱者，是希望弱者在与强者的竞争中，奋发图强。倘若弱者缺少这种破釜沉舟的精神，那被人瞧不起，就再自然不过了。人们渴望弱者打败强者，因为你总是第一，就会遭来嫉恨，这也再自然不过了。这两种情形，都是出于人的天性。对于人的天性，人拿自己也没有办法，因为天性不属于"讲道理"的范围。人越是做不到什么，在口头上就越是想实现那做不到的事情（如"自由、平等、博爱"），这也是人的天性，这不虚伪反而显得可爱。但是，尼采告诫我们，千万别被这口号骗了，因为歧视无所不在，这才是事实。希望弱者打败强者，就是渴望出现奇迹。没有渴望，浇灌生命之花的泉水就干枯了。

　　我是偶然的，可以随时被替换。我又是独一无二的，因此并没有真正被替换。这两种情形，同时都是真的，就像汉服与比基尼同时都是真的，但穿起来的感受，确实很不相同。虽然我没有穿过这两种服装，但我可以在意志中将它们唤来唤去，感同身受。汉服和比基尼都很好，两者在我的意志中都没有受到伤害，可以和睦相处。我们一个不好的精神风俗，就是把自己认同的东西说得太好，而把自己不认同的东西说得太坏，白白耗费了很多愤怒。这种情形现已有很大改观，"80后"以来的年轻人很平和，他们心里明白得很，但是对自己不满意的事情，只是一笑了之，你说你的，我做我的。多好的策略啊！你爱说什么就说什么，不理你，就是不理你！你玩你的，我玩我的！不看电视，就是不看电视！和平的革命悄然完成。

　　在我看来，保持精神年轻充满活力的最好办法，是很多人意想不到的，那就是基本与世隔绝，使自己的精神不受外界的污染，别人说的事情我基本听不明白，我对此不沮丧而是兴高采烈。在别人眼里我基本上只以文字的方式存在着，所以坏蛋们基本上也不能把我怎么样。为什么呢？因为他们根本不会把思想当回事，他们既不喜欢我也不憎恨我，我的存在与否，他们根本就不关心——这又使我兴奋异常，既然没有人在乎我书里写了什么，那么我就可以尽情发挥，反正我的每本书，国家图书馆都有备份，也许多少年之后，能有人认真翻看。

　　与人交往是件好事，但现在的社会风气，事实就是你要把大量时间浪费在自己不情愿的事情上，时间就是生命，让人心疼啊！当然，能换来某些"实惠"，但从此你就被这些实惠所奴役，它们就是你的命根子，你就再也不可能放弃那些无聊的浪费生命的交往,让你一个人安静地在书房里待上十五年,[①] 你会觉得像是被判了无期徒刑。与世隔绝的时刻,是令你绝望的时刻,却是我兴高采烈的时刻,同一时刻的意义在不同的人那里是多么不同啊! 人与人之间的差别,多大啊!

很多学者引经据典论证什么是自由,在我看来,事情非常简单,只要与人交往,你就必须让渡你的部分自由(最简单的例子,想想自己单独在家怎么着装,还有吃饭的"吃相",对比自己参加一个宴会的着装与"吃相"),只有在与世隔绝的时刻(我说"时刻",具有暂时性的特点,因为一个人不可能完全与世隔绝),你才是完全自由的,但多数人绝不想要这种自由,这自由付出的代价太大了,几乎要拿幸福做交换。换句话,多数人不懂得(也做不到)真真切切的独享(独处、孤独)有多么幸福。为什么呢? 因为人们往往不肯正视这个道理:除了自己之外无可依靠! 去除社会上几乎无处不在的冷漠,即使你周围有几个真正关心你或爱你的人,拯救自己的灵魂却只能靠自己。任何一件事情,不是被别人说服了,而是自己想通了,才算彻底,做自己想通了的事情,才算真正活过。既然除了自己之外无可依靠,那么就不要去做别人眼中的自己,而要活出自己。至于别人,他们爱怎么看就怎么看,事实上除非人家需要你,否则是绝少想到你的。你总想着别人会怎么看你,其实别人非常有可能根本就"不看你"。你做任何事情,除非是真的惹到人家,否则别人是不理睬你的,因此要懂得心疼自己,自我制造温暖。

关于人的本质或者人性,传统理论偏重于人的社会性,从"人不能离开人"的角度分析人之间的关系,以及在这些关系基础上所建立起来的社会结构。这些分析,适用于传统社会,但已经不太与当代社会生活中具体人的状态相符。换句话,尽管"人不能离开人"(由于人是"社会的动物")的情形永远是真的,但网络时代确实使我们进入了人与人直接交往(或见面)最少的时代。相对而言,人离开人确实也能活,尤其在大城市中,人之间是陌生人。见面少,又是陌生人,人不得不孤独寂寞,

---

[①] 在这里,我这句话不具有任何比喻意义,而是发生在我自己身上的事实,从 2000 年至 2015 年,我写作发表的著述,大约占我平生已经发表的作品 85%。"一个人安静地在书房里待上十五年",是相对抽象的事实。就像别人问我在做什么,我说"在吃水果",通常别人不会继续追问。至于具体在吃什么水果,怎么吃,味道如何,那是我自己的事情。

这个"精神危机的时刻"同时就是精神获得拯救的时刻,要抓住这个机会,这是诞生新哲学的曙光,马克思的著作中没有谈到这个,孔夫子的《论语》通篇也找不到这个,也许禅宗有所涉及,但现在已经是21世纪,我们面对的,是手机带给人的孤寂生活。毫不夸张地说,正是每年都在更新换代的手机,使我们"不用出门"就能知道和看到古今和当下的天下事,还能办成我们日常需要的几乎一切事情,它所带来的孤独不是出世的而是入世的。可以不用手机吗?作为个人选择当然可以,但时代潮流浩浩荡荡。因此,保持精神年轻充满活力的最好办法,是以"不与世隔绝的方式"与世隔绝。我的意思是说,这个与世隔绝的人在激动地使用手机,并且用这样的方式与别人交往,没有与人直接见面,就把"一切"问题都解决了,这当然远远超越了禅宗的坐而论道、"纸上谈兵"。这就是"社会存在",它决定了人的意识。

当今社会生活,无论是公共生活还是私人生活,基本上是以"没有与人直接交往的方式"与人交往,这是一个事实而不是假设。网络时代提供了这种可能性,这是一去不返的倾向(老年社会的到来更加剧了这种倾向),这是导致孤独的物质基础。人与人之间直接接触的机会大量减少,导致人之间少量直接接触过程中的实用性,也就是"直接办事,办完事就拉倒"。这种实用性使这种交往空无内容,我指的是完全缺乏心灵的沟通,更谈不上心灵的共鸣。人与人之间不说心里话只说客套话,因为心里话暗藏着某种危险。以上两种情形,都会导致孤独,人们不得不接受它。也就是说,大量的心理问题只能独自承受,无处诉说,无人倾听,只能独自面对,自己解决。孤独已经是(而不是将要是)一个严重的社会问题。人是自己想法的产物,想法决定了活着的真正质量。

我再次增补性地转述一下《尼采在哭泣》中治疗尼采"心理问题"的心理医生的内心独白,它表明心理医生并没有能力解决自己的心理问题:某件对我来说极其重要的事情,我装得毫不在乎。你曾经对我说起过那事,那事至今使我想起来怦然心跳,我没做那事,我拒绝了,但之后很快后悔了,但是已经没有机会补偿。今天我偶然又遇见你,和你提起当时那事,你说你一点也不记得了。你与我的心思,是多么不对称啊!我没变,你已经改变,为什么这个日常生活中每天都在发生的情形搁在自己身上才会有锤子敲打灵魂的巨大作用呢?这并不能掩盖另一个事实:在其他事情上你没变而我已经改变。在这个时刻，往往改变的一方占据主动，因为已经超越了对方，不再在乎对方还在乎的事情了。换句话，"不在乎"比"在乎"更有力量、无规则比规则更有力量，我这里指的是单个人之间在思想感情上的较量。

例如，耐得住孤独暗含了很多说不清道不明的"不在乎"，这并不表明孤独者真的冷酷无情。孤独者的热情乃至激情是抽象的，这"抽象"是一种超越。所谓活出自己，就是能不断地超越自己，意志要非常坚强。胜己者强，与自己搏斗是最难的。

一个男人要死了，此刻他年轻的妻子陪伴病榻旁，她眼里噙满伤心的泪水，但我们有着怜悯之心的小说作者，很少会告诉读者这个男人心里正流淌着无泪之泪，由于这种痛苦无法与他美貌的妻子交流，而更难以承受：她对另一个男人关心的时刻终将到来，而自己的儿子将会称另一个男人"爸爸"。我这里不加任何道德评判，而只描述心理事实。这个心理事实是符合人道的，而改嫁也是符合人道的。人道与人道之间，发生了冲突。但我并不站在这个男人的心理事实一方，因为这个心理事实太柔软了，而改嫁，由于包含了告别（或了断）从而是治疗绝望的有效方式，显得更健康、更有力量。有力量的文化，才智慧，才有能力茁壮成长。

换句话，痛苦是获得心理健康所必须付出的代价，痛苦是健康的一部分，没有经历过磨难的一生是不幸福的，舒适的生活是不值得过的生活[①]——在这些意义上，我是一个终生的革命者。是的，别怕一无所有，因为只要人还活着，一切都可以从头再来！我把"革命"理解为意志坚强。

"一无所有就是最重要的事情！为了茁壮的成长，你必须先把你的根部深深地穿进虚无之中，并且学会去面对你最寂寥的孤独。"[②] 这不是自

[①] 法国电影《最后一班地铁》里有一句台词：爱是痛苦，又是幸福；爱既是痛苦又是幸福。

[②] ［美］欧文·亚隆著：《当尼采哭泣》，侯维之译，机械工业出版社2014年版，第327页。无独有偶，1986年，中国"摇滚乐之父"崔健以"一无所有"的呐喊一举成名：歌迷们发现自己真正的状态，其实是一无所有，发泄了震撼心灵的"悲摧"！它所针对的，是独立个体的精神状态。

私,因为这是在与自己搏斗。所谓告别,就是清楚地知道,成熟就是衰落的开始,这就是开始告别的时刻。

即使我们无法抵抗命运,也要坚信自己正在战胜它,这不叫虚伪,而叫意志坚强。换句话,我们要爱自己的另一种命运!

同一支香烟(更不要说有活生生的同一个人了),你在不同的时刻吸它,感觉是多么异样啊!你有时迫切地需要它,有时厌恶它,如此而已。由此看来,厌恶甚至是亲近的一部分,因为"厌恶"表明你在动心,而不是根本不在乎。因此,从不吵架相敬如宾的夫妻之间的感情,要比总吵嘴但从不记仇的夫妻感情更加淡漠。

长期孤独的坏处与好处,就是别人不再熟悉你,但别人真的曾经理解你吗?孤独时刻,我对自己做心理手术,这真的不是在做假设。在我的青少年时代,我自己医治好了自己的强迫心理。由于我性格内向很少说话,这个秘密别人一点儿也不知道。是的,我曾经在与自己的顽固念头做殊死搏斗中胜出,我进得去而且出得来。进得去是生活,出得来是反省。对自己动心理手术,不同于身体上的外科手术,因为所要忍住的疼痛,是心理上的,这更加不容易,因为心情的痛苦要比皮肉之疼严重得多,它是直视内心的痛苦乃至绝望,这是一座灵魂的大山,翻过去,就是一片新天地。

因此,要万分珍惜自己的悲痛时刻,这个机会我曾经抓住了。

欣赏和爱慕一个人,在于他(她)就是他(她)。独有的,才有魔力。如果他(她)像很多个他(她),魅力就减弱了。

就要失去的瞬间,倍感珍惜与亲切,这叫感情,但在这同一瞬间,毅然挥手告别,这叫勇气与理性,因为成熟已达顶峰,衰落已经开始。

理性的另一个名字,叫残酷。例如,想一件事的时候,先想它不可能实现,然后再想它实现的可能性——这样,当它果真不可能时,不会有太多的失落,而当它可能时,即使它是一件小事,也会给你惊喜。

自己做过的事情都不必后悔,显然那是自己之所是,消极的说法叫"宿命"。后悔是无用的,这是理性,尽管这在心理上很残酷。

心病得自己治,治愈的时刻,就发生在自己念头的某个瞬间,在那个瞬间,你周围的世界和之前的世界一模一样,但是,由于你已经豁然开朗,世界在你眼中的样子已经改变。这个时刻无法与人共享,只能你一个人独享,它是多么美妙的独享啊!换句话,孤独既是一种痛苦,也是一种机会。你抓住了这个机会，超越了原来的自己。

在一切道理都指示我朝南走的时刻，突然一个偶遇的灵感诱惑我向北走。这个诱惑强大到使我蔑视一切道理。此时此刻，我是听从本能的召唤呢？还是听从道理？道理很美好，但我都知道了。诱惑很危险，但是其内容我尚不知道，其魅力或者魔力，就在于我尚不知道。我站在命运的十字路口彷徨。这彷徨并不使我痛苦，我觉得它很美妙，它使我可以玩味自己的心情。这种玩味本身，使我感受到幸福。我在自由意志中将它们摆弄来摆弄去，人啊，是想法的产物。难道不是吗？比如，想生个孩子，哪有那么麻烦？只要你有能力生，去生就是了。生出来再说，只要生出来，只要孩子健康，就能长大成人（当然要经历百般磨难）。其实每个人都是被想法"生"出来的（这绝对不是比喻），但绝非一定是出于"想生孩子"的想法，人其实是被色情的念头"生"出来的（就只有人类的性行为是色情行为而言），或者说是被娱乐过程一不留神生出来的。所谓色情，说白了，其实就是一种非常感性且生龙活虎的念头。

当下的念头（念头和观念不同，这种不同是时间上的，观念和概念同属于普遍性或一般性，而念头总意味着"当下发生"）有两个来源：一个是身体感官直接受到外部世界的刺激；另一个也许更重要，它来自内感官或心灵自己刺激自己，它随时都会莫名其妙的发生。

灵感是心灵生活的一个"奇点"，它完全不同于笛卡儿的"我思故我在"中的"思"。"思"是有意识的、自主的；灵感是心灵在无意识状态下突然降临的，灵感是在某种偶然一瞥的刺激（这些刺激或者触动外感官、或者触动内感官即心灵，心灵的"偶然一瞥"是混杂念头内部的关系）下，朝着自发的暗示方向流淌。它是一种自我暗示的过程（不同于受到他人控制的催眠术），会产生种种生动的生活场景中的幻觉，很像是一种灵感实验，或者叫精神的自我消遣与娱乐。它的迷醉作用在于，能使你轻易享受在现实生活中所得不到的东西。当然，在这个过程中，你不会改变（当然也就不会伤害）现实世界中的任何东西，但是你已经享受过了。它不仅在享受快乐，也在享受痛苦与危险。但是这一切，都是真实的，尽管是我们自己创造出来的真实，想想电影就是如此拍摄出来的，当然还包括梦境。

关键是问题本身，并不在于事情本身的真假，而在于我们把它们看成真的或假的——这种观点在道理上很难说服人,但是在实际的现实生活中,我们不得不承认它道出了实情。

对具体的人、事情、某种念头的过于执着(它们相当于行为中的生活琐事),就会被那些东西所奴役,从而给自己带来痛苦。但是,支撑人信念的,是一种抽象的执着,我叫它自由意志。极少有人能脱离前者并真正具有自由意志支配下的精神创造力。

自我情绪体验比知性的了解更为强大,这就是为什么尽管道理能说服我们,但我们仍旧前往诱惑我们的方向。这些体验可能比道理更接近理性,因为这些体验就是自在之物。如果你亲眼看见你爱的女人(或者男人)与另一个男人(或女人)做着和你在一起时同样的亲昵动作,说着同样甜蜜的话语,你强烈的情绪顷刻间就摆脱了对她或他的爱意,并且因此而成熟起来,这是人生的关键时刻,这个时刻被你抓住了!你从此不再是原来的你自己。用宗教的语言,这叫"转宗",它是从入世情节导致的出世,但这决不意味着你从此想要脱离世俗生活。这种激动的情绪是下意识的,来不及任何口是心非。它还提供我们这样一种启示:心思、说话、写作的速度越快,就越是真实,就越是简洁有力,就越是来不及用修饰的语言将自己伪装起来。总之,凡即兴的东西,真实而有力量。在这个时刻,语言倾向于行为语言,而且似乎只有语言是不够用的,眼神等肢体语言先于狭义的语言"在说话"。

换句话,要享受愤怒与憎恨的情绪,它们是人身上的固有成分,与人同在,就像眼泪一样,没有必要压抑,把它们释放出来。为什么嫉恨呢?因为我们失去了曾经有过的某种美好的东西,但不必绝望,我们还会拥有新的美好。一个人可以对不同的人说同样的甜言蜜语,这叫伪善,而一个人对不同的人有不同的爱意,这叫真实。但是这里的"伪善"也许应该加上引号并且不应该对其做道貌岸然的谴责,因为语言是有限的,而心情是无限的。我们不要憎恨语言,语言只是词不达意的符号。你在失去之前已经先享有了,如上所述,人生就是在经历告别。

孤独使人走得又高又远,但是如果太高了,就远离了人性。也许我的理解与别人不同,尼采所谓"太人性了"不是说让超人飞上天去从此不食人间烟火,而是说把人世间的任何琐事艺术化或神圣化。两个深谙孤独哲理的人之间的倾心交谈,会产生发自灵魂深处的共鸣,而"孤独只存在于孤独之中,一旦分担,它就蒸发了"①。如果只有孤独而没有分担,就"不人性"了,这不是你我想要的。在倾心交谈之后,两个孤独的人仍旧不得不告别,但孤独没有杀死这两个人,而是使彼此的精神变得更为强大。

所以,不仅要学会享受孤独,更要学会分担,为别人的幸福而高兴(别把分担当成负担),这才是完整的人格。否则,孤独就有被异化为自私的危险。

尼采终生没有女人缘,但是他生出了自己的儿子查拉图斯特拉!

要有能力去感动别人,并且被别人所感动。就是说,友谊才是人世间唯一重要的事情。

---

① [美]欧文·亚隆著:《当尼采哭泣》,侯维之译,机械工业出版社2014年版,第366页。

上卷 叔本华

第一章　究竟是意志还是任意性

《作为意志与表象的世界》是叔本华的代表作，他从康德哲学出发，却完全扭转了康德哲学的方向，他从来就不是"新康德主义"中的一员，但是却最有创意地发展了康德的思想。这种发展，可以叫扭转，叔本华是从康德哲学中最薄弱的环节发现思想金矿的，那就是"自在之物"——这本来是一个上帝的领地，叔本华却将它转化为魔鬼的领域，这并非在康德那里完全没有踪迹可循，因为康德把"自由意志"连同"上帝存在"一起放置在不能被理性证明的超验领域，那就是自在之物。我之所以说"自在之物"是康德哲学中最薄弱的环节，在于康德在这里陷入了思想的泥潭，理性对它无能为力，判断和推理在这里都迷失了方向，它在根本上就是碰不得的，这简直就是理性的丑闻。我们从《纯粹理性批判》里看出，康德原本并不想使理性陷入这种尴尬境地，却又不得不碰，但人的理性认识能力无法应付悖谬的情形，也就是自相矛盾（"二律背反"）、违反形式逻辑。

我在这里暂且不讨论悖谬本身在20世纪成为一种新的科学认识论的主题（如量子力学），因为这是对康德的过分要求（就像欧氏几何并不是康德所认为的"唯一的几何学"），超越了他所处时代对于认识论或者理性的理解能力。我的兴趣在于叔本华究竟如何扭转了康德的自在之物的方向。诚然，康德是有设计的，他的本意不在认识论，而在伦理学和审美艺术。康德把自由问题归结为"人本身就是目的"，暗示要解放人性，就得返回人性的根本。与这个问题有关的，就是康德写的《什么是启蒙》，但无论这篇文章写得多么出色，它所针对的目标，是拯救人类。叔本华并没有继承康德的这个方向。

虽然康德和叔本华哲学的共性，都在于讨论人并且解决与人有关的几个根本问题。但两人有一个最重要的区别,那就是康德始终在用抽象的哲学概念讨论人的一般性、普遍性问题,而叔本华尽管表面上也在用哲学概念讨论一般意义上的人,但实际上,他所针对的是个人、"我自己"——关于这一点,不是在这里能用简单的几句话就能辨别清楚的。但如果一定要我提出根据,那就是康德在他著名的"三大批判"中所使用的哲学概念或者范畴,总是在公共可理解、可交流意义上的——即使是他提出的理性无法证明的、超验的三大公设(灵魂不死、上帝存在、自由意志)以及晦涩无比的"二律背反",也是如此。换句话说,虽然康德的概念对于哲学的外行来说难以理解,但对"内行"来说,从学理意义上具有理解的可能性,就此而言康德的哲学是透亮的,由他开创的德国古典哲学后来的发展,也证明了这一点。

但是,叔本华的哲学则不然,他从康德的自在之物中只抽取两个字"意志",然后高度评价康德关于现象世界与自在之物世界的划分,随之就开始与康德说"再见"了。接着,叔本华的思想几乎都是建立在与康德较劲(或者叫"批判")基础上的。较劲的具体做法是,叔本华对"意志"的理解,走向了康德难以赞同甚至没有想到的方向。在这里,叔本华其实是以"误读"康德的方式说出来如果康德的思想走到底,康德本来可能说出来的思想,但由于康德心里最惦记着的,始终是"人类"这个大字眼,他忘记了他自己。这是人的一个天生弱点:距离自己最近的精神和心思,往往不仅被忽视了、而且没有能力说出来。

叔本华哲学的关键词,始终是"意志",但是他以普遍性的面貌出现,却把只属于他自己人生中最重要的体验,都融入"意志"的汪洋大海之中,使意志成为生命意志。康德的哲学著作不是像叔本华这样写成的,康德绝不会在自己的著作中突然插上一句话,抱怨自己不被众人理解的寂寞,但叔本华就公开这么写,而且还以突然插上的"急就章"方式,操着非学术语言怒斥黑格尔。这是非学术的?不,这就是叔本华所开创的新学术,可以毫不夸张地说,西方现代非理性主义哲学的真正奠基人,除了卢梭,就是叔本华。"非理性"这个词是后人赠送给叔本华的,但我觉得用在他身上,恰如其分,但是这得有一个理解的前提,那就是这里的所谓"理性",是在康德意义上的。至于叔本华自己,他在自己的著作中也经常使用 idea,甚至偶尔也交替用"理性"与 idea 互换,但是那完全不是康德所理解的理性。叔本华这个"修正主义者",他对理性做了非法的使用,但这种新理性只是站在旧理性的立场上才是非法的,就像20世纪后现代思想家"反启蒙"是一种新启蒙精神一样,如果不这样的话,就无法抓住时代的精神气息,哲学就不可能有所进展。

我暂且装扮成叔本华说说他的心里话,但由于是我替他说的,那就有可能是叔本华本来有能力说出来却没说的思想,因为叔本华毕竟是活跃在19世纪的哲学家,他不知道20世纪那些继承了他的思想的欧洲哲学家们是怎么想的,但我读过这些哲学家的某些重要著作:

> 人生的内容,无非生活在现象世界,无论我们的生活世界多么纷纭复杂,总归要给活着一个理由(任何理由都可以,但"没有理由"的情形是不可思议的,"无动机行为"等于是一个疯子的想法)。这个理由,用哲学和逻辑学术语叫"充足理由律",心理学叫"动机"或者"欲望"——这是生活世界里的意志。学者们习惯用悲观哲学概括我的思想,因为我已经死了,我没有办法纠正这些学者,但那不是我的真实意思。我的真实意思是,与动机相对应的"满足"是一个无底洞,它最终总是以失败而告终,因为人总是要死的!那么不用我细说一个字眼自动冒了出来:痛苦!人生当然充满欢乐,但我说的痛苦是生活世界中的形而上的痛苦,它对应着欲望永无满足的时候。但是,大家听好了,我的意思并不是要人们放弃生活世界中的欲望,因为这不是真实的人生。我的意思是说,人在明明知道欲望不可能根本上获得满足的情况下,还是自愿选择活在欲望之中。也就是说,挣扎中的快乐总要胜过无聊。没有欲望就立刻会暴露出无聊感,就像满足欲望的时刻立刻会觉得所谓"满足"并不像事先所想的那般美好一样,这两种情形都会产生无聊,而无聊即无所事事,意味着生活或者生命空无内容,这就和死亡差不多是一个意思了。为什么我不悲观呢?因为事实上,我把在痛苦中挣扎本身当成快乐的事情,普通人难以理解我的这个想法,因为他们做不到我能做到的:忍受孤独寂寞,把我的全部时间都投身于哲学与艺术。我说"投身"不仅指阅读与学习,而主要指创作。换句话说,我认为这是一种比作一个佛教徒或者僧侣更好的选择,因为我的选择是真正活出来我的个性、风格、天

生的才华，这本身就是一种无我之境，它使我忘记了世俗的不快、使我不依赖他人，我就是世界的全部，世界的全部就是活出我自己。不同于学究或者把哲学当成谋生手段的人，我是用自己的生命写我的书，既然我是一个活生生的有智慧的人，我的作品怎么可能不感动和启迪读者呢？

以上，我把叔本华从一个悲观主义者还原为一个乐观主义者。我在学理上的依据，在于重新理解叔本华哲学的关键词"意志"。我要先说这个词语不是什么：它不是一个概念，不可以将它理解为"欲望"、"动机"、"理由"、"根据"、"终极原因"，因为这些替换"意志"的词语，都是概念。换句话说，这些词语的意思，都是现成的。但是，叔本华说得很清楚："智力所能做到的，就是清楚而充分地提出实质性的动机，在这个范围之外智力不可能有所作为。智力对于意志本身没有决定权。因为正如我们所见，智力是完全外在于意志的，智力没有能力讨论意志问题。"① 换句话说，"充足理由律"就是智力的化身，但是它对意志的世界无能为力。于是，"我思故我在"中的"我"不再可以与"思"之间画等号了，因为"意志"不是可以思考、定义、推论的事情。"意志"作为精神中的奢侈之物（有用的东西中多出来的、它有没有用的"用处"）、真正的精神贵族，乃"不是概念的概念"（因为人们都把它误读为"概念"），它不是能被定义的对象，但我们可以描述它。也就是说，论证性的哲学在这里变成了描述性的哲学，但是后者绝对不是文学，这就为哲学开发出一种新的可能性。在这里，必须误把描述词（亦可借用罗素的"摹状词"说法）当成一种转型了的哲学直觉或者悟性，这种不可说的"东西"启发后来维特根斯坦说"要保持沉默"，但也启发后来的某些重要哲学家没有保持沉默，于是就显露出某些古怪的说法，例如克尔恺郭尔说"悖谬"、海德格尔说"深度无聊"、德里达说"不可能的可能性"、勒维纳斯说"他者"、萨特说"他人就是地狱"、加缪说"真正的哲学问题只有一个，那就是自杀"，如此等等。这些说法方向不一，但有着家族相似的情调或

---

① Arthur Schopenhauer, *The world as will and idea*, Liaoning People's Publishing House. China. 2016. p. 384.

者热情,它们都是描述词,而且都放弃了充足理由律。也就是说,它们都不是智力有能力思考的对象,因为它们本身就抗拒"根据"或"原因"之类。虽然难觅原因,但却对我们身心有着强烈的震撼效果。这些效果极其真实,我们根本无法对其视而不见。上述哲学家这些说法的源头,都可以追溯到叔本华那个和他本人的生活一样古怪的"意志"。这个意志就像一个骇人的黑洞,以上各位天才哲学家的类似说法,都可以被吸入这个黑洞之中。于是,我大胆地将叔本华的"意志",理解为"任意性"本身,这种理解与该词德语原文字面意思的翻译无关,它是一种实质性的理解。实在说来,叔本华的"意志"一词相当于一句诗意的表达,它本来是不能译的。如果一定要译,那么"任意性"远比"意志"更为传神。因为"任意性"的诗意更浓,可以这样描述它,就像20世纪初法国诗人萨尔蒙说的:"一切都是可能的,一切都可以实现,无论在哪方面,无论在哪里。"[①] 叔本华以下对"意志"的描述,也在朝着我说的"任意性"发展。

以上叔本华说,"智力没有能力讨论意志问题",这是一个颇具颠覆性的说法,它会导致悖谬。也就是说,依此说法,《作为意志与表象的世界》就不是一本关于智力的著作了(那它靠什么给我们智慧?我们又怎么会称它为"哲学经典著作"),因为它讨论了关于意志的问题。但是,我也可以变通地理解为"智力"也不是一个样子的。照直说吧,靠悟性可以接近意志问题,而悟性属于高层次的"智力"。

尼采第一次接触叔本华的这本书,就像卢梭读到第戎科学院有奖征文题目一样(《科学与艺术的复兴是否有助于敦风化俗》),心灵像触了电,灵感来自对规则本身(或"充足理由律")的反抗,所谓"酒神精神""超越善恶的彼岸""超人"等说法应运而生。至于尼采所谓"强力意志",不过绝对的任意性而已。叔本华是尼采的精神之父,没有叔本华就没有尼采。必须先读叔本华才会真懂尼采,因为叔本华做了一项尼采没有做的无法回避的工作:从学理上系统清算哲学史。

把叔本华的"意志"理解为"任意性",来自他自己的说法。我们弄

[①] [英]阿瑟·I.米勒著:《爱因斯坦·毕加索——空间、时间和动人心魄之美》,方在庆、伍梅红译,关洪校,上海世纪出版集团、上海科技教育出版社2006年版,第1页。

懂了他的下列说法,那么作为用汉语思考哲学的学者,选择"意志"还是"任意性",就是我们自己的事情,与叔本华所使用的德文无关。按照他的说法,不但"意志"而且"自由"都意味着"任意性",所谓"自由意志"的自由和意志不过是同义反复而已,它们根本就是一回事。所谓"任意",主要来自自由或者意志与规则(法律)的关系。可以认为他的以下说法是在批评康德的道德法(道德律):"当我们一方面说意志是自由的,另一方面又要给意志立法,说什么意志应该根据法律去欲求,这显然是自相矛盾的。'应该欲求'这个表达式就相当于由木头构成的铁。"① 也就是说,在精神的最高层次上(它超越一切"原来就有的"现成的经验与知识),不要提"应该",因为这两个字妨碍自由,也就是妨碍任意性。在这里"任意"只用于在形而上的精神层面(它与在生活世界里的"胡作非为"根本不是一回事)对"一切现成的东西"的批判性回应,它是任意的想象力,对精神世界全面开放、不设任何禁区,不存在任何不敢想的问题,只要你有能力想到,这就是精神的彻底性,启蒙的彻底性。从任意性可以轻而易举地开发出相关联的"精神黑洞",例如无须给出理由的"不服"(任性)可能更关乎人性的本质。任意性批判了"法律"(应该),附带就是对任何权威的不服气精神,即使是真理,它一旦被宣布并成为现成的东西,就可以对其投之以"不屑"的眼光,这种否定态度使我们返回到哲学的故乡古希腊哲人那里:哲学是对自然态度的否定,是对常识的否定。

　　这种"不讲理"的任意性,有惊世骇俗的心理治疗效果,它可以对痛苦家族(苦闷、无所事事、厌倦、恐惧、绝望)做一种根本性的哲学治疗,因为说到大大小小的痛苦,无非各种各样的死心眼而已,但是任性的态度却是,我什么都不在乎!什么?天要塌啦?预报说就在今天下午3点。没事,那不影响我下午2点开始的下午茶,还有甜甜的午睡!一想到下午茶我就激动。换句话说,疯子不能兼职抑郁症。或者抑郁,或者疯狂,那还是疯点儿好,要恰如其分地把以下叔本华说的"意志万能"理解为"疯子万能",它紧接着以上"木制的铁":"按照我的全面考察,意

---

① Arthur Schopenhauer, *The world as will and idea*, Liaoning People's Publishing House. China. 2016. p. 359.

志不仅是随意的，而且无所不能，从随意中走出来的，不仅是随意的行为，而且是随意的世界。随意和随意行为是一回事，它们是自识的、自决的，它的行为就是它自己的世界。"① 任凭什么都控制不住一个疯子，他软硬不吃，他死都不怕，还怕受折磨吗？疯子还有一个特点，就是没有从众心理却有逆反心理。比如这个疯子本来想做这件事，但是在做这事之前，你和他说："你去做这事，可好玩了！"于是，这个疯子就不去做该事了！为什么？因为和常人的心理习惯不同，疯子想，你有什么资格告诉我做这做那。本来挺好的事，一被你说出来，就脏了！② 能说疯子这个古怪的思路有"理由"吗？那莫不如说"理由"这个词可以随便乱用。但是，这个道理疯子不管，疯子心想反正我已经快乐过了，我的快乐你永远不懂！什么？我自私？疯子是最不自私的人，疯子根本就分不清事情的轻重！疯子弱智？偏见！弱智的主要特征，是死心眼，其极端情形是心胸狭窄以致于可能为丁点小事不遂意就上吊跳河。疯子是有可能自杀的，但是疯子在自杀的时刻，并没弄懂自杀到底是怎么回事。

我以上说"疯"是为了加强刺激，它的哲学意义在于不可通约的纯粹个性。叔本华强调的正是个人的私有性：传统哲学说，如果大家都不幸福，你不可能单独幸福。疯子说，别人幸福不幸福，这是我不可能知道和解决的问题，但是作为一个自然的原始人即一个孤独寂寞者，我知道自己的乐趣和幸福只适合自己，而且我可以自己创造这些乐子。你不理解？你的不理解与我无关。

以上我描述了一种极端的情形，叔本华思想的清晰来自他在意志哲学上的彻底性，而"彻底"和"走极端"是贯通的。我说"任意"和"任性"，只为了用更容易被人听懂的语言，理解他的思想。传统观点认为，人做事之前总得先想好目的或做个人生规划什么的，用目的激励人！但我说这是害人，因为这不啻于给人的命运下了一个大大的赌注，

---

① Arthur Schopenhauer, *The world as will and idea*, Liaoning People's Publishing House. China. 2016. p. 359.

② "工作对他（指卢梭——引注）来说毫不费力，只要他能够按照自己的，而不是别人的时间来做。他必须做些事情，访客或者旅行？如果不催他，他会立即去做。如果逼他马上就做，他的倔劲就上来了。"参见［德］恩斯特·卡西勒《卢梭问题》，［美］彼得·盖伊编，王春华译，译林出版社 2009 年版，第 37 页。

一旦我下注的"目的"靠不住，就全玩儿完了。现在，我不指望"目的"这种粗线条的许诺，而只要拥抱当下感觉好（这是实实在在的），但这个"好"并没有一定之规，它完全是随意的、率性的，于是我拥有了一种从前不敢想象的新智慧：不需要前提条件——这当然发展了叔本华的思想，他的"痛苦哲学"中的"痛苦"，总是与"欲望不能获得最终满足"这个前提条件互相依存。但是，倘若我根本就不存在别人的所谓"欲望"呢（因为我是个疯子）？或者我的"欲望"在常人眼里根本不可理喻以致于不可称为"欲望"呢？理论为了说服人，就必须彻底。为了彻底，这里我必须琢磨任何"前提条件"与我之间究竟是怎样的关系。我的研究结果是：任何前提条件（智力）与我的纯粹性或者原始性（自由）之间，没有丝毫关系，它们被强制建立起的关系，是智力对自由的奴役。使我们最终陷入痛苦的根源在于智力，而不在于自由或者无条件的随意性。

我假设一个远离尘世的英国人，他认为每天能喝到下午茶这件事，比自己的祖国是否能战胜德国法西斯还要重要！要谴责他吗？他毫不在乎！大家都不再理他？他更不在乎，巴不得呢，因为他享受孤独，那茶的味道就是他全部的世界，就像康德一生的生活范围只在他的家乡。一个思想家只是单纯沉思是不行的，必须把想法写出来。写是一种行为艺术，与其说写作是智力的事情，不如说是意志的事情——随机写出令自己感到兴奋的句子而已、随写随明白而已。我的本能是个黑洞，但我固执地认为，这个黑洞里并没有能预判我会朝着哪个方向走的决定性因素，即使你拿科学实验的证明给我看，我也不相信，就这么固执。我就是喜欢看你拿我毫无办法的样子，那会使我快活极了。世界上确实有一类像我这样的偏执狂，我觉得自己比"老好人"过着更有创意的幸福生活。我就是世界，在我率性喜欢上周围的某样"东西"时，我就化身为这些东西：我就是叔本华、我就是猫、我就是孩子、我就是女人、我就是酒、我就是音乐的旋律与节奏、我就是大江大河，我住在有节奏地敲着电脑键盘的手指尖中，我被我所喜欢的各种东西灵魂附体，分也分不开，这里哪有丝毫痛苦的影子呢？连快活都来不及呢！这就是爱的本意、美的本意、道德的本意，具有创造性的精神生活之本意。我就是上帝？是的！不过不好意思我同时也是魔鬼。戴上魔鬼的面具狂欢岂不是一件令人陶醉的事情吗？

　　以上的陶醉，是由任意性的态度带来的。任意性与陶醉之间的关系，就像世界上只有两种人：男人和女人，不仅分不开而且是永远相互眷恋的冤家，爱必须含有怨、缘、冤的因素，就像人生必须要有折磨和挣扎，这就是现代艺术所揭示的，而古典艺术过于注重圆满与和谐，从而远离了真实的生活世界。

　　"意志本身是绝对随意的，完全自决的，因为这里没有一定之规。"① 为什么"犯规"使人快乐呢？因为自由是人的天性，任何道理总像权威一样，是约束人的，属于"不得不"的范围，就像人为了谋生，不得不上班工作。为了减少工作时的压抑感，就得强迫自己培养起对本来不感兴趣的东西的"兴趣"，但这是用如此培养出来的异化了的兴趣，替换人本来的原始的兴趣，因此只要一有机会，人们就想逃跑，就想犯规，因为那犯规的行为，是自己难得享受到的。如果只有犯规的好处而不会被犯规的坏处所惩罚，那么出于原始的人性，每个人都天生就有犯规的冲动，这冲动就属于卢梭在《爱弥儿》中所谓"来自造物主的东西"，也就是天然的快乐。人们更喜欢意外之喜，那是因为"意内之喜"总是例行的、规矩之内的。就像同样是起立鼓掌，有的是我们热血沸腾的即兴反应，有的只是出于礼貌而已，但礼貌本身并不能使我们兴奋。

　　因此，要恢复我们身上那些"来自造物主的东西"。历史上有人说这些东西是善（如卢梭所谓"良心"），有的说是恶（如基督教有关人类"原罪"的说法），但是要我说，这些东西不过是因人而异的任意性而已，它们是隐藏在每个人身上天生的不同兴趣和才华的倾向，没有一定之规，不能用任何概念或者现成的说法约束之。我所谓"魔鬼"只是一个毫无恶意的隐喻，它相当于现代天文学描述的黑洞：在那里什么都可能发生，绝不受我们已经知道的任何知识的约束，但它既不来自神话，也不来自人们编造的乌托邦，黑洞是真实存在的，它是天真纯洁的，一点儿也不害羞，是什么样就显露什么样，任凭什么外在的力量，也不可能从根本上拦住它。要想不衰老，就要永远保持对于黑洞的浓厚兴趣，使自己处于

---

① Arthur Schopenhauer, *The world as will and idea*, Liaoning People's Publishing House. China. 2016. p. 376.

"不知道"的状态,我会在那里遭遇我想不到的东西,我准备好了只属于我自己的任意性,我随意地显露自己的黑洞。

于是,为了彻底返回我的淳朴状态,我不再有我的影子,我不再客套。我不高兴,脸上立即就会显出不快,决不会有皮笑肉不笑的累人模样。什么?这样会吃不开?为什么要为"吃得开"而活着呢?凡事只要问得彻底,就进入了哲学。没有了影子的我简直快活死了,我不再在意任何人的眼色。我是什么样就显露出什么样,这不仅是天真烂漫,它首先是哲学的态度,卢梭《忏悔录》的态度。于是,我想改造柏拉图著名的"洞穴之喻":不存在两个世界,因为在我这里我的影子与我的意志直接就是同一回事。由于不再虚伪,我打发掉了无聊的时间,节省下更为真实的时间留给我自己。别和我讨论真理,我的真理就是活出真实的我自己。是否在这个过程中一不留神给人类精神文明作出了贡献,这不是我有能力关心的事情。

不要再迷信"我思故我在"了,我是骡子是马,必须拉出来遛遛。也就是说,要行动。读书与思考的结果必须落实到我的文字创作活动之中。这创作,就是种类繁多的一种行动类型。如果我没有任何抄袭,那就相当于我正在从事艺术创作,即使我写的是"哲学思想"。我要学着尼采的样子,强行打破叔本华想不通的地方,就像在饭桌上只能躺着而站立不起来的一只鸡蛋,只要心横一下,敲破蛋皮,不就立起来了吗?虽然鸡蛋"流血了",但有时看见自己流血也是很惬意的事情。[①] 也就是说,任何一件事情都可能是令人高兴的事情(即使它被常人看成沮丧的事情),只要我对它有快乐的目光,比如不被人理解的快乐=有隐私的快乐。不被人理睬的快乐=独享的快乐。自己身体上的舒适感可能是身体亲自遭罪的后果,我一天写作下来一头躺在床上隐隐的腰疼和颈椎神经血流不畅导致的眩晕,却使我有难以言表的快意,那是在艰苦劳动之后生命意志赐予我的礼物,比我在床上无所事事懒一天的感觉强多了。是的,要挣扎,没有身

[①] 卢梭这样描述自己在经历了一次马车车祸后的感受:"我不知道我是谁,又是在什么地方;我既感觉不到痛苦,也没有什么害怕和不安。我看着我的血流出来,就跟我看小溪流水一样,丝毫也没想到这血是从我身上流出来的。在我心底有着一种奇妙的宁静的感觉,现在每当我回顾此事时,在我所体会过的一切乐趣中我找不出任何可与之相比的东西。"参见[法]卢梭《漫步遐想录》,徐继曾译,人民文学出版社1987年版,第15页。

体的痛苦就没有精神上的享受，后一个机会我抓住了。任何时间场合都可以思考，但一定要把灵感随机记在纸片上，精神一定得留下物质的痕迹，否则精神自身就无法展示自己。脑子总在随意地漫游，期间闪光的兴奋自己的瞬间，一定要出手。按照卢梭特异的感受力，他在临终的瞬间，也能有像他那次车祸后看见自己身上流血的瞬间所感受到的莫名的惬意吗？我不知道，但那是可能的，他是个"有趣的疯子"，能创造感受领域里的高难动作。这就是精神的任意性所能带给我们的临终慰藉，一个聪明人无法获得这种慰藉，因为他太聪明了以致于只剩下智力，他只有脑力，没有心灵。

　　心灵面对的是信仰问题，但我的信仰却是任意性，似乎世界上从前还不曾有过这样的信仰，这使我高兴极了。也可以换一个说法，如果简单地把人的意愿理解为世俗的物质利益、名誉地位、幸福婚姻、社会福利、社交的满足等，总之是人的社会性，就只是活了人生非重要的一半，而且要忍让、妥协、掩盖自己——如果你要与别人在一起而又不想感到别扭，这是必须的让步，即使一个天才人物在社会中也不得不如此。就此而言，就他实际上必须与别人差不多才会获得别人的理解与拥戴而言，所谓社会杰出人物也不过是一个庸俗之辈，他们想拯救人类，这首先就是人生定位的错误方向。人首先要拯救的是自己，没有任何别人需要你去拯救，况且你也拯救不了，从前崇拜你的人现在可能憎恨你，你根本就左右不了别人怎么看你，而且那些看法是会改变的。由此看来，多少世人的精力用错了方向却从来不自知啊！这是人生最大的悲剧。我所谓"任意性"能最大限度地防止这样的悲剧，因为我已经把人身上"社会性"的装饰全部剥夺干净了，我的本色是什么样的就什么样，再不需要考虑别人怎么看我，因为从根本上说，我不再需要从别人恩赐给我的评价中获得快乐！无欲则刚，但我有只属于自己的"欲"，它是最纯洁的、最道德的，一点没有损害他人的利益，我在其中任意驰骋，但无论怎样那都是我自己可能的样子，就像是一本书可以从任意一页开始读，它总是同一本书。任意性是灵感型的敏感精神，它只能是纯粹个人的，你身上的这种精神财富，别人只有羡慕的份，却是永远学不会的。我活在自己的心灵生活里，然后如实地记录下来，这就符合卢梭的教导了，即不像一个追求以上"社会利益"的符号人："他们的全部努力都是为了这一生命，但在生命行将结束时却发现往日的辛苦全是白费。他们的事业、他们的财产、他们日以继夜的劳动的成果，当他们离世时统统都得舍弃。他们从不曾考虑过生前能攒下一点死时可带走的东西。"① 卢梭是想明白了，他攒下了《忏悔录》，说他没有舍弃或者他带走了，因为这书里给人类带来的光明与他的名字分也分不开。但是这书不过是一个有天赋的自然人的心声而已，书里并没有声称"全世界的孤独者联合起来"或为了"解放全人类"之类的标榜。在书里，卢梭像一个女人那样为丁点儿小事絮絮叨叨，这种感情"使我随时都以任何人所不及的兴趣和细心去认识我的本性和用处。我见过许多人在探讨哲理时书生气比我更足，但是他们的学问可说是同他们自己毫不相干。他们力求显得比别人博学，他们研究宇宙是为了掌握宇宙的体系，就好像是纯粹出于好奇心才研究一部机器似的。他们研究人性是为了能夸夸其谈一番，而不是为了认识自己；他们学习是为了教育别人，而不是为了启发自己的内心。他们中有好些人一心只想著书，只想能被欢迎，也不管那是什么样的书。当他们的书写好了，发表了，对它的内容也就再也不感兴趣了，除非是为了要使别人接受。"② 卢梭的书与他自己密不可分，他文如其人，写出自己本来的样子，写出他自己独一无二的本性，若是只从他的社交生活中了解他，只能接触到他的皮毛。

  叔本华的书像卢梭的书一样，两人的书都与自己相干，以至于像卢梭一样，叔本华的书是记载着他个人体验的哲学小说，他把哲学概念当成小说角色，概念的关联相当于故事情节。我有理由这样认为，因为小说也不能总是一个样子的，就像立体画也是美术作品一样。但是，在与自己相干的动机中，与"社会人"获取身外之物的外在动机无关的、纯粹内在的动机（任意性、怎么都行，只要自己感觉兴奋）能带给人永久的幸福，它不需要算计别人、毫不做作，根本没有虚荣的必要，新想法和新感受所带来的陶醉感，远远胜于财迷和官迷，因为后两个"迷"所获得的物质上的好处，是死时带不走的，而陶醉可以化成文字自我玩味，而且如果真有才华的话，就像卢梭所言，思想艺术所创造的作品属于"生前攒下的死时可以带走的东西"，永载人类精神文明的史册。

---

  ① ［法］卢梭著：《漫步遐想录》，徐继曾译，人民文学出版社1987年版，第23页。
  ② 同上书，第24页。

于是，一种新信仰伴随着奇迹出现了，这是一种从前的人类几乎完全忽视了的新奇迹，那就是享受孤独寂寞中纯粹任性的精神生活！它的门槛很高，它不是宗教而是化为了生活方式的哲学与艺术，一般人难以有如此的修养，更难以忍受远离社交的生活，在这个意义上它是奢侈的、高贵的。精神高贵的两个孤独者之间心有灵犀，因此孤独只是相对的，绝非牢狱里的无期徒刑。恰恰相反，没有人会由此联想到它与现代奥林匹克精神完全一致，这种精神的意义纯粹是哲学的。现代奥林匹克之父顾拜旦在1936年奥运会演讲时说："奥运会重要的不是胜利，而是参与；生活的本质不是索取，而是奋斗。"这两句话并不像表面那么容易懂：成功＝胜利＝金牌，而这成了奋斗目标。这就误将身外之物当成身内之物了。唯一真实的生活，是我与我自己打交道的生活，是我自己的各种各样的亲自性，在终极意义上我必须亲自死。也就是说，这才是"参与"的本来面目，它是贴在我身上的。至于参与的内容，与其说是与别人较劲战胜别人，不如说是与自己较劲战胜自己，例如谁都知道克服痛苦保持自己心情愉快是一件多么困难的事情——这件事任何人都帮不了你，你得靠自己一颗敏感而灵活的心。因此，那些把战胜别人并且按照自己的意志改造世界（就像希特勒《我的奋斗》的目标）视为人生唯一快乐的人，不仅一开始就走错了人生方向，而且他个人的智力和意志越是强大，给人类带来的灾难也就越深重，因为他把自己的个人意志无情地强加给众人，而只要众人有向他欢呼的真诚心理，就不能说这个民族在心智上是成熟的。可惜康德的启蒙挽救不了众人，而只能挽救少数天才：叔本华和尼采。从学术上说，把希特勒的"意志"与叔本华和尼采的"意志"混淆起来，并且加罪于这两个哲学家，是天大的误会与笑话，是把希特勒世俗的愿望理解为叔本华或尼采的哲学意志了。

这种新信仰不要原本不属于自己的东西，如果偶然得到了这样的东西（如一本好书），绝对不会将其视为自己的个人财产，也绝不会由于被别人也看着好借去阅读而感到有活不下去的愤怒。人不是为了让别人羡慕而活着的，换句话说，也不必在意别人的侮辱和冷眼。就此而言，卢梭要比鲁迅伟大得多！鲁迅是一把匕首，而卢梭自己就是一件艺术品。我在卧室里请一尊卢梭的雕像而在书房的写字桌抽屉里放一把匕首？这当然只具有象征意义，只要想着高兴，必须说如果某个人能在毫无缘由的高兴中过一整天，我相信此人必有艺术与哲学的双重才华，他有能力进入无我之境，陶醉于孤独寂寞之中。遐想不是"我思"而是陶醉。笛卡儿的沉思是忽略身体的纯粹脑力劳动，但我所谓陶醉虽然也离不开脑力，却更离不开心灵与身体行为的配合，漫步和写作，融合成这样的行为。有心灵的投入，也就是狂热的热爱参与其中，就不觉得身体劳累，在行为上显得有些疯狂，收获的就是陶醉——若是以如此无我之境的方式"做学问"，学问就成为我的生活方式，而有很多学者，他们的学问与他们自己似乎毫不相干似的，从而写作对于这些人来说纯粹是一种折磨，这就像是缺少爱情的婚姻一样，不过是混日子的方式而已。情人眼里出西施，热爱会创造出美丽，因此陶醉是一种美感享受。

于是，奇迹发生了，由于有爱心参与，感觉印象变成了心灵感受，原本死气沉沉的世界瞬间就具有了活的生命。按照这个思路，可以清晰理解《作为意志与表象的世界》：按照是否与根据律（因果关系、充足理由律）有关，will（意志）和idea（表象）可以分别属于两个不同的世界——生活世界即现象世界里说的"意志"（意愿）与"表象"要以根据率作为基础，在这里我们可以说，人的本质就是社会性。一定要给出原因，没有原因的意愿和表象是不可思议的，这是理解的基础，也就是一个可以被解释的世界，从来的哲学家都被困于这个世界。但这是一个永远反复没有新意的世界，因为答案已经预先被包含在提问之中了。如果没有被这样包含，那就是不可容忍的"不可思议"，例如不可以这样提问和回答：为什么无动机行为是可能的？叔本华和马克思一样，要改变这样的旧世界，但是两人从不同的方向改造世界。马克思诉诸于无产阶级和社会革命，要解脱整个人类的苦难；叔本华诉诸于意志和美感，要解脱苦难的个人，他首先自我治疗：脱离苦海的方式是获得美感的能力，这就是药方。具体说，首先要远离社会，因为"要么平庸，要么孤独"。叔本华选择了做一个孤独的天才，或更准确地说，这不是他的选择而是出于他的天性，他管不了别人但管得了自己。这个"管"就是意志问题。当叔本华进入独立于根据律的自在之物之时，就等于进入了一个广义上的艺术世界、无我的世界、审美的世界、本能的世界。"充足理由律"在这些美丽的新世界中完全失去了效用，各种不可思议的现象堂而皇之地登上了令人陶醉的舞台，这是更为真实和值得过的人生：无我、随意、放弃私有财产观念、上午打鱼、下午"搞批判"——但不要真的以为类似的自由可以在"根据律"的世界里实现，因为人类既然永远不能脱离动物界，就永远不会不追逐利益。但吊诡的是，人生都是自相矛盾的，人渴望成为自己所不是的人。也就是说，同一个人可以既是守财奴又是艺术家，这两者同时都是真的，就像叔本华本人的真实生活一样。那个最重要的东西（金钱）在叔本华眼里根本不值一提，但他也承认这个不值一提的东西非常重要，这种自相矛盾是由于它们根本就不属于同一个世界，就像肉体与灵魂之间的关系，如同人与鬼接吻一样。

我把叔本华意义上的脱离了"根据律"的 idea，称为陶醉，或者可以描述为王国维所谓"无我之境"。叔本华以误读的方式，认为柏拉图著名的"洞穴之喻"中影子背后作为光源的"理念"，还可以被理解为脱离了"根据律"的 idea。既然有叔本华的先例，那么我也不妨大胆地将这个脱离了"根据律"的 idea，理解为"无我之境"的陶醉。"无我"是无对象的审美境界，是物我两忘的陶醉，它是一种任意的、无缘无故的趣味。

可以说得更为玄妙一点儿，以上的陶醉，相当于表象中的表象、一个表象所引起的任意的别一种表象，令陶醉者应接不暇，沉浸其中。在这里常识失效了，这里是无我之境、有来去无踪的没有缘头的趣味。这个境界既是艺术的也是科学的，爱因斯坦在《我的世界观》一文中，坦陈自己终生都受到叔本华一句话的影响："人可以做他想要的，但无法决定他想要什么（A man can do what he wants, but not want what he wants）。"换句话说，人的天性（本能）就是时刻保持着想要（自由意志、任性的意志）的姿态。"无法决定"也好，"无法要到"也好，差别不是很大，两者都暗示当人想要时，到来的其实是意料之外的东西，这就是为什么天才很少，因为绝大多数人只是固执地关注自己想要的东西，为此耗尽了精力，殊不知返回或者顺应自己的天性、专注于无意识（这是一种自相矛盾的表达，但此刻真实的精神状态就是如此）中自然而然到来的东西就可以了，它不一定是费力地刻苦学习的结果，但一定得长时间保持专注的态度。语言艺术家普鲁斯特同样受到叔本华的影响，叔本华认为气味与回忆之间有自然而然的关联，而普鲁斯特在《追忆逝水年华》中竟然用几十页篇幅描写主人公儿时品尝过的小甜点的滋味所唤醒的不由自主的"回忆"（其实是创造），显然，这些回忆的具体情形，和小甜点的滋味本来没有任何关联，出现怎样的场面，取决于作者关于"甜味儿"的理解天性、自由想象天性，就像桃花盛开与姑娘就要出嫁之间的联想一样。

即使是"原教旨主义"的柏拉图主义者，即使是原滋原味的柏拉图，他的洞穴之喻都是"表象背后的表象"。但作为修正主义者，叔本华不再像柏拉图那样划分作为原型的表象和作为影子的表象，也许在将 idea 与根据律联系起来时，柏拉图式的区分在叔本华那里还起着某种作用，但是在独立于根据律之后的作为"表象的表象"的 ideas，就会冲出柏拉图思想的篱笆，就要丰富康德的自在之物，仿佛他就要将时间纳入自在之物了，因为事实上叔本华已经入侵了被弗洛伊德称为无意识或者被 20 世纪初的欧洲艺术家叫作"意识流"的领域。"流"已经意味着时间。弗洛伊德和"意识流艺术家们"都暗示我们，A 表象与 B 表象之间的关系是随意的，它们之间原本没有关系。

"表象的表象"就是审美意义上的理性直觉能力，其中的"理性"之所以是理性的，在于它是任意的，不受任何关于美的标准的约束。也就是说，这里拒绝用概念去思维，因为这种思维总是将定义放置在理解的前面，就像推理或者判断一样，我们所收获的不过是一堆理解力而已，却没有收获感动。所谓收获理解力，即我们在这个过程中始终只是在动脑筋，而不是用各种各样的感性形象刺激我们的心灵神经。理解可以使我们豁然开朗，但却不会令我们有说不出原因的热泪盈眶。概念本身不会有令人陶醉的效果，因为概念的含义是一个"已经"，就像在观赏一场篮球赛之前，我们已经知道了比赛结果一样。要陶醉其中，就得尚不得知、什么都可能临时发生、每个细节都不能错过，神经得绷得紧紧的，令人沉浸其中喘不过气来。这是欣赏中的紧张，就像沉浸于一部悲剧作品时落下的眼泪是升华了的艺术效果一样，它决不同于被抢劫犯的刀架在脖子上的情形。人们越是无从判断结局，其行为的艺术价值就越高，因为从中每次走出来的，都是新东西、新感受，而且决不会出现瞬间决定永恒的情形。局势复杂，随时都会"翻盘"，只要一旦胜负已定，即使比赛还没有结束，即使我是胜方的拥戴者，我也会觉得接下来的比赛场面，就没有精彩可言了。

换句话说，思想的情形也是一样，我得处于"我不知道"但思想正在进行的状态之中。以无意识的姿态保持思想的专注度，并且养成这样的习惯，我称这样的沉浸为陶醉，也就是流淌中的 idea，即卢梭说的"漫步遐想"，它使得人的心思，自发地成为一件艺术作品。① 把想法或者意志本身当成艺术品，这就消解了我们从前关于艺术品的定义——例如从以弱胜强的实例中，我突然萌发这样的感慨：在你还没具体去做某件事之前，千万别说自己不行。如果我把这想法说给身边心有灵犀的某位朋友，就形成了真正有相互启发意义的哲学式聊天，它同时也是艺术式聊天，彼此之间想交谈的动力不仅在于吐露的都是真话，更在于我说的话被对方修订、补充并引导到新的方向。于是，我们如此聊天本身，也可以被视为一件艺术品。以上种种，似乎都在说，艺术和艺术品的一个新标志，在于它没有被我们识别、还处于形成过程之中、处于表象的表象中的一环，它具有向着别的任意方向发展的可能性，它得给我们以紧张感、似乎总是处于危急关头，而且不是开玩笑、不是假危急，就像无论我的生命能活多久——这一点虽然我不知道，但过了今天我的生命就少了一天，这只需要最简单的小学算术水平就可以知道——因此我时刻都处于生命的紧要关头。我不浪费生命的方式，就是提高生命的质量，而提高生命质量的方式，就是用以上的方式提高生命自我关注的紧张感。但是，非常奇怪的是，尽管死亡的

---

① 可以把卢梭的信仰理解为诚实，但很复杂，否则就有很多卢梭了。卢梭仔细思考诚实："我所谓的诚实人恰恰相反，在一些根本毫无所谓的事情上，别人如此尊重的真实，他却很少理睬。他会毫无顾忌地用些捏造的事来逗在座的人，只要从这些事中得不出任何对活着的或去世的人有利或有害的不公正判断。""我心目中的诚实人只有在他必须为真相做出牺牲时才如此忠实地侍奉它。"卢梭区别了感受的真实与事实的真实。卢梭的幸福来自类似如此地想心事："一种单纯而恒久的境界，我们的感受不是走在我们的前面，就是落在我们的后面，它或是回顾已经不复存在的过去，或是瞻望常盼而不来的未来，在我们的感受中毫不存在我们的心可以寄托的牢固的东西。"以上的引文，参见［法］卢梭《漫步遐想录》，徐继曾译，人民文学出版社1987年版，第48—49页、第67页。卢梭认为幸福来自不依赖他人的自足，叔本华这点不如卢梭，叔本华认为人的幸福来自欲望的满足。但是，叔本华区分了世俗欲望与脱离了"根据律"的自由意志，后者其实是讲，以沉醉于哲学与艺术的方式，回避在生活世界里由于欲望总是得不到满足而带来的痛苦，所以他说："要么庸俗，要么孤独"，这说法的精髓，与以上卢梭的说法是一致的，两人都求助于欢快的想象力，实际上都认为心思自有创造自己独有的精神环境的能力，在这样的环境之中，想象与现实之间的界限渐渐消失。

可能性就像头上有一把随时都会掉下来的利剑一样，却很少有人把日常生活视为危急关头，这样的活着，就活不出来艺术味。艺术味，就是说，创造新意。

　　表象的表象、艺术味、危急时刻，所有这些，都是自己产生自己的活动，并不是外部世界真的发生了什么了不起的大事情。外部的世界周而复始，新鲜的意味都是人赋予其中的。要创造点事，它不是公事是私事。例如"我死了"，这事对我是百分之百的毁灭，但对陌生人的重要性是零，很多只分析公德的学者忘记了只有从事实出发，公德才有人性的基础。脑子的最大功能是提问、发明问题，但对付脑子的最有效办法是启动心灵，以充满悟性的联想回答问题，这几乎能在瞬间完成，就像卢梭读到第戎科学院有奖征文的题目的瞬间产生的万道灵光活力四射、排山倒海般的喜悦、难以名状的迷狂。就是说，心思必须有灵感的参与才能变形为艺术，其速度非常快捷，它伴随着兴奋的身体（头晕目眩、泪流满面），而不是笛卡儿那样按部就班的沉思。卢梭这种疯态，来自他同时是思想与艺术两个领域里的天才，他赋予思想以美感，使艺术具有深刻的思想内涵。它们是精神领域里的蝴蝶效应。在这个过程中，卢梭用速度化解了理解力的性质，他靠的不是概念思维而是以精神的冲劲迅速变幻思想场景，以显露事情真相不是我们表面所看到的样子。

　　这一切都是私事，陶醉是私事，你得有这个能力。陶醉以流泪的方式显露，因为此刻语言不中用，语言只有能力表达现成的意思，而感受之所以变异为陶醉，是由于感受超出了感官所接触的物质性，也超出了语言的表达能力。陶醉是人所有天性中最能鼓舞人心的天性。

　　我自身、感受和想象中所创造出来的美丽。叔本华和卢梭一样，具有这种孤身一人时满心喜悦的非凡能力，叔本华把这种能力称为 idea——自主的创造性、荒无人烟的神圣之域，尚没有人碰过的纯粹性。孤独中自有排山倒海般的喜悦，孤独是与"不庸俗"混杂一起的。叔本华甚至要人们二者选一：要么庸俗，要么孤独。孤独尤其属于或者更容易暴露我上述的"危急关头"，idea 就是在此情此景中升起来的。我们知道，人在独处时周围环境往往并不活跃，也没有与人交往时的顾忌，它是特别容易活跃心思的时刻，对于一个思想感情丰富的人来说，他变成了一个想入非非的自然人。他此刻可以死去，但周围无人动容，想到此他心花怒放因为他在活着时就已经彻底解脱了。孤独是创造的同义词,这在词典上是查不到的,要靠心思的联想,这不是学究的事,学究决不会真的懂"表象中的表象",但尼采懂得,那就是狄奥尼索斯"醉酒"后的感觉,就是迅速沉浸于某种印象之中的能力;20世纪初法国诗人阿波利奈尔懂得,因此他有能力写出这样的诗句:"相对无言手握着手在臂膀挽成的桥下永恒的目光荡着涟漪。"手与桥之间相互变形,组成一种没有原型的彼此相似性,仿佛在梦幻之中,它既不是手也不是桥,而像是一种居间的随时在流变的超现实的画面。这个就是那个,但从"这个"连接起怎样的"那个",就是神仙也猜不到。表象创造表象,但前一个表象并非后一个表象的原型,而只是刺激印象的起点而已,彼此之间(就像眼睛看到的东西与心灵想到的东西之间)不是相互模仿的关系,它们之间一点儿也不相像。

  以上的 idea 自己自发地不断滋生新东西(从而与作为空壳或者标签的概念区别开了),它可以将不同的意象叠加在一起,从而不仅启发了阿波利奈尔的诗歌创作,还启发毕加索发明了立体画。例如,他把同一张脸在不同瞬间的表情叠加在一起,画出了同一张脸的截然不同表情,可以称它为由于速度太快而凝聚起一张被扭曲了的人脸,他画出了速度的同时也画出了晦涩,就像一个思想家若是跳跃式思维,写出来的句子就是如此的效果,它不是解释性的而是显示性的(描述性的)。它所显示的不是一个以"存在决定意识"的方式被解释的世界,而仿佛是一个自主的、根本就不拿"存在"当回事的、改变了的世界。这种创作状态的过程虽然是独处的,但却是兴奋的,与痛苦一点儿关系都没有,与外面的世界正在发生什么一点关系都没有。也就是说,要有所创造,首先得与世隔绝(以免受到影响)。我们注意到,知识越多,反而创造力越弱,不仅艺术领域,甚至思想领域也是如此。中老年人为什么反而不如年轻人有创造活力呢?因为人知道和经历越多,成见就越多,胆子就越小。

  还有一点至关重要,那就是作为审美思想创造过程的标志性活动,这个 idea 排斥与创作者个人自身的利害关系。如果创作者只是描述个人恩怨,那他不过是一个平庸的作者而已。Idea 是无我之境,我自身肉体上的饥渴或想要的身外之物,与我的精神产品之间,没有关系。这是由于人的天性中原本就存在相互冲突的两个维度:一个是"天使",另一个是"野兽"。"野兽"也能创造出"天使"的作品,因为此刻"野兽"完全忘记了自己是野兽。没名气时的青年毕加索可以饿着肚子画画。在旁观者看来一生过得很悲惨的卢梭真切地感到自己度过了幸福的一生，而物质生活充裕舒适的伏尔泰，在世界观上却是一个悲观主义者。

　　Idea 是一种亲身陶醉的能力，释放它，就得解放个体生命。所谓解放，就是返回人的原形，做一个自然而然的人、从根本上说不被他人影响的人。但是，这里指的是一个自然而然的人的艺术天分，他必须有能力区分个人感情与艺术感情之间的界限。无论我们处于何种险恶的自然环境、心理环境、人际环境，都不能堵塞通往陶醉的大门，通往陶醉的路四通八达——只要我们具有摆脱身心疲倦的艺术想象力，要把这种想象力与个人感情隔离开来，这是至关重要的一步，它使我们的心思发生了质变：使我超越了我，使我更为坚强，使我决不绝望。这所有的一切，都是寂然发生的。我被鼓舞了，但被鼓舞的原因与世俗的成功一点儿关系都没有。此刻，萦绕我身边的奇思妙想都与我本人的利害没有关系，它们是客观的、甚至具有普遍性。我虽然微不足道，就像大海里的一滴海水、杂乱丛生的野草中的一根，但是人性中也有我的一份。此时此刻，此情此景，这些奇思妙想就是真实的幽灵，它飘忽尘世之上，它们永远存在，只是会变幻面孔和模样。我被如此鼓舞的瞬间，变得更坚强。不，没有人帮我，这永不会枯竭的力量源泉，只来自神奇的我自己。因此，我的一生，是这样度过的：我总是觉得仿佛不再认识自己了。

　　为什么？因为黑洞。与光相比，我更喜欢夜的黑。在黑夜中开辟别人看不见的光，我兴奋极了。这兴奋本身就是我自己发出的光。虽然四周黑暗，但我有自己发光的本事，这又令我兴奋了一阵儿。我古怪？不，这自然而然，一点儿也不令人莫名其妙。既然我生来就是这样的，为什么要改变呢？不可能有人有本事改变我。为什么？因为强迫症，我强迫自己任性。"强迫"和"任性"是相互冲突的关系，我知道，但它们彼此在我的智力和心灵中配合得十分融洽。我对付抑郁的办法就是任性，也就是疯。没看出来？那是由于一切问题都是在寂静中被我默默地解决了。我不知疲倦地独自前行，身上流血了就自己舔干净。前行的路是如此的狭窄，但是划过夜空的闪电是如此的明亮，它裂开了黑夜，触摸着四周的寂静。我看见了，看见了原来有无数善良的眼睛惊讶地盯着这电闪雷鸣。大家都没有说话但我已经听到了他们的心声。我要写一首不曾有人写过的歌,打破这长夜的死一般的静。

　　艺术感情与实际东西之间要保持距离,这是高度专注的结果。为什么强调专注?人不可能真的精神分裂(精神病院的疯子除外),即使像爱因斯坦和毕加索这样的天才,其成就的秘诀也是专注。如果一年都在专注(琢磨)"一个针尖上到底能站上多少个天使"这类匪夷所思的问题,那么你的神态连同精神气质,就会显得与众不同,更不用说你终生专注思想与艺术本身,你的一生都将处于不断超越自己的路途之中,成为尼采所谓"超人"。只有才华能延续这样高度放松式的紧张,一个没有才华的人在这种专注的中途早就真疯了,因为庸人确实难以忍受不食人间烟火(脱离实际)的生活。脱离实际的艺术感情,并非一概不接触生活世界,而是在那接触的瞬间,那被艺术家接触的任何事物就改变了自身的性质,这本来是每个人都具有的潜在天性,但只是在头脑中匆匆划过,很少有人能将之滞留下来升华为艺术。[①] 卢梭也具有如此的精神气质:"我有着一些十分炽热的激情……羞耻挡不住我,危险吓不了我。除了我一心念着的那唯一的东西而外,世间万物对我来说都一文不值。"[②] 这就是卢梭式的"下午茶"啊!卢梭心里唯一念着的念想,没一件是实事求是的,而且念着的内容虽然千变万化,但念着或者专注本身却始终如一,这正是成就他并赋予他幸福感的念想。

　　在以上卢梭的例子中,揭示了思想艺术的感受,以"表象的表象"展现出来,它是自然而然的,没有较劲,这就与概念的推理思维区别开了,因为概念是将一个大标签贴在它所管辖的所有个别事例上面,使我们无法感受异样的个体形象,而去专注一个又一个标签的含义并且将这些标签串联在一起,这就像我们去参观一座藏品丰富的宫殿却始终只能围着宫

---

　　① 卢梭小时候因犯错被朗贝尔西埃小姐责打,"我感到在疼痛之中,甚至在羞愧之中,夹杂着一种快感,使我更加企盼而不是害怕再次挨她的纤纤玉手的责打。的确,这其中无疑是夹着某种性早熟,所以我感到她哥哥的责罚就一点意思也没有……谁会想到,一位30岁的女子用手责打一个8岁的孩子的这种处罚,竟然违背常理地决定了我今后一生的兴味、欲念、激情及我这个人呢?"[法]卢梭著:《忏悔录》,焦文逸译,北京燕山出版社2000年版,第1页。
　　② 同上书,第27页。

殿的外墙绕来绕去,并没有真正进去。没有内在性,就体验不到思想艺术的味道。"表象的表象"并不似这里"围着宫殿的外墙绕来绕去"所获得的印象,而是绵延着的内在感受之间的连接。

艺术感情与实际东西之间要保持距离,但并不是彼此无关,所谓"不食人间烟火"其实是说陶醉是现象中的沉淀物,就像一见钟情的男女双方的眼神在对视的瞬间仿佛发生了化学反应,这是性质上的改变,而在瞬间之前,彼此还是彻底的陌生人。换句话说,爱情是一种与艺术最为贴近的纯粹行为艺术,它本能地抗拒而不是去获得性行为,由于性行为与实际的东西零距离,从而减弱了爱的热情。换句话说,爱与性是截然不同的两回事。性属于自然的态度,而一见钟情属于本质的还原,两者并不在同一个世界。本质的还原,就像诗人使词语发生了化学反应,因此陶醉与现象(大千世界)是若即若离的关系。

由于叔本华将 idea 引入了艺术领域,它就不再与我们的身体无关了,但这种与身体相关的艺术,是将身体活动艺术化了,并不是关于身体的自然态度,当然也就区别于关于身体的自然科学(如医学)。陶醉不再是概念的职责,而是心灵自然而然的呼唤。智力或者脑力退居二线,登台亮相的是悟性、直觉、自由想象力,是那些与心旷神怡有密切关系的灵魂感应。陶醉是自然而然到来的无意识的狂喜。所谓无意识,就是意料之外、没有想到、突然降临,犹如日常生活中的"眼前一亮",它们以一种升华的方式与我们的身体有密切关系,就像从事艺术活动时身体的自然感应(凝神、忘记周围的一切、肢体语言、舞蹈)。我们品尝的东西也不再是那东西本身而是化成了别的令我们浮想联翩的艺术品,这就不能持有纯粹自然科学家的态度。后者简言之:人是一架零件会出毛病的最终会死的机器,自然科学家从来不讨论也不懂激情这种事,因为在他们看来激情是无用的。

总之,陶醉是心的事情,概念是脑的事情。虽然心与脑不可能截然分开,但由于人有天然的自主性,也就是不讲理的意志总是在干扰智力,并且会成为最终的赢家,理由很简单,说到底人追求的是快乐而不是"正确"。人虽然能在原则上不去做令自己感到快乐却属于"不正确"的事情,但这是自我极力克制的结果,并不可能坚持一生,在生活细节方面更是做不到，因为"正确的观念"总是伴随时代而变迁的，但人追求快乐的本性，从自然人到社会人的漫长发展过程中却没有改变。

艺术创造的前提是：让辨识能力暂时失去作用，也就是进入无我之境，例如拜伦的诗："我不活在小我之中，我成为我周围的环境。对我来说，高山就是一种感情！"① 这是摆脱个人烦恼的有效方法，也就是搁置由非自己的原因而导致的烦恼，这种隔离的最有效方式，就是转移注意力，以如此的方式对导致日常烦恼的原因毫不在乎：我决不在乎你认为我会在乎并因此而能伤害我的东西。换句话说，我采取彻底的局外人态度，甚至不惜以完全不被别人理解作为代价，因为事实上这样的理解是人世间极其稀罕的事情。换句话说，能碰上这稀罕事固然不错，但由于几乎碰不上，因此不被理解应该是一件快乐的事情，因为我守住了自己的秘密。由以上还可知，艺术创作有医治心理创伤的疗效，它是在自我陶醉或者孤芳自赏过程中实现的，只要想明白这样一件多数人不明白的事情：不朽或者永恒的唯一表现方式，就在当下的瞬间。

以上情形还可以换一种方式描述：那令你烦恼的事情并不像你想象的那样严重，就像对你自己来说是天大的事情，在别人那里根本就不算事儿。但是，烦恼会对专注造成事实上的影响，从而暂时中断了我们的创造力，因此要逃避之。由于烦恼往往来自外部世界的强加，那么最好的躲避方式，就是让别人忘记你，仿佛你已经从这个世界上消失了、没有了、不见了。非常奇特的是，当你采取这样方式时，你再次出现在世人面前，从前厌烦你的人会主动向你亲近，原因很简单，你已经成为了他或她曾经熟悉的陌生人。熟悉使人之间相互疏远，陌生却使人之间相互吸引。

我觉得叔本华还是比我天真，或许这是由于他确实没有将"意志"理解为任意性本身，从而没有想到"没有满足的快乐"是可能的，这种快乐在中途悄然扭转了原本的动机想要去的快乐方向，失望本身却成为另一种快乐的诱因，只要明白失望是必然的，而这个"明白"本身被我抓

---

① "*I live not in myself, but I become portion of that around me ; and to me high mountains are a feeling.*" 参见 Arthur Schopenhauer, *The world as will and idea*, Liaoning People's Publishing House. China. 2016. p. 330 。拜伦的这首诗，与陶渊明的诗句（"采菊东篱下，悠然见南山"）相像，都属于王国维描述的"无我之境"。

住了。残忍的"抓住"也叫抓住,这很像是在这个瞬间我站在了精神更高处,我能理解那些虽然熟悉我实际上却对我困惑不解的人,他们从一开始就不具备理解我的可能性,正是这一点让我感到兴奋。换句话说,失望和兴奋原来来自同一个原因啊!以上的心理意识流过程,也属于"表象的表象",它在超越自我的过程中逐渐明白起来,是自我暗示的心理疗法。在上述心理过程中,需要克服越来越大的心理障碍,就像在爬一座陡峭的高山,虽然劳累但有渐渐兴奋的身心高潮。高潮是在与自身的搏斗中产生的。还有,得感激那些给你制造困难和障碍的人,你迈过一道难题,一览众山小!轻松惬意油然而生。所谓任意性,即通往快活的大门四通八达,方式是把 A 看成让你感到舒服的任意 X。这个 X 是一个自变量,它可以伴随你的想象力自由转换,以至于构成整个生命的呼吸节奏:各种活动方式都权当是娱乐,而睡眠则是一次小小的"逝世",明天清晨我又成为一个新人。

　　以增加难度的方式去生活,很像是从感受的死胡同中寻觅新感受,好比你从你的一个朋友身上,发现了你从前所不知道的秘密——出乎你的意料之外的人情味。也许有人说这是善良,但我不同意,因为那人同时也可能很坏(不言而喻的是,坏人也可以做朋友,我们的教育从来不教给我们很多真正的人生哲理),把让自己人失望(如不被人理解)当成一种乐趣。这个心理过程,也属于表象中的表象。为什么要没事找事增加难度呢?因为如果不是这样,活着的形式就只是剩下一堆百无聊赖的空壳子了,即使你拥有全世界的权势和财富,也不能摆脱这些沉闷无聊空洞。换句话说,你这时的绝望来自于与普通人的情形相反,只要你有一个愿望,几乎总是毫不费力地就能得到满足。过去皇室贵族们去打猎,就是想给自己制造某种危险的刺激。人们宁可去外面瞎折腾,也不愿意独自一个人整天待在家里,也是这个道理。上帝是不快活的,因为上帝不死,就不曾体验过绝望,因此上帝不但决成不了一个哲学家,而且甚至就连一个普通人都不如(这当然也是相对的,上帝也许对自己永远不会死这件事本身感到无聊乃至绝望,如果上帝也有绝望心理,就有希望成为哲学家或者艺术家了)。什么?还有愿意体验绝望的人?要不怎么叫任性呢!没有意思是没有意思的,但琢磨人为什么会觉得没有意思,这琢磨过程中就有点意思了,所以,当我说"通往快活的大门四通八达"的时候,并没有欺骗你。

为什么琢磨"人觉得生活没有意思"这项精神活动有点意思呢？因为它的回答很有难度，没有什么标准答案之类。事情一旦有难度，就开始有意思了。要不怎么叫天才呢，就是习惯于遭罪，我此刻想到的是形而上学的沉思，它克服了人之懒惰的形而下本能。在一切没有意思的情形中，我最瞧不起懒惰，尤其是精神的懒惰，是和一个活死人没什么两样的。

创作新的哲学思想，就是去发现尚未被发现的人性新的可能性。什么？已经穷尽了？根本不可能！我的根据在哪里？这个问题我拒绝回答，因为我相信任意性，也就是一切感受能创造一切感受。

最好的写作状态，就像是激情作曲时刻（欣赏音乐过程，就是即刻将乐音与任意感情绵延地连接起来，这个过程完全是自发的，因此反复听同一首曲子，感受并不相同，其实读同一本书的过程也是如此，这就是为何要复读），过后没法回忆起来是如何完成的。或者做一个俗人，或者做一个艺术家。要练习想象力，最好的方式是欣赏音乐。"音乐可以作为医疗我们痛苦的灵丹妙药。"[1] 因为音乐中歌词（歌词相当于世俗的痛苦）的有无并不重要，妙药就是从歌词里升华出来的乐音旋律本身——它们之间的区别，相当于实在的生活本身与生活中的精华之间的区别。因此，音乐不是我们所能想象的语言，音乐自己的语言永远是一个谜。

换句话说，创造或书写哲学思想的过程，类似于作曲或欣赏音乐的过程，它们都只是显露自在之物。叔本华转引了莱布尼茨的一句名言："搞音乐创造相当于在不自觉地演练形而上学，而在这个过程中，演练者本人却不知道自己实际上也是在做哲学。"[2] 哲学是做出来的，哲学是一种精神行为。智慧决非一件现成的东西，你要把它爱出来，要与之"接吻"。在这个意义上，哲学是艺术，反之亦然。其实，岂止音乐，一切精神活动的精髓都是在做哲学，只是行为者不自知而已，就像一个人自己不知道"自己所是"的那种人，但是旁观者知道。哲学才华是天赋的，而不是学出来的，因为哲学绝对不是"知识论"。知道历史上的哲学家曾经怎样说固然很有必要，但更重要的是，是你能自己悟出还能不那样说，你有能力

---

[1] Arthur Schopenhauer, *The world as will and idea*, Liaoning People's Publishing House. China. 2016. p. 345.

[2] 转引自同上书，第 349 页。

走自己的思想之路，我是说这种能力不是你学来的，它天生就存在于你的精神潜质中，你所需要的只是胆子大一点而已。

显露自在之物——不可言说的"东西"，对此，德里达会同意（意志的"非理性"绵延过程），而维特根斯坦不同意。一个曲调可以适用于一切场合，一段乐音可以适用任何感情，一个三角形适合所有三角形，2适用一切2个具体的东西。但这样理解的，是这样的前沿哲学：直接的、感性的、直觉的、跳跃的、不可模仿的、只像自身的、任意的或者天赋的、普遍性意义上的哲学，它与康德所谓现象世界和习惯理解的生活世界，是两个分离又相关的世界，因为声音（乐音）或者语言（文字）是属于现象世界的，但是乐音与文字已经从现象世界中升华出来了，已经进入令人陶醉的黑洞或者深渊之中了。音乐与哲学，无须原因就有美感的效果。这两者之所以是形而上的，在于它们都不是在具体控诉或者宣传，因此一个现实痛苦的人可以在作曲和沉思（与他自己的个人恩怨无关）中获得最纯洁的快乐和解脱（它相当于在一个异己的世界中所遭遇的寂寞孤独），艺术家或哲学家自身，就是"挣脱苦难的意志本身"。

满足是幸福的敌人，人不要获得想要的东西，而只要保持想要的精神状态，一旦我们获得了，好奇心就不存在了，从而导致平庸——我这里描述的情形是自相矛盾的，它的秘密就在于人其实并不真正了解自己：人所爱的不过是自己的欲望本身，而不是欲望的满足。从这种误解导致了两种截然相反的不幸。一种来自民间，普通人终其一生都为了某种愿望的满足，将重点放置在满足，导致了叔本华说的痛苦，从根本上说，欲望不可能满足，满足的瞬间，就成为幸福的敌人。另一种来自中国传统的礼教和印度佛教，无论是否看到了人生不可能满足这个事实，这两种"宗教"都试图遏制私人欲望，例如"为自己""私心""性欲"。这就导致对人性的不敬、不真实、虚伪，它陷入这种思考的错误，是由于一方面不能将欲望与满足分开，从而将两者看成是同一回事。另一方面，不懂得这世界上还存在着与满足无关的欲望本身，例如以纯粹想心事为乐事的欲望。总之，这两种"宗教"都暗中悄悄定义了"欲望"，也就是用现成的概念去思考幸福，这就像我以上说的，始终在宫殿围墙的外面观看这宫殿的"外壳"，而没有见到里面的丰富珍宝。

镜子里有我，打碎镜子，我不在镜子里了，我不愿意看见镜子里的我，很焦虑疲倦的模样，我的内心不是那样的，皮相和内心并不相符。人的不幸来自太重视外表，还安慰自己说"容貌是一生不变的，而世界观是可以改造的"——这是胡扯！实际的情形恰恰相反：你是怎样的人，几乎从孩童时期就注定了，只是你自己不知道而已。在后来的日子里你会不自觉地成为你所是的人，任何波折都不可能改变你！你的容貌却会随着时光的流逝而改变。镜子碎了并非人的大不幸，因为你还有镜子照不到的灵魂。失去灵魂是一个人所有不幸中最大的不幸——人这一辈子只靠"一口气"撑着，"这口气"就是魂灵，不是智力、不是算计。词语是智力的事，不是魂灵的事。神是不说话的，凡是能靠语句的意思去改变的事儿，都只是人的事而不是神的事。

我不再照镜子、不再自恋。是的，这很悖谬，"活出我自己"的前提摆脱了我自己，也就是忘我。为什么呢？因为我不可能认识我自己，但是如上所述，我只要循着下意识的感受，就会成为我所是的人。也就是说，我越是惦念自己，就越是活不出我自己。

不要以为生活是重样的，根本不是，当下瞬间总是与刚才不一样，不是指物理空间，而是指心思所往。就像人们总是伺机即兴地说话，没有人在闲谈时也照着事先写好的稿子念，这种既呆又疯的场面会惹来嘲笑。但嘲笑者自己也应该被嘲笑，因为他在思考与写作过程中被太多的"应当"所约束，他不敢即兴，也就没有写作的快乐。那些总在无形之中约束我们的东西，那些我们总要下意识地加以对照以防我们"说错话"的东西，我们对它们恨之入骨却成为我们呼吸的空气，但它们是窒息我们的毒气，会闷死我们的魂灵，使我们成为只知道执行命令的、毫无灵气的行尸走肉。比如，人们认为朝三暮四是不好的品德，教育也提醒我们要目标始终如一，多么虚伪的教育啊！什么朝三暮四啊？无非是改主意了而已，心思如流水，凭什么规定早前瞬间的心思不应该被后面的心思所推翻呢？尽管人们不是为了离婚而结婚，但是如果法律不许离婚，我相信敢于结婚的人数将大幅减少。只要你能让我眼前一亮，我决不问"你从哪里来"这样的傻问题。"就像一只蝴蝶飞过我的窗口"，灵感就是这样来的，这里不需要自然科学。"蝴蝶从别的地方飞来，还要飞到别的地方去"——只要灵感自然而然地流动起来，记录下来不必加上任何修饰语就已经是一首诗。怎么才会心满意足？非常简单，略微活跃一下心思就成了，一次小小的触动，是触摸，就是我想到的地方。触动魂灵，因为神来了，这次神变身为一只美丽的花蝴蝶。随意想，为什么不呢！不花费任何成本，它们是神赐予我的礼物，所以，倘若以如此的方式描述自由，就活灵活现了。一切感受能刺激一切感受，变不可能成为可能。神并不神秘，神不过"别的"而已。比如我获得了不可能获得的 X，我就对自己说，真是活见鬼了！其实是遇到了神。鬼和神的关系，就像狡猾与智慧的关系，实质一样，文字游戏而已。什么？我的这些话没有学术含量？那么你认为什么是真正的学术含量呢？在我看来，真正的学术含量，就是无中生有，但这并非绝对的胡来，其中微妙的差别，就是科学与迷信之间的差别。作为一种心理习惯，迷信是古老的，并不新鲜，而真正的科学发明是新鲜的，它开拓了一个新领域，就像轮子代替脚，就像浪漫主义感情是自然感情之不可思议的质变。

还有犹豫不决，人们耻于暴露这些感情，总是赞扬"大义凛然"什么的，多不真实啊！"大义凛然"是空壳，"犹豫不决"才是真实的细节，去掉了细节，生命就一点意思都没有了。为何犹豫？因为可以选择，人生的任何瞬间都走在岔路口上，要以最快的速度辨析事情的外表与实质之间的差别、辨析数量与质量之间的差别，使自己活得有质量，就得有提取精华的能力。除非有了新内容，否则就要极力克制自己重复的欲望。犹豫的过程也是辨析的过程：事情是别的样子，与它关系最为密切的东西，它自己都不知道，就像那地平线之外的东西，我们得去猜。怎么猜？发明（而不是发现）相似性，就像从甜的味觉发散到一切甜美的情景。什么和什么相似？全部趣味就在其中，100 个人看见同一样风景，内心的第一反应几乎也有 100 个不同模样，可以说这里有任意的"相似"，也就是源发性的唤醒关系。这就是思想的创新，最困难的思想其实一蹴而就，是在不知不觉之中实现的。语言学称这里的相似性为"隐喻"，也就是作诗的基本方法——由某某联想到别的某某，在这个意义上，思即诗也。诗词所流露出的思想，甚至比历史记载的当时某思想家的思想，更切中那个时代。

相似是无穷无尽的、打破常规的、解构的，也是创造性的隐蔽来源。它似一条绵延却分岔的河流，我们的心思就居住其间。

第二章 美　　感

一　无我之境

　　世界是美的世界，那么丑呢？丑是美的一个附属形象。丑是世俗的自然态度，美则是超越的艺术—哲学态度，因此，美并不与丑形成对应或者对立的关系，美与丑之间的自然联想，不过只是一种思维习惯而已。叔本华在《作为意志与表象的世界》第三部分，以艺术的眼光分析柏拉图的idea，这是具有创造性的"误用"，或者叫作隐喻、挪用、借来的相似性，因为叔本华这里讨论的idea脱离了根据律，从而与柏拉图的本体论、认识论无关，因此，在这里将idea翻译为"理念"或者"表象"都不大合适，由于它讨论的其实是艺术，因此我交替地将它理解为"美感"或"陶醉"等类似说法，这样的挪用或者隐喻，更能切中要害。

　　尽管如此，以下讨论叔本华的艺术观过程中，只有时时别忘记柏拉图的idea之精华，才不致偏离方向，即漂浮在以根据律为主导的现象世界之上，才有资格描述艺术。例如，时间与空间问题，与艺术问题无关，但美感是有变化的，这就使问题变得十分复杂难解。也就是说，另有一种艺术—哲学意义上的"时间"与"空间"，叔本华并没有分析到这一步，它们是当代欧陆哲学的主要话题之一，是由克尔恺郭尔、柏格森、海德格尔开创的。因此，我的描述不可能一味顺着叔本华，而要在欣赏他的过程中不时与他较劲。

　　去掉了根据律，艺术"天马行空"。换句话，根据、动机、目的、利益之类，与美感无关。美感并没有脱离现实世界，但又在"没有脱离"的情形下与现实世界"无关"，这种微妙而实质性的差别，就是知识论涉及的感觉与艺术感受之间的差别，美感是沉浸过程的静观享受，但是这

"静观"不是旁观而是沉浸之中的陶醉者,所谓"静"指的是与现实世界既脱离又没有脱离的情形。

最简明的例子,就是性爱中的陶醉,它是根植到人的"骨髓"里的自在之物。它是自由意志的瞬间、又是艺术行为本身——它是"只要能享受我的下午茶,整个世界毁灭都无所谓"的极端情形。在此,弗洛伊德是不敏锐的,他回避性爱行为本身,试图将其升华为艺术与文明。不是的,性爱本身就是艺术与文明。你不仅要用火辣辣的眼睛盯着它,而且要亲自享受才会知道艺术行为究竟是怎么一回事,因为我们是人,在性爱过程中有人的感受,也就是最高的美感——陶醉。我之所以举性爱的例子,不仅在于它符合叔本华的本意,也在于他的基本"理论要素"都在这里了。哲学不再是观念的艺术,而是与人的身体行为密不可分的感受性艺术。

陶醉已经是升华,但并不是不食人间烟火,它是拥抱现实世界过程中的升华。在这个瞬间,我们有排山倒海般的喜悦,但我们"过河拆桥",因为怀抱里的"东西"在这个瞬间似乎已经不存在了——不以它原来的样子存在,因为人的美感,就在于在人的目光中,事物总是变形的,词语跟不上变形的速度。陶醉时我们无言,期间偶尔的言词都属于热烈的行为语言,而不是在叙述或者承诺什么。听话听声锣鼓听音,会说的不如会听的,就在于说话者或者著述者并没有能力表达他们想说的、没有能力表达其欲望(热情与痛苦等),他们说出了别的东西。作为倾听者或阅读者,我们要有能力从其言词的表面意思听出其他意思:声音我们全都听到了,没听到的默默地在角落里微笑或哭泣。那微笑或哭泣,就属于艺术因素,我们得靠悟性(而不是语言)享受它们,我们得以走神的方式专注,在这个过程中任何预先的打算都妨碍专注,因为预判完全是与美感无关的另一回事。"预判式的写作"之所以难以感动人,也是由于因果关系被人们事先猜到了,所以,像以上陶醉的情形一样,有才华的写作需要"另一支笔",这支才华横溢的锐利之笔瞬间能表达什么,是无法预判的,它从无到有、即兴发挥,这个过程已经有美感了。所谓美感,就是享受从无到有的创造过程。比如,你知道"才华横溢"在我这里是什么意思吗?就是像卢梭那样没上过学,这个意思你在词典和名著中翻阅一辈子也找不到,卢梭从小就注定了他长大后就是那种人。词典里的释义只涉及"才华横溢"的现象,我谈到的则是"才华横溢"中的自在之物。

由于叔本华固执于康德关于现象世界与自在之物的区分,就忽视了实际上这种区分不过是对同一个世界的两种性质不同的看法而已。康德—叔本华人为地把美丽的财富拱手让给了现象世界,因为他们把时间—空间从自在之物中划拨出去了,而没有像海德格尔那样区分哲学—艺术的时间(或者柏格森式的"绵延":区别于生命数量的生命质量)与世俗的时间概念。这样,康德的"哥白尼式的哲学革命"就不彻底,他没有描述自在之物(意志—任意)的世界里的居民是变幻莫测的互为他者的独立精神单子,而不是恒久不动的柏拉图式的理念。想想看,一个没有时空的世界,该有多么寂寞,我们不要这样的自在之物,它是纯粹的乌托邦,甚至都不能比喻为荒无人烟的撒哈拉沙漠。其实,叔本华是自相矛盾的,因为他在西方哲学史上第一次引入了"身体哲学"——身体,这个不透明的黑洞、这个无底深渊,它似这样的自在之物,它在深夜的寂静之处,自己发出黑色的光明,它是暗的物质—精神。好像在说:我们怎么听也听不见的声音来自何方?我们目光之外的视觉在哪儿?这样的"身体哲学"告诉人们不要自恋而要忘我,陶醉在无我之境。

但是,无论如何,康德关于现象世界与自在之物的区分具有非凡的学术价值,它告诉我们任何一个哲学概念都可以至少分析两次,而这两次分析使同一个哲学概念具有性质完全不同的含义。康德提供了瓦解"思维与存在同一性"的差异哲学的雏形,他也在无意中破坏了形式逻辑的同一律,因为从大前提推导不出结论,因为在概念的使用过程中含义变了(由于领域不同,尽管概念本身并没有改变)。"这甚至可以延伸到我们自己的自我,我们只认识到自我的现象,但对于自我自身究竟是什么,我们并不知道。"[①] 这就修订了笛卡儿的"我思故我在",叔本华现在可以对笛卡儿说,我思只是自我的现象,我愿意(意志—任意)才是自我本身(自在之物),这就是哲学智慧所体现的两种基本能力之一:将看似一样的东西分解为不一样的东西的能力。"我思"住在智力里,"我愿意"住在心性里,它们之间的区别是如此明显,抹杀它们之间的区别将是文明的

[①] Arthur Schopenhauer, *The world as will and idea*, Liaoning People's Publishing House. China. 2016. p. 226.

灾难。智力是知识科学的事，而心性不仅是道德信仰的事，更是艺术的事。智力与对象有关，而心性不分对象，以至于能从几何图形感受到美。严格说，审美的能力是无法传授的，没有艺术家是学习了美学之后才会艺术创作的。

哲学—艺术涉及的心性超越了感官，是感官在场时的不在场，心旷神怡，把毁灭自己的变成拯救自己的力量，就像卢梭说的：只有当华伦夫人不在场的情况下，他才深刻感受到自己是多么的爱她！为什么呢？因为美感有一种滞后效应，就像某种感受气氛久久难以忘怀，它飘了起来，升华为一种高贵的品位。滋味和气氛是一起的，它们在抗拒语言的同时让我们感受到事物的美、人的美（不仅是相貌。相貌只是人的现象）。真正的爱是心心相印。为什么说孤独是高贵的品格？因为社交是礼貌的场所，只涉及人的现象。为什么写作能检验人的本质？因为文如其人！它暴露了此人之所是。社交的华丽表面上是"光明"的，其实是黑暗的，因为你从中很少看到诚实，你在这些场合并不自由。孤寂中流淌出来的文字则相反，你可以自由想象，它是黑暗中的光明。所以，要转过身来，远离人群，直到找到一个能诚实对你说话的知心人。在社交场合，我们成了"睁眼瞎"，只看到人的皮相而猜不透人的内心，若此无论多么礼貌又有何实际意义呢？社交场所不过害怕孤独者相聚的场所，而如此的相聚并没有驱除寂寞，就像尽管身居闹市仍旧孤单一样。孤单的感觉与身边人多人少无关。人很多，我以为看见了真实的人，其实却只是人的影子而已。我要爱真人，而不要爱影子。真人就是自我本身，而不是自我的现象。

真人是形态各异的，它不是现象的差异。一个人真的在性质上有别于他人，不是说有就有的，这需要精神生活的感受力和创造力。在一个糟糕的环境下，尽管有很多人却等于只有一个人，因为人们之间大同小异，彼此只有外部的差异，而不是品质和精神风格方面的差异。人们看起来都是相似的，但这只是迷惑人的相似性，不相似的只在于某 X 点，这 X 点就是一个人自己之所是。这个人活出自身的 X，就不枉来人世了。但是，这个 X 本身作为此人的原形并非死板不变的，它以"拓扑形状"改变自己，这就像一块橡皮泥可以捏成各种各样的形状，但是无论怎样，总是这块橡皮泥而不是别的。是的，这块橡皮泥的可能性一方面是开放的；另一方面又有其界限，它不可能超出这条界限。

艺术也接触特殊的事物，甚至也使用它们，但使用价值完全改变了，它的日常生活用处退居幕后，我们只是享有它的味道，这些味道无法用金钱来衡量。味道、价值在这里也被使用了两次（就像时间一样），就像热烈的拥抱，它彼时象征着友谊，此时拥抱的是爱情，其间微妙的区别，只有靠当事人自己敏感的内心。在这个意义上，美感的最重要表现方式并不体现在物质形态之中，而是想心思本身，这也是卢梭在他的《漫步遐想录》中告诉我们的，这种美感能力几乎战无不胜，无人能从你心里夺去，它甚至表现在看着自己的伤口流血而感到的莫名其妙的惬意，就像窗外阴雨连绵伤风感冒的忧郁却是令读书人欢喜的，这是懒在床上读书最好的环境、一个理由。如果理由是莫名其妙的，那就可以随意编造，只要自己欢心就可以。也就是说，我们欢喜时其实是没有理由的，欢喜奇袭我们，从天而降，淅沥沥的小雨下个不停，这算什么理由呢？它是天赐的，天下雨了？不对，"下雨了"就可以了，"天"在哪儿？你看，即使最普通的一句日常语言，都有难解之处，它没有落到实处，我只是收获了一份惬意、它触动我内心的滋味，这滋味有艺术趣味。因此，最美的"艺术品"是无形的，我指的是"想心事"。孤独者把"想心事"当成一种生活方式，多奇怪啊！它不能被看见，但人已经大大地享受过了，它非常纯洁、安静、不打扰任何人。这种享受只属于真正的精神贵族，它是那些只看重外表的实际效果的人，永远难以理解的心情空间。

调动和指挥身体行为的，不是思想观念，而是随时会改变方向的意愿。人们言行不一不是道德品质问题，因为人人都是这样的，这是因为语言是思想观念的化身，而行为却是意愿的化身，后者被语言掩盖着，因此千万不能听其言观其行，只有从一个人的意愿了解此人之所是。怎么理解一个人的意愿呢？非常简单，只要观察他的日常行为的性质就可以了，我指的不是一个人谋生的职业，而是指这个人真正感兴趣的活动。当然，在造诣深厚的艺术家那里，思想与意愿能暂时融为一体，他是一个"革命的浪漫主义者"，如果是两个这样的人在一起，他们彼此可互称"同志"。当思想与意愿在一起时，起主导作用的，仍旧是意愿（有强烈意愿参与，才会诞生创造性的思想）。没有意愿的"思想工作"，其枯燥程度令人难以忍受。世上的动物只有人是站立行走的，头部高高在上，"在上"的是意志—思想。意愿不是向下盯着地，而是望着天。

关于"天在哪儿"的问题,就像"脸在哪儿"一样,它们在日常用语中流通,但却是没有对象的,我们用自己并不真的知道其含义的词语交流。在这种"假"交流中,与其说我们收获了"理解",不如说享受了诗意。诗意的精髓在于词句没有具体的对象,词语中套着其他词语,这些其他几乎是任意的,所以不同人读同一个作品,会有截然不同的美感。诗意其实是搁置了"天在哪儿"的问题,这是一个智力问题,但只有搁置以因果律作为基础的智力,诗意才有机会显露出来。"下雨了"具有诗意,而"天下雨了"是画蛇添足。说"下雨了"具有诗意,是有条件的,它化成了一件与物理事实无关的心事,而且此心事发生了某种性质上的转变,这转变具有模模糊糊的抽象惬意,正是这种抽象的感性自然而然地与其他情景连接起来,但是其他情景也是抽象的,即它们是那样的又不是那样的,这些抽象性就是滋味,也就是说不出来却收获了的惬意。有各种各样的滋味,比如氛围、尴尬、厌恶、无聊感等都是一些滋味,它们抽象地弥漫在我们周围。滋味既能陶醉我们,也能杀死我们。惬意给我们欢喜自不必说,怎么面对带给我们痛苦的无聊感呢?把无聊感化成艺术感受就是了,其途径就是品尝它的滋味:让它转移方向、让它漂浮起来、让它占据我们的心事,这很像是突然发生的一种顿悟。所谓顿悟,就是说原本具体的事物在心事中化为抽象的感情,从而使我们豁然开朗,它不只是发生在我身上的事情,它是发生在人身上的事情,无论古今中外都有的可能性,于是,卢梭看着自己身上流出的血仿佛不是自己的,他瞬间忘记了疼痛,却有了莫名其妙的惬意。

艺术或陶醉,就是类似上述瞬间的迷失自己,明明在盯着某样东西,却由于这样东西给我的印象或者刺激实在太强烈,以致我不由得想入非非。这个"非非"是莫名其妙的抽象的激动,当我说此情此景具有"普遍性"时,是说我盯着的这样东西超越了它自身,它化成了我抽象的感受,这感受成为了一件看不见的艺术品,时间在这里不再起作用,似乎时间停滞了,瞬间化作了永恒。

雨中的惬意,我在把自己投入进去之后就忘我了,就像"下雨了"再也不需要天,就像卢梭看着自己身上流出的鲜血,脸上露出一丝虽然奇怪却非常打动人的微笑,这个表情是一幅现代艺术品,它与我说的"想心事"是一件流动着的艺术品不谋而合。

叔本华正是这样说的:"如果一个人借助于精神的升华力量,放弃看事物的习惯方式,不再遵循充足理由律的指导,不再寻找事物之间的因果关系以及与主观愿望连接在一起的最终目的,如果他停止思考在哪、何时、为何以及事物的目的,只是单纯地盯着事物本身,进一步说如果谢绝用抽象的思想和理性的概念占据自己的意识,而是全神贯注于感受,全身心投入其中,让自己的全部意识都被宁静地沉思当下在场的对象所占满,无论是一处风景、一棵树、一座山峰、一座建筑,无论任何事物,由于他让自己沉浸于这些对象之中,甚至忘记了自己的个体、忘记了自己原来的意愿,他只是作为持续存在的纯粹主体……以至于他分不清感受者与被感受者之间的差异,两者合二为一,因为他的全部意识都被眼前这唯一的感性画面所占满。如果此刻这个对象脱离了与它之外的其他事物的关系从而被单独提取出来,如果主体脱离了意愿,那么这个人所收获的就不再是具体的事物本身,而是 idea(美感、陶醉——引注)……所以,沉浸于这种感受的这个人就不再是个体,因为在这种感受之中,个人迷失了自身,他是纯粹的、无意的、自然而然的、毫无痛苦的、超越时间的悟性主体。"① 平静中的激动、理解中的描述、从人生大戏的演员变成旁观者而又从旁观者沉浸其中蜕变为欣赏陶醉者,重新成为人生舞台的新成员。经过这两次根本性的转变,一个世俗之人已经成为艺术家、一个超人——我还健在,但"我"已经不再是我,我身上具有了艺术的神圣性,从此不再狭隘,"富贵不能淫、贫贱不能移、威武不能屈"的哲学价值在于它搁置了"充足理由律",最能实践这句话的,只能是一个艺术—哲学家,其核心是自由浪漫奔放,此人永远不按照别人的命令做事情、不受任何来自别人思想的奴役。

艺术—哲学家超过常人之处,艺术—宗教超越常人心理的奥秘,在于搁置常识,其使用的语言"不是一种语言",例如描述和欣赏是同时的、去感受与被感受是同一回事,这里需要哲学两种基本能力的一种:将貌似不同的事物视为一样的。但与此同时,又可以从不同角度欣赏这个"一样",例如催人泪下的经典歌词《Yesterday Once More》片段:"When I

---

① Arthur Schopenhauer, *The world as will and idea*, Liaoning People's Publishing House. China. 2016. p. 236.

was yong, I'd listen to the radio, waiting for my favorite songs. When they played I'd sing along. It made me smile. Those were such happy times. And not so long ago. How I wondered where they'd gone. But they're back again, Just like a long lost friend..."① 这是独白还是与人诉说呢？同时是两者，而且只有这样它才成为一件艺术品，也就是把自然而然的心事如实地记录下来，这心情如此纯洁美丽、没有一丝污染。它仿佛把思想化成了浪漫的心情，然后让她慢慢地走。不要急匆匆，还要反复倾听，用心体会。同样的词句读出来与唱出来，美感大不一样，后者融进了旋律与节奏，与生命的脉搏一起跳跃，就像性爱得亲自出马一样。也就是说，语言原本是说给自己听的（独白），才会演变为艺术作品，但是为什么又说此情此景无我呢？因为此刻我不自恋不自私不算计，我和我正在感受的事物（包括人）之间发生共鸣、相互欣赏与拥有。它确实是短暂的，就像醉酒是短暂的一样（我们不得不从艺术境界返回现实生活，二者之间的反差令人痛苦），但它们令我们印象深刻、流连忘返。忘我，就是说，我当下兴趣盎然所拥有的，就是我的世界之全部，其他一切都视而不见听而不闻，在这个瞬间的感受不是虚拟的，它无比真实，尽管我还是不得不从这种气氛中走出来，回到另一种现实生活、算计中的日常生活。

独白、黑暗、梦，这些仿佛活在另一个世界中的生命其实距离我们很近，无意识也是"意识"，就像X光也是光、暗物质也是"物质"，多维空间也是空间。对于任何一个词语，都要从不同角度多想几次。

霎那之间目光性质的改变，仿佛一个人不再是他自己，也不是任何他人，而像是佛教说的："立地成佛"，从可笑到崇高只是一步之差，这是多么伟大的一步啊！但是迈起来并非想象中那般艰难，所需要的只是一颗敏感善良微妙的心思，这心思使人变成了神，即使过一会又重新返回人间变成了人，哲学家和艺术家一样都应该有这样的能力，创造生命的神来之笔是相通的。神是不讲规矩的，神自己就是"规矩"。这是沉醉之佛，神迷，就是 idea 的状态，这状态不附属于、不服从于任何个别事物，而是

---

① 以下是另一首类似歌曲，只是在形式上节奏更为激烈："On my own: I'm looking at you, for no particular reason. It's just the spot for me to be in... I'll do it on my own. I will get it done, with the help from no one. Come into this world by myself. So I don't need nobody else..."

改变个别事物,在自由想象中将它们变来变去,特定的时间和场合,世间的因果关系都无法左右神迷的状态。进入这种哲学—艺术状态的关键一步,就是专注的能力、沉静的能力、首先放缓步伐(搁置算计的习惯)然后加快步伐(入神过程中的自由想象力)的能力——就像精神的"疾病",所有一切都不再是现成的了,熟悉的变得陌生、无意义的却变得有意义、毫不起眼的琐碎顷刻间也被注入了生命活力,甚至成为灵感的源泉。如此,思想与艺术被注入生命活力的关键一步,就在于它们只在当下发生,而这之前还想不到它们会成为现在的模样。仿佛我们在原始森林里迷路了,这绝望、这生命的危急时刻却激励我们鼓起勇气凭着感觉走下去,每一步都是生命的极限,我们沉迷其中忘乎所以。与其等死,不如沉醉于由死而萌发的热泪。那毁灭我们与拯救我们的,是同一样东西。

若此,世界就成为 idea 的世界。"多么圣洁啊",来自童话世界的"小王子"如是说。要是全部精神状态都如此专注,就没有时间去烦恼了。人啊,不要吃力不讨好去设计拯救人类的方案,因为很少有人真听你的。一个人只要拯救自己就行了,就像我已经写得很兴奋,至于别人读起来觉得好不好,我兴奋时从来不想这个干扰我的因素。如果我特在意我根本就决定不了的事情,那就像我试图阻止一个在心里骂我的人一样愚蠢了。我只做我能自决且痛快的事情。至于我究竟能走多远,这事我只听从我的内心。心事和对心事的体验行为并非是在时空上隔离开的两件事,它们是当下同时发生的。也就是说,不仅只是想而是即刻将它们写出来,才实现了心事之所是。当然,若是更加彻底,你还要有能力使别人能从你这里收获美感与激情、感同身受,这是更加重要的对心事的检验行为。这进一步验证了我上面说的:对同一个词语,至少要从不同的方向品味两次。

对于一个艺术—哲学家来说,其作品就是自己的性命本身,创造作品就是其全部生活方式本身,这是与身外之物无关的性命,是自己死后能坦然带走的东西,而金钱权势地位是带不走的。从标签身份评价人,与从其作品内容质量评价人,天壤之别也!如果周围所有人都只在乎身外之物,也打动不了意志坚强的哲学—艺术家,他早就习惯了享受孤独寂寞。没有这个没有那个?这一切都无所谓!知我者是朋友,不知我者陌路人也,但我尊重陌路人,我对他们微笑。我们都是人,只是生活方式大不相同。

叔本华反复强调作为自在之物(或者"事物本身")的意志,其实它也是20世纪精神分析学家的核心问题，它指的是人的自然本能。这种本能可以从身体与精神两个方面描述，身体本能以性本能作为精华，而精神本能就是以无意识为核心的直觉、顿悟、意识流，等等。身体与精神的这两种处于暗处的本能并非像黑格尔辩证法所谓的对立统一关系，它们之间是"倍流畅儿"的相互补充关系，它们完全是同一样性质的"东西"的两种不同方向的表现形式，就像同一块橡皮泥捏成的两种拓扑形状。这就是我说的20世纪新启蒙精神的精髓，它是由叔本华的哲学所开创的，没有人像他那样系统地"清算了"哲学史之后，为20世纪的哲学奠定了基础。在这个基础上，可以开辟崭新的哲学、文学艺术、信仰、道德，等等，它甚至使一向以严谨枯燥著称的科学成为尼采说的"快乐的科学"。它是如此具有人性的味道，以至于它的价值首先是被文学艺术家发现的，就像20世纪的德里达的哲学思想。

问题的关键，并不在于摆脱现实世界，像"贾宝玉"那样出家做和尚非但不是真正的出世解脱痛苦，在我看来它不过是另一种变相的俗气罢了（因为宗教本身的清规戒律并不会使人具有精神的创造能力，从而无法享受创造活动给人所带来的快乐），这种行为并没有使人的精神从此真正能摆脱痛苦从而变得高贵。更好的生活方式是艺术的方式，它同时是真实的与虚幻的，虚幻的不断成为真实并有了新的虚幻享受。就是说，艺术生活是飘离地面的实在生活，"实在"在这里也被说了两次。

叔本华没有看到，纷纭的现象世界本身就是自在之物自身的显现，它只能如此显现，以至于两者之间的区分是没有必要的，因为这种区分使我们忽视了众多差异的美感，这些差异也是性质的差异，就像每个人都是一个真实的世界，他或者她只能是其所是。一个人日常每个琐碎的行为方式之间无论显得多么自相矛盾，都是他的本质的一个方面：他就是如此一个人，忽而这样忽而那样。例如他同时是可耻的与纯洁的，在这一点上可耻，在另一点上纯洁，彼此推论不出来，并不具有逻辑关系。

人生确实有很多无法抗拒一定会发生的东西，但人之所以是美的，就在于抗拒这些无法抗拒的东西，否则人的价值就不能体现出来。这个抗拒过程的乐趣就在于：比如，虽然人必死，但如何死、途径或者意义差异巨大，还有很多细节，即偶然例外的因素，这些因素就像不同性质的哭泣与大笑，它们是我们人生的本质因素，其重要性一点儿也不亚于我们理解了事物的道理。在这里"体验滋味"可以被说两次，一次是知道或者理解，它是观念形态的；另一次是兴趣之享受，它是物质形态的（包括身体本身）。

令我们难以忘怀的，正是生活中的细节，它们以美好或痛苦的印象保留在记忆之中，细小情节之间的连接方式并不遵守逻辑分类原则，它们之间的连接是即兴的、随机的。

一切现象都出于本能，叔本华称之为意志而我修订为任性，其被驱使的方向，取决于一个人天赋的秉性，这秉性除了人性共有的因素之外，还有专属于这个人本身的，这个差异非同小可，其极端情形，可以显得是人类中的"非人类"。每个人都是一个自在之物，重在"自在"，即一个人有怎样的"是其所是"，是没有道理可讲的，天生如此，也就是任意性。正是由于有这样无可更改的不同本性，人世间永远充满了思想感情的冲突，它们是由于彼此无法理解造成的。初衷是想互相理解，效果上却总是以误解告终，人生的痛苦几乎都是与人交往过程中带来的，因为误解的另一个说法就是叔本华所谓愿望无法实现。为什么呢？因为欲望的实现往往要他人的配合，但从根本上说，他人是不配合的，并不是说他人不善良，而是说你与他人之间永远是误解的关系，因此，即使表面上两个人正在共同享受同一样东西，但却是不一样的享受，因为此刻两人的心事并不一样。那么，为什么有"心心相印"之类佳话呢？那是人类永远美好的愿望，人们宁可相信与心爱的人是心心相印的，彼此有心灵感应，和谐忘我，这愿望非常纯洁没有任何虚伪，但它不是内心的真实，因为一个人的心事无法彻底传达给另一个人，即使是挚爱的人。这从另一个角度验证了叔本华的名言："或者平庸，或者孤独。"他说唯有意志是真实存在的，其他都是浮华的现象，他说的"意志"完全可以换成"孤独"，返回自己的意志，这是由于与他人交往的"真实"实际上等同于"不被理解"。这不是由于智商或情商的差异，一个高智商高情商的人甚至不能理解一个"傻子"的内心世界。叔本华的"悲观"哲学并没有追溯到我这里所描述的原因，他说的愿望不能满足的原因和我说的"原因"是不一样的，他从不满足的欲望中看到了痛苦的必然性，但是我却觉得人生的乐趣与意义恰恰在于一个人看到自己与人有差异、互相冲突、不和谐，舍此就没有好奇、没有抗拒（不顺从）所产生的愉快、没有活出一个与他人不一样的自己的惬意。

二　艺术—哲学天才

艺术以自身为目的，但是，艺术自身就是"目的"的另一种说法，是艺术根本就不会考虑"目的"这回事（因为"目的"这个词被人弄坏了，当人们提起目的时，总会不自觉地联想到自身之外的以观念形态表现出来的对象），艺术只是沉浸于自身而已。艺术把世俗的灰尘泥土一概过滤干净，只存留纯粹的内观沉静。这就与社会生活截然不同，人活在社会上，就得建立关系，与他人的关系，与自然事物的关系。但艺术活动恰恰相反，艺术讲究脱离关系，把任意的 X 因素孤立起来，就像杳无人烟的大漠之中孤零零地有一串人的脚印，这脚印是千古之谜，因为它是不可能出现的，它的意义可以被说两次，一次是考古学的，另一次就是艺术的，后者更为重要，因为它不是求得实证，而是返回到人的心事，它可以重新出现在我们的梦境之中，梦境之所以与艺术有天然的联系，就在于梦境完全无视现实生活真实的（因果）关系，大漠之中孤零零地一串人的脚印，是典型的梦境。《红楼梦》的艺术性，全在于一个"梦"字。艺术并不是乌托邦，它在细节上是真实的，几乎都取材于日常生活，但它们是飘起来的真实，是可能的生活而非真实的现实生活。我们能享受艺术，是由于艺术与生活的关系是脱节的，我们享受庸常的日常生活中不可能获得的快乐。这个孤零零的特殊的"审美对象"，无论是一棵古树、一只猫、一座山峰、一个饱经沧桑满脸皱纹的老农民，它们都不仅是它们自己！这使我想到了博物馆，所有以个体形式出现的展品都孤零零地被安置在橱窗里，甚至那个著名的小便池也可以从不起眼的卫生间里挪过来，在这个场合为何"小便池"令人震惊？因为任何日常生活中毫不起眼的细节都经不住被长时间的关注（而且脱离了自己原来所属的空间），这关注会产生某种任意的艺术幻觉，也就是说孤独（孤零零）本身在效果上就是艺术的，它会自发地产生幻觉。

审美艺术不仅如上是"脱离关系"的艺术，也是让时间停滞的艺术，在这个瞬间欣赏者得保持天真状态，不要想着有关知识性质的问题，就像一朵"桃花"即使你叫不出它的名字，又有什么要紧呢？你只欣赏它的艳、享受它的味儿,艳和味儿会带你去不同的地方,它们是不知不觉的幻觉,它与《诗经》里的"桃花"是一样的,就像昨晚的皎月也曾经照古人。这里的"一样儿",就是叔本华说的"idea",它是美的精华,我们陶醉其中。"艳"和"味儿"的区别,是进入美的途径之别,既可分别专注于"艳"或"味儿",亦可观其艳闻其味,美既是单纯的又是复杂的,就像《小王子》其实是给成年人看的童话。

什么是天才之作呢?就是从不按部就班,而是抓紧突然袭来的感受,平庸之辈终生都不会有这种被袭击的运气,那是因为其身上没有这种天赋。如果日常生活是一条按部就班的直线,艺术行为就是突袭的切线,与这条直线交叉。突袭是从哪一点开始的?从任意一点开始,就像一部电影或者小说的开头与结尾的情节,可以是任意的,怎么都行。但这些任意选择必须慎重,就像你一旦惹上某件事,不能逃之夭夭,你得有本事沉浸其中,专注到底,直到痛快结束为止。天才的创作总是以脱离现成的关系作为基本特征,天才是孤独寂寞的,但唯其如此,才有比常人更为疯狂的热情,"浪漫"的准确理解是孤独中的热情,像卢梭《忏悔录》描写的亲吻华伦夫人碰过的窗帘。

哲学—艺术领域的天才创作,往往得孤零零专注某 X 本身,如上的孤独脱离关系。不受影响,并非别人是错误的、无才华的,而是说,别人再有本事,那不是我的,如果我去模仿别人,那我顶多是第二。我要得第一,就得暂时搁置别人现有的一切,它们与我没有关系。

安静、静心、静观,对于天才非常重要,所以天才总是孤独的,天才之作总是孤独中独立默想的结晶,绝非与人合作的结果。是有心思的惊涛骇浪,但并非是与别人的冲突,而是孤寂之中的激荡,它隐藏在宁静的外表之中,用笔表达出来,文雅而放肆,它不像与人交谈那样通俗而又得照顾到礼貌,所以你去采访一个天才,他说出的话,质量还不及他文字作品深刻程度的一半,因为放肆是深刻的,而礼貌是浅显的。沉浸于哲学—艺术活动本身,这活动是纯粹兴趣,在这个过程中没有考虑个人的功利得失,自私和自恋都不复存在。"有我"状态是被我奴役的状态,摆脱我(个人的恩怨好处),就摆脱了对艺术的最大奴役。于是,天才获得了另一种常人难以理解的兴奋——艺术兴奋,这是一种超越的兴奋,它不会被世俗的喜怒哀乐所打扰,尤其是在进入哲学—艺术直观的时刻。

艺术与科学的一个实质区别，在于艺术总是从某个视角"奇袭"事物，而换另一个角度，意义就改变了。当哲学家以如此的方式谈论科学（例如数学）时，就变成了艺术式地谈论，而超越了科学本身。例如胡塞尔认为，尽管 2 + 2 = 4 与 2 × 2 = 4 的结果相同，但是到达终点的途径不同，因而两个表达式有不同的意义，但真正的数学家不会认为胡塞尔这话是有意义的，相反数学家认为一个三角形代表了一切三角形，不分任何场合、途径、超越了时间。曾几何时，哲学语言也被看成类似数学的语言、真理的语言，与角度无关，有最大的普遍性。也可以借用柏格森的说法，数学只关注数量的差别，而哲学和艺术关注质量的差别。叔本华说，"（艺术）陶醉（idea）……摆脱了充足理由律，进而从某一途径静观事物。"① 他说的"途径"就是质量的差别。

于是，我们得到了艺术品的三个特征：摆脱与尘世的关系、静观沉思、从某个视角突袭而收获的沉醉。把这三点集中一起，就是甩掉一切现成的规则。如此，才成就了艺术天才。强调天才，与强调最高的艺术境界是一回事。艺术自有艺术的"道理"，绝不同于数学的道理。康德与叔本华在它们之间划清界限，就已经是天才之举了。科学是有条件有规则的、哲学—艺术是无条件无现成规则的。

叔本华偏好孤独，他形容天才像宁静的阳光，对常人的烦恼毫不动心。天才胸怀坦荡，决不会像常人那样容易被激怒。天才能长期过着孤寂的生活，是由于这不是受苦而是享受，他自己能长时间地沉浸于艺术的生活方式，自己给自己提供快乐的源泉。"天才的本质就在于这种卓越的沉思默想的能力。"② "长时期的关注"能力——无论周围有多少世俗烦恼，一旦安静下来，就能迅速沉浸于（凝神于）自己的兴趣才华之中。这个过程持续的时间越久，就越有才华。这种哲学—艺术直觉能力之所以能直接治疗心理疾病，是由于心病往往是由于"太自我"，而艺术性的专注却是无我的，这种宁静的兴奋甚至能达到"疯狂"状态，以至于此时此刻分不清事物的轻重，能将自己的生死置之度外。大智若愚，痴迷得像个

---

① Arthur Schopenhauer, *The world as will and idea*, Liaoning People's Publishing House. China. 2016. p. 244.

② Ibid.

"傻子"。德里达也曾谈到自己写作兴奋时的不管不顾倾向,他停不下批评别人的笔迹,他焦虑是由于确实意识到会得罪人,但兴奋的思绪本能总是占据上风,才华战胜了算计。此时此刻,意愿与痴迷之间有冲突,但无意识的速度更快,意识无法追上。不是想好了再写,而是兴奋的神经一冒头就已经化成文字了,两者之间几乎重合,没有时间的先后。

天才要与"深夜"好好谈谈,没有倾听者,写作是说话(与他人谈话)的变异形式,它彻底改变了人,这种快乐在原始人看来完全不可思议:这是一个疯子,他独自享有本来得有人配合才能实现的快乐。

一个天才要自觉意识到自己的才华不属于自己,他珍惜自己的身体也不仅是珍惜自己,他不顾别人的嘲笑,一心想奉献自己的一切精神本能,他恍惚觉得自己是被上帝选中的。是深夜的幽光鼓舞着天才超越了自己,他随时随地都准备与自己人性中的私心好好谈谈。他凭着这口志气坚持到死。可以叫它"多出来的能量"、"永不熄灭的灵感",它能使天才不考虑自己,这就是他与常人之间的区别。灵感,还永不熄灭,随便弄点出来都可以作为快活的材料,天才只是在形式上是寂寞的,哪里会真寂寞呢?

无疑,想象力是天才的重要特征。所谓想象力,就是心事中超出智力的多余部分,可以说是一种不切实际的奢侈精神。想象力不是抽象的概念推演能力,而是一种超常的感受力,它总是不由自主地设想某种令自己感到欢喜的情景,而回避会使自己感到不快的景象。想象并不受个人经历的局限,但是却可以比亲身经历的人描述得更加细腻动人。这是由于人是一种使用符号的动物,符号不仅可以代替真实的行为,而且开发出这种行为更多的韵味。虽然人是活在心事之中的,但语言不丰富的人,心事很难复杂起来,尤其是难以具备艺术—哲学方面的潜力,因为即使是看不见的心事,也是飞快地活跃于给所经历的事情"命名"过程中的。如果有感受而说不出,只能意味着一时找不到恰如其分的词语表达,也就极大地限制了感受能力。更高程度上的难以名状的情形,往往要以语言修养深厚作为前提,而不识字的、时间都花费在繁重的体力劳动中的农民,是难以产生并难以理解"黛玉葬花"的哀痛与联想的。普通人也有想象力,但是通常只限于算计的领域,有别于艺术家的想像力。

哲学—艺术家的想象力,即让自己沉浸于那些与个人毫无直接利害关系的静观之中,耐得住寂寞,并且能够从中获得难以名状的精神享受,这是普通人难以具备的能力。它是潜在于特殊人才身上的一种稀有的热情能量，不能通过传授而获得。如果没有这种天赋，一个人即使很用功，也是难以成器的，即"勤"并不能"补拙"。

天才是自己发光的，而不是被别人点燃的，他没有依赖他人的心理习惯。天才不是给自己照亮，而是给人类照亮。

有证据表明尼采所谓"超人"，就是叔本华这里所讨论的天才，以下叔本华甚至直接说出了"超人"这个概念："的确，就像人们所指出的，天才的行为总被视为某种灵感，是一种超人（superhuman）的行为，它与这个人本身区别开来了。"① 一个特别"理性"的人难以成为艺术天才，因为"天才不喜欢把自己的注意力，直接朝向充足理由律的内容，天才喜欢先坦露自己所是……"② "根据"或因果关系之类，在以算计为特征的日常生活中不可缺少，但它们不是天才所考虑的内容。在这个意义上，天才的思考，就像后来尼采说的，是"不合时宜的"，它总是与现成的一切决裂，来无影去无踪。"数学的逻辑方法也与天才相冲突，因为这个方法不能满足反而妨碍了真正的洞察力，这个方法只是表明了根据知识基础的规则而得出的结论链条。根据这种方法，智力顶多只能是记忆力，因为它不得不收集从前的命题作为参照的依据。"③

我曾经想过的问题，叔本华给出了明确的回答，即人类文明史上是否曾经有一个人同时是顶尖的艺术天才与数学天才，回答是否定的，因为"经验也证明伟大的艺术天才不具备数学能力，没有人能同时在这两个领域做到最佳。"④ 这表明艺术天才很少考虑其作品在计算和因果关系方面合理与否的问题，这种搁置不仅不会妨碍反而是其作品成功的必要条件。叔本华这里说的天才与艺术创新是同义的，其意义直指现代艺术或直觉艺术。天才及其作品抵制定义、推论、下结论等，甚至抵制理性判断而代之以直觉作为根本特征的描述。太理性的人理解不了现代艺术，就像"数

---

① Arthur Schopenhauer, *The world as will and idea*, Liaoning People's Publishing House. China. 2016. p. 249.

② Ibid

③ Ibid

④ Ibid. pp. 249—250.

学家几乎没有能力感受杰出的艺术品。"① 为什么呢？因为头脑里充满了规则知识，有太多的"应该"与"不应该"。"一个法国数学家读了拉辛的《伊菲琴尼》后耸耸肩膀问道：'这证明了什么呢？'"② 这才叫对牛弹琴呢！拉辛的剧本没有证明数学公理，是否就应该扔到火炉里烧掉？数学家眼里只有证明而没有"揭示"与描述，欣赏美的过程中根本就不必考虑在证明什么的问题，而只是在收获感官与心灵的深刻印象及其泛起的波澜，是一些听觉、触觉、嗅觉、视觉、味觉，是一些理不清楚的心事。好的艺术品需要朦胧的滋味，不需要全被欣赏者弄懂。

于是，我们就区分了精明与天才，《红楼梦》里精于算计颇有心计的凤姐只是精明，而大智若愚的宝玉才可称天才。精明无天才，天才无精明，这似乎矛盾的说法，表明"心事细腻"至少也可以被说两次，一次指精明；一次指天才。合理与否，划算与否，这是精明的事；精神上高贵与否、卓越与否，这是天才的事。

在我写出上面的话之后，惊喜发现叔本华说出同样的意思："一个聪明人，就他是精明人来说，他不会成为天才；而一个天才的人，就他是天才来说，当他是天才的时候，就不精明。"③ 敏锐的人，甚至能从人们的面相中，辨别出这两种截然相反的精神气质。

在叔本华那里，柏拉图式的 idea 是直观的事，属于天才，而理性推理知识是逻辑的事，属于常人。也可以这么理解，天才是任性而"不讲道理"的，常人是理性而"讲道理"的。"我们在伟大的天才身上，很难发现突出的凡事求合情合理的性格。反之，天才人物通常总倾向于具有暴烈的感受和古怪的热情，这倒并不是由于天才人物的理性微弱，而是由于下列情形造成的：一方面，在天才的意志现象中，有着非同寻常的精力，这精力要通过他的全部意志活动之躁动表达出来；另一方面，天才人物的感官和悟性直观能力强于自身的抽象认知能力，于是天才产生了断然注意直观事物的倾向，而直观事物对于天才的那些极为强烈的印象又大大掩盖了他们心中黯淡无光的概念，以至指导行为的已不再是概念而是那印象，

---

① Arthur Schopenhauer, *The world as will and idea*, Liaoning People's Publishing House. China. 2016. p. 250.

② Ibid.

③ Ibid.

天才的行为也就成为非理性的了。所以，当下的印象对于天才有强烈的影响，天才往往带着这样的印象沉浸于不假思索的行为之中、投身于如此激动的感受与热情之中。进一步说，由于在某种程度上，天才的知识已经从为意志服务中摆脱出来，他们也会，根本就会在谈话中不那么注意谈话的对方，而只是特别注意它们所谈的事情，鲜活地浮现在他们眼前的事情。"① 在这里，叔本华细致地刻画了天才的性格及其行为特征，其中应该不乏他自己的影子，他可能是对照自己说这番话的，只是没有像尼采那样张扬自己而已〔尼采公然把"为什么我如此聪明（天才）"列入自己著作的章节〕。这又是自相矛盾的天才，叔本华明明说天才作为"超人"的行为，是与这个人本身（自私）区别开来的，但另一方面，叔本华和尼采都继承了奥古斯丁和卢梭的非理性传统，他们的天才作品之所以能被称为天才，在于他们把自己"投了进去"，但是又可以说，这里没什么自相矛盾，因为他们投进去的"自我"不再是精明的自我，而是天才的"自我"。

  天才是天真的，朴实无华，而且往往拙于辞。当他有话要说的时候，往往是大实话，犹如箭在弦上，不得不发。这就会显得不通人情世故，因为有些实话只要大家心里明白就可以了，不一定直接说出来。天才还喜欢自言自语，就像有点疯癫似的，这其实是说实话的一种延续。换句话说，天才即使和人谈话时，也有些心不在焉，他太沉浸于自己内心的想法，而难以耐着性子听别人把话讲完，所以说他在和别人说话时，也像是在自言自语，并不像是配合别人的思路，对别人提出的问题也仿佛是所答非所问。可见，"疯"（madness）或"不理智"甚至被人们嘲笑为像"精神病"的天才，被如此称呼的一个重要原因，在于天才与人沟通过程中处于不通畅状态。这不通畅主要在于他只顾尽情于自己的心思，而不管别人会怎么看自己。于是，又由于他的脑力和心力都很出众，他这种"自私"的兴奋令别人跟不上他的精神节奏，人们其实是把这种不合群的精神状态叫作"疯癫"。但实在说来，他的疯中有不疯，而不疯中却夹带着疯。在这个意义上，也可以说德里达对西方传统哲学的批评性"解构"，就是从传统哲学的理性语言中发现非理性因素，而且这些非理性因素先于理性而

---

  ① Arthur Schopenhauer, *The world as will and idea*, Liaoning People's Publishing House. China. 2016. p. 251.

发生，理性只是对非理性精神清晰梳理的外部结论。这就像人的内心世界总是混沌的，但是又不得不与别人说话，混沌的内心一旦与人交流化成语言，就变成理性的符合逻辑的语言了，但是这并不能掩盖或者消除内心仍旧是混沌的，因此语言并不能真正表述感受的复杂性，即所谓"言不尽意"。

因此，理性和语言是一伙的，它们得符合习惯即广义上的逻辑，在这个意义上它们都是表达思想的工具，但它们并不是好的工具，由于它们的本质是受现成习惯的约束，在内容上就无法给我们新感觉、新思想，后者是不顾词语的习惯用法的结果。诗词是"疯"的，即使与日常说话使用的是同一个字，但诗词里的字是"漂浮"起来的。但是，两者之间的界限并不是绝对的，诗词也可以叙事，而日常说话也可以抒情。因此，德里达的"解构"就是从清晰中看出不清晰，从单义中分析出歧义，使事物重新回归原始的混沌状态，这并不是否定清晰，而是让我们看清事物是如何诞生的。他批评福柯，认为截然区分理性与非理性的愿望是不可能实现的，福柯的《癫狂史》确实出版了，但就像翻译是实现了不可能性一样，福柯的书也写出了这样的不可能性，因此其中掩盖了精神的危机，即没有揭示更为真实的思想情形。这里并不存在理性与非理性的平行，就像不存在身心的平行一样，这也否定了二元论，并揭示了精神和精神的产物是同时发生的，它们是以悖谬的方式同时发生，也就是内在冲突的两种元素不得不相互配合补充、"同居"一处，以至于彼此都不得不从对方"照亮"自己：心事必须说出来人家才知道，思想必须写出来才证明你的思想能力，但是只要一说出来，一写出来，就不可能与初衷完全一致。于是，一切冲突与能量，都集中在话从嘴里脱口而出的瞬间、词语和句子从笔尖划出的瞬间，这是一个复杂的由不得妥切思索的瞬间、一个区分才华与平庸的瞬间，它就是你的初衷，因为舍此他人就无从体验你的心事。对于你更为蜿蜒曲折的内心活动而言，你受委屈了，但事实就是如此。

就像叔本华说的："就我所知，并没有发现有某种概念能确切区别理智和疯癫，关于疯癫的本质也没搞清楚。"[①] 在这里叔本华又一次悟到了

---

① Arthur Schopenhauer, *The world as will and idea*, Liaoning People's Publishing House. China. 2016. p. 253.

当代哲学的话题，搞不清楚疯癫的本质，是由于人们当时还没有对"无意识"心理现象做科学分析，它是20世纪才大规模开展起来的。不确定性本身，成为科学的研究对象。唯有不确定本身是确定的，这使人犯晕，但它是科学事实，于是，我们得理智地疯癫，精神失去了底线。我是我之所是——对这句话的最恰当补充，竟然是我是我所不是的东西，也就是我活出了不可能性、我总是活出了别的样子，而这是无法预判的。这显得晦涩难懂，让我举个例子，也许这个例子也不好懂，只有有写作经验的人会有共鸣：我在写作时，几乎无法首先想好了之后再动笔，而只要有某个精神刺激点就可以了。我只有写的时候才会有（新）思想，而在这之前，我只有朦胧的精神倾向，因此也可以说，我的文字之外就"无"我的思想了——它们合为一体，而这是自相矛盾的，因为混沌的无意识（朦胧的精神倾向）并不等同于意识（以文字表达出来），这就好像是有两个"自我"，它们同时登场亮相，我是我所不是的"我"，我时刻在"变脸"。我总是以我可能状态中的一个"我"展现在读者面前。所谓"我活出了不可能性"，是说根据不足，比如凭什么我写出下一句话呢？当然，我没有写疯话，但下句话是临时想到的或突然受到某种精神刺激的结果，也就是叔本华说的"急就章"而已。下一个段落会转弯甚至急转弯，因为前一个刺激高潮已经过去了，精神的生命在呼气之后还得吸气。总之，随着以上所谓"二元论"的失效，"一元论"也失效了，也不是"多元论"，而是说"元"这个东西不靠谱，没有最终的东西，我们不要总是想着去符合什么。我不寻找，我发明创造。让所有的"名字"（概念）处于绵延过程，它还有别的名字……无穷无尽。

我不知道明天将发生什么，无论什么，即使是失望，也是新的失望，它有意思或者有希望，是因为一点小小的新的精神刺激都可以获得不一样的愉快，从而没有了沮丧的时间，我不可能修改过去，但可以选择将来。

以上的态度，可以有效地抵制痛苦，因为痛苦通常总是有原因的（叔本华说的"根据律"），但"非理性"的"道理"告诉我们，根据律并没有揭示精神生活最本真的内容，人们只是出于习惯想做各种各样的别人眼里的自己，如果没有做成，就会感觉痛苦。一个哲学—艺术天才之所以能逃脱痛苦，在于他的"我"不再是只他自己的个体，他有嘲笑自己的能力。

以上也可知，为什么讨论天才总要联系到艺术，因为天才脱离以根据律为基础的具体事物，从而智力在天才那里是"退居二线"的。有能力享受艺术之美，需要高贵的精神修养，它要升华为纯粹状态。当哲学思想具有艺术的特征时，才可以称哲学家为天才。换句话说，想象力也是哲学的来源。哲学与艺术是孪生的，就像上述"理性"与"非理性"的关系，它们的关系类似无我而"有"我、一种超越自身却具有个性风格的精神。作为一种高雅的精神享受，美感是"无用的激情"，但这"无用"是有用的，任何一个词语都可以用悖谬的方式再使用一次，第二次使用时，具有飘浮起来的美感。对于美感，很简单的识别方法是，你觉得情趣盎然，意犹未尽，不愿意让它结束，似乎没有在讲道理但是每句话都一时难以反驳，如此等等。

　　持续的陶醉、持续的绵延，不仅能欣赏而且能创造如此的美，天才能长期处于这样的凝神状态。安静，过滤掉浮躁和琐事。这不是下决心的事，这是天性的事。你把天才按到河水里，就像把瓢按到水缸里，你只要一松手，它还要浮上来。对于天才来说，这比普通人多出来的韧性与倔强并不很费事，不是刻苦努力的结果。除了这种舍弃让人欢笑让人愁的俗世而去享受无用而"枯燥"的激情，天才再不会做别的了。是的，生命很短。例如，叔本华就值一本《作为意志与表象的世界》，这是他唯一的痕迹。

　　由于天才倾向于创造而不是接受现成的东西，因此"艺术—哲学作品"比大自然本身更能唤醒天才的灵感。抽象艺术、超现实，不是模仿现实，不是去适应而是去改变。"世界"这个东西是没有的，它只是一个词语或概念，你得说"这只欢快的花蝴蝶很像是婚礼的气氛"，或者"我更喜欢照片上的你而不是你本人"，因为和你本人打交道挺麻烦的，但我可以随时随地任意欣赏甚至欺负揣在我上衣口袋里的你的照片。这当然不符合"根据律"，换句话说，天才并非脱离现实世界，而只是眼光显得有点古怪（或者疯），不同于常人。

　　现代绘画就是使眼睛从自然界里解脱出来，甚至不再临摹与素描了，画得不像了，但是与心灵（心灵的根本特征是内在的、无形的）相像、与梦相像。如此，诗人可以让语言、哲学家可以让思想与心灵相像。至于音乐，它是通过乐音直接显现心灵。心灵成为新的"眼睛"，能看见肉眼看不见的抽象"画面"（感情）。所有这些，都可以称为"无中生有"、创造新的精神生命。

　　世界上绝大多数人之所以不是天才，就在于他们的头脑似乎是为别人服务的，一点儿也不莫名其妙。真正莫名其妙的倒是"一心只想自己心思的"天才，天才什么都不为了，就是为了想心思而想心思。别人也许想得非常好，但那毕竟是别人的，不是我亲自所想而获得的快乐，我不要去想别人之所想，不要在思想甚至思路上去模仿别人，甚至可以不屑于去理解别人，因为人生时间极其珍贵，我连充分理解自己的时间都非常急迫，没有必要为获得"研究某哲学家的专家"的名声而牺牲掉只属于我自己的思想。真正强大的人不是国王而是一个真正有天赋的读书人，因为国王的内心是极其脆弱的，他担心别人瞧不起他、担心失去王位，他的快乐是建立在别人的谄媚基础上的，普通人虽然没有国王这些脆弱，但也离不开朋友，但是普通人想都不敢想这样一个事实：我的朋友，你知道吗？这个世界上没有朋友。我的意思并非别人都坏，就我好，而是说，我也很坏，不不，我不是这个意思，我真正的意思，是任何一个人与别人的友谊，都只是一种交往的需要，获得别人的理解，与别人产生共鸣，以排遣自己的孤寂。黑格尔临死前说没有一个人能理解他，通常人们会觉得这是由于黑格尔是思想天才，其实非也，一个普通人临死前也会冒出与黑格尔类似的感受，因为任何一个人最贴近自己内心的感受，只有自己知道，是无法与他人共享的，即使你把这种最秘密的个人感受告诉别人，别人也只能按照他个人的思想感情能力去理解你，但你仍旧是你，他仍旧是他，是两个人而不是一个人。因此，真正强大的人是返回本色的人，有能力去创造无人在场的快乐，在快乐问题上完全自食其力，而多数人是不强大的，他们只有和别人在一起时，才感到快乐。

　　单独一个人，只要通过想心思、读书写作，就能获得无限的快乐，无须别人的"掌声"，这是一个极其严肃的哲学问题。为什么呢？因为这里发生了真正异乎寻常的事情，但表面上看却似乎什么都没有发生，既没有改变周围世界，也没有对别人有任何直接和间接的影响，这个单独的人存在与不存在，与世界、与他人完全没有任何关系——其实，这正是每个人在内心里极力回避的残酷现实。为了逃避它，人人都努力在世界上"刷着"自己的存在感，出名即让更多的人知道自己。的确，人需要被别人关注，但这只是人的自然天性，就像人会自然而然更关心自己亲生的孩子一样。但人类的精神文明的精髓，却在于超越自己身上的动物性（爱孩子是动物性的本能）。一个人能超越自身的动物性、能从寻常的事物中看出差异性、能从烦闷无聊的日子中发明出值得玩味和思考的东西，这就是他与众不同的才华、天才的萌芽。

天才往往爱独处爱孤独，而没有丝毫被迫忍受的意味，这是因为与多数人不同，天才能通过想心思、读书写作，就能自己发光，这是自己给自己幸福快乐的光芒，而多数人的快乐，却取决于外来的光照射在自己身上，这是天才与平庸之辈的一个根本区别。天才用自己身上的光照亮别人，而多数人只是借助于天才之光温暖自己。

天才往往不被与其同时代的人认可，在世时或者默默无闻，或者饱受指责，他的文字往往超越了自己的时代。自古圣贤皆寂寞。为什么？因为"清高"，天才的烦恼与幸福都来自同一个原因：他头脑太清醒了，几乎一下子就能看穿事情的本质，而无须用血的代价"交学费"换来经验教训。头脑太清楚了就倾向于瞧不起头脑不清楚的大多数，就不愿意屈服于多数人的平庸之见，因为这种屈服意味着要放弃自己的才华，而天才往往是一些视自己的才华为生命的人。世妒英才，比别人强的人往往招人嫉恨，惹上一身无端的烦恼，总之天才最好独处保持长久的孤寂状态，以便不为他人所知。也就是说，才华只是为自己享乐的，与别人无关。苏格拉底以为自己对天下人有责任，他要当一只刺痛别人的牛虻，结果呢，却是死在众人的唾沫之下。一个个人主义盛行的社会是有利于诞生天才的，可以说不管别人的事情的社会风俗，就是天才得以成长的最佳土壤。当然，天才成就自身的诀窍之一，也是别管他人之事，无论他人是天堂还是地狱，天才都决定不了，千万别指望改变他人。如果碰巧改变了别人，那只是极其稀少的碰巧而已，天才并不以之为快乐或痛苦，既不接受感谢也不接受埋怨。总之，"己所不欲勿施于人"，影响别人和受别人影响一样，都是不道德的。

天才用自己的非同凡想，补偿自己世俗生活中的不幸，他不能获得与人共享的快乐，然而孤寂中的快乐才是真正的或纯粹的大快乐，因为它除了快乐本身之外，再无别的目的，它绝不是为了害人、不是为了一己私利。由于天才生来痴迷于纯粹精神生活的享受，也就天然倾向于把如此的精神生活本身，视为自己的信仰——活出了自己的精神生活，这就是天才临死之前最大的心理安慰。我异常高兴看到，我上述的表白在天才哲学家叔本华那里有了共鸣："也许，对于一个天才来说，最好的生活就是拥有自己、不被打扰，具体怎么做呢？就是将自己的时间花费在陶醉于自己的心思、自己的作品之中。"① 那么"在他死后，他给自己曾经活在其中的世界，留下了自己的精神之存在的痕迹。"② 天才觉得世界仿佛就是自己所渴望的样子，并非真的是这个样子，而是他极其倔强地看成这个样子，他不费吹灰之力就改变了世界，这叫作变形或隐喻，诚如马克思所说："从来的哲学家只是去解释世界，但问题却在于改变世界。"快乐的诀窍从来都只在于，真正起作用的并不是事情本身究竟是怎样的，而是人坚定不移地相信事情是怎样的，这绝不是正确与否的问题，而是真诚与否的问题。在这个意义上说，一个真诚的人是幸福的，而一个违心的人终归是不幸的，因为他自欺欺人、害人害己。

天然的精神贵族，天才拥有傲视普通人的天然特权，就是自己具有普通人所没有的智慧。精神的能力决不是国王暴君靠毫不讲理的拳头使人民口服心不服，天才是使人自愿"臣服"的，例如牛顿与爱因斯坦发现的物理世界的定律。但是，不要给这两个人戴上为了人类幸福而服务的桂冠，这两人只是对物理世界充满好奇，而恰好又具备了满足自己好奇心的才华。人消遣自己感到好奇的事情，但一个人对于自己究竟对哪些事情或问题感到好奇，不是在遭遇某件事情之前就能预先知道的。用放大镜和显微镜看，平凡的世界充满了神奇，这既是发现也是发明，天才若不去钻研并将之公诸于众，世人就不会知道从而无法受益，但这是意外的因果链条，天才人物的初衷可能是别的样子的。

当天才自信别人无法模仿自己的笔法与思想，在这个意义上他的离世确确实实是文明世界的巨大损失，他意识到自己的生命不仅属于自己，即使世人都不识他这个天才，他也是幸福的，他抓紧时间，尽量搁置自己的世俗生活，而活在自己超然的精神世界之中。是的，天才就这样沉浸于自己的心思之中，"这将是取之不尽的快乐源泉，而像鬼魂一样萦绕于普通

---

① Arthur Schopenhauer, *The Essays of Arthur Schopenhauer*, ［德］叔本华著，［德］桑德斯译，世界图书出版公司 2011 年版，第 290 页。

② 同上。

人脑际的枯燥无聊，永远绕不到天才人物身上。"① 这就是令普通人忌妒的（因为他们永远得不到）苍天对天才人物忍受孤独的补偿：最为悲惨的时刻就是最为快乐的时刻，孤独到死与快乐到死之间不需要转换，因为它们完全是一回事的两样说法。

有人说，人类现在的网络时代是空前平等的时代，人类精神不再需要天才人物的引领。我却想从另外一个角度回答这个问题：网络时代是诞生天才人物最为肥沃的土壤，因为从来没有任何一个时代，在技术上为个人提供了不受干扰地做自己的精神创造工作的条件，这是多少个世纪以来精神天才梦寐以求的工作条件：不受别人打扰的纯粹个人闲暇时间、多么奢侈的时间、不是为了谋生的时间、有利于想入非非的时间，最早的古希腊哲学家，就是这样产生的：纯粹动心思，就能使似乎原本在物理状态上如旧的周围世界，发生了翻天覆地的改变。

纯粹的心思本身，是没有"生平"的，所以以此度过一生的哲学家，一生平淡，他没有生活传记，只有思想传记。从一个哲学家做事情和过日子方面考虑，他不值得被人书写。"读一个哲学家的传记而不是去研究他的思想，这是可笑的，它就像只关注画框而忽视画面本身。"② 画框做得好不好，花费了多少钱，这些与画面本身的价值，没有关系。这个美妙的画面，象征着一个天才哲学家的思想，他用尽自己毕生的心血和精力，奉献出自己最内在的精神品质，他用自己的作品照亮后世，作为献给自己同类的最好礼物。他的命运，就是一生孤独勤勉，由于以上的原因，这是他必须付出的代价。

三 内心的情调：优美与壮美③

美感是一种内心的情调，它不是从物质形态上拥有某个想要的对象，

---

① Arthur Schopenhauer, *The Essays of Arthur Schopenhauer*, [德] 叔本华著, [德] 桑德斯译，世界图书出版公司2011年版，第290页。

② 同上书，第295页。

③ "优美"就是 beauty。"壮美"译自 sublime，后者也被译为"崇高"，但在汉语理解习惯中，"崇高"往往和道德品质、人格力量联系起来，"壮美"能更直接地表达出 sublime 是一种特殊的美感，它直接属于艺术感受，而不是从他人之间关系考虑的道德感。

因为这样的企图就像追逐金钱与权势一样，是一个无底洞，它一点也不浪漫，充斥着赤裸裸的贪婪，就像给乞丐的施舍一样，永远都嫌少，它太实用了，因此与情调毫无相似之处。这种贪婪十分危险，它使人的一生都处于焦躁不安之中，因为欲望的大锅永远没有被填满的时候。贪婪的人永远都惦记着自己得到的比别人少。如何从这种赤裸裸的利益追逐中解脱出来呢？如何能永远保持一颗恬淡而快乐的心情呢？只能求助于艺术。艺术的享乐是一种美感，这是它与物质享受的区别。从贪婪到美感情调的转变，是心情的性质变化。换句话说，所有的心情术语都可以说两次，一次来自世俗角逐的动机及其效果；另一次则是与世无争的怡悦，它是一次脱胎换骨的转变。这是一种忘我的静观，它能医治那些由于计较世俗的得失而导致的痛苦。在方法上，美感是转移世俗注意力的结果：我们沉浸于有情调的心情之中，这心情只是在玩味自身，而不想去实际占有心情之外的某样东西。在这种转变的两种心情之间，并没有隔着万里长城，它可以瞬间实现，借用佛教的说法，人能"立地成佛"。

　　因此，每个人都有希望，谁也不是天生的恶人。如果说痛苦与好的记忆力有关，那么健忘反而有助于保持积极乐观的心情了。是的，真的可以"立地成佛"。叔本华认为，欣赏优美的自然风景，地点并不重要："这样，一个人或是从狱室中，或是从王宫中观看日落，就没有什么区别了。"[①] 陶醉只与沉浸的程度有关，与场合无关。无论什么环境下都能保持愉快的心情？是的，这是很深的修养，更是精神的境界，获得美感首先心胸要宽阔。"那些值得称道的荷兰艺术家将纯粹客观的感受倾注在最不起眼的物件上面，在他们的静物绘画中，建立起纯粹的精神恬静的永久纪念碑。"[②] 例如，桌子上的水果、一束鲜花，只要凝神静思，美好的事物无处不在。这些静物画中有美的精神，就像一篇感情纯粹的散文中浸透着美。不是勾起我们肉欲的色情画，而像米开朗基罗的《大卫》雕塑，纯粹的人体艺术，或者普鲁斯特的小甜点也行，那甜味是用来唤醒美妙的联想，并不是为了亲口尝一尝。也就是说，美是不许碰的，好像是雾里看

[①] Arthur Schopenhauer, *The world as will and idea*, Liaoning People's Publishing House. China. 2016. p. 260.

[②] Ibid.

花。雾本身就象征着美。它是艺术境界的感同身受。

这就是内心的情调，这里所发生的一切都是微妙的、"看不见的"。这种转变，就像人们常说的，心情不好时去自然风光里散散心，一下子把自己投入进去，仿佛立刻无我了，于是心情变好了。这是一种无形的精神力量，获得美感，你所要做的很容易，换一换环境而已。这是变化心理环境的能力，进入另一个精神世界的能力。我们靠纯粹感情上的想入非非，解脱世俗的烦恼。一时间什么都不重要了：身份不重要、年龄不重要……但我们原来认为这些很重要并且从中自寻烦恼。咫尺天涯，内心的情调就像被施加了魔法，满心的欢喜，似乎周围的一切都在朝着自己微笑——闲情逸致。在这种情形下，即使是自己单独一个人，也不会觉得孤独，甚至会觉得心旷神怡，就像在独居处奋笔疾书的情形，时间似乎已经停滞了，尽管钟表指针还在有规则地移动着。

沙漠是荒凉的还是优美的？两者都是，就像人生既是悲惨的又是幸福的，与其说这是立场问题，不如说是眼界问题。

其实，内心的情调也可以不依赖自然环境的优美，事实上我们每天经历的周围环境的变化有限，它们甚至是枯燥乏味的，但我们的内心有主动调动环境的能力，不是指事实上我们能改变周围的外部环境，而是我们可以自主地决定如何看待它们。于是，自然环境便不是其自身所是的东西，而是我们想让它们所是的东西。于是，我们就有了更大的自由。这种自由能力会随时突袭我们，因此人会莫名其妙的一会儿哭一会儿笑。我们从在乎变得不在乎，又变回在乎，就是这样。美感，就是要学会消遣自己的美丽心情，它可以和外部环境的险恶无关，甚至对于修养深厚的人来说，也可以以此暂时摆脱身患绝症的身体，以微笑的态度迎接死亡的到来。一个人有两个自我，其"美感自我"可以摆脱只考虑自我的自我，这是天才—超人的精神境界。人啊，不过就是精神之眼的纯粹性而已。

如果周围环境险恶，无论你走到哪、遇到什么人、换什么工作，都改变不了这样的环境，即使你住到深山老林里，在暂短的兴奋过后，与世隔绝的自然环境给长期居住这里的人之琐细的日常生活带来的不方便也是显而易见的。总之，外部环境就像暂时的朋友一样，是靠不住的。想到此，内心反倒踏实了，就像欲望刚一冒头，实现的可能性就已经被堵死了，就像长期在惶恐不安中度日的罪犯盼望中的被捕那天终于到来了。我的意思是说，最厉害的人具有改变自己内心环境的能力，这种改变与外部世界究竟是什么样的，没有任何关系，我只是调整好自己的心情、保持兴趣盎然的心态，对自己的所长跃跃欲试，就像读一本好书或写一篇留着日后给自己看的文章（独享）的场合，究竟是发生在书房里还是在监狱里，与人必有一死（这是"环境险恶"的极端）相比，其反差，恐怕没有常人想象的那般巨大吧？是的，无所谓的一切都无所谓；有所谓的，就是保持宁静而美丽的心事，一种创造性的改变内心环境的能力。

如果庸俗的日常生活本来就不值得过，如果我们没有必要为了在晚年写一部血泪控诉的自传而亲身经历一遍痛苦的人生，如果痛苦已经多到"身上虱子多了就不再怕咬"的程度，那么从懂得这个道理的时刻开始，与其在侮辱中苟活，不如过一种哲学—艺术的生活方式，它对于金钱的需要可以节省到最小程度，甚至不屑于睁眼看看外面的世界。所谓旅游，不过是用来填充无聊的日子的众多游戏类型中的一种而已。如果没有一颗敏感的具有丰富想象力的心灵，看见过的东西再多，其好处也仅仅停留在现象世界，不会有真正的理解，而对于感觉到的事物来说，只有我们理解了它们，才能深刻地感受它们。总之，谁都不愿意过孤独的日子，只有天才有能力享受彻底的孤独。我说"彻底"，是说"万物皆备于我"，而我绝对不依赖万物。我说"享受"，是说美感是在独孤状态中创造和享有的，对此，平庸的人根本就不可能理解。

美丽的心情是美丽的心事的效果，虽然两者都发生于纯粹的内在，仍旧有所区别。在感觉甚佳的时刻，就像好吃的东西不要一口吃完一样，要放下急匆匆的脚步，让心思走得慢些、再慢些。怎么能实现"慢"呢？琢磨啊，比如想实现A，先得有B，而要有B，先得有C。于是，A就变得遥遥无期，永远无法完成，但是你在缓慢的琢磨过程中完成了预想不到的另外一部作品，那是由B与C乃至D等精神连线所构成的。如果按照事先的计划衡量，你似乎永远没有开始，但是你已经"开始的"足够多了，想象的足够远了。这不仅适用于写作，也适用于阅读。一本书并不需要通读，但其中与你心情合拍的段落，也可以采取如上的方式从不同的视角反复"倒着读"。虽然这些美丽的心情是从痛苦的现实世界之中飘浮起来的，但并不虚幻，你实实在在地从心情中获得了享受，并且暂时摆脱了痛苦。如果想使这个"暂时"变成永久，就得有持续保持这种心情环境的能力。

你不能要求别人不伤害你，因为这是别人的心事，你奈何不得，但是你却有能力避免别人伤害到你，这个最终的避免方式，虽说简单但却只有学养深厚的人才能够做到，那就是处辱不惊、置之不理，而且决不真生气。别人和你天生就不一样，你绝对改变不了他，这是一个永恒的真理，如果人对真理生气，那才叫没有涵养呢！当然，既然我们是人，就有一时生气的时候，但是这个俗人的"时候"越是能够缩短，越能说明你脱离了心灵的幼稚。"置之不理"既保护了自己，又不至于伤害到别人，因为在现象世界之中没有和别人发生冲突，至于你心里如何看待别人，那是你自己的事情，别人即使有天大的权势，也只能干瞪眼。想着别人只有干瞪眼的份，我心里扑哧一声，却没有笑出声，而只是对这个干瞪眼的人平静而有礼貌地说了一句大实话："今天的天气不错啊！"不要与"那些与你的世界观不同的人"做斗争，即使你表面上战胜了他，他也永远不会服气。要允许人家崇拜你所仇恨的人，因为你不是"人家"，人家有信仰自由，是另一个"自我"。但肯定有极端的情形，那就是我的"置之不理"的策略完全失灵了，人家有权势逼迫我就范，那也不难办，我就四个字"无欲则刚"。为了保持一种以幽默方式显现的美感，我不妨把"逼我就范"的行为看成一种特殊的行为艺术。我这么看也许根本就没有道理，但我就这么看，很倔。当然，这是一种灵活的美感，因此不属于独断论，比如我突然感到那些或有意或无意伤害我的人很可怜，当然，在这些人眼里，我也很可怜（生活枯燥），但这是两种性质不同的可怜，而且在告诉对方时，对方并不会感到温暖，反而会感到愤怒。

怎么保持好心情呢？让随时到来的一丝细微的美好感受迅速长成精神上的参天大树。在一天之中，至少会有几次这细微的好味道（如一口香茶）。是的，我说过让心里充满它，转移对别人的埋怨心情。充满它，然后让它走得慢些再慢些，勾起别的惬意的想法、不仅是曾经的美好而是正在发生着的美好。它一点儿也不虚幻，因为所谓过日子，除了是过一种心情之外，难道还能是别的什么吗？至于身体在忙活什么、身居怎样的寓所、穿的吃的以及出行的交通工具，与好心情之间，并非1+1肯定等于2的关系。人的笨拙就在于，总是相信抓得住看得见的东西，以为这些肯定可以置换到好心情，人们完全忽视了好心情本身原本可以在无依无靠的情况下自己产生自己。

当你"什么都没有",别人就伤害不到你,或者不会有如此的意愿,因为别人从你这里什么都得不到,巴不得离开你,但是这样的周围人际关系环境,反倒成就了一个有才华的孤独者、一个局外人。在我的现有知识中,绝对不与别人发生交往关系的人,并不存在,这使我非常好奇,我想象一个体验实验,它要回答绝对不交往的快乐是如何可能的,就像大地上的陌生人、孤岛上的鲁滨孙的冒险而快乐的生活。

但是,我并不提倡自私的合理性,或者不接触人。相反,要认真地交往陌生人。一个陌生人能给你的东西,比十个熟人都多,陌生人这里有迅速、短暂、丰富的信息,这是彼此没有成见的结果。另一方面,要尽量消除对熟人甚至朋友的成见:他们并非是你所认为的人,他们有你永远不会知道的另一面。这"另一面"即使再微不足道,总是活生生的人性,不会次于"一口香茶"。它甚至适用于那些伤害过你的人——要爱这些人,要把自己的才华给他们,最佳的途径就是解脱他们的某些苦恼。美感的重要实践之一,就是不计个人恩怨去做好事,这并非只是奉献,当人为别人做了某件好事的时候,内心确实感觉美滋滋的,这是那些狭隘自私的人所体会不到的。

观赏的愉悦或者说美感是如何产生的?它一定是改变了感官或心灵正在感受的事物的性质,即兴趣不再放在这些事物的使用价值上面,从而我们不再可能伤害到这些事物。于是,这些事物变得纯粹了,山林中小鸟的鸣叫也就变成了优美动听的歌声。它是超越时空的,鸟鸣是记忆中的还是当下的场面,这差别是无所谓的。

植物的世界,优美的自然风景能唤起人的好心情,它们就好像硬赖着要人们欣赏似的,但其实不是,无论有人没人在旁边,风景如故,自在地在那里耸立着、摇摆着、盛开着,我们只是将自己的心情带入进去,这就像情人眼里出西施,喜欢在前,漂亮在后。心里美,所看见的东西才美,好像都在笑盈盈地和自己打招呼。这就是物我两忘的美感心情。

如果愉悦只涉及愉悦我们的感官,就是优美,但是如果眼前的景象因其无限性超越了感官的范围,甚至使人感到自身的渺小甚至恐惧,就像风暴即将降临的傍晚,站在岸边嶙峋的巨石之上遥望波涛汹涌的大海。一眼望去,阴蒙蒙的远方天水一线。此时此刻,所唤起的就不仅是我们感官的活跃,还有纯粹观赏中的沉思。似乎正在被观赏的对象渐渐化为了零,心情渐渐进入了无的世界。险恶的环境似乎与我形成敌对关系,一种实实在在的威胁正在朝我走来。我要与之奋斗挣脱这种险恶,就得暂时让"根据律"失去作用。我对危险视而不见,"超越了自己本人、超越了自己的一切欲求,他就充满了壮美的感受。此刻,他的精神处于激昂状态。壮美的感觉与优美的感觉的区别,就在于纯粹优美的观赏无须主观上的奋争,因为此时的美是无障碍的,很方便就获得的,不动声色地排除了有意性……但是,要获得壮美的观赏,就要有意识地参与其中,这意识要挣脱与欲望的关系,挣脱这不利于美感的关系,它有赖于这种自由的、有意识的挣脱行为,在这之后,才可以获得壮美的感受。"[1]

壮美属于美感,其激昂状态是超脱的,因此区别于愤世嫉俗。这种兴奋具有莫名的普遍性品格,它几乎在顷刻之间就能从具体的景象升华为某种泛泛的心境气氛,此刻我们的陶醉或痛苦似乎是无原因的,但绝非海德格尔所描述的深度无聊感,而是一种令人生畏的美感——壮美或者崇高感。我们被我们所害怕的东西所深深地吸引,所以我们欣赏恐怖电影、看着世界末日的景象。诚然,所有这些都没有亲身经历作为基础,这恰好表明挖掘人性或者单纯展示纯粹虚构的心思,就已经具有哲学—艺术的精神气质了。它是另一种体验生活,体验活生生的心思的生活。与优美相比,壮美是更加抽象的美感,它不仅是听任放松而舒适的直觉去流淌蔓延,而且会自发地若有所思,却绝对不是智力的事,不是去解决或者筹划某件具体的事情。它在提高人的境界,而不是在与具体的人或者世界搏斗抗争。换句话说,"危险"本身却成了我们欣赏的对象,它与我们之间隔着一层薄薄的雾,因此它不能直接伤害我们。

人的身体的极端享受是性,人在精神上的极端享受是脑与心。身体与精神的这两个极端之间的关系,既不是对立的,甚至也不是相互代替补充的关系,而是同一样东西的两种表现方式。它们之间的反差是如此巨大,以至于人们根本就无法将它们认作是具有一样性质的东西。怎么一样呢?精神好比是太阳或者光源,性则是身体"快乐中的快乐"。光照射到快

---

[1] Arthur Schopenhauer, *The world as will and idea*, Liaoning People's Publishing House. China. 2016. pp. 266—267.

乐,而快乐本身就能发光,就像光在展示自己婀娜的身段时也是快乐的。人要是不会自己发光,就没有由衷的快乐。快乐丧失,生命价值也就丧失了,不啻于活死人。光,就是热情、兴趣、热度。感觉温暖,流眼泪,因为有光。没有光,就没有美感。光,就是人的命。

"我们想象自己进入了一个极其寂寞的场所,永无尽头,天上没有一丝云彩。纹丝不动的空气、树木、植物,没有动物、没有人,甚至也没有小溪流水,只有最深邃的寂静。这是绝对严肃的环境,它唤起沉思冥想——它摆脱了一切欲求愿望、无需无要。单是这一点,就使得这寂寞幽静的环境具有壮美的色彩了。这个环境并不提供需求或欲望的对象。既无视有利的对象,也无视无利的对象,只存留下纯粹观赏的姿态。谁要是进入不了这样的姿态,就是一个被抛弃了的可耻者,陷入因意愿无所事事而导致的空虚、闲着无聊的悲惨境地。就此而论,这个环境是检验我们理解力的试金石,它告诉我们经受或者热爱孤独的程度。"[1] 这里所谓试金石,检验一个人精神生活丰富的程度,自我陶醉的能力、不由自主的联想力(缺乏这种能力的人无法忍受"什么都没有")。这不仅是纯粹想象,它是现实的可能性,但是,这样的现实极少被人注意(由于物欲通常会战胜我们的美感),被叔本华如此细腻的笔触写出来,就令我们大吃一惊,有多少自然的滋味被我们在不经意间放走了啊!中国古代大诗人王维有过类似的诗句。[2] 人原本就属于自然环境中的一员,人的本来状态,就是孤单寂静,回归大自然的怀抱远离人群与社会,才能过上最惬意的生活,它是最美的生活。但是,这些感慨没有切中叔本华的本意,他其实在描述不可能产生人的欲望(但桃花盛开之类,会唤起人气,使人有亲切感)而令人有些不知所措的自然状态,也就是物化了的 idea,此情此景令人敬畏,也就是寂静、可怕的孤独、没有任何援手、谁也指望不上、无论你做得出色不出色,都像投入大海的小石子,无任何反响。安静得可怕,没有一丝人气。你是活着的,但此情此景,你与你周围的一棵脆弱的小草几乎没有

---

[1] Arthur Schopenhauer, *The world as will and idea*, Liaoning People's Publishing House. China. 2016. p. 269.

[2] "空山新雨后,天气晚来秋。明月松间照,清泉石上流。" "不知香积寺,数里入云峰。古木无人径,深山何处钟。泉声咽危石,日色冷青松。薄暮空潭曲,安禅制毒龙。" "人闲桂花落,夜静春山空。月出惊山鸟,时鸣春涧中。"

什么区别。于是,"活死人"的倔强而高昂的头颅,与周围环境一道,成为壮美的风景。一切壮美都有悲壮的色彩。只有胆小鬼才会回避此刻的严肃,绝对不要用幽默和调侃打发掉这种庄严肃穆、生命的神圣。没有欲求独自高。这个"高"并不是群体共同奋斗的、一个被许诺会实现的、在我个人之外的目标。这个"高"认为自己才是自在之物,"因而,任何一个最微不足道的人都有权对自己说:'让世界毁灭去吧,只有我是健康的',他之所以有权,是因为世界的全部本质都集中在他一个人身上。中世纪神学家安格尔·西列兹斯基的两行诗的意义正是这样的:'我知道,没有我,上帝片刻不能活下去。毁灭我吧,上帝不由自主地在苦恼中咽了气'。"① 这个人孤立无援,勇气惊人,并且对自己的生命如此自豪、乐观。

叔本华很像卢梭,两人都善于发现自我、挖掘自我到了令人惊呆的深度,但读这两人的著作,只要是对自己深感兴趣的人,即使不是专业人士,都可以有自己的"读懂",例如人性中天然具有"比较"的本能,从中获得某些"邪门儿"的愉悦:在一个更大的不幸面前,人会庆幸自己现在遭遇的不过是人人都会有的"小不幸"——这是有效的自我安慰的暗示。人天生还有冷酷的一面,甚至对自己的亲人都是如此。一个好朋友的死亡固然带给你悲痛,但这痛苦中竟然还夹带着一丝一闪而过足以令品德高尚的人感到内疚的窃喜(自己还活着),这种见不得人的、下意识的心理活动,还有很多,它们甚至是美的、一种残忍的美。还有一些内心十分期待却在口头上大加鞭挞的行为,就像不正经的性渴望甚至性行为,萨德破天荒地将它们称之为神圣的行为艺术,它们同时是亲身感受与表演。对此说法,叔本华并不会反对,但一定会补充说,在从事最激动人心的美丽的事情时,每个人都具有同时从中逃脱出来静观沉思自己正在从事着的行为之能力,兴奋和启发(升华)可以同时发生,就像一心确实能够二用似的,身体的能量会在不知不觉之中转变为精神的能量,甚至是精神的创造力,就像上述薛定谔曾经描述过的那样。消耗身体能量的同时升华为精神的能量,如同卢梭所谓毁灭与拯救自己的是同一样行为,但这行为绝

---

① [俄]阿·古雷加,伊·安德烈耶娃著:《他们发现了我——叔本华传》,冯申译,人民出版社2007年版,第137—138页。

非只是狭隘的性爱,任何陶醉其中的劳筋累骨的行为,例如写作、即兴的长时间的演讲、艺术演出,等等,也都有同样的效果,但其中只有写作的精神程度最高,因为写作在投身自己全部热情于其中的同时,有一个难以察觉的不停地反观(反思)自身的过程。写作过程中的这种"一心二用",可以简称为自动"修改"刚刚冒出来的心思,这就是看似流畅的文字之中的功夫。

还有,我们被我们所害怕的东西深深吸引,即使在逃避的时候也念念不忘。这里"所害怕"至少分两种,一种是有危险但不知道为什么自己就是喜欢,例如我小时候,枪毙犯人的现场人山人海,人们在围观。另一种指纯粹厌恶,毫不喜欢,想极力躲避之但就是挥之不去,想起来就瑟瑟发抖,这一种更可怕,这难以根除的痛苦记忆像恶魔一样形成萦绕在脑际的精神氛围,其彻底的根治方法,就是渐渐转移注意力,陶醉于艺术的静观。甚至修养到如此高的境界:将危险本身视为欣赏的对象、一种壮美。

人被自己所害怕的东西深深吸引,如果说"人被自己的死亡所吸引"令人难以理解,那么人对无人区乃至对毫无生命现象的环境深感恐惧与震惊——这是可以理解的,它与"人被自己的死亡所吸引",其实只是具有程度或者等级上的差异,在性质上是一样的,只是很少有人在两者之间引申而已。叔本华是这样描述的:"让我们将这个景观中的植物也去掉,只留下来赤裸裸光秃秃的岩石,那么由于完全没有维持生命存在所必须的有机物,意愿立刻感到受到威胁,这个毫无人气的不毛之地有一种令人恐怖的气氛,我们的心情也因此变得更有悲剧意味了,它毅然决然地挣脱了意愿所关心的利害,升华为纯粹的理解领域。这种持续不断的纯粹理解状态,显然就是壮美的感受。"[1] 只有最危急的时刻(像濒临死亡)才会有纯粹的静观冉冉升起,一切荣辱算计已经毫无意义,沉思世界的精神之眼发生了性质上的改变,叔本华的哲学是建树性的而不是破坏性的,但这建树既是在"消解"基础之上的,也是建立在享受心灵生活基础上的,唯物主义者很难理解独立于物质之外的灵魂本身,他们的精神生活既然永远不能离开物质的影子,死亡意味着"什么都不存在了",那么死亡到壮美

---

[1] Arthur Schopenhauer, *The world as will and idea*, Liaoning People's Publishing House. China. 2016. p. 269.

的转化几乎不可能实现，因为壮美等于体验（享受）"什么都没有"的精神。享受心灵生活与享受孤独几乎是一回事，这在狄德罗这样的典型的唯物主义者看来，是不可思议的。

以上叔本华所描述的自然景象，是活生生赤裸裸的悲剧想象，它有赖于想象，却是实实在在的大自然场景，它可以使在场的观察者，现场唯一的活人，联想到周围全部是一场血腥战役后的尸体，已经无所谓敌人和自己人的尸体的区别，只是漫山遍野"活生生"的人的尸体，观察者是亲自参加这场肉搏之后唯一的剩存者。此时此刻，他既不悲痛也没有了恐惧，他早已经将生死置之度外，他是不怕死的了。从死亡中解脱出来，内心一片茫然，大脑处于古怪的兴奋而不知所措的空白状态，这种虚无感是由于无法形成任何欲望或者念头，但并没有呆傻。就现象世界而言，他明白周围发生了什么，但此刻他处于难得的本体世界，现象世界没有了、失踪了、不见了，他处于暂时的不理解状态，大脑一片空白。

这是悲壮的壮美而不是优美，不仅只是容易地理解人的出生是一种美丽，甚至死亡也是一种美丽。理由很简单，死亡是生命必须有的一部分，不死的上帝其实并非是一个活物。生命必须有的死亡，从正视它到平静地接受它甚至享受它，仿佛卢梭看着自己身体流出的鲜血不再是自己的、一种冷飕飕的惬意扫过全身，昏厥了。如果以上赤裸而滚烫的岩石还不足以威胁到观看者的生命，那就想象自己在沙漠中迷路途中遭遇了沙尘暴，大不幸叠加在另一个大不幸之上，如果此时此刻我们不是恐惧而是背过身去流眼泪，但那不是由于自己就要死了而流出的眼泪，那是说不明原因的眼泪。在这眼泪之中，我们的精神获得了升华！或许它是没有意思的意思吧？我们不知道自己是为没有意思的意思而感动得流出了眼泪；或许它是一种不会有最终幸福结果的暂时的幸福吧？我们沉浸于最终不会赢的游戏过程之中。不会赢，这摧毁了我们世俗的生存意志，却从中升华起静观自身的意志，这意志告诫我们要摆脱、去创造不可能的艺术，例如《马赛曲》就是这种艺术的象征，它来自一个原本毫不起眼的小人物的自由意志，它是激昂之中的宁静，毅然决然地踏上必死之途的复兴。以上，就是死路之中的活路、不可能之中的可能，它们不是用笔写出来的，而是用血写出来的。

伟大的作品同时也是慰抚心灵的良药。让人惊讶的是，它们并不是像人们常说的,是在激奋的心情下完成的。在愤怒的时候,人写不出第一流的作品,因为此刻的文字裹挟着个人的恩怨。凡永存于世的作品,都超越了个人私怨,并不是仇恨的产物,它可怜那些伤害自己的人或者事物,它是在惊涛骇浪之中不动心的产物,具有一种抽象而感人的普遍性,它像一面透彻的镜子,每个人都能从中看到自己的魂灵。

也就是说,人有很多种类的双重意识,比如意识与无意识,但我说的不是这种双重意识,而是众人之中稀有的真正能超越个人恩怨的意识——它不太可能是智力的,因为智力总是与理由、根据、因果关系联系着的,它是具有艺术因素的静观沉思。正是这样的沉思给世界留下的精神,使沉思者不再是他自己,他身体的羸弱、社会环境的威逼,就像风暴之中一棵脆弱的小草,但这些弱小此刻都不在话下了,因为就像帕斯卡尔说的,它像一棵会思想的小草,而叔本华补充说,这思想的燃料来自人的自由意志。于是,这棵在自然和社会的淫威之下原本可以归于零的小草,就可以当仁不让地自诩为上帝:"我知道,没有我,上帝片刻不能活下去。毁灭我吧,上帝不由自主地在苦恼中咽了气。"一时间,仿佛全世界都扛在"这棵小草"的肩膀之上,它就存在于我呷的这几口茶的滋味之中,这就是上帝的滋味,冥冥之中它鼓舞我超越了我自己。是的,此刻周围世界乃至我自己的身体存在与否,已经无所谓了。

黑夜是可以一劈两半的,赤裸裸的黑夜就变成了白昼,黑白颠倒,白天是昏沉沉的,夜里却是有精神的,这就是人们说的夜生活,它们一概是我呷的这几口茶的滋味之延伸,人让自然顺从自己的意志,否则人为什么要活着呢?

不是去发现而是去创造无人能与我共享的滋味,这个念头令我热泪盈眶。热泪是流淌在心里的,表面的日子却日复一日,人们忍受不了这样的枯燥,就看不见我心里的美味。孤寂像癌细胞一样疯狂地生长,但是我独享的美味来得比癌细胞更为迅猛。癌细胞的生长是可预判的而且性质单一,而我心中的美味来自四面八方,它们总来,以突袭的方式。

我确实无法摆脱我的处境但是我确实摆脱了我目前的处境,它们两者同时都是真的,后一种真实,来自精神的修养——我欣赏我的毫不在乎、无动于衷、冷酷无情……作为纯粹的旁观者,扮演着上帝的角色:曾经多少已经过去了的时光、将来还要有的无限时光,在这些时光中都不曾有我或者不再有我，我这一辈子似乎漫长，但不过就只有几次短暂地闪亮。还有，伴随这些时光同时出现的，有或没有人类出现其中的景象，这一切能同时浮现在上帝面前，这是由于人的心胸变得无比宽阔而无所畏惧。过眼烟云不再是消极的而是积极的景象了。发生了人间奇迹，我在看清自己渺小的同时瞬间就变得神圣了，因为我用自己的灵魂而不是肉眼看见了宇宙的极光，这就是壮美感的最高境界。

激动人心的美感大都伴随着紧张＋深深吸引，而且是随机的行为，其瞬间的判断力并不来自推理，而来自直觉。这种直觉上的准确程度因人而异，只有禀赋卓越的人能抓住场面中最为关键的环节，并完成之，它是一种泛艺术化的行为，性质是个体的而不是集体的，甚至道德感也可以从中获得新的理解："共同活动只有在理性的帮助下才有可能。但是，在需要霎时做出决定的个人活动中，理性也能成为障碍；例如，在唱歌、击剑、射箭等活动中，自省只会起妨碍作用。"① 在这些场合自省的想法越多，越是妨碍本能的感受。它不会留给你推理的时间，艺术创作能力亦然，艺术品并不是钻研美学之后的结果。道德感也不来自推理和算计，而来自个体的感受本能。换句话说，道德感是以孤独感作为基础的，② 而不是理性的共同感觉。在叔本华看来，"哲学遭受挫折，主要因为人们在科学的道路上而不是在艺术的道路上寻求哲学。哲学家不应当忘记：哲学是艺术，并非科学。以前主要靠实证主义的努力，人们仅仅把哲学划归精确知识部门，否认构成它的对象的审美内容和价值说内容。"③ 继承叔本华这一思想的是海德格尔而不是胡塞尔，它不是简单的一句诗意哲学就可以打发掉的，它的哲理是这样的："叔本华强调指出，哲学的特点在于：它'没有

---

① ［俄］阿·古雷加，伊·安德烈耶娃著：《他们发现了我——叔本华传》，冯申译，人民出版社2007年版，第144页。

② 不同于康德，叔本华将美感视为道德感的基础。道德感不是空洞枯燥的教条，而是来自人内心探索的诚实。道德上的崇高（美德）和我上述描述过的身处自然状态的壮美之间，是可以互换的，它们都是孤独的、震惊的、脱离利害关系的，对危急采取平静的泰然处之的态度。靠一己之力摆脱了计较、摆脱了痛苦，战胜了对自己的威胁，它们并非由我命运不好或者今天我倒霉，而是说它们必然来。摆脱的方式是：忘记个人的不幸，不计得失地沉浸于自己的哲学—艺术才华之中。

③ ［俄］阿·古雷加，伊·安德烈耶娃著：《他们发现了我——叔本华传》，冯申译，人民出版社2007年版，第148页。

把什么已知的东西作为出发点,一切东西对它来说在程度上是疏远的,成了问题——不仅仅现象的关系,而且现象本身,甚至充足理由律……正因为科学设定自己的界限,这就构成哲学的真正问题,因而哲学是在科学走到尽头的地方开始的'。"[①] 哲学是在科学走到尽头的地方开始的(这甚至是康德的思想)。这里哲学问题的关键并不在于给事物分界,而在于不确定性。分界意味着"已经知道","不确定"意味着不知道,因而以逻辑推理为基础的科学判断失去了作用。这就逼迫哲学一开口就得说出一点新东西,而这些新东西具有艺术与思想的双重品格:艺术是思想的艺术(区别于纯粹艺术家),思想是艺术的思想(区别于"科学"哲学家)。后来尼采说到的快乐的"科学",他完全是在艺术意义上理解科学。

壮美,就是在感到自己渺小的同时感到自己比整个宇宙还要强大(我是我自己的同时又能进入无我之境,我不再是我,我像有能力处事不惊纯粹静观的上帝),这两者都是真实的感受,它在分界的同时又模糊了界限,它完全漠视分类原则,但是这里有哲理的力量,区别于纯粹的诗歌。思想和艺术并列第一,这又是不确定性。

我强大并非由于我事实上很强大,而是我认为自己强大。奇怪吗?事实就是如此,当一个人处于自信("相信"的基础)状态,他就有勇气然后有创造力继而活得有滋有味。本来"我认为"是虚幻的,但是却收获了实实在在的有滋有味,这种悖谬性是生活的真谛。"我认为"几乎被人们在文章中说滥了,但就像卢梭谈到自己的用词方法一样,当我说"我认为"时,虽然含义通常是惯常的理解,但在这里,其意思却是"我的一切只能靠我自己"。

由此看来,有一种悖谬现象是,获得美感的前提是摆脱自己,所谓艺术陶醉,就是忘我,那情景我和环境(自然环境或内心的与个人荣辱利害无关的纯粹思想)融为一体,摆脱自己,这是最为关键的一步,与此类似的是摆脱对他人的消极印象(即使他人有种种不遂自己心意之处,也就是抑制怨恨),由于这两种摆脱与摆脱人们世俗的欲望息息相关,实现了这两种摆脱,就等于消除了叔本华所谓人生痛苦的来源,好像成为了

---

① [俄]阿·古雷加,伊·安德烈耶娃著:《他们发现了我——叔本华传》,冯申译,人民出版社 2007 年版,第 149 页。

一个"不食人间烟火"的飘浮在云端的高人、一个绝对寂寞者。他与认识无关、与时间空间无关，即使他是有认识能力的，是生活在时空之中的。

这种摆脱，例如一个文明人不需要借助于考古学就可以不动声色地在顷刻之间转而用原始人的眼光看待周围的世界。这种身居特殊环境而抽离特殊元素的情形，叫"还原为纯粹性"。即使最微不足道的东西，也会有自己的纯粹性，这就是琐碎事物中的美，它是我们摆脱具体烦恼后静观的产物。我们并非旁观者，而是投身于这些纯粹性之中，只是享受事物而不是拥有事物。享受是美的，"拥有"却属于利害关系。优美是容易的美，壮美是困难的美。

摆脱，又叫转移，用一种新的尖锐的兴奋能量替换旧的，这种替换因人而异，无法统一，每个人都有自己特殊的方式，那惹你的人只能干瞪眼，因为这是极其隐蔽的绝对不会伤害别人的"私人精神生活"，又叫作不依赖任何别人自己快乐起来的能力。这种替换或者转移（即替换与被替换之间）是绝对任意的或不讲道理的，它们之间原本没有任何关系。这种替换的结果，就是遗忘和新生，它们甚至在短短的一天之内也可以发生多次，它要求这样的精神能力，而且又是悖谬的：即使在情绪表面极其不稳定的时候，我们自在的本质仍旧是冷静与平静的。

如果用一句话描述美感，那就是摆脱烦恼与投入情趣的同时性。任何烦恼都不影响情趣——这功夫不是短时间能修炼出来的。以我的体会，读书、思考、写作，是适用于我自己的三个步骤，它的要求既简单又苛刻，而且都是独处情况下的"自由活动"，由于它的本质是感受事物本身的美，因此并不会伤害他人，这是一种高雅的道德行为。

四 人之美

人之美与自然美，性质根本不同：自然美固然也有类别，但完全不同于人在精神气质个性方面的差异那样细腻。人对同类的重视程度，远远超过了自然。我说"重视"包括积极的与消极的情感与思想。对人最爱的是人，对人最恨的也是人；人既需要亲密无间又需要保持距离；人对人有说不完的话但又话不投机半句多；只有人对人理解得最为透彻但事实上人之间又是永远的他人。人的所有不幸中，大半是人带给人的……说不尽的社会日常生活的烦恼，世俗生活的快乐其实是建立在烦恼基础上的。有摆脱的办法吗？以上我们已经知道，纯粹的美感能消解人的痛苦，这同样适用于欣赏人之美。

欣赏人之美，有两个前提，其一，只留下人赤裸裸的身体——精神元素，简单说，就像从任意一张人脸上，都能显露出来的精神气质。这种气质的美区别于单纯的漂亮。其二，人之美，是孤寂之中的美，这有点像从社会生活中独立出来，孤零零地身处沙漠之中的情景，不是指身处人群之中人与人之间的关系。

以上两点，都是强调一个人最大的价值，在于他与别人不同之处，而相同的部分则属于平庸，它是人人有之的。这种不同是绝对的差异，任何别人都无法模仿，就像一个杰出作家的写作风格，他死了之后，这种风格从此就彻底在地球上消失了。这才可以被称作人之美，它完全区别于一个女子的漂亮或者一个男子的英俊，因为这些只是外表的容貌，相貌衰老得很快，而一个人的精神风格却因其绝对独特而不朽。我们观察叔本华的肖像，从通常眼光看，他并不英俊，但目光炯炯、气质生动，这就是我说的人之美，他的这种美是通过其作品体现出来的。我们读懂了他的书就等于读懂了他这张脸，但反过来却不行。对于人来说，只有理解了他才会更深刻地感受他。在理解之后，我们说某个人这个或者那个方面非常可爱，当然，也有某方面令人不快。

人之美，在于一个人创造差异的能力，也就是不可重复性，在这方面就不是尼采说的"永远回来"。"永远回来"是不美的，它令人沮丧。不是说我们否认"永远回来"是一个事实，而是我们无视这个事实，我们认为事情绝对不是永远回来的。这里要对尼采不敬了，他说出了一种世俗的真理，而我说出了美的真理。人之美，就是以脱离实际的惬意的眼光看人。但是，这种惬意，可以区分有缘由的与无缘由的两种。有缘由的属于日常生活，无缘由的并不在天上，并非在物理事实上脱离生活，而是指……怎么说呢？某种袭来的滋味、一种气氛，它与我们感官感受到的并不形成一定如此这样或一定如此那样的因果关系，这种美好的享受是纯粹精神上的，不是实际拥有某个人、更区别于私有财产，也与熟人或陌生人无关。这种美的滋味或者氛围，可以类比为人的无意识本能中的惬意，它不是能用言语说清楚的，它像清醒意识的边缘部分。德里达曾发表过《哲学的边缘》，也许他应该指出这边缘属于艺术。哲学是从"知道"结束的地方开始的，自发地形成尚没有答案的问题。答案本身不但不重要而且可能根本就不可能有答案，重要的是——传统哲学家们忽视了——这些问题的性质同时是思想的与艺术的，也就是它来自超然的兴趣，这样的兴趣，就是美本身。

将无意识艺术化，可能是精神的最高境界，它从来不会停止在某一个点上面，它会产生与消失、死亡与复活。危急、厌倦、绝望，就像惬意与兴奋一样，都是它自身之内的活细胞，它们之间不是相互搏斗，而是互补新生，其中消极的因素越是严重，反而越是能反弹出强大的力量。精神力量的强大来自个人自身的思考与体验天赋，从来就不是教条式灌输的结果。自发的强大才算真强大，真正强大的人不会靠场面来虚张声势、更不会靠别人的捧场来"壮大自己"。

人之美，还在于心事之可爱。尽管人心难测，但一个人的真心远比他的观点立场，要可爱得多，因为人性主要指的是心性方面，而不是观点立场。只要是人类不是兽类，在心性方面的相似性要远大于其差异性，这方面的心领神会几乎可以省略语言。凡是不用语言就能理解的惬意，就可以叫作美。心事之美在于缓慢曲折、九道十八弯，就像优美的旋律一样，有高潮与低谷，还有平缓的慢板。但心事之美来自任性而无意识的创作过程，它自身永远是底稿—未刊稿，而且在自由自在的滑动中，流向我们事先不曾想到的方向。当然，我指的是美的心事（有别于算计），它是流畅的，是由于它从来不在某个地方停下来推理论证，而只是凭着直觉懂就懂不懂就不懂。这流畅既缓慢（对有滋味的地方要细细品尝，似乎有着一种不切实际的完美追求）又跳跃（念头突然转弯，因为在心事之中突然降临了别一方向的兴奋，不吐不快）。

也就是说，我们欣赏人之美，在于人的不刻意方面，一旦刻意或者做作，即使装扮得非常豪华气派，也不能算作纯粹的美。人不刻意，就是本来的样子，它肯定是朴素的、简单的、直率的，没有过多的讲究与客套，这一定是一个有独立人格的人，因为做作是建立在给别人看基础上的（在乎别人的评价、在乎与别人之间的关系、相互依赖）。

心事、营造心理环境的能力、自发产生好心情的能力，它的首要条件令人惊奇，就是把自己孤立起来。为什么？因为人对人造成的伤害，要远远多于人给人带来的满足感。与他人的关系是建立在因果关系之上的，互惠是一种计算后的结果，"免费的午餐"或者"天上掉下的馅饼"属于凤毛麟角，我们不能依赖它。人离不开的是人，人指望不上的也是人。不是因为别人都不善良，而是由于人的心情是各自独立的。就像一个人怕死的程度大大超过常人，对此，谁又能真正劝服他呢？除非他自己想通，旁人有心无力，没人能帮得了他。

人之美，还在于人能被纯粹美的事物所打动、纯洁的动心，就是没有美自身之外的其他企图。人能被自己激动起来，例如人感动于自己如此出众的猜测能力——这可能是哲学、艺术、科学等领域共同的出发点——不知道，所以需要猜测，这当然要独自完成，因为无论别人曾经说过的话有多么出色，总是已经知道的。

人之美，还在于不苟活，不是刻意不同意别人或者"阶级斗争"之类，而是绝对不屈从于来自他人（或者某种外部势力）的强迫、按照自己的意愿生活的能力。人并不是自愿选择孤独，而是由于强迫无所不在，孤独就几乎是自由的同义词了。只要有二个人，就存在着谁说了算的难题。要是只有自己一个人，永远自己说了算，这情景当然是给个皇帝做都不换的，因为即使是皇帝，其实也不是真正自己说了算的（我指很多生活细节），不信你就问问他。

人看人是美的，猪看猪是美的，这完全没道理可讲，这个"道理"是先验的。但是，人恨人可以恨得咬牙切齿甚至不惜与之同归于尽，人对待猪，就不会仇恨到如此程度。人杀猪吃其肉，并非来自对猪的仇恨。当然，狼若吃人，人会恨狼。恨是利害关系引起的，不属于美的范畴。人与动物（尤其是宠物）之间可以建立起纯粹感情的关系，亦可以称之为美，这种关系若建立在人之间，当然就更美，但同时更为困难（因为人比宠物有心眼）。

因此，只有人有能力创造人的美，而不仅是欣赏人的美。在这里，"创造"与"发现"之间并无原则区别，反正就是某种新的感受方式，它是美的滋味肆意任性的效果，像是疯狂之中自发的行为与心思的融合后果。这后果是一连串的，只要它停下来，美就告一段落了。

创造与欣赏人之美，与猜测或预期有关，它们不是已经发生，而是正在形成，它与此刻我们或愉悦或疯狂的心事在步调上是完全一致的，这一切凭的都是直觉。要将一个人的漂亮或者英俊，与人的容貌所透露出来的精神气质区别开来，以揭示人之美主要在于其行为所显露的气质之美。拿破仑和海德格尔都是男人中的小个子。拿破仑在奥斯特里茨战役中运筹帷幄、指挥若定、出其不意、以弱胜强，展示了什么是真正的英雄气概，其高大的精神形象被黑格尔称为"马背上的世界精神"。至于海德格尔别具一格的哲学家气质，在课堂上对他的听众，有直指心灵的深深震撼，这种男性之美甚至也容纳了他的肢体语言。① 在他那里，美和思想直接就是一回事。他的肢体语言是他的思想直截了当的形状，这种非间接性，就是我心中的单纯。他复杂的思想是单纯的，这单纯与其创造性联系起来更好理解，两者都是指思想的速度超过了命名的速度，即所谓"不带着称谓去看（事物）"。如果我们有一种感受却不知道如何叫它（命名），那么这感受就不是已经有过的，那么它就是新感受，就是处于原初的创造新思想的过程之中，在形式上就是不说或不写现成的话语。在这种情形下，一切已经有的貌似深刻的哲学专业术语，就都只是处于思想的表层了——从新思想的角度看。

　　叔本华对于黑格尔的思想，可以用"深恶痛绝"形容。他坚决反对黑格尔的辩证法，认为不同性质的东西之间，是难以欣赏的，例如，只有人才会有能力欣赏人的美，为此，他引用了爱尔维修的名言："只有精神才能理解精神"。人们欣赏大自然，是从中看出人自己的精神力量，是一

---

　　① "海德格尔这个人，就在学生面前运思，不像胡塞尔那样，把思考好的东西拿来课上报告一下，而是让思想就发生在课堂上，发生在他的学生在场的当下。这着实令人震撼，就连那纯属外表的特点都令人震撼：常常会有这样的场景，当他走进教室时，他压根就不正面面对教室的听众，而是径直走向窗户，讲课时向窗外张望，或者眼神一动不动地向内凝思，让声音的节奏与思想的节奏舞在一起。人们不由得会产生这样的感觉，人们在这里见证了一种全新的、本己原初的思想、发现和开创领域的创造，在源头上的创造，仿佛听者也一同参与了此一创造过程……每当有人说到什么而使用哲学的专用术语时，海德格尔马上就会说：'太学究了，请您在表述时不要这么学究好不好。'为了能直达原初的显现，他想让我们从哲学的已经板结的、僵化为某种含义的专业范畴中解脱出来。他的想法是，人们看物要单纯，不要带着称谓去看，因为对他来说，单纯的见与识才是深刻的见识，才能克服那些停留在表面的东西……一看就是工作状态的表情（这里指海德格尔），完全是自顾自的表情，根本不顾及听众的感受。就听众的感受来说，与其说是循循善诱，还不如说是被摇醒了。"［德］安东尼娅·格鲁嫩贝格著：《阿伦特与海德格尔——爱和思的故事》，陈春文译，商务印书馆 2010 年版，第 86—88 页。

种拟人化的美感。我们欣赏人之美，就是欣赏专属于这个人本身的精神风格（包括性格），可以说是理解特殊精神的精神。

　　人之美，与勇敢有关（懦弱是不美的，其伴随的哭泣可以博得旁人的同情，但这是可怜中的一种，与美无关），但这勇敢一定要以智慧、坚强的意志以及对于自由的渴望作为支撑，否则就只是匹夫之勇了。也就是说，勇敢的真实含义，落实在有质量的精神力量。勇敢必须落实在行为上，而不是单纯停留在思考本身。行为比单纯的心事更困难，约束更多。但是，勇敢的行为首先得勇敢地想到，而从想到到做到，这是性质上的差别。行为的兴趣与想的兴趣之差别，在于行为与身体活动有关，而单纯的想几乎可以完全忽略身体的因素。但是，像其他一切判定一样，这种忽略也是相对的，身体的快乐有助于创造性的思想。对个人行为的约束，主要在于人需要社会才能活下去，对"需要社会"的还原，就是需要他人。如果一个人能够尽量减少"需要他人"的情形，就等于在相当大的程度上摆脱了对个人行为的约束。当我"绝对"不需要他人时，同时又绝对不伤害他人（这两种情形并不意味着我不关心别人和不需要社会信息，也不意味着我放弃批评甚至批判的权利），我的精神压力就会大大减轻，而这与摆脱对我个人行为的约束，几乎是等价的。在这种情况下，我的行为只需要在兴趣引导下有坚持不懈的毅力，就可以维持下去了，这就是电影《肖申克的救赎》中的经典台词"只能二选一：忙着活，或者忙着死"，这暗示着要用行为充满自己活着的时间，这些行为既可以表现为无偿地帮助他人，也可以用创造性地劳动解救自己，这两种情形都叫作"忙着活"，它不仅是为了填充无聊的时间或者打发时间，更重要的是获得快乐的自由，它从来不是单纯的快乐，而是苦中作乐！"忙着死"中的"忙着"则意味着无所事事的苟活，所谓"无所事事"并非意味着什么都没做，而是指所做的事情毫无价值可言，它只是单纯地活着，没有活出精神。

　　人之美不同于大自然的美，在于自然事物本身，没有人的生命与精神。自然事物只是纯粹的显露，但人是会思想的动物，人的美感固然来自直观，但从来就不存在赤裸裸的直观，直观中总会掺杂着思考。就像帕斯卡尔说的，人只要一思考，就会自然而然地想到自己。换句话说，人之美既然少不了思考的因素，就离不开痛苦。痛苦是美的一个组成部分，就像死不仅是人的生命的组成部分，而且赋予人活着以动力和意义。以"忙着活"的方式回答古代哲学家所谓"学会死亡"的问题，就是德里达临死前夕最后一次接受采访时说的："我向我自己宣战。"我自己的敌人，就是剧烈的生理上的痛苦和对于自己即将死亡的恐惧，我绝不要回避它——我一分为二，我是我自己的敌人，此刻我的痛苦与别人一点儿关系都没有，这痛苦绝对不来自别人的迫害。如果真像霍布斯说的"人对人像狼"，那么这反而并不导致痛苦，因为在彼此像狼面前，人人平等，就像心思阴暗的人想临死之前"找个垫背的"会有心安理得之感一样，这不是做道德谴责的合适场合，因为它是一个心理事实，就得以事实的态度去对待。因此，一个人永远不要将希望寄托在别人身上，这绝对不是因为别人坏，更不要从中得出结论说，自己的不幸是"人狼"及其社会造成的。从人具有自主选择自己的思想行为方向的能力而论，一个人只能自己为自己的痛苦承担责任，他完全是自找的、是自作自受，而且也只有他自己有能力解脱自己的痛苦，因为一个人在意与不在意什么，是凭着天赋的秉性自发产生的，并不是别人教会的。与其说人是教育的产物，不如说人是自己天性的产物。教育在天性面前，永远要吃败仗。类似对于死亡的态度、意志力、爱的能力、天然的兴趣，选择"忙着活"还是"忙着死"，这些与人生获得是否壮美的感受能力，都不可能来自人对人的教育，而来自人生的磨难本身。这些磨难是赤裸裸的，与学习教科书毫无关系。例如孤寂，这被认为是违反人的天性的，因此被多数人认为是一种难以忍受的悲惨生活，即使监狱里的几个囚徒之间尔虞我诈或者打打闹闹，也不愿意被长期地被关在单人牢房（长期不让囚犯接触人），这会把人逼疯的，因此监狱把这视为针对捣乱的犯人最为严厉的惩罚措施之一。但凡事都有例外，就是有极其稀有的例外犯人，巴不得享受这种孤独，磨难或者痛苦就如此这般真的变成了享受。这难道不像荒漠之中的一朵野花吗？还像沙漠中的一小块绿洲、一股清泉。这孤独的家伙可以一动不动地整天坐在那单间牢房里美滋滋地想心事，脸上露着神秘而自信的微笑。他的心思就像自由的小鸟一样飞越高墙之外，内心或心事总是关不住管不住的吧！这就是美、独享之美！因为它孤傲而高难，因而显得更美。此情此景，可以将壮美或者崇高用到人身上，因为这个高傲的人已经变身为浩瀚的太平洋、高耸入云的珠穆朗玛峰、呼啸而来席卷一切的龙卷风……

怎么才能满心欢喜地坚持——做到别人难以做到的事情呢？简单说吧，那是因为你对当下所面对的艰难事情本身，有着非同一般的兴趣，因为你在"飞越太平洋"后，所享受的绝非轻松的小快乐。但又不是为艰难后的快乐而做艰难之事的。恰如其分地说，从事艰难之事本身就是快乐，这才算真正懂得了快乐的真谛，即快乐与辛勤的劳动直接就是一回事。为什么呢？只因为这是我喜欢的劳动方式（"忙着活"的方式），否则，就生不如死了（"忙着死"）。

汉语"文化"之"文"的原意，与"装饰"有关，例如原始人不穿衣服，文明人穿衣服，衣服就是装饰而不仅是为了御寒。但是，随着文明在当代的进展，又开始暴露身体的过程，虽然不全裸体但对于身体的"私处"欲露还羞，这种装饰，不仅是着装文化时尚，它与激烈的当代音乐节奏舞蹈绘画之类，一起显露了人想要回归自然本色的强烈内心冲动，这种"文明的原始人"在色情展示领域（当代互联网为这种展示提供了以往任何时代都难以想象的巨大技术支持）的道德冲击所产生的强烈颠覆作用，还远没有在学术上被严肃地思考。弗洛伊德从叔本华以及尼采那里继承而来的对人类性本能的崇拜，并非狭义上的，它不过是一种返回率真、原始、天真、质朴的渴望，希望回到或者创造一个原样的世界。这是一种"祛文"的新文明。还是以穿衣为例，复杂与讲究至少表明两点：第一，供别人旁观，以获取对自己形式上的认可。第二，对习俗的默认。当然，这两点意味着"费事"，不仅是时间上和金钱意义上的，甚至还是"不舒服"意义上的，例如在烈日如火的盛夏，即使有空调，在家中也还是上身只穿短背心甚至光着膀子，才是最舒服的，极少有人此刻在家里也西装革履。在很多情形下，衣服对人是一种多余的约束、没有必要的负担。人们将穿衣打扮视为一种审美艺术，这种艺术形式发展到当代，其前沿趋向竟然是如何"穿得最少"而显得无拘无束，它对于性，只遮掩一点儿。但是，就像古希腊裸体雕塑一样，要使着装成为类似的艺术感受，就得既感受到美妙率真质朴的人体之美，又要回避肉欲的诱惑——这种微妙的差异，也是叔本华所强调的一颗优美的心灵所要追求的境界："因此，每一个拥有美丽而丰富内心的人，只要有可能，总是以最为自然、直接、简单、决不兜圈子的方式表达自己，以如此的方式与别人交流思想，以摆脱他在这个世界上一定会有的孤独感。反之，一个内心贫乏的人……

就会用表面华丽的辞藻来掩盖自己内心的贫困,其言词拐弯抹角毫不清晰……以便把自己平庸的思想隐藏起来。"① 这很像是用华丽的衣服掩饰自己没有姣好的或健美的身体,就好像真的以为一对金子做成的拐杖,就能漂亮地代替修长秀美的双腿走路一样。叔本华十分讨厌写作中的晦涩文风,说它们就像没有必要的卷发、衣服的皱褶、高垫的肩袖,以这些掩盖他本人的猥琐丑陋。

衣服的意义是外在的,通过外在反馈到人的内心,例如别人夸奖你的衣着很美。类似的外在性之重要性,存在于叔本华以上反复描述过的"根据律"的世界,它就像一个漂亮女人被人羡慕一样,只能带来一时的好心情、虚荣心的满足。但是,如果这个女人想指望这个而获得终生的幸福,那是不可能的,因为"原因"变化无常,容颜总要老去。人所能靠得住的,仍旧是超越年龄的心里美的能力。因此,服装美学只属于外面的世界,内心的美才真正属于艺术,尽管它看不见摸不着,但是在人的一生中,都实实在在地起着作用。换成哲理的语言,就是与其在乎实际效果,不如追求自由本身。

要把自由与幸福区分开来,幸福与世俗生活有关,而自由却完全属于心灵本身的生活,自由甚至包含了感受痛苦时的微笑态度。心里美的主要标志,是内心的独立自主性,它甚至可以与表面的顺从分开。即使一个常人看来生活不幸福的人,只要具有内心独立自主的感受能力,有内心的自由,就有体验他人难以理解的情趣之能力。一个日常生活里平庸木讷的人,却可能有着惊人的艺术才华,这来自他心灵拥有惊人的感受力,例如李煜是一个平庸的君主,却是一个天才诗人。这种不对称性,使很多有艺术才华的人被永远地埋没了。换句话说,一个只看重实际效果的民族是没有希望的。对艺术的评价完全不同于对历史事件的评价,一个改变历史的事件可能是非常平庸、偶然、猥琐甚至下流的,没有一丝的艺术价值。但是,这个事件能改朝换代(例如唐太宗李世民为了皇位杀死了自己的亲兄弟),以至于反过来灭绝能诞生天才艺术家的社会环境和教育环境。区分内与外的性质是重要的,它能使人豁然开朗、心胸开阔。例如,泼妇骂

---

① Arthur Schopenhauer, *The world as will and idea*, Liaoning People's Publishing House. China. 2016. p. 302.

街和议会议员们的争吵并没有实质性的区别，只是领域不同而已。就像象棋棋子是黄金的还是木制的其实无所谓，目的都是为了博弈而已。人们在世俗生活中的快乐与痛苦只是在具体事情上不同，但性质上是相同的，因此在这些事情上完全不必事事经历（也不可能，因此无须为这种不可能而感到痛苦），举一反三就可以了。反之，也有各种各样的与利害毫无关系的纯粹内心享受、直接触及灵魂的感受，小到品一口香茶，大到完成一件前无古人的艺术作品。这里所谓纯粹性，是指享受只是从事情本身获得的，并没有惦记着它们能给我们带来的身外的好处。

但是，叔本华以上把美丽而丰富的内心，只是与自然、直接、简单等因素对应起来，有失公允。这也像是把原本瞬息万变的不停顿地改头换面的心思，用一个画面固定下来，而不能让我们看到与一个心思连接的是另一个毫无关系的心思，就像同一个身子上长出了两个脑袋，这是心思的皱褶、画面的分裂、同时性中的不同时性——所有这些，与做作和精神贫乏都毫无关系，恰恰相反，它是更为真实的心思细节、画面细节。进一步说，对此情此景，无论用文字还是画面表达出来，就不再是清澈透明的了，这是一种必要的晦涩，如果我们刻意回避这样的混沌，就无法返回更为真实的自在之物了。既然叔本华已经猜对了方向，他就有大贡献，但是他在思想细节上也会粗心猜错，在这个意义上批评他就是更好地继承他。

整部《作为意志与表象的世界》，尤其是后半部分讨论艺术，叔本华显示了柏拉图的哲学倾向，并且将 idea 与康德的自在之物联系起来讨论美与艺术问题。这种思想嫁接是一个创举。即使柏拉图和康德都不会同意，但这个蒙太奇的画面还是拍摄得十分精彩。叔本华是现代欧洲大陆哲学的奠基人之一，他使哲学转向了艺术，这种倾向非常明显，这是他强调自由意志与直观之间互补性的必然结果，而康德的自在之物被他视为人类本能的代名词，从而远离开语言概念。但是，智者千虑必有一失，在描述美感时，叔本华强调宁静与不动心，他过于钟情于柏拉图，几乎完全忽略了时间因素在美感中的重要作用，他只是简单地把时间因素纳入现象世界即顺应"充足理由律"的世界，没有达到后来柏格森的"绵延"与海德格尔存在论（即自在之物意义上的）时间，从而一些更美丽悲壮的内心细节就难以被描述出来，我说它们是心灵的深渊。

这么说更简单明了：叔本华没有看过电影，而电影属于时间画面的艺术，或者叫作被时间雕刻出来的画面。叔本华受到所处时代的局限，缺少了"电影美学"这个重要的艺术维度，他描述的美，经常是停顿下来的，以不变应万变。他讨论雕塑、建筑、绘画，这些都是静止的美感。在该书第三篇52节，他专门讨论了音乐，精彩地独创出一种关于音乐的哲学，但遗憾的是，他在分析音乐的本质时，也没有重视其中的时间问题。我这里说叔本华的哲学忽视了时间话题，我只是想在此做一个伏笔，它表现在他极富才华入木三分地对人本身的描述之中。我用时间这个维度苛求他，是提醒读者无论他对于人本身做了多么精彩的刻画，始终还有其他可能性是他所没有注意到的——因为时间就是人的命根子。他总想着从个别（个体的人或具体事物）上升到一般，而忽略了一般离开个别或具体（时间）就没法成活，即使再高贵的理念，也不过众瞬间心思中的一个而已，没有任何观念具有绝对特权地位。叔本华一再强调内在，但又总要将内在与心思的平静混为一谈，如此等等。

第三章　生活的智慧

一　以艺术的方式活着

叔本华其实也像尼采一样，写了一本《来啊，看这个人》，他通过"生活的智慧"描述人本身。"在这些文字中，我用通俗的语言把生活的智慧作为一门艺术加以讨论，以如此的方式安排我们的生命，以获得最大的快乐与成功。"[①] 人们称叔本华是悲观哲学家，他却写了这样一本让人们快乐的书，这本书使叔本华有了名声，并同时挽救了他的另一本书《作为意志与表象的世界》。

海德格尔反复说"存在"，这高度抽象空洞，等于什么都没说，他确立了之后"咬文嚼字"却不知所云的一种新的"经院哲学"。[②] 叔本华不说"存在"而直接描述生命的细节——人活着的细节。用"存在"概念代替人，等于用金拐杖代替用腿走路，这是卢梭所抨击的异化，我称它为"词语的异化"，或许它对于思辨哲学是必要的，但它同时非常危险，因为它总有一天会飞到天上、远离人间，没有人气的东西，人就不会感到亲切！

叔本华所谓"生活的智慧"，是用想心事的方式（心思的艺术）获得幸福，而不是直接拥有物资享受而获得的平庸的幸福。他的方式代价最小

[①] Arthur Schopenhauer, *The Essays of Arthur Schopenhauer*, ［德］叔本华著，［德］桑德斯译，世界图书出版公司2011年版，第2页。（该书是国内出版社影印叔本华德文原著的英译本）

[②] 海德格尔的晦涩文风，影响了在他之后以德里达为代表的一批法国哲学家。但是，海德格尔自己，却是反对学究化的，他走在了正确的道路上，却没有自己的前辈叔本华走得更彻底。因此，不能像自然科学那样，把哲学史简单地归结为"进步"的历史，有"进步"也有"退步"，因此这两个概念不过只是涉及了事物的表层而已。

（最经济）却需要修炼，它是一种抚慰心灵的艺术，远比弗洛伊德的方式更为平易近人。你所需要的，只是仔细用心聆听他说的话："人从自身感到的幸福远比从周围环境所收获的，要大得多！"① 所以，孤独并不比周游世界，更不幸福。与其说幸福在于从周围或别人（这些都属于外在）那里，获得点什么，不如说在于从自身中（这才是内在）拿出点什么——真正使我们心满意足的，是内在而不是外在，是感受而不是感觉。内在或者感受，因其直接的亲自性而直接触及人的心灵，环境则是间接的。心里美，人才觉得环境美。"因此，相同的外部事件或者环境，对两个人不会有同样的影响。甚至面临完全相似的环境，每个人也都只是活在自己的世界里。"② 这取决于一个人从哪种视角观察世界，例如"女人最大的心愿，就是有人爱她"在视角上显然不同于"让我自己一个人好好待一会儿"——这两种情形都可以称为"从自身感受到的幸福"，却是多么不同啊！真正的趣味是内心的情调，它取决于精神的能力，与拥有多少金钱无关。

　　人们嫉妒天才诗人，自己不具有天才的才情，但这不是嫉妒就能解决的，天才是在内心情调上敢于冒险的人，就像登上高峰才会看见更加广阔的美景，而普通人多是墨守成规胆小怕事之人，只能重复小小的快乐，而大快乐得冒风险——想象的胆量。内心的贫瘠比环境的贫瘠更为可怕，反之丰富的心灵生活却可以弥补周围环境的恶劣。一双"丑陋的"眼睛，没有能力体会细微的美好！无论周围环境如何，只有通过人的内心真正发挥作用，它是孤独发生的。我自己，就是一切——这说的是个性、与别人不同，很好！我的幸福你不懂。平庸，就是看见大家都举手，我也举手。我当然可以举手但一定得心甘情愿的。个性不是指性格（脾气温顺或暴躁之类），而是内心的情调（精神风格），它是创造性的精神活动之来源、是一个人最为持久的快乐之来源。如此，一个人就活出了自己之所是。一个傻瓜即使住在天堂仍旧是傻瓜，一个天才即使在炼狱也仍旧是天才。

---

　　① Arthur Schopenhauer, *The Essays of Arthur Schopenhauer*, ［德］叔本华著，［德］桑德斯译，世界图书出版公司2011年版，第4页。
　　② 同上书，第5页。

"一个绝对孤寂的智者，可以从自己的思想和想象中获得美妙的消遣。"① 因此，"人生幸福最重要的因素，就是一个人之所是，他的个性。"② 但是，时下的社会风气却是没人注意这个，人们只看重看得见的金钱，而不是更有教养（culture）——人不变蠢，确实比变蠢更加困难，"因为显然一个贡献出自己所是的人，要远比自己能获取什么，更有幸福感。我们看到如此多的人勤劳地像一只蚂蚁，从早到晚不停地为把自己的金山堆得更高而奔波不息，在这个狭隘的目标之外，他们就一无所知了，大脑空空如也……他们的内心是空虚的、想象力是迟钝的、精神是贫乏的，而且这种人围拢在一起，抱团取暖。"③ 这叫作物以类聚、人以群分。

感官的快乐也和金钱带来的快乐一样，是过眼烟云，能永恒独留的，是只属于自己的独思妙想的快乐、著述能留存于世的幸福。容我再想一想：虽然一个大智者可能同时也很爱财，但一个除了爱财之外大脑空空如也的人和智者之间的对话，肯定是相互"对牛弹琴"。

一个内心丰富的人，心理才强大。如此，才有能力抵制厌倦的情绪——因为丰沛的内心能无中生有，创造美丽的内心世界。

即使海德格尔没有"抄袭"叔本华，后者也先于前者说出了"存在"与"存在者"之间的区别，但叔本华说得远比海德格尔清楚而且更有人情味，他所谓"what a man is"（也就是本能天赋、自在之物、个性、独特性、绝对的差异）就是海氏的"存在"，他所谓"what he has"则是海氏的"存在者"。后者是一个幸福陷阱，例如别人眼中的我——很多人为这个虚荣而活着。而"what a man is"就是你自己、你的个性风格、亲自出马、走到哪里带到哪里、无形又有形的痕迹、独有的快乐（to enjoy one's self）。关于亲自性，还是用叔本华原文表达的英译更确切："not 'he enjoys Paris,' but 'he enjoys himself in Paris.'"④ 这两种"enjoy"表达有

---

① Arthur Schopenhauer, *The Essays of Arthur Schopenhauer*, [德] 叔本华著，[德] 桑德斯译，世界图书出版公司2011年版，第7页。我从叔本华这段话想到的是，一个国王却可能是天下最不幸的人，他已经完全被周围阿谀的假话弄糊涂了，他相信自己的衣裳最美丽，其实却是光着屁股。
② 同上。
③ 同上书，第9页。
④ 同上书，第11页。

什么区别呢？当然有，一个把"巴黎"当成一个欣赏的对象，好像面对着一幅名画（这是一种间接性，好像在看图识字）；另一个，却身处巴黎的大街小巷之中（"himself"即我所谓亲自性，这是一种直接性，不需要任何中介），与其说我好像在观赏一幅画，不如说我是真实地在画之中。我不是去认识或者见识巴黎，我自己就是巴黎的一道风景，我没把自己当外人，其微妙的美味就像美酒下咽，快意自知！这就不再是静观而是沉浸其中了。

一个活出自己所是的人，比一个为身外之物（金钱地位荣誉等）所累的人，更由衷地感到快乐、更具有道德感。换句话说，别活在别人看自己的目光之中。超越这个目光是何等艰难啊，你得放弃以虚套为特征的社交生活，独守孤寂。在与人交往中，我是怎样的，决不掩饰。按自己的意愿行事，在生命中贯彻始终，这就是个性的标志。我的快乐只有我知道，别人想让我快乐，但别人想不到我真正的快乐之处在哪里。

正直的品性很重要，但它得是我自己认可的，因为我知道在漂亮的字眼下往往有很多我所不齿的污垢。我认为某举止是正直的，即使多数人怀疑，我决不退缩，这要提升为信仰。还是卢梭说得好，他快乐是觉得自己的心智天生就和别人有别，它是微妙感受（想象力）方向的差异，不是指性格。这给卢梭莫大的内心满足，而在那些只从外部生活状况观察卢梭的旁人看来，卢梭很悲惨。卢梭当然没必要理睬这些人，避开这些人的干扰是件多么惬意的事情啊！

快乐的笑声很重要，但它得是我自己认可的，因为我知道很多笑声是很猥琐的，我笑不出来。我的笑通常发自内心，并不出声。孟德斯鸠在他的笔记中说，自己起床一睁眼就感到心情舒畅，我想他秉性如此，并不是由于他看见东方的太阳正在冉冉升起。无缘由的高兴，是自信的标志，天才的感受与众不同。尽管不能让每天 24 小时都停留在上午的时光（因为上午是我心情最好的一段时间，我工作的兴致和质量俱佳，很是奇怪），但我可以想方设法。人生活的每一时刻，所含有的精神质量，确实有巨大差异。就我而言，让上午的"瞬间"延长（极其专注、凝神的快乐），就等于延长了幸福。这个感觉令我振奋，好像我每天都有一段时间，处于 20 多岁。

劳动本身就是快乐，但它得是我所喜欢的精神劳动，上述所谓"忙着活"就是这个意思。没有精神劳动、大脑无所事事,这令我难以容忍。很多人宁可体力劳动也不愿意脑力劳动,还有很多脑力劳动者没有从本职工作中获得快乐,这是由于他们难以理解艰辛的思考本身就是快乐的事情,就像冷水浴让人痛快一样。在冬季里太冷的水痛快淋漓地浇灌全身,享受那别人害怕的,做到那别人做不到的,这就叫"天生和别人秉性有别"——它一点儿也不费钱,甚至都不费毅力,就像我不知不觉地写了很多心里话,没觉得是靠毅力写出来的,因为这种劳动的感受,比吃饭都香甜呢!一口气写完了一段意思,要暂时停下来品茶,那是享受,又是积攒下一段的能量。是的,上午真好,就像我生前和死后的时间,都与我无关。我要好好享受"出生后"和"死亡前"之间的时光,把其中的每个瞬间都变成"上午的快乐"。要像孟德斯鸠学习,自己起床一睁眼就感到心情舒畅,它与室外的天气情况无关。这怎么能够做到呢?这怎么就做不到呢?我想到了禅,但本质却是保持心情平静的能力。万物齐备于我,我就是上帝,尽管这不是真的,但我觉得这就是真的。于是,它就真的是真的了。这个道理,很多人一辈子都不会明白,就像童话《小王子》中说,大人们不懂一幅画看似"礼帽",其实画的是一头大象。

　　作家为什么喜欢写作呢?我觉得就是享受自己的心事,并当成了自己的生活方式,这当然是文字对人造成的异化现象,但卢梭不应该对此加以谴责,他自己就是被这种异化所成就的。这就是人类文明的标志,是人类对自然状态的改造,是最宽泛意义上的艺术,享受自然状态里原本所没有的东西。在此,所谓艺术,就是创造(写出)一个新的感受(念头)。为什么大艺术家往往长寿呢?因为身体健康其实不是身体本身的事情,而是精神状态的事情,艺术属于纯粹精神,它能愉悦身体,减轻压力,它的效能甚至超过了体育活动。外部环境糟糕?没关系,不理睬就是了,我上面描述了个人可以创造适合自己的精神环境,就像除了自己忍受不了冷水浴,任何别人都没法在这件事上拦住你,因此一个人不快乐而身体不好,只能怨他自己。体制就是有天大的本事,也无法禁止你冷水浴。

　　摆脱被奴役,有一个绝招,就是"绝对的个人主义",奴役人的人不是坏吗?那就让他坏到底。这绝招的前提,是忍受孤独,因为没人理你,你得有大哲学—艺术家的潜质。

"人们不是受事实本身影响，而是被自己对该事实的想法所影响"。[1]人们总认为事情本身才重要，但这种"认为"本身就已经是一种想法了。想通这一点，对人是莫大的心理安慰，因为发生任何事情都取决于我们怎么看它，我们内心的功夫，就可以花费在"看它"上面了，它的效果是千差万别的，但都验证了人的本质确实是精神的，而且是孤独的精神，因为说到底，是你自己怎么"看它"。以下，就是上面"看法"的应用："一个智慧之人不顾一切地从烦恼之中摆脱出来，想要安静与闲适，过着有节制的生活，尽可能少与外界接触。也许对他自己的所谓同胞有一点儿体验之后，他会选择隐居的生活，或者如果他是一个伟大的智者，可以选择孤独。因为一个人越是能与自己为伴，就越少需要他人——的确，别人也帮不上他。因此，高智力者总是不合群的。确实，如果智力的质量能被数量所代替的话，也许值得与平庸的大众为伴，但不幸的是，一百个傻子加起来，也赶不上一个智者。"[2]

或者孤独，或者平庸——在一个智者看来，最宝贵的是独处的时间，他要创作；对平庸者来说，独处是难以忍受的，他感到厌倦、沉闷、无所事事，宁可去社交，与同类型的人混在一起，他误将感官刺激等同于心灵生活，他是一个缺乏思想深度的人。庸人们只是想方设法消磨时间（其时间多得令他们发愁），智者则惜时如金，他们多的是设想，少的是实现设想的时间。

一个人应该自己创造自己的希望，"别指望别人，别指望外面的世界……一个人的一切都只能指望自己……一个人越是能从自身找到快乐的源泉，就越能感到幸福。"[3] 幸福就是这样的自足性。"人生在世最幸运的，莫过是具有人群中稀有的丰富个性天赋。"[4] 叔本华说，若是笛卡儿没有20来年最为深沉的孤独沉思，就没有笛卡儿的哲学。笛卡儿活出了

---

[1] Arthur Schopenhauer, *The Essays of Arthur Schopenhauer*, ［德］叔本华著，［德］桑德斯译，世界图书出版公司2011年版，第13页。

[2] 这里，反对平等并强调区分精神贵族与平庸之辈的思想，显然被尼采所继承。它也与一句中国俗语（"三个臭皮匠，顶得上诸葛亮"）相悖，参见 Arthur Schopenhauer, *The Essays of Arthur Schopenhauer*, ［德］叔本华著，［德］桑德斯译，世界图书出版公司2011年版，第16—17页。

[3] 同上书，第18—19页。

[4] 同上书，第19页。

自己，为自己最擅长的事情而献身，是奉献，不是索取。"而最傻的人莫过于为了在人前显赫、为了地位与荣耀，而牺牲了自己的灵魂、自由与独立。"①

最不怕孤独的，是真正有独立自由精神的知识分子，而"目不识丁者的闲暇，不啻于形式上的死亡、活着的坟墓。"② 要闲暇有价值，只有高贵的精神才能做到，精神的活，叫作复活，区别于动物性的原始欲望。"我的哲学没有能力让我拥有财富，但是却让我省去了很多金钱。"③

"普通人把自己幸福的赌注，押在外在于自己的事物上面：财富、社会地位、妻儿老小、朋友、社会等，以至于当他失去这些的时候，导致他幸福的基础就被摧毁了。换句话说，他的引力中心，不是放在自己上面。"④ 对此，显然叔本华并不赞成。说得残酷一点，这也是变相地被自己所喜爱的东西所奴役。就像你豢养什么，就得承担失去它们而导致的痛苦。爱 X 如爱己，这一向被认为是高尚的道德，但它是从自身异化出去的道德，我这里决不是提倡自私自利，而是从正面分析我们把原本"不是自己"的东西，当成自己的全部，就会掏空自己的个性风格和独特的才华。

在自身之内而不是之外寻找幸福，看来这的确是一个严重的哲学问题。它并非纯粹形而上学的话题，就像一个人生病了，是靠药物还是靠锻炼自己身体内部的机能治愈疾病，是两种截然不同的方式。实在说来，鲜有人单靠药物就成长寿的，本质上靠的是自身内在的活力。

叔本华的治疗方案是："只有最高的智力，被我们称为天才的能力，才能到达这样的强度……致力于表达独特的世界概念，无论所思索的是诗还是哲学，所以不受干扰地陶醉于自己的思想与作品，对这个天才来说是最为要紧的事情，他对孤独说你好！自由就是最大的善，别的一切都可有可无甚至是多余的负担。这个风格独具的人，围绕他的全部引力的中心，都指向他自己。这也表明了为什么这类人凤毛麟角。无论他的个性显露出

---

① Arthur Schopenhauer, *The Essays of Arthur Schopenhauer*, [德]叔本华著, [德]桑德斯译, 世界图书出版公司 2011 年版, 第 20 页。
② 同上书, 第 24 页。
③ 同上。
④ 同上。

多么富有才华，都不表明他对朋友、家庭、团体的兴致是像别人通常所认为的那样……所以我们得出的结论是，具有天赋智慧的人，是最幸福的。对对象的感受能力远比对象本身更为重要，因为无论是哪种对象，只能间接地起着次要作用，而且只能通过我们的感受而起作用……灵魂的财富才是真正的财富。"①

但是，灵魂的财富看不见摸不着，别人也抢不去，它只是通过一个人内心的强大展示出来，独享自己的内心，对外别无所求。"他承诺只做自己、他漫长的一生、每一天、每一时刻。"② 他把自己创作成了一幅充满灵气的作品，他是他自己的作品。如果一个人生就知道自己的才华所在而没有闲暇奉献出这种才华，那他就是世上最不幸之人，就是最为凄凉的悲剧。反之，他就是这世上最幸福的人了。

人们宁可忙碌去外面折腾，也要躲避闲暇，因为闲暇往往需要高贵的精神活动去填充，普通人不具有这个能力。因此，自由只是精神贵族的追求，而蠢人宁可用自己的选票换点钱花，对于目不识丁者，自由是无用的奢侈。识别这两类人最简单的方式，就看是否喜爱独处（不受外来打扰的闲暇）。"难的是保持静心什么都不做。"③ 是静心地想心事（它的广义的，包括阅读与写作），而不是焦虑。愚蠢是自然的，很容易；不愚蠢是不自然的，很困难，因此，智慧之人总是显得古怪傲慢、难以接近，智慧既是痛苦又是幸福。与别人的看法不同，我觉得天才的环境从来就不差，因为天才所需要的，都是普通人放弃的，例如书籍、独处（读写、想心事），这两种人并不会构成在利害关系方面的直接冲突。换句话，一味抱怨环境的人，不配做天才。

普通人只需要感官的快乐，所以喜欢外面的世界，喜欢交际；智者不满足于感官快乐，而要智力本身带来的快乐、纯粹心灵的快乐，这些只需要向内追求就可以了，所以朋友不多，康德一生也没有离开自己的家乡小镇。行万里路并不会自动带给人智慧，智慧取决于人正直的品性和脱俗的想象力。

---

① Arthur Schopenhauer, *The Essays of Arthur Schopenhauer*, ［德］叔本华著，［德］桑德斯译，世界图书出版公司2011年版，第24—25页。
② 同上书，第25页。
③ 同上书，第26页。

独处而不感厌倦,古代中国人的智慧称其为"禅",它是道德与智慧双重修养的结果。它不厌倦,因为可以自足——心灵的快乐,感官的快乐只是次一等的。获得感官快乐取决于环境、年龄、财富、身份、社会地位等,它们是易逝的,但心灵的快乐可以超越这些条件,因为心灵有这样的根本意志:视死如归!换句话,纯粹心灵的生活,是一种复活的生活,它是只懂得感官快乐的人理解不了的。心灵是自足的,意思是它不仅自己满足自己,而且是纯粹的满足——令人惊奇的是,与这种满足相对称的,并不是需要,很多人难以理解的,正是这一点(脱离需要的满足):需要本身是不可能获得满足的,"就像人们说的,财富就像海水一样,你喝得越多就越渴,这也适合对于名望的追求。"① 财富名望身份等,是追求感官快乐的自然而然的延伸,属于同一个家族的成员。

需要是不能满足的,因为"满足"的瞬间与"没有满足"的感受是同时发生的,因为我们想要的事情本身往往并不像我们事先所想象的那般美好,而且另一个我们没有得到过的 X,时刻又在诱惑我们(我们身处充满欲望的社会),总是觉得自己还没有得到过的东西,永远比已经得到的东西更美好,尽管这是一种不实际的幻觉,但人们永远离不开这样的幻觉——这是心理事实而非物理事实。但是,心理事实的"真实性"或者重要性,永远都超过物理事实,因为就像叔本华以上说的,人们只是表面上觉得自己受到的是事情本身的影响(其实这是自欺欺人),但事实上受到的,不过是自己对该事情本身看法的影响,"永远是还没得到的东西更好"——这就属于"自己对该事情本身的看法",不是说它事实上是真的,而是人们宁可相信它是真的,它是促使人活下去的一个坚定信念,既然这属于人性,即使智者如叔本华,他反对也没用,永远消除不了。这里不是讲道理的场合,而是自我心理暗示与安慰的场合。

以艺术的方式生活,就是说,与其相信智力,不如相信心灵。我们对一个人最初的、刹那间的印象在此时此刻就是最真实的,后来我们发现这个人还有很多与此印象自相矛盾之处,后者也是真的,这个例子适用于所有人。有的人似乎只有智力而无心灵,其心灵是干枯的,这是一些可怜的

---

① Arthur Schopenhauer, *The Essays of Arthur Schopenhauer*, [德] 叔本华著,[德] 桑德斯译,世界图书出版公司 2011 年版,第 30 页。

人（但我们不要恨他们，恨是一种出于智力或者因果关系的感情，而不属于纯粹的心灵生活，后者对于一切生灵只是爱怜，与恨之间不形成对应关系，超越了仇恨）、没有美感、不懂得如何以艺术的方式去生活。

还有，要把人与人之间的瞧不起与歧视区别开来："瞧不起"是一种自然而然从上到下涌起的真性情，是智力、身体、心灵暂时达成的一致——既然它们是人性的成分，就不仅不是不道德的，而是道德的，因为它迫使人做点什么。做点什么呢？就是努力去消除人性中那些或窝窝囊囊或不把人当人看待的无趣与猥琐，如果视而不见不去鞭挞之，即使没有同流合污，也不能说在人格上是高尚的。在这个意义上，放肆自己的真性情是一种冒险的行为艺术，可以将它作为一种生活方式（既然怎么活都是只活一辈子，那就选择心灵的方式、最不做作的方式），去做一只牛虻去刺激人、或者说马刺——尼采的风格。与其说"瞧不起"或者蔑视的态度是针对别人的，不如是激励自己的，它时刻要人反省自己：我是不是很平庸？

以艺术的方式活着，就不能像一个学究那样思考。是否是一个学究，并不在于形式上是否以读书写作的方式占满自己的时间。我的判断是，如果一个人的文章中的一页堆满了现成的概念而不是直接打动人心的细节形象，那基本上就是一个学究。如果只是貌似概念却是抽象而滑动着的精神积聚、凝神的过程，这就不仅不是学究，而是一种高雅的艺术—思想描述方式，它确实让人理解起来有些困难，但是困难的思考，本身就是创造性艺术之必要组成部分，它与学究风马牛不及。抽象的感性与生活中的智慧完美地结合起来，使一个哲学家同时成为语言修辞的大师，从而创造性地改变德语的风格，叔本华树立了这样的典范。例如，他把"人是生而自由的"（这是抽象的感性理解）与"今天是我自己的"（这是生活的细节）结合起来理解，这是典型的生活智慧。他不仅把哲学从天上拉到地上，而且进一步拉到我们身边。"今天是我自己的"，每个人都可以从中获得自己的理解，从中所浮现出来的，并非一个概念（如"幸福"）的意思，而是一连串具体的行为（例如，接着读一本兴趣盎然的书籍、接着写一个就要被自己解决的新问题、与一个亲密朋友的小聚）。

从修辞角度，"今天是我自己的"要比"我是我自己的时间的主人"更加生动、更能引发丰富的联想，前者虽然朴素但意思并不透明，尽管不透明但每个读到的人似乎又都明白句子说的是什么意思，读者会无意识地以自身的阅历联想到自己。"我思故我在"用类似推断的方式确立了一个概念的成立，它自身成为一个经典的哲学命题，并成为近代以来是辩证的起点，以至于"我"远离了我变成了抽象的自我意识，这种有意无意的篡改使哲学从地上升到天上。"今天是我自己的"则更像一句哲理诗，与"我思故我在"相比，更与我有关、更有人情味和亲切感。也就是说，不学究、是生活的智慧。联想的最有利的条件，是形象、设想某种情景，就得与我的距离很近即我的能力之内。情景比概念更能打动我，但哲学家毕竟不是纯粹的诗人，哲学家的语言功力，妙在表面上所使用的类似朴素形象的表达，其实却是抽象精神的凝聚，这就是"深刻"或者深入浅出，它必须率真而没有城府。在这里"率真"不是说老实话，而是说"不可能的话"……

比"今天是我自己的"更贴近的是"每天早上"，还有"每天早上"更亲近的，普鲁斯特《追忆似水年华》的第一句话"在很长一段时期里，我都是早早就躺下了"。我说"更"是指细节，越细越真，但不可以细到"今天是2016年9月12日"，这就毫无艺术感了，我是说"漂浮起来的细"。

"今天是我自己的"瞧不起黑格尔的哲学被捧为当时普鲁士的国家哲学，反过来，国家"瞧不起"叔本华这样孤僻的个人主义者，甚至共和派也瞧不起他，因为叔本华说的自由，与这些"革命者"眼中的自由，也不是一回事儿，在情绪高昂的群众运动中，叔本华这类人永无出头之日，除非那样一个时代到来：人们都不再关心或者议论"国家大事"，认为国家关我屁事！不关心"国家大事"，也不关心鸡毛蒜皮的俗气之事。但是，堂吉诃德的英雄气概就没被很多人读懂，以为塞万提斯写的是一部讽刺小说，无论作者的初衷如何，这是一部哲学小说，它所讨论的，其实是意志的任意性这个重要话题，我觉得这个意思，至今国内外还没有人能读出来。这里的生活智慧就在于，一切现成的意思都可以真实地理解为相反的意思或者别的意思：丑女可以是仙女，风车可以是城堡、愚不可及可以是足智多谋、枯燥无比可以是别有风趣……为了有趣与智慧，脑子必须有病，而且不轻。我一点儿也不怀疑，堂吉诃德能轻易战胜一个笨蛋暴君，因为后者是真笨，而堂吉诃德却智慧得很！

要品味儿,把过得很快的日子,读得很慢,于是会发现原本认为空洞乏味的日子里的细节趣味多得说不完,于是在《尤利西斯》中,乔伊斯用了100多万字,写了都柏林几个市民从早上8点到午夜共18个小时的活动。为什么都这么说可写的?它写的不是这几人在这18个小时做了什么(这绝对不需要100多万字),而是心里想到什么。几个人18个小时的心事叠加起来可以写100多万字?我觉得能,因为人的心思和心脏跳动一样,时刻都不会停,只是人不自知而已。乔伊斯这叫"细节的真实",与堂吉诃德异曲同工,从另一个精神领域令我们瞠目结舌。这两例,亦属生活智慧之列,首先是以艺术方式活着。

二 莫将别人眼中的我等同于我

人性的一个弱点,也是害怕孤独的一种延伸形式,就是希望自己被别人谈论,如果你赞美一个人,即使言过其实,也会大受欢迎。人们宁可当"被评论"的奴仆,也不愿意无人理睬。人们将别人眼里的我等同于我的情形,也有反面,那就是当你被众人丑化的时候感到不愉快,无论不愉快还是得意扬扬,都不来自自我评价。要有我,以绝对自信(无论他人如何看待我)的态度,过我自己所选择的生活,说说容易,真正做到,何其难哉!

别人意识不到我本来的价值,永远如此,因为我也意识不到别人的价值。因此,我与别人都不该被责备。我要反省的是,为什么要在意别人的议论?最有效的抵抗方式,就是写出我的存在而不是在别人面前显露我的存在。这与惯常看法(即观其行比观其言更重要)正好颠倒,能显露一个人灵魂的,是他的文字本身。

我与别人之间,是意识的相撞。别人对我的看法无论好坏,都不是我的。我的=直接的、赤裸裸的;别人的=间接的、掩饰的。既然互为别人,很多人没有了自己,只有这里说的间接性,就为它而活着。很多学者也是这样,没有自己的思想,自己的头脑不过是别人思想的跑马场。他们活着,似乎就是为了评论这个人的思想好,那个人的思想不好。他们要翻书、要念稿。但我觉得,要离开这些思想拐棍,任由自己天然的思想冲动,这就是做我所是。

只要一开口，要去评论或者解释，就会发生悖谬的情形，因为语言不能同时说相反的话。如果躯体上有两个头同时讲话，虽然南辕北辙，却更能接近内心的真实。心事是七上八下的冲劲，脱口而出却成了有条理的间接性。乔伊斯的晦涩，在于他极力想接近这些冲劲——不是一种语言的情形超出了语言的界限，就好像真能用语言说出美酒的滋味一样，但是语言的悲剧在于，它永远代替不了身体体验。

不要看重外来的荣誉和别人的评价，因为它们根本就靠不住，就像我无法决定我的作品之命运，我的责任首先是消遣精神，在这个过程中我快乐过了，能有机会摆在读者面前，这就是奢望了。说什么人的本性是自私，但人们却如此看重别人的思想与评价，毫不在意发挥自己与他人不同的思想能力，这种"自私"有点费解和复杂，它应了我上面的判断："如果一句话刀枪不入永远为真，它就是一句毫不可爱的废话。"叔本华这样感叹道："日常经历告诉我们，多数人都把事情搞砸了：他们把别人的思想当成自己价值观的最坚实的基础，他们更关注别人是怎么想的，而不是发生在自己脑子里的想法，但事实本来就是一个人自己的念头才是最直接的、第一时间浮现出来的东西。因此，多数人都把事物的自然顺序颠倒了——将别人的观点视为真实的存在，却将自己自发地冒出来的念头，视为（别人思想的）影子。他们把原本就是派生的东西看成是主要的东西，就好像认为自己在世界上被描绘出来的肖像比他们自己本人还要重要似的。"① 这就误把间接性当成直接性、把不自然当成自然，这叫作学问上的虚荣，它也是一切虚荣心的缩影。古怪的是，这虚荣是以一种其实并不真正在关心自己的方式"关心自己"，甚至不惜害了自己，也要让自己身上的羽毛别人看来美丽漂亮。如果说"间接性"只是某种手段而人本身才是目的，那么这些将事情自然秩序搞砸了的人，却极不自然地将手段当成了目的本身，这等于忘记了人本身、忘记了人的本真是在活出自己。我在这里所描述的人的本真状态或者原样状态，并不是在辨析关于"人"的概念，这一点非常重要，因为当我们将"人"视为概念并且试图以各种方式定义"人"的时候，就是在某个极端方向上偏离本来的、活生生

---

① Arthur Schopenhauer, *The Essays of Arthur Schopenhauer*, [德] 叔本华著, [德] 桑德斯译, 世界图书出版公司 2011 年版, 第 37—38 页。

的、五颜六色的人性（当福柯宣称"人"、"主体"、"作者"死了，这三个称谓都应该是批评用僵死的概念方式思考人是什么样子的。如果福柯是在批评人的自主本性，那他就将陷入自相矛盾，因为他自己的著作，恰恰就来自他本人的自主才华，而且是创造性的）。

叔本华的批评具有普遍意义，它几乎会使我们立刻想到对待任何一种传统的态度，批评传统文化成为现代哲学的标志性事件，但它在学理上的根据，与其说是批评亚里士多德的学说是站不住脚的，不如说是批评它只属于亚氏本人而研究者是另外一个人，因此不应该一味注释之，于是从"我"读出来"你"，我与你之间的差别，关于差异性的话题就如此诞生了。关于"解释"的思考或所谓"解释学"，不过只是其中一个分支问题。这固然看上去与马克思的批评是一致的（"哲学家们只是用不同方式解释世界，但问题在于改变世界"），其实是两种性质不同的批评，因为马克思所设想的改变世界的方案，也可以划归为广义上的解释，而改变世界却是在超越语言能力的意义上说的，例如我与你之间在感受上的无法沟通性——但"解释"无视这样的差别，它的立论前提，是可理解性。如果我们承认并且正视无法沟通是一个原样的、无法弥补的事实，即使我们眼前的世界似乎一点儿没变，但事实上世界已经改变了，因为事情本身的样子不过就是我们看它的方式，但我却拒绝将"方式"＝解释，因为我拒绝两个人之间在感受上可以没有差异地实现共识。如果可沟通性坍塌了，"解释"也就坍塌了（解释与理解的区别，在于"解释"是公共意义上的，"理解"是纯粹个人的领悟）。

人们在想事做事时，总是参照"已经"，例如别人或书上是怎么说的，按照惯例接下来会发生什么，仿佛没有这些参照，就失去了靠山，会感到焦虑不安。换句话说，安全感来自我们知道会发生什么，就好像在餐馆吃饭之前按照菜单点好了菜，虽然还没有正式开吃，可是滋味似乎已经事前品尝过了——这里的悲惨性在于"已经"，它没有虚妄、野心、不切实际的狂想、甚至厚颜无耻地夸大事实，就像堂吉诃德那样伟大的人之伟大之处，就在于他如此勇敢地打破了平淡庸常的日子，他从来不做似乎符合逻辑的推论，因为这种推论令人绝望之处，就在于它将原本有差异的个体，合并为一个推论者似乎已经知道了的东西。这推论不狂妄，就在于它不相信堂吉诃德式的奇迹，它相信曾经发生过的事情还会再次发生，这想法太老实了,一个有趣的人从来不这样老实,而是以不在乎的方式抗拒"一定会发生的事情"、以绝对自信的心理作为支撑却并不确定自己盼望什么,或者将"令自己感到失望"作为一种古怪乐趣的出发点,也就是说无论周围世界在发生什么事情,都不能从根本上改变内心自娱自乐的能力。因此,要区分两种心事及其情绪,一种来自周围发生的人和事,这属于有理由的情绪。另一种无视这些理由,是无理由的心事和情绪,它有着堂吉诃德式的心理治疗之奇效。

事情就坏在盼望,盼望的性质与承诺一样,其不可实现或无法兑现,往往并非来自自觉的欺骗,而在于两者都无视时间时刻在改变着正在发生的一切,无视时间而许诺将要来到的和当下的心事相一致,这情形永远不可能真实发生,这是一种老实的乌托邦。还有一种乌托邦是不老实的,那就是堂吉诃德式的,它不推论,就是从当下临时发生的人和事情中漂浮起来的幻觉,它来去匆匆、不可预测,在这里无视推论与无视规则是一回事儿。它不焦虑,在于它事实上消解了盼望,因为此刻的一切念想都是瞬息万变的,而盼望之所以成立,前提是在一段相对长的时间内它保持不变。这相对不变的盼望只是一个空洞的形式,而瞬息万变的念想及其行为才是真实的内容,这就是瞬间的意义——这种"不正经"却是正经的,因为它"实事求是",但其更贴切的含义是以任意拧着的方式夸大事实,而唯一的事实是内心的事实。任意拧着,就是说,不相信以假设的推论作为前提的判断。于是,"盼望"被消解为相信一切事情都可能发生。这相信及其发生,首先指人的内心。例如,加入了"瞬间"这个实事求是的内心维度,内心的冲动与平静其实是一回事。举一反三,类似这样的"一回事"性质种类繁多,它们组成了一幅又一幅拧巴的图像(这很像是现代艺术),这些图像活动起来,就是电影,但与其说这电影是放映出来供我们观赏的,不如说我们自己就是这电影里的风景或事件。这很像是女人的哲学,因为印象中女人比男人善变,例如女人的眼泪来得快去得也快,但我这里不想陷入这个争论,而只是还原出"善变"本身。甚至完全可以去掉"善"只留下变,诡异的时间,你的原形是一个女人——这个例子是否肤浅?跑题?它把深奥的概念与一个形象连接起来。但是,无论多么深奥的东西,要想接近它首先得想象它,得想某种情景,反之,则可以把似乎肤浅的情景想得深奥,这种表里关系就像呼气与吸气的关系一样,单独只有呼气或者吸气，人就得窒息而死。

于是，我对调了显与隐的位置，对于一个毫不起眼的事情、或者似乎平淡无奇的一天，可以像乔伊斯那样写一大本书，写出来的原本都是"隐"——这些变化莫测的心事与其说是盼望，不如说是高难度的精神消遣。于是，可以说外部世界和人的心思，是关系不大的两回事。只有肤浅的人，才会将心思只花在"显的"世界。换句话说，必须以"不正经儿"的方式沉浸于想象之中，否则生活就难有趣味，与其说趣味在于以看到的方式经历着什么，不如说趣味在于以想到的方式经历着什么。"不正经儿"的含义不是惯常的狭隘意思，而是如此积极的意思：命运想让我发生什么，我倔强地偏偏不让它发生，也就是反俄狄浦斯情结。我心里可以螳臂当车，尽管在显现的世界中做不到，但我说过了，人实际上只是以心情的方式活着。命运不能选择，但心情可以选择。比如周围环境压抑，我能玩味这种压抑，环境拿我无可奈何。细微的快乐足够我们享受一生，只要内心勇敢和敏感。就像叔本华说的："归隐的生活方式对于我们保持内心的安宁极有益处，这主要是由于我们能避开别人的目光过自己的生活，不必总是被别人的观点所左右。一句话，这使得我们能返回自身。"[①] 这是避免不幸的最好方式，不依赖他人而能活得好，这才叫能力。

事情越有价值，做起来越难，但乐趣正在这个难，最本真的冲劲，这种天真无比复杂，"难"中的乐趣，就是享受这些复杂，就像慢镜头比正常速度的画面，能细细品味更多的、原本看不见的事情元素，这个慢相当于显微镜，就像以凝神的方式扩展瞬间的体验，等于延长了时间并创造出显现之外的新的精神生命。

西方人叫骑士小说，中国人叫武侠小说，它们都与武力的荣耀有关，"其存在显然来自这样的时代，那时人们更认可比赛谁的拳头硬，而不是比谁更具有头脑。"[②] 走出中世纪的西方人终于逐渐厌烦了这种决斗方式，就出现了讽刺"拳头"的小说，例如塞万提斯的《堂吉诃德》和狄德罗的《定命论者雅克和他的主人》，精神想捉弄一下身体，不再把头衔等同

---

① Arthur Schopenhauer, *The Essays of Arthur Schopenhauer*, [德] 叔本华著, [德] 桑德斯译，世界图书出版公司 2011 年版，第 40 页。

② 同上书，第 56 页。

于尊严,反抗头衔的荣誉,方式是不再把它当回事儿。人们从中会心地一笑,因为身份是最容易失去的身外之物,就像一个笨蛋却顶着院士的桂冠。这类小说与现成的规矩(各种一定如此的东西)叫板、与强权叫板,以讽刺作为武器,极力描述一切与强权无关的可能性,是多么美好!认为以心性作为基础的理性,才有资格作为一切判断的基础。于是,精神眼界大开,只要蔑视那貌似很硬的拳头。这,就叫有勇气脱离动物世界,这才是人最大的尊严。

"骑士的荣誉是一种既愚蠢又幼稚的骄傲,确切说它叫贫困而非骄傲,因为骄傲是属人的传统,其极端形式在显示最本质的人性的宗教之中。"[①] 殉道就是殉人,即宁死也不屈从于强权,反之苟活者则选择了不是人的生活,一种既愚蠢又幼稚的骄傲。智力不能向鞭子屈服,这就是人的尊严。

要做一个耐人寻味的人,就像一坛老酒,滋味一言难尽;就像一部天才之作,每次阅读都能品出新鲜意思,这很困难,就像女人那样诡异:虽然她的眼泪来得快去得也快,但是她的感受来得慢去得也慢。所以我说,虽然叔本华和尼采"瞧不起"女人,却正是这两个人的思想,开创了哲学的女人时代。因此我断言,这两人虽然智慧,却自己也不清楚自己到底说了些什么。男人和女人谁更专注呢?不要如此一般地提出问题,而要看所专注事物的性质。既然利科可以转引一句"活的隐喻"——"时间像一个乞丐"——作为学术著作的一部分,我也可以说"时间像一个女人"并且不把这句话当成一句诗,因为它实事求是、恰到好处,不解释、就是不解释。我就不相信学术著作非得由解释性的句子所构成,就像小说不可能只有一种写法一样。女人和乞丐决不相似,时间只能不知不觉地沉浸其中而不可以说时间是什么,时间绝对不只是事件在其中发生的空壳子,因为事件是时间的变形形态,所以时间是有趣的、时间是令人悲伤的,随你怎么说……我们可以任意的方式度过一生,消磨时间是被动的,利用时间则是主动的,所以选择,也可以被归属于时间哲学问题。凡天才之作,没有不涉及时间的,例如圣经、还有天文学,这里什么都可能发生,它如此

---

① Arthur Schopenhauer, *The Essays of Arthur Schopenhauer*,[德]叔本华著,[德]桑德斯译,世界图书出版公司2011年版,第57页。

深奥，令我们敬畏。

经常听人说，哲学反映时代精神——这话容易产生误导，例如事实上，叔本华和尼采都被自己所处的时代不理不睬，因为俩人的思想与当时的"时代精神"不符。广而言之，念头越是符合当下实际事件，就越是短命。能长寿的，都是由眼前事件漂浮起来进而浮想联翩的句子，这些句子的意思，似乎与当下所发生的事情已经没有关系了。换句话说，这些句子由于适合一切相似的场景，进而超越了时空，我把这叫作"不是一种语言"，例如"床前明月光，疑是地上霜。举头望明月，低头思故乡。""不是一种语言"就是天才作品的灵感之源、是其方法论上的奥秘，就是由感官所感觉到的，滋生出一连串似乎与直接所感无关的东西，有点像无中生有，此时此刻，误读不仅不是错误，而且是成功的必要条件，就像毕加索说的，他读爱因斯坦的书，什么都没读懂，但是不要紧，他懂了很多其他的东西（即有了很多倘若爱因斯坦知道了也会感到目瞪口呆的新想法）。换句话说，在哲学—艺术家眼里，没有任何事情是绝对消极的、没有用的，它们一概是生命的一部分（包括死亡）。因此，即使我明明知道叔本华是一个"悲观哲学家"，但我硬是将他理解为"乐天派"。"不是一种语言"还是这样的情形，就像蒙娜丽莎的微笑，无论从哪个角度欣赏她，都会觉得她是在冲着自己微笑。也就是说，它是一种抽象的感性。这也揭示了为什么天才倾向于精神孤独，因为交往（社会生活）会使一个人不得不委屈自己的意愿而去顺应别人，一个人获得了合群的快乐，会下意识地（因为没有空闲时间）压缩自己没有实际用处的胡思乱想，于是长期习惯于如此群体生活之人，就画不出或写不出"蒙娜丽莎的微笑"了，或者做只能在交往中思考的狄德罗，或者做只能在体验孤独中思考与写作的卢梭。

确实是感情，但却是抽象的，这就像是没有对象的冲动，只是冲动。因此，也可以说，抽象的感情，才是回到了感情本身的感情，它是只有人类才具备的高贵本能。动物才只是被眼前所发生的事情所累所困扰。抽象的感情，也可以叫"近而远"，就像李白那首"静夜思"，它不是与人交谈的气氛，只能是孤独的精神产物。

孤独的精神产物，很难被拍成电影，因为电影的主角是人之间发生的故事。若是只有一个人及其玄想，这画面效果既枯燥又晦涩，它距离现实生活本身太远了。但是否能有某种折中的办法呢？这是高难度的折中，它得主要通过画面暗示思想，而不仅是暗示感情。思想与感情的区别，在于思想是抽象的（远的），感情是具体的（近的），例如阅兵式暗示的思想多于感情，异化现象（这是思想）也可以暗示出来，例如用田园风光对比这样的画面：一个人整天被程序化的劳作所占据，使自己不再像一个自然人，而只是一个被利用、以实现某种身外目的的工具。但是，要把暗示与说教区别开，区别的界限，在于说教之所以是"说教"，是因为说教＝说谎，如果一个人在公开演讲中所说的话自己都不相信，就不会有感人的效果。如果非常真诚，即使是罪恶，也有震撼的效果，它是赤裸裸的一时说不清楚的思想，但在性质上仍旧是引人思考多于情绪，例如一个死刑犯在被枪毙之前，刽子手令其脱掉身上的大衣，这个几秒钟后就不在人世的人，找了周围一块干净的地方，放置自己的大衣——这画面非常严肃，毫不做作，没有丝毫娱乐成分，但是却引人入胜，每个人都会不由自主地联想到自己的临终时刻会发生什么，这个效果就超越了时空，具有永恒性。这个维度，是当代中国电影缺乏的——我们太想通过台词叙事甚至讲道理，但是电影的优势，恰恰就是用画面弥补语言的不足，画面为主，语言为辅，如果颠倒这种主次关系，就不是电影艺术了。言简也好，言繁也好，都不重要，真正重要的，是意味深长。就是超越字面和画面的元素，这些元素如果以感官为标准，那就是虚无，但这虚无令人震惊、深刻甚至有趣味。以艺术的方式思考与生活，就是从感官内容中唤起这些超越感官内容之外的精神气氛，就艺术内容而论，这与题材无关；就日常生活而论，它与周围环境无关，因为完全是性灵和悟性在起作用。换句话，重要的其实并不是人在经历什么，而是人从经历中正在想到什么，一个人念头的品质和素质决定这个人的本质，而不是他与别人的关系处理得好不好。

　　人类富有创造力的精神成就，一开始都来自 obscurity，也就是朦胧、费解、晦涩、混沌。思考，应该从无从思考的地方开始，也就是极限、似乎不可能、好像进入了无人区。当然，这不是说横空出世、毫无缘由，其中最大的可能性，来自相似性的联想，正是在"什么"与"什么"相似这个最为关键的地方，个人展露了与众不同的才华。平庸的人只是看到"近"的相似性，例如只对家人朋友感到亲切。有才华的人是能感受"远"的相似性的人，这是冒险的相似性，例如对陌生的人或事情的浓厚兴趣。开发陌生的相似性，就得超越具体的感官内容，它把思绪引向某种抽象的想象力。这里所谓"抽象"，就是说本来已经到了"想"的可能性之极限，似乎无力继续想下去了，于是遭遇了 obscurity。普通人之所以难以对 obscurity 有兴趣，是因为它初看起来，几乎毫无用处。因此，实用虽然也可以成为一种"主义"进而成为某种理论，就像实证一样，但天才的哲学—艺术家对于"用处"与"实证"的含义，显然有不同的看法。所以，问题的关键并不在于词语（或者概念）本身而在于感受本身，词语不过是我们给某种强烈感受起的名字（符号形式）。换句话说，要警惕任何一种将某种形式自身普遍化的企图，因为它总是试图确立某种"应当"，即使是正确的"应当"，一旦被凝固化，也会导致教条，结果就是肤浅与无趣。

为什么呢？因为形式总与规则如影相随（这当然是必要的），它的代价，就是牺牲个别性。天才总是在突破现有形式之后，才崭露头角的（天才创造形式）："一个人就像是自己的作品，他只是自己个性的展示。"[①] 只有独自的风格，才可以称其是作品。如果这个人和平庸的"别人"一样（平庸的人是生活环境的一个产品，就像车床的产品），他就不是自己的作品，因为没有独有的风格，在价值上就无足轻重了。这就像有的人逝世确实是人类的巨大损失，有的人的死亡，只是他自己个人的事情而已。

一个人是自己的作品，所以他首先在乎的，是自己的感受，而不要模仿别人，在支持和反对什么等问题上，决不能别人举手我也举手。你之所以举手，只能来自你自己的感受。一个人活着要成为自己的作品，而不要类似一部机器上随时可以被换掉的螺丝钉（型号一样，新旧不同而已）。如果一个人的一生就像这样的螺丝钉，那么就像叔本华说的："他们绝对不知道活着的价值，他们有眼睛却只能看到物理的世界，却看不到性灵的世界，因为他们没有后一个世界。"[②]

自己的作品，暗含着高度自信，自己活着的价值并不在于别人承认与

---

① Arthur Schopenhauer, *The Essays of Arthur Schopenhauer*，[德]叔本华著，[德]桑德斯译，世界图书出版公司2011年版，第67页。

② 同上书，第68页。

否。如果"螺丝钉"太多,即使天才也要被埋没,因为天才永远是在对牛弹琴,不会有知音。如果每个人都是自己的作品,那么作品之间就会相互欣赏、借鉴、评论,天才就不怕别人不识,就会在自由竞争过程中脱颖而出。

这里并不是一概否认名声,但是要区别被强加的名声与值得的名声,将这里的"名声"换成"价值",亦同样有效。如何检验呢?时间,时间是最公正的,它将检验一切。目光短浅和心胸狭窄的人,就像叔本华说的:"一种可悲的生存状态,就是自己的价值或者需要,有赖于他人所想之事……每个人的生存,根基都应该源于他自己,在自身之中以活出自身为目的,其自身之所是的全部举止,都有别于他人……(对于他来说)别人的生存状态及其观念只是第二位的……"① 一个人可以对别人说,我的快乐只能独享,你绝不会知道,别人也可以回应说,我的苦恼只有自己独自承受,你没法理解。换句话说,人与人之间,最不明智的态度,就是相互攀比。毫无疑问,这类攀比只能是外在的(因为那些个人独自拥有的东西没法相比):"关于这一点,霍布斯有极其深刻的见解,他认为当一个人和别人比较时,就会不由自主地想到自己,于是就会有精神上的愉悦或者痛苦。"② 换句话说,由于人是愚蠢的群居动物(人在与人接触时,不是变得更有智慧,而是由于不得不顺从,从而变得更愚蠢),人们的快乐或者痛苦总是在和他人比较之后才获得的。如果每天不做如此下意识的比较,人们往往会觉得空虚无聊、无事可做,就像人们聊天时总是贬低某个不在场的别人,以收获自己的自信(事实上,这是一种变相的自卑)。其实,真正自信的人,并不需要从别人的无能中收获自信,自信的人总是首先看到别人的长处。喜欢和别人比较,与喜欢被别人谈论,在性质上是一样的。它源自人类天生的虚荣心,即使一个真正的英雄,似乎也要从别人的赞扬声中收取最大的快乐。由此观之,一个能独享精神孤独的人(陶然自得),内心比一个英雄更为强大。

一个自信的人欣赏自己的能力,即使无人喝彩。只要有真才实学,名

---

① Arthur Schopenhauer, *The Essays of Arthur Schopenhauer*,[德]叔本华著,[德]桑德斯译,世界图书出版公司2011年版,第70—71页。

② 同上书,第71页。

气是迟早的事，但它只是个副产品，有或没有这个副产品，我首先是自我欣赏（这个自信与虚荣无关，因为虚荣是渴望来自别人的喝彩）。欣赏自己哪方面呢？欣赏自己最有天赋的方面，如果有人此刻对我说，"我不知道自己的天赋在哪里"，那我只能说："你很可悲。"如果我这里的思考跳跃一下，那么读不懂哲学经典著作，就是非常正常的，那些反复读的人不懂得这样的道理，它是别人的天赋，我不可能融进去变成作者，因此我并不建议精读，只读懂其大致思路就可以了。你越是用功注释，就越是丧失了只属于自己的天赋。天才永远对自己说，别人的天赋是别人的事，对我来说是次要的。像梵高这样的天才，他到死其作品也没获得社会承认。梵高自信地对自己说："这是社会的损失而非我的损失，看到他人如此愚蠢，没有能力欣赏我的作品，我感到很快乐！"（这是小说笔法）。这快乐来自将自我的智慧才华与别人的愚昧无知相对比，这个原理是：一种高层次的文化有能力欣赏（懂得）低层次的文化，但是反过来绝对不可能，一个低能儿绝对理解不了一个天才。

天才所具有的不是通常所谓"擅长"（普通天赋），天才具有这样的天赋：他是一种崭新思想的开创者，他只是开创（海德格尔所谓"无路之路"或"思之路"），他不研究，他本人被后人（永远地）研究。一个天才永远不要以获得社会承认作为人生目的，被承认只是偶然的、是才华的一个副产品。只要想通了这一点，排山倒海般的快乐就会不请自到。名声虽然有用，但是对于笃信形而上学的智者来说，名声的最大用处，在于与别人共享自己的虚荣，可以姑且将此虚荣当成暂时的娱乐，就像西装革履去照相馆拍个肖像，但那场合要被人摆弄姿势，所以还是独自在家穿着背心短裤挥汗如雨（当然是在炎热的夏天）写出舒心的句子，才是发自天性的、独享的快乐。在这个意义上，梵高的一生决不悲惨，因为他已经大大享受过如此性质的快乐了。

死后才渐渐获得的好名声比活着时的名声更真实，因为它通常不再是"溜须拍马"的结果，它经受住了时间的检验。当然，梵高是不会知道自己的名声了，但如上所述，他非但不悲惨，反而很快乐。虚荣心是非常可笑的，就像自己明明深切感受到某种刻骨铭心的快感却非得等到别人告诉你这是快感，你才敢于承认它的性质，这种愚笨简直可笑之至。

会心的快乐，就是说它得触及灵魂。有的人确实没有灵魂而只有能力消费感官享受，灵魂是从感官感受升华出来的精神（一种自我超越）。我说某些人没有灵魂，是指没有这种升华的能力。只有有能力创造并拥有精神财富的人，才会享有永久的幸福，它是一种别人永远抢夺不去的幸福能力。这种能力可以使一个人用自己的一生，将自己创造成一部独具风格的艺术作品，这作品打动人的灵魂（它是由一个风格独特的灵魂写成的，尼采说是用个人的鲜血写的），而不仅仅是触及感官。

创造性的思想，就是以新的方式，把某些事实组合在一起，这些事实可以种类不同、可以来自不同的领域，它们越是来自日常生活，越是容易被人接受。人们会感到亲切，因为这些生活细节无一不是人们所熟悉的和知道的。人们会感到惊讶，因为人们虽然熟悉这些生活细节，却从没有以如此这般的方式跳跃式地将它们连接起来，原来的熟悉的日常生活，一下子具有了人们不曾想过的面孔。这很像是高明的服装设计师或者电影导演，知道如何剪裁布料或者画面，这里叫设计或者导演，哲学和艺术领域也叫它想象——某些被创造出来的、令人不安的精神诱惑，从平淡之中生生创造出事件，就是人的身心，还可以装扮成那样、那样行为与思考。它们是困难的，人们屏住呼吸张大了惊讶的嘴巴，看见眼前正在发生着的一切。

上述创造性的思想，沟通不同领域里的事实，消解事物之间的原有界限或者叫"解构"。它要求作者有发散式的博学头脑，思想之路朝着四面八方，并没有事先的问题与立场，一切思想都是当下正在如此发生着的（把我们的大脑与心情，以如此这般或那般的想象方式，连接在一起）某种场景而且在随时变化，这就是所谓的绵延。重大的题材？细琐的小心思都是重大的，只要它没往惯常的方向跑。重复？对于同样的就要在不远的将来即将发生的事情，再想一次，就可能是昨天忧，今天喜。因此，重要的不是正在发生什么，而是对正在发生和将要发生的事情，我们想到了什么。

第四章 新第欧根尼

一 缘 起

源自古希腊的第欧根尼学派，首先是一种道德学说，它强调"我自己"，在这个基础上安排我与他人、我与社会生活之间的关系。它抗拒融入社会，在人与人之间关系上，有自己独到的看法。这些看法，可以叫"劝慰""道德箴言"，也可以用现代表达方式，它起着"哲学治疗师"的作用，可以说是最早的心理疗法。这里所谓"疗法"，指它独自形成一套类似心理咨询式的理论，叔本华的生活智慧，有第欧根尼学派的深深印记，所以我称他是新第欧根尼。

当代法国哲学家德勒兹说，哲学就是创造概念。他心目中的典范可能是柏拉图和康德的著作。但是，从古希腊哲学到近代启蒙运动之前，用另一些说法表达类似的意思，像格言警句，其表达方式也并非后来学院哲学的术语和逻辑分析的方式，古代人言简意赅，其文也似散文，娓娓道来，文思灵动，随手拈来，好像是亲切地与人交谈，又像是首先与自己谈心。在第欧根尼那里，理论从来就不可能脱离实际，其日常行为，就是其理论本身，因此后人总是以逸闻趣事的方式描述（而不是论述）第欧根尼学派的"理论"。换句话说，哲学就是生活方式，其人与其文完全是一回事。当然，这里有智慧，他们想好了，生命就值得以如此的方式度过。它的年代早于基督教，是更古老的道德信仰。

叔本华也提到第欧根尼学派的"规则"（rules），但它并不具有后来"法则"或"形式"的含义，我宁可说它类似"座右铭"之类，但如果狭隘地说它是励志的、劝人积极进步的，可能在理解上就导致庸俗化了。总之，在这里，还没有后来学科的划分，一切后来独立出来的学科，都还是混沌地搅在一起。与其说"座右铭"教人们要怎么想，不如说是教人们怎么去做，指行为举止方面，与人们的日常生活息息相关。

叔本华认为，最有生活智慧的人，首先想的不是如何去获取快乐，而是解脱痛苦。他这话含义丰富，颇有哲理。它认定从根本而言，世俗愿望难以实现或根本不可能实现，但人的一个顽固天性，就是总盼望着不可能实现的事情（例如，想不老、不死，或者后悔：如果当时我不那样选择或者做事，该多好），这种自寻烦恼的天性伴随人的一生，极少有人能在这顽固的天性上实现自我超越。这自我超越，用叔本华的话，就是解脱痛苦，心灵没有烦恼，快乐自然而然就会到来。但是，这里暗含着悖谬，那就是人活着不可能不做事情，做事是由于有愿望或者意志，但愿望总是落空。如果不做事情或无所事事，巨大的空虚无聊感就会不请自到，那还不如去外面瞎折腾呢。

我们都知道人们热衷于日常生活里的"瞎折腾"，但很少有人思考其中的哲理，帕斯卡尔在《思想录》里说，它来自人只有在群体活动中才获得快乐的本能，他称之为"消遣"："消遣——当我有时候潜心思索人类各种不同的举动，他们在朝廷上，在战争中面临的种种危险与痛苦，以及由此产生的无数纷争，热情、大胆而又往往是可怕的举动等，我就发现人的一切不幸都来源于唯一的一件事，那就是不懂得安安静静地待在屋里。一个有足够的财富可以好好过日子的人，如果懂得快快乐乐地待在家里，他就不会离家出海或者去围攻一座要塞。他们之所以会买下一个如此昂贵的军职，就算因为他们觉得足不出城是件难以忍受的事情；他们之所以去寻求交际和消遣，就在于他们无法快乐地待在自己家里。"① 我从中读出，能享受孤独的人，就能实现自我超越，也就在最大程度上摆脱了痛苦、摆脱了自寻烦恼的天性，这正是叔本华所赞赏的生活智慧，其道德观的源头，亦可追溯到第欧根尼学派。

很深奥的哲理：孤独（主要以独处的方式）是快乐的还是令人悲伤的？思想者最不害怕孤独，人们总想凑在一起，其实并非在一起时果真有什么幸福而言，而是想转移自己的注意力，是在逃避思想，使自己处于不独自思考的状态。为此，人们不惜去外面表面忙乱其实却"无所事事"、

---

① ［法］布莱兹·帕斯卡尔著：《思想录》，钱培鑫译，译林出版社2010年版，第50页。

一事无成。事实上，人在一起时充满着钩心斗角，不如意事十之八九，但人们就是在幻觉里觉得自己已经获得了忙乱的享受，却从来不会认真思索享受本身到底是怎么回事，因为这种思索本质上是独自思考（独处）的结果，是超越自我（自我去外面忙乱消遣的天性）之结果。换句话说，孤独能使人变成神（尼采说是"超人"），它并不否定消遣但是却改造了消遣的本性，孤独之中的消遣是最纯粹的精神消遣。但是，这里还是有悖谬：既然做一个彻底的隐士几乎是不可能的，甚至是痛苦的（因为人毕竟不是神、人在最厌恶人的时候，还是需要人，需要人之间的感情寄托），那么，对痛苦的超越就不是否定意义上的（不是否定与他人在一起，"在一起"所带来的不仅是痛苦，还有快乐），而是意味着升华，即对痛苦的看法发生了快乐的改变（身体会生病衰老，这已经是痛苦），这就是哲学治疗的疗效。关于哲学治疗的第一句话，来自苏格拉底：哲学就是练习死亡。转译成现代文，就是学会如何度过一生，因为死就像出生一样，超出了个人控制的能力，但是如何活，或者生活方式，人可以自主选择。因此，哲学治疗与人的自由选择本能，关系密切。

独享孤独或者超越自我的能力，一个最为明显的好处，就是能保持持久的内心宁静与快乐，这是那些整天在外面忙乱的人最羡慕的，其原因在于前者拥有更多的不受限制的个人选择的自由，后者则不得不与他人妥协或有更多不得不做的事情（"不得不"即原本并不愿意做）。也许有人会和我抬杠说，既然有独享孤独的能力，那就去监狱里好了。这倒是一个颇有启发的情景。其实，监狱并非狭隘的，福柯曾经说，看见学校的大门就联想起监狱的大门。如果生活环境就像是一座没有围墙的大监狱，那么，善于独享孤独者，是精神上最强大、对精神崩溃最有免疫力的人。换句话说，"监狱"限制的只是人身的自由，但是却限制不了人内心的想法，这就像美国电影《肖申克的救赎》里的情形，或者现实生活中的南非黑人领袖曼德拉，监狱成就了一个人内心的伟大，它是活生生的灵魂磨炼与升华的真实历史，它揭示人最伟大之处，是孤独中的自由意志之伟大（人之伟大不仅在于与他人比较而显现其伟大，更在于从其单个人自身精神之强大而展现其伟大），甚至就人之为人的本质而言（人是由单个个体组成的，人永远是独自承受，共享是暂时的），这种伟大超过了建功立业的拿破仑。

叔本华给出的解决方案，是回避，而不是享受在与人争斗过程中获胜的快乐，这有点消极。如果生活中的悲伤是真实的而且无法避免，那就应该迎着它上，而不是逃避。质言之，就像爱一个人（爱生活本身）就得懂得与这个人必然会有的冲突一样，爱本身既是幸福又是痛苦，爱一个人或与别人的友谊，就是漂浮起来与之交往。漂浮是这样的可能性：它搁置冲突。但是，回避对于个人也有积极的一面，即烦恼少的结果就是心情宁静，增加了快乐的可能性。总之，哲学治疗是教人如何在无法容忍的情形下去"容忍"但又没有受奴役，只有在心情遭遇两难的情形下，哲学治疗才能派上用场。例如，对于生活本身就不能说或者快乐或者痛苦，既然痛苦与快乐是搅在一起的，那就只能在克服痛苦中获得快乐，就像攀越悬崖峭壁。小小而眼前的例子，我写作一天腰酸背疼但收获了"感觉写得不错"的快乐。我必须劳动，而不能只要纯粹的快乐而不要腰酸背疼，即身体的疼痛甚至是快乐的一部分，萨德就曾经详细描述过类似的情景。

"痛苦"就像"荒诞"一样，它们处于日常用语与哲学概念之间，既不具体也不抽象，而是处于两者之间模模糊糊。视角不同的人一读到它们，就以为已经知道了它们的含义，结果就发生了不必要的争论。我说"不必要"是因为它们不像"北京是中国的首都"那种指称明确的判断，而是隐喻别的意思，从而得与一段描述连接起来，才会有所明朗，我认为它们是处于日常用语与哲学概念之间的表达，可以叫诗意表达，它们比哲学概念生动，又属于日常语言中的抽象感受，有点像言不尽意的表达，来自本来不能表达却硬去表达，它的诗意在于它不像"北京是中国的首都"那样真实，但是与哲学概念比较，它更是人内心感受中的真实。这也破解了"孤独"本身就是荒诞的（"荒诞"在此的含义是两难、自相矛盾），因为赤裸裸的孤独，就像注定要在孤岛上死去的鲁滨孙，人类语言对他已经毫无必要，因为没有交流的机会。孤独得以成立的前提，是有语言却没有真实的交流，因此它不仅指个人处于独处的状态（这不是完全没有交流，内心独白已经是自我交流），也指虽然在与人交流但处于彼此互不理解状态，就像闹市中的孤独一样。因此，鲁滨孙是彻底孤独的，他有内心独白的能力，却由于身处物的世界，无处可说。

"厌倦"（boredom）也属于"痛苦"与"荒诞"家族，适用上述描写，叔本华使用了这个不是哲学概念的"哲学概念"，消解了思辨哲学的边界，他是关于人的生存哲学的奠基人，但也不是横空出世，古希腊哲学中有其来源。我不同意叔本华之处，在于他认为痛苦（包括厌倦）与快乐势不两立，我却觉得它们彼此相互包含，甚至彼此以毒攻毒，就像知晓了必死就抓紧快活地活着。快活时随时都会滋生知道自己必死的念头，这是快活中的心理事实、无法回避，那么你说，哪里会有纯粹的快活呢？不会有的，这是心理危机的关头，这个关头需要哲学治疗。

怎么治疗呢？首先要有将心思飘起来的能力（升华），烦心之刻取其静，超越自我，做自己的旁观者，自己的风景就是自己，它是一种真实的虚幻力，若能将其延长，内心的焦躁就会平缓，就像卢梭惬意地看着身上流出的血，仿佛那不是自己的血。这是本性孤独的天才自述，天性好交往者如狄德罗，虽有才气，却难以滋生如此的念头，因此这话与才气本身无关。这话含有的诗意是鲜血凝聚的，它像血一样自己流出来，与是否有写诗的才华无关。天才的诗人，自己并不知道自己是诗人。

灵魂之所以比感官复杂，在于灵魂是以走神的方式专注，以至于专注与走神其实是一回事，柏格森称之为绵延、德勒兹称之为反俄狄浦斯情结、"精神分裂"，就像有效治疗厌倦情绪的办法，是身处厌倦的环境时想着快活的情景，仿佛那厌倦就是快活的物质道具。叔本华不能如此想问题，在于他太拘泥于形而上学的二分法了，例如现象世界与自在之物世界的区分。世界上的事情或者事件从来不是界限分明的，不是一件事情结束后再发生另一件事，而是同时发生不同的事情，人在某时刻只能取其一件而舍弃其他，但只是在物理世界是这样。人的精神世界速度快，完全可以同时发生"南辕北辙"的荒谬念头，这是一种积极的焦虑。在"圆的正方形"时刻，在 obscurity 时刻，灵魂在自我绞杀中超越自己，实现了自我救赎。叔本华一句话用这里恰到好处，即使他自己也不清楚他写出了多么深刻的哲理（这就是思想天才）："它完全颠倒了自然秩序，试图将悲惨的处境转化为惬意的乐园……"[①] 省略了后半句，是由于他认为这惬意的前提是真的能逃避痛苦，我的立场是正视而不逃避痛苦，就像卢梭说

[①] Arthur Schopenhauer, *The Essays of Arthur Schopenhauer*, ［德］叔本华著，［德］桑德斯译，世界图书出版公司2011年版，第79页。附带说，尼采也曾经有过类似说法，他称赞法兰西民族往往能从最为悲惨的时刻升华出富有创造性的思想。

的，流血本身就已经意味着惬意。我这里和叔本华的心思就只有毫厘之差，却是本质之差。

"不受打扰，就像我在自己的代表作（指《作为意志与表象的世界》——引注）中指出的，这就是犬儒派哲学家的基本思想。"① 这派哲学家的代表人物第欧根尼住在木桶里，就象征着不受打扰，自成一体——哲学家是孤独的而且享受之，它不仅是理论而且是生活方式本身。哲学家当然要讨论人与人的关系问题，但这讨论并不是哲学家深入生活与社会的结果，哲学家不过是在孤独地想象人与人之间应该有怎样的关系，我相信卢梭正是在如此状态下写出了《社会契约论》。当然，这也不意味着第欧根尼与卢梭没有与别人打交道的经验，但是这些经验与他们的想象力相比，是次要的因素。

犬儒学派是一种返回自我的道德，它不瞄准社会生活，这固然是它的天然缺陷，但所谓创造性的思想，无非在一个方向上走极端而已。第欧根尼以逃避他人侵扰的方式获取快乐，是近代以来某种类型的知识分子之雏形。中国古话叫"独善其身"。

但是，叔本华的道德观，并非"独善其身"所能概括的，要比这4个字复杂得多。俗话说，人无远虑，必有近忧。如果对这个被认为是富有哲理的警句过分解读，却会导致更令人担忧的情景，因为实在说来，人们的"近忧"要比"远虑"更为迫切、真实、确定，而"远虑"却只是人们根据目前已经有的知识对于将来要发生的事情的某种设计或者打算，它含有极大的不确定性。人们不是怀念过去，就是盼望未来，唯独对于最为真实的现在，却交了白卷。过去了的，已经不再存在。将来的，还不曾存在。活在现在，活好现在，就是最为真实的生活，我们只是真实地活在当下瞬间。瞬间，这是最为真实的、不是幻念的"东西"。由于时间永远在绵延，"现在"会成为过去即变形为记忆——如果它是值得的，就是美好的怀念；如果它是不值得的，就被称为后悔，但是已经无法更改，时间不能倒流。如果当下、现在、瞬间活得精彩，将来回想起来，就会为自己感到自豪，但是将来对自己曾经的生活能否有自豪感，还是取决于现在。叔

---

① Arthur Schopenhauer, *The Essays of Arthur Schopenhauer*, ［德］叔本华著，［德］桑德斯译，世界图书出版公司2011年版，第80页。

本华道德观的一个精彩之处,在于告诫人们当下的生活质量,才是人生最重要的,它是真正的生活内容本身,它不得不是创造性的生活,即有别于过去与将来的"差异"——由于瞬间转瞬即逝、瞬间与瞬间之间是性质的差别,而不是数量的差别(不是钟表指针移动的一个空格),这就对于人以何种方式选择当下的生活,提出了极高的要求。它很像是在极短时间内下意识的身心活动质量。这个质量之所以在性质上是创造性的,并不取决于人是否平庸,而首先是学理上的,即实际上当下与过去处于一种"没有割裂的断裂"关系,而将来也极为可能是当下的某种转折,换句话说,这里根本就不存在直线。

我之所以说叔本华开创了哲学的"女人时代"是以此隐喻生活的真实内容就是"破涕为笑",情绪改变的无常性是真实的,但传统道德习惯却无视甚至鄙视这样的真实,它使人们长久地为过去某一瞬间的错误选择而内疚甚至痛苦,牺牲了当下的大好时光与年华。叔本华告诫人们,要为现在而活着(我们只能拥有现在),不为过去,也不为将来:"唯一值得的就是现有的。"[①] 当然,这个说法需要补充,它是一种抽象的说法,"现有的"千姿百态,而不是唯一的。虽然世界上同时发生着千姿百态的事情,但在某个瞬间,人只能选择拥有一件事情,因此这个说法还暗含着自由选择的重要性。

以上我提到几个汉语成语或俗语,它们同时具有积极与消极双重效果。它们的缺陷,在于人们接受它们现成的、所暗示的意思,这使得人们不能以批评的态度从反方向分析其积极的可能性,从而难以升华到哲学的高度。

将来比过去重要得多,因为过去已经存在,将来有待存在,所以生活就是创造,它取决于我们的自由选择。虽然将来重要并且令我们憧憬,但最好的生活态度是:将来与现在融为一体,而且奠基在现在。这里不要区分先后,当我们说有盼头,意思是它与当下正在做的其实是一回事,而不是说将来会有个现成的好东西在那里等着我们拥抱它。瞬间的空间化=当下的举止活动。

[①] Arthur Schopenhauer, *The Essays of Arthur Schopenhauer*, [德] 叔本华著, [德] 桑德斯译, 世界图书出版公司 2011 年版, 第 81 页。

怎么去过一种富有创造性的生活呢？必须把独立思考与积极寻找结合起来，即身心一体的活动，它不是日复一日的重复，重复只表现在生活形式，生活内容不同是因为我们有能力发现千姿百态的"金子"："快乐就像澳大利亚地下埋藏着的金矿，藏在这儿或那儿，发现的机遇是任意的，毫无规律可循。"① 换句话说，瞬间不但与自由选择有关，而且与任意的偶然性（遭遇，它是"运气"的实际内容，是反命定论的）有关，道德观讨论到此，叔本华已经进入"非理性领域"，越过了康德哲学的边界线。还有与快乐异曲同工之妙的，它把快乐与智慧连接一起（不是平庸的快乐）："智慧是另一个不请自到的宾客，它就隐藏在某个地方。"② 智慧与快乐一样，虽然经常隐身，但也不时闪烁，它们使我们深信：生活是值得过的，这不是说我们无所作为等着运气降临，而是永远有抓住机遇的可能性，只要坚持、有韧劲，这是真的。

启发是一连串的，瞬间与偶然是人所害怕的，因为人们在可预知的情形下，才感到安心。但是，安心虽然舒服，却没有了惊讶。瞬间、偶然、任意性之所以重要，还有一个秘密所在，我现在可以挖掘出来，那就是它们都直接指向纯粹个体性、个别性、独一无二，不能归纳为一般性的纯粹个别性。从语言角度，这是一种很荒诞的情形，因为词语本身，就是"一般"。所谓创造性的理解力，其实是从具有一般本性的词语中联想起个别的情景，比如"荒诞"一词，就是一个"一般"或者感性的概念，人们在这个词语上的争论并不会有标准答案，它的实际效果在于，不同的人从自身出发，会想到某个别情形或情节是自己心目中的荒诞性。学究们只是停留在思想的表面，即想在"正确的解释"上达成一致，天才的思想家却只想到当下活生生的、正在发生着的个别情景。换句话说，才华是在无意识中发挥作用的，而无意识一旦创造出新概念，就相当于性爱达到了高潮，"衰落"就开始了，因为才华已经发挥到淋漓尽致，事情结束了："有意识的理性起否定（即创造概念、命名，它割裂了绵延的过程——引注）作用、批判作用，它控制、纠正、衡量、比较、组合、调

---

① Arthur Schopenhauer, *The Essays of Arthur Schopenhauer*, [德] 叔本华著, [德] 桑德斯译, 世界图书出版公司 2011 年版, 第 82 页。
② 同上书, 第 83 页。

整和理顺一般与个别的关系，从个别中得出一般，使个别情况成为一般规则，但是它永远不能富有成效地起作用，不能有所发明。在这方面，人完全取决于无意识的东西，如果他失去了无意识的东西，那他就失去了自己生活的源泉，没有生活源泉，他就将在一般与个别的枯燥模式中过着郁郁寡欢的痛苦生活。"①

不要轻视偶然性，偶然性是真正的幸福之源："偶然性总是一种幸福。"② 何以见得？"我们的生活就像是一次冒险的旅行，是从不同视角看到的风景，乍看的模样若等我们近处观察，就改变了。这正是我们所希望发生的事情，我们经常发现某些别的、比我们原本想要寻找的更好的东西。我们在不同的路上寻找和发现，而这些路不同于那些曾令我们毫无收获的路。"③ 什么是偶然性？偶然，就是瞬间发生的事情。这些事情之所以不是一般的或重复的，全在于"偶然"等同于视角的转换（即使是看同一道风景），即发现某些别的。这转换、这些别的，就属于体验的细节了，这些描述既是时间的也是空间的，更是心理的，发生在我们内心世界——遭遇意外之喜，但不是天上掉下来的，而要有时时敏感的内心，女人的哲学是易感的哲学，是建立在敏感精神之上的悟性或者洞察力。自然世界中的偶然事件，是难以预料的，但我这里强调的"征兆"指的是物理—心理世界中细微的改变。例如，象形文字就是一种"征兆文字"，它以征兆的方式隐约而模糊地表达意思，其中有"抽象的感性图画"，它们是机巧的心灵凭空创造出来的，没有一定之规，有各种各样的例外（意外），就像同一个汉字有着好几种写法。

叔本华发展了伊壁鸠鲁的道德观，与其积极追求幸福，不如消极地避免烦恼。后者也许开放了这样一种态度：在可信和可不信的模糊状态下，首先选择不相信。普遍的信誉与社会公德有关。如果人与人之间只有外表的虚礼而内心互不信任，社会公德近乎崩溃，那么，人们就会选择彻底返

---

① 这段话出自信仰叔本华思想的哲学家艾·冯·哈特曼（1842—1906），转引自［俄］阿·古雷加，伊·安德烈耶娃著，冯申译：《他们发现了我——叔本华传》，人民出版社 2007 年版，第 351—352 页。

② Arthur Schopenhauer, *The Essays of Arthur Schopenhauer*, ［德］叔本华著，［德］桑德斯译，世界图书出版公司 2011 年版，第 83 页。

③ 同上书，第 84—85 页。

回自我（别人指望不上），很少有能交心的朋友，使得最真实而惬意的社会生活只局限在极小的私人小圈子之中。于是，道德面临着重建。这个过程是自发的、缓慢的，凡是人类社会曾经经历过的教训，还要在经历一次，就是说由于普遍的不信任感已经严重威胁到人类自身的幸福感时，人们如果不集体商议以切实有效的新的社会契约解决这个问题，那么社会多数人（统治阶级除外）会觉得趣味丧尽甚至生不如死。换句话说，没人愿意管别人的事情，除非到了危及自身生命安全的时刻。所以，这是一种被迫的自由，就像社会上被迫服从的现象一样。

上述的意思，就是让人们不必悲观：事情从来就不会朝向如人所愿的方向发展，而且既然这是人们的愿望，就像人们事先已经享受过了一样，其在幻觉中的实现也没有多大意思。换句话说，真正的幸福总是意料之外的，即事情实际上总是以这样的方式出现：我们的初衷原本这样，结果却发现了（发生了）那样的效果。无论是怎样的效果，它就是生活最为真实的内容，也就是生活细节的不可预知性，它是中性的，其具体的方向总是即刻发生、即兴发生。炼金术本想从铅或铜中提炼出金子，结果却推进了化学——错误的前提却获得了智慧的果实，它的成就并不归功于设想而归功于即兴的才华，也就是一些瞬间的情景才是精彩的，即发生了别的、生活在"别处"、经历一个新人或一个熟人的陌生之处。与其说新东西的性质是物理意义上的，不如说是心理感受上的。

二　我与自己的关系

没有纯粹的我自己，我就是我所经历的人与事情：我是书卷气的，因为我长期读书写作；我是粗糙与细腻的，因为我同时如同此类的事情；我容易想入非非，因为我总是通过具有象征意味的符号去"接触"实际事物。一个一味顺从别人意见的人，就缺少了知道自己到底想要什么的能力。如果他对自己说"怎么都行"，那就等于说他是全能的，由于这不实事求是，结果就丢掉了真正适合自己的。所以，害怕自主选择，等于放弃了自己的品位。换句话说，真正知道自己需要什么，这已经是一种能力。很多人的需要其实是别人创造出来的，做着自己不适合做的事情，但又不得不这样，于是就试着喜欢这不得不做的事情，这是一种消极的变异，它使一个人有虚假的幸福，即他或她之所以感到幸福，是因为他或她看到别人以为自己是幸福的。

我们的幸福，很简单，跟着感觉走，至于因果关系、根据之类，是我们事后强加在事情之上的。在事情发生的时刻，我们对将要发生什么，心里其实是没有绝对信心的。做起来再说，因此胆子大敢于尝试的人，更容易成功。尝试中有我们的品性、特有的能力。我们只是事情结束之后，才说自己是否做得恰当准确，而在事情发生的时刻，并没有如此的判断，当局者迷，我们只是事情的当事人而已。每天做事情时，我们凭的是可以比较准确认定的是否有兴趣、是否会有满足感，而不是难以判定的重要与否、正确与否，也就是说，距离较近的临时性才与我们的生活息息相关。灵感和天分通常只是即兴表现出来的——关键时刻，如果我们总能抓住它们，就等于延长了生命的价值。

总想着将来，收获的焦虑会多于喜悦，因为不确定的因素太多。想着当下，情形就不同了，因为它可以马上实现。为了不浪费生命，人们总是让自己的时间被可能实现的事情所占满。"我们绝不应该忘记，当下是唯一的真实和确定无疑的，而未来总是和我们的期待相反。而过去，也非常不同于我们曾经认为它所应当是的样子。"[①] 如果我们总不能获得我们所期待的东西，那么"愿望"究竟在生活里能起到什么积极作用呢？这首先要分析愿望与时间的关系，人不要被远距离的愿望所奴役。愿望越是当下的，就越难以称得上是愿望，因为这种愿望与实现是一回事，它就是一种临时的意志。这种开心，使人成为新人，它让期待落空，并且使之成为一种新的乐趣形式。它使我们对他人的评论变得十分困难，因为评论总是在下判断，而让期待落空，其实是对判断本身的否定。

人们会夸大眼前正在发生着的事情的意义，此刻的评论或者承诺，并不表示订立了某种契约，而只是揭示了人们的热情。根据在于，人们的注意力很快就会转移到别的方面，就像一条行驶在大海上的船，船所经过的后面的波浪很快就会归于沉寂，而只有船在经过时，海面上才是热闹的。

所以，在生活中，"只有""单独""这个"，总之唯一性的人或者

[①] Arthur Schopenhauer, *The Essays of Arthur Schopenhauer*, ［德］叔本华著，［德］桑德斯译，世界图书出版公司 2011 年版，第 87 页。

事情、事件，是真正值得我们去度过的时间，因为它绝不以同样面貌再发生一次。区别这些有差异的"它"，需要我们有绵延而细微的感受力。它会冲淡我们对过去曾经经历的事情的后悔情绪、以及对将来才可能发生事情的焦虑情绪，因为这是两种不必要的、自寻烦恼的情绪，它们极大地浪费了我们本来就极为有限的生命。我们肯定人生中充满了不确定性，但我们一定要紧紧抓住那些我们有能力抓住的、相对确定的事情。

  只要人类存在一天，世界上就充满了痛苦与不幸。由于每个人天性各异，永远存在我极度不喜欢的人，难道我会傻到把自己本来可以为人类奉献思想的宝贵时间去和那些我永远也说服不了的人争执吗？为了避免苦恼，我绝对不把时间浪费在无谓的事情上面，我把一切无聊的事情搁置起来，最为有效的办法，就是转移注意力，也就是冥想的能力，但绝对不是冥思苦想。卢梭从来不"苦想"，他讨厌那些极度思辨抽象的不带思想形象的范畴，他的冥想并不辛苦。冥想是我与自己的飘飘然的关系，它让我忘记了世俗的烦恼：它通常以"好像"的方式呈现在我眼前——我的生活就像骑着一辆单车长途旅行，到过很多地方，要经历很多十字路口，必须转弯，我不能不选择，但我没有多少时间选择。我决不为了争执而争执，当我遭遇明显愚蠢的言行时，我会冲动而这些愚蠢的言行却成就了我的灵感。我的意思是说，我批评它们与逃避它们其实是一回事。争执只是冥想的一个副产品，争执就是在十字路口向某个方向转弯的一个借口，而借口只要想找，总是找得到的。蓄意不赞同？是的，某个人非常雄辩，找不出任何理由反驳他，但我不喜欢他甚至可以说是厌恶，不为别的，只是由于他说得太好的，很是圆满，使我有种被奴役了的感觉，我不喜欢。有点缺点好，真理都是有缺点的，波普尔就曾说永远有理的东西都不是真理，因此不让别人说心里话的人是最穷凶极恶的；安徒生说皇帝知道自己的真相是光着屁股却让周围的人喝彩。皇帝和喝彩的人难受吗？决不！他们只是不自信的精神失败者，真正自卑的人就是公开场合嗓门最高的人，比如希特勒；真正没脑子的人就是那些对希特勒真诚鼓掌的人，也包括海德格尔？当然！在这一点上他非常令人厌恶，无论其咬文嚼字显得多么深奥，他和希特勒的真相都在于反犹，不让某种族的人有活着的权利，犹太人碍你什么事啦？不是每个天赋才华都是伟大的，天才若同时伟大，千万别去梦想影响别人的正常生活。王尔德说过，影响别人和受别人影响都是不道德的。

也就是说，人只是自己，活出自己就是最大的道德。人不是活在真空中，会影响别人和受别人的影响，但不必在意这些影响，更不必靠这些影响而活着，因为你在意什么，就会被你在意的事情所奴役——你依赖它。要区别共鸣与影响（或赞同），由于每个人天性不同，共鸣就像爱情一样，一样的感情，却是两种迥然有别的深有感触。影响的真正危害是丧失了自我，换句话说，两个人的关系再好，他仍旧是他，我仍旧是我。这与自私无关，俗称的"自私"有一种外部的标准，而"我仍旧是我"纯然是超越功利的精神个性。

只要我有生机勃勃的被自己的想法激动起来的能力，就能对来自外部世界的任何影响不动心，就能忍受那看似最难以忍受的，因为争执或说服别人要花费时间，而且不可能有真正的说服。也许有人真有能力改变世界，但这所需要的环境条件太多，他需要很多人的配合，但活出我自己所需要的不过是自己灵机一动的能力而已，它召之即来，根本就不需要他人配合——这才叫活得有道德，因为它不麻烦别人。我与我自己的关系，就是不求人。我可以说"你鼓舞了我"但我不说"我依赖你"或者"没有你，我可怎么活。"我宁可固执地相信不可能的事情："我只靠自己就能活得很好！"这种倔劲甚至在外表上彬彬有礼、与世无争，绝非匹夫之勇。每个人与别人相处的方式取决于其性格与品德，每个人都有这些方式的选择权，我要尊重之，没有资格妄加评论。我可以不喜欢，但态度要尊重，如此而已。

看穿事情之本质的能力，等于给自己节省了时间。所谓本质，没什么特别深奥的，本质就是看似不同的每天都发生的事情之中的相似性。发现了本质，就去发现乃至发明真正有差异的事情，即另一本质，这是困难而有趣的新事情。例如，都是冥想，但我厌烦再说什么生活就像骑单车旅行之类的话了，我现在想，生活就像一个掷骰子的游戏，灵感和生活中的巧遇，不就好像是骰子吗？痛苦使我不知道世界上还有很多我从来不曾享过的福，这给我以希望，但别将这希望圆满化，希望只意味着我得去遭遇，只要动起来就有希望，思考与感官行为配合起来就有希望，甚至从来不要说什么我很倒霉，要思考"倒霉"以至于爱怜它，因为它以其独特的方式训练我如何与之相处,并且从暂时的苦闷中受到启迪——去创作（做另一件事情）,以便摆脱。

一个人出生在哪儿？这叫命,只有挣脱了命的束缚,才可以被称为人。叔本华说得好:"我们往往比自己所认为的更加愚蠢。"[1] 公正地说,反过来也同样成立,一个人比外表看上去更有智慧。[2] 换成"我",我既智慧又愚蠢,两者都是真的,因此事情的真相是悖谬状态,但行为意味着骰子落地就选择成真,人们痛苦地干着使自己快乐的事情、叔本华"我们往往比自己所认为的更加愚蠢"之所以说得精彩在于它是一种有智慧的偏见,如同"一个人比外表看上去更有智慧"。既然自相矛盾的双方都是真实的,那么对任何一个人做的任何判断都不过是以偏概全,因此活得令别人失望是一种独享的乐趣。一句话说得有力量在于它是智慧的,但"它是智慧的"之标志,却在于它说得"不对"而只适合于某瞬间场合,离开此情此景,智慧的表达则需要另寻出路。在这个意义上,评论或解释他人的思想,永远赶不上写出自己独有的思想（不拘形式,形式上也可以是评论）。我活得令别人失望,是说我挣脱了命的束缚,这意思别人往往想不到,想不到我到底是怎么想的,想不到我竟然是这样的人。实在说来,我也不知道自己到底是怎样的人,因为还有明天。孟德斯鸠一大早起床就乐呵呵的,因为还活着,还有希望完成《论法的精神》。希望在于我还很有思想潜力,我能改变自己现有的思想,有能力创造别的思想。

一个人还有希望,就在于他有绝望的能力,如果觉得难懂就把"绝望"换成"冲动"。在浓厚的执行兴趣的能力及其过程之中,发生了在外人看来似乎不值一提的日常琐事而对于我自己却是如此惊心动魄,它们把生命的燃料恩赐于我,令我热泪盈眶,它们是真的但在形式上却是虚幻的或者说是假的。"在生活的多数时刻,一个人在决定某个重要步骤时,其行为并不会朝向恰当作事的清楚明白的知识,而是来自人自身最深处的内

---

[1] Arthur Schopenhauer, *The Essays of Arthur Schopenhauer*,［德］叔本华著,［德］桑德斯译,世界图书出版公司 2011 年版,第 136 页。

[2] 果不其然,我性急而没有读到叔本华紧接着的下一句话,它几乎与我写的一样或我与他灵魂附体了:"另一方面,我们往往比自己所认为的更加聪明。"（同上书,第 136 页。）

在冲动,可以称其为本能。"① 冲动是神秘的能力,它既是刀刃又是伤口,它不是迷信因为每个人都曾经冲动。迷信是相信自身之外的力量,而冲动是自身的力量,因此冲动给人的幸福是迷信不能给予的。"冲动是魔鬼"是评价,这个"正确的评价"并不令人冲动因而它并不美丽。既然不美丽,它就不正确。换句话说,冲动有自己的逻辑。一句话只有说者和听者都心跳加快跃跃欲试的情况下,才具有真理性,即鲜活的身体之延伸。

就以下意义而言,冲动不同于利益,因为冲动是纯粹私人的、无法公约、难以言表、根植于自己精神骨髓里的兴奋方向,因此才会有这样的事实:同一件事让张三难以忍受而李四却感到快活无比。单调的生活培养乏味的人,从而出现这样的咄咄怪事:生活目标清楚明白的人在努力实现自己的目标过程中并不冲动,因为他只冲动了一次,就再也没有新鲜感了,就像多数掌声只是出于礼貌而并非真的受到感动。冲动之美妙,在于不知晓原因而深有感触,就像当我发现一个人不再莫名其妙的时候,此人就难以再引起我的兴致。

高兴的速度越快,真实的成分就越多,因为无论一个人多么圆滑,只要他是人,他的假笑总能被人感受得到,况且生硬挤出来的笑容既然是出于算计而非发自内心的真诚,就得有个酝酿的过程,就得花费更多的时间,而身心一体的冲动往往一蹴而就,它是真理,就像划过夜空的闪电,这话倒过来说同样成立:划过光明的黑暗,就像大白天做白日梦,以超现实的方式过现实的生活,就是去发现和发明"没用的心思",抓住类似的念头,此时此刻抑郁与天才其实是一回事,但日子过得太现实的人根本不知道有这回事儿,于是乎,知道得比别人多,就像太长寿的感觉一样,既哀痛自己的孤独,又心满意足,但这两种感觉,都属于广义上的冲动,但凡冲动都无法向别人解释清楚。

我与我自己保持快乐关系的关键,在于冥想的能力,我得让我自己莫名其妙,让心思复杂起来,别劝人往好处想,我保持乐观心情的途径,是凡事往坏处想,我先在想象中接受了最坏的结果,这样想的效果却往往不错,我有思想准备,准备接受莫名其妙:出生就是走向死亡的开端、害你

---

① Arthur Schopenhauer, *The Essays of Arthur Schopenhauer*, [德] 叔本华著, [德] 桑德斯译, 世界图书出版公司 2011 年版, 第 137 页。

最深的人可能是曾与你友谊深厚的人、今天蓝天白云明天就可能雾霾重重，就像我最爱体验同一个人判若两人，因为莫名其妙总是令我兴奋，进而刺激我的灵感，就像诗人的脑子从来就不曾清晰（至少在写诗的时候）、告别也许是背叛的开始而非思念的开始、今天的敌人明天就可以是朋友，反之亦然，因为你与我都是人，彼此都会犯错误并且因此而显得可爱。人之痛苦，在于总设想自己是好人而别人是坏人，不愿面对自己在曾经的某个时刻也是自私的、背叛的、害人的，但却也大可不必为此深深自责，因为你也曾经是天使，这就叫想得开，如果一个人煞有介事地滔滔不绝地向我说假话并且就像是真事似的，那我的注意力就转移到研究一个骗子的面孔（或声音，如果来自不见面的骗子的电话）是啥样的，与真诚的容颜差别何在，总之只要有心理准备，旁若无人，心情是想坏也坏不起来的。在多数情况下，你所面对的事物之性质，的确取决于你的心态，没有心情参与其中，单纯外部世界所发生的事情，不过就是"一块石头"。

  人生是荒谬的——此话积极，它反抗反抗不了的命运，例如人必死。过一种创造性的生活，就是以给自己制造困难为荣、以舒适安逸为耻。选择一种有缺陷的但却是创造性的生活方式，快乐存在于自己有浓厚性质的工作劳动之中，我从来不知道度假是什么滋味，但一点儿也不觉得自己可怜，因为在我这里，工作和度假完全是一回事。不必截然区别劳动与消遣，劳动本身就是消遣，就像体力劳动者的脑子同样在无休止地活动。任何事情的妙处，都在于它不是其表面看上去的东西，这不仅是玄想而且是真的。人与动物的本质区别，在于人有不接受"条件反射"（例如，巴甫洛夫用"铃声"与"食物"的必然关系，训练狗的生理反应）的能力。生理反应属于人的动物本能，而人可以选择顺应还是抗拒自己的生理反应（如自杀），这就是超越动物本能之上的人的本能。换句话说，人的本能主要是：1. 不服从所谓的必然性；2. 从 A 联想到任意 B 的能力，或创造新的可能性。

  形式是必要的，但只是维持生存的需要，例如霍布斯说每个人都是一心想伤害他人的白眼狼，他是先把坏事想绝了，然后再防止相互残杀的最佳办法即在"社会契约"原则基础上建立政府。意思是说，政府人员本来也都是"坏蛋"，只得用法律形式制约他们，而且由于这些人拿纳税人的钱，就应该比普通人有更少的隐私权，可以天天骂他们，而他们给纳税人做好事是义务，就像公交司机每月拿工资给乘客开车，有什么值得表扬的？再比如穿衣吃饭性交本意是为了御寒、活着、繁衍后来人，但人类的欲望早就超越了这些本意。我的意思是说，人活着的形式本身之最低程度，虽然是必需的却也是最乏味的，而人活着的意义却主要在于有滋有味，于是剩下的话我不说读者也会自己去想象。这就给过剩的需求或者欲望本身"正了名"，但物质的奢侈先得有想到的能力，它叫创造或非同凡想，因此以上我关于人的两个根本本能可以合二为一，叫精神奢侈的能力、想"无用之事"的能力、创新趣味的能力。日常生活中，可以自己给自己创造这样的精神环境，而可以无视周围的白眼或者重重阴郁。作为必然性，死不过是一个形式，就像人的身体构造虽然一样，但活得精彩程度有天地之差。在这个意义上，作为物理事实，死虽然非常重要但却也什么都不是，这又是悖谬，活着既困难又容易，两者都是真的，哪方面占据上风取决于人的心态所创造的心情。

我与我自己的快乐关系，前提是抵制"人是环境的产物"这个真理，因为无论外界发生了什么或对我形成何种意料之外的压力，这些严酷的压力不是无但我固执地将它们看成无，我拥有给自己制造快乐的小环境的能力。对我而言这个小环境就是大环境，就像我的死亡只对于我自己才是货真价实的重大事件。人要活得明白，先要在心理上将自己逼到绝处。

推动精神文明进步的思想天才，往往是被追认的，因为天才乍看起来，很像是精神的疾病，其基本特征是脑子安静不下来，而身体可以保持安静，普通人却是相反的。天才和英雄一样不怕人世巨变，普通人则期待平安无事。对于天才来说，无事，只有过日子的形式而无激动人心的内容，是不可忍受的。怎么叫有事？就是改变，就得给自己制造不舒服，或设计一个非常困难的目标，就是在"难受"中获得快乐的能力。生活中本有的难受已经够多了还要自己继续创造"难受"？生活中的真理就是如此，"如果某人能够以平常心接受不幸，这是因为他知道在生活中会发生很多可怕的事情，因此遇到这些麻烦在他看来不足以大惊小怪。"[①] 这个人能在不幸面前也能平静如水，在于他拥有主动去爱的能力：奉献自己应

---

① Arthur Schopenhauer, *The Essays of Arthur Schopenhauer*, [德] 叔本华著, [德] 桑德斯译, 世界图书出版公司2011年版, 第140页。

该而且有能力奉献的，绝对别计较别人是否回报。

克服已经发生了的不幸形式，得靠心理的战斗，有一种方法叫以毒攻毒，比如去思考和写作一篇难度极高的学术论文，就等同于从不幸事件中"逃跑"。不幸是已经存在，但不幸在我写作过程中并不存在，写作中艰难的快乐取代了曾经的不幸。

居安思危，我已经先害怕过了，因此真正值得害怕的时刻到来之时，恐惧指数就不高了，这和快乐的道理其实性质一样，你不可能对同样一件值得高兴的事情反复获得同等新鲜的快乐，古代皇室贵族们去打猎，也是想寻求冒风险的刺激。事先的演练是讨厌的，但人们为了面子、为了不出意外，这是一种必要的虚伪，就像一个人不时会讨厌自己一样。我对自己的言谈举止在别人那里产生的效果，根本无法预判，于是，那些效果或好或坏，就由它去吧，我只做自己能做的：竭尽全力不违心说假话，这并不等同于说正确的话。

在我与我自己的关系中，有一个成功的体验与大家分享，就是抓紧时间，必须把白天最有效的时间，专注于做自己最有兴趣的事情，这专注的能力，是搁置一切外来的压力的前提。压力，集中到一点，无非是出现严重伤害自己的后果之可能性十分巨大，但这些我事先早就预料到了，在肢体没疼之前我的心已经先痛过了。在真正的伤害到来之前，我已经把这些伤害在心里演练过多次了，即使是我即将死去，也不再有想象中的那般恐惧，更不用说不值一提的令我失望之类区区小事了。尽管外界的好评会满足我的虚荣心而令我高兴（我坦率承认这个事实），但没有好评，能锻炼我的自信心和意志力。与其说迅速专注的能力＋抓紧时间＝事业成功，不如说成功与否不是最重要的，它只是一个不取决于自身的副产品，我在意此种专注时刻所带来的幸福感，我在尽我所能显示与人不同的精神个性，它们是如此纯洁，令我自己为自己感动。"自恋"一词是侮辱人的，它遮掩了与别人无关的"人与自己的关系"是人生最为重要的内容，只有深刻认清这个事实的人，精神最强大无畏，它撇弃了一切靠不住的依赖感。如果说与人分享是奢望，那么我自己已经快乐过了则是真切的事实。这显得像是喧闹人群中的陌生人，所以我选择在特大城市中生活，不被人关注的日子是多么美妙啊！

当我觉得某事一定会发生，这虽然能起到安慰自己的作用，但另一种期待更能鼓舞我，那就是事情还可能以别的样子发生——这样的想法是积极的、勇敢的。要区别奇迹与迷信，创造奇迹靠个人能力，迷信是依仗自身之外的力量。

三 我与我的时间

"人漫长的一生，不过是永远活在当下而已，只有当下是人可以实际拥有的：仅有的差别是，在生命的起点，人还有大把的将来时间，而在生命走向终点的时期，人们回首曾经度过的漫长时光。"① 与过去和将来比较，当下更真实、更迷人、更宝贵，它意味着选择、创造、陌生，一切思考与行为都发生在当下，这就是"抓紧时间"所意味的丰富内容。"当下"不仅意味着此刻和现在的场合气氛等，还意味着"我自己"。"当下"与"我自己"的互译性，拓宽了其各自的内含。一切貌似故去和将来的内容，只有被当下唤醒才存在，而且只存在于、改变于当下。"当下"又与"感同身受"互译，换句话，一切貌似远的东西只有在变换为近的东西时，所发生的理解才是活生生的，就像对于"外星人"之类绝对他者，人类不得不根据自己的形象和语言去描述它们的模样，无形中外星人变成人类想象中的可能性。同样道理，拓展了的貌似他者的因素，其实仍旧是难以察觉的"我自己"，因为这些因素影响我、唤醒我、启发我。这广义上的"我自己"令我即使在独处时也不再感到孤独，因为在如此多维度的感同身受过程中，我所有的内外感官都被延长了，一切在物理状态已经死去的或尚不曾存在着的东西，都可以在此刻仿佛是活着的、有生命力的、栩栩如生，它们给我以幸福或苦恼。

习俗观点认为，认识的"有用的朋友"越多、拥有的财产越多，就越快乐。叔本华指出，恰恰相反，人们在回首往事时，往往说童年时期最幸福，但尚没涉世的小孩子能认识几个人呢？至于钱财交易之类，儿童就更无概念了。为什么呢？我觉得人之间所谓理性关系，和财产关系一样，其合理性背后不过是算计性，算计本身已经不属于天真了。天真的内容，

---

① Arthur Schopenhauer, *The Essays of Arthur Schopenhauer*，[德] 叔本华著，[德] 桑德斯译，世界图书出版公司 2011 年版，第 144 页。

就是全凭兴趣在玩耍，也就是活出"我自己"，而为了处理好与他人的关系和财产关系，就不得不放弃全凭兴趣玩耍的天真态度。孩子的快乐是心灵上的，至于成年人沉浸于抽象的数学或哲学之类，已经属于形而上学的"思之乐"了。心灵之乐，要置身于或内心想到的形象与场景，例如它不表达"水果"甚至也不说"一个苹果"，而说"拿起果盘里的这个娇小的红苹果，一口咬下去脆而甜"。总之，观念是抽象的，而心灵的本性是天真的细节，或许可称为生动的印象。

孩子的内心世界活在当下，孩子没有过去，也形不成未来的观念。孩子的印象充满了各种各样的第一次接触，因此生动活泼，甚至终生不忘。成年人对周围世界难以产生新鲜感并因此而羡慕孩子，觉得自己"吃不饱穿不暖"的童年时光比丰衣足食的现在更有意思。换句话说，新鲜印象带给人的快乐，不可能被奢华的物质生活所取代，那印象来自纯粹的天真，成年人已经在相当大的程度上丧失了天真的能力。

重复是天真的敌人，自由想象力是天真的朋友。天真时期的"智商"最高，幼童的母语能力几乎全凭自身的联想天性，无师自通，无须语言老师，其中的根本原因，在于身临其境的生动印象，就是幼童的生活方式本身。成年人多注意做事的目的意义等观念性的东西，而孩子的兴致只来自事物的外观形象。身临其境的态度就是专注其中、忘我、仿佛自己就是其中的一个真实成分。这个态度，不同于旁观者的反思态度。身临其境靠直觉促进思考能力，它可以是无前提的，而反思靠范畴预判和假定之类，做符合逻辑的思考，它是有前提的。

钟表时间永远以同样的速率发生，但人会感觉时间过得太慢了或太快了，这已经是一种虚幻，但它真实地影响到人的情绪，就此可以说人真实地活在虚幻中，即时间真的有快慢之别（但并非爱因斯坦意义上的）：无所事事会觉得时间过得慢，但奇特的是，人在新鲜感或者印象最为丰富的儿童时期，也觉得时间过得慢。我觉得似乎不是因为孩子盼着长大，而是由于孩子不像成年人那样觉得日子每天都过得差不多一样。印象多不仅给人带来快感，而且似乎延缓了时间。孩子的众多印象是从周围环境获得的，成年人要保持自己的童贞，一个重要弥补方法是靠自由想象力唤醒内心制造新鲜印象的能力。

人越是在意什么，就越是能记住它。你觉得今天周围环境很惬意，是因为你今天心情不错；你觉得某个相貌平平的人很漂亮，是因为你对此人有感情。一个看破红尘的人之所以感到世界无趣，在于他并不珍视众多美好的感官印象。一个人不可能什么都在意，但人活着要有非常在意的事情，才会觉得生活是有意思的。这些在意或者浓厚的兴趣，可以超越年龄的界限。一个老年人还有孩子气，说明他是一个非常热爱生活的人！人要以有感情的方式活着，首先得有爱的能力，实现从在意到爱的转化，最重要的标志在于真正的感情或者爱是无条件的、超功利的，这种道德责任不但不是生活的负担而是生活的动力和乐趣。

一个人的经历再多，和整个人类相比也是太渺小了。心胸狭窄的一个重要原因，是只停留在个人经历上，以为只有亲自拥抱的"私有财产"才是自己的，这种人认为联想是无用的能力，更不懂得读书的重要性。书籍是这样的思想金矿，它象征着全人类曾经有过的心思，或化成心思的印象，它培养起读书人的自由联想力，活在自己永远不会亲身经历的场景中，却感同身受，心胸豁然开朗，生活世界变得丰富宽阔，一切亲身经历的事情仿佛都同时也化为别的事情了，人类超越功利事物的幸福感，正来源于此——那不存在的东西是存在的，而且这绝不是自欺欺人、望梅解渴，因为此刻人的感情是真挚的、纯粹的。

"年轻时会觉得生活过得慢之另一个理由，是由于年轻人只可能根据自己度过的有限时光测量光阴，这光阴还似新鲜出炉的，显得亲切而重要，生活就囚居在如此的岁月中，即使是已经过去了还是铭刻于心，可以说年轻时的生活似乎充满着偶然性，显得慢而长。"① 经历得少，心理会显得年轻，并以此而觉得生活快乐而充实，因为每天都发生新鲜事儿。问题不在于它对老练的心是习以为常的，而在于它对于年轻的心是"第一次"因此是欢快的。叔本华这里所谓"偶然性"就是"第一次"的意思，也就是遭遇，而如此的遭遇原本可能是另外一个样子。

如果一个成年人有勇气尝试新鲜事物，他的心理就是年轻的。他没有吃老本，他靠挣新钱活着。换句话说，不是今天花的钱明天还如数到来（日复一日），而是花了今天（的钱）没明天（的钱）。表面看，这是给

---

① Arthur Schopenhauer, *The Essays of Arthur Schopenhauer*，［德］叔本华著，［德］桑德斯译，世界图书出版公司 2011 年版，第 152 页。

自己制造生活的困难,实质上是过一种创造性的或艺术的生活——像是不断"犯错误"的生活,而人工智能的死穴,就是它不但不犯错误,而且还自动纠错,它是"非艺术的",进而人的本质在于人有自由意志即不讲道理的灵活性,即极其偏执地认为不可能的事情是可能的。人具有任性地欺骗自己的可能性、睁眼说瞎话的可能性,总之,就是去过一种"不正确"的生活的可能性。在这些方面,人工智能也许能战胜人脑,却永远在人类复杂无比的心灵面前一筹莫展,反之人的本质在于人有灵魂。人用精神的能量强健自己的身体。若年老而仍旧有旺盛的精神创造力,就是快乐而令人羡慕的晚年,他的身体可以衰老,但他精神的本钱永远花不完。一个人不死是可能的,那就是他的文字被世人承认、他的精神和作为,能够流传下去。

  一个老年人发现自己比同龄的老年人、甚至比中年人在心理上更加年轻,这惬意是花钱买不到的,就像身体的健康。心理年轻的标志,比如对事物产生深刻印象的能力、好奇心、敢尝试新事物——要有这些,就得让自己的精神保持饥渴状态,去创造需求,内心里经常对自己说:"我还能行!"如果时间被很多生动的体验和印象填满,就会觉得日子充实而显得因慢而快,否则就显得难挨而无聊,换句话说,单纯生理上的长寿而没有精神的愉悦满足感,是不足取的。年老而心理年轻,就好像把哲学思想写得非常富有诗意,各取年轻人和老年人的精神优点。

  热情,或者爱的能力,要保持终生,它的年轻形式是冲动,它的成熟形式则是洞察力。如果没有兴趣或者懒得去想,洞察力就根本无从谈起。与反思不同,洞察力是在证据不足的情况下迅速而准确决断的能力,它为我的生命节省了时间。一个人可以爱任何事物,但一定要精心维护和拓展爱的能力,要去制造自己爱的精力——迅速给自己制造精神闪电的能力。叔本华如此将多数人看成"傻瓜"是他的极大偏见,但若是他这么想是为了彰显和他人不一样,凸显自己的自主性,就与卢梭殊途同归了:"毫无意义,多数人是迟钝愚笨的,会随着年龄的增长而越来越像是机器,他们所想、所说和所做的,和他们的邻居一模一样,任凭发生什么也不能改变他们的性情,也不能令他们做出点别的令人惊喜的事情。"[①] 这是批评

[①] Arthur Schopenhauer, *The Essays of Arthur Schopenhauer*, [德] 叔本华著, [德] 桑德斯译, 世界图书出版公司 2011 年版, 第 160—161 页。

多数人大脑懒惰、缺乏独立自主的自我意识。换句话说，人越是挖掘自身的精神潜力（自觉地不去模仿别人，甚至也不受别人影响），就越是人而非机器。叔本华蔑视程序化的不动脑筋的生活方式。一个人若丧失给自己制造新鲜感受力的能力或丧失对新事物的好奇心，无论其年龄如何，在精神上就已经开始衰老了。

第五章 人与文

一 阅读与思考

善于读书者，选择那些只对自己目前的思考而言，最重要的书，而书呆子特指那些不会独立思考的人，这些人读了很多书，但却让自己的大脑成了别人思想的"跑马场"，他们抓紧时间用功读书，读什么就信什么，不懂得放下书本思考。他们相信书籍作者的思考力，唯恐自己的记忆力不好，恨不得把一本书的每句话都画上道道，他们只会同意而不会怀疑，渐渐地，丧失了自主思考的能力。"就好像一个人总是骑马，却渐渐地忘记了如何走路，很多有学问的人就类似这种状况：他们把自己读蠢了，他们抓紧一切空闲时间阅读，他们只会死读，这些读书人甚至比那些干体力活的人更不会思考，因为体力劳动者至少要让手头的活顺从自己的想法。"[①]骑马的人只看到马跑得比人快，能代替人的双脚，却忘记了归根到底马不是人身体的一部分，这种替换对双脚来说，是不道德的，而且很不健康。读什么信什么的人，就像只能活在马背上的人，他的大脑已经半瘫了，就像用骑马代替走路之人的双脚。脑子和脚都是我自己的，这叫作身心健康，替换物再好，却不过是些异物，这感觉就像孩子是自己的好一样，与此类似文人中有"文章是自己的好"的说法，是在写作感情的意义上（就像生自己的孩子）说的，因此是一句由衷的老实话，这句话的力量并不在于它说得正确。

如此看来，感情先于"正确"，读书也是这样，那些适合自己的好

---

① Arthur Schopenhauer, *The Essays of Arthur Schopenhauer*, ［德］叔本华著，［德］桑德斯译，世界图书出版公司2011年版，第194页。

书，就像一个恋人，自己动了感情，忍不住想去亲吻，就像阅读到了感动之处，禁不住想修改添加几笔，是的，这些忘我的动手动脚，就是"正确的"恋爱方法，必须如此"坏"，每个孩子都是因如此冲动，才有出生的可能性，因此，有能力生育人的人，都有创造奇迹的能力，它来自转瞬即逝的偶然性。有感情，就是有兴趣、有想法。有些自称有学问的人，一辈子都没有属于自己的独立思考，没有想法，在这种情况下，他们如何能对所读的东西有感情呢？有想法，用学术语言，就是自主性，例如：我想这样写而不必非得那样写。如何有某个天神强迫我非得那样写，那么渐渐地，我的自主思考能力，就会丧失殆尽。

通过口头或笔头，讲出自己独有的思想，是一件极其困难的事情，这要有任性想象的天赋，同时以怀疑和欣赏的双重态度理解别人的思想，不受别人的影响却又知道别人的想法，挑选和鉴别的速度极快。在这些情形下，脑子里事先就有的"正确的想法"越少越好，就这样与事物直接遭遇，我是说一方面可以选择遭遇，就像选某本书、某一电视频道；两方面没得选或真正的遭遇即偶然性，像是心思里的一见钟情，也就是某个突发的灵感引人入胜。灵感之所以叫灵感，其根本特征是毫无用处地脱离实际，像孩子一样天真，像鲁滨孙一样孤独、像艺术与哲学的双重天才一样想入非非。灵感不仅是说要有好事，更是说要有灾难。独有的思想既有如上特点，就非常容易被忽视、被鄙视、被扼杀，甚至当独有的思想冒头时，思想者会自我怀疑、自我扼杀，会怀疑自己是不是疯了，而意志坚强青史留名的思想者是那些坚信自己没疯的人，他把这些疯话写出来，甚至变成现实生活中的举止行为。

独有的思想"很自私"，它只在意自己的感受，自己先痛快了就行，而内心的痛快往往像流星一样一闪而过的，这就得处理好心思与文字之间的关系。无论多么富有智慧的心思，如果仅仅停留在"想"的阶段，难以持久、深入、清晰，将捕捉到的某瞬间的灵感迅速化为文字和句子，灵感才能持续，这种持续性是极其重要的，持续的可能性，在于"写"的天性要比"想"的天性更加清晰准确、更能保持专注度，而且写的实情是边写边想。

美食要几种菜搭配吃，鸡尾酒把几种色味不同的酒勾兑一起，鲜花要绽放得五颜六色，就像节日里的焰火一样，故事要有苦有乐，单纯的乐不过傻乐而已；能发人深思的才叫幽默，否则只叫笑话；同样一张人脸，有的因饱经沧桑智慧超绝而显得极有精神气质，有的却由于整天琢磨算计别人而显得猥琐不堪。智慧会写在脸上的，尤其会照在眼睛上。如上道理，无论是阅读、写作，还是思考，速度快慢相叠而性质迥异的情节衔接一起，是一旦掌握就受益无穷的高超的精神本领。两个人之间有了感情，这共鸣就是美丽的搭配，它因处于"两者之间"而不再单纯，就是说其中有某种无力表达的神秘的感受，这感受极其复杂曲折，它既深刻又脆弱，给人带来最大的幸福与不惜以命相抵的绝望。

独有的思想很像是一个人在自己的梦中。我的意思是说，一个印象或想法究竟会连接怎样的别的印象或别的想法，几乎是任意的、放肆的，但它们确实只属于你自己，那是一些你过后能向别人陈述却无法与别人分享的感受：做自己的梦，让别人嫉妒。独有的思想，就是意料之外的联想，就这么简单，就这么复杂。说起来简单，呈现的复杂：我不可能完全知道自己的思想潜力，它不可能是命中注定的。我不可能彻底认识我自己，这一事实却令我惊喜。

以上搭配与勾兑，效果如何，取决于我的自主性，与单纯阅读与思考相比，写作才可以称得上是行为——把自己独有的思想化为文字的行为，只有行为才有生育，才称得上有力量。只有写出来，才算将内心的玄想化为了"现实"，并且可能不拘时间和场所唤醒任何一个可能瞬间与我有共鸣的人。

要拒绝坏书，坏书一本也嫌多；要读各个时代的好书，因为"坏书是智识的毒药，会败坏心智，可是很多人却只阅读时髦的所谓畅销书，而不是各个时代的好书，作家们只拘泥在自己时代流行的狭窄观念之中……"[1] 新书与旧书，好比我此刻的想法一定比自己 10 年前想法更有智慧吗？未必！如果新旧之间只是有差异而不是智慧的高低之别，那么拒绝阅读"旧书"，就等于对埋藏地下的珍宝视而不见，我们不要活在曾有的智慧与生活里，但是得知道它们，自己才拥有生命的厚度。在这方面，教训在于只是做整体性判断而不知道目光应当放在曾经的精神与生活

---

[1] Arthur Schopenhauer, *The Essays of Arthur Schopenhauer*, [德] 叔本华著, [德] 桑德斯译, 世界图书出版公司 2011 年版, 第 196 页。

的细节上，不能用今天的标准判断其好坏，它们只是人性曾经有过的真实，作为事实它们是人类自身的一部分，令我们唏嘘感慨！

没有纯粹独有的思想，至少语言是现成的，我们生而为人，周围环境赋予我们民族的语言，母语就像母亲，它是局限，一代又一代人努力，想超越它，智慧的历史也是这样，例如康德是哲学史上不可置之不理之人，就像数学史迟早要发明微积分，所以重要的不是康德这个人，而在于他为哲学贡献的新想法。但是，同是受到康德深刻影响的叔本华与黑格尔之间，差异却非常巨大，原因是两人分别接受了康德哲学中迥然不同的方面（例如 A 与 B），并且在 A 方面或 B 方面走得足够远，以致到了康德本人都预料不到的程度。换句话说，只要拥有给别人一点共鸣的能力，就可以称为智者。对于公认的好书，无论其成书年代，都可以随便翻翻，寻求精神上的共鸣。叔本华和黑格尔都是智者，他们就像康德说的，启蒙的箴言，就是勇于使用自己的理智。这样的才华在每个人那里都不尽相同，但是已经具有，则是确定不移的。

二　世界就是我的图像

观察一个人的脸，可以洞察其内心。人在不同时刻，心情不同，表情也不同。脸在外，心在内，相互感应。能够察言观色、见机行事者，能够即时地与人机智对话者，内心是灵活的，这是智慧的一个重要标志。不用做作而靠自身瞬间的言行就能吸引别人，就像乐音奏响周围人的喧闹声戛然而止，必有不同寻常之处。所有这些，都可称为广义上的图像。图像是介于语言与心情之间的因素，这些因素模糊而刺激，它们能立即感染我们，却难以言表。

智者是这样的人：制造或激发别人的好奇心，但不要满足这种好奇心，就像乐音结束，听众觉得意犹未尽，就像观众觉得电影还可以继续演下去，但已经结束了。在最能吊起人们胃口的时刻，骤然发生了别的重要情节，让人们在下意识中惦记着旧线索又被正在进行着的事情所震惊，让事情发生的速度使人们来不及思考却有意露出蛛丝马迹勾引他们思考，总之，要制造紧张以便使人们专注入神，如果使其泪眼蒙胧，思想与艺术的双重效果，就实现了。

"每个人的面孔,都仿佛是能被破译的象形文字……事实上,一个人的容颜向我们传达出的信息,远比这个人说的话要多,因为他的面容是他要说的话的浓缩,上面有他的思想、他的欲望。进一步说,语言只是表达他的思想,而面容却暴露了他的天性,所以即使面对一个不值得与其废话的人,也要善于细微观察他的面部表情。多么惬意啊——用这个方法可以洞察每个人的天性……这也吐露了为什么美是迷人的秘密。"[1] 在西方人眼里,象形文字象征着能读解或破译的神秘感,比如说对于气质,还要继续追问。汉语文化缺少形而上学的维度,就在于在所谓"言不尽意"的地方止步了。叔本华这里说的"美"不是字面的意思,而是说能够洞察一付丑恶嘴脸的本性,洞察者自己感到惬意。一个人心情欢畅还是心灰意冷,几乎立刻能被旁人觉察,他的面部表情和其他肢体语言,在无言地向我们倾吐这些内容——用哲学的语言说,这些藏不住的心情的外露或者说表情,就是自在之物,就像一个人写出的心思,就是他的心思本身。那么说或写谎话呢?没关系,智者具有通过对言语的惊人感受力,看穿说的是谎言还是真心表露。具体说来,智者不读字的表面意思,而是把文字当成说话人的面孔,细心品味它是天真美丽深刻有趣的,还是庸俗不堪甚至狰狞丑陋的。说一个人的文章就像是他的面孔,也就是内在的性格和精神风格,感受这种内心的真实,远比和他本人亲自接触,更能反映这个人的本质,因为一个人在与他人近距离接触时,会拘于礼貌而不能完全敞开自己的心扉,甚至即使在两个人亲密无间的交谈的情况下,说话也赶不上文字或文章,理由很简单,文字的天性是抽象的感情,就像一张脸有其说不出的风格,文字是深刻的神秘的。说话为什么是简单的呢?因为说话的目的是让别人听懂,但是就本质而言,文字或文章可以不管读者懂还是不懂,直接抒发自己的内心,就像在大庭广众之下,直视观众的脸。

在以上的意义上,面孔与文字有相似之处,它们的本质,是以神秘的面貌出现恍恍惚惚被洞察到的,需要被洞察而不应该拘泥于其表面的现象,这就使我联想到诗意,诗也是由文字组成的,但诗句从来就不仅是传达其字面的意思,倾听言外之意、有弦外之音,其中有美因而才有可能欣

---

[1] Arthur Schopenhauer, *The Essays of Arthur Schopenhauer*, [德] 叔本华著, [德] 桑德斯译, 世界图书出版公司 2011 年版, 第 200 页。

赏其中的美。于是我说，面孔、文字、诗词之间，有相似之处，把看似没有关系的东西联想到一起，心里会感到美滋滋的，不仅因为很少有人如此想问题，更因为从中会滋生出源源不断的新想法，它们因暂时满足了我的好奇心而有趣进而可爱，觉得自己生育了新思想、新情调，其中的道理与逻辑，首先是由于其有趣或者叫爱，我把这里的道理、逻辑、爱的共性，统称为"似曾相识"，在任何别的地方甚至在无法返回的过去的年代，可以与之产生一时说不清理由的爱慕，这种共鸣就是似曾相识，就像黛玉在贾府第一次见到宝玉，似曾相逢而心有灵犀，其中的"一点通"中，就有爱的逻辑，这里绝非狭义上的男女之爱，而似自由平等之后的博爱，它使我的心情是欢喜的，而不是愤怒与焦虑。这还是令人震惊的，萨特在《文字生涯》中看他父亲的照片：照片上是一个年轻的军官，萨特刚出生不久父亲就去世了，这个陌生的年轻人是已经年老的萨特的父亲，就像昨晚我看见天空皎洁的月亮，大诗人李白也见过，并且写出了"床前明月光，疑是地上霜"的美妙诗篇，于是他与我陌生的距离，瞬间就近在咫尺。

"破译一个人的面孔是一件十分困难的事情，它不可能靠抽象的方法而习得。"[①] 电影《人鬼情未了》中，鬼魂怎么能移动人世间的一个可乐瓶呢？老鬼魂对新鬼魂说，妙诀就是破除"我"的意识，千万别觉得自己还活着，要有一种"自己已死"的纯粹意志，以如此的意志"全身心地去触动"这个可乐瓶，奇迹就发生了，发生了不可能的事情：鬼魂的手指移动了可乐瓶，这已经是哲学治疗：倘若一个临死的人以同样的心情"死去"，就会毫无痛苦，他露出了不死的神秘微笑，他真的触动了自己的"可乐瓶"。相面的妙诀，就是一瞬间使眼前的面孔死而复生的过程，生死一瞬间，可爱与厌恶一瞬间。这里所谓死，就是不动声色，察言观色者在这个瞬间冷冰冰毫无感情，即使是面对熟悉的人也仿佛不认识了似的，于是"移动自己的可乐瓶"的时刻就到来了。这仿佛是心理手术，能治愈心灵的创伤，在灵魂深处发生的类似宗教术语所谓"转宗"的现象，一道银白耀眼的光芒从天而降，呵护着我当下和即将走过的每一个地

---

① Arthur Schopenhauer, *The Essays of Arthur Schopenhauer*, ［德］叔本华著，［德］桑德斯译，世界图书出版公司 2011 年版，第 201 页。

方,感染给与我相遇的每个他人或他者。老鬼魂教导尚不熟悉自己当下境遇的新鬼魂,就像但丁说的,在地狱之门面前任何胆怯都是无济于事的。如果一个人能彻底去掉包括胆怯在内的一切没用的心情,他几乎是无敌的:"因为哪怕此刻有一丝一毫的主观情绪的痕迹登场亮相,无论情绪表露为厌烦或赞扬、恐惧或希望、甚至包括我们想到自己对自己所关注的事物所施加的印象,一旦将这些多余的东西加入事物之中,我们就无法对事物实现真正客观的破译了。"[1] 叔本华在这里所描述的客观感情,与科学感情是相近的,其中有一种破除主观偏见的美感。偏见是现实的、就像世俗的功利心几乎人人不学而会,并不困难,但无偏见的纯粹态度或纯粹感情是超现实的,它是困难的,因为它是科学的态度:没有用、看不见摸不着,它不单独属于任何一个单独的个人,所谓克服踏入地狱之门的胆怯,就是去掉一切世俗的感情,升华起一种神圣的感情:这里有公德、正义、纯粹感情,它瞬间抹平了万物之间的差异。当倾听者隔离说话人话语的含义,就可以倾听话语的纯粹嗓音(比如京戏),就像不去注意汉字的含义,才能去专注文字形态的变化即书法,这是中国传统文化传达出的纯粹感情。

搁置胆怯,返回智慧本身,这就是哲学治疗的真谛。制造陌生感、制造互不相识的孤独感、甚至制造绝境绝望,就能去掉事先的偏见,就像一个由陌生人组成的社会比一个熟人的社会更为公平、更尊重法律规则意识、更有个人奋斗的活力。虽然寻找与自己相似的人能有共鸣的幸福感,但人们也许要更为大胆更超脱一些才有创造性,即从与自己相异的甚至毫无共同之处的异域,去掉胆怯去描述异域或叙说那些不能说的东西,这很像是冷冰冰的没有感情的感情:私人感情朝向激情,公共感情朝向理智,只有两者关系平衡而将其相互冲突降到最低程度的社会,才是一个好社会。

要以各种各样的方式,给自己制造"第一印象",所谓"人不可貌相"和"日久见人心"固然是生活经验的总结,但这两个术语只在哲理上是正确的,但是在艺术领域却并不"正确",因为若想洞见一个人的真

---

[1] Arthur Schopenhauer, *The Essays of Arthur Schopenhauer*, [德]叔本华著,[德]桑德斯译,世界图书出版公司2011年版,第201页。

心，几乎是不可能之事，更何况一个人自己也不知道自己的真心即不知道自己到底想要什么，他只是具有"想要"的本能，这些本能通过"第一印象"直接传达给我们，就像心情和眼神里的欲望是难以掩饰的，更何况相遇者相互都是陌生人，陌生人之间反而不必伪装，相互的暂时交际更能实事求是而不做作——没有不好意思，可以称这种气氛为"科学"。

科学感情和科学思维，是在这个时刻实现的，即不再被世俗的一切"是是非非"所干扰——只要像美丽的"鬼魂"一样不接触这些"是是非非"，使自己的所言、所信、所视、所听、所做、所行，都返回纯粹感情，使自己与周围世界之间，没有"俗人"所认为的那种须臾分离不开的利害关系，那么任何苦涩的气氛，哪怕是令人绝望的世界末日，也没有什么值得恐惧的，因为一切出生的都将死去，而不死的"东西"根本就不曾出生。我不绝望，还有一个重要理由，即一切判断都是错的，即永远存在着还没有被人类说出来的新的可能性，因此我怀疑一切令人绝望的说法，即使它听上去显得多么有道理有依据。

"第一印象"是幸福的、陶醉的、极具创见的、与众不同的、深有感触的、无法向人传达的：第一口美酒和吸一支香烟的第一口都是最惬意的，就像欣赏莫扎特《土耳其进行曲》开头几秒钟的优美旋律立刻就抓住人心，无论欣赏者来自哪个民族，身处什么时代，甚至超越了政治立场。还有对传统的挑战，印象派绘画就是如此得名的。"第一印象"强调速度，它不必费神进行说理式的分辩，瞬间就能过滤掉事先的偏见和现成的说法，其中的隔离与想入非非是同一个过程，而对于艺术本身来说，要紧的是进入艺术状态而给这种状态命名，对于陶醉于艺术本身而言，是无关紧要的。人们都认为自己最美好的人生在童年，是因为有各种各样的趣味各异的生动的"第一印象"（因为儿童没有"过去"），记忆力同时是幸福和不幸福的必要条件，一个折中的方法是下意识的挑选，具体说就是善于遗忘和善于记忆。

我只接受"第一印象"的影响，不是被动接受而是在心智中改变和创造第一印象在灵魂中震荡、余音缭绕。第一印象的诞生与毁灭是同一个过程，就像第一口美酒与香烟，物质因素瞬间不见了，流进了身体进而镇静且振奋人的心田。

人既不是动物也不是一架按照程序运转的理性机器，印象的强烈程度由于人原本就藏匿于心的愿望"浇水施肥",从而显得更加刻骨铭心,但我这里更倾心于有智慧参与其中的愿望,这使得愿望不停留在简单的物欲乃至纵欲。只有物欲、征服欲会导致穷凶极恶的功利心,它们是人的天性中最有害的部分,是真正的精神疾病。相反,只有宝贵的纯粹善良,才可称为健康的心理。纯粹善良是这样的信仰:它超越一切利益的考虑,它为了爱而爱;如此的愿望可以被读作理智,如此的理智可以被读作愿望,它搁置自私心理,使人的容颜焕然一新,死而复生,也就是复活。有如此复活的强烈意志者,应该同时是智慧与道德领域的天才,天才的快乐活跃在异域,因为"天才从来不曾觉得自己每天是活在平庸的事务世界里……天才怀着喜悦的好奇心去犯错误。"[1] 在这里,与其说叔本华是想摆脱普通人,不如说是想逃避平庸的生活状态,摆脱心胸和眼界的狭窄。

快乐、不怕、心胸宽阔的妙诀,竟然是"我已经死了"的心态,善于摆脱,抑郁之气就存活不了多久,有些嵌入我们民族精神骨髓的俗语是极其害人的,例如"有仇不报非君子"乃至"无毒不丈夫"——但是,体育竞技场或思想争辩中胜出与这俗语是不同的,技比人强而带来的自豪感或因此而令别人失望和嫉妒,进而能激发别人赶超你的欲望,这是人生的乐趣和活着的动力之一,它并没有"不志同道合者不得好活"的恶意。

哲学能力的标志之一,是创造意想不到的精神连线,即写出一句看似普通的句子,但句子的潜在含义,普通人是猜不到的,只有通灵的人,有能力对这样的句子心领神会。例如"我已经死了"意味着"活出我自己",而后一句话又意味着"我不在意别人对我的冷漠、鄙视、误会、不理解"。要"使劲找出"莫名其妙的快乐的原因,到底是什么?在哪里?

很多社会事实令人厌恶,每个人单独看似乎都不错、很懂礼貌,但合起来的效果怎么竟然是如此不堪呢?我"恨"这些社会事实的方式,就是态度极其冷漠,我对"对我没感情的人与事物"同样没感情,纯粹感情的含义之一,就是没感情。不应该责备"没感情"现象,也责备不了,因为它是事实,因为"我已经死了"——我已经把坏事想到底了。人类多少个世纪是在战争中度过的,今天人类没有世界规模的战争了,因为一

---

[1] Arthur Schopenhauer, *The Essays of Arthur Schopenhauer*, [德] 叔本华著,[德] 桑德斯译,世界图书出版公司 2011 年版,第 206—207 页。

旦如此大家都得"一起完蛋",这是积极的恐惧,于是只能打嘴仗过过嘴瘾而已。人性的蜕化在于不再刚烈而只是以阴谋诡计的方式相互算计。

叔本华和尼采共同欣赏同一个表达:The will to live——生命意志,但它并不意味着为了活着而活着或者为了长寿而长寿,只要活得久而不管生活的质量,那被奴役的活着只是苟活而已。所以,"生命意志"应该被理解为创造新生命的意志,它包括"我已经死了"与死而复活的意志。生命意志还包括,只要活着就要继续享受劳动带来的快乐、"我要去做"的欲望——力不从心了还要去做。

"一个丧失了一切希望的人是不再害怕的人,这就是'绝望'的意义。"[1] 因为这个人身上已经没有可剥夺的了,这个绝望的人、这个断绝了一切希望的人,反而在这个瞬间豁然开朗了,他不再在乎常人所在乎的一切,他成为一个新人,他的强大来自他如此死而复活。绝望是精神上的高难动作,在这个精神的珠峰之上所诞生的新希望,人类叫它信仰,也就是相信不可能之事是可能的。信仰不属于聪明而属于智慧——这智慧是哲学的,表现为相信跟着意志走,但这里有一个康德说过的界限,意志属于自在之物,而不属于生活世界中的因果律。

荒谬感是极有人生的参考价值,它超越了绝望。绝望是精神抑郁的顶峰,它的突出特点,在于总能发现其中的原因尤其是将毫不起眼的原因固定化,在这个意义上绝望的起因是世俗世界中的不如意,这是可以理解和解释的绝望,这种绝望的态度可以被轻而易举地超越,例如我见到一个熟人却怎么也想不起他的名字,这可以是失望的例子,而彻底的失望就是绝望,但是不要紧,我完全有可能手头上忙活别的事情时,在一个不经意间此人的名字突然浮现在眼前,这种情形超越了因果律,它是荒谬的。"我们必须要认清一个这样的事实:没有某种程度上的荒谬感,人类就活不下去,荒谬是人类生存的一个因素、一个不可缺少的幻觉。"[2] 幻觉,或者说奇迹,也就是说不可能说清楚从"没有"到"有"的过渡到底是如何实现的,但它在效果上真的实现了。如果说原因就是意志,但意志本身是

---

[1] Arthur Schopenhauer, *The Essays of Arthur Schopenhauer*, [德] 叔本华著, [德] 桑德斯译, 世界图书出版公司 2011 年版, 第 209 页。

[2] 同上书, 第 214 页。

自由的，我们不能说清楚为什么是此意志而非彼意志，因此在终极的"原因"面前，"原因"本身却失效了。

从没有到有，这简直就是奇迹，它从心理上解释了宗教和哲学最初共同的起源，也就是对奇异现象的好奇心、强烈的想找出原因的心理，哲学和艺术称其为"创造"，而宗教称之为"造物主"。创造和造物主，是对"虚无"的两种不同表述方式，它表明宗教—哲学—艺术在发端之初，是生机勃勃的思考力，它以自由想象和自由意志作为基本特征，还没有形成任何教条，它并不排除恶，恶也是创造出来的。当我们说虚无（或从无到有）的时候，虚无在实际效果上，已经是一种极其特殊的"存在"了，这情形，也含有荒谬性，就像数学上的"零"（0）是存在的，人类精神可以创造不曾有的"零"，把没有视为有，这已经是荒谬的情形了，因此，不仅像叔本华说的，生活里和心理生活中离不开荒谬感，而且如数学这样的精确科学，也以"荒谬的假设"作为前提，它不但假设了不存在的数，还假设了自相矛盾的数，把不确定的数当成确定的，从而所谓"最精确的数学"有一块不确定的理论基石，例如圆周率是一个无限不循环小数——是一个不可能有终点的数字，而为了实际应用它，就不得不断然在某个位置上终止这个没完没了地继续下去的数列。这样的截断就像翻译一样是不准确的，它只是实现了一种不可能性。一米的距离或者整数的计算，可以以逻辑作为理解的基础，但对"一米"可以无限地做二分之一的切割。换句话说，就切割可以无限地继续下去而言，实现"一米"的距离在逻辑上是不可能的，我们只是现成地把"一米"拿过来作为具体运算过程中的基本元素，却全然漠视了"一米可以无限地做二分之一的切割"所揭示的深刻的哲学问题，它超越了形式逻辑，它不属于计算的问题，而属于绵延或时间本身的问题、荒谬的问题，这个问题本身不属于关于"存在"的哲学，因为我们碰不着它，它不完全像数学上的零，但绵延和零之间有相似性。还与什么相似呢？比如，宗教、哲学、语言的艺术之间的相似性，就是没有传达任何有用信息（例如，请把门关上，今天下午2点请来我家）却能说得有滋有味滔滔不绝。

世界就是我的图像，但令我眼花缭乱的图像是我自己从虚无中创造出来的，我的意思不是说它们原本就不存在或者在我生前和死后就不再存在，而是说对于我自己而言，事物有两种性质截然不同的存在方式：一种是康德式的自在之物，这样的自在之物并非什么玄妙无比的远在天外的东西，它就在我周围但却像是全然的异域（"异域"一词比"他者"要好）——地全然不为我所感知或认知，但我相信它们这些有生命的东西有滋有味地存在着、活着或曾经活着、还有数不清的将要活的东西，这些异域里的"存在物"的意义非同小可，它是我的信仰，我不是以虚幻的方式而是以最真诚的方式相信它们真的存在，远不是简单地说一声"造物主"这样简单——这是以哲学或智慧的方式进入宗教和艺术，如果人类精神缺乏这个维度，幸福与道德都无所寄托，大爱就无所寄托，但对异域的信念，并非是迷信而是一种终极意义上的理性态度，对此康德表述的比较模糊，至少是不坚定，因为他没有从正面肯定"二律背反"本身就是最高的理性。事物的另一种方式，就是与我的亲自性有关的存在，就此而言，我生前和死后的时间，对我没有实际的意义即不是亲自性。那么什么才对我有实际意义呢？或我一生的真实内容是什么呢？那就是本段的开头语"世界就是我的图像，但令我眼花缭乱的图像是我自己从虚无中创造出来的"——我的爱与痛苦，就像我的死，只是对于我自己而言，是全有全无的，别人或者讨厌我或者喜欢我，对于我的死就有不同的态度，从而或者与冷漠或者与友谊相关，但它们只是涉及人与人之间的社会关系，而没有切中更为要害的主题，那就是孤独。就孤独者自身而言，其强大在于其精神的快乐与痛苦虽然与别人对自己的态度不无关系，但强大在于超越了这种关系，因为如上所述，孤独者对自己说："我死了"——这句话是自相矛盾的，因为死人不可能说话，它传达出一种晦涩的不可能的意思：孤独不仅和"我死了"近似，更与复活近似。

上述情形，背离了由笛卡儿开创的到德国古典哲学终结的近代西方哲学传统、背离了"清楚明白的观念"，即使黑格尔的思辨哲学或矛盾辩证法，也属于这种"清楚明白的哲学"分支。上述情形，属于由叔本华—尼采开创的现代—后现代哲学，也就是说，虚无和悖谬性、不可能的可能性、确定性中的不确定性等话题，登上了哲学舞台，哲学诗在哲学剧场里上演了。

"基督教区别了人的世界与动物的世界，却没有看到其实人也属于动物的世界,它认为人类是最主要的,而把动物只视为东西(things)。"①我这里不得不惊叹叔本华的思想力度,他这里明确了人的肉体感受或身体性、人身上各种原始的本能,都是哲学探讨的课题,它是近代哲学与现代哲学的重要分界线之一。他可能是最早肯定动物权利的哲学家之一。他明确指出,基督教"拒绝整个动物世界的权利"②。

三 作者与风格问题

"有两类完全不同的作者:一类是怀着某种目的而写作;另一类是为了写作本身而写作,这类人觉得有些想法与经历,值得与人交流;第一类人写作的目的是文字自身之外的,例如为了金钱,这就是这些作者的想法,他们将自己的写作行为变成了一种商业行为。"③ 这里所提的关键问题,在于在写作时,究竟在于把迎合读者的需要还是听从自己的内心,放在第一位?写作究竟是写出真实或者事实,还是为了满足某种利益?有人也许会说,为什么一定要两者选一呢?难道不可以兼顾吗?问得好!做得好的兼顾满足了更为广泛的读者,但正是由于有了很多读者,反而削弱了作品本身的质量,这是因为作者把"让别人懂"放在了第一位。也就是说,要对畅销书保持高度的警惕,能畅销的作品一定是满足了社会上多数人的某种共同心理,因而是易懂的,但易懂的东西通常缺乏当下的先锋性。换句话说,多数人的心理习惯的举止,接受当下社会生活时尚,在这个基础上突破一点,就是畅销书。大凡天才之作,是众人中的先知先觉者,这类人极其罕见,他们的作品极少能立刻引人注目成为畅销书,甚至只能等待死后被后世的人承认与赞誉。

说多数人是平庸的,不是说愚昧,而是说事实:多数人只满足于称职自己所做的工作,而并非在从事自己最有兴趣最擅长的事情,退一步说,即使有了后者,不平庸者,是指具有突出的创造性能力、与其说是时代精神不如说是开辟未来精神的创造者,就写作而言,这样的作者是为未来而

---

① Arthur Schopenhauer, *The Essays of Arthur Schopenhauer*, [德] 叔本华著,[德] 桑德斯译,世界图书出版公司2011年版,第217页。
② 同上书,第218页。
③ 同上书,第222页。

写作的，他们的文字太年轻因而不适合当代大多数在精神上基本已经定型了的读者。

很多人不愿意动笔写作，在于缺乏实现自己思想本身所产生的不由自主的冲动之强烈愿望——很多人写东西是出于这种冲动之外的原因，在表现形式上，这些人具体的为人处世，和他们的文字所讲述的东西，是不一致的，他们的文字连自己都打动不了，怎么会打动别人呢？既然自己不感动，当然写作的兴趣锐减。一个作者是不可能事先知道自己的作品是否能打动别人的，那么在此情形下使我想到了帕斯卡尔著名的打赌上帝存在的例子，我受此例子启发，那么既然读者是否与我（假设"我"的身份是作者）有共鸣永远是我事先不可能知道的可遇不可求的事情，但我是否对自己的文字感到心满意足、深有感触，我自己是知道的，衡量的标准，在于写作状态是否忘我、甚至忘记了时间、忘记了一切身外的烦恼、是否写得很快，这些我心里的事实，只有我自己体会得到（它们的确对我自己起到"哲学治疗"的巨大作用）——那么，最好的作者不是选择去迎合读者的阅读口味，而是满足于忘我的所思所想所写，要下这个赌注，因为完全不必等到骰子落地，在赌的时刻就已经赢了，为什么呢？因为我在写作时已经赢得了内心的真实，我没有在文字中故意说谎话。

"writing"或者写作即书面文字，是文学（literature）的本义。哲学作品是文字作品，就属于广义上的文学，它们都创造出意思：或者是思想的情景，或者是人物与事件的情景。如果把人物和事件融进思想情景之中，那就形成了有生动具体形象的深刻性。真正值得写的，就是为了传达文字本身的意思或意味而写，或许有人会说，为了金钱或其他文字之外的目的而写作，也形成了某种意思，我的回答是：是的，但这种"新意思"已经变味了、异化了，它们不再纯洁。最好的写作，就是除了"为了文字本身"，其他"为了"一概加以搁置。

就学术作品而言，多数作者所写的，都来自别人书里已经说过的内容，这些作者最薄弱之处，在于他们不能形成属于自己的独立想法，不具有这样的能力：他写出前人不曾想过的念头，他读了很多书，但是从来不人云亦云。想与写既不相同又关系密切：写的过程是迅速筛选出众念头的精神连线的过程：念头在内心里是混沌的、七上八下、容易遗忘、转瞬即逝，其质量如何，只有在化为文字之后才会充分显露出来。与文字作品比较,如果所谓的"文字"只是口述即单纯的谈话记录,是难以深刻的,我的意思并非说谈话者缺乏智慧,而是说传达念头的两个最基本的语言途径即说话与文字,是两种截然不同的信息载体,其中一个载体具有另一载体天然所不具备的特点("媒介即信息"),文字能传达出念头和说话原本不具备的意味深长(有些意味只能用文字传达出来,不是说"说话"不想传达或不好意思传达这些意味,而是没有能力传达),而说话的口吻也具有文字所不具有的多余的热情,因此,说话与文字之间仅仅在传达基本意思的狭窄空间里有暂时的共鸣或"社会契约"关系,而在我看来,这种暂时的同一性是靠不住的,而且并不精彩,真正精彩的是相互(对方)所不具备的多余的、奢侈的精神,就像文字里的热情与说话所显露出来的热情,虽然都被叫作"热情",但能细微体会出两种热情之间差异的人,才具有成为思想家的潜质。在文字与说话之间谁应该在先或者谁速度更快的问题上,一律的"先想后说或者后写"的传统印象,也许并不一定是"一定如此的"公理,说的速度可能快于想的速度,或者两者并驾齐驱,而尽管念稿子所用的时间远远不及写稿子的时间,但写作的确能写出事先没有想过的内容,写作与思想甚至可以同步发生,而不是"深思熟虑"即事先考虑过很多遍的结果。

一个作者以写作展示自己所思所想,一个口才好的人未必是一个有才华的作者,而后者却未必口才好。文字首先是"写给自己的"(这是"为了文字而文字"的另一种说法),文字与说话相比天然就是不通俗的,文字就像内心独白一样只为了"与自己交流"而不是为了与别人交流,即并不在乎别人是否懂或是否同意。尽管如此,文字作品只要一旦发表,在效果上就像运动场上的运动员或者我们通常所谓人生如戏中的"演员"一样,就有观众喜欢你,也有观众不喜欢你,这些喜欢本身,其原因各种各样、五花八门,它们不是"正确与否"的问题,而是偏爱与否的问题。

文如其人——这里的"人"不指人的外表,而指人的内心形态的特质,也就是通常所说的风格。风格不同于性格,在于性格是能在外表上容易观察到的,而风格,无论是创造或显露一种独特风格的能力,还是察觉或欣赏他人风格的能力,都是精神本身所具有的才华。一个人的容貌若有特殊的精神气质,要比通过其相貌判断其性格更加困难,因为气质属于直觉所得,属于本质判断。"风格是心灵的容颜,通过风格判断一个人,要比观察其相貌更靠得住。"[①] 这使人想起布封的"人即风格"。说一个作者有自己的风格，这是很高的褒奖，因为作品风格是透过文字表面意思之外的余音。心灵更接近用说话显示还是文字显示呢？表面看说话似乎更是内心直接显示，但与说话单纯表意相比较，文字才是真正的心声或心灵，原因在于，与说话这种现象性的直接行为不同，一个人的写作即书写，在性质上是一种来自心灵深处的行为，它就像突发危及自己生命的紧急时刻，人难以伪装自己的精神本色。说假话既可以通过说话的方式，也可以通过文字的方式，这两种假，都可以假的像真的似的，那么如何通过外表判断其真假呢？我的回答是：看其语言所透露出的风格，因为风格最难以隐藏，当然，也最难以辨认。

风格要通过文字但却是穿透文字表面而传达给读者的感受，这使得风格超越了文字的字面意思。很多文章缺少风格，写的千篇一律，读了其中的一篇相当于读了一百篇。风格在性质上属于艺术，就像精神气质超越了面孔，观者看不见摸不着却留下了难以言表的印象。风格是天性使然，就像一个有才气的作家思想家，你问他是如何写作的，他不可能给你一个答案使你在自己的写作过程中加以效仿，因为你学不来，事实上作家自己也不清楚。笔下的文字流淌得很快，为什么要在动笔的瞬间选择某词语、某句子、某标题而不是别的？这个问题没有一定如此的道理，来不及琐碎的推敲，凭的是对文字的感受力或敏感，它与心灵活动的默契，在于心灵活动也是如此的——为什么是这个念头冒出来而非别的念头，它是自然到来的，而且也拦不住。如此心灵的活动只要略加修改甚至原封不动就可以化成笔下流动的文字，在这样的意义上可以说，文字是心灵的直接现实，其中有你自己的面孔气质。由于每个人的面孔都是不同的，因此"风格即人"——但这个著名的表述，其实指每个人天然都是与别人不同的他自己，这个差异性是一个事实，多数人却无视这个事实，在言行举止中努力参照别人或现成的"成功的人"，完全忽略了自己天然就与别人不同的潜质，如此在效果上，就是在精神上严重依赖他人或者权威，而不具有独立思考的能力，因此事实上很多人并没有自己的风格或者在精神上真正与众

[①] Arthur Schopenhauer, *The Essays of Arthur Schopenhauer*, ［德］叔本华著，［德］桑德斯译，世界图书出版公司 2011 年版，第 228 页。

不同的能力，这些人的"风格"就是没有风格。

  要想让文字有灵魂，就得与心灵之间形成真正的互动关系，就好像文字直接就是内心的独白，而且不加掩饰，这就是卢梭的《忏悔录》得以成功的根本原因，不仅由于当时的作者很少如此写作，而且在于卢梭的天性或天赋，天赋如果不是来自心灵自身（它在性质上是一种本能），就毫无意义了。内心独白与写作之间的关系，就像上述"为了写给自己看的"（为了文字而文字），它在活动中绝不会考虑"应该与否"的问题，就像人看似不动声色，但内心始终在"自己与自己说话"，不如此说话是不可能的。若此，就能从文章中觉察出是否用灵魂（显露风格的能力）说话：要看作者是否在说自己的话而非模仿别人的话。在模仿别人说话的情形下，作者的话似曾相识，好像在别的文章中读过。作者说自己的话，是说出点真思想的必要前提，就像用同样的布料剪裁出新样式的衣服。

  写给自己看或者独白的真相，就是沉浸其中而毫无必要说假话，任何内心独白都不可能是假话，因为假话有事先的算计企图，独白完全没有这个必要：独白的活动内容可能是在算计，但是独白本身在性质上不是算计，即它是真话而非假话。从独白或无意识的真实比逻辑法则更贴近心理事实而论，偏重形式逻辑推论的哲学一直在"说假话"，越是在逻辑上精心营造某种自洽的形式系统，就越假，类似这样的假是人类社会必须有的，但是它们反过来成为奴役心灵的东西。

  我对灵魂本意的理解与众不同，灵魂就是难以觉察原因的灵动性。在这样的情形下，"原因"不再具有从前人们所赋予它的现成含义，但原因仍旧存在着，这等于我不恰当地使用了"原因"一词，相应地也就等同于不恰当地使用了"逻辑"一词，因为逻辑的本质元素，就是"原因"。但是，逻辑学意义上的"原因"过于死板，如同纸上谈兵一样，缺少面对实情实景的机动灵活性，兵法只具有"没有用"的有用性，天才军事家在具体实战中创造兵法，而决非单纯使用现成兵法。"原因"就是建立似曾相识的多元素之间的关系，而相似与否，是由人独立自主建立起来的，这独立性因人而异，在每个人那里什么与什么之间有相似关系，不可也不必"英雄所见略同"，就像一个人可以无视事实极其固执地认为自己是一个天才，并不次于世人已经公认的世界天才，狂妄本身就已经是一种创造性了，它是一种即刻的语感反应。以上我改造了"原因"与"逻辑",它也同时揭示了个人风格究竟是如何登场亮相的。

一个用自己的母语写作的作者,他作品的风格,就是他所属的民族语言之风格,例如卢梭与法语、莎士比亚与英语、歌德与德语。母语就是一个民族精神呼吸的生命,从日常生活到内心独白,母语的风格都起到潜移默化的关键作用。

创造风格的能力:风格并不在于文字在讲述的"什么"东西,即风格与文章所谈论着的主题无关,风格只与所讲述的事物以如此这般或者如此那般的方式显露给读者有关,一个貌似不恰当但说明"风格"的例子是"盲人摸象":有的盲人说大象的模样就像一堵墙(摸到了象身),有的却说就像一根很粗的棍子(摸到了象腿),有的说这棍子并不特别粗(摸到了象鼻)——这都是由于他们碰巧摸到了大象身体的不同部位,这些途径或者路径问题,就属于风格问题,它们属于这故事里某盲人区别于别的盲人的感受方式。广而言之,没有什么事物本身,因为事物本身是显露出来的,事物必须得以某方式显露出来,换句话说,方式替换了事物本身,方式就是事物本身。"某盲人碰巧摸到",就像某人天然与别人之差异、就像某作家用自己的话写作,就已经处于创造自己语言风格的过程——作者的才华,就在于以自己的方式描述任何事物的能力,即制造差异的能力。风格,就是纯粹的精神个性。

询问"他是一个什么样的人",回答一定是变成了具体描述"他是怎样的一个人"(通过列举他所做过的事情)。若是在说明一个作家—思想家,就得描述他是如何提出和解决问题的——这甚至就是汉语遣词造句的方式,单字与单字连接关系的极其灵活,例如:一个笑字,有大笑、狂笑、微笑、冷笑、不苟言笑,如此等等。有能力第一个写出"似笑非笑"的作者,具有创造词语(词义)差异的才华,也就是语言的个人风格。单眼皮、双眼皮、白皮肤、黑皮肤,都有人喜欢,并不存在某个绝对的美女与帅哥的标准。也就是说,所谓时代风气的潜台词,就是暂时的某种同一化倾向,它不值得有独立精神个性的人去模仿。"以我自己喜欢的方式",始终是最重要的。

风格又是一种形式化的精神,这形式是有血肉的,例如足球场上的巴西风格,说巴西人就善于以如此艺术的方式踢球,就像跳桑巴舞,就像中国人无论如何喜欢异国情调,但还是觉得中餐最有滋味,这和一个人的价值只在于活出了他自己即"最爱自己",若别人只因他是个"单眼皮"(他的个人价值的象征物)而嘲笑他,那么这些"别人"是缺乏智慧的。

描述情节不仅是文学作品的任务,人们忽视了哲学是从思想细节起步的,古希腊哲学家几乎都是这样的,他们思考生活里的智慧,只是到了近代,西方哲学才显示了从概念到概念的纯粹思辨方式,抹掉了以感性为基本特征的思想细节。我觉得哲学要恢复古希腊的传统,重新重视思想的细节。哲学家是从思想细节起步的人,他们从看似毫无意义的常识中发现可疑之处,最天才的哲学家有这样的能力,他们只要读某一本书的几页,就能准确判定出此书的价值,这里的"几页"就是思想的细节。

风格问题远远超越了其字面的意思,它不仅意味着个性、差异,还表明意向的偏颇甚至"极端的倾向",都是值得肯定的,而所谓中庸之道只对人之间的友好关系和社会秩序有帮助,却是创造能力的一剂毒药。换句话说,如果人们在选择时这也想要、那也想要,这种求得完美的心情之结果,就是要到了一个"平庸",就像一个笑眯眯的"大肚弥勒佛"。所谓"完美"就是在某人或某事物上面各种美好的因素都具备,但其中没有一个因素能达到天才的水平,原因很简单,天才是在某领域中天生的强烈倾向,也就是偏颇。

风格问题让我联想起人的本性,就是"一个错误的人"、一个有偏见的人、一个有天然的歧视心理的人、一个具有私人兴趣的人、一个有私德的人。平等、秩序、博爱等口号是公德,但这些口号的真实性,要落实在以宽容(即自由)为核心的法律之中,这个元法律的核心价值,就是公开承认每个人都有权利去"尽情地犯错误"即释放自己的天性,而不要因此而受到束缚甚至奴役。

要释放而不要压抑、不要伪装掩饰,写作的大忌就是先设想怎么才会写得好或用文字实现预先的标准或思想目的等,所有这些都是有碍释放的。一个有才华的作者用文字释放自己,暂时搁置一切不属于自己的想法,就会显露自己的风格。"我们发现,每个真正伟大的作者,都会以清晰、纯粹、确定的笔触,以尽可能简洁的句式,表达自己的思想。简洁从来就标志着事物的真相,简洁是天才的象征。风格从文字所表达的思想中获得了美感。但是,在假思想家那里,却是因为风格而认为其思想是上好的,但事实上,风格只不过就是思想的形态而已。晦涩是一种坏的风格,它意味着沉闷呆滞、浑浊不明。"① 所谓清晰,并非刻意的追求。对于作者来说,"清晰"的意思,就是此时此刻有表达的冲动而且知道自己想说些什么、怎么说。"清晰"是有厚度的,所谓"厚度"就是说作者此刻的思绪是复杂的,却用简单的句子表达出复杂的意思,这不是作者刻意晦涩,如果读者一时读不懂,这不是作者的表达方式出了问题,而是读者的理解力一时没有跟上作者的思考速度,读不出作者所用词语的话外音。有才华的写作为什么一定会出现话外音呢?也不是刻意,恰恰是由于思考与文字的速度恰如箭在弦上不得不发,这"不得不"自身就是浓聚起来的冲动或力量,在效果上言简意深,也就是词语的厚度,它有点像给事物命名,即创造概念的过程。如此出来的概念,不但不显得呆滞枯燥,而且是恰到好处、令人恍然大悟——于是,就显得富有韵味品位,也就是美感,20 世纪几位获得诺贝尔文学奖的哲学家,其作品就具有这样的鲜明特色。一个坏作者总想着去模仿某种风格,或者写作之前先想着自己要写出怎样的风格,而出色的作者只需要尽情沉浸于写出自己此刻的所思所想就可以了,这已经意味着他的文字活出了自己的风格。

  风格问题给人以这样广义上的忠告:人生有限,要在有限的富有精力的时间内投身于自己最擅长同时也是最有兴致之事,"主动选择"包括有毅力放弃那些虽然对自己有诱惑但效果肯定很糟糕的事情。能抗拒诱惑的毅力才是货真价实的意志,而有些本来很有才华的人,却沉溺于浪费自己才华的坏嗜好中,他们无法全身心地专注于自己最擅长的事情,缺少抗拒来自外部诱惑干扰的能力。当然,"知道自己适合做什么",就像苏格拉底说的"认识你自己"一样,并不是一件轻松容易的事情,要付出时间代价,很多不善于思考的年轻人由于人生方向的选择错误而永远被耽误了。一个人表现自己才华与其日常生活之间,天然就是有冲突的,能化解并使两者惬意地融为一体的生活,简直就是幸运之中的幸运事了!至于那些一辈子都不知道自己最适合做什么事情的人,实在是太多了。

  应该从风格或"认识你自己"的角度出发,重新理解笛卡儿的"我思故我在"、康德的"自我意识"、卢梭、叔本华、尼采所共同倡导的

---

① Arthur Schopenhauer, *The Essays of Arthur Schopenhauer*, [德]叔本华著,[德]桑德斯译,世界图书出版公司 2011 年版,第 230 页。

"活出我自己"、胡塞尔的"现象学还原"和"意向性"、海德格尔的"此在"或"异在"、福柯的"异托邦"——我这样说,是在发现相似性。换句话说,隔离出某个具有"普遍性"意义的个别性或差异性,也可以叫它同时具有真善美含义的"奇点"——它独特、异常而又真实。

风格之第一要素,是"我要说",而不是"要我说或解释别人已经说过的"。很多作者在没有"我要说"的情形下硬着头皮去咀嚼已经被别人吃过的食物,就不可能有好胃口,此时此刻支撑其写下去的动力不可能是写作本身带给他的快乐,而只能是写作本身之外的东西,比如为了钱,或为了讨好别人。性工作者也是为了钱的,这种性异化现象与坏的写作一样,尽管不可能被杜绝,但行为的质量是不高的,因为它们都没有活出自己,而是在活出别人眼里的自己。

哲学作品很多,要选择阅读那些真正说出点东西的作品,很多作品似乎也在说,但却没有说出任何新东西,所以在哲学史上没有地位。叔本华讽刺说,"在其著作中等于什么都没说的作者,多是大学里的伪哲学家。"①

一个作者只顾写自己真实所感,却能感动某些读者,是由于读者与这个作者之间心有灵犀,但这种唤醒,是作者可遇不可求的:就像爱情一样,求之未必可得,不求反而自己会找上门来。一个好作者,就像一个人的内心独白一样,所使用的是简单清晰朴素的语言,而只是在写给别人或照顾读者的情形下,才用得上那些奢华的词句,这就像出于礼貌人们在参加派对聚会时往往穿戴华丽。"一个作者应该使用普通词语叙述不普通的事情,但很多作者实际做的恰恰相反,使用很大的词表达一个日常的平凡想法,用最为非凡、最献媚、最不自然的句式来装饰他们贫乏空洞的思想。"② 事实胜于雄辩,内心独白的朴素表达不普通的意蕴,例如李白的《静夜思》:"床前明月光,疑是地上霜。举头望明月,低头思故乡。"

任何作者总是先想后写的,无论写连接想的速度有多么快捷,想总要比写"先走一步"。如果写快于想,那轻则是一个疯子,重则仿佛就像猴子在敲键盘了。"清楚的思想会很容易找到与其搭配的词语。如果一个人

---

① Arthur Schopenhauer, *The Essays of Arthur Schopenhauer*, [德] 叔本华著, [德] 桑德斯译, 世界图书出版公司 2011 年版, 第 231 页。

② 同上书, 第 233 页。

有能力想到什么,他就同样有能力用清晰、理智以及毫不含糊的词句去表达它。那些构思困难,用词隐晦模糊的作者,极可能是由于不确切地知道自己想要说些什么,他们对于自己想要说的东西,只有某种模模糊糊的意识。"① 那么,问题很清楚:如果想要表达的意思在脑海里是清楚的,择字造句就不会遇到大碍,因为先有的"想"不是赤裸裸的没有语言做基础的空中楼阁,把内心独白转换为书面语言,即使有差异,但是绝对没有康德的"现象世界"与"自在之物"之间那么巨大的无法逾越的鸿沟。

以上"写不清楚"的作者,是由于想不清楚,而想不清楚,是由于有意无意地掩盖了自己的真实欲望——冲动的热情被各种来自外部的无形的力量压抑了,这些压力在动笔之前就已经在起作用了。坏的写作由于要顾忌这些压力而写得痛苦缓慢,好的写作由于就像独白一样自然流淌因而流畅而快速,像清澈的泉水一样纯洁透亮。

于是,坏的写作就是这样:作者其实并不清楚自己写出的句子的含义,他在用晦涩的概念表达本来非常朴素的意思。他欺骗了读者,让读者以为他完全理解自己写的东西,而我们谦虚善良的读者们在读不懂时,会觉得作者水平高而自己的理解力达不到作者的要求。于是,对于任何一个作者来说,应该明确写作是有道德要求的,那就是决不写自己本来并不真懂的东西。

形成个人风格,就是有一种思想感情上的冲动,于是有话要说,说出来的话,就是你自己。如果一个作者内心深处无法产生说自己的话的冲动,没有如此的激情或者爱,那么他写出来的东西,就是索然无味的。冲动与"我要"之间零距离,冲出来的话简洁生动有力,即使其中有出自真情的大字眼,却因其有真实的内容,使得感情与文字搭配得恰到好处,就像一件裁剪恰到好处的衣服贴在身体上,而缺乏这些真实内容的作者,他写出来的词语,就像一个人穿着一件肥大而不合体的衣服,看上去很不舒服,那不是他自己。

一个太谦虚的作者是写不出好东西来的,好东西来自一个对自己感到骄傲的作者,他太狂妄只相信自己的感受,他不实事求是只认为能给自己

---

① Arthur Schopenhauer, *The Essays of Arthur Schopenhauer*,[德]叔本华著,[德]桑德斯译,世界图书出版公司2011年版,第234页。

留下深刻印象的东西才是真实的。从这些印象、感受中走出了他自己的思想，他坚信这些思想极其重要，就像耶稣对基督徒十分重要。至于别人怎么看待他的思想，只能在世俗层面上带给他快乐或烦恼，而绝对不会影响到他对自身能力的信念。对于一个正在做自己最擅长做的事情的人来说，热情即能力。在他身上，他主动自觉地去爱与有能力去做之间，没有任何距离，两者之间相互解释。写作是思想的直接实现，如果思想本身意味着爱的能力，写作就是这样的行为能力：它实施爱、实现爱。

叔本华说，一个好作者言简意深，但他没有说一个好读者能从好作者那里举一反三（"言简意深"与"举一反三"之间，有难以觉察的相似性），读到一个好句子，就能联想到"100"个类似的好句子（它们不是同时浮现在眼前的，而是随想随明白起来的）。一个好读者，是一个给点阳光就有灿烂能力的人。这种相似的联想力，对于写作行为也是极其重要的，它并非在以同一性的方式重复，重复是枯燥的，不会产生爱而只会令人厌倦。写作过程中的联想即寻找相似性的过程，只是看上去相似其实并不相似的过程，这就像每个人五官的生理构造是一样的，但不可能有两个容貌体态精神完全一样的人，而且一个人的性格既可以像一只猫即知识分子，也可以像一只狐狸即商人，相似的过程无穷无尽。

人类幸福感领域里的不幸，其中一个原因，在于总把当下暂时的幸福当成永远如此，这种幻觉只是一种良好的愿望，这愿望极其顽固以至于一个很长寿的人由于在心理上有这样的顽固倾向因此其漫长的一生不过等于只活了一瞬间，他不愿意相信一个人在不同的环境下能成为另一种人。人类心理有个根本特征，即一心难以二用（勉强"二用"，其精神质量会很差），只能专注于一件事情。但是，即使在一天之中，这样高强度的专注也是难以持久的，所以必须休息或者与人消遣，这就有了三个不同的情景或镜头。也就是说，广义上的移情是幸福的、道德的，因为它符合人的天性。但是，就一个作者的文字而言，这些"移情"现象是建立在相似性基础之上的、不知不觉的，他自己的态度，始终处于专注之中，如果没有如此专注的能力，他将一事无成。

以上人类夸大瞬间为永恒的现象，与其说是人类的缺点，不如说是天性，表现在语言上，就在于经常用一个具有普遍性的大字眼描述当下的此情此景，例如一个处于热恋中的青年对姑娘说："我爱你！"但姑娘此时是不理智的,她根本就听不出来青年人甜言蜜语的真实意思,是"我想亲吻你!"但这里并不存在故意欺骗的行为。作者们在写作时也会时常像这个青年一样:用不当的大字样替代具体的行为和思想细节。为了还原出真实,要将大字眼消解为小字眼,就像一个又一个串联起来的当下的小幸福,就构成了整个一生的幸福。这就是德里达"解构"一词的真谛——专注过程的"中断"并非真的中断,而是还原出更加具体的行为和思想细节,不是只活在某一个瞬间而是活在很多个性质不同的瞬间,这种情形当然比"只将某瞬间永恒化"更为真实。这是一种奇特的以走神的方式专注的过程。科学天才爱因斯坦和艺术天才毕加索,也是如此思考与创作的,他们的天才之处,在于指出传统所认为的 A 的真实情形不过是 B。他们的才华就在于有能力从 A 中发现 B,而普通人只盯住 A 本身,从一而终。

  问题还在于,不仅有 B,还有 C,如此等等,给我们很多细节上的幸福。"法国的散文风格更令人愉悦……法国人尽可能地以最自然最逻辑的方式,延伸他们的思想问题,将思想一个又一个方便而有序地列在读者面前,以至于每个问题之间处于不可分割的关系之中,读者关注了前面的问题就得关注后面的问题;另一方面,德国人却把问题都搅在一起,因为想要同时说 6 件事情,而不讲究先来后到。"① 这里,叔本华的意思是,写作和思绪不同,思绪可以是混沌的,处于各种选择的十字路口,但是一旦落实在笔下,就得井然有序,娓娓道来。一个人可以在不同时期爱不同的事物,但同时爱不同的东西,就会陷入"圆的正方形"式的困惑之中,给人一种思想无法落实的挫败感。

  更具体说,叔本华批评德国人愿意使用长句子,而且还喜欢在句子中使用括号,加上烦琐的注释,仿佛有意刁难读者制造阅读的障碍似的。他也是暗中批评了康德式的哲学书写风格。"这些有很多括号加入其中的众多长句子,就像一个盒子里面还有一个盒子。"② 这样的句子,似乎只是给读者半句话,要实现后半句话的意思,中途要转很多个弯,以至于由于

---

  ① Arthur Schopenhauer, *The Essays of Arthur Schopenhauer*,[德]叔本华著,[德]桑德斯译,世界图书出版公司 2011 年版,第 237 页。

  ② 同上书,第 238 页。

中途另有所爱，后半段话的意思，永远实现不了啦！长句子是永远处于路途之中的令人焦虑不安的句子，它犹豫不决显得不干脆利落、拖泥带水，"没有办成任何事情"。这样的长句子很像是一幅拼贴画，它与"一气呵成"没有任何关系。"一气呵成"才会尽兴施展才华，而拼贴画是令人扫兴的，就像不可以想象正在聚精会神写作时的叔本华会立刻停下来去吹奏他的长笛，或者正在电影院里兴致勃勃观看《福尔摩斯》的维特根斯坦会停止观看，从上衣口袋里拿出来叔本华的书读上几页。这种"精神分裂"式的做法是违反人性的，因为精神入神需要一个从酝酿到高潮和退潮的过程，永不停歇地从一个高潮到另一个高潮，是不可能的，因为速度太快，从而享受不了。专注的享受即才华，在这个时刻甚至不在乎整个世界毁灭，它带给人的幸福恰恰在于不理智，而长句子由于过于理智了，从而没有了"一气呵成"的美感。

总之，在叔本华看来，一个好作者用简洁的话语，去叙述复杂的事情，而一个差作者相反，用复杂的话语，去叙述原本很简单的事情。

精明的统治者会用各种各样的方式转移民众对国内严重危机的注意力，一个沉迷于电子游戏的孩子对让他回家吃饭的来自妈妈的喊声，根本就无动于衷，民众像这个孩子吗？统治者像这个妈妈吗？

四　为自己而思考的文人与书面语

在人类进入网络信息时代、在图像与视频的时代、在表演似乎胜于思想的时代，书面语言过时了吗？我要提醒人们：书面语永远不会过时，书面语不仅是书面语而是作为"我"的人类灵魂精准的记录，每次这样的记录都像是一次临死之前的遗书，随着20世纪的科技发明，人类说话和曾经生活过的声影，已经能够长久地保存下去了，但在这种保存尚不可能之前，最古老的人类文字已经能保存5000多年了。文字保存了多少个世纪以来处于不同文明形态之下的形形色色的"我"曾经有过的心思和举止，是否发明出自己的文字甚至决定了一个民族是否强盛、是否能够繁衍下去的最重要标志。一个没有自己文字的民族之衰落是必然的。语言的精髓不在于说话，而在于文字，因为文字是理性、逻辑、推理能力以及在此基础之上的想象力的象征。人们批评知识分子说话酸溜溜的、文绉绉的，这种批评是在用野蛮战胜文明，因为所谓文人气，往往是由于把书面语用口语形式表达出来，显得脱离社会生活，但是不要忘了：作为文字主要构成因素的某词语或某概念，是某种类似经验无数次重复的凝缩，这种高度概括有着坚实的现实基础，它们作为心理积淀历经一代又一代人传承下来，概念简洁而深刻有力。

文人的内在标志，在于书面语，狭义的就是文字，广义上的书面语就是文人之间的"说话"，它与普通百姓之间的聊天多了一层漂浮起来的精神气息，这种形而上学气氛中，有文人苦思冥想的智慧精华，但真正有价值的精华一定是干干净净的，即文人的标志是独立思考——为自己而思考，不是为了任何自身之外的别的任何事物"出谋划策"，在这个意义上，中国民间高度赞赏的诸葛亮式的谋士，并不是一个纯粹的文人。

严格说来，中国文化传统中，"为自己而思考"的士人是极其罕见的。既然我们缺乏这个精神维度，就要补充之：这个维度的精华搁置了"为了某身外之物（国家、主义等）"的公式，它的精神支撑或者活着的理由，从"为了天下"变成"为了我自己"（但不是为了我自己的功利性质的私心，比如家庭家族利益等）。为自己而思考的文字，才是真正有个性、有风格、有哲学智慧的文字，而任何为了这之外的目的的文字，在性质上都是被这些目的本身所奴役的。"为自己而思考"，就是彻底自由的思考，它摆脱了一切，连同"我自己"都摆脱掉了。这种自由思考的艺术天然就是悬浮起来的，但这并非意味着它谈论的是妖魔鬼怪，而是说它用哲学—艺术的眼光看待日常生活里的一切，将它们深刻化、神秘化了。这里的"神秘"不等于迷信，而是说想象中的快乐。

中国文化一个不好的传统，就是混淆了知识与智慧，我们夸奖一个人上知天文下知地理，其实是赞扬一个人有知识，但知识并不会自动地转化为智慧。一个记忆力好的人能记住很多知识，但是现在一个人的记忆力再好，也比不上人工智能。如果考试只是考察一个人的记忆能力，那就等于是假考试，因为这样的考试方法，无法考察他的智慧程度。所谓智慧，是一个人通过独自的思考选择知识的能力——将不同的知识加以对比、类比、联想，然后通过创造性的想象，也就是批判的过程，形成属于自己的想法。智慧者通过已知的路，走出尚无人走过的路。

进一步说，智慧在于将某某与某某联系起来思考的能力，正是从这样的联系中，迅速显露了思考的质量：为什么与这个联系起来思考就会有真正的创造发明，否则就会毫无成效？这与天才诗人或象棋大师与平庸的诗人或棋手之间的区别是相似的：问题并不在于懂得规则，而在于创造性地使用规则。"比较"的意思，就是思考其中的相似与不相似，但不是任何比较都具有学术意义，要具有文明创新价值，就得使现成的价值观在幻灭过程中，从虚无中孕育出新的精神生命。"相信"的形态处于改变之中，但"相信"本身依旧存在，它是人还要活着的根本理由。

知识本身并不能教会我们如何思考，一本标题为《如何思考哲学问题》或《如何才能成为一个哲学家》的书，其实是骗人的，不是因为别的，而恰恰是因为作者声称自己已经知道了并且能够告诉别人如何思考并成为哲学家，但事实上就像巴菲特不会写一本《如何赚大钱》的书（与其说不屑于写，不如说他知道不可能教会别人有能力赚大钱）一样，哲学家既不是被教会的，也不是被某个教学研究机构培养起来的。就本质而言，一切真正的大哲学家都是自己把自己"培养"起来的，靠自己的悟性，其真实内容，就是"为自己而思考"。我以上的说法似乎是自相矛盾的，因为正是一个大哲学家的作品启发了另一个有"慧根"的人成为了后来的大哲学家，但真实的情形其实是这样的：一个为自己而思考和写作的哲学家，他的文字启发了他并不认识的某个人，这有点像天启，但它与"教会他"之间，有着微妙而本质的差异，即这个被从睡梦中唤醒的人，并非原原本本地接受了启发他的人的全部想法，他只接受了其中最为关键的某一点，并且和他自己独立的想法连接在一起。也就是说，虽然他是被影响的，但唤醒的已经是一个新东西了，这就像海德格尔的《存在与时间》与萨特的《存在与虚无》之间的关系，或者叔本华的书与尼采作品之间的关系。

将某某与某某联系起来，这就像人有能力做选择。有人说人工智能也会选择，如何与人的选择能力区别开呢？很简单，人工智能只会按照人类事先给它输入的"正确的"选择程序做，而人能做看似不合理的选择、貌似荒谬的选择、已经有的选项里面所没有的选择、从虚无中创造新的选择（无路之路），甚至"不选择"也是一种选择（弃权）。这就与政治有关了，因为在漫长的人类历史中，政治制度都是压制人的独立思考力的，因为几乎等于没有选择的机会。换句话说，是一眼能望到尽头的人生，它的道德义务有一个东西方都适用的总公式："你应当因为你应当。"必然的可能性等同于没有了可能性，"可能性"成为一个多余而"邪恶"的词语。

"阅读和学习是任何人都能凭借自己的自由意愿去做的事情，但是这并不意味着每个人都有能力自由思考。思考要由感情激发起来，就像大风引起的火灾；思考就是要对正在思考的事情保持强烈的兴趣。"① 哲学的本意，是爱智慧，智慧是爱出来的，首先要有强烈的愿望、感情、兴趣，然后才有专心致志的思考。很多作者写的哲学书枯燥，是由于对自己所写的东西没有感情，理性要有感情作为基础，才能够深入。哲学关注的问题是非常抽象的、困难的，普通人难以忍受的，这全在于哲学是一种"超越"的智慧，它位于常识与宗教之间。哲学又不同于自然科学，哲学是只有真问题而没有标准答案的智慧。

阅读与思考缺一不可，"错误的"读者让所读的东西成为压制自己思考的"主人"，有智慧的读者从来就是以批判的眼光对待自己所读的东西。批判，脑子里就得有自己的东西，而"脑子有"的前提，首先得心里有，也就是喜欢或者爱，然后才可能去琢磨，琢磨起来才可能深入。不要在思考之前，被别人驱动"应该这样想或者那样想"，而要自主选择自己怎样想，就像一个迷路的人不得不下赌注，决定自己要走的方向。

习惯于被奴役的脑子，不仅不想要自由意志，还会对自由意志破口大骂，就像一个从小被管束娇惯的孩子，长大之后会缺乏独立生活的能力。独立能力，就是选择能力：在没有命令的情形下，怎么办？怎么说？怎么写？怎么做？它的实质，是靠自己个人奋斗！如果靠别人，个人的能力，就变异为"靠别人的能力"，它是一种变相的被奴役现象，因为它等于已经把自己的身家性命托付给别人，等于没有了纯粹的自己。一旦指望不上别人，自己就彻底"空心"了，这样的精神是极其脆弱的。悲惨的是，这种被奴役的心，知道自己是被奴役的，但同时也知道自己不可能有独立的可能性，不是外部环境的不可能，而是自身能力的不可能。于是，它心甘情愿被奴役，并以两种方式聊以自慰：1. 作为被奴役者，他反过来去

---

① Arthur Schopenhauer, *The Essays of Arthur Schopenhauer*, [德] 叔本华著, [德] 桑德斯译，世界图书出版公司 2011 年版，第 248 页。

奴役别人。2. 忘记纯粹精神领域里的问题，沉迷于感官享受与物质生活。

考试之所以令人厌倦，是由于我只能像标准答案那样想，没有我自己的选择或我自己的爱。也许标准答案是正确的，但是决定我是否爱它的因素，并不在于它是正确的。这个正确的答案不是我所爱，而我可能爱那些被人们视为不正确的东西。于是，"应试"式的学习，就成为一种折磨。"但是当一个人自己主动要想时，他就只服从被此情此景引发的自己此时此刻的内心。"① 这尤其对于一个读书人有重要的启迪作用：如果只是从所读的书里学习思考，就不过是个学究。要把所读的书看成一个"外部事物"，更要从一切自己所介入的（遇上的）"外部事物"（包括遇见的人）中思考，用于被思考的东西远远不仅只是文字，而是由于我们介入而感觉和感受到的一切因素。"扼杀一个人自己的思想的最为安全的方式，就是总是捧着一本书在阅读，别的什么都不做。这种现象解释了为什么博学的人与出于自身聪慧的人比较，是迂腐迟钝的、没有创造力的。"② 因此，"有学问的人活在书页之中，而天才的思考者活在大自然这本书中，正是由于有了这样的天才，世界才被唤醒，朝着更加仁慈的方向。一个人应该拥有的思想，就是生活的真相。"③ 阅读，就是去理解，这是一种必要的麻烦和危险的思想陷阱，在这期间就是用别人的脑子代替自己思考。如果一本书给读者指出了错误的方向，怎么办呢？如果是一堆貌似思想其实不过是精神的垃圾呢？它们在效果上难道不啻于将原本有聪慧潜质的大脑"烧坏了"吗？要特别警惕这样的书：一开始就声称自己握有真理，就像要在现实生活中远离那些总是自我表扬的虚伪傲慢之人。要关注那些从第一句话开始，就能拉近读者与作者距离的书籍：这样的作者往往并不会刻意讨好读者，而只顾埋头思考自己的心思。

如果你不是通过阅读别人的著作，而是通过自己的思考发现了别人的书里已经写过的"真理"，你不但不应该感到沮丧，而是应该为自己感到自豪，因为它是你独自发现的。同样在读一本名著时，一时兴奋写出自己的心得，而在对此书的继续阅读过程中，竟然发现这些心得正在被该书作

---

① Arthur Schopenhauer, *The Essays of Arthur Schopenhauer*, [德] 叔本华著, [德] 桑德斯译, 世界图书出版公司 2011 年版, 第 248 页。
② 同上书, 第 249 页。
③ 同上。

者以相似的句子加以阐述,这给你以自信:你也是聪慧的,而且读进去了。这种心领神会的能力,是阅读的第一要义,它使"真理"成为你的精神血液的组成部分,再也不会遗忘。真正的思想,就是由这样活生生的思想组成的。所谓活生生,就是说,不做作。

只是记住了名人名言,不算真本事。名言说得再好,也不是我说的,况且名言已经"被完成了"。如果我有能力用我自己的独立思想对名言做批判式的理解,生育的就是我自己的思想之子——我当然更爱我自己的孩子,因为它是我亲生的,这是出自作为人类一员的我的天性,我绝对不愿意用任何公共性取代我的这种私人性(用海德格尔的话说,这叫"亲自在场"或"此在"),否则人类每个个体的幸福都将不复存在,因为每个人都只是他自己。我和我自己的关系,自然朴素、赤裸裸、原汁原味——无论是善良、邪恶、无聊、丑陋、智慧、愚昧,都是我自身所携带着的个别因素,它们之间相互冲突几乎到了互不相识的程度,但它们之间又相互转化此伏彼起,甚至相互之间成为匪夷所思的互为因果关系,但是这些因果关系不具有公共性,它们只在我自己的心里是成立的,成为能慰藉我的心灵的东西,在别人那里根本不可能有这样的作用,在这种情形下无论我如何向别人解释,别人都不可能有切身的理解。聪慧的直觉能力强的人,能看出我心里高兴或郁闷,但即使别人是一个旷世奇才,也不可能猜中我此刻高兴或郁闷的细微原因,因为这些原因转瞬即逝,就连我自己都不会分析它们的根据何在,因为一旦我进入分析问题的状态,我的兴高采烈,就是另一种性质的了。所有这些灵活机动毫不做作的细微之处,就是一个人区别于他人的本性。

这个本性肯定是一个活物,它只与自身和谐一致,这是令人产生真实感的情形,与这种情形相悖的是一切预先已经安排好了的情形,它只设定一个总的初始命令及其该命令之下的各项程序,然后就是绝对重复的自动运转,它是非人的,就在于它不犯错误、排斥例外,从而不是一个真正有生命的活物。

思考"和谐"(harmony),和谐并不是同一性,而是差异因素融为一体的瞬间相互享有,但这种情形并不只是能发生在固定的两个个体之间,谁与谁之间会有相似中的共鸣因素,在哪一点上共鸣,是极其微妙的、难以捉摸的、可遇不可求的,因而是罕见的、宝贵的。它需要有一双善于发现的眼睛和紧追不舍的毅力。它甚至是人活着的希望和根本理由：痴迷与沉醉的能力，就是与一个不是自己的他者之间发生的罕见相撞，只要人还活着，就永远有这种相撞的可能性，它需要智慧与勇气，还要有那么一点儿运气。任意两个点之间都可能发生精神与物质的连线，因此，我们要想那些还没有想过的事情、要去那还没有去过的地方、见那还没有见过的人。

一个人确实读了大量的书，却也确实像是什么都没读过似的——这可能是思考与写作之前的最好状态：不是虚无的"虚无感"，在这样的精神状态下自由想象、自由发挥，凭借的是迅速而准确的洞察力，这种精神状态及其诞生物都是活生生的。怎么判定是否处于该精神状态呢？很简单，是否处于渴望或想要的状态，似乎除此之外别的什么都不想。这很像是尼采曾经说过的，从一颗有冲劲的有生殖能力的思想的种子，在生长发育成为精神的参天大树的能力，这个过程越迅速，精神的繁殖能力就越强盛。这个思想的种子，就是"属于我自己的思想"。

"有些人耗尽一生去读书，从书籍中汲取他们的智慧，这就像是从到过某个国家的许多旅行者那里打听到有关这个国家的确切信息。这样的读书人对于这个国家，也能讲出很多东西，但是他们毕竟没有亲自接触过这个国家，就不会对它有亲知，而那些以思考问题的方式度过自己一生的人，就很像上述的旅行者，只有他们自己知道自己正在谈论什么。"[①] 为什么靠自己思考的人可以类比为去某个国家的旅行者呢？因为是自己亲自思考，就像用自己的双脚踏在它国的土地上面。亲自就是直接，没有中介，它包括了一切私人体验、我的直觉、我的自由想象、我的自由意志、我的即刻反应，它们是最原初最直接的思想行为，如果直接化为写作行为，它就形成了我的书写风格：它不是装出来的，它活出它自己，在变成一本书的时刻，就相当于思想博物馆里的一件展品，一件不考虑读者如何评论自己的艺术品。亲自思考，就已经相当于在实践，它包含一切物质实践的要素和效能：兴高采烈、悲痛欲绝、无聊难忍、义愤填膺、含情脉脉，如此等等；亲自思考，就是带进自己的感情去思考。我在思考直接化

[①] Arthur Schopenhauer, *The Essays of Arthur Schopenhauer*, ［德］叔本华著，［德］桑德斯译，世界图书出版公司2011年版，第251页。

成写出我的思考,这又直接化成我的生活方式本身,仿佛其中有我的眼睛、双手与双腿。亲自思考也像旅行者那样是直接触及事物本身。

独自或亲自想问题,但不要将自己的心思强加给别人,让别人接受,如果别人不接受,就惩罚别人,这强加于人的人,在这种情形下,就是一个坏蛋。纯粹的思想家从来就不是这样的坏蛋,坏蛋思想家是一个把思想与奴役他人的政治联系起来的人、是一个不允许别人公开与他辩论的人、是一个不道德的人,因此也是一个没有真正而纯粹的哲学头脑的人。

叔本华批评只是博学而缺乏独自思考能力的所谓"哲学家",这使我不由想起我们中国人评价一个学者有水平的传统标准,比如"精通很多门外语""旁征博引,历史典故随手拈来""文章没有一句话没有出处""记忆力惊人",这些标准不过只是有助于独立思考的工具,而不能自动等同于独立自主思考的能力。但是,令思想者尴尬的是,如果没有这些"工具",我们的学界会自觉不自觉地压抑"独自思考的能力"——为什么呢?因为不好判断,判断失去了标准,这可能与中国极其悠久的科举考试的传统之间,有密切关系。一切考试的本质,都暗自制定了规范,它与思想自由之间存在着天然的冲突。虽然考试是必要的,但有可能扼杀了天才,为什么呢?因为考试是有形的,而天才是无形的,属于看不见摸不着的才华,就像读书通常要固定一种姿势或位置,但思考却可能随时随地发生,无论我们手头正在做着看上去多么与思考毫不相干的事情,我们都具有总是在专注地想着某件事的能力。当然,人在想问题时与钟表指针的方向并不一致,也不是按照事先规定好的顺序想完了 A 事情再想 B 事情,而是把一切都混淆在一起,并且时常会被突发的事情打断。无论人身处何种物理状态或与何种周围环境接触,人在心理上总是处于专注与走神之间,而走神之后还能返回专注状态。其实,走神式的专注就是专注的实际过程,就像思念某个人,会想到与他接触时候的方方面面、各个角度,它们都是走神但片段印象的连接形成了这个被思念的人的整体形象。如果整天只有一个念头,这就不叫专注而叫作强迫性神经官能症,它令人痛苦异常因为它没有发生念头转移的情形,换句话说,专注是通过念头不断转移镜头而实现的,就像任何一部电影的初衷,肯定是想抓住观众的心,但一个半小时的镜头不能只盯住几个人吃饭的场面而不转换成别的镜头。如果只盯住这个场面,会使观众感到无聊得要发疯。当然,这个场面还有一种可能性，它甚至是艺术的，被称为荒诞，就像小便池放在庄严的博物馆里就成为颇有创意的艺术品。本来应该只出现在某场合的东西，却极不恰当地出现在另一个场合，这种场合错位的情形，会引起人的思考、发笑、甚至震惊，它拓展了艺术的界限——在一种可能性终结之处，另一种可能性才刚刚开始。

事情的本质、天性、事情本身已经发生在我身上了，它们不知不觉地改变着我，使我的心态时而这样，时而那样。它们的生动，就在于我不要将它们当成我可以抓住的对象，不要以整体的眼光判断它们是什么，因为当我说它们是什么的时刻，就等于我处于它们之外而不再活在它们中间，这就等同于我把一切都停顿下来了，因而是一种虚假的状态。所以，语言可以分成两种：1. 静止的语言，它的用处，在于清楚明白的交流，却也是反复发生的形式上的交流，它只有交流的框架而缺乏真实变化的内容。2. 动起来的语言，它是在空洞的表达形式之中的真实内容，但只有在微观差异的意义上，它才是真实的。由于它承认自己已经活在时间之中，它所使用的描述词从来就不是字面上的意思，其真实的含义有待于它与将要发生的别的词语之连接，就像一个"工"字可能连接工人、工厂、工作——类似这样处于活跃之中的思想或思绪，或急促或缓慢地发生在我的身上，成为我的亲自性，如此这般和那般地亲自思考与亲自写作状态，所谓娓娓道来，即在时间之中变化着词语、连接不同的词，使同一个词具有不同的含义，其中的焦虑与才华、机遇与挑战是同时的，就像永远处于复杂的初始时间状态下（即使我们永远处于时间之中），就像永远走在思想的十字路口。也就是说，选择权永远在我们自己的手里，在任何一个瞬间都可能改变主意，驶向别一个方向。焦虑在于：选项繁多而时间有限，十字路口的红灯马上就要变成绿灯，此时此刻，形式的礼数变得毫无意义，最重要的是要有敏锐的直觉能力。直觉根本就来不及收集更多的判断依据，但直觉的天然优势，在于它始终直接处于事物的内部，当我们专注、沉浸其中的时刻，就是直觉在工作的时刻——我们不要从中跳出来成为这种沉醉状态的旁观者，进而去判断这状态的所谓意义之类，这些判断是静止的（由于观察的身份是处于某一视角的旁观者）因而是虚假的，因为此刻我们已经不沉醉了。

"动"是保持沉醉状态的前提，我们不要问什么是时间但要时刻提醒自己——时间在自己身上时刻都在发生作用,这作用就是我们只有在保持变化状态的情形下,才是真实的。我们可以把每个时刻都当成会产生创造性思想的关键时刻,因为这是实情,就像"因为"这个词可以用在看似没有因果关系的两个因素之间,我们可以自主地创造这样的关系,而且不止一个。这动起来的思想不仅是原样的思想形态,它同时是艺术的即美的,但它从不自夸自己很美,它只是显现自身的美。

在无所事事的时刻,为什么人会感到无聊难捱?因为这个时刻就只剩下了生活的空壳子,只有钟表的指针在滴答作响而我们手头没有被任何事情所占据—暂居。有事可做就是在消费时间,劳动不是谋生的手段,劳动就是生活—生命本身,不劳动状态和死态是等值的。可以把工作本身当成一种消遣,在心满意足的写作过程中,获得了和消遣一样的快乐心情,它是一种积极主动的、有品位的高级消遣,因为其中有自己参与和创造的才华,它可以说是只有极少数人才有能力享有的最为奢侈的幸福感,众多浅薄寡味的庸常之人理解不了这样的幸福感受,反而可怜这些整天埋头写作的人,视之为无趣。

在从事自己喜欢的工作时,心情处于喜悦所带来的平静之中,心无旁骛,没有时间去思考自己的不幸。我这里不是指轻松,也不是指看一场精彩的篮球赛时会有的替别人担忧的紧张感,而是说在写作中的紧张感是令人愉快的,就像人类在创造新生命时虽然累的大汗淋漓,但是却欢喜异常,看别人创造奇迹远不如自己亲自上阵去创造奇迹,这就是活着的本来意义,就是说要有困难,克服困难的目的并不是要消灭困难。这不是给自己找麻烦,因为生活本身就是麻烦的。反正都是麻烦,于是我们宁可去寻找自己喜欢的麻烦,而"喜欢的麻烦"就是"喜欢"一词活动起来的结果,它拓展了"喜欢"一词的含义。

不是喜欢之后的麻烦,而是喜欢本身就是麻烦的,就像有的忙乱是灵感降临太多,使得卢梭应接不暇。但是自己高兴起来也是有条件的,它可能是由于突然想到了以前快乐的事情,或者突降一个写作灵感,这两种情形都表明,大脑和心灵都处于活跃状态下,非常有利于好心情,它要灵活而不要死心眼。对于一个思想者而言,阅读永远是重要的,它相当于去感触去遭遇,卢梭成名作《论科学与艺术》是由于读到了征文的题目。仅凭题目?是的。善于阅读者不在于读到了什么,而在于如何理解所读到的东西。灵感来自自己，在读物中并没有写。阅读就是去消化，消化的过程，就是你认为自己读出来什么意思，这个"你认为"是没人能管住你的。

　　自己的独立判断，它在自己心灵中位居首席，可叫它"精神王子"，它是真正的"我认为"，紧接着的一切谓词都是自己自由意志的产物——人是自己的君王，但这种自主性即至高无上性只对自己是成立的，它尊重作为一个纯粹他者的他人，但是在这里，"尊重"和敬佩乃至喜爱，暂时并不存在过渡关系。"尊重"是一个原则，即它具有法律意义：我与你之间互不干涉、互不强制，在这个意义上尊重并不排斥蔑视，只要在蔑视的同时我并没有在法律底线上越过"尊重"的原则。法是必要的公正，它是清楚明白的，但是返回判断时，就用自身的视角"我"理解法律，这就出现了有益的相互冲突的情景，没有普遍性，"我"的权利就得不到保障，但我珍视我的权利的最好方式，则是在以上"尊重"原则下"活出我自己的价值"。我承认为了世俗生活的安定必须让渡出自己部分的世俗自由，这就是遵守社会规范，但精神自由是绝对独立自主的、无法让渡的——甚至在这一点上法律与智慧之间在"我愿意"的表述中达成了永久的自由契约，它规定了看不见的而又实实在在的元法律与元道德，它看似没有感情却有着最为深邃的感情，就像天才哲学共有的目光。

　　于是，康德"哥白尼式的哲学革命"的清晰表述，就是每个人都同时是自己的神。一方面，众神之间要订立尊重各自权利的元法律与元道德，它要成为每个人心中的道德律，敬畏它要像敬畏天穹那样。另一方面，它对个人精神的自信即自主能力，提出了绝对高的要求，如果你天性懒惰，就想当精神奴仆，让别人替你做主，那么这场哲学革命要么尚不存在，要么尚未完成。参与哲学革命的每个人都是理性的，不随波逐流、人云亦云。判断一个社会是否成熟的标准也是这样：它不统一、没有主流，留给个人最大的自行其是的精神空间，公平正义的法律保障实现这样的精神空间。

　　爱智慧需要爱的能力，这个能力最终落实为你要把自己的思想写出来，并且在读者中产生共鸣，这是至关重要的，否则你就只能与自己结婚了。这又是一种悖谬的情形，出色的作者并不是为读者而写作的，但却只是由于获得了读者的高度认可，他才是出色的。叔本华没有注意到"悖谬现象本身"也是清晰的，他没有从对于"充足理由律"的批判中显露悖谬本身的价值。但正是叔本华开启了 20 世纪意义上的人生哲学，后来者如萨特，明确指出了"我"是我自己的他者，即我是我所不是的东西。确实，这是荒谬的，但它是真实的荒谬：任何一个概念都不能从自身的定义中得到澄清，它的性质是在与其接触的任意别的事物中得以揭露的，这些别的事物，在时间上朝向尚不可知道的未来，在形态上显现为可能性，一切都处于漂泊着的偶然状态之中，在它面前人人平等，没有人能逃脱掉如此带来的焦虑状态，这就直接进入了人的内部，它是心灵问题而不是单纯的生理问题。

于是，我有一个极其复杂的我自己，只有在与他者相连接的情形下，才表明我具有创造能力。没有这样的能力，自主就是一句空话。于是，一切都变得复杂起来，词语不再是字面的含义：孤独意味着与有异于自身的任何因素接触，因而独处者并不孤独。反之，缺乏深有感触之能力者，即使身处闹市也会倍感孤独。但孤独的含义在随时改变着，我马上意识到它是一种幸福，因为孤独意味着瞬间自由接触任何事物的可选择性，它具有不受约束的可能性，因为它有赖于丰富的内心生活即想到的能力，而想到并不一定意味着真实经历过，如此等等。对于不爱思想的人来说，解释概念的思想活动本身，一点儿意思也没有，但我能在孤独中觉得生活是有意义的，却时刻离不开我在思想——无论我的身体处于何种状态，无论我的身体活动与精神活动显得多么不协调一致。虽然我快乐离不开我在思想，但是，思想本身并不是我快乐的根本原因，还需要纯粹思想之外的其他物质元素。

此刻，我在思想，做这种状态的现场直播，它无比广阔，遥远又近在咫尺，就像萨特在小说《恶心》中描述过的，有点黏糊糊，但其实是一种挥之不去的思想气氛，在它流畅期间，我心里有某种说不出的甜蜜感。在思想卡壳的时候，有一种不知道向哪个方向走的焦虑，这是萨特说的吗？其实是我说的，但其中肯定有萨特的影子，无必要去考据，考据会破坏现在的思想流畅之气氛，什么都要有一点，我是说思想镜头最好在最高潮的时刻转换，因为后面的念头我已经知道了，观众和读者也知道，因此就是重复或者衰落的开始。最好每个句子都有点意思，连接起来不但会形成新的意思，还会制造思想的悬念，念头太多了，就会不知所措，所以要专注，即无论是思考还是写作，一次只能处理一个问题，可是虽然它们是排队的，但是思想的道德不但允许插队，而且只有插队才会有新的思想情节与故事，不要阻止天生的越轨倾向，因为越轨制造新的意思。思想和生活一样，得处于有意思—渴望—想要状态，至于此刻是否在独处、年龄性别如何、是否有生命危险等，并不是最重要的，因为这些因素是人人不学就有的，但创造精神财富的能力（有意思—渴望—想要的能力）就是另一回事了。

我在思想，当我把想法写出来的时候，与我自己说话就是与别人说话——卢梭的《一个孤独的散步者的梦》就是以这样的方式写出来的——最重要的思想是在独处时的奢侈而多余的思想，因为与书面语打交道，在性质上天然就比与人说话要深刻得多，因此讲课与听课，不如写作与阅读的效率高。做一个现代哲学家，读与写可以就是其学术生涯的全部内容，而听与说，或者生理学意义上的耳朵与嘴巴，与敏感的内心感受相比，是不重要的器官，或者说是思想器官的外在形式，但文字不是，文字的字形一点儿意思都没有。与欣赏画册不同，读书不是去欣赏文字字形的，而是琢磨品味词语句子里的思想韵味，因为没有口音的陪伴，精神反而更加纯粹、超越时空，可以被任何时代的人反复阅读，从中产生的敬佩是针对思想本身的，似乎写出那思想的人的"物理状态"及其命运，不过是思想本身的副产品，读者先是仰慕一个哲学家的智慧，才对其生平有兴趣，这种"从天上"的兴趣所导致的"对人世间"的兴趣，使得哲学家比任何时代的政治家、军事家、科学家都更为神秘、神圣、奇怪，难道不是吗？那能够看透一切的先知不是神仙、天使、魔鬼，而是一个与你我有着同样世俗需要的血肉之躯。这是令人震惊的，因为这血肉之躯与其思想之间没有因果关系，进一步说身体甚至成了思想力的负担，就像写出《追忆似水年华》的普鲁斯特那样。

精神与身体不成比例，就像以思想为职业的哲学家其实没有传记。读哲学家的传记纯属消遣，读传记是读不出一个哲学家的，得读其作品。

阅读与写作都是默默的，没有动静。写出好作品的动力在于自己死后仍旧会有人阅读、给人以启迪，自己的精神事实上得到延续进而"不死"是可能的；阅读好作品滋养的首先不是感官而是心灵，奇妙的是，丰富深刻富有情趣的心灵能改变一个人的容颜，人们会说：这是一张读书人的脸。"白面书生"的说法,含有对纯粹精神生活的轻视,它只看到了世俗权力的力量而忽视了独立与自由思想之力量,于是人们就轻视一个沉默的孤独的不合群的人,检验一个社会的文明程度,就要看这种人是否不被排挤甚至能活得很好。

阅读与写作都是默默的,没有动静,此时此刻,享受着"不在场"的感觉。不要嘲笑作者用自己并不熟悉的语言,写出自己也不知道的东西,因为一切新思想都是如此创造出来的:失去了方向,在某一位置又不在某个位置,位置无法确定,这就是"我不知道"的意思,但是它有别的意思,尽管说不出来,但是感觉很好,这种情形人人都经历过。言语不通,并不会影响到心有灵犀,它们是感受的"奇点"。

在"奇点"处,发生了古怪的不可思议的事情,它极其稀少,我指的是一切类似脱离正常心智注意力辐射范围的思想感受,在这个意义上,"奇点"的效果,就是德里达所谓的"解构",它由近而远,自发地越过了正常心智的轨道,走到了令我们感到陌生乃至震惊的领域,它们是在场中的不在场,或者虽然不在场但确是真正的诱因,它们是感受的黑洞。此时此刻,速度是获得真实感和创造性思想之最为重要的要素,因为停顿下来就等于回到了日常心智的结构之中,"奇点"或者鬼魂就消失了、不见了、溜走了。

这样,就接近了本真的历史时刻,它揭示出表面看一切都在重复,但事实上"奇点"无处不在,就像人的眼睛看不见的光线起着更为决定性的作用,不平凡的人用自己的"心灵之眼"思考,而并不单纯相信眼见为真。这就是心智成熟的过程,它类似于人类发明文字的过程,最先出现的是眼睛所创造的象形文字,然后才有眼睛"看不见的"提供给心灵"阅读"的字母文字或具有观念性质的文字,再后来,就是20世纪德里达发明的"延异"的或具有自行解构功能的语言,它不再重复与对应,它每每灵活地表明自身可能是任意联想到的别的意思、念头、形象、魂灵等。它是不可定义或不可预先限定范围的,它是感染心灵的能力并因此具有难以捉摸的神秘力量。

奇点和解构,都把目光盯住精神的细节,我们活在细节之中,就像活在瞬间之中,总是当下即总是细节。细节能影响终生,终生都关注细节的人,才具有创造性智慧的潜能。

无论是巧合还是影响，尼采的名言"同样的事情永远回来"，叔本华也有的表述并先于尼采："历史只是相似的事情不断重复发生。"① 这就是思想的细节，但还要更细，其实"重复发生"只不过是个形式，内容肯定随着时间场所不同而差异万分的，现在的手机，就是古人的马车轮子。这是思想细节中的细节，叔本华嘲笑句子里面套句子的写作风格就像大盒子里面还有小盒子，叔本华是不对的，如果大盒子里面确实有小盒子的话，就得用魔术师式的写作方法，不可以让读者事先猜到下一句话究竟是什么，就像看悬疑电影一样，惊险刺激。叔本华用另一种方式表达了同样的意思，我变一种表达，说他大致的意思：每个人的一年，都是365天，但是对于你来说，每天和每天发生的事情并不相同，或者说你可以自由选择每天与每天之间的连接方式，这个方式不是命定的或天上早就写好了的，正是这些复杂变化着的组合方式，使生命显得生动有趣。②

化为思想力的细节，就是敏感的精神，它不是从已知到已知，而是从已知推测未知，与"莫须有"之间建立起"莫须有"的联系，怎么联想都可以，是自由联想，不要害怕想到什么，就怕你没有能力想到。自由联想要借助于比喻。此刻，精神的才华就体现在何样的精神原子（复数的）之间建立起精神连线，这有赖于兴奋点和专注的方向，传统文化是保守的力量，精神要想有所作为，就得克服保守与懒惰。

两种不同事物（男女、两种不同性质的文化、两个不同学科领域等）之间的相似性而引发的联想与行为的效果，将创造出一个崭新的第三者，即使这种相似性是假的，并不影响"第三者"的精神质量，就像一个不懂汉字的西方人只要看见一个汉字的形状，就等于进入了异域，心里会想：原来文字还可以是这样的啊！于是，他产生了非同凡想，反之中国人在接触西方文明时，首先要激发自己的惊奇感，仔细观察它如何处理相似的事情（例如父母与子女的关系），尤其要注意细节上的不相似，以便提醒和启发自己：原来还可以那样啊！美满婚姻生育聪慧的孩子，这个第三者摄取了父母亲的优点但是诞生了一个独立自由的新人。相互感染，这就

---

① Arthur Schopenhauer, *The Essays of Arthur Schopenhauer*, ［德］叔本华著，［德］桑德斯译，世界图书出版公司2011年版，第256页。

② 同上书，第256—257页。

是人类文明的发展史。

"就隐喻与相似性在借助于已知的事物理解未知的事物中的重要作用而言，隐喻与相似性具有巨大的思想价值。"① 不顾两者之间的巨大差异，它们之间总有细微的相似性，相似性是各种隐喻与明喻的精神实质内容，就好像"以己度人"是人无法避免的天性，对于这个事实，我们不能用"它是主观的"就将它轻易打发掉，因为它同时也是思想事实，就事实而言它又是客观的。当"相似性"来自我的想象而没有事实根据的时候，该"相似性"的另一个文学术语，就是"比喻"——虽然事物之间不是事实上相同，但我们用这样的方式拉近彼此的距离，将它们变异为自己认为能感触的东西，以便有亲近感甚至爱它。男女之爱就是彼此感情的相似性。智慧是爱出来的，因为从已知或爱意出发，使原本陌生的他者与自己的爱之间产生共鸣，这叫作从无到有，换成哲学思想，也是唤醒那些与自己有共鸣的思想，以剔除的方式寻找心目中的思想情人，有一个非常简易有效的方法，那就是要对所阅读的东西立刻发生兴趣，而不是为了考试的分数建立起勉强的兴趣。实施这种情趣的过程有曲曲折折的感触，从中培养起自己的追求能力，能力最终化为自己精神的一部分，是不会"忘记"的。

去寻找与自己的思想之间有"相似性"的思想，无论是生硬的还是柔软的相似性，就让它们没完没了，直到获得了完全的品味，再轮换为下一个相似性，在这单纯、双重、多重的过程之中，新的思想被创造出来，但它和我们的兴趣是同一个过程的两种说法，就像萨特和德里达都以文学的手法写哲学书，哲学书既然可以像他俩那样写，为什么不可以像我这样写？可以像我这样写！

叔本华同意我的说法："因为观念是通过忽略两个事物之间的差异而连接两者之间的相似因素而建立起来的。"② 德里达的"解构"，也是说由于时间的作用，某 A 并非像传统所认为的还是以纯粹的 A 出场亮相，实际亮相的是与 A 有相似关系的任意 X，就像赫拉克利特的名言："人不能

---

① Arthur Schopenhauer, *The Essays of Arthur Schopenhauer*，［德］叔本华著，［德］桑德斯译，世界图书出版公司 2011 年版，第 258 页。

② 同上。

两次踏入同一条河流",这是精神领域里的显微镜。由于有爱的因素浸透其中,"相似"的思想效果就是冲动过程中的流畅,可以叫作一气呵成的逻辑,无论在这个思想过程中如何拐弯抹角,它们是引人入胜的雄辩。爱不是自恋,智慧也不是自省,爱智慧,是与某不同于自身的他者因素之间,建立起相似或共鸣关系,而它们之间原本没有关系,是绝对陌生的。

叔本华明确了以下的判断:观念不是纯粹的,含有异己因素,蕴含着相似性的关系,也就是隐喻性。尽管柏拉图有关于理念的著名的洞穴之喻,但他没有叔本华的上述论断,他认为理念是永恒真理,没有像叔本华那样将时间因素引入观念领域。不仅如此,叔本华还打破了哲学—宗教—文学之间的疆界,暗中揭示了三者之间的相似性:它们是朝向不同关注方向的同样的纯粹感情,它们的庄严性不亚于纯粹的科学。这里所谓纯粹,就是爱该事物本身,不需要借助于任何中介因素(事物本身之外的因素)。

以上说"文学",重要的是取其诗意,这又是"非柏拉图的",它不但允许哲学甚至科学中的虚构,而且认为虚构是它们创造性的来源。隐喻是诗与思的共同源泉,隐喻的关系越遥远,智慧的启迪就越加深刻,第一个哲学家泰勒斯说"世界起源于水",它同时是诗(隐喻)与科学思想(蕴含着之后的"原子论")。他又表明构成西方哲学本体论核心的"being"的真相,是"和"或"与"的关系,若不在两个原本陌生的因素之间建立起新的关系,就不会产生任何解释与理解,进而就不会产生思想。

当哲学家在事物之间建立起相似性的联想时,已经自动包含相悖的思维方向,即貌似相似的事物之间是有差异的,因此一切相似都是差异中的相似,在这个意义上"纯粹"一词容易引起误解,以为它指得是要素单一或单义,所以要用"复杂"补充"纯粹"一词的含义,思想就是在这样的词语替换过程中有所进展的,但它们不能是同义词之间的替换,思想创造的细微操作方法,就是在不同因素之间,建立起貌似相似实则差异的关系之能力。若是没有差异,思想就不可能有真正的进展。"亚里士多德也注意到,一个作者最重要的是拥有隐喻的能力,因为它是一种天赋的能力,是天才的标志。"[①] "一个人的身体只消化它喜欢的东西,同样一个人

---

① Arthur Schopenhauer, *The Essays of Arthur Schopenhauer*, [德] 叔本华著, [德] 桑德斯译, 世界图书出版公司 2011 年版, 第 259 页。

的心智只保留自己感兴趣的东西,换句话说,是那些适宜自己的思想体系和生命目的的东西。"① 也就是说,爱思想像爱吃的饭菜、喜爱哪一种人一样,也是有选择的,选择的标准出自个人的天性。在这里,上述关于隐喻的话题,无形中转变为精神风格的主题,它很像是注意力或者意向性的切入点,这个"第一次"一旦切入就化为了长期的思维模式(例如古代中国的数学与几何学,不同于西方的欧氏几何公理模式),这个模式在普遍形式的面罩下其实是某种被普遍化了的个性精神延伸的结果。但是,思想风格之间并不是命定论的关系,它们可以因相互爱慕而结合,生出第三种风格,就像一个人似乎变得别人不认识了,其实那仍旧是他,不过我们从来没通过那个视角观察,进而显得惊愕。

思想力也是思想的倾向性,就像真正的爱是热烈的偏爱,博爱等于一个都不爱。作为理念或者理想,平等、博爱就像全能的神一样是人类的信仰,我们相信每个人都因偏爱(爱情是典型的偏爱)而拥有真实的幸福,但奇妙的是,偏爱与博爱之间并不存在不可逾越的鸿沟:当我们知道每个人的幸福都来自偏爱,当我们从偏爱的圈子中跳出来作为偏爱的旁观者,当我们喜欢人人都具有的偏爱,我们的精神就升华为理性的态度,也就是博爱。博爱就化为一种政治道德法律领域里的公共规则,尽管作为公德它略显不真实和冷漠,但我们从中提取的是其精华,就像尽管汤药是苦的但必须喝下去,因为若是只有偏爱的冲动,人类会死得更快些。

既喜欢偏爱,亦喜欢博爱,尽管在两者之间有着天然的冲突,但它们不是战场上的敌我关系,没有必要做非此即彼的决绝选择,所以萨特说,人的真理在自己所不在的场所。

以上也传达了真实的思想过程,像是举轻若重。从"轻"到"重"之所以可能,是由于它们之间有绵延无尽的相似性,从涓涓小溪到小河大江,以至于终于排山倒海势不可挡,经历着从单纯到复杂的过程。从表面看,它是一个透过简单的表达看出其中蕴含着极其复杂的思想之能力;用学术术语,它就是德里达所谓的"解构",它涉及哲学最为诡秘的时间问题,而在思考任何哲学问题的时候,一旦不考虑时间因素在其中的"腐

---

① Arthur Schopenhauer, *The Essays of Arthur Schopenhauer*, [德] 叔本华著, [德] 桑德斯译, 世界图书出版公司 2011 年版, 第 259 页。

蚀作用",就不会是有血有肉的讨论,就只能像"空中楼阁"那样没有基础,没有实事求是。一切学术上的争吵,只是在强调某"偏见"的价值之意义上,才是合理的,就像球迷必须以参加比赛的某一方的拥戴者的身份欣赏比赛,那一招一式才显得精彩有力,就仿佛自己也亲自参与其中了似的(智慧是爱出来的)。换句话说,尽管空中楼阁与有血有肉看似势不两立,但缺一不可,其中的任何一方都有出彩的机会,所以一切精彩都是暂时的,彼此之间是轮转的关系,这两种不同性质的美丽,我们都需要,叔本华这样的大智慧者竟然没有看穿这一事实,他对人生持悲观态度,可见智者千虑必有一失。

"对于任何一本重要的书籍,我们都至少要阅读两次。理由之一,在于第二次阅读时,我们能更好地理解书中不同部分之间的关系,只有在知道了一本书后续部分的情况下,我们才能更好地理解该书的开头部分。理由之二,在于我们在两次读同一本书的时候,心境与情调都不相同。第二次的精读过程中,我们从每个段落都能收获新的观点从而对全书有了仿佛在另一道光线照耀下的某种不同的印象。"[1] 这是善于读书者的经验之谈,亲身体会。其中的道理,不仅适用于读书,而且适用于观察"同一个人""同一个事件"以及第二次做某件"同样的事情",我之所以加上双引号,是因为只要有灵动的心思或发明的心理,引号里的"同样"就是不同样的,其中的差异性是"意义"一词的真正含义,它涉及时间但时间在这里指表现为事情呈现的方式,而我们是作为当事人(表面上似乎是旁观者)的身份沉浸其中的,即以上叔本华说到的"心境"与"情调"的改变,它们既是时间问题也是沉浸问题,在这里,时间与沉浸(或者说"感受")合二为一,两者其实是一回事,当然由于是亲身参与了创造过程——阅读好书与观赏自己喜欢的东西之过程,会不由自主地"误以为"自己也是其中的一份子,忍不住与之同悲同乐、品头论足。就是说,我们既在从事某行为,也知道自己正在从事某行为,就像既是当事人又是旁观者一样。在时间流逝之中,我们在这双重身份之间自由转换。

会说的不如会听的,为什么呢?因为倾听者有更多的时间去想象所听

---

[1] Arthur Schopenhauer, *The Essays of Arthur Schopenhauer*, [德] 叔本华著,[德] 桑德斯译, 世界图书出版公司 2011 年版, 第 259 页。

到的话语，而说话者的时间太少，只考虑被人家听懂，而无暇胡思乱想。同样，同样一个人，他的著作或书面语的思想之深刻性，要远远超过他在课堂上的讲演。这是因为"一个人的著作是他心思的精华，即使他的演说能力非常强，他的著作之价值，也远远超过了他当中的讲话。"① 这确实是一个细节：当我们有某种心思时，把它写出来与将它说出来之间，两者并不是一回事，而是有着微妙而本质的差异。"媒介即信息"，文字与说话，是信息两种不同的载体。在"言尽意"方面，字比言的能力更为强大。不能一概说，口语是生动活泼的而文字是死板的，因为事实上文字可能是深刻而活泼的，口语却是老调重弹而暮气沉沉的。一个人的文字能力确实比他与别人的交谈能力更能体现他的精神本质，这在卢梭身上体现得最为明显，只有躲在人群之外去写作，才能体现卢梭的价值，而在人们面前他几乎就是一个无用的人、毫不起眼、没有社交和办事能力。

　　文字是精神的精华，说话则是精神在反复"啰嗦"。文字的精华何在呢？这很神奇，就在于似乎混沌的心思一旦直接化成了文字就变得清晰了——我说"似乎"，是说心思在这个刹那间的"混沌"只是表面的，在这个瞬间心思只有一个"出口"即文字，于是众念头要想诞生或者出来，就得排队，只要排队就有了秩序，但这个秩序极其复杂，因为它的前后左右的关系是心思即时创造出来的，类比和隐喻的情形不可避免，于是有了一词多义等现象。于是，文字既"固定了"又变化了瞬间的心思，就像过去、当下、将来三者之间的相互蕴含关系一样。文字的神奇还在于，它不仅比心思更文雅而且能表达出超越心思所能想到的意思，在这个"神来之笔"的时刻，写作者自己也不清楚自己的才华来自何方，他掌控不了自己内心和笔头之间的相互适应关系，甚至会出现比常规相反的情形，即笔头比心思还快，心思刚刚冒出一个词语，而在笔下这个词语就像一颗种在文字土壤里的种子，能迅速生长出更多的文字，令作者本人十分吃惊，因为并没有事先的酝酿过程。如果心思是文字的种子，那么文字就是心思在"开花结果"，但神奇的是一旦动了笔，写出来的文字自己就变异为新的种子而心思不再是纯粹的了，因为此刻心思是用文字代替自己思

---

① Arthur Schopenhauer, *The Essays of Arthur Schopenhauer*，［德］叔本华著，［德］桑德斯译，世界图书出版公司2011年版，第259页。

考，文字能力代替了心思能力，但文字毕竟不能完全还原为心思本身。尽管文字和心思都不实事求是，但作为精神媒介，文字远比心思更为抽象，因为它是纯粹的无中生有的发明，这里所谓抽象，是指文字所表达的意思是世界上原本不存在的东西。文字促进了心思的理性化与复杂化，而不是相反，因为就像俗话说的，"是骡子是马得拉出来遛遛"，要证明你不是瘸子你得走几步让我看看，你说你有思想，你得写出来。也就是说，写作与阅读，比与人交谈，更为高雅。同样道理，孤独而能保持快乐的人，比合群的人更为高雅，因为孤独的人创造独有乃独享的快乐（并不在意出名与否，别人欣赏与否），而合群的人只是从相互抱团取暖中获得快乐。

第六章 空虚的哲学

一 空虚感的价值

传统哲学,从"存在"出发,一切概念,原本都是被创造出来的,但传统哲学既然到处都被这些现成的概念所填满,便没有余暇关注概念原本来自虚无,它们是被创造出来的。如果搁置了存在,哲学家们就觉得丧失了精神的依托,似乎大脑就无事可做了。于是,空虚感诞生了,我就从无所事事出发,描述一番"什么都没有"到底是什么感觉?其实,以上我大量描述的"孤独"主题,就已经是一种"什么都没有"的感觉。

人活着,但精神孤独,周围没有朋友、没有人陪伴,在这个意义上,也可以叫作"什么都没有",普通人有如此遭遇,会觉得自己凄惨,但是,对于哲学家来说,这却是美好生活的必要条件和良好开端,于是奇迹发生了,是货真价实的魔幻成真实:书籍和猫一样成为自己最忠诚的朋友,永远陪伴自己左右,而读书尤其是写作,使"孤独"这个词瞬间就有了别的意义,它意味着与古今中外一切最出色的人类大脑交流的可能性,而且可以不受时空限制,就像按电视频道的遥控器一样,随时随地随心所欲的调换,只留下心有灵犀者。这是纯粹心灵的生活,完全不同于做事情或与他人在一起的物理生活。物理生活受制于场合,而孤独的精神生活不依赖场合,随时可以有,不需要与面前的人说话。物理生活和与人说话,可能是在浪费时间,因为这意味着我没有更多的时间想心思或者"与自己说话"。

心思在涌动,尽管任何状态下都可以想心思,但孤独状态最有助于想心思,这些奢华无用的心思,是哲学与艺术的源泉,用这样的心思,化解精神的危机,不再觉得自己的处境寂寞悲惨,完成这样的精神置换,不啻于宗教意义上的确立信仰，超越的精神生活本身，成了上帝。如此纯粹的心思永远没有完结——只要人还活着——因此永远处于意愿没有获得满足的状态，叔本华不应该把它理解为痛苦，因为它恰恰是幸福，给人活着以动力，也就是具有荒诞喜剧色彩的情形：人享受着"自己在努力"本身，而不要努力或者愿望所要实现的目标。

如果目标是预期之中的"某个当下"，但当下从来都不仅是当下，当下的重要性就在于它是别的东西，就像眼前正在发生着的事情之价值，全在于它使我联想起别的任意一种曾经使我感兴趣的东西。把不同的事情联系起来，才会创造新的价值，但与传统哲学的思维习惯相反，这种联系不是逻辑上的对称关系，而是某些任意的感应关系。我的判断是"对的"全在于它是"不对的"，因此思想的质量并不在于通常所理解的"对"与"不对"，而在于究竟是在重复老旧的东西，还是卓有成效的创造，即连接起意料之外而情理之中的感人的新思想，它必须充满感性，大胆而刺激，也就是说要有文学味道，因为我们是人，不是智能机器。它必须是新的真理，深刻而坦露事物的本质，因为我们是人，活着不仅是为了做游戏，要发现乃至发明新的真理，使人类心灵得到新的愉悦与慰藉。

空虚感是从惯常生活中凸显出来的，空虚感锐利而刺激人的精神，它的消极就是它的积极，它不对就是它很对，这种种难以言表的情形，表明空虚感与语言是冲突的。当语言极力想去接近空虚感的时候，当语言最能描述空虚感的时刻，一定是使用了诗意语言、不是语言的语言、另一种语言、隐喻的语言、乔伊斯与德里达式的语言，它们非同凡想，也就是在制造根本差异性的思想，其中一种叫空虚感——没有任何事情发生就得滋出点事儿来，也就是说得去创造新的感受供自己享用，这与他人一点儿关系都没有。

空虚感名不副实，因为它很快就会被最危险的事情与最快乐的事情所占满，而这并不是两种事情，它们合二为一，是一种事情。空虚感本身，就意味着发生了不同寻常的事情，若不具有精神贵族的气质，就难以患上"空虚症"。换句话说，空虚感意味着具有创造性的精神生活就要到来，就要发生不同寻常的事情。它很细微但与平庸的只是浮于表层的日常生活，有本质区别。

与他人交往的价值，在于突然发现了自己的价值，在这个过程中，给了别人什么和自己得到什么，实现了如此完美的嫁接，即它们直接就是一回事！这是填满空虚感的另一种方式，它必须令别人和自己都感到惊讶，就像一个人的空虚感和绝望感其实是暗含着自我惊讶的，对自己的这两种感觉感到惊讶，就像自杀之前还井井有条地安排身后的事情，双重的感觉意味着才华。它们发生在这样的时刻：做到了自己原本以为做不到的事情，我指的是凭借自己的思想能力和身体能力，而不是外界施舍给自己的任何好东西。

喜悦总是细节所带来的，就像年月日要还原为"时刻"。"时刻"要由某件事情显现出来，喝咖啡和洗冷水澡，和读书写作一样，都是我个人生活里的重大事件，其重要程度，在效果上等同于我被某个想法激动起来、并且比世界上某个和我一点关系都没的所谓"重要人物"的逝世还要重要，与其指责我冷漠，远不如说它其实是人们的心理实事，只是不幸被我这个老实人忍不住说了出来而已，它显示了我们的学校教育没有能力给予我们的某些思想，例如做决定的最好时刻之一，来自灵机一动、即兴发挥（也就是出自直觉，而未必一定来自长期的深思熟虑），但是这没办法总结成知识，也无法明确它们到底来自哪里、什么时候来，所以教科书上就没这些极其重要的思想内容，使我们的孩子只重视书本知识，而下意识地压抑出自童真的冲动念头。

要对每个感叹日子过得太快的人说：你的生活虽然忙忙碌碌，但实际上却毫无内容。日子过得有内容的人，不会感叹日子过得快，因为这样的人，他的时间大都在创造性的享受中度过：创造本身就是享受，犹如劳动本身就是快活，这就消解了工作与休息之间的界限、劳动与度假之间的界限：我以痴迷的态度认真工作着。也就是说，填充空虚感的诀窍，是深切感受和实践 A 过程就是 B 过程就是 C 过程……它使我的思想感情复杂而迅速改变着形态，使我能迅速从绝境中解脱出来，并且与快活之间实现无缝对接，思想或行为镜头转换与衔接的速度之快，以至于别人还没有意识到发生了什么，事情就已经结束了。有人会对我说，你这难道不也是快吗？我的回答是：如果一个人在一天之内想到的和写作的内容之多，顶得上很多人一天的"工作量"，那么这个人的时间相当于慢了下来。就像爱因斯坦说的，一个坐在宇宙飞船上的人，他的时间相对于地球人的生活，就慢得多,于是等于无形中延长了自己的寿命。一个人虽然生活在地球上,但具有哲学—文学艺术方面卓越的想象力与创作才华,就相当于坐在"宇宙飞船"里了。

换句话说,永远都要让"现在"过得有意思,永远让"现在"处于自己喜欢的事情之中,我是说尽可能,而我说的"喜欢"主要不是享受现成的东西,而是要付出自己那些快活的脑力与体力活动:"最伟大的智慧,就是把享有当下的生活,视为生命中最至高无上的目标,因为当下是唯一的实在,一切别的都只是思想的游戏。"① 在这里,叔本华提醒我们,不能把当下和空想等同起来,当下要有物质生活的内容。但我认为,这物质内容是广义上的,它也包含了与空想截然区分的阅读与写作。尤其是写作,它是自主的化成物质因素(我指的是文字)的精神过程、脑力与体力的双重付出。当我写下关于做梦的思想研究的时刻,我在清醒的劳动,就不再真的处于睡梦之中。

流动着的"当下",当下肯定是改变着自己的内容、形形色色,这就是最真实的时间。不能回答什么是时间,因为"流动着的'当下'"是自相矛盾的,没有动的动,这是真实的而非想象的结果。站在地球上不会想到自己其实是"贴在"地球上转圈的——意识到它,文明就进步了,因为脑子复杂了更合乎事实。因此,"流动着的'当下'"情形,是十分真实的,它在考验语言表达能力,不得已人类发明了修辞,广义上的隐喻或相似性,即表面上似乎没有联系的事物形态之间不但有联系,而且自身就是对方,例如静是动的,因为观察的参照系不同,就像同一个句子里蕴含着好几个"参照系",这就是乔伊斯和德里达的表达方式,它们的晦涩就像对一个古代人说,"你不是没动而是随着地球运动的",这个古代人听不懂,所以乔伊斯和德里达的表达是为 22 世纪的人类准备的思想礼物:没有动的动,它超越了传统人类的世界观、价值观、幸福观,因为它搁置了单纯的动机、因果、理想、目标式的思维模式,与它相比这些传统模式是单纯而幼稚的,它一次只关注一个视角、一个意向,它就为一件事情愁得茶饭不想,它是简单的幸福,它是抑郁症类型的精神,而乔伊斯和德里

---

① Arthur Schopenhauer, *The Essays of Arthur Schopenhauer*,[德]叔本华著,[德]桑德斯译,世界图书出版公司 2011 年版,第 310 页。

达写出的句子，即"没有动的动"的句子、一词多义的句子、双关语、同时的不同时性，是"精神分裂类型的精神"，它不是想不开而是想得太开了。就像轻轻按动一个按钮，在微信朋友圈发上一则想法，无数与自己认识或陌生的人读到我的想法，瞬间就有了几乎人类全部曾经有过或者不曾有过的积极与消极、喜欢与不屑一顾等感受的"大汇聚"——这就是德里达和乔伊斯想表达的意思，他们的晦涩全在于固执地不停维特根斯坦的话，没有在应该闭嘴的时刻保持沉默，于是他们只能收获极少的有灵性的读者。

人类不幸的原因之一，在于过于相信自己的预判，智慧的人，是不做预判的，甚至不做承诺，因为它们都靠不住，人们事先从来就不曾准确地说清楚将要发生什么，我指的是细节，因为事情是人做出来的，而即使一个非常笨的人，他的思想也是活的，会伴随突发局势的变化而变化。这使人感到幸福，因为人的压力和焦虑，主要来自预判，如果人能自主地意识到发生过的事情不会原样的重复，知道事情即使有危险（这是自己无能为力的，就像自己终将得死），但人有能力做点什么使事态朝向自己所喜爱的方向发展，就是说，要行动，马上。不要在这种情形下贬低思与想，我说"思与想"是说它们也是行为，化为思想自由意志活动与写作活动的一体化，它们就属于"动"。只要沉迷于如此这般或如此那般的"动"，压力与焦虑就会不知不觉地消失。

行动不可能效果完满，就像思考和批判不可能考虑得周到，太周密的行动者与思考者是不迷人的，因为他们的优点就是他们的缺点，他们因太周到而丧失了使自己的才华在某个思想方向一气呵成"走极端"的机会，丧失了超水平发挥的机会，从而只能发表一些"大致不错"的看法，但思想是在"疯起来"时才有所创造，它和生孩子的道理是一样的，感情想入非非，才诞生了音乐与舞蹈，不会是事先的编排，而是不由自主地想跳舞，不是为了钱，太多的人不明白这个道理，成为身外之物的奴仆。

因此，"没有动的动"的真实倾向其实是这样——它令我们如此惊讶，以至于快要认不出它了："我们全部存在的基础，就是当下在场、永不停息流动着的现在（这话有赫拉克利特的味道——引注），我们存在的本性就是如此，也就是说不会由于得到了想要的东西而就此罢手不干了。

我们就像一个向山下跑的人,只要停住不跑,就会摔倒。"[1] 没错,这就像识别一个成功学者的标准很简单,没有人逼迫他每天都工作,问题是他真的是自己"逼"自己,他"不往山下跑就要摔倒",所谓摔倒,意思是说,觉得自己把时间消耗在人人都有能力获得的"享受",就只剩下生命的空壳,而他生命的动力,是自己给自己提供的"新鲜氧气"。

也就是说,生命要处于不断生成过程之中,不要停下来化成"存在"(continual Becoming and never Being),因为一旦陷入"存在"的陷阱中,就陷入了"不动"的思维模式,而生成就是形成差异,从相似中体会不相似,从而隐喻不再仅仅是单纯的修辞手法,而是事物形成状态的真实再现,类比或者链接的几种元素,就是自由意志或自由想象瞬间被化成了现实情景。换句话说,我们不是想去创造生活,而是生活不可能不是一种再创造的过程,而创造的方式,在不同的人那里,是各行其是,在这些方面,任何一个人没有必要放弃自己的天性而去模仿别人。你的价值,只在于你是你。

如果当下的情形可以任意由我创造出来,但字面上我还是写"当下",而读者还是按照字面的意思理解"当下",就发生了"只关注生命的空壳"而不理解我此刻能给予当下的活生生的内容。这就对写作或阅读不能是单向度的或死心眼的,这是有难度的阅读与写作,它们即刻发生、现场直播,就像观看一部情节复杂悬疑套着悬疑的惊险电影。

如果真实的情景就是永远回来的"没有动的动",它可以换成很多别的说法,例如别太在意实现愿望,因为从根本上说愿望是不可能实现的,但我们得处于争取实现愿望的姿态,这看似矛盾的,但问题的关键,在于我们原本的初衷或者愿望,总是以改变的方式以别一种样子实现的,只要我们沉浸于这个只要我们活着就没有穷尽的过程之中,就能有效地遏止焦虑不快的心情,因为想问题与想自己是截然不同的两回事。"愿望"是意识,就是"愿望"所要的东西,我们暂时没有。想要自己没有的东西,破坏虚无感的方式,就是无中生有,例如我们读出一本书中字面上所没有的意思。活着,就是去享受思想和物质上还不曾有的。

---

[1] Arthur Schopenhauer, *The Essays of Arthur Schopenhauer*,[德]叔本华著,[德]桑德斯译,世界图书出版公司2011年版,第310页。

叔本华也是这么说的:"倘若没有要紧的持续不变的改变,若是缺乏从虚无之中获取持续不断的帮助,我们的生命就不可能存在。"① 人得处于创造或创作的状态,弄出点新鲜事儿出来,如果没有处于此种状态,人就会感到无聊、空度生命,也就是白白地活着。别泄气,只要抱着去解决问题的严肃态度,从前不曾有过的快活即将到来。我把严肃与快活放在一起,让两者彼此融化,就像"没有动的动"。我需要处于虚无的状态,就像饿了吃饭才香甜,就像充分的休息放松,是为了更有效率的工作。

唯一永恒不变的,就是绝对不存在什么永恒不变;又像尼采说的,"希望"本身就是最大的祸害。尼采说得好,但可以再说一次"希望":最大的希望,就是不要去希望。如果没有"盼着"这一生命中最大的压力,也就是不再自己给自己施加压力,一切外部世界给我的压力就坍塌成一堆烂泥,而刚才它还对我张牙舞爪耀武扬威,但这并不导致悲观绝望,叔本华的悲观主义在这里忽视了一个细节的念头,也就是人天然具有精神与身体上的饥渴本能,"希望"消解了但饥渴永远存在,只要还活着。于是饥渴就成为"希望"的异形形态,人能从吸一口香烟之中获得莫大的鼓舞,就像一个从天而降的想法使卢梭激动得热泪盈眶,这些满足既是身体的也是精神的,它对应着饥渴,人要从虚无中获得鼓舞与帮助。别人一点儿也不理解为什么我刚才还是垂头丧气转瞬之间就变得容光焕发,任何人都没有帮助我,这叫作自助者天助!

不满足本身就是积极快乐的,催人赶快行动起来,马上,而不只是停留在"想",写作不是落实想法而是更改想法,这个过程十分美妙,因为人的每个瞬间的心思都是平等的,并不存在什么特权心思。

叔本华的失误,在于他把愿望和满足当成有距离的两样东西,他认为使两者成为一个,就得在世俗世界努力奋斗。他没有想到,愿望本身就已经是满足,因此愿望的实现只与形而上的心思世界有关,而与世俗世界无关,悲观的情绪从何而来呢?从出发点上我就掐死了悲观。我把想和写当成一回事,现想现写,解渴时的饭菜要吃新鲜出炉的、要吃热乎乎的,这

---

① Arthur Schopenhauer, *The Essays of Arthur Schopenhauer*, [德] 叔本华著, [德] 桑德斯译, 世界图书出版公司 2011 年版, 第 310 页。

就使得文字蹦蹦跳跳、活灵活现——我再说一次，在这里愿意和满足完全是一回事，是同一种感受的两种说法。愿望不是一口需要不断添加燃料才能燃烧起来的大锅，因为愿望本身就已经拥有从自身取之不尽的燃料，这燃料就是每个人生来就有的热情，热情的别名，例如好奇心和想象力等精神的本性，食色性等身体的本能——当然，它们并不像口渴与喝水之间这样简单的相互满足关系，满足口渴的渠道不一定非得喝水，它有形形色色的转化方式。

于是，一个人只要有产生和保持自身热情的能力，悲观就无从产生，尼采就是以如此乐观的态度批评叔本华的，尼采认为严重影响自己健康的偏头疼，有助于他的写作，就像"产前的阵痛"一样是诞生新生命所必须有的，就像初生儿来到世界上的第一声哭叫决不意味着这个新生命的痛苦，而是新生命降临的赞歌。

于是，被正名了的"压力"，就像尼采的偏头疼，是创造新生命自身的组成部分，它促使尼采驱除烦恼，赶紧写作，转移注意力，要去播种，也就是写作。写作处于一种无痛苦状态即无愿望状态，因为愿望已经变异为写作过程中的痴迷，就像解决后者的问题就等于解决了前者的问题。很多情况下，问题不是被解决了，而是被忘记了，但奇妙的是，忘记或者不理它，有时真的就能解决它，就如同强烈的爱能使原本虚弱的身体迸发出惊人的能量，身体确实能受到强烈爱的暗示和引导，从而有利于身体精力的恢复与健康。

我的意思，不是像佛教那样灭绝对外部世界的欲望，而是说在享受外部世界时，要明白我们收获的只是一种或者感官上的或者心灵上的感受，而一个人越是有思想的创造才华，就越有能力在不接触外界的情形上，同样获得感官与心灵上的美好感受。无论是否通过接触外界的渠道，人所收获的都是某些内在的东西，就像波德莱尔在《假币》中描写一个人给一个乞丐500法郎的假币，在这个被社会道德谴责的世俗事件中，施舍与被施舍者都收获了某种性质不同的暂时的心灵慰藉（某种快感）。表面上的问题是获得某种身外之物，实质的问题却是独享某种美好的感觉，这些好感觉的实质其实是各种各样的热情因素，因此并不像外物那样轻易流逝。"倘若生命就是由任意积极的内在的价值所组成的，那就完全不会有厌倦这种事情：因为纯粹内心本身就能满足我们，我们将别无所求。"① 重要的问题，还是保持想要的热情，而不是真的获得了想要的东西，因为在得到后者的瞬间，我们很快就发现我们所拥抱的不过是一种虚幻。换句话说，我们永远需要虚无感以激发热情，也就是"想要"，这就又回到了我上述"没有动的动"。

于是，我们就把心情变成了智慧，智慧是升华了的心情。若此，心思就由纯粹的智力兴趣所构成。当我们获得纯粹感官的快乐时，有能力迅速升华为创造新思想的能力，就像靠小甜点的滋味作为灵感的支撑，流淌出普鲁斯特的《追忆似水年华》。这情景，仿佛声音（任何一种声音，例如小教堂的声音）和触觉（任何一种印象深刻的触觉，例如走在儿时鹅卵石铺就的街道上，小石子顶着脚趾头）都是无形的文字，就是要消解纯粹的思辨观念，思想仿佛是一个有情节的物质场面、一个物理事件同时就是一个精神事件，彼此分也分不开。

于是，由于人具有微妙精神的感受力，能化腐朽为神奇，无聊厌倦的日常生活才能成为别的样子。

二 "人死后究竟有没有灵魂"

"问：请您准确清晰地告诉我，在我死后，我是什么？回答：是一切，同时什么都没有！问：我也这么想！我给您一个难题，您却用自相矛盾的方式回答，您这伎俩并不新鲜。回答：是的，但是您所提问题的性质是先验的，您却期待我用只适合内在固有的知识性质的语言加以回答，那就不奇怪只能给您自相矛盾的结论了。问：您所说的先验的问题和内在固有的知识，各自都是什么意思？当然，我之前曾听说过类似的表达，因此对于我来说，它们并不新奇。教授喜欢使用这两个概念，只是表述上帝，而不是在谈论任何别的东西。教授的证明是相当确切的：如果上帝在世界之中，上帝就是内在的；如果上帝在世界之外，上帝就是超越的。还有比教授的回答更清楚明白的吗？……回答：先验的认识试图根据事物的本性确定事物自身，它超越了一切可能经验的界限。另一方面，内在固有的知

---

① Arthur Schopenhauer, *The Essays of Arthur Schopenhauer*, ［德］叔本华著，［德］桑德斯译，世界图书出版公司2011年版，第311页。

识是完全将自己限定在自身界限之内的知识,所以只适合用在实在的现象世界。至于您作为个人,死亡将是您的终结之点,是您的界限。但是,您的生命个体并非是您最真实内在的存在,而只是这种存在的外部表现,不是事物本身或自在之物,而只是表现于时间形式之中的现象,因此有开始和结束。但是,您真实的存在既不知道时间,也就不知道开始与结束,不受制于任何预先给定的界限。这适用于任何个体生命,当死亡到来时,一方面您作为个体生命确实是消失了,但另方面,您仍旧存在于一切之中,这就是我对您说'在你死后你会是一切同时又一无所有'的意思。对您的问题,很难有如此简单而确切的回答了。我承认,答案是自相矛盾的,但事情非常简单,因为您的生命处于时间之中,您不朽的部分属于永恒。您也可以这样理解:时间对于您不死的部分根本不起作用,无法将之摧毁。当然,您处于矛盾之中。矛盾的产生,在于想将先验的存在带入内在的知识领域。"[1]

以上,关于人死后的情形,叔本华给出一个并非完全是康德式的回答,首先,叔本华实际上把"先验"(transcendental)用在"事物本身"或"自在之物"的领域、世俗时间对其不起作用的领域,它与知识或者"知道"(逻辑、不能荒谬、不能有自相矛盾)区别开来。现在的问题是,叔本华和康德有相似之处,两人都划定了现象世界与自在之物的界限,但在我看来,这个界限反而限定了这两个哲学天才的思想。我的意思是说,问题的关键,可能并不在于这条界线,而在于究竟什么是哲学或形而上学:究竟是可以被说清楚的现象世界或者认识论本身,属于哲学或形而上学,还是处于自相矛盾精神状态的自在之物的世界,属于哲学或形而上学。由于康德和叔本华坚持区分现象世界和自在之物的世界,从而就没有明确回答我这个问题。于是,就没有走出关键的一大步:所谓自在之物的世界与现象世界的区分完全是人为的,不仅没有必要反而限制了哲学智慧的想象力(这种想象力是哲学之根即自由意志)。我的意思是说,哲学智慧的重要特征,就是研究自相矛盾现象——它不仅属于自在之物的世界,而且属于现象世界,完全不必区分这两个世界。

---

[1] Arthur Schopenhauer, *The Essays of Arthur Schopenhauer*,〔德〕叔本华著,〔德〕桑德斯译,世界图书出版公司2011年版,第318—319页。

于是，关于"人死后究竟有没有灵魂"不能给出一个一清二楚的回答，它的"简单而确切的回答"却是自相矛盾的，答案不是非此即彼的，而是亦此亦彼的，它试图消解生与死之间的界限，处于生死之间、是非之间、正误之间、哲学—文学—神学之间。也就是说，含义始终似乎是在空中飘着而永远不会落地，这倒是很适合幽灵的特征：我们难以表达它和看见它，但是它不停顿地蹦蹦跳跳不时地在某个我们意料不到的场合向我们眨着眼睛，令人毛骨悚然，也就是绝望，这就是当我们被叔本华回答"在我死后，我是什么？"时的内心感受——不要追求踏实和舒服，有这样追求的人肯定不是一个哲学家。从绝望之处生出的感情叫宗教，从绝望之处生出的智慧叫哲学。如果到了绝望的门口，不但没有好奇之心，反而感到胆怯，就只能世世代代停留在世俗生活中了，就只能用各种各样的只从"实用的功利"考虑的迷信，取代宗教与哲学。

从哲学角度考虑"死而复活"之说，其含义和迷信相比有天壤之别。看见一个人昏迷不醒，就会怀疑此人是否濒临死亡。我们说一个人活着，大致等同于此人还头脑清醒。但是，常识极少考虑到这个问题："丧失理性"的痴狂状态（不是指医学上确诊的精神病人）是否可以是"死而复活"的一个重要特征？也就是想法大大异乎寻常、甚至是"大逆不道"的。但是，无论怎样，它是人类思维的一种可能性。与上述叔本华的表述相配套，我这里所谓"丧失理性"可以理解为思想出轨、超越了界限、说出一些超出自己能力的"疯话"，不凭自己的亲身经历而只凭天马行空式的自由想象，就像哈姆雷特那样——这是以一种奇迹的方式活着，虽然活在世俗世界的时空之中，但这时空对他根本就不起作用，他"一个念头走到黑"，以至于他活着就是为了说出让世人永远也琢磨不透的智慧箴言，类似"活着还是不活，这是一个问题！"到21世纪为止，这个问题还是没有正确的答案，因为它不属于一个数学或物理学问题，而是一个真正的哲学问题。

可以把"人死后究竟有没有灵魂"的问题，转化为另一个更有所作为的问题：人怎么活成一个有灵魂的人？这个话题之所以成立，在于绝大多数人都是戴着面具生活的，活得很累，而要想活得有灵魂，就得把面具摘下来，就得去掉浮在表层的意识而直接用本能的反应说话，坦露自己那些平时不为人知的隐秘而活生生的吓人的念头，是怎样就是怎样的，决不故意说谎,决不有意绕弯子说话。这就不要把人生比喻为在舞台上演戏了,因为即使有肉眼凡胎的观众,也看不到幽灵。因此,德里达晚年面对一个采访时所说的话是成立的。采访者问:你相信幽灵存在吗?德里达的回答,是转化了这个问题:"你的问题是让我扮演我自己",这个回答的潜台词就是:"我是我自己的幽灵",也就是我抓不住我自己,我无处不在,我在任何一个别人身上,我不知道自己具体是谁但我坚决相信每时每刻都有某个人或者某些人直接地或者间接地在心里以积极或消极的情绪念叨着我,如此等等。

那么,"我是我自己的幽灵"就是暗示我具有从任何困境乃至绝望之中解脱出来的能力。当我知道我所具有的最为糟糕的心情的过去、现在和将来,也会发生在任何一个别人身上时,无形中我会受到鼓舞,就是说我决不是在孤军奋战,例如尼采就曾经说过:"一切不曾杀死我的东西,都使我更为强大!"而德里达在逝世前也说过类似的话:"我在与我自己战斗!"此时此刻,当我说到"幽灵"就不再是任何"但愿幽灵存在"的意思,而是幽灵确实存在,因为敏感的人会领会到此时此刻的语境已经将幽灵与永恒连接起来了,它不是某种从我的感受外面强加给我的某种迷信,而是我在发自内心的说:"你鼓舞了我。"这就是哲学的慰藉、哲学的治疗。

感同身受,即使我始终在独处,我也不会感到孤独,它像是一种神圣意义上"回家"的感觉。人生不再存在什么"扮演",一切事情都仅仅存在一次,必须把下一次似乎重现的东西当成事实上的别的东西(即使它看似重复)。这复数意义上的"别的东西",就是事物自身具有的或显示的幽灵性,但是只有一双慧眼,才体会得出甚至看得见"显示的幽灵",那近在咫尺却远在天边的感受,那不能摸只能感的感触。

时过境迁,当时强烈的感触似乎改变了形状,当时难以忍受的现在可以忍受了,这表明我不只有一个"我"。我的破碎性,也是我的幽灵性的"证明",这又会使曾经的绝望变成希望,因为虽然曾经发生过的最令人沮丧的事情不可能修改,但事情有我不曾看见的另一面美好,也是真实的。这另一面,就是令我喜悦的情绪出口,它使我相信,我确实能做到我从前认为自己做不到的事情,甚至不是经过艰苦奋斗而是易如反掌。

叔本华说,人死后,是一切同时又什么都没有。他的话确实令人摸不着头脑但他绝对不是在胡说八道,既然他是在描述我们不曾看见的幽灵,我们既不能证明其确实存在也无法证伪的幽灵,就像我们作为一个三维空间里的动物想洞察三维以上空间的精神生活,这个先知可不好当,得匆匆忙忙奔波于天地之间,模棱两可的表达是智慧与艺术的表达,智慧与艺术相互注释与注目,亦此亦彼。有两种先知,一种相当于中国人所熟悉的广义上的算命先生。我说广义,因为它也包括了风水先生、自称能包治百病的气功大师之类。总之这第一种先知向我们承诺了一种别人都不知道就他自己知道的关于未来的确定性,对之顶礼膜拜的信众,就是丧失了属于自己灵魂的人,因为他们把命运交到别人手里,他们不相信自己的命运其实在自己手里。另一种"先知"则像叔本华那样说:"对于未来将要发生什么,我真的不知道。"这就叫作说实话。但是,说实话并不等同于是一个死板的没有智慧的人。"说实话"这三个字分析起来有极其复杂的含义,它包括"人死后,是一切同时又什么都没有"。缺乏哲学智慧的人,尽管懂得"说实话"的意思,却难以理解叔本华这句话的意思,缺乏这种创造性的引申关系之能力。有这种引申能力的人,可以说是天才的形象思想的作家—哲学家。这里"形象"等同于想象,不仅写作与思想是同步进行的(没有预先的具体方案),而且一个句子之内和句子与句子之间,会随时转变念头的方向,它的诡秘在于作者自己都不清楚马上要写出什么文字,因为他不知道自己即将会想到什么——准确说是朝着哪个方向想。

幽灵是人对自身形象的一个终极类比,纯粹凭空去想,是什么都想不出来的。人总是自觉不自觉地借助自己已经知道的东西想象尚不知道的东西。化成写作过程中的修辞手法,就是在下意识地类比、寻找相似性。因此,智慧就化为寻思出"像什么"的想象能力,这就是所谓无中生有的思想发明过程,准确说是处于发现与发明之间,因为能说出"像什么"的前提,总是得有个被比较的原形,这原形是我们自己知道的或发现的、原本就存在的,并不是纯粹意义上的发明。例如无论乔伊斯和德里达的写作风格如何晦涩,他们得使用自己的母语即英语与法语,而语词的含义是已经约定俗成的。他们的才华就在于,尽情发挥自己的想象力即引申比拟能力,破坏这些约定俗成,这又属于上述叔本华所谓幽灵式的自相矛盾。换句话,他们作品的风格,就是幽灵式的写作——时刻处于头脑与心灵之间自相矛盾的过程之中,但秘密在于并不是要去化解矛盾,而是享受这种矛盾，写出类似"人死后，是一切同时又什么都没有"的"莫名其妙的"句式（其实还有一句话更生动："我死了"），而且如此的句子一个接着一个，制造强大的阻力使阅读无法流畅地进行下去——读者可以在任何一个瞬间停下来，从不同角度欣赏周围的思想风景，它们很复杂因为亦此亦彼，从那些令人走神的地方迷失方向，就像哥伦布本想航海去印度却在不经意间发现了美洲新大陆。因此，写作与航海这两种看似毫无关系的人类行为之间，有着极其隐秘的相似性，还有哪些领域之间存在着类似的相似关系呢？多得数也数不清！

再举一例，精神不是静态的东西，而是一种能量，它像音乐旋律、舞蹈、足球或篮球比赛，有急速与平缓、有高潮与低落、有曲线与直线，时间在每个时刻的活动内容是不一样的，人的情绪与句子也具有这样的能量，句子是情绪的直接反应，但人类毕竟不是野兽，这些反应是人心冲动与理性制衡作用的综合反应，在效果上，就是"自相矛盾的理性"："自相矛盾"就像是尽情类比的冲劲，"理性"就像是词语的含义已经被约定俗成了，结果就像是永远在笼子里挣扎而逃不出去。当康德把这种"自相矛盾的理性"说成是人的智慧之最高的能力时，很多学者只看到它是现象世界与自在之物世界分界的根据，进而误以为"自在之物"是"纯粹理性批判"的消极成分，殊不知"自相矛盾的理性"才是康德对哲学的最大贡献，自由意志和灵魂不朽在这里成为"哲学上帝"的最好注解、"哥白尼式的哲学革命"的最好注解，它告诉我们，所谓自我意识的自主性，就表现在"自相矛盾的理性"能力，其中有三个关键范畴：综合想象力、直觉、时间。

因此，人死后究竟有没有灵魂，这个问话不仅是世俗故事的一个情节，就像鲁迅笔下的祥林嫂念叨着这句同样的话，是担心自己死后被两个男人争来争去，于是小鬼要把她锯成两半分给俩男人，她这恐惧的性质是用世俗的算计考虑身后的灵魂，与我们以上积极的哲学思考完全没有关系。但她这句问话本身，却可以引申出哲学智慧，因此她永远不会知道自己毕竟是有贡献的。因此，任何时候都不要轻视任何一句普普通通的表达，但创造性的智慧就是不进入她的心思陷阱，可以搁置她的原义，发明出滔滔不绝的"自相矛盾的理性"——这里甚至有德里达的思想写作风格的奥秘，其实就是如上鬼使神差的想象力引领着他，使他读到的句子自动去那些没有去过的地方，但是他并没有在胡说八道，因为那些句子确实类似"人死后究竟有没有灵魂"。就像卢梭说的，一句话只要说出口，或者印成文字，那么它的命运，即听者或者读者究竟朝着哪个方向理解，就由不得作者了。

一个有灵魂的人，是一个能以自己的语言作为交感的灵魂、去与人做心灵沟通的人，这沟通并非是在传达字面的意思，而是表达那些没有明确说出来的某种复杂的意味儿，也就是被称为人格魅力或者精神个性风格之类的无法假装出来的撞击我们彼此心灵的东西，它不是在讲道理而是在感动人。动人心魄，这就是鬼魂的能量了。这种精神感染力也叫作移情，它是不知不觉之中发生的。我要它，于是就有了爱，就有了高潮，就使我容光焕发、欲罢不能，于是就用人世间最美妙的词语描述它，这就是行为因为有发自灵魂的爱而成为美的艺术，"艺术"这个词汇是不可以随口乱说的，它的神圣性不容玷污。

一个人处于想要状态但却不知道具体想要什么，"想要"本身就是热情，它是人身上本能的因素，它也是魂灵的一种变形形态，就像一个人越是邻近死亡，就越会追问："我这一生"进而"我死了之后我到底去哪里了？"这问题从孩子时代一直追问到临死，无论多么智慧的头脑，也想不明白。这个追问，就是"想要"的终极变形形态，它不再针对任何具体事情而处于极度抽象的感性状态。抽象的感性，这又是"自相矛盾的理性"，它之所以被康德判定为人的智慧之最高能力，是因为它不是像"三段论"或"排中律"那些自身就是论证问题和解决问题的规范或方法，而是由于它自身就是一个疑难，就像罗素悖论和哥德尔证明说的"不完全定理"。"人死后到底有没有魂灵"也是一个没有清楚明白的答案的疑难。

凡真正的疑难，都是没有标准答案的，而且具有抽象的感性特征。它令人感到恐惧乃至绝望，因为它不能（也不是）从已知推测未知，不是探讨新知识；因为它不能被归类，"被归类"的意思，是将其归属为某种我们已经知道的"东西"（无论是什么东西）。不能被归类的情景令人焦虑不安，心里没有着落。因此，"非此即彼"这样的表达不适合它。如果不能被归类，那么它自身就显露出刺眼的独特性、稀有性。在这个意义上，"疑难"是一种精神风格，例如"人死后到底有没有魂灵？"这种极其特殊的精神风格在人类身上世世代代延续着，它永远面临着精神上的万丈深渊、一个不是虚无的虚无，它的邪恶就在于人类中的每个活着的个体都不可能不去想它，它制造了人类天生的精神疾病，它是强迫性神经官能症的总代表，绝望的总根源。与此同时，它又是邪恶之花（波德莱尔的代表作，叫《恶之花》），人生的意义就是从对于死亡的思考而获得的，人类从中获得了智慧、获得了自由意志、获得了善良、获得了感动自己的能力。

同样，一个真正的人也要有能力创造出属于自己的精神风格，否则就是一个平庸之辈。平庸属于较低层次的精神，它甘心服从多数人的意愿，不愿意自主的选择。制度太死板，就像是从工厂里制造成批同类型号的产品一样，制造出有同样意愿的智能机器人，尽管他们还有人的形状，却没有人心、没有灵魂、不懂得爱。如果一个学校像这样的工厂，毕业的学生就成了那样的产品。不懂爱，还意味着很多，例如没有信誉、不诚实、习惯性的说谎、心胸狭窄、缺乏艺术—科学想象力。也就是说，到处都是相互算计而一切人不尊重（不爱）一切人。于是，全社会没有成员是胜利者，全是失败者，人们像吝啬鬼一样在泥潭里相互撕咬挣扎，两手高高举着自己的"保险箱"，箱子里有很多钱，但这些手并不幸福，举得很累。

灵魂显示为赤裸裸的不加修饰的本能念头和各种冲动，一旦加以控制，就纳入"知道"的知性领域，趣味、惊险、刺激，就全部丧失了。因此，最简单的灵魂表达式，就类似这样的热情呐喊："我想要，但我不知道！"灵魂不要一张能看见自己脸的镜子，因为那样的话，一生就活得没什么意思了。你在行动之前，就已经被"某个不是你的东西"判定了你是否好看，那镜子成为束缚你的枷锁、你的判命官。没有镜子里的模样作为验证自己的榜样，面容就显得有好奇心、活泼可爱。相貌随着场合时间改变着，生动而决不死板。这当然是事实，就像自己的眼睛能看见一切，但看不见自己的眼睛，我指的是心灵的眼睛，因此物理学意义上的镜子是靠不住的。

一个人最好的朋友不在他自身之外，而是他自己的"心眼"——心灵的眼睛，会永远陪伴着自己，永不分离。一个不习惯于独处或孤独的人、一个懒于长时间默默地与自己说话的人，他的心灵是干枯的，难以察清自己的灵魂才是自己真正的朋友。过一种心灵的生活，这才叫贴心。他用了太多的时间与别人说话或处理日常事务,但这些只不过是交往,人嘴两层皮,人心难测,说变就变,唯一不会背叛自己的,是贴心的心灵生活——是自己的,要牢记这一点。

要对事物保持陌生感,朝着激进的方向想问题,与随时会袭来的厌倦做殊死搏斗。座右铭是"我这次能行!"而不是"这对我并不新鲜。"要这样想:"这次肯定不一样",因为我不知道我已经变得不是从前的我了。激进的思考与激进的写作融合在一起,就形成诗意的哲学。语言的艺术,既可以是小说戏剧,更严格说单指诗词。诗词创作之所以沁人心扉,在于放肆想象。没有人相信诗词诗句字面上的含义,而是诗词表达了不可能的思想—情感、某种实际存在的真实想象力,意料之外却在情理之中、貌似没讲道理却寓理于情。放肆,就是超越了可能性的界限,朝向了不可能性。诗词尤其是不可能的表达,因为词语之间的相似性是创造出来的,词语不再维持自身原有的单义性,诗句就像一张有精神气质的脸庞,高贵而神秘。单义性是不神秘的,人的一个天性就是轻视且容易厌倦单义性、单一性。一本耐读的书有诗意,每次在不同时间场合心情中阅读,领悟都不相同。

刻意的东西一开始就"死了",不如自然而然降临的东西,因为后者一开始就是活的。当我们说"灵魂",指得当然是活生生的东西。不存在什么"死灵魂","死灵魂"是一种具有讽刺意味的说法,它相当于说一个人只是徒有人的躯壳,而没有善良的心。为什么自然而然降临的东西使我们感到亲切、会感动我们呢?还是由于它与人的天性相似,我们讨厌做作的思想与行为,因为它是出自利害关系考虑的欺骗行为。

"自然而然"是天才具有的一个重要精神禀赋,它与"刻意"的区别,在于"刻意"属于"我已经知道","自然而然"属于"我还不知道"。凡事既然我已经知道了,那么接下来就要发生的事情,我对其兴趣有限。凡事我尚不知道,我只是被兴趣所吸引,我处在兴趣之中——我不知道自己是美的但这兴趣本身就已经是美了,我不知道自己是有才华的但我在从事极有兴致的事情过程中已经在展露自己的才华了。为什么有如此效果呢?因为有强烈的爱,智慧是爱出来的。自主或主动去爱的能力,是苍天赐予人类的精神礼物。相比之下,一个只是消极等待别人来爱自己的人,是一个平庸的人、自私的人。

灵魂的感受力与感官的感觉能力，有天壤之别，例如后者相信眼见为实，看见了才相信，但这种实用主义的功利态度并不适用于灵魂。灵魂是在没有对感官施加任何影响的情况下，单纯凭借复杂的思考—想象能力所"看见的"肉眼看不见的东西，这是一颗高度理性化了的同时又充满热情的灵魂，是黑色的光明。黑暗使我们想到哭泣，忧郁，甚至绝望，但这些字眼决非仅是消极的，因为它们同时也是热情的重要因素，与其说它们和愿望在一起，不如说它们原本和爱在一起，是强烈的感情所导致的。所有的感情和情绪因素，都交杂在一起相互搏斗，就像羡慕中包含着嫉妒，所有这些因素的核心，还是爱，这种深厚的感情引起了其他各种各样的积极与消极的情绪。感情与兴趣是相似的词语，没有感情因素，赤裸裸的真理本身是毫无意义的，因为它不可爱。真理是被爱出来的，而只要真心去爱，那被爱的东西或者被爱的人，就是美丽的。

灵魂的最重要特征，就是别人进不去，它是独享的。一个长期独处善于思考者，距离自己的灵魂最近，因为他比别人有更多的时间去想象，而不是去交往、去应酬。他是一个不实际的人，但正是这一点拯救了他，因为他什么都得靠自己。他能单凭自己的想象，就能在内心深处笑出声来。在这些时刻，自由想象活动，就是他的灵魂在活动。一个习惯于交往和应酬的人，会把孤独视为可怕的魔鬼，这些人的灵魂是呆滞的、不活跃的，因为他们的灵魂没有"非功利的"想象时间。他们的时间都被世俗活动的时间占满了，没有多余的时间提供给自己的灵魂。这种不自由状态一旦形成了习惯，就会反过来自觉地逃避自由，他们宁可不自由、听别人任意摆布、到外面去瞎折腾，只要不让他们寂寞独处，什么屈辱都可以忍受。对于这些人，我几乎无话可说，人与人之间的差别，有时候比人与动物之间的差别，还要巨大。

语言也能有灵魂，那就是当一个有思想才华的人在笔端自然而然地将自己的念头流淌出来，丝毫不必修饰，不必费心挑选绚丽的辞藻，因为选择词汇的时间会走神进而把才华浪费在词典的工夫里面，从而忘记了最主要的东西：灵魂是最单纯朴素的，你注意到《圣经》里的语言表达没有？极其简洁朴实，那就是神圣的本来样子。上帝说人类需要有光——就是如此直接。直来直去不绕弯子很多时候是残酷的，那也不必遮拦。因此，要使自己的语言表达有灵魂，很简单，就是直接说自己想说的话，别人的话只是辅助自己的话,要尽量少说别人的话。这就像自己的孩子与别人的孩子之间的区别。自己的孩子身上,延续着自己的魂灵,中国老话把这种情形叫作延续香火,这话是有灵魂的。

姿势也能有灵魂,是广义上的姿势,例如气质就是面部表情中所蕴含的精神质量,它虽然没有被写在纸上,但是心有灵犀者有能力解读出来,尤其是眼神,几乎直接就是心灵的窗口。同样一双眼睛,在茫然疲惫时,灵魂就消失了。在热烈的渴望时,灵魂就在场了,活灵活现。因此,姿势要保持热烈的渴望状态,要去创造盼望的状态,而不是消极等待。没有行为在其中的盼望不是真正的盼望,而是说,要专注准备,去做,就是现在,马上。

不必说"活的灵魂",因为没有活生生的状态,就没有灵魂在场。无论是眼睛还是抽象的直觉,只要觉察到鲜活而燃起我们感情的状态,其中必有灵魂在舞蹈。

谈话时刻也能有灵魂在场,尤其是私人谈话的时刻,酒逢知己千杯少,指的就是说话彼此投机——这究竟是什么意思呢?你问我,我就说不出来。你不问我,我就曾经体会过它。它是一种极其热烈的气氛,人的一生中难得遇见过几次。它的一个极其重要的外部特征,就是从陌生到铭记在心的速度,快得令人惊讶,它是不知不觉之快,仿佛三天或一周的时间就把一辈子的好事情都过完了,就像电影《魂断蓝桥》,还有《廊桥遗梦》,它们当然绝对不是在瞎编,因为它们在现实生活中曾经、正在、还将以变幻的形式发生着。当事人可能早已离世,但他和她,留给我们的深刻印象永存,因为我们从中会想到自己,甚至其中会有自己曾经的身影。心灵撞击的内容,是某种刻骨铭心的相似性,它们超越了语言、种族、国度。

因此,尽管从根本上说,鲜活的灵魂生活只能独享,但是的确有极其稀少的两颗灵魂共振共享相互拥有的美好时光。然而,皎洁的月亮不可能日日都又圆又满,这美好就像流星划过夜空,它短暂而热烈,它必须过去,重新归于平淡,留下了孤单的自己——每个人都自称"自己"。因此我才说,它是最终的结局,从根本上说,鲜活的灵魂生活只能独享。尽管如此,要衷心感恩使这种独享得以可能的"自己永远的另一半"。

写作也能有灵魂,这就是反复从不同视角说同一个思想场景、同一个概念，或者一句话里面能包含多重方向的意思。我以上说《圣经》简洁的语言风格是一种神圣的美，但它并不是唯一美的样子，因为语言风格就像人的精神气质一样，不可能是完全一样的，就像衣着，简洁是朴素之美，折叠的奢华是烦琐的美。平淡是寂静之美，而激情像是赴死的美。写作中去表达那原本不能表达出来的意思，就得利用"自相矛盾的理性"想象力，就像是折叠起来的奢华，就像是烦琐的美，就像是同时的不同时性，它好像用慢镜头直播划过夜空的闪电，又像慢镜头播放博尔特打破男子百米赛跑的世界纪录，让激情绽放的时刻"停下脚步"，细微地品味好味道。又像京戏的唱腔拉得长而婉转起伏，似乎能花费好几分钟去唱完一个汉字似的。也就是说，韵味既不在于唱词也不在于情节而在于唱腔、在于艺术形式本身。形式本身在这个瞬间就成为艺术内容，两者融为一体，就仿佛是完美的性爱一样。世间的一切活生生的东西都是连接在一起的，连接的桥梁在于彼此之间有着眼睛不可能看见的相似性。我的意思是说，唱腔的情景也可以出现在写作过程的才华即写作也有活生生的灵魂。那就是我们把文字、句子、文章看成是有生命的：它必须有灵动性，随机应变、赋比兴自然而然到来，得心应手，决不刻意，就像我们从没注意散步时自己先迈的是左脚还是右脚，也没时间注意危及生命的灾难时刻我们自己的面部表情，它们原本是什么样就是什么样子的，那是我们的生命在拼死奋争，不仅只有花前月色，如果上升到信仰的高度，有生命力的文字是用鲜血写成的——尼采如是说。不一定非得像"马赛曲"那样，我是说这个写作过程精疲力竭而又慷慨激昂，把整个身心都投入进去，就像是爱的激情场面一样跌宕起伏，旋律在高亢与舒缓之间自然而然地变幻着，它们象征着一切有生命力的人类活动，而不仅仅是我们正在从事或者正在看见的场面。也就是说，此时此刻它们是有魂灵的，那就是我们美丽的信仰所在。

　　心思也是有灵魂的，我们都有这样的亲身经历：我们宁可去想念一件事情，而不是着急看见它立刻实现。我们宁可好事情慢点到来，以细细品味想念本身的过程，以至于当这件事情真的到来时，其激动的程度反倒不如此前想念的程度了，这是因为我们在此之前早已经享受过了，即使事情真实发生的状况不如起初想象的那般美好，也丝毫不妨碍想念本身的美好，因为这美好表面上与我们想念的人或事情有密切关系，其实是我们自己的热情也就是魂灵迸发出来的爱的能力，至于这炙热的爱能否被接受或者能否像初衷那般美好，已经与炙热的爱本身，没有关系了，因为那已经超越了我们自身的能力，是我们无法选择的，但我们有能力去放任自己的想象力，无论多么邪恶的外部势力，都不能从我们心底里夺走它！

凡是源自自身的，就是活的，因此每个人都是独一无二的，专注于自身这种天生的原创性，就能显露自身的精神风格，也就是有灵魂。魂灵是活的，就在于其独一无二性，就像个体生命一样珍贵。命名式的思维之所以是粗暴的，就在于任何命名都肯定了某种一般性，它抹平了个体之间的差异。确实，语言天生的弱点，就在于难以进入细微的差异，因此，不要以为海德格尔所谓"语言是存在的家，人就栖居在这个家里"就是说出了多么了不起的思想，至少在这里，他并不深刻，即使他说的是诗意语言。让我们再一次回到康德所说的最高的智慧：自相矛盾的理性——我理解是否可以设想没有语言的思想，这是不可能的？难道哲学不就是提出不可能的问题吗？不是虚无的虚无，如果说"零"（0）是数学语言还可以理解，那么"人死后究竟有没有灵魂"就超越了任何语言能力，它相当于绝对的沉寂，对于绝对没有人迹的无垠宇宙，任何美妙的诗句都是人类的自恋，与宇宙本身一点儿关系都没有，而海德格尔的上述说法，仍旧在试图用语言（即使是充满诗意的哲学语言）与世界建立某种关系，这是因为如果没有类似的关系，人就不知道自身活着还有任何价值。

语言天生的弱点，就在于难以进入细微的差异，当我们说一只猫处于既死又活状态，它既是量子力学的科学陈述又是一句标准的诗句，但这个陈述仍旧只像是人对原本没有人迹的沙漠里留下一串脚印，人干涉了沙漠本来的样子，就使沙漠失去了一点儿从前的壮美，这就是为什么我们不要回答"人死后究竟有没有灵魂"，不要试图去留下什么脚印。人类可以去尽情想象没有人类脚印的宇宙，但想象过程中不要有任何语言的痕迹，否则就相当于留下了自己的脚印，这是令人震惊的，因为这似乎根本就不可能做到，因为"丝毫没有语言介入的想象"已经是使用语言了，但这也恰好说明了什么是哲学的疑难，即自相矛盾的理性状态，它也揭示或显露了为什么它相似于纯粹孤独状态，为什么这种状态是神圣的，因为它是哲学与宗教的最终和最高的问题，没有答案只有问题本身："人死后究竟有没有灵魂？"

但是，我们可以在最大程度上去掉语言，比如我们意识到非语言的艺术可能高于语言的艺术，意识到"意识到"本身，比"说出来"，属于更高的精神层次，意识到"看""倾听""感官的拥有"比"用语言表达出来"更加令人陶醉进而更加神圣——而以往的哲学传统，例如亚里士多德的传统，就没有认可这样的哲学态度，因为他坚持理性的基础是逻辑。在根本的意义上，逻辑和语言其实是一回事，但我以上描述的陶醉是纯粹原始感官上的，它抗拒解释却留下了想象与惊奇，这就又一次陷入了自相矛盾的理性。也就是说，人类只能去设想彻底去掉语言而事实上根本就做不到，但这并不意味着这种设想本身是无效的，这设想的"荒谬性"却可能是拯救"语言"的，我给"语言"打上了引号，是因为从此思路可能创造出不像是语言的极其任性的"语言"，它最为深奥的代表，就是乔伊斯的"语言"风格，他给我们留下了极其奇怪的脚印，好像是来自外星人的。①

于是，就引出了一个如何开启智慧的话题，它与教育相关，也就是启蒙。传统的方式是识字教育，现代教育以传授知识为主的教育制度，也属于广义上的"识字教育"，它似乎默认了这是通向智慧的唯一桥梁。但是，我以上已经分析了语言和逻辑教育并不能自动等同于智慧。所谓智慧，应该是一种创造性的学习能力，而不是告诉被教育者现成的正确知识或者结论是什么。研究哲学，事关培养独立思考的智慧能力，但是我们的现代教育，在这方面的贡献，似乎很小。记住词语的含义及其来源，这只是学习的工具，它并没有给我们贡献新智慧，并不能使我们具有创造性地使用语言的能力。这就像象棋高手并不是仅仅懂得游戏规则的人，而是要懂得如何落下棋子，落在什么位置才最有意义。在这个意义上，所谓理解，就是去建立新关系。

建立新关系，每个人都是独一无二的，他或她凭着自身的天性和情趣，就知道去什么方向，在这些方向中的经历或者巧遇，就是意料之外而在情理之中的新关系，这就活出了自己真实的生命，当然兴致盎然。如果硬是塞给他或她某种现成东西，就相当于代替他们选择与思考，这不啻于

---

① 还有一种，就是禅宗的"语言"，所谓"公案"，它属于东方的智慧，它与乔伊斯语言风格的相似性，似乎是不相似的。

对其个体生命的强暴。由于生活习惯和社会风俗中到处都不乏如此的强暴，而且这些强暴能力还能遗传，就像多年的媳妇熬成婆后，反过来要从自己的媳妇那里弥补当年自己做媳妇的损失一样，这就是不觉悟的生活，也就是没有启蒙，从而生命的时钟在这样的循环中等于停摆了。建立新关系，就是一种智慧上的革命，它就是不要这样的循环。

活出自己的价值，和活出自己的魂灵，是一个意思。要自己去体验A，别相信别人怎么说A。和他相处，日久就一切都知道了。没有什么绝对的好，只是你自己觉得好，这就是一切！如何度过普通的一天，那就是你觉得怎么才算没有白白活了一天，就去怎么做！如此而已。如此到了晚年，回首往事，就不遗憾，就会感到心满意足！吾可离去矣！不是为了成就感到自豪，是否有成就，取决于天赋和机遇，可遇不可求，但是快乐，却是可以做到的。选择的标准很简单，每个人都知道自己的快乐在哪个方向，去就是了，不要去模仿别人的快乐。

这就是康德所谓启蒙的箴言：独立自主地自己去做判断！无论什么判断。即使出自自己的判断是错误的，也比模仿别人"正确的"判断好得多，因为错误，就像某种口感不好的食物，也毕竟收获了某种新鲜的味觉，而不是别人已经咀嚼过的东西。沿着这个思路继续想下去：就是去过自己真实的生活，在生活中要诚实、要真实，而不要任何虚伪与做作。这并非为了让周围的人喜欢自己，而只是活出自己的价值，它等同于活出自己的真实，这种踏实感会感动自己，至于能否感动别人，那不是首先应该关心的事情。还有，就是不要从书本里学习生活，而要从周围真实的世界里学会生活。不要听别人所谓"如何生活才是有意义的"教导，而是自己觉得什么姿势舒服，就摆什么姿势。这个姿势，这个舒服，别人怎么会知道呢？只有你自己知道，就这么简单。

先要繁殖爱的天性，再去寻求爱的目标，否则就本末倒置了。一个人从幼童到老年，自身的成长史，就像人类自身的历史一样，总是好奇和感情因素，先于判断能力而出现。如果在幼苗成熟之前，教育者就先告诉孩子所谓"正确"与"错误"的观念，也就是成年人用自己的判断力代替孩子独自的思考，就会过早地扼杀孩子的好奇心，使孩子的感情不够丰满丰富，当孩子长大成人之后，就可能成为一个缺乏好奇心的人、不懂得爱的真谛的人。这个道理，就像孩子首先得在百花争艳的自然风光中尽情地玩耍，要有真实的生活经验，在这之后，才有能力选择自己最喜欢的花。

那么，让我们再一次返回灵魂的问题，它是爱与智慧的结晶，既有强烈的好奇与感情，也需要抽象的判断能力，综上所述，我这里只能说：你鼓舞了我，你支撑着我。灵魂的形状在每个人那里，是表现各异的，就我自己而言，我写作令我陶醉，这就是我的活生生的灵魂，它能拯救我自己，尽管我不可能承诺它也能拯救别人。

下卷　尼采

第一章　孤寂存在的可能性

一　近代启蒙的一个思想陷阱

本章文字的出场方式，就像卢梭《忏悔录》式的内心独白，它揭示一个孤独的灵魂能走多远，对应本章的标题：孤寂存在的可能性。

几乎没有人喜欢过孤寂的生活，人们害怕孤独，才愿意往一起凑，但彼此若是挨得太近了，又会厌烦。人类的一切悲剧都与人与人之间由相知到冲突有关。为了避免这种冲突，唯一而彻底的办法，就是不见人、逃跑。但是，谁又能像鲁滨孙那样，忍受荒无人烟的孤岛生活呢？彻底逃跑是不可能的，人离不开人。人之间既彼此相爱又彼此冲突，相爱是冲突中的相爱，冲突是相互需要中的冲突，这听起来荒谬，却是一个"永远回来"的真理。有没有折中的办法呢？有的，那就是保持既互相需要又有一定距离的状态，这是礼貌与公德所讨论的问题，它的合理性体现在对一般性或普遍性的关注，这种关注的合理性显而易见，卢梭早就敏锐地洞察到，为了保证每个人个人利益的最大化，就必须建立起捍卫个人自由不容侵犯的社会制度。但这同时又是自相矛盾的，因为无论多么公正的法律或社会制度，都是建立在普遍规则或规范基础上的，人在被称作"公民"的同时，意味着要遵守这些普遍的规则。"公民"称谓是人的本来状态的一种异化，即每个人都要将自己的一部分自然权利，让渡给社会，要接受社会规则的约束。这些规则无论对个人自由权利规定得如何详细，其前提却是残酷的。这种残酷性就在于它"一刀切"。这种"一刀切"开创了近代思想启蒙的先河，它听起来非常动人，开启了"口号政治"的人类历史阶段，例如："在法律面前人人平等"。这当然是美好的人类愿望。但是，愿望是一回事，能否实现是另外一回事。这种"一刀切"的口号政治一开始就具有乌托邦的性质,它只在天国里存在,而在人世间只是以不真实的状态存在着。后来的人类社会非但没有实现这个美好的愿望,反倒在"普遍性"的旗帜下导致了人间惨剧。为什么呢?"一刀切"的口号政治成为贴在人身上的一个具有标签性质的概念,人类被异化为一堆概念(例如"敌人"与"朋友"等),不再是有血有肉的活生生的个人。在"政治正确"的旗帜下,消灭有才华的敌人就像踩死一只蚂蚁,无人痛惜,而平庸或愚蠢的朋友毕竟也是朋友,自己人似乎比才华更加重要。

如果我说近代思想启蒙在后来人类社会发展过程中所暴露出来的严重问题与康德哲学有关,可能会招来口诛笔伐,但康德哲学确实有不可推卸的责任!最早看出康德哲学最薄弱环节的,正是崇拜康德的叔本华。叔本华指出,康德把那些先验的范畴强加到一切经验事物之上,"这些范畴后来成为可怕的'普洛克禄斯特胡床',他把世界上的一切事物,在一个人心里面发生的一切都强塞到这张胡床里去,不忌讳任何蛮不讲理,不鄙弃任何诡辩,只是为了能够到处重复那张(范畴)表式的匀整格局。"① 叔本华这里说的"世界上一切事物",主要指人类社会,包括政治、伦理道德、法律等,而他说的将这张胡床强塞到"一个人心里面"所暴露出来的问题,可能更加可怕,我可以径直而简洁地说,这张胡床用"人类普遍而应当的一般心理"代替了个人心理,它严重忽略乃至抹杀了我与他人之间的差异问题。如果说得更严重,它用理性的正常心理"杀死了"不正常的孤寂的纯粹属于个人的心理,康德从来不讨论后一种心理。在这个意义上,用自己的心灵思考的卢梭比用概念思考的康德更加敏锐,卢梭在《爱弥儿》中详细控诉了人类社会中到处存在着的残暴的异化现象。

作为叔本华的追随者,在尼采的思想中,绝对没有可怕的"普洛克禄斯特胡床",因为与其说尼采用概念说话,不如说他是在用自己的心灵说话,这很像卢梭。一种崭新的"哲学心理学"在尼采的思想中孕育,这个思想的父亲是叔本华,母亲可能是陀思妥耶夫斯基,生下的最有才华的儿子,叫"查拉图斯特拉"。这个儿子只会用格言说话,一句顶一万

---

① [德]叔本华著:《作为意志与表象的世界》,石冲白译,杨一之校,商务印书馆1982年版,第586页。普洛克禄斯特(prokrustes),希腊神话中的强盗,他把宾客放置在特制的长凳上,如果宾客身短,他就强行将其身体拉长以便与床对齐;如果宾客身体比床长,他就用利斧将其伸出来的腿切断以便与床对齐。汉语也有成语形容类似的残暴方式:削足适履。

句，这是真的。这些高度浓缩的句子，就像有厚度的瞬间（就像人生的危急时刻、处于重大选择的十字路口），分别显示了句子和瞬间的力量与质量。在这里，质量是由力量带来的。什么是力量呢？身体能力是力量，比如男性的肌肉与运动能力。但这不是人身上唯一的力量，还有更高贵的力量，我指的是精神的冲劲与冲动。冲劲又高于冲动，因为只要是人都有冲动的能力，但普通人的冲动往往是没有精神力量的，我的意思是说，树根在地下扎得还不够深，内心还不够"黑暗"、不够"冷酷无情"、耐不住永远的孤寂、不够勇敢、没有超越的倔劲，因此也就享受不到更高处的阳光——最危险时刻的温暖。当然，此"劲"非彼"劲"也，精神的冲劲比身体的冲劲更长久、更高贵，能赋予我们绵延不绝的幸福，因为我们是人不是单纯的动物。

　　单纯的纵欲者绝不是英雄，而只是一些胆小的人，他们心怀恐惧、害怕折磨。而英雄，永远与折磨和恐惧做殊死搏斗，视折磨为乐事。就像临场指挥的将军。广义上的战争，指的就是英雄气概！英雄的每一天都像是生命中的最后一天、世界末日。犹豫不决者往往是知识分子。没完全想好，凭着直觉的轮廓去战斗的人，才具有英雄的品格——如果知识分子中间有少数这样的人，他们就没有放弃自己灵魂中的英雄。不放弃自己灵魂中的英雄，这是一个真正的人最神圣的希望！与战场上的英雄不同，灵魂中的英雄是看不见的，但我可以用坚强的内心体会它。对于一个真正的哲学家而言，灵魂中的英雄有一只看不见的手，这是一只会做心理手术的手。无形会撼动有形，犹如摇摆着的树枝所显示的，其实是风的力量，树枝弯曲着，显露出风的形状。精神的形状与风的形状一样，都是看不见的，但它们确实存在。它们左右着树枝，或者直接化为人的行为。

　　19世纪中叶是古典哲学与现代哲学的分界线，从此欧洲的先锋哲学家们用"有形状的精神"去思维，而放弃了光秃秃的概念思维。"有形状的精神"似乎也在使用概念，但是这些所谓的概念，已经是有形状的概念，后者是一种思想场景或思想情节，概念融入场景与情节之中了，时间（或者瞬间）与场合缺一不可。18世纪或启蒙世纪诉诸的永恒正确性（或者确定性）的思想阵地，被一连串的思想情景攻克了。思想情景拥有自己家族相似的一群概念，这些概念都暗含着当下性。例如一听到"我"就暗指当下、此时此刻，而且"我"已经意味着"你"，因为如果不与你说话，"我"自身就丧失了存在的价值。这就是一种思想情景——有人情味的思想情景。《鲁滨孙漂流记》中是无"我"的，因为在没有他人存在的世界中，一个人自称的"我"丧失了存在的意义，这种纯粹的孤寂使人处于非人状态，彻底脱离了人的常轨。如果在这种状态下还使用"我"，"我"就不再是文字而相当于内心独白了，但这并没有返回古典哲学，而是距离古典哲学更远了，因为这是思想情景的进一步深化，"我"的根更加倔强地伸向泥土之中，向下深入，扎向比黑还黑的无底深渊。还有：直觉、悟性、走神、沉醉、痴迷、意外、事件、偶然、悖谬、瞬间、异域（或者"他者"）、绝望、恐惧、无聊、厌恶、延异（德里达语）、异托邦（福柯语）、绵延（柏格森语）、表象的表象（叔本华语）、永劫回归（尼采语）、骰子一掷就永远摆脱不了偶然（马拉美语）、自杀（加缪语）、非此非彼（克尔恺郭尔语）、乱伦禁忌（列维—斯特劳斯语）、拥抱瞬间的美好（本雅明语）……凡此种种，都是思想情景，它们都等同于在制造一些思想事件，而且还具有鲜明的当下性，即思想事件正处于发生过程之中，而不是已经被完成了。换句话，它们是活生生的东西，而不是一个死物。它们的特点是不确定性，暗含各种各样的可能性，这是生命或活生生的东西的根本特征。总之，思想情景的意思是说，任何一个概念或者词语（或者一句话）的使用价值不再是事先规定好了的，没有事先的意向方向、目的、动机、对象等古典哲学的"命根子"，在思想情景中被彻底边缘化了。

以上各种思想情景，是相互交叉的，只要激活其中的任意一点，就能"横向联合"连成一大片。就像在尼采那里，任何问题只要一抛给他，即使是最微小的种子，都会在思想上快速成长为青葱的树木。这是一种极其迅速地领悟出细微差异的能力。哲学没有死，哲学演变为思想情景。哲学问题演变为思想情景所披露的问题。问题相当于精神的种子，从最微小的问题或者最微小的种子到长成参天大树之间，是迅速的，即思想的速度极快，它是跳跃式的而不再是逐步推论式的。以前哲学家用概念说话，以尼采为代表的现代哲学家用广义上的格言说话。所谓格言或诗意哲学，就是制造思想情景的能力。思想情景是以问题的方式出现的，它暗含着评论但是这些评论隐藏在描述之中。这很像电影中的精品总是"问题电影"或思想情景的电影，而不是纯粹的感官娱乐。与此同时，演变为问题电影中的思想情景也是有娱乐成分的。纯粹娱乐中的娱乐是给平庸的人观看的，只需要被动接受，完全不用动脑子，而问题电影是在快速紧张的"问题刺激"（感性的情节本身同时也是一个非常规的思想情景）过程之中实现娱乐效果的，它们之所以成为问题，在于从新的维度挖掘出人性的罪恶或善良的新的可能性，也就是另类的复杂性。这些"新的可能性"可能在现实生活中不曾发生，但它们完全可能发生。例如，一个什么都不在乎的高级女（或男）骗子，可能诱惑并打败总是被神秘性所诱惑的男（或女）艺术家，因为前者以神秘的诱惑者的身份出现在这个艺术家面前[①]——这也是思想情景，它需要具有哲学性质的想象力——但在这里是以电影语言的形式披露的。电影是一种纯粹视觉的艺术，但不同于绘画，因为绘画作品一旦画好就不会活动了，而电影中的画面会在裁剪或重新连接画面的过程中讲故事。即使是纯粹画面，但只要是在讲故事，就含有语言因素，纯粹视觉会自动转变为思想情景。以上述思想情景为例，骗人给予观众以思想的深刻性，这种娱乐是思考型的——它揭示了罪恶的灵魂一种新的可能性。罪恶是人性的一部分，它使我们意犹未尽，从电影角色中的罪恶思考"我"自己，即"我"自己也可能犯那样的罪。

坚信自己灵魂的独特性，保持自己独有的精神风格，蓄意和别人不一样，如果一样了，我就没有了，这是尼采的道德底线，他将自己的生命之根，扎在泥土的深处，尽管黑暗无比，但他能比普通人看见更高处的阳光。在生活方式上，就是坚守内心的孤独。当然，孤独并不一定意味着独处，与人结交时仍旧会深深感到孤独，纯粹孤独者的灵魂是别人永远发现不了的。上例中的艺术家没有理解神秘性的真谛，他仍旧把好奇心与探寻出谜底（还有满足对神秘性的性欲）对应起来。换句话，他仍旧在乎某些东西，而不够冷酷无情——骗子就怕你什么都不在乎，就怕你没有兴趣嗜好或不食人间烟火。反之，凡是骗子都在乎某些东西，因此骗子是人而不是神。由此不难看出，骗子遇到神就原形毕露了、黔驴技穷了，因为神什么都不在乎，神自己创造自己所需要的一切。神是无法被诱惑的，因为诱惑者那里没有神所需要的东西。神的黑暗之佐证，就是什么都不在乎、冷酷无情，这使得神的光芒，能照耀到人想象不到的高度。不亲切？不

[①] 这是电影《最佳出价》中的情节主线，由朱塞佩·托纳多雷执导，2013 年出品。

对！神—人如卢梭或尼采者，有自发的朝向孤独的抽象冲动，其热度或者激情，普通人不能理解。

什么都不在乎，是神的性格而不是人的性格。

以上所谓"罪恶"，不是指刑事犯罪，而是指如下的情形：冷酷无情、没有人情味、不是彬彬有礼。为什么会这样呢？因为怀疑一切，什么都不相信，这可能就是鲁迅披露自己内心太黑暗的内容，也就是绝望、谁都指望不上。这就痛快了，因为坏事已经被想到底了，不能再糟糕了。已经站在悬崖边缘了，再前进一步，就是死亡。这就是英雄气概：当你什么都不在乎时，你就具有了超人的力量，因为像希特勒那样的比"最坏的坏蛋"还坏的坏蛋，其实仍旧是在乎某些东西的。因此，什么都不在乎的"人"不是人而是"非人"意义上的神。在这个意义上，神不代表善良而代表人所无法理解的"恶"（从常人的眼光看，没有人情味，什么都不在乎，极端孤僻，这些都是"恶"）。神的力量令人感到恐惧，因为神什么事情都干得出来，神只靠自身的力量创造一切并摧毁一切。神和"恶魔"相互变形，是同一种精神力量的不同说法而已。世俗的英雄都不配做这样的神或者"恶魔"，无论是拿破仑还是希特勒都不配，因为这样的人最在乎的事情在性质上仍旧属于某种算计，否则他们在社会生活中不可能获得成功。只有卢梭和尼采这样的哲学家，才配有位居神的高度，他们什么都不在乎的表现，在于有一颗自发地朝向孤独的抽象冲动的灵魂。心灵的世界比整个宇宙还要宽阔——这不是比喻，这是真的。

什么都不在乎，这其实是一个哲学问题，说到底它所涉及的是：没有任何事情是确定的。也许有人会反驳我说，死亡或者毁灭是确定的，但是这属于一个异域的问题，它是由不确定性所组成的，比如他人就像死亡一样，是我的地狱，这是确定的。但是哪个他人对我是存在着的，或者我何时死亡，则是不确定的。这里用得上伊壁鸠鲁的话，我在，死就不在。如果我的思维足够迅速，马上会想到：我实际上所面对的，全部是不确定性，而所谓确定性或必然性，是纯粹的乌托邦，我们把理想寄托在根本靠不住的东西之上了，这就是"什么都不相信"或"什么都不在乎"的学理根据。昨天我那样想，但今天我变卦了。昨天我办了某件事，但今天后悔了——诸如此类的事情，再正常不过了，正是它们构成了我们的日常生活。抽象点说，人世间充满了失误或者错误，从而也就无所谓"失误"

与"错误",这两个词语设定了一个靠不住的前提,那就是存在着唯一正确的东西或者权威。还有"选择"或"机会",这些思想情景不过是肯定了瞬间与瞬间的性质、力量、质量是绝对不相同的,它们一概是有厚度的,因为暗含诸多不同方向的可能性。任何瞬间,都是诸多可能性的十字路口,它显露出来的只是表象的世界,这表象的世界是一个"错误"或者"失误",但这就是事实,而且永远如此。哲学家也会投入这些错误,但心里明白得很,它们都是靠不住的过眼烟云。这就是生活中的悖谬或者两难:我们要相信那些不值得相信的东西(否则我们不会有朋友或者友谊),但是在相信的同时就已经开始准备逃跑,甚至相信和逃跑是同时发生的。

变卦或者后悔之类是不可避免的,但这并不排除我们可以作弄它们、和它们开开玩笑,但我的意思是严肃的或者是学术的:如何在最大程度上避免变卦或者后悔呢?我觉得这个问题不需要移动马上就可以转变为另外一个问题(就像 A 的真理在 B 那里一样),即我们如何能够做到在最短的时间内写一篇才华横溢的文章而且几乎不用修改?有写作经验的作家或哲学家都知道,这是完全可以做到的。为什么能够做到,靠思想的速度和下笔的速度,这是一个不断走神的过程,中间绝对不要停留,一旦犹豫不决处于算计性的选择状态,才华就开始衰落,因为你把原本活生生的东西中断了,等于生命活力不再。当精神的劲头不再一浪高过一浪,精神就开始重复自身、开始衰老。所谓做了就做了,或者懂就懂、不懂就不懂,其精髓还是在于速度。一切错误或者失误,都来自停下来重复(模仿)或者走老路,一切才华横溢的作品,都来自迅速而任性地、不管不顾地、冲动倔强地沿着自己的思路、感受、心情走到底,即一气呵成。在这个过程中的走神和专注其实是一个意思,专注是在走神过程中实现的,就像坐在高铁列车上看车窗外的风景,类似于写作过程中思想情景 A 总是被思想情景 B 所诱惑。A 与 B 的连接是自然而然的走神,但在表现形式上却是无比专注。

越是不必修改的文章,越是好文章,就像越是不后悔的事情,做得越是漂亮。

站在山巅之人,比身居洼地之人,更早被闪电所击中,这闪电象征着真理。闪电什么时候来是不确定的,但我们先要劳动爬上山巅,才会抢得先机，就像树上的苹果只有落在牛顿的头上，才会有灵感迸发。

思想过程与创造过程是一回事，完全的重复或者模仿是不可能的，①无论是写作者还是阅读者，都处于走神状态：听到同一个语音或者看到同一个文字，脑海里会自发地联想起别的什么。具体联想起什么，这与人的偏好有关。这是一个思想跳跃的过程，但千万别忘了，这还是一个超越的过程。是的，通过脑力劳动到达精神的山巅。高处不胜寒，准备迎接闪电。山巅—闪电——用几乎同样的语音和极少几个字，就浓缩了要用一本书才讲清楚的故事——汉语是一种讲究巧合的语言，它寻找和创造相似中的不相似性②，因此精神感受细腻而灵动，所谓意会，就是不停留在表象的世界。它是含蓄或内向的语言，天然充满诗意。汉语写作天然就具有成为哲学诗的可能性，我要给它加上超越的维度，上升到思想的山巅。别怕，"高处不胜寒"，很好！孤寂本身不啻一场暴风骤雨，就像最危急的时刻默默无言者往往更有力量。

汉语要是不死，那么一定是由于哲学家更新了汉语。汉语革命，是从惊世骇俗的汉语哲学写作开始的。就像歌德与德语的关系、卢梭与法语的

---

① 如果我们处于欣赏状态，无论是读一本好书，还是观赏一幅杰出的美术作品，总要不自觉地有接着说点什么的冲动。这种冲动本身已经是欣赏了，它意味着欣赏者给艺术作品打上自己的痕迹。这甚至是高明的艺术鉴定师区别绘画作品中的赝品的一个有效方法。

② 例如，汉语区别于拼音文字的主要特点之一，就是汉语的同音异义现象，这使得汉语"听写"十分困难，即听出某单字的语音写不出该文字，这明显区别于法语。汉语是不适合听写的。换句话说，汉语的精华在汉字而不是说话或者方言。汉语是一种诉诸于视觉的语言，读书人（士大夫或知识分子）的地位要远远高于不识字而只能在娱乐场所听书（如听评书《三国演义》）的人。当然，这并不意味着对于汉语来说语音不重要。汉语语音的重要性主要体现在两个方面：一、利用语音构造出大量形声字，但与纯粹拼音文字不同，形状在这里占据着"半壁江山"；二、音韵与诗词，语音的和谐是促成汉语诗词的主要因素，中国人把语音当成了一门艺术。不仅表现在诗词，还体现在种类繁多的地方戏曲，都是用地方方言演唱才有艺术味道。所谓"听话听音"，从语音中品味艺术趣味。这是把语音看成纯粹的形式，语音表达的含义在这里并不重要。与此同时，汉语又创造出一种纯粹文字形式的艺术，也就是汉字书法——在这里，汉字本身的字义并不重要，书法的艺术价值，在于字的形状或形式方面。汉语中语音与文字字形的分裂，竟然都可以从纯粹形式方面加以分析，而且这种分裂所造成的后果是创造出不同的艺术形式，或者说语音与文字是这些不同艺术形式的源头。古人曾利用汉语的同音异义现象作文写诗，例如这段："石室诗士施氏，嗜狮，誓食十狮。施氏时时适市视狮……"在这里，音谐义不近，但与此同时，还有大量的音谐义近（也可以说音近义通）的例子，例如"人者仁也""武者舞也"、喜戏嬉。

关系。汉语要是不死，就必须被超越，所谓进化就是超越。超越的时刻，超越的标志，会强烈感到平庸之可笑。千万别相信时下的所谓大师，要与这些社会现象做斗争：廉价吹捧、胆小如鼠、斤斤计较、吝啬且鼠目寸光、逐利纵欲。

表象世界是崇高的，但能看出并且享受这种崇高的人，有着异样的眼神，绝对有别于在表象世界中蠢蠢蠕动的虫子。表象世界的崇高，在于危险与磨难之中，就像攀登一座高山，气喘吁吁、串串大滴的汗水，从脑门流淌到心里，畅快无比。快活必须是崇高的、纯粹的，而不是猥琐的、算计的（彼此算计的人，结局是同归于尽）。与别人的想法相反，我认为要有战斗的勇气，内心充满的不是怨恨而是爱意，是有力量的爱（爱是一种行为，话语若有锤子般的力量，就相当于此类行为）而不是缠绵之爱。轻蔑是一种高贵的品格，犹如崇高对猥琐的轻蔑。

用鲜血写作，等同于用生命的本能写作，就像饥饿的老虎要吃肉，内心充满着渴望，不写不行，写就快活，如此写成的作品怎么能不感人呢？读者也是人，会感同身受！如此写成的作品怎么会出错呢？写作者只不过将自己的本能赤裸裸显示出来，其内心直接诉诸文字！老虎吃过肉，喂饱了才能睡得香甜，写作者也是一样，但"肉"是写作者自己创造出来的，要自己亲自动手，能治疗失眠症。我的意思，是要把自己的身体搞得非常累，但不要被动地累。快活的累，是主动寻找累，非常像在爬山，那需要攀登的能力，绝对不是只靠耍嘴皮子就能解决问题的。最善于爬山的人没什么废话，只管默默地攀登就是了。

纪德在《人间粮食》中拥抱和歌颂本能，他说，不必到处寻找，上帝无所不在。要忘记博闻强记的东西，畅快地惩罚自己的肉体；要渴求，而不是占有。要有爱，即使是一种冷酷的爱。要拥抱自己独有的本能，就得抵抗平庸。就是说，不求平安无事，而要心情激动，保持兴奋的状态。要交替从事不同的活动，这交替就权当休息了。要比别的灵魂燃烧得更加炽热。这不是要舒服："啊！我多么畅快地呼吸夜晚寒冷的空气！"[1] 这句话所描述的，是以诗的形式出现的思想情景。"我真想化为草木，在湿润

---

[1] 《纪德文集》（散文卷），李玉民、罗国林等译，花城出版社2002年版，第11页。

的土壤里长眠。"① 这里的"我"是鲁滨孙式的,相当于"非人",就好像我想成为参天大树,享有树的幸福。在这里,思想与神话已经彼此不分了。于是,人战胜了死亡。还有几句,也是以诗的形式出现的思想情景:"智者就是见什么都感到新奇的人。"② "我的生命每一瞬间都有新鲜感,都是一种难以描摹的馈赠。就这样,我处于几乎持续不断的感奋惊愕中。很快我就陶醉了,昏头昏脑地继续行走。"③ "不要事先准备你的快乐,要知道,在你有备的地方,会猝然出现另一种快乐。"④ 要去见没见过的人、去没去过的地方,因为所谓幸福,不过就是在遭遇。只有现成的或预料到的生活,是不幸的生活。没有意外和困苦的生活,是不值得过的生活。

生命年轻与活着的证明,不仅是生理上的,更是精神上的,即处于持续的渴望状态。是的,总往好处想。渴望,就是去爱。最大的好处,就是去爱的能力。因此,饥饿、折磨、危险、苦难,就都是美的,因为它们唤起我们的渴望,有希望,是的,要通过艰苦的劳动。劳动是美的,因为劳动产生饥渴。"但愿每一种激情都能令你陶醉。你吃了东西如无醉意,那就表明你还不怎么饿。"⑤ 乐在苦中。

梦想与将会到来的事实,永远不会相同,但我还是梦想,就像后悔是无用的,我还是后悔;某种留恋是不值得的,我还是留恋。在这里,梦想、后悔、留恋,有共同的名字,叫渴望与激情——保持心情的饥饿。任何时刻,都是此时此刻,因此,一切快乐都是此刻遭遇到的快乐,让所有的感官都处于饥渴状态,时刻准备着,迎接那既新鲜又强烈的刺激。如果我的感官沉醉于什么,我的感官就化为所沉醉的"什么",那该是多么奇妙啊!

纪德这句话也是尼采式的:"我身上最强烈的感情,肯定不是善良。"⑥ 也就是说,对于任何事物,不要迷恋太久,这种感情和心态,与瞬间的哲学相吻合。每种快乐都是突如其来的快乐,总是重复到来的,那

---

① 《纪德文集》(散文卷),李玉民、罗国林等译,花城出版社2002年版,第11页。
② 同上书,第15页。
③ 同上书,第18页。
④ 同上书,第22页。
⑤ 同上书,第21页。
⑥ 同上书,第25页。

叫沉闷而非快乐。神是最不善良的，神什么都不牵挂，神的爱并不专一。神总是在消遣、做游戏。

二　饥渴中蘸着自己的鲜血写哲学

要想方设法把自己弄得很渴很饿，于是那第一口水或饭，就分外香甜。新灵感的降临，就是这第一口水或饭。很饿，饿得快死了，生命的危急时刻，并不只此，还有各种各样的危险，走钢丝，钢丝下面，是万丈深渊，走钢丝者手持一根长杆寻找平衡点，肢体的高难动作啊！需要极度的专注、高超的技巧、内心的承受能力每时每刻都处于极限。屏住呼吸，时间似乎凝固了。这就是科学和地狱的入口处，这里绝不能犹豫不决、心移别处。人之所以伟大，就在于人生就像走钢丝。如果这钢丝就像桥，人就在这桥上，"在中途后顾、发抖和站立不动都是危险的。"[①] 但是人啊，怎么能不左顾右盼、不发抖、不停顿呢？所以多数人中途都坠入深渊，能进入科学这座地狱的人，凤毛麟角。能挺过去的人是伟大的，但是这伟大，需要战斗才获得，征服险恶，在危险的路上。这危险，也叫它激情、情调、浪漫、革命。那走钢丝者虽然小心翼翼却是雄赳赳气昂昂的。要创造我的幸福，全靠我自己，幸福就在我的脚下，即使我不幸踏空落下，也是万众瞩目，死得其所，活出了我自己！这钢丝同时在此岸与彼岸，彼此一瞬间。足踏在钢丝上，快活得要死了。不处于紧张状态的快活、不处于征服状态的快活，不是深刻的快活或只是肤浅的快活。真正快活的时刻，是因窒息而嘴张得大大的，不喊叫、不跳舞唱歌、不参与摇滚乐、不去探险、不去爱，总之若不沉醉，就不能活得其所！彬彬有礼是经过长期训练的结果。尼采走路或者坐着躺着的姿势，只是他觉得舒服的那个样子，若别人觉得不好看，那与他无关。他在想，为什么非得迎合别人去做别人眼中的自己呢？为什么要压抑自己的本能或者嗜好呢？

活着，就像猛然吸一口烟丝，明亮与毁灭同时到来，没有下一次，偶遇就是离别的开始。烟丝情愿自己毁灭而给嗜烟者快活。烟丝是无私的。我自己就是理智与道德，我拾起卢梭或尼采射出的思想之箭，把这支箭射

[①] ［德］尼采著：《查拉图斯特拉如是说》，黄明嘉译，漓江出版社2000年版，第8页。

向别的方向。彬彬有礼？我与你做个这样的约定：我对你或者你对我做了好事，彼此都不必道谢，只是在相互行过注目礼之后，轻轻地握一下对方的手，下次再见面成为陌生人也没关系的。善与恶，彼此一瞬间，灵机一动或瞬间感动而已。是纯粹的馈赠，不必谢，要坦坦荡荡、慷慨大方。感恩？我与你彼此都不必。生儿育女不是为了让子女将来感恩，孩子们只要活出他们自己就可以了。第一位的是友谊，即使在父母与子女之间。这样的相互尊重多快活多轻松啊！彼此都能快活的做自己。但我坚定地认为，父母要让自己的孩子经受磨难，方法就是更早地放飞孩子，独闯天下。

　　浪漫之人都知道，燃烧自己所付出的代价，就像烟丝一样，是毁灭自己。因为人体内的鲜血不是无穷无尽的，用鲜血写作之人，[①] 生命的高峰会提早到来，于是死期可能早于常人。但浪漫之人认了，觉得自己死得其所。细腻的危机感成就了思想家的才华，我的意思是说，大凡有这样一条规律：越是杰出的写作者，虽然其岁月有限但是其文字的数量令人目瞪口呆，例如克尔恺郭尔和德里达，奥秘在于联想的速度快。联想的秘诀在于细腻，能迅速将 A 看成 B、C、D，就像一颗思想的种子很快就能长成郁郁葱葱的思想大树。从根芽的萌发到形成树干和枝条、枝条上又生长出新的枝条，相互交叉。思想之树的生长过程，没遵守春夏秋冬的自然程序。这是天赋，学是学不会的。一个无法被模仿的作家傲视天下，他轻蔑教育。考试？天才大都不善于考试，相反考试扼杀天才。测智商？从元哲学角度思考，"测智商"是"没智商"的人弄出来的。同样，死板地相信"情商"的人，基本上不会有丰富的创造性的哲学感受能力。测谎仪？对尼采这样的超人根本不好使，因为他冷酷无情，面对绝望面不改色。总之，凡是人制造出来的东西，迟早会被人自己所超越。科学？今天被我们称为"科学"的现象若是被古代人看见，他们会叫它魔法，难道不是吗？我这里是在揭示写作快的奥秘，就是能迅速将 A 看成 B、C、D 的例子，它们是源源不断地从脑子里自动流淌出来的，下意识的流淌能不快吗？没有停顿、没有犹豫不决、没有修改，流淌出思想的原样。天才的首要条件

[①] "在所有写成的著作里，我只喜爱作者用鲜血写成的。用鲜血写成的著作：你将体会到，鲜血即思想。"参见［德］尼采《查拉图斯特拉如是说》，黄明嘉译，漓江出版社 2000 年版，第 37 页。

不是智商，而是胆量！胆量配以天赋的智慧，天下无敌，它同时具有力量、深度、趣味。若胆量是男人的象征，智慧更应该是女人的象征，天才自身是男女同体。天才从来都不死板地"照着说"而是"接着说"，即下意识的念头流淌——如果水象征着女性特征，那么叔本华—尼采以来的欧洲哲学，更像是女性哲学，[①] 这与此二人对女性的不公正态度，毫无关系。能迅速将 A 看成 B、C、D，这没有直来直去，而是情意绵绵、多情善感、拐弯抹角、环顾左右而言其他，明明愿意却不直说，所有这些，都是女人的天性，男人太想直入主题了，因而少了很多含蓄的情调，当代欧洲哲学越来越倾向于思想的细腻与浪漫，因此我说很像是女人的哲学。能迅速将 A 看成 B、C、D，这不具有任何比喻的性质，而是非常严肃的学术问题，其中主导的，是无意识的逻辑，或思想绵延的逻辑（柏格森），或增补性的逻辑（德里达），它们更看重的不是知识，而是天性或本能。当代欧洲哲学像是女人的哲学，拿尼采的一句话做佐证："这是否因为在女人身上什么事情都是可能的呢？"[②] 当你试图归纳女人怎么样的时候，她们马上就有能力用另一种样子羞辱你。因此，就有了这句臭名昭著的话："你到女人那儿去吗？别忘记带上鞭子。"[③] 显然，尼采这个超人认为，男人的道德叫征服，而女人的道德叫顺从。尼采因思想上走极端而犯了错误，但我们可以辩证地修改波普尔说过的一个意思：不包含错误的科学，是伪科学。

有才华的思想经常走极端，这是一个思想事实——我们先要搁置错误与否的问题。

玩弄一个概念或者词语，上下左右、前前后后，翻过来倒过去地玩，把它弄得深刻而有趣，直到把它的意思榨干，然后再换一个。但是，这一点儿也不妨碍突然又想到前一个概念的好处，当然这要有冲劲，令人难以

[①] 我在写完这个段落的若干天之后，偶然读到尼采的几句话："思想是个女人，她永远只爱一个武士。""男人的幸福叫作：'我要'。女人的幸福叫作：'他要'。""女人的光荣就是爱多于被爱。"参见［德］尼采《查拉图斯特拉如是说》，黄明嘉译，漓江出版社 2000 年版，第 38、67 页。尼采还说男人比女人有更多孩子气。我可以接着说，女人天生比男人更爱孩子。男人想得到或者被爱，女人则去爱，而且更专一。但尼采和柏格森都认为，女人心灵感受在深度上不如男人。女人感受到男人气质的力量，却不理解这力量。

[②] ［德］尼采著：《查拉图斯特拉如是说》，黄明嘉译，漓江出版社 2000 年版，第 68 页。

[③] 同上。

忘怀，很像是铿锵有力的歌词，若是由几段组成，总要重复前段的某句话（这叫"念念不忘的心声"）。读到什么固然很重要，但联想的能力更重要。任何饭都很香甜，只要有饥渴的能力。写作者很多时候并不知道自己在写什么，只是在写，通过写释放精力。大致有一个"想要写"的方向，之后就怎么写都行，只是饥渴、想要写。释放精力之后，睡得很香甜——"身体疲惫不堪，心灵平静如水。"①

一个孤独者竟然是一个发泄者，这太不可思议了，就像谁也不相信一个非常喜欢安静且性格腼腆的人，竟然喜欢激烈的摇滚乐。人的天性，就是喜欢自己所没有的东西，而不稀罕自己已经有的东西。这种错位战无不胜。

在贫瘠而无思想的地方，长不出思想的参天大树，只有轻浮。无思想的轻浮者，开出的玩笑一点儿也不幽默，幽默本身是饱含哲理的，它其实是在道出一个问题，是以很有意思的方式揭示问题。思想家若不幽默，其思想深刻性有限，不能使人浮想联翩。美固然在世俗层面上包含了漂亮，但在超越层面上美不等同于视觉上的漂亮。超越，就是懂得情趣共鸣之美。

如果人人都一样，甚至坏都坏成一个样，就出不来思想的巨人。尼采的呐喊是对的：末人毁灭之日，已经到来。末人想要脱胎换骨成为超人，先要毁灭自己，承认自己在精神上一无所有。庸人所在乎的东西，到头来并非庸人的救命稻草。在这个意义上科耶夫说得对，历史在庸人手中已经终结了，周而复始，像动物一样活着与死去——这样的庸人绝不会绝望。一个会绝望的人仍旧是一个有希望的人，而庸人没有任何希望。庸人的身外之物丧失之日，就是庸人的死亡之时。

尼采认为，查拉图斯特拉是一个先知，先知是孤独的，他向人们讲述超人的意义，谁听得懂啊！"我要向人们讲述生存的意义，这意义就是超人，是乌云里的闪电。"② 人是一种应该被超越的"动物"，人的伟大就在于人不仅仅是动物，即使实际上也是"动物"，但是一种不信邪的动物。这不信邪，就表现在人相信不可能的事情，相信仅凭自己的头脑就能飞上

---

① ［德］尼采著：《查拉图斯特拉如是说》，黄明嘉译，漓江出版社2000年版，第15页。
② 同上书，第13页。

天。人做到了，人将来的可能性深不可测。

自由意志说，你可以选择自己想做的任何事情，但同时要承担后果。人生有限且无法分身，即你必须做出选择。尽管可以多次选择，但是一旦想做，就要耗尽心血投入自己的选择。

闪电之后就是雷声，即"最近的路是从山峰到山峰。"① 尼采这里说"近"，就是我说的"快"。此念头与彼念头之间的连接速度。凡是神思妙想莫不如此。思想一旦停滞并自我复制，就是思想创造力枯竭的开始。用鲜血写成的书只能被热血沸腾者阅读。不要在无聊中混一天算一天而等几十年之后却抱怨日子过得太快。时间是有厚度的，就是说，快就是慢。语言也有厚度，格言显示了语言的厚度。美丽也是有厚度的，美比漂亮厚，崇高比美厚。什么是坏？坏就是快乐得不天真单纯。

所谓创造性，就是空想的能力。空想不是从虚无开始，空想的前提是精神受到了刺激。什么刺激都可以，没有什么好的与坏的刺激，只是刺激。例如，尼采把白头偕老的婚姻，翻译为可怜巴巴的安适！他还称老实人为多余的人，众人眼中的真诚与幸福，尼采则称之为谎言与不幸，他认为人不要活得太安适了，安适会使人堕落。一个追求平安无事的人，思想的脚步走不了多远。白头偕老天作之合的婚姻，尼采翻译为在谎言之中相互堕落。他把婚姻中的男人，翻译为女人的婢女。他从来不把婚姻与爱情对应起来，他错位思考，进而可以说，在葬礼上丧偶的丈夫或者妻子，其眼泪固然是真的，但尼采偏偏就往坏了想，他从众人都认为是真的情形之中，看到了假。所谓天才，经常就是一个把人和事往坏处想、往歪了想的人。真的是这样吗？不是的，尼采只是有一种卓越的被任何突然的刺激激发起来的能力，接受暗示的能力——这句话不必出现"思想"二字，这叫写作能力。但是，在以上情景中，显然尼采把爱情完全理解为激情了，他没真正谈过恋爱更不愿意走进婚姻，因为他不愿意妥协。爱情不等同于激情（激情是爱的一部分，即使是爱的顶峰，但不构成爱的全部内容）。爱情天然含有被折磨的成分。尼采只想痛快，他所谓"飞得高的鹰"和脱离实际是一回事儿。但是，可以把"空想"翻译为"没脱离实际"吗？我们甚至设想敌人从来都是朋友，没有了敌人，英雄岂不是寂寞得要死

---

① ［德］尼采著：《查拉图斯特拉如是说》，黄明嘉译，漓江出版社 2000 年版，第 37 页。

了？"二战"后丘吉尔的个人生活，不过就是写个人传记而已，他宁可希特勒还活着或战争继续下去吗？

激情的学术价值，在于揭示了短暂本身的价值。与"短暂"一伙的，有差异、死亡、界限、事件、才华、离别，等等。平庸从来不与短暂在一起。懂得自己总处于短暂之中，这对于告别时刻，是莫大的心理安慰，团结总是以散伙而告终。不想散伙的丘吉尔想处于永远的战争之中，但是这暗示我们战争和激情与短暂是一伙的，和平年代的人们特爱看打仗的电影，没有办法，只能靠玩激战的电子游戏去打发平庸而无聊的日子。各种纪念活动，都是在悼念短暂，也就是在回味死亡。换句话，节日是死亡的复活与狂欢！[①] 人们纪念那些使自己感到敬畏的一切，视之为神圣。英雄选择累死，多余的人选择舒适而死，所以英雄一向是稀少而早亡的。

"你吃得津津有味的时候要适可而止。"[②] 足球游戏最重要的规则就是限定时间的长度，在体力顶峰的时刻终止，因为没有人愿意看衰老。既然津津有味总是短暂的，那么当我们感到津津有味的时候，千万别停下来。还有，延缓到达"顶峰"，等于在延长津津有味。例如一个思想者有孩子气，即使老之将至。别成熟，这种状态非常好。千万别嘲笑饥渴与愤怒，因为这表明你还年轻。倔强和不管不顾，喜爱激烈的竞争，都象征着年轻。延缓到达顶峰的时间，会感到意味无穷，感到总在被津津有味的时光笼罩着，时间在不知不觉中流逝，奥古斯丁和柏格森都认为，这才真正拥有了时间——为了活着有如此的效果，有什么好办法吗？有的，就是最关键的话语，那到达激情顶峰的话语，千万别去说。只要你一说，全部的感情在释放到顶峰的同时，就开始了下降的过程。换句话，激情是更短暂的。

黄金与哲学有什么关系？当然有，普通人只想到黄金随时能兑换成货币，很少有人朝另外一个方向想：黄金象征着匮乏的资源，黄金的最高价值在于稀少而不实用，真正的哲学家就具有这样的特征，他像黄金一样有着"无用之用"。一个哲学家说的话对别人是否有用，是否中听，哲学家

[①] 节日（广义上的"过生日"是节日的一种特殊形式）的内涵完全是文化意义上的，节日是悼念意义上的纪念，不忘记奠基节日的那个事件或者某个人曾经带来的影响——但是，这一建立节日的初衷在很多情况下几乎完全被人们遗忘了。

[②] ［德］尼采著：《查拉图斯特拉如是说》，黄明嘉译，漓江出版社2000年版，第75页。

从来不管这些。哲学家只是像金子一样自己发光,哲学家只是把自己的才华显露出来,他自己馈赠自己,他自己就意味着美德,就像黄金自身就是美的写照。哲学是灵魂的财富,显露自己,就是在馈赠给一切有缘之人。真正的哲学家从来都只馈赠,不剽窃。哲学家自己就是黄金,这黄金就是他创造思想的才华,只存在于他的头脑之中,别人是抢不去的。黄金象征着哲学,它的道德是馈赠。

尼采笔下的查拉图斯特拉首先是一个孤独者,这是一种根本的哲学态度,与性格的内向与外向没有任何关系。这不是一个世俗的问题,而是以上关于黄金哲学的问题:只属于自己的那些稀少而不实用的东西,别人无法理解你。高处不胜寒,人们讨厌哲学家喋喋不休地谈论死,人们喜欢听长命百岁。没人愿意仔细倾听哲学家讲话,哲学家是孤独的。一个孩子过满月,来祝贺的人们纷纷说着吉祥话,可是其中一个人说:这孩子将来是要死的。于是,这人被众人轰了出去。哲学家就像这个人:说话不中听。人们既不愿意倾听那些费神难解的语言,也不愿意听老实话。学会与人相处的技巧或者在彬彬有礼之中斗心眼?真正的哲学家从来不屑于也不善于做这个。哲学家不善于说感谢的话,因为很多情况下感谢和恭维难以区分。我们彼此最好都不要感谢,但可以慷慨地馈赠。一个自夸的人往往是胆小之人,胆量从来就是真正哲学家的必备条件:哲学家承认自己心中有魔鬼,而且大胆说出来。卢梭说他17岁时与华伦夫人的恋情,就像母子乱伦那样的情人,这就像他说自己有手淫的恶习,是同时拯救与毁灭他肉体的东西——为什么这样的描述深刻而令人震惊?因为它们其实是只说给自己和上帝的内心独白(忏悔):当我们知道别人听不到的时候,想的胆子就特别大,就像当我们独自一人时,更能暴露自己的本色。卢梭的亲身感受同时就是他的判断,这判断是不会错的,就像只有受苦人才有资格给受苦人当心理医生。于是,"二战"后的某天深夜,丘吉尔梦到了希特勒,可惜丘吉尔在自己的回忆录中,一个字都没提过这个。我敢肯定,如果海德格尔写自己的恋爱史,一定是曾经出版过的恋爱史中最有哲学味儿的,会是他全部著作中最畅销的,可惜他对此只字不提,仿佛如此重要的事情对于他不曾发生过似的。于是我说,政治家和哲学家,与文学艺术家相比,确实不太好玩。艺术家会说,恋爱这事,比国家是否毁灭还要重要,这态度虽然不正确,但具有瞬间的真实性,难道不是吗?否则怎么解释那对儿年轻的恋人一起跳崖自杀呢？当一个烟鬼认为饭后吸支烟这事，比约会女朋友还重要时，他的态度是哲学的。换句话，首先是私人生活高于共同生活；其次，在私人生活中，嗜好的地位高于爱好。不去游泳可以，不抽烟喝酒命就没了，这态度有哲学味儿，烟酒之中有刺激哲学思考的东西。

"我向往和眺望远方太久，我甘于孤寂太久，于是我把沉默遗忘。"① 这是充实的寂寞，自我制造快乐的能力，它也可能是被逼出来的，例如流落在荒岛上的鲁滨孙；它也可能是主动的选择，例如时下很多年轻人孤身一人徒步去无人区探险，拿自己的生命做赌注，游戏人生，换取无人敢为的快乐。但是，一个思想者独创一种文体风格的时候，难道不也是这样吗？这也是去无人区探险啊！

能长期在孤寂中探险的人，比战斗英雄还要伟大。与纯粹的陌生人比起来，丘吉尔更想与希特勒决斗，他喜欢熟悉的，害怕陌生的。"他人就是地狱"的思想精髓，在于纯粹的陌生才是地狱，因此鲁滨孙更伟大，他终其一生，要孤寂地享有没有人烟的幸福，极高难度的幸福。极乐岛，就在暴雨飓风之中——查拉图斯特拉如是说。

孤独中的沉默，绝非无话可说。不是自私而是桀骜不驯，时下年轻人身上所缺少的个性。是的，雄赳赳气昂昂。马上我就有了新的发现，桀骜不驯和雄赳赳气昂昂之间的共同特征，在于它们都是以动作为基本特征的思想情景，一定要生龙活虎地动起来。但是，这些"动"不一定非得是身体形态上的，想入非非也是"动"，而且是更为重要的活跃精神的"动"的能力。一个寡居的孤独者只是表面上不动，这毫不妨碍他的头脑正在翻江倒海。发现无意识——这个贡献超越了康德——无意识本身象征着内心永远在动，就这么简单，但以往的哲学从来没有正视它。以往哲学所重视的，正是尼采以下话里所批判的"恶"："我把所有关于一元化、完满、静止、饱和、不朽的理论，称为恶，称为仇视人类。"② 静止在时间上表现为一件已经完成了的东西，而运动与创造性是一回事，完全的重复等同于静止。很多人之所以读不懂尼采的《查拉图斯特拉如是说》，是

---

① [德]尼采著：《查拉图斯特拉如是说》，黄明嘉译，漓江出版社 2000 年版，第 86 页。
② 同上书，第 89 页。

第一章　孤寂存在的可能性

由于这些人只会照着字面寻找意思，而尼采的重要性，却完全在于他那些格言式的句子无意识地揭示了很多别的意思（这可以与卢梭相媲美），这本书表面上的文体是小品散文，其实写的却是哲学。创造性的思考与写作，有一个根本性的原理：不是一种语言。换句话说，就是话里有话，它是快速而无意识地思维能力的体现。从一句话里能"活出"怎样的别的话，这完全不可预知，这才是"内心在动"的本来样子。这里涉及的，以写作为例，是行文中的细节。所谓细节，就是读着感觉痛快过瘾！在某句话中，用这个字还是那个字，意思都一样，但是读写的感受不一样，总有细微的差别，这差别使某个字读起来更贴切从而更舒服，要迅速把这个字挑选出来，这就是区别于平庸的写作才华。

　　但是，挑选的速度要快，从而更为重要的，是把内心在动的细节如实地记录下来。"内心细节"还"如实"，这叫秘密，是不能和别人说的。和别人说的，是另一种语言。因此，这里出现了两种语言。一个心理健康的人会自如地在这两种语言之间交替，在能说的与不能说的之间自由转换。真正有趣而深刻的、具有创造性的语言，是那些不能说的语言，它们正是卢梭与尼采擅长的语言，也就是独白、自言自语，这已经意味着孤独。怎么检验孤独在动呢——通过自言自语。独白是孤独的生存方式。既然是生存方式，它就是快的，因为它显露出来就是动，活着就是动，不动就死了。我的意思是说，"把内心在动的细节如实地记录下来"的速度飞快，选择词汇与写下来之间，就像山涧泉水一样自然流淌，在某地带分岔，又在另一处汇合，川流不息。

　　用不动或者不变压抑人与事情"动"或者"变"的本性，尼采说这是仇视人类，我说是压抑人性。为什么好面子呢？说穿了，就是害怕孤立或者孤独。在我们这里，个人奋斗只是表面上有，其实没有。这当然是一个哲学问题：在一个一切都靠关系的社会里，不靠关系，就是不靠关系。我从前认为随和是美德，我现在认为美德与随和势不两立。先知的命运就是在人世间遭罪的。遭罪不是口头上说说，要真的遭罪才行。选择遭罪不仅是一种勇气，还意味着你具备了做一个哲学家的前提条件，就是说要过最简朴的生活、吃最粗糙的饭菜、睡硬板床。由此衡量，可以淘汰很多伪哲学家。

　　人们不想听正确的话，想听那些怦然心动的话——很多人偶尔会闪过某些念头，但不敢说出来，更不敢在行为中实施。但是，只有说出来并且实行之，才会有刺激的效果。睡硬板床因其不舒服而比舒服的软床更刺激——不懂得或理解不了这一点的人，难有作为。有软床不睡而选择睡硬板床的，比睡在软床上的人更道德，拿破仑比路易十八更道德。[①] 睡硬板床的人随时准备战斗。

看看拿破仑那孤独的灵魂能走多远，和阅读卢梭孤寂的心灵生活能走多远，都很刺激：前者的刺激是行为中的倔强；后者的刺激是念头中的放肆。既然每个人都是生来就与别人不一样，那么，哪个世纪出生的，生活在什么国度，就没有什么大不了的！你说你的，我不相信，我活我自己。为什么不呢？只有一辈子。

任何一句话都有局限性，不会永垂不朽。认清这一点，会萌生很多富有创意的念头，例如人之所以美丽，在于人会衰老——这句话的速度很快。[②] 速度快的句子是说给智者听的。让别人觉得你有魅力的诀窍，就是这样一种能力：别人觉得你的话有力量，但似懂非懂。完全听不懂，人家就跑了，因为人味匮乏；都能听懂，人家会觉得你浅。因此，似懂非懂的效果最好！但是，最好说时下人们熟悉的经常发生的人和事情，那样会有亲近感。在说熟悉的人与事情时，不要熟悉地说，要说的很陌生。陌生，就是刺激。其实人在生理结构上完全一样，但这就无趣了，我们要倔强地把它们感觉为异样。这里的"一样"与"异样"都是事实，但显然心理事实比生理事实更重要。"就像"既是比喻又是心理事实，和诗一样，诗说的对乃在于诗说的不对。哲学和医学从来都以"共性"的态度描述人，这态度可敬但不可爱。文学艺术的目光盯住人的千姿百态，这态度既可敬又可爱。

与所经受的折磨拼死抗争，决不放弃天真，这是道德的最高境界。意志如此，相信和不相信，都会带来快乐！要去创造，拥有是放弃的开端，自由意志是不断自我解脱的意志。尼采说上帝死了，那意思不过是说，在自由意志之外无上帝，或者自由意志本身就是上帝。只要保持新鲜的冲

[①] 电影《拿破仑传》中有一个镜头，拿破仑在攻破一座皇宫后，命令身边的卫士把寝宫里的软床搬走，换上行军床。

[②] 对这句话的潜台词"时间一去不返"，人们却充耳不闻，可见"换句话说"的能力，有多么重要。

劲，就永远不会平庸。在这个意义上，敏锐是一种美德。尼采认为自己有责任去解救受苦的人，但他的道理竟然是这样："高贵者强求自己不羞愧：他只在一切受苦者面前感到羞愧。"① 也就是说，历史上曾经被公认为不正经的东西，被他说成正经。同样，尼采不同意卢梭，卢梭说人生而平等，尼采说人生而不平等。我觉得这两种说法都对，两种说法要相互制衡，前者用于宪法，后者属于灵活运用。放弃了这种制衡关系，社会的混乱或者灾难，就将降临。与尼采的说法相比，卢梭的说法更为理智，尼采的说法更快乐而接近实际。理智比实际更接近幻觉。如果不要秩序的幻觉，一味沉浸于实际的快乐，这快乐很快就会崩盘。尼采冷酷，卢梭善良。两个人都孤独，但冷酷的孤独与善良的孤独朝向不同的方向。尼采作品有"冷血"的热情与冲劲，卢梭的作品有柔美的热情与冲劲。尼采不会给乞丐一分钱，而卢梭宁肯选择一个洗衣女作为自己的妻子。两个人的哲学气质相仿，但是情调与品位大相径庭：尼采是贵族式的，卢梭是平民的，但卢梭是平民中的天才。如果一定要二择一，我选卢梭。

　　我猜对了，因为我马上就读到"应该取缔乞丐！"② 为什么呢？因为同情会使人痛苦，尼采只想要快乐，他还写了《快乐的科学》，他由于"太人性了"（太任性了？）而远离了人情味，他得不到人间温暖是必然的，因为他怎么对待别人，别人就怎么对待他，注定要孤苦伶仃地死去。作为一个有血有肉的人，他无法忍受这个，所以在死前他已经疯掉了。精神居所太高的人，和疯子无异。"创造者无不具有铁石心肠——查拉图斯特拉如是说。"③

　　一个选择孤独的人是无所畏惧的，因为世人所害怕的一切，可以归结为对孤独的恐惧。④ 让一个人独自在房间里待上一个星期甚至一个月，都可以，但是若成年累月乃至终生都这样，这人恐怕就疯掉了（顺便提一句，如果这人没疯，那就比尼采还厉害了，我指的是勇气和毅力方面）。

---

① ［德］尼采著：《查拉图斯特拉如是说》，黄明嘉译，漓江出版社2000年版，第90页。
② 同上书，第92页。
③ 同上书，第93页。
④ 叔本华曾经讲述了一个寓言故事，在寒冷的冬季，豪猪们簇拥在一起同时又保持距离（因为豪猪身上有刺，身体紧挨着，就会相互伤害），寓意着人也是这样，人之间要相互取暖，但不能彼此走得太近。

孤独就像是一座无形的牢房囚禁着这个人。但是，对自愿选择孤独的人来说，这监狱是不存在的，因为对于这个孤独者来说，他人不是地狱，他人根本就不存在——这种形而上学的态度，与俗人所谓自私，没有任何关系。他人确实在世俗层面上存在着，但哲学家可以对这个事实熟视无睹，根本就不予理睬，或者根本不在乎。在这个意义上，哲学家是傲慢的。"创造者无不具有铁石心肠。"哲学家的自由意志什么都不怕，从而自由本身被彻底解放出来，成为一种新的信仰。在哲学家眼里，被人反对乃至被人瞧不起，是最微不足道的小事情。为什么呢？因为人根本就不存在，人还没有诞生——查拉图斯特拉如是说。人的身心是不能受束缚的，任何微小的束缚或者与他人统一意志，都会使哲学家感到不舒服。哲学家在别人给自己以希望之前，早就已经先绝望了，因此对于哲学家而言，根本就无所谓失望。把坏事情想到底之后，哲学家心里舒坦极了，在俗人们焦虑俗事夜不能寐的时候，哲学家睡得香香甜甜，还打着鼾。

　　本来是监狱，信徒们却称为教堂；本来是压抑人性的暴君，信男信女们却恭敬为万世师表的圣人。"驳斥他们（此处意指压抑人性——引注）并使他们痛苦的却被他们称为上帝：真的，他们在顶礼膜拜中作出多少英雄姿态呀！"[①] 要有能力从一个字的表面，读出截然相反的含义。明明是在跪着磕头，怎么能被说成像个人似的顶天立地呢？"真的，我宁愿看一个厚颜无耻之徒，也不想看他们的羞愧模样和那双虔诚而扭曲的眼睛。"[②] 尼采的眼神不是虔诚的，而是火辣辣的冷酷与雪亮。他太天真，只想着要洁净。他不知道，要是没有细菌，人的身体就无法存活；要是没有坏蛋，人生的趣味就荡然无存了。

　　创造者无不具有铁石心肠，而那些心怀"恻隐之心"的人，思想走不了太远，尤其不能超越"同情"的界限："他们的思想在他们的同情中溺死了。当他们被同情泡胀，过度泡胀，那么总有愚不可及的东西浮上来。"[③] 例如，毫无原则只讲人情，这看似小事但终将会把人压迫得彻底垮掉。不懂得法律要超越孝道，但法律象征着铁石心肠（在法律面前就

[①] 参见［德］尼采著：《查拉图斯特拉如是说》，黄明嘉译，漓江出版社2000年版，第95页。

[②] 同上书，第95页。

[③] 同上书，第96页。

像在地狱面前一样,法律与心情无关。当道德贴近法律时,即所谓道德法,也就是"冷酷无情的"道德,就成为超越的道德或最高的道德,如果在这个意义上理解康德的"道德律令",那么这个律令就不再空洞)。与其为某种学说赴汤蹈火,不如"从自己的烈火中衍化出自己的学说"。为了创造自己的学说,得先让自己的心情燃烧。这燃烧过程,就是创造自己学说的过程。热血沸腾只在我内心之中,只有我自己知道并且有能力书写它们。心灵深处的一切秘密都应该曝光——奥古斯丁、卢梭、尼采如是说。中国人内心深处的秘密,在诗歌辞赋之中。西方"忏悔录"的传统,与心理治疗乃至哲学治疗,有着隐隐约约的直系血统关系。以"爱"为例,为爱而爱或不要报酬的爱,就超越了孝道的维度。感恩讲的是一种回报,但为爱而爱不需要回报。养儿不是为了防老,而是无私的创造与奉献,养育出一个将来能超越自己的人。还有,坚信报仇雪恨的人,把宽恕当成软弱和虚假,殊不知宽恕者比报复者有着更为广阔的胸怀与勇气,更有文明的涵养。这里的爱与宽恕,用哲学术语叫超越、精神的高度,所谓境界是也,文明人应该将它们融化在自己的血液中,落实在行动上。

总想着报仇雪恨,这是一种心理疾病。这精神疾病与另一种心理举止是相通的:贬低别人以抬高自己,或者抬高自己以贬低别人,或者盼着别人的赞美。还有,一味地迎合权威的或者流行的看法。所有这些,都是内心脆弱乃至懦弱的表现——心胸狭隘而不自信!是的,你可以故意说"不",但更重要的是,在这个"不"字背后,你自己有什么思想本钱。内心狭隘的人,往往以己之心度他人之腹,以为钱能买来人所需要的一切。

《查拉图斯特拉如是说》[①],这本书像是人生话题或者内心独白的百科全书。从流氓到智者、从相貌到招牌、从苍蝇到蜘蛛网、从诗人到晚餐、从日出到沉醉,想到哪里就写到哪里。虽然标有"第某卷"的字样,但只是个形式而已。某卷之内的话题无甚关联,走神跑题比比皆是,经常是一句话就是一个段落,游走于散文与诗之间,全都是边缘化的文字,无拘

[①] 这本书不同于任何一本哲学书,它几乎没有引用或者转引任何人的著作,是纯粹"拍着自己脑袋"空想出来的思想,记忆不好或者知识不足都不会影响到这本书的质量,因为这本书与以往的知识没有关系,它在燃烧自己的过程中,自己创造新的"知识",并且被尼采称为"快乐的科学"。

无束，就像在思想的很多小胡同里胡闯乱窜。这种胡思乱想的写作手法，似曾相识，是的，在蒙田的《随笔集》中，可以找到它的原生形态。这种自由表达思想的方式，比系统化的文字更加灵活多变，更符合心情的原样，像是思想领域里的游击队。

尼采的话里有自相矛盾，他反对卢梭提出的人"生而平等"，认为这是平庸之辈在高声反对一切有力量的高贵之人。但是，与此同时，尼采又认为不应该咒骂那些与我们不同的人，他反对报复主张宽容。很多赞同尼采的人未必真的读懂了尼采。总之，尼采和卢梭一样，信仰精神自由，区别在于，卢梭把自由与平等联系起来思考，而尼采用自由攻击平等，① 两人运用自由的方向有所不同。尼采认为"平等"是一种借口，暗藏着平庸者向更有力量的人复仇（为什么复仇呢？因为"压迫"了自己）。平庸者是谁呢？在尼采眼里是民众："这是出身卑微和教养极差的民众。"②"民众有一双愚昧的眼睛，民众不知思想为何物。"③ 尼采是傲慢的。

来自尼采的另一个"谬论"是：哲学家、艺术家，总之智者不是"为人民服务"的。在他看来，教养极差的民众怎么有能力欣赏高雅的思想艺术呢？他认为不能让"能力高的"去将就那些"能力差的"，并且将自己的才华牺牲在后者身上——这个问题显然具有普遍性，至今仍然没有过时，放在当今的政治道德立场上，尼采显然属于欧洲社会生活中的"大右派"。这里我不谈政治，就思想艺术本身而言，有成就者确实只要"尽情燃烧自己"就可以了，虽然人是生而平等的，但燃烧自己的光亮绝对不会一样，如果有的光亮天生就像一颗耀眼的巨星，而有的只像是可怜的萤火虫，那也是没有办法的事情。在这种情况下，让巨星不蔑视萤火虫，简直就是一件不可能的事情。苏格拉底之死的例子早就证明，在多数情况下，多数人所拥戴的事情并非一定代表真理。此种情形下，不赞同统一意志的苏格拉底被"一致认为"应该处死。虽然这是民众的胜利，但却是真理的悲哀。

---

① "我不愿把自己混同于这些鼓吹平等的家伙，因为正义对我说，'人是不平等的'。人也不应该平等！倘若我说平等，那么我爱超人又作何解释呢？"参见［德］尼采《查拉图斯特拉如是说》，黄明嘉译，漓江出版社2000年版，第106页。
② ［德］尼采著：《查拉图斯特拉如是说》，黄明嘉译，漓江出版社2000年版，第105页。
③ 同上书，第109—110页。

在尼采眼里，民众是甘愿被牧羊人关照的群羊，甘愿被人管着，没有独立的思想，崇拜或爱戴牧羊人，因为牧羊人的口号是"为羊群服务！""谁被民众仇恨呢？如同被心中仇恨的狼呢？是奔放无羁的天才，是桎梏的死敌，是拒不顶礼膜拜并悠游于林泉的高士。"[①] 出头的椽子先烂，天才决没有好下场。如果大家彼此都平庸，彼此都不嫉妒。谁比我强？晚上扔石头砸他家玻璃（既懦弱又歹毒）。但尼采说的并不算对，不能笼统地给民众下定论，民众不是愚蠢的。重要的在于，谁也不要以民众的良心或者代言人自居。羊不再需要牧羊人，只要给羊以自由就可以了。有两种"高贵者"，一种是那些自称"民众代言人"的人，尼采不认为自己能给别人代言，他只代表他自己。既不崇拜别人，也不需要别人崇拜自己，这就叫诚实。尼采认为，寻找主人的人，自己就已经先是奴隶了，而做主子的，又是他自己主子的奴隶，尼采想要这样的等级社会吗？我觉得他不想要，他要自由而不要人受到奴役，这想法与卢梭相似。既不做别人的奴仆，也不做别人的主子，但也不是绝对平等，人生来就有差异。但是，这差异并非一定导致多数人受奴仆，少数人做主子。这里，暴露了思想的复杂性与悖谬性。

天才首先是一个极其诚实的人，即使身居闹市也仿佛处于沙漠之中，喧嚣的一切，就当是乌有，因此，天才的第二个条件，就是极其孤独。狄德罗太喜欢社交，他的精神太正常了，因此他的天分不如卢梭。人若是喜欢热闹，就成不了天才。天才是木讷甚至"结巴"的，不太善于在公开场合说话，这是天才的第三个条件。当然还有第四个条件，最重要的，是天才真正知道思想为何物，而且创造新的思想。其实，强调天才与强调个人是一致的，尼采与卢梭的最大相似，在于两个都强调个人的权利不容侵犯，首先是自由思想的权利。但两人在强调这一点时，说法有所不同，卢梭说他自己生来就和别人不一样，强调自己的独一无二或者不可代替性；尼采则强调超人，非常不谦虚地向众人炫耀："我为什么这么聪明？"两人都凸显个人思想的高贵是思想的私人性而不是公共性，它强调创造性的源头，即那个特殊的灵光一现的偶然瞬间，这当然就进入了思想的细节，探索这些细节是如何出场的，而非现成的公共思想。什么是思想出场的细

---

① ［德］尼采著：《查拉图斯特拉如是说》，黄明嘉译，漓江出版社2000年版，第108页。

节呢？例如，尼采说思想与痛苦为伴，必须伴随着头疼，就像分娩之前的阵痛一样——不能把这些话视为修饰语，而要敏锐地觉察到，这里尼采是强调思想是纯粹个人的私事，即亲身亲历的过程。孩子最大的特点是自己的，就像孩子必须自己亲自生，否则就不是自己的孩子。大家一起生同一个孩子？这假设根本不成立。

尼采的思想，是20世纪心理分析学派和存在主义哲学的共同先驱，这也暴露了心理分析和存在主义哲学，所针对和描述的对象，也是私人心理，所强调的是差异与特殊性，是个人的价值，活出自己，而不是共性。尼采说思想就像锤子般残酷无情。科学也好，思想也好，自身是残酷的，与心情无关。科学的任务是指出人必死，至于人怕死的"怕"，与科学无关，那是文学艺术的内容。在这里，哲学上说的"心理活动"与普通人所谓"心想"之间，有着微妙而本质的差异：差异在于前者是抽象的、超越的、非对象化的；后者是自然的、实用的、对象化的。简明的例子：哲学不分析有原因（有引发的动机、有对象）的厌烦和害怕，而瞄准无原因（无引发的动机、无对象）的厌烦与害怕；后者无答案，无法作为刑侦破案的证据；前者有答案，可以作为刑侦破案的证据。哲学的心理活动似乎是飘起来的，虽然不接地气，但是给人以无限遐想，它既可以被描述得很深沉、雅致，也可以被描述得"玩世不恭"，是否刺耳并不重要，重要的是有效而持久。把私人内心活动活脱脱写出来，会具有尼采所谓思想之锤的力量，它冷酷而真实，在这个意义上甚至是科学的——它只管说出内心的事实。

关于冷酷、抽象、飘起来的思想，并非一定要以康德那样学究式的语言叙述，比如可以这样陈述：牛和人的区别在哪里呢？在于牛知道如何没有忧惧地活下去，活在快乐的现在，没有过去的负担，也不知道未来的可怕——我们每个人都有自己的童年，也许只有在童年，人才会享有牛的快乐。很多人从来没有，也不会真正品尝和抓住当下的片刻，也不曾对自己说："就是它，在这个时刻，这一天，这就是我想要的！现在就是美好的时光，让我留在这一刻，让我沉醉于此。"人们经常不是怀念过去，就是梦想未来，而对极其宝贵的现在，往往是交了白卷！为什么呢？因为人现在所做的一切，似乎总是为了将来，但是将来复将来，将来何其多，直到死的一刻，才知道自己从来没有真正地活过，后悔已经来不及了！愚蠢的人一直相信人生更美好的部分还有待追寻，总是垂涎着未来，相信老年人那里有更多的智慧。可是有一天，梦想在一夜间幻灭，开始毫无意义地痛悔失去的时光。总之，不利用好现在，总是怀旧。现在总是空的，总被怀旧所占据，这就是我所谓还没有真正活过的意思。当下之所以宝贵，就在于过去不曾有，将来也不会重演。珍惜每一个当下的人，才算真正活过，才懂得生活的真谛。

不是说思想没有热度，但是要先冷静，后有热度。思想决不能舍弃天真，但是先要理智，后有天真。这些有厚度的思想几乎是在瞬间完成的。它又一次揭示了思想确实是悖谬的：冷酷中的热情、深刻中的天真——把这样的思想表达出来，就会成为一件思想的艺术品，它是供人回味与欣赏的。当代艺术没有展出"文字艺术品"，可以说是一个巨大缺憾，我指的不是书法，而是展览有厚度的悖谬的句子。但有难度，可以读书读思想，思想怎么能被看见呢？传统上把看书说成读书，两者完全是一个意思。但是我偏要往悖谬的方向想：思想确实能不通过文字而被看见，思想情节可以通过广义上的现实镜头反映出来：建筑、景物、体育比赛、人的眼神，等等。但凡没有语言参与而只有情景，要"解读"（解读通常针对语言）它，就很困难，因为在这种情况之下，即使最简单的情景（例如完全没有画外音的电影《动物世界》）都是晦涩的，但是这也为思想的才华留下了充分施展的空间。我的意思是说，我们几乎可以任意解读它，在这里所谓"解释学"几乎完全失效，这里根本不存在两种现成的狭义上的语言，不存在两种语言句子之间的转换。怎么才能突破语言的局限性呢？我的回答是使用悖谬的有厚度的句子，例如"冷酷的热情"，这样的句子就像要从纸张的二维平面上跳出来进入三维空间一样，它在尝试着做一种不可能的表达。这表达是极其珍贵的，因为没有语言和没有思想几乎就是一回事，无论信息网络图像时代如何冲击，语言与思想可以改变自身的生存方式，但绝不可能消亡！没有语言与思想，人将回归动物世界，人将不人！

残酷的快乐，尼采喜欢这样的表达，他认为属于自己的动物，是高高飞翔的鹰。为什么说残酷？因为鹰距离人味太远了，它捕捉猎物敏捷迅速，毫不留情。尼采对他所蔑视的民众说："你们不是雄鹰，故不能体验思想惊恐的幸福。不是雄鹰就别在悬崖畔栖身。"[①] 惊恐、悬崖、冷酷、

---

① ［德］尼采著：《查拉图斯特拉如是说》，黄明嘉译，漓江出版社 2000 年版，第 110 页。

残忍,这些字眼,可以用在法律和科学上面,它们都不要考虑人情味,而且也独立于阴谋诡计和权术。法律与科学,关于精神的科学(心理分析、对心理的哲学治疗等)有别于人的自然心理。这里所谓冷酷,就是首先将人的自然感情隔离出去,于是,快乐成为冷酷的快乐或纯粹快乐,就是说,快乐与"是否真的拥抱了实物"无关,与功利性的因果关系无关。它只是飘起来的、抽象的心理事实、如其所是、视死如归!这里所谓"飘"相当于胡塞尔所谓把"自然态度"加以"搁置",剩余的是纯粹感受。换句话,这种哲学的态度也是科学的态度——快乐可以是科学的,感情也可以是科学的,甚至文学艺术也可以是科学的,这就叫"解构",或者说,走在不同学科的边界线上。这个边界线之所以诱人,在于这里是处女之地,尚未被开发,尚无归属,会引发争议。所有这些,都孕育着崭新的思想。不要以自然的态度而要以科学的态度燃烧自己,选对配偶,才有可能生出一个既聪明又漂亮的孩子。

尼采并不否定而是肯定科学,他瞄准精神的科学——例如,人总是要死的,从这一点出发,去思考如何度过死前的岁月。最坏的结局我已经知道了,然后开始快活我的当下时刻。我永远飘起来,自然态度的死,对于我来说永远不存在。某种事物在自然态度下是存在的,但是在哲学与科学态度下是不存在的。我们容易看见"自然态度"或者说有光亮的地方,但哲学与科学的态度,总在暗处,可以说是黑夜里闪烁着黑色的光。不能把生命和智慧分开,智慧本身就是鲜活的生命。智慧在暗处,生命因为拥有智慧而闪闪发光,有如智慧是美的,而世人所说的漂亮只是自然之光。与其说人因为漂亮而美丽,不如说人因美丽而漂亮。卢梭和尼采谈到爱人类,不应该为这一点而责备他们:他们似乎爱的是抽象的人类,而对具体的人,他们心怀疑虑、顾虑重重。他们既是人也是神,既有自然态度也有哲学态度。但半人半神才有趣可爱深刻好玩啊!要是没有美酒,餐桌上岂不是只剩下一堆枯燥的概念?

热情可以瞄准黑暗、陌生、残忍、冷酷、无情。有时尼采称这热情为"锤子",更多的场合他又称其为意志或强力意志。它的公式是:为了某某而某某。例如,为了爱(可以把爱换成哲学、艺术、科学等)而爱,这是超越自然态度的哲学态度。纯粹想象与纯粹科学态度,在"纯粹"中会师一处。只要纯粹的想象力不枯竭,人就不会再次成为动物,人的历史也就不会终结。哲学是这样一种判断能力：一眼就能断定人或事情的质量，行还是不行。似乎没有论证过程，其实论证过程瞬间就已经被完成。如果这种思考的速度极快，那是很恐怖的，我是说有魔鬼玩弄魔法的力量。这种科学哲学的眩晕，给当下的思考者以莫大的幸福。强力意志是思想的饥渴，它位于精神的前沿，就像精神敢死队，"冒着敌人的炮火前进！前进！前进！进"——一个"进"字重复了4次，意思就远远超出了"进"的字面，它象征着强力意志、生命的极端，在气力近乎耗尽的危急时刻，我还要、还要、还要、要，这叫超越自我。是的，生命接近顶峰，号角已经吹响。把笛卡儿静态的"我思"，变为动态的"我要"，相当于生命活跃起来，去创造新的生命。意志是自己生命的大脑，力量的源泉！有它，你就年轻！要有兴奋自己的能力，要有兴趣；有它，你就年轻！要满怀兴趣，有它，你就年轻！破釜沉舟——查拉图斯特拉如是说。

就是说，人要有浓厚的兴致，成为"自己所不是"的人，开辟自己新的可能性。活得其所，这个"所"，是神秘莫测的。这很高尚。它对自己说，创造性本身就是我的信仰。尼采说，要做事情的参与者而不是旁观者，他的意思是要亲自沉醉。他的灵魂饥肠辘辘，他说爱自由，首先要走出户外大口地呼吸新鲜空气。如果被雾霭尘封，就只能做学者了——只是死盯着古人已经说过的东西，知道再多，又怎么能解决当下的问题呢？学者是没有智慧的，今天"百度"就可以代替学者。即使是天才的错误，也高于学者头脑中僵死的知识。前进，不一定非得有喧嚣，一切伟大的事件，都可以仅仅在头脑里静悄悄的发生。沉默越久，积聚的力量就越是强大，欲哭无泪时，人们低头默哀。最紧迫而激动的时刻，人们顾不上说话，只是低头急促地行动。最重要的时刻，往往无声无息。

夜晚做梦，实在是太奇怪了，梦中的情景和日常生活简直就是两个世界。每个人都永远在两个世界中反复轮转：清醒的世界与梦的世界。人每隔24小时，都黑白颠倒一次。究竟哪个世界更真实呢？无意识的世界还是有意识的世界。梦境总是危急的，清醒总是无聊的。危急的顶峰，人就从梦中惊醒；无聊到极致，人们会躺在床上做梦。梦中充满着冷酷无情的无意识，有时它比光天化日之下的真实还要真实。做梦时发生了什么？从世俗的眼光看，什么都没发生，只是紧闭着的眼皮紧张地随着心脏跳动。熟睡者的快乐与恐惧，只有他自己知道，但他苏醒之后，很快就记不清梦境了。梦境是天赐的，做梦者自己无能为力。

《查拉图斯特拉如是说》好像是一本看图说话的书，它是由一个又一个虚构的思想情景组成的，有时间地点，有人物情节，但它不是小说，也区别于单纯抒情的散文，也不是纯思想的散文，也不是伊索寓言那样有明显教育意图的短篇故事集。尼采创造了一种不好定位的新文体。这种新文体完全随着新念头的旋转而旋转，它类似某种性灵似的东西。例如，他说要解救偶然性，这很像是一种自主地抓住的能力，似乎发生了什么并不重要，重要的仅仅在于我认为它重要。没有"我认为"，它就毫无意义地滑过去了，根本不值一提。不仅是偶遇，而且是瞬间挑选偶遇的能力："解救过往，把一切'过去如此'改造成'我要它如此！'——我以为这才叫解救。"① 时光确实不能倒流，但是在我的意志里，这可以做到，可以不顾逻辑、修改过去，这属于另一种科学、无意识科学，这种科学痛恨一切已经被完成了的东西，耐不住只做个学者的寂寞，总想对自己有兴致的东西动手动脚。这种科学厌恶"现在完成时"，欢喜"现在进行时"。

《查拉图斯特拉如是说》最集中的主题，其实是孤独，这个天生的预言家总是独自出行，行走于荒漠与绝壁之间，无所依靠，这是由于他已在高处，只能俯视众生，只能与纯净的蓝天与自由的大海为伴。既然与别人太不一样，就必须忍受这个。没人帮助，尼采这本书没有任何引注，他得自己解决精神的饥渴，自己制造供自己呼吸的氧气。他的每句话，说得都很有冲劲，就像卢梭的成名作《论科学与艺术》。怎样的句子才有冲劲？那就得尽量不使用现成的句子。例如这本书的一个小标题"论逐渐变小的道德"——这是什么意思？只有天晓得。这是一个正在形成之中的句子，它属于"现在进行时"，因此活生生具有冲劲。所谓思想的冲劲，意味着要马上由其他句子增补正在形成中的意思，原来尼采是想说人究竟是变大了还是变小了——是趋向伟大还是平庸？他在无人理睬的角落里忧郁地自言自语："一切都变小了。"小男人、小女人。男人的皮肤怎么能像女人那样细腻柔软呢？这是一个"时间脱钩的时代"——哈姆莱特如是说。

最卑微的道德，叫怯懦，怯懦是平庸者的道德。于是，就有了小人的

---

① ［德］尼采著：《查拉图斯特拉如是说》，黄明嘉译，漓江出版社2000年版，第153页。

弯腰与顺从。最伟大的道德,属于敢想敢干的人。不要混淆女性气质和女性的生理,要把精神气质上的性别与生理性别区分开来。当哲学家说性别时,主要指精神气质的性别。自信,这是从勇敢派生的道德,这怎么能做到?去"解救人的过往,改造一切'既已如此',直到意志说:'我想要的就是这样'!"[1] 就是这样,从地上捡起一支过往的思想之箭,再搭起弓弦,把这支箭射向别的方向。

尼采不乐意听佛学家唠叨"万事皆空"——这是多么消极的思想啊!周围到处都是"有",只要我们有一双渴望的眼睛。生活,是值得过的!没有温暖?自己燃烧自己,不需要外来的温暖。

尽管人离不开语言,但是每天"用嘴活着"与"活在文字"之中,有着本质的区别。所谓"用嘴活着"的人,每天所讲的话语,大致都是重复的,而且要不得罪人、通俗易懂,还得彬彬有礼,这就使得"用嘴活着"的人感觉精神压抑、不舒服,神经紧绷着不可放肆。总之,"用嘴活着"的人要遵守大大小小的明规则潜规则,唯独委屈了自己真实的内心。文字的本质非常奇特,人们总是只看到文字的规范性或者一般性,而忘记了文字的私密性。文字能欢畅地躲在"嘴"的背后,赤裸裸地、尽情地撒欢跳舞。这使得一个天真且有才华的作家,比整天疲于应酬的生意人,要畅快得多。有才华的作家,善于把原本具有普遍性格的文字变成"私人文字",他的文字风格就是他的"隐私"或嗜好。一个作家享有自己的文字嗜好,当然是快活的,这是一种令别人嫉妒但又抢不去的能力。这是一种需要创造性能力的快活,它高雅而狂野。它从来不教训人而只是捧出自己鲜活的灵魂,把自己的感受直接化为描述性的判断,这怎么会错呢?怎么可能会伤害到别人呢?因此,艺术性地活在自己的文字之中,是值得过的生活,是符合道德的生活。

要小心翼翼地选择自己真心相信的东西,因为倘若受骗上当,其痛苦的代价可能是不再相信任何东西,这种绝望将直接了断人对精神生活的欲望,使自己满足于感官之欲,从此不啻于行尸走肉。人所不得不面临的一种痛苦是,人不能不选择。一个人的人生质量,取决于他的选择能力。选择能力来自判断力,因此,独立思考能力是人的命根子。这种能力,就普

---

[1] [德]尼采著:《查拉图斯特拉如是说》,黄明嘉译,漓江出版社2000年版,第215页。

遍性而言，来自好的教育制度。

  嘴的说话功能，还是要简单分析一下，这是一种社交功能。在这个意义上，嘴是为听者而存在的。社交靠的主要是嘴，虽然在某些仪式或者会议等场合念稿子也是嘴的一种基本功能，但是在日常生活的绝大多数场合，嘴说话时，都不需要稿子，因为那在时间上来不及，又显得非常傻。凡是念稿的行为，基本都是乏味的，为什么呢？因为在这种情况之下，嘴和文字都愤愤不平：嘴觉得自己被束缚住了，而文字觉得自己应该被阅读而不是被出声地念出来，因为念是不回头的，绝少有重念的，但缄默的读书可以翻回页码重读某些段落。在这个意义上，读书本属于纯粹私人的内心活动，即个人反复品味书里某些文字的蕴意，而念稿子无法照顾到每个个人，显得速度太快。总之，念稿子在说话和文字两面都不讨好，显得不伦不类。嘴太彬彬有礼了，即使在吵嘴时也在辩论公认的道理。总之，嘴属于公开的日常生活方式，它严重挤压了私密的生活方式，我指的是文字。写作属于具有艺术气质的手艺活儿，但说话则不是，这并不仅在于是人都会说话（聋哑人除外），而且即使有所谓说话的艺术（相声、小品、话剧、演说家、播音员、配音演员等），也是建立在模仿、可交流性基础之上的。说话的艺术总是极力避免人家听不懂，或者说必须首先为听者着想，这种无形中的限制束缚了"说话艺术"的创造想象力。换句话说，"说话的艺术"不能包括内心独白，因为内心独白不是用来交流的语言。虽然现代实验话剧有以"内心独白"作为台词的，但这个独白的嘴已经不再用来"交流"，从而不同的角色在舞台上各说各的，这样的嘴就变异了，显得荒诞乃至疯狂。

  但是文字或者写作，几乎可以避免以上那张被用来说话的嘴的所有弱点，这全在于创造和理解文字的过程，几乎可以不考虑是否被读懂的问题。我这里说"几乎"是指虽然很多写作确实要考虑读者，但是在学理上这不是必要条件，即不是必须的，这与说话的本质就是要人家懂（可交流或者可沟通性），具有本质的区别。在这个意义上，写作或者思考的艺术属于心灵世界，在层次上高于属于社会大众的说话的艺术。我这里的"文字"是广义上的，它可以延伸到书法、绘画、摄影、作曲、交响乐、艺术设计、雕塑——总之，是一切靠理性直觉而不依赖语言说理的领域，或者说是即兴的行为艺术。独白是即兴的时刻在内心发生着的心理行为，灵魂深处或快乐或痛苦都是缄默的，其内心的健康与疾病几乎无法用任何先进的医疗设备检测出来，因此不同于任何生理疾病。心病还得心药治，而最好的心药，就是从事无需动嘴的艺术创作，对于我来说，就是写作。

幽默感是一种靠智慧瓦解权力的力量，有智慧的幽默，是写作者的特权，天才的首要特征，就是思考的速度奇快，以至于经常说出没头没脑的话，而且决不解释。天才的头脑不是死想一个念头没有找到答案决不罢休，而是在没有任何先兆的情况之下，念头突然刹车转弯的能力，使读者来不及反应。不是不要情节，而是判断与感同身受同时发生，这必须有思考的速度，因为通常思考的速度赶不上事情发生的速度。判断不是发生在事情之前就是之后，绝少能与事情发生的速度合拍。这就使"思想"不再是人们印象中的老面孔，因为思想要有速度必须蹦蹦跳跳、像大眼睛一闪一闪、似乎到处都有眼睛、到处都有风景。又像是思想情景的现场直播。这就像写作者成为运动场上的出色运动员，天才运动员的出色判断力（思想上的高难动作）与肢体行为上的高难动作几乎完全合拍、一蹴而就。

只要是行为，在性质上都是在制造生命中的大大小小的事件。凡事件都处于活动之中，都是在改变周围事件刚才的形态、都在形成新的世界——要有兴致地从事这些日常活动，把这些每天都在重复的活动异变为"事件"——这怎么能做到呢？能，就是对这些事情有一种陌生感。产生这种陌生感，得有非同凡想的能力。怎么做呢？想获得趣味，你得自己制造，而且还得津津有味。怎么办呢？调动起自己的全部感官，视觉、触觉、味觉、听觉、嗅觉——所有这些"觉"都来自人身上本来就有的原始野性。多少世纪以来，人们为了图生活更舒适方便，有了种种文明的科技发明。但是，人们在获得了方便舒适的同时，全部感官都变得迟钝了：戴上了眼镜、手臂上的毛发退化了、耳朵不再灵敏、身手不再矫健。这些亲临亲自活动能力的丧失，使我们丧失了大部分来自身体本身的幸福。怎么办呢？办法是在百无聊赖中制造危急和热血，使熟悉的日常生活陌生起来，你得有极其敏感的心思、专注式地走神、不停顿地将心思降落在似乎不实用的念头上，而且这些念头与念头之间，几乎完全没有关系。这些来自不同方向的刺激，使你总是处于兴奋与警觉状态，"无聊"就这样被你杀死了。在这些时刻，你之所以感到兴奋，是因为你闯入了无人区。要有迅速选择自己兴奋点的能力,并且将这些性质各异的兴奋点连接起来,至于这些点之间本来没有关系,丝毫不会影响到你正在享有的愉快心情,培养起不依赖他人而自己快乐起来的能力。幸灾乐祸——它作为人类的一种天性,我首先想到的不是谴责它,而是想到这种令人讨厌的人类天性进一步印证了个人的纯粹孤独感或者"他人就是纯然的他者"。

尼采的功绩,在于释放一切被囚禁的思想,尼采因为能被批判而伟大,因为被他释放的思想,还可以继续释放。

"当今的一切坍塌了,衰败了:谁想维持它呢?我——我要推它!"①但不要悲壮赴死而要快乐,"在我们,不跳舞的日子一去不复返了!凡是不带来欢笑的真理我们都称之为虚伪。"② 什么是实验呢?就是顺着当下渴望的感觉走,但并不知道会发生什么。"人类未来的最大危险潜伏在什么人身上?不是在那些善人和正派人身上么?这些人心里的感觉是:'我们已经知道,何为善,何为正义,我们也具备善和正义;让那些还在这方面摸索的人吃苦头吧!'"③ 也就是说,这是一些决不宽容的"正派人",对持有怀疑和批判精神的人、对不相信"正派人"的人,毫不留情!也就是说,必须坚持与这样的"正派人"的斗争,否则,历史将终结在这些所谓"正派人"的手里。打着善的旗号对人类精神所造成的伤害,最为严重,因为"他们最痛恨创造者,那砸烂陈旧招牌和价值的破坏者——他们说他是罪犯。因为善人不能创造,他们一直在开创堕落。"④ 为了解救受苦的人,首先要解救自己、自我救赎,没有这个,人类的历史就将因停滞而终结。当人们贪图舒适时、当人们不再为不人道的事情公开抗争呐喊时,人的历史就终结了;当人们害怕磨难、没有独立自主的精神意志品质的时候,历史就终结了;当人们沉浸于毫无思想质量可言的恶搞娱乐时,历史就终结了。总之,当人类世界成为货真价实的动物世界时,人类历史就终结了。动物之间的争斗只是为了满足简单的食物与性的需求、为了成为别的动物的主子,由此循环往复。在这里,真正的时间停滞了。

为了不让人类堕落,为了人类历史继续下去,首先自己不要堕落,这

---

① [德]尼采著:《查拉图斯特拉如是说》,黄明嘉译,漓江出版社2000年版,第227页。
② 同上书,第229页。
③ 同上书,第231页。
④ 同上。

就要有极其顽强的意志。不相信权威，就是不相信；不随波逐流，就不随大流。不屈不挠——这可不是简单说说就能做到的，只有真正经历了磨难而没有倒下并真正活出了自己的人，才有资格拍着自己的胸膛说："我做到了不屈不挠，我是一个真正独立自主的人！"这一切都是默默发生的，没有掌声，但获得了无数潜在着的尊敬的目光。我知道这些目光肯定存在着，它们才是对我生命的最大奖赏。不屈不挠地脱颖而出，去创造思想，就是任性地释放自己的灵感。

与其说"存在开始于每个瞬间"①，不如说记住瞬间并体验当下，才体验到存在的价值，这会揭示很多被我们所忽视了的价值。悲痛忧伤到极点，在那绝望的时刻、在极其愤怒的时刻、在开始刻薄而毫无怜悯之心的时刻，真正有创造性的思想就开始登场了。这是危急的瞬间，瞬间的危急在于它总是从我们指尖划过而我们却毫无感觉，没有时间了，赶紧做，一会儿之后，就是另一个世界了。

思想本身是无罪的，无罪的思想像风暴，出自人的精神本能。思想若像风暴，必须触及灵魂，必须真的在危急时刻。危急，并不仅见于枪林弹雨，日常无聊苦闷的日子、莫名其妙从天而降的孤独感，才是永远无法摆脱的真正恶魔：进去是无聊、出来还是无聊。所谓无聊，就是没有从当下正在从事的活动之中，感觉到趣味和意义。"正派人士"总是严重忽略了趣味，没有趣味的意义是对人性的践踏，这践踏让我感到极度厌倦。天啊，有多少人的多少日子，是在厌倦之中打发掉了啊！他们没有创造个人兴趣的能力。兴趣是创造出来的，得有强烈的欲望和好奇心，善于在"在乎"与"不在乎"之间，游刃有余。沉浸与摆脱，相辅相成。有的事情是持久的，例如，不断开发新的兴趣；有的事情是暂时的，例如，当下沉浸之中的事情很快就会结束，告别的时刻马上就会到来。因此，必须驳斥"正派人士"的这样一种"正派"态度，它蛊惑人心使我们受罪，——只有执行命令的机器人，才始终如一地按照程序做每个活动。我这里说的不是形式而是内容，我的意思是说走神是必须的，趣味的学理机制，就在于它在走神过程之中带给我们快乐。走神的前提是想入非非，为什么会想入非非呢？因为发生了刺激自己而自己又不理解的事情，这肯定

---

① [德] 尼采著：《查拉图斯特拉如是说》，黄明嘉译，漓江出版社 2000 年版，第 236 页。

是一种全然的陌生感受,这里没有什么"目标始终如一",因为后者是有目标对象的,而纯然的陌生感无对象,就像在无人区没有了方向感一样。走神,就是迷路,就像不知道自己正在想什么的"想",才是真正的想。在这样的时刻,我不仅忘记了时间,也忘记了程序和事先的规划,我的思绪跑题了,但我此刻在键盘上敲出来的文字,与一群猴子在我的键盘上乱碰所敲出来的"文字"的差别,在于在猴子那里是没有思想的纯粹偶然性发挥作用,而我在跑题时,暗含着潜意识中的逻辑,它是伴随我的兴趣灵活机动地转移思想情景的,其思想质量是一蹴而就的,并非冥思苦想的结果,无论质量高低,就是一锤定音,一盆水泼到地上是收不回来的。

　　谈到国王,查拉图斯特拉满脸不屑,冷冷地说:国王算得了什么呢?我要寻找的,是更高级的人!兽性多于人性的人,就是低等人。换句话说,要寻找和发现更高的人性。一个十分明显的事实是,比国王更有智慧的人,在人世间比比皆是。查拉图斯特拉所有惊世骇俗的思绪,都是以思想的冲劲表达出来的,它们很难懂:"与其对许多事情半知半解,还不如什么都不知道!与其做一个拾人牙慧的智者,还不如做个独当一面的傻瓜!我寻根问底:这个底或大或小,有什么关系?叫它泥潭或叫它天堂有什么关系?一个巴掌大的底对我就足够了,只要是实实在在的基底就行!"① 什么都不知道,就什么都不在乎。要学会不在乎,这对于一个智者十分重要。在懂得"不在乎"的智慧之后,顺着自己的情趣,制造和变化自己的幻觉,这对于一个智者十分重要。尼采善于从前后左右瞄着同一个意思说不同的话语,直到这个意思枝繁叶茂,成长为参天大树,他再寻找新的精神刺激、思想的种子。这种子发芽成长或者思想的速度之快,令我目瞪口呆。"做一个独当一面的傻瓜"——这话有锤子般的力量!

---

　　① [德]尼采著:《查拉图斯特拉如是说》,黄明嘉译,漓江出版社 2000 年版,第 270—271 页。

第二章 快乐而抽象的心理冲动

一 有趣的深刻性

冲动是激情的外在表现，它同时是心理与身体的，但这里所谓"外在"并非是指落实在行动上，而专指朝向自身的抽象热情，这些热情在大脑与心情之间翻江倒海，但外表上仍旧可以显得十分平静，故而显得抽象难懂。冲动是消耗精力的，维持不了很久，故而是一阵一阵儿的，如果用文字记录下来，就是断断续续的思想，因而也叫只言片语的思想，它们是思想的精华。

一个中国学界不太熟悉的法国人，对尼采的思想有重大影响，这个法国人生活在17世纪，叫拉罗什富科[1]，他因著有《道德箴言录》[2] 而青史留名。此书像蒙田的《随笔录》一样讨论人生，但与蒙田不同，拉罗什富科从不引经据典，他的《箴言录》是真正的随笔，这是一本由急匆匆一闪而过的念头串联起来的书，想到哪就写到哪，念头进行不下去了，就戛然而止，这是一本没有废话的书。全书的"箴言"按数字排列。[3] 尼采从这位哲学史上"没有地位"的散文作家的书中，学到了哲学——首先是"解释学"，拉罗什富科的基本思路，就是不按照习俗的意思解释任何一个词语概念，第一条："男人并不总是凭其勇敢而成为勇士，女人亦不总是凭其贞洁而成为贞女。"这是活的思想生命，它几乎把同样的概念使用了两次（这也暗示多于两次的不同含义也是可以的），但妙就妙在它并

---

[1] La Rochefoucauld（1613—1680）
[2] 拉罗什富科著：《道德箴言录》，何怀宏译，生活·读书·新知三联书店1987年版。
[3] 我以下对拉罗什富科《道德箴言录》的引用，将只注明"箴言"在书中的原排列序号。

不多加解释。当"勇敢"和"贞洁"第一次出现时,读者浮现的是字典上的或者常识的看法,但作者却搁置了常识而另有新看法,于是有表面"懦弱"的勇士和不是处女的贞洁,但这并不是隐喻,而是复杂的真实,它有抽象的感性,后来卢梭继承了这个思路——独出心裁,这就握有了理解拉罗什富科思想的钥匙,用这把思想的钥匙,可以"重估一切价值"。

拉罗什富科的《箴言录》1665年发行初版,它使用了格言体,这本书对尼采的《人性的,太人性的》一书影响很大,尼采这本书也使用了格言体,他认为这种文体更接近古希腊哲人的风格。在尼采这本书的英译本序言中,译者写道:"我们知道尼采的书房里有一册拉罗什富科的《箴言录》,他开始写作《人性的,太人性的》之前不久,读了《箴言录》……在尼采作品背后有拉罗什富科的身影。"① 尼采不仅在精神上而且在文体风格方面都欠着拉罗什富科的情(也包括之前和后来法国广义上的"格言体"作家,例如蒙田、帕斯卡尔、伏尔泰、卢梭),这甚至也是20世纪欧洲大陆哲学和文学艺术的风格,它起源于极端重视作为独立个体的自身——寻找和写出自己的心思,不在乎别人接受不接受,这就会自发地冲破常识或习俗的眼光,因为"大家一致"的眼光是通俗的,而个人独享的精神是晦涩的。

心思中的懂和不懂,就知识领域而论,与事先已经知道了还是不知道有关,例如阅读过程中的理解,就像在破译,用已知的翻译未知的,古埃及象形文字,就是比照或对应拼音文字破译出来的,就此而言,该种象形文字尚不算晦涩,毕竟能被识别弄懂。如果没有可以参照比较的对象,心思胡思乱想,写出来就会显得更加晦涩。就文学艺术而论,简单点说,与视觉上的"像"与"不像"有密切关系,天上一朵云彩,人们会自发地想象它的形状像某种自己熟悉的"东西",这种可理解性会带来自然的情趣,这种"像"一旦说出来,大家都会认可。如果不去想象或者描写大家都公认的相像,或者这云彩的形状只是引起属于纯粹私人心理的联想,这就属于晦涩的文学描写,例如普鲁斯特在《追忆似水年华》中的描写。现代绘画也起源于此,就是画得"不像"了。从古希腊雕塑到文艺复兴

---

① Nietzsche, Human, *All Too Human*, Translated by Marion Faber, University of Nebraska Press, p. xvi.

和启蒙时代的绘画，离普通人并不遥远，神有着人的模样——欣赏这些美的作品，从"像"中收获了"懂"，这进而被说成了启迪灵魂的前提条件。如果"相像"由于人们都认得从而是"俗"的，那么"雅"的前提就是俗。但是，从梵高起一切都变了，他画画完全不走寻常路，说白了就是"自嗨"（因此他活着时一张画都没卖出去，谁也不愿意买一张莫名其妙的"画"），他的失败，在于破坏了传统的审美标准。要从梵高的画感受他的内心，还要经历漫长的岁月。塞尚也是这个路子，他画歪房子、有棱有角的山，管你看画的人舒不舒服，老子就这样画。什么不流行，就搞什么，印象派绘画就是如此起家的，之后100多年过去了，现代艺术早就登上大雅之堂，并且使"相像"的艺术落伍了，艺术界不得不承认，原来画得不像也可以很美。以上"像"与"不像"与时间观念之间有密切关系，"像"或者"认出"来自可以重复或者模仿，它是公认的、现成的，有如"幸福的家庭"要素是相似的。但是，"不像"与纯粹私人的当下体验有关，连接起瞬间的灵感尤为重要，有如"不幸的家庭，各有各的不幸。"以上心思中的懂与不懂，就道德情感而论，与"自爱"有密切关系。尼采所谓"太人性的"，是对苏格拉底"认识你自己"的现代回声。寻找和写出自己的心思，不在乎别人接受不接受。"唯我论（自爱：l'amour‑propre）是拉罗什富科的人类心理学的源头。"[①] 我称之为"哲学心理学"，其中有某种神秘的理性，它是"科学理性"所不熟悉的另一种理性。

我一直强调，要把深刻性与趣味性融为一体，但这并非是像用胶布把两样不同的东西从外部生硬地搭配起来。我的意思是说，这种"融为一体"的情形是思想应有的风格，这是一种复杂的思想才华，只有有厚度的思想，才具有美感。怎么做到的？比如举重若轻和举轻若重，这是反向的灵活性，不认为有唯一正确的方向："任何似乎严重的事情都没有什么大不了的"和"任何似乎微不足道的小事情中都含有惊天的思想秘密"都是正确的：前者给我们深刻的胸怀；后者给我们随时都能快乐起来的能力。两者都告诉我们，任何事情都不能用标签式的语言去思考，而要直插

[①] Nietzsche, Human, *All Too Human*, Translated by Marion Faber, University of Nebraska Press, p. xvii.

事情的内部，例如尼采写了一本深刻而有趣的书《快乐的科学》，"科学"这个字眼从尼采嘴里说出来，多少有点令人吃惊。他的意思是，能给我们带来快乐的思想本身，就一定是科学的。这就颠覆了提起"科学"时浮现在我们脑海里的固有印象。尼采展示了思想的灵活性，就像一样东西固然有其主要的使用价值，但在紧要关头还可以有别的使用价值，一本思想贫困乏味的厚书也可以临时当睡觉的枕头（另一个例子，你称为"南方"的地域，我称为"北方"，因为你与我的地理位置不同；你叫作"激进"的思想我称为"保守"，因为我们看问题的角度不同），它是别的东西，这些别的使用价值，需要我们开发出来，这叫思想上的发明创造。是的，重要的在于要有从新的眼光看待事物的能力。这样的"科学"态度，德里达说是"解构"，这里有时间问题，即原有的界限一旦从绵延角度思考，将被消解，这当然更接近事物的真实，因为我们确实是在时间之中思考的，这已经是科学的态度。强调快乐，主要是强调思想的美感，含有自我陶醉的意思，而从前的"科学"几乎不谈这个。

因此，学术的思想不仅在学究那里，也可能在一部小说、戏剧、电影、诗歌、美术作品之中。活泼口语化的文字，未必就不深刻不科学。从艺术的角度思考科学的哲学，这就是尼采《快乐的科学》这本书想要表达的主题，它意味着如何能够做到耐心而持久地抵制各种各样的可怕的精神压力，在"永远回来的没有希望"中创造出精神的寄托。像是有眼泪的笑声，眼泪是因为思考，笑声是一种艺术态度。希望就在当下而不在将来，希望就存在于当下的笑声之中。尼采曾经谈到艺术的生理学，我认为这里有精神的化学，它是一种如何将痛苦化作快乐的能力，其中有精神的化学反应，这也是我所谓"哲学治疗"的重要组成部分。它是返回自身的，它将孤独视为一种最有效的自我防卫手段。"哲学治疗"使人的精神保持健康（乐观，其标准是深刻有趣）并因此而促进身体健康，很难想象一个精神不健康的"身体健康"是"快乐的身体健康"，因为我们真的不需要"精神不快乐的身体健康"，因为这种健康对人生毫无积极意义。反之，一个饱受偏头疼困扰的精神健康的哲学家（例如尼采）却因其精神的强大而快乐，一个一生大部分时间内被人轻视而孤独寂寞的哲学家（例如叔本华），也因其对自己的思想成就高度自信而快乐（叔本华描写悲观，但他对自己的学术能力并不持悲观态度）。它表明精神科学应该是医学的重要组成部分，这就打破了医学—心理学—哲学之间的界限。换句话说，其中一个领域里的"科学突破"有赖于另一个领域的研究成果。造成这种突破的最大动力，来自需要，就像战争促进了科技工业迅速发展，而数学中的概率论与赌博这个古老的职业有关。因此，文明的突破往往来自通过"彼"而探索"此"。为了实现哲学治疗的疗效，就得精通艺术哲学。

要有自己的哲学，不一定非得是个哲学家。我的意思是说，每个人都应该有能力痴迷于自己的某种信念。如果每天的下午茶能总能激发一个人的灵感并因此滋生难以言表的快乐，那么这下午茶里就有哲学（可以联想到萨特在第一次听到"鸡尾酒里就有现象学"时心潮澎湃，因为这就是他想要的哲学，我因此想到的是，每个人都有自己想要的哲学或者信念，它因人而异，风格独特），能有哲学治疗的神奇作用。这里最能鼓舞人心的，在于这种快乐是自己产生自己的，它对外部世界的依赖程度，几乎可以忽略不计。它是孤寂中独享的美、最奢侈的美，甚至可以在积极的意义上称它为一种"病态"的美，因为它有点不合常理，这种极其细微的快乐难以被常人如此细致地想象，因不可理喻而显得多余。一个固守孤独的人是一个"多余的人"，他活在自己的世界里不可自拔，似乎有他没他，别人或者外部的世界根本就不在乎。这就对了，这个多余的人是善良的，但他早就知道他拿别人没办法而别人也拿他没办法。因此，我（抽象的"我"，任何一个自我指称的人）把"自己的哲学"，叫作"多余人的哲学"，但是这多余的哲学只是貌似多余，实则与精神的快乐休戚相关，就像以上提到的下午茶的情形。那是一种严肃而快乐的思想情景，几乎可以是每天生活里必须存在的神圣仪式，它是有着丰满内容的精神仪式，这一点，只有当事人自己有亲身体会。是的，味觉能激发思想才华，这决非夸大事实，普鲁斯特在《追忆似水年华》中，以生动细腻的笔触，描述主人公被小甜点的那难以名状的美妙味觉所唤醒的童年时代的美好时光，不由自主的各种各样的回忆或者灵感，像清澈的泉水在心田里流淌，这样的流淌或者笔迹，怎么能不欢快流畅呢？怎么可能拦得住呢？它们是深藏每个人内心的本能，这里有感受的富饶金矿，我们所需要的，只是努力挖掘，别人抢不去它，但别人也无力帮你，多余的人之多余的感受，全指望自己了。我不知道别人的感觉，但是我想到此，感到心花怒放。

一种印象（任何印象）能刺激起匪夷所思的别的印象，而这些印象的叠加无穷无尽，这就是多余的人活着的理由。在获得这些印象的路途中，感官接触外部世界的人与事（包括旅游等）或者物质生活的实践，确实很重要，但我觉得因其门槛低而不如读书重要（活着就得实践生活，但不是每个实践生活的人都善于读书，而读书人首先得生活，因此说读书的门槛比"活着"高）。能享受读书的快乐因其门槛高而更重要，读书能平静心情、丰富想象力、陶冶人格情操。但是，最重要的或者门槛最高的，是写作或者创作，因为与读书比较，写作是更积极主动的精神活动，读书与写作的区别，就像欣赏别人家的孩子与自己亲自生孩子的区别。人家的孩子再好，那是人家的，而如果自己有本事生出一个神童，那几乎可以算人生所有快乐之中最快乐的事情了。体力劳动的快乐在于它同时是精神的快乐（必须有强烈的兴趣）。虽然人们为了谋生可以忍受没有兴趣的单调重复的体力劳动，但那难以产生快乐，为了能坚持下去，就得反复用这种单调劳动能带给自己的"外在好处"支撑自己（但并不排除体力劳动中的艺术现象：一个劳动高手，例如老庄稼把式或者手工艺师傅，确实能陶醉于手里正在从事的活计之中）。但是，有兴趣的写作（或从事任何一种创造性的艺术活动）的动机，只在于写作本身之中，它的门槛之所以最高，在于神童或者神品，是自己亲自生出来的，其中所付出的体力劳动、所付出的汗水与艰辛，是快乐本身的组成部分，而只要是自己兴趣浓厚的事情，做起来效率惊人，这就是为什么天才的哲学家或者作家，往往同时也是高产的。

读书单纯地靠"想"或者思考，写作则是在思考的过程中动笔，化无形于有形，其中有了性质的变化，是思考过程中真正的化学反应，就像口语与文字之间，有细微而本质的差异——就实现交流而言，口语能表达的意思文字都能表达，而文字能表达的，口语却难以表达。换句话说，口语的前提是通俗，相比之下，文字总是深奥的，有更多的弦外之音。这就像不同的感官负责不同的感觉，我们阅读对福柯或德里达的访谈（口语），总是比读他们的著作要容易得多。当我把他们的法文原著变成汉语写作时，出来了几乎完全不一样的东西，这也是思想上的化学反应过程。

我们去读任何一本西方哲学史著作，很少讨论"快乐"这个主题，而总是偏重于知识。没有快乐的知识，就像去掉了美感伦理学的科学，有什么用呢？哲学和科学的有用性，在于能培养起一种高雅的情调，能治疗人们的精神疾病，其治疗办法，就是直接沉浸于这些"有用性"之中。沉浸不是解释，沉浸者直接处于事物精彩的内部，解释者却是对事物持中立态度的旁观者。

一个人若总是不快乐，那就相当于患了精神的疾病，这不是任何医院能治疗好的，没有任何医生能治疗绝望（或者"想不开"），除非去读哲学书，最好自己亲自动笔写哲学书（就像奥古斯丁、蒙田、帕斯卡尔、卢梭、叔本华、尼采那样）。我坚决认为，真正能靠写作（不是指那些通俗作家，而是指这样的人：他们写作的唯一目的，就是写作本身，而不是通过写作换取身外的好处。对于他们来说，写作是活着的证明，是生活方式本身，把"活着"变成一种艺术）而获得纯粹快乐的人，属于精神贵族之列，他们活在自己鲜活的性灵之中，他们是有灵魂的人，他们的身体化成了灵魂。他们本来也是有很多痛苦的，但是在笔端，这些痛苦无形中化成了"千古绝唱"的艺术品，就像李煜的诗词那样，这是精神的自我救赎与解放。也可以说哲学治疗像是女人的哲学或母亲的哲学，其中的热情、爱、快乐、良知，都是用心灵铸造的，而不仅是头脑。这不是庸俗的快乐，而是令我们感动的快乐。大快乐必须有大惊险或大痛苦相伴随，那快乐就像从死神中活了过来。换句话说，平庸本身绝对不会产生深刻有趣的快乐，因为平庸中没有光、没有火，而只有惯例和身外之物。

痛苦是一种积极的压力，从中诞生了要从中解放出来的强烈需要，正是在这种自我救赎过程中，诞生了深刻有趣的快乐。为什么说"深刻"呢？因为痛苦本身使人深刻。快乐是思考过程中的快乐，因为怎样度过一生，或者说"活着"本身，就是痛苦与快乐并存的问题。人们常说"痛苦的深渊"，很恰当的描述，但深渊并不单纯只有痛苦的感受。"深渊"是有丰富内容的空洞性，它既是含义丰富的又是"空无内容"的，也就是神秘性。深渊和神秘是同义词，思想者要有把隐蔽着的同义词连接起来的能力。比如，这里的同义词还有死亡的"死"，还有上帝，甚至还包括性欲与快活。快活本身也是神秘的。总之，深渊包括了一切我们永远无法查明原因的沉浸状态，但这并不妨碍我们有能力去享受它，并且能迅速地从毫不起眼的细微小事情中迅速蔓延生长出思想中的"参天大树"。思想的种子未必一定是从读书中获得的，任何琐碎的似乎"毫无价值"的日常活动都可以充当"深渊"的思想种子。例如,渴望中的下午茶或者夜生活中的鸡尾酒。这也会给吸烟行为正名,它损害身体却有利于精神生活。就此而言,吸烟也是一种神圣的精神仪式,香烟对一时迟钝的大脑起了催化作用,使头脑更加灵活,因此也是沉浸于深渊状态。总之,深渊是指这样一些东西:它们对于我们精神生命的质量极其重要,我们沉浸其中而不自知,它们比任何理论说教都来得快,而且任何理论都只能从它们的外部解释它但是却无法消除它们,为什么呢?因为它们属于人的精神—身体本能,是被叫作"人"的动物天生具有的。同样的情形还有,很多精神享受难以解释,例如,反复听同一首歌曲或悠扬悲催的旋律、百看不厌的一部老电影、反复吟诵一首经典诗词、设想某个其实并不曾存在过的场面……所有这些,都是看似无用的"多余的享受",却能带给我们真正的幸福。对于这些感受,我们能用口头语言传达给别人吗?很难,或者难以启齿,或者根本就说不清楚,如果用文字传达,就方便许多。为什么呢?因为文字胜过口头表达之处,在于高度抽象而凝聚起来的语感(弦外之音),它无比精确而干练:"小楼昨夜又东风,故国不堪回首月明中……"——我们从来不会用类似这样的口头表达与人聊天(因为这两句话"前言不搭后语",似乎完全没有关系,它表述的思绪或者联想的速度极快。就都是自然现象而言,可以将"小楼昨夜又东风"比作"下午茶"或者"鸡尾酒",而"故国不堪回首月明中"可以视为"鸡尾酒里的现象学",它们都是从似乎无关的自然现象与精神灵感之间,建立起唤醒的关系、启蒙关系。貌似本来没有关系却由人的灵感建立起关系,这就是诗意哲学的才华,它搁置了原有的自然现象的使用价值),但它被书写出来流芳百世,它是感情的深渊,成为永恒的自我心灵救赎的良药,它其实并不是在叙事,甚至也超越了简单地讲述心情的苦闷,它震撼人心的美感在于其弦外之音(其中有某种超越的精神力量),我叫它无用而奢侈的神圣情怀,而且只有用汉语的文言表达(如果翻译为外语,虽然能保留语句表面的意思,但精神韵味却丧失了。在这个意义上,诗词是无法翻译的),只有汉民族能深刻欣赏其骨髓里的精神,我坚决认为这就是汉民族固有的"形而上学"传统,完全可以和萨特的"存在主义的人道主义"相媲美,而且我们民族的这种抒怀方式,要早于西方多少个世纪!遗憾的是,我们常常不自觉地轻视自己的传统,而且当我们在理论上觉得应该重视自己的传统时，却找不准其中能"自立于世界民族之林"的精神遗产。

语感也是思想深渊中的一种，语感的精髓，在于其表述的思绪或者联想的速度极快，它是自然而然的、毫不做作，绝对不纠缠于解释，充分显示了思想感情的天赋。它是晦涩的，因为怎样的自然现象与怎样的精神灵感之间建立起连线，几乎是任意的、无穷无尽的，这叫绵延不绝的人性力量。西方现代哲学从现代西方文学艺术（诗歌、绘画、小说等）中获取了大量灵感，在理论上的成就，就是将大字眼或大概念肢解为"小玩意儿"，但决不浅薄，快乐似一种深渊，它使思想力具有美感，成为鉴赏的对象。怎么肢解的？就是使微妙的、精致的、柔和的、易逝的、纤弱的品位，登上思想的大雅之堂，从中获得震撼心灵的精神喜悦，而这些"小玩意儿"，在唐诗宋词中几乎比比皆是，因此我坚决认为，研究中国哲学的，首先要精通唐诗宋词，而不仅是孔子老子庄子（同样道理，研究中国文学艺术的，一定要懂哲学）。要从品味艺术中获得思想的灵感与快乐。微妙的不易察觉的机智，这就是中国文化留给我们的精神遗产，含蓄而谦逊的美德。微妙与奇特是同义词。奇特并非与日常生活脱钩，而是来自把任意日常的小事情艺术性地放大，就像在心灵显微镜的注视之下。哲学与艺术的共同特性，在于它们都增补了自然现象的意蕴，把人性创造出来的意义，赋予纯粹的自然现象。从此，自在之物再也不是独立于人的意识的存在物，人自身就是自在之物。由于每个人的风格不同，因此有千姿百态的自在之物，这是鼓舞人活着的动力之一。

哲学治疗——以上就是康复人的心灵的一种极好途径，它告诉我们，要以艺术的眼光和境界，看待惯常的日常生活。凡是因日常生活苦闷不堪而自杀者，如果在活着时能把生活中所有的遭遇都视为一种自己独有的艺术生活，并且把这种生活提升到神的境界，就不会做"终结自己"的选择了。什么叫神的境界呢？例如，在夜晚，透过牢房的铁窗和皇宫的窗户，所看到的是同样皎洁的月亮。如果囚徒是一个具有诗意的哲学家，而皇宫里的天子原本不过只是一个靠鸣锣开道而耀武扬威的俗人。那么，当这个哲学家想到这个俗人时，不禁会哑然失笑，此时此刻，他比这个俗人更幸福，因为这个俗人写不出李煜那样震撼心灵进而自我救赎的浪漫诗句！至于李煜不幸曾经是个帝王，那与其说它证明了凡天子都不是俗人，不如说只是为历史曾有过的帝王们创造了一个例外，即人的外在身份，与其思想艺术才华之间，几乎没有关系。李煜是偶然生在帝王之家的，但他的才华或精致深刻的感受力，却是与生俱来的。

换句话说，哲学治疗，也是艺术治疗。哲学必须艺术化，才具有心灵治疗的效果。所谓想得开，就是说，总有别的意义正处于诞生之中，值得我们期待，下午茶和鸡尾酒还可以无穷无尽地换成别的东西。人不仅有与生俱来的兴趣，还要在漫长的人生路途中不断开发新的情趣。要善于灵机一动，这在于联想的速度，而这不仅有趣而且还深刻，例如哲学的艺术化甚至可以比喻为哲学具有女性天然具有的不同于男性的性格："也许真理是这样一个女人：她拥有我们看不见她的理性的理性。"① 潜台词是，人们不知道从前被自己叫作"非理性"的精神，其实却是理性的。女人的哲学是生活中的哲学、是活生生的哲学，是感性中的理性，理性要通过感性的形式传达出来。决不能只是停留在概念，而是渴望一种反方向的还原：概念原来不过是有血有肉的韵味、象形文字、腔调之类在"概念"看来"多余的"东西，而不仅仅是文字的含义，这是有趣的，但同时也是说理的。

"女性的"哲学批评笛卡儿的反思哲学，提倡彻底而原样地返回人性，首先是还原人的本能、释放生命本能的力量："因为正是这种本能构成了我们人类的本质。"② 释放本能和释放快乐是一个意思。哲学史上强调直觉的哲学家们，却无意识地接近了本能，因为直觉是人类古老的原始本能的重要组成部分。直觉被认为是神秘的，在创造发明的时刻，直觉甚至比推理更为可靠。此时此刻，思想起了这样的化学反应：非理性的直觉成为理性的直觉。似乎在推理中有害的东西变成了思想中有益的东西。换成日常生活的语言，对不幸的反应不一定是痛苦，反而可能是某种幸运的开始。杰出的战略政治家往往有自发的哲学天赋，在描述第二次世界大战的转折点时，丘吉尔说过一句言简意赅的名言，称其为"（纳粹）结束的开始。"一个人开始绝望的时刻，是另一个人开始狂欢的时刻，这叫作时刻的厚度。人们会对他人的不幸感到快乐，这是人的阴暗本能。还会说，

---

① Friedrich Nietzsche, *The Gay Science*, Translate by Walter Kaufmann, Vintage Books Edition, 1974, p. 38.

② Ibid., p. 73.

"可怜之人必有可恨之处",所有这些,表明恶是一种极其复杂的人性现象,决不可以用一句话就能轻易地打发掉。

以上,我一直在给出"生活(生命)是值得过的"的理由,它是不忧郁、不悲观、不绝望、不自杀的理由,同时又是大快乐(深刻有趣)的理据。但是,这些理据更像是来自女人的智慧,她拥有"我们看不见她的理性的理性。"而以往的哲学史是男哲学家写出来的"逻各斯中心论"。但给哲学以希望的是,这里的男女,不是生理性别意义上的,而是指精神风格。比如,女人的柔美是天生的,这叫本能,而男人的柔美却是后天修炼的,这叫精神修养。可见,诉诸本能,属于女性风格的哲学,她总是凭着自己敏锐的精神嗅觉,自己产生自己的灵活多变的精神生活,并不像男人那样抱有某个坚定不移的意志方向死不回头。

这就深入哲学的腹地了,感受到使自己上瘾的东西之美好,这是常人都会有的感受,我把它提升为艺术感或者生活琐事里的哲学,也许人们听了会感到些许稀奇,但是我觉得,这还不是最难理解的,哲学家都有追问到底的精神强迫症,我觉得到此为止,还是没有把"喝下午茶"这件小事追问到底,最奇怪最晦涩的人性还是没有暴露出来,还没有登上理解力的高峰,这座高峰的名字,叫"不可理解"。我的意思是说,人有能力蓄意不讲道理,任性地做那些毫无意义的事情:我能刻意拒绝其实在急切渴望的下午茶,摄影师在给我们拍摄集体照时让大家齐声喊"茄子",以便有众人齐微笑的"美好"效果,但是就在他即将按下快门的瞬间,在"茄子"的"子"字余音未了的惊险时刻,不知哪根神经刺激我突然将眼珠转向斜侧,于是出来了一张众人齐微笑唯独我走神的"失败照片",但我这里不是在检讨我对不起大家,因为这样的检讨并没有深入哲学的腹地,此刻哲学腹地的问题在于:人有一种非常奇怪的终极本能——拒绝去做其实自己非常渴望的事情。这种拒绝并非出于任何世俗的目的,也不能获得算计中的好处,它完全没有意义,不可理喻,但却是一个心理事实(正是在这样的意义上,可以理解加缪的名言:"真正的哲学问题只有一个,那就是自杀"。自杀以自我毁灭的方式对人渴望活着的本能说"不!")。心理学或者精神分析,都无法处理这种精神现象,因为它的意义纯粹是哲学的,术语叫"自由意志"——其中的"不讲理"的意义纯粹是形而上学的,而完全不是纳粹意义上的(尽管可能被纳粹所误读,据说希特勒喜欢浪漫主义音乐家瓦格纳，并间接也可能受到尼采哲学的影响，因为尼采也曾欣赏瓦格纳），因为纳粹抱有邪恶的世俗目的（灭绝犹太人、独霸欧洲）。这种形而上学意义上的"不讲理"与瞬间注意力高度专注有关，就像陀思妥耶夫斯基描述过的：喝下午茶这件事，比世界是否就要毁灭还要重要。绝对不要从世俗的眼光蔑视甚至咒骂这种瞬间的真实心理感受，他只是把人人都可能有的黑暗心理写了出来，这里的问题不是合理与否或者正确与否，它表明人的生存价值在于活出个人价值，而这种价值的活法从根本上说具有浓烈的艺术气质，也就是从"脱离实际"的感受幻觉中自我陶醉的能力，但我这里说的是现代艺术气质（区别于古典艺术），它认为艺术的价值是从瞬间的美好中诞生的。

于是，现代欧洲哲学的腹地，深入"微不足道的小事情"，以至于可以说，它从虚无中开发出有情趣的思想，我们将欲望的目光转向似乎庸常而烦琐的日常生活中的点滴印象，这些印象是如此生动具体、转瞬即逝。无独有偶，正是印象派绘画终结了古典主义绘画，开启了现代艺术的大门。瞬间的美感因其转瞬即逝而显得稀少高贵，它奋不顾身地扑向从永恒的眼光看来不划算的东西，它以扑向即将死亡或者即将逝去的瞬间这种决绝的方式，试图用鲜活的瞬间杀死时间，就像凝神的时刻我们丝毫不会注意钟表的指针在悄悄移动，后一种时间被"杀死了"，但是与此同时，我们却拥有了真正的时间，它在性质上一定是沉浸于艺术创作与艺术享受的时间。这也是用心灵代替大脑思考的瞬间，心灵变换的速度总是快于大脑，因为心灵不需要顾虑理由，而大脑在寻找证明材料的过程中丢弃了趣味，并且由于速度慢而显得僵化乏味。微妙的心灵靠天赋，而训练大脑靠的是学习（复习）。

不惜以牺牲自己身体健康，换取拥抱瞬间的美好，以世人眼光看，这是不划算的，但是在尼采看来，这却是精神高贵的标志，它是很傻的任性精神。非理性的理性热情：奇异的、歧义的、空想的、异想天开的、古怪的、新鲜的、不可思议的、不切实际的——这才意味着才华。这种艺术—哲学的才华"来者不善"，它不想要舒适，它是恶的精神，如果人们总想把遵从精神习俗叫作"善"的话。历史上一切破坏惯例的行为都曾经被认为是"坏"的，但对于"坏"的另一种说法也许更容易被现代人接受：坏就是革命。人们有时内心里是喜欢"坏"的，就像一个有棱角性格鲜明的有明显"缺点"的人,比一个"老好人"更受人欢迎,因为前者有内容能制造事件,而后者空洞乏味日复一日。

举一反三,哲学治疗的一个有效方式,可以从治疗词语用法开始,就是说,任何词语或者概念的意思都不要被看成是现成的(我们已经知道的)。一个有成就的学者再也不应该意味着是在别人的知识园地里勤恳耕耘的劳动模范,而是一个能迅速变换思考角度(面对同一个思考对象)的人,能在微小的视角差异中觅到新思维的种子,并且使这粒种子迅速生根长成新思想的参天大树。苦闷忧郁在于心情死板,而乐观的心情只在于使心思真正处于绵延状态并且总是朝向满怀希望的状态。

若想使心情永远保持朝气蓬勃状态,就得使心思始终处于运动变化之中,迅捷而不停顿地浮想联翩,从而摆脱刚才产生的种种不良情绪,这摆脱的速度,考验着心理素质的强弱。人在高度紧张焦虑着急时,由于注意力不能凝聚在手头正在做的事情本身,从而会严重影响做好这件事的质量,几乎所有的行业都是如此,因此,哲学—心理治疗具有普遍的意义,它不是每个人生来就有的心理素质,而是后天心灵修炼的结果。但是与瑜伽不同,我们的治疗过程根本就不需要打坐,也不必静心,相反我们要使人们的心灵高度活跃起来,处于活生生的欲望状态。当人们全神贯注地处于某种欲望状态之中的时候,当人们在这种状态下浮想联翩的时候,就没有时间去焦虑与此无关的事情,就会摆脱后者带给我们的焦虑——为了永久摆脱这些焦虑,或者最大程度地弱化这些焦虑带给我们的消极影响,我们就得有能力全神贯注于手头有浓厚情趣的各种事情本身,以在它们之间的交替轮换,当作精神的娱乐与休息,这会使我们觉得日子过得很快但是在精神上感觉非常充实。我们就是应该这样安排日常生活。当然,与其说是安排,不如说是创造。为什么叫创造呢?就在于我们的选择完全可能是别一种样子的,那么我们就会以别的方式度过此生。但这最好不要比喻为赌博式的掷骰子,那太消极了。创造性的生活之别名,也可以叫作艺术,而艺术的别名,也可以叫作理性的选择。这很有趣而深刻?何以见得?自身说法,我做了很多年的学问之后,发现我做学问的死板,在于我一直是小心翼翼地试图使文章中每写一句话都在以往的哲学家那里有根据。但是当我偶然发现从前真正有创见的哲学家们从来不像我这样写文章时,我觉得我是一直受着"哲学规则"(所谓学术规范)的蒙骗。我终于真正学会了遣词造句。什么意思呢？词句的意思是我灵活机动地组合创造出来的（它们原本没有），完全可以不理会别人既定的想法，创造想法的主人是我自己。当然，如果没有产生想法的能力，就怨不得别人了。

光，本来是没有的，神说的每句话，都像是开启我们心灵中一丝光亮，但我觉得神并不在我身外，神就隐藏我内心之中，从而我就是主宰自己的神，这使我自信满满，因为我不是简单的，我由于有精神的厚度而无法看透自己，更不用说任何别人都猜不透我的心思，我对我自己感到特别好奇，它来自我在能管住自己的同时，管不住我自己。如果总能管住自己，我的人生就少了很多意外之喜。如果总是管不住自己，我的一生将一事无成。我必须有毅力，但要以自由而非呆板僵化的方式有毅力。我的毅力之兴趣方向，像小溪中的水一样任性而放纵地流淌，谁也别想让我真正听他的话，但也绝对不排斥有思想才华的人对我的启发。总之，我力争做一个"解决悖谬情绪"的高手——或者"清理"乱麻一样的思绪——但我不是将种种的念头理顺，而是让它们更加凌乱，让读者看得眼花缭乱，乐在其中而忘记了理由，因为实在说来，在快乐的时光谁也不在乎寻思关于理由的思辨问题（因为瞬间的"一心"不能"二用"）。我究竟是怎么把简单的思绪搞乱的？怎么把原本清晰单纯的句子搞复杂的？我觉得要去比拟，有灵气的心思或者写作，就是在写某个句子过程之中，某句子形成过程之中，就像骰子在空中的情形一样，在没有落地之前，在句子没有完成之前，我会在句子形成过程之中突然改变主意，但不是把正在写的这句话删掉重写，而是让这个句子突然拐弯，使句子原有的意思难以落实，方式是在句子之中添加新的意思（就像萨特在《存在与虚无》中写出了这样的句子："人是一种无用的激情"，这就像鸡蛋炒西红柿这道菜同时放了盐和糖），这会拉长原本简洁的短句，但我觉得读者也要有灵气才行，一道好菜不仅要色香味俱全，还要有各种作料并含有各种营养因素，修辞是必须的，否则视觉上就不好看，但我可以根本就不管什么修辞的问题，因为按照我以上的方式，已经自发地有了修辞效果。也就是说，修辞必须完美地成为句子内容自身的一部分，而我需要做的，只是凭着自己的直觉或者性情（性质）把句子的意思蜿蜒曲折地写出来就行了。我之所以对自己感到特别好奇，是因为我并不能控制正在形成的句子的意思，这些意思总是临时的急就章。我创造光，这些句子自己发光。

我把上述的写作方式，称为"推迟的快速写作"，它在表面上是慢的，但是在效果上却是快的（以精神结巴的方式快速表达，就像是唱出来的思想，它们读起来似乎前言不搭后语，因为念头连接的速度快），因为临时的念头层出不穷，我只是抓住了其中一少部分而已。在此，"层出不穷"的意思并不是词典上的，因为我把它还原为自己的理解，也就是我上述提到的语感，即对现成词语（或者概念）的特殊联想方向。例如，在此"层出不穷"的意思是培养起我的怀疑精神，创新思想的首要条件是不相信而不是相信。我选择读的大都是盖棺论定的经典，它们都非常重要，但我以"怀疑"的方式阅读，我并不狂妄。经典的句子都很有道理，但那些句子都已经假设了某些前提，而我固执地认为凡是作为前提的判断句都只是暂时靠得住，它们不能永远靠得住的原因，在于它不可能适用一切情形，我任性地寻找例外，正是这些例外的思想情景，开启了思想新的可能性。一个词语或者概念的创新，就在于其意思与我们尚不完全清楚的X语言因素连接起来，①而我之所以对自己感到特别好奇，在于我写出这些X语言因素的时候，而在语感好的时候，思想创新的时刻就会到来，这就是学界常说的——不仅要停留在照着说，而要接着说。也就是说，尽管原来的句子很精彩，但我蓄意不让它的意思顺利地落地，我要去制造混乱与麻烦。这就要修订我前面的说法，似乎瞬间的"一心"能"二用"似的。

二 严肃的思想游戏

哲学是一种严肃的思想游戏。游戏本来是舒适的消遣，但它却像是紧张得令人窒息的战争（例如体育比赛），与心理素质有密切关系，这显示

---

① 2008年诺贝尔文学奖获得者，法国作家勒·克莱齐奥（Jean Marie Gustave Le Clézio），曾经这样评价19世纪法国天才诗人洛特雷阿蒙（20世纪初期超现实主义文学先驱者之一）："对洛特雷阿蒙，我们只有猜测，绝无肯定，绝无逻辑（我们的逻辑）。所以《马尔多罗之歌》才是最有效的诗歌，因为他持续地让我们感到不安，尽管我们有确切的理论。他仍旧是危险的……他在无意间以夸张、玩笑的方式在文学的谎言中重新发现了真理。他比任何诗人都更好地重新发现了语言和艺术的意义。这是生活的咒语。他否定了统一的文本，但这是为了显露真正的文体，真正的逻辑，即自然的力量而不是习俗，他从人类思想史的一极跳到另一极。"参见洛特雷阿蒙《马尔多罗之歌》，车槿山译，上海人民出版社2008年版，第310页。

了词语的厚度。这种"推迟的快速写作"是跨学科的,但这种在效果上跨学科的重要性,并不比这种写作方式的另一种效果更为重要,那就是处处充满热情。如果读者沉浸于语感中的热情,就有可能忘记了承载这些热情的语言载体,这就是写作的艺术。

哲学治疗要把人的态度升华到神的态度,这种神秘性并不在天上,而是关注人自身、我自身的神秘性,其途径仍旧是艺术的生活方式,它会使我们忘记世俗的烦恼:去爱那俗人不爱的,体验到那些俗人看不见的精神维度。这些无意识或者下意识在微妙的暗处,而意识形态只在明处。

尼采并不以"非黑即白"这种一分为二的"辩证法"看待事物,尼采十分重视变化,他在某段落欣赏强力意识批评性格软弱,但在另一段落则一改面孔欣赏女性的柔弱性格,尼采是多面孔的,他像福柯一样一会儿这样说,一会儿又那样说,而全然不顾自相矛盾,这显示了变化或者思想视角的差异、上下文的语感需要。显然,永不改变的重复或者说缺乏实质性的改变,绝不是尼采所提倡的。尼采《快乐的科学》一书的英译作者在第99页的脚注里指出,"在尼采看来,'中国人'不变的幸福感有一种可怕的前景——一种活着的死亡……这种'幸福'是和'最后的人'连在一起的。"[1] 这里"中国人"加了引号,其实尼采在这里描述的是他著名的"末人"概念。他的意思,是说要以新的眼光看待不幸,而不变的幸福观却是不幸的,不属于活生生的人。活生生的人要不断开辟新鲜刺激的思想,不拒绝精神上的创新与冒险。这个译者在同一脚注中提到,尼采认为康德更像一个"中国人",因为康德的道德哲学很僵化,尼采要打破道德偶像,不要树立道德模范。思想的天才有时不是做好事的好人,不是这样的道德模范。

要善于创造性地重新理解尼采的著作,就得有能力从其中每个敏感句子中读出别的意思,比如倘若他说不要给知识设定前提[2],则相当于回到

---

[1] Friedrich Nietzsche, *The Gay Science*, Translate by Walter Kaufmann, Vintage Books Edition, 1974, p. 99.

[2] 但这并非尼采这句话的原意,而是从句子的原意中"接着说"出来的意思,其原意是"不要把追求知识当成我们的目的",参见 Friedrich Nietzsche, *The Gay Science*, Translate by Walter Kaufmann, Vintage Books Edition, 1974, p. 100。

苏格拉底的"我唯一知道的事情,是我不知道。"① 这值得详细分析:知道自己不知道,似乎是无前提的想法,但它仍旧是有前提的,因为这里的"不知道"似乎是在搁置了一切已经知道了的东西,这就是前提。从世俗的目光我怎么可能什么都不知道呢?但我固执的自由意志坚持我已经知道的一切东西都靠不住,我不从这些已经知道的想法出发考虑问题,这就使得我返回了纯粹形而上学的态度,就像笛卡儿和胡塞尔曾经有过的纯粹哲学态度。可见胡塞尔所谓"现象学还原"绝非是首创了这种哲学态度,他

---

① 在写作风格上,萨特与海德格尔有一个非常明显的区别,海氏更像一个真正的"传统"哲学家,他遵守哲学著作的写作规范,每句话只应该有一个意思,也就是清楚明白,这可能是他和一切哲学家的写作初衷,哲学家虽然思想复杂,但不会有意为理解制造障碍,故意制造句子的不透明性,相反为了使读者更好地理解,哲学家们总是反复解释这个重要的命题,因此福柯认为哲学史一直排斥"疯狂",但德里达不同意福柯的这个判断,德里达认为哲学家是"最疯狂"的,只是表面上看不出来而已。在这个问题上,萨特和德里达的看法大体一致,萨特说:"比如'我思故我在'这样一句话可以在各个方向引起无穷尽的后果"。萨特这话的意味,是暗指这个命题本身就是"疯狂"的。"疯狂"的意思,是说暗含着可以在含义上导致分裂的精神,即把其中的"思"换成任意的X(我行动故我在、我恋爱故我在,等等)。尽管笛卡儿本人不会同意这样的危险延伸或者增补,但只要他的句子一出手,其后果他是管不了的。萨特与德里达相似而与海德格尔不同的是,萨特虽然也想像海氏那样写哲学书,但是他不自觉地以文学方式写哲学书,总会下意识地写出类似"人是一种无用的激情"的句子。我有一种国内外很多学者大致不会同意的看法:就文字本身而言,萨特的哲学书写得比海德格尔更好,既然哲学语言也使用日常语言(不过是抽象的日常语言),那么不管哲学家本人是否意识到或者是否愿意承认,事实上每个哲学家也都是作家(语言艺术家),其遣词造句不可能不具有自己的特点,就这个特点或者文体风格而言,萨特不仅由于其哲学著作的趣味性超过海德格尔,而且还由于这趣味自身就是哲学的并因而在深刻程度上绝不会亚于海德格尔。这趣味来自萨特深谙遣词造句的精髓。为了深刻有趣,即使是哲学书,也不应该想说什么就直截了当地说出来(这应该是口头语言的态度,但哲学书使用的是书面语),而要符合书面语言的本质,即只要是书面语在蕴意上就不可能避免含混(正因为这样,逻辑实证主义批评传统形而上学语言),而且一定会自动形成某种文体风格(即遣词造句的方式,句子的连接方式)。萨特说:"对我来说,文体首先是用一句话说出三个或者四个意思的方法。"哲学和文学与自然科学论文的区别在于,其使用的文字不是单义的(想想对海德格尔的"dasein"的汉语译名无休止的争论)。"语言艺术家有一种本事,他巧妙地遣词造句,结果他用的词的意义随着他为它们安排的照明强度和赋予它们的分量的不同而变化,它们表示一件东西,又一件东西,还有一件东西,每次都在不同的层次上。"结果是令人惊讶的,萨特认为哲学书更好写几乎可以一气呵成,而文学作品却要用心推敲,这是因为着力让每句话都带有相互重叠的意思毕竟是很难做到的,这甚至是一种诗意的写法,而传统哲学并没有明确这样的规则,自然就"更好写"了。德里达的哲学成就恰恰来自他以文学的方式(隐晦的说法叫解构、延异)批判传统哲学。以上萨特的话援引《萨特精选集》,沈志明编选,北京燕山出版社2005年版,第1478—1479页。

不过是善于创造性地理解前人的思想而已，整个哲学史就是这样走过来的。善于读解胡塞尔的萨特立刻理解了其中有时间哲学问题，那就是：与其说已经过去了的事情不再存在，不如说更有价值地活着就是要摆脱过去，逃离已经有的东西，因此，我还不曾存在，我就要存在，我不是我所是的人，如此等等，可以滔滔不绝地快速往下写。

一个天才哲学家对另一个天才哲学家的批评，以及哲学家的天才，就在于揭示某个哲学命题中包含的其他意思。天才的发现就在于，这其他意思在原命题中并不明显，这种发现的过程十分迅捷，而且发现过程中还叠加着别的发现，这就是真正有创见的哲学批评，也就是德里达"解构"思想的真谛。一个天才哲学家首先是一个善于创造性地解读前人思想的人，其创见就在于能读出前人所没有的意思。列维—斯特劳斯激烈地批评德里达在"误读"他，德里达没有顺着列维氏的写作初衷，他解读别人时一向如此。思想和生活一样，就是不断与过去（死亡）的东西告别，决不纠缠于过去，这种快速的生活却延长了生命。快就是慢，对过去的东西的残忍，就是对要来的东西的善良。宁要幸福而不要知识，是说宁要将来而不要过去。没有留恋和后悔的时间，要来的是一个例外，我就要享有这个例外。于是，这里有了哲学治疗的新方向：要迎接正在到来的细微的精神诱惑，它们有别的冲劲、例外的冲劲——有新的奥秘，难道不是吗？探索与发现。

一个从哲学解读文学的例子，萨特最成功的小说是他在33岁写的《恶心》，其中反复出现的关键词"恶心"不过是"平庸"（日常生活）的代名词而已。从"平庸"中读出"恶心"，显得生动，但哲学家还要反过来解读出"恶心"的对象是指一切庸常乏味的生活。怎么反抗这种令人百无聊赖的恶心感受呢？就是从细小的情绪（平庸者是忽视这些细节的人）嘲讽没有能力体验新鲜感的混日子态度。从原本没意思中创造出新的意思，就像无聊时去琢磨无聊，就有点意思了。"我的意思就是没有意思"，但这表达本身，有点意思。持这种看法的人，是一个例外的人、一个反抗者。所谓例外，严格的表达是独一无二性、第一次同时就是最后一次，就像是我的世界末日，这种感觉是欣赏瞬间感受或者崇拜偶然性的。如果一个人的文体是"独一无二"的或者是别人根本无法模仿的（例如德里达的写作风格），就会令人深感好奇。"独一无二"的不可替代性会使我们联想到孤独,人一生中一切必须亲自参加的"状态"都是独享或者孤独状态,例如写作与思考,这是真正地在活出自己,即使其事业要靠与他人产生共鸣才能最终完成。

尼采推崇伊壁鸠鲁,这被很多尼采研究者所忽视,尼采欣赏前苏格拉底哲学,一种孤独状态下与众不同的快乐,就像阿基米德对前来杀害他的罗马士兵说:"不要打扰我的圆形"和第欧根尼在大街上把一只木桶滚来滚去。[1] 这是独一无二的独享的热情,它全然不管别人是否理解。也就是说,漠视外部的荣誉与名声。

增加读者在阅读时的恐惧感,但不能只有恐惧,还要荒谬绝伦,但不能光有荒谬,最重要的,是诱惑读者急切地想知道下一步会发生什么,但是却永远不可能猜到。真正的写作高手笔下几乎都是临时想到的急就章,总是临时改变主意,我给洛特雷阿蒙式的写作方式起一个名字,叫"瞬间写作法",这是用灵魂写作的奥秘,它并不需要体验生活,只要对文字敏感并且不管不顾顺着一时的心情急匆匆地下笔如穿梭就可以了。这里有的是心灵的逻辑,但这个逻辑的准确名字应该叫风格。心思就像有无数的小精灵跳来跳去,一会沉浸其中,一会又跳出来做自己内心的旁观者自我嘲弄一番,什么都不在乎,获得绝望的美感。它打破了文学的惯例,因为根本就无视哪个词语应该连接哪个词语这回事,怎么连接都行,因此也可以叫作例外式写作,它是恐怖诗句的杰作,它让句子发疯。例如:"他十六岁四个月!他美得像猛禽爪子的收缩,还像后颈部软组织伤口中隐隐约约的肌肉运动,更像那总是由被捉的动物重新张开、可以独自不停地夹住啮齿动物,甚至藏在麦秸里也能运转的永恒捕鼠器,尤其像一架缝纫机和一把雨伞在解剖台上的偶然相遇。"[2] 这段话形容这个少年的美,但语感中显露的,是莫名其妙的暴力之美,它用发疯代替雄辩,它让互不相识的词语句子相遇、恋爱、生子,似乎在梦境中都难以出现的意象才可以称作美,它消解了美的定义,而且这段话的每个词语都不老老实实地在词典里

---

[1] "当别人问他为什么要这样做的时候,他回答说:我也在做事,我滚自己的桶来着,我可不想成为众多忙碌的人群当中唯一的游手好闲之徒。"克尔恺郭尔著:《哲学片段》,王齐译,中国社会科学出版社2013年版,第2页。

[2] 参见 [法] 洛特雷阿蒙《马尔多罗之歌》,车槿山译,上海人民出版社2008年版,第188页。

待着供人们查阅,通常具有的识字与阅读能力,对欣赏这段话完全不起作用。作者似乎满心怨气而没处发泄。它超越了我们以往所能理解的任何一种诗歌类型,每句话单独看都读得懂,但连接起来根本不知所云,这就是我以上提到的"例外的精神",就像有意头撞南墙。它制造烦躁不安,并且在这种什么都不在乎的烦躁中获得某种莫名其妙的瞬间梦呓的语感(美感)。它用发疯替换震惊、替换美。它充满废话、在平安无事中制造细节上的危急现象、自作多情、滥用比喻、使用只有作者本人第一次使用或发明出来的比喻(这叫作"活的隐喻")、滥用"因为"和"所以"之类、无事生非、喜新厌旧、句子与句子之间离题万里。总之,好像从此文学中多了一个类别:发疯的语感(美感)、享受走神。我用另一个日常用语("任意性")总结这个"美感"。似乎一切之中能诞生一切,任何一个词语能连接任何一个别的词语①——一种发疯式的替换或改写,似乎持有平静的心情是一种罪过。它的哲学治疗作用在于,由于它有这样的改写或者变换心情的能力,永远不会有挫败感,永远在陶醉其中的过程中忘我,它什么都能谈,但是却与世隔绝。它强词夺理,似乎整个诗篇是作为"疯子"的作者本人在"大合唱"。这个神经质的"疯子"心眼极小,却总是乐呵呵的,因为他总是用积极的字眼代替重大或细微的消极字眼。更要命的是,他在发疯的基础上继续发疯,一开始像个精神抑郁症患者,然后是强迫症,最后则发展到精神分裂症。具有分裂特征的精神是从不抑郁的,其乐观来自这种精神总是把坏事看成好事,这种精神的持有者蔑视一切甚至嘲笑自己,当然也嘲笑自己的死亡,嘲笑人类的死亡。

洛特雷阿蒙向我们展示了冲劲的情趣,这也是法国文学的传统,卢梭的抒情传统。洛特雷阿蒙把情趣的地位置于思想之上,他说:"情趣是最基本的本质,它概括了其他一切本质,是智力至高无上的境界。天才仅仅是因为有了情趣才成为极度的健康和一切能力的平衡。"② 他认为不强硬的念头、缺少批判的念头,配不上与情趣为伍(尼采曾经把有创造力的思想比喻为具有锤子的力量)。情趣不需要解释,任何解释都是软弱的,

---

① "你的神情比人更有人情味,忧愁得像宇宙,美丽得像自杀。"参见〔法〕洛特雷阿蒙《马尔多罗之歌》,车槿山译,上海人民出版社2008年版,第295页。

② 同上书,第222—223页。

他文字中使用的"因为"和"所以"之类,并不表示我们所熟悉的逻辑范畴,而只是在描述某种发自内心的思想冲劲。他的檄文并不是在说理,他的檄文本身就是一件艺术品。口气很傲慢,是的,就像尼采的文体那样。他用诗的形式写"文学评论",也可以说是哲学诗,与尼采的格言相似。例如,"应该懂得从死亡的怀抱中夺取文学美。"① "任何一个推理者都不认为自己违背了理性。"② "我得到的唯一恩惠就是出生。"③ "一个推理越接近格言就越完整。当它成为格言,它的完美就抛弃了变形的证据。"④ "怀疑是像希望表达的敬意。"⑤ "抄袭是必要的,进步导致这样做。它紧紧地靠近一个作者的语句,利用他的表达,抹去一个错误观念,换上正确观念。"⑥ "理性和情感相互劝告、相互补充。任何一个只了解其中的一个而放弃另一个的人将丧失全部那些为了引导我们而给予我们的援助。"⑦ "诗歌不能没有哲学。"⑧ "我没见过道德家是一流诗人。"⑨ "诗歌的逻辑是存在的。它与哲学的不一样。哲学家不如诗人。诗人有权认为自己高于哲学家。"⑩ "说服别人的最佳方式就是不说服。"⑪ "我们可以是公正的,如果我们不是人。"⑫ "人只能通过死亡之美来判断生命之美。"⑬ 认为诗歌里必须有哲学,是说诗歌中的情趣必须是深刻的,而哲学家未必当得了诗人,是因为哲学家只注意写得有道理,未必有能力写出情趣。在这个意义上,天才的诗人是自发的哲学家,而且其才华高于哲学家。诗并没有唯一的形式,格言和散文都可以具有诗意。有诗意的句子自身就含有

---

① [法]洛特雷阿蒙著:《马尔多罗之歌》,车槿山译,上海人民出版社 2008 年版,第 232 页。
② 同上书,第 243 页。
③ 同上。
④ 同上。
⑤ 同上。
⑥ 同上书,第 244 页。
⑦ 同上书,第 245 页。
⑧ 同上书,第 247 页。
⑨ 同上。
⑩ 同上书,第 251 页。
⑪ 同上书,第 255 页。
⑫ 同上。
⑬ 同上书,第 256 页。

高度浓缩了的"逻辑",与其说这逻辑是说出来的,不如说是显示出来的,就像人们通常说诗中有画一样。死对人生是有终极意义的最后事件,因此死显示了残酷的美丽。道德是由观念组成的,诗是由意象组成的,当一个人以道学家的身份出现时,就不是诗人,而当一首诗宣扬某种道德时,就不能被称为是一首好诗,如此等等。

尼采和洛特雷阿蒙只相差两岁,彼此完全不知道对方,但在精神的孤独与思想的狂放抒情方面,却十分相似。他们的作品,都表达了对自己所处时代的极端厌倦情绪。他们都觉得,自己时代的精神文明,患上了某种致命的疾病。他们都想创造新的精神价值,他们都把这种新价值瞄向了革新艺术,而首先是诗意的写作。尼采自觉地返回古希腊哲人的诗意精神,他认为那些喜欢异想天开的人,天生就具有诗人的精神气质。诗来自奇思妙想,但难道这不正是哲学家所做的事吗?诗人与哲学家是孪生兄弟。"让一个人的思想有新的颜色、更暗、更陌生、更遥远。"[①] 还有音乐,以优美的旋律和节奏释放感情的过程中,净化人的灵魂。古代的神都有着活生生的灵魂,它们活在诗人哲学家的奇思妙想或异想天开之中,活在任性的热情之中。不是说热情朝向美,而是说热情本身就是美。这是对生命本身的肯定,活着的证明。没有兴趣、没有冲动、丧失了欲望,人就不再存在。是什么引起了兴趣,挑起了冲动和欲望呢?是好奇心、是恐惧心理、是绝望心理,这几种心情状态逐渐走向极端,就像在夜晚的大海,浪头一浪高过一浪。人的精神就像是这些浪头,平静是精神的罪过与死亡。好奇、恐惧、绝望,是被自身所没有的东西,自己所不知道的东西深深吸引、难以自拔。萨特在小说《墙》中描写4个年轻人(抵抗组织的成员),当晚被一个纳粹军官通知第二天早上枪毙,这一晚上如何度过?心情到了最危险的时刻,这可不是说着玩的,将心比心,如果你尝试想一下自己就是这4个人中的一员。这小说不长,其才华就在于每句话都在"吊起"读者高度紧张的心情,立刻进入状态(读者也是人,会自然联想到自己可能会有那么一天,知道自己还有多久就要死了)。基督教说此刻需要神父,而我说此刻需要哲学的素养,因为哲学家远比神父机动灵活。

[①] Friedrich Nietzsche, *The Gay Science*, Translate by Walter Kaufmann, Vintage Books Edition, 1974, p. 138.

例如，陷入对绝望心理的高度好奇之中，此刻的心情就会平静，就像阿基米德全然不考虑前来杀害他的罗马士兵，而全神贯注地思考自己喜爱的"圆形"。视死如归的人，一定有极大的精神创造潜力，可以将恐惧变形为兴趣。既然对终极的绝望都满不在乎，那就没有什么是不可以原谅的，自我的可怜感也将不复存在，因为自己可怜与否全在于从哪个角度看待自己。决不能让这等待死亡的时间在恐惧中度过，即使等不及写一本哲学书，写篇哲学文章的时间肯定还够，就像19世纪法国天才青年数学家伽罗瓦在决斗前一晚上狂笔疾书，把自己的全部数学研究成果写在几页纸上，这些文字改写了数学的历史。这是多么强大的冷静中的热情！这是对待死亡的一种天才式的例外态度，这种态度的性质是艺术的（它用好奇心战胜了恐惧与绝望），而不仅仅是数学的、几何学的或者哲学的。以如此陌生的艺术态度抓紧时间，过一种有价值的孤独的哲学生活，活出我自己。我的好奇心正在当下栩栩如生，而令人绝望的事情至少此刻还没有到来，与其等死，不如抓紧时间满足我当下的欲望。

  精神的最高状态，就是这样一种自乐——至乐，它是精神自我的消遣与陶醉、自由游戏状态、没有规则的精神游戏，我们已经在洛特雷阿蒙的诗歌中看到了。把荒谬当成孩子手里的玩具。虚无并非真空，它的名字叫晦涩，一种不透明中的趣味，小鸟在山林中鸣叫，这叫声的含义是不透明的。空虚感和无聊感，也是不透明的，这种"不高兴"难以用语言细致地传达给他人。艺术家善于从莫名的痛苦之中创造出美感，制造精神的化学反应。音乐家让被折磨的灵魂通过音符说话，例如阿炳的《二泉映月》，而梵高则用着火的色彩转化焦虑而奔放的心情，同样的心境哲学家使用了富有哲理的格言，格言并不解释思想而只是坦露精神的力量。必须简短、高亢！能把激情延长的人，就像能诱惑有温度的感情继续发烧的人，一定是调动感情的高手。最急切的吸烟需求，就是创作激情正在迅速提升的时刻，烟味儿散发着香气，犹如久困在牢狱中的囚徒呼吸到了新鲜空气。作家在表达思想时应该有能力自我产生在庸人那里根本不是精神刺激的精神刺激，他极力捕捉的不是一句话，而是某个词语，他能敏锐地创造出一种令人恍然大悟的语感，让思绪顺着这种令人心旷神怡的语感尽情流淌，就像热恋中情人的眼泪——所有这些，在这个瞬间之前，尚不存在，但它们随时都有可能存在，就像洛特雷阿蒙说的，"我得到的唯一恩惠就是出生。"每个人都是幸运儿，因为每个人都原本可能不会来到这个令我们又爱又恨的世界。只要给我时间，我就有能力写出不一样的思想，因为我在读一本书时，与其说是去理解它的意思，不如说是捕捉其中能带给我新鲜刺激的某个词语。这是一种走神式的误读，与原书的上下文没有因果关系。这很正常，人们在欣赏同一道风景时，每个人心中浮现的念头怎么能一样呢？这叫无中生有，自己鼓励自己，任谁也打不败这个"自己"，除了自己本身。

　　从此，哲学像艺术一样有了发疯的权利，它是哲学治疗的一种崭新途径。既然哲学不仅要深刻还要有趣，不投入强烈的热情，怎么会产生有趣的疗效呢？在趣味之中人能忘记痛苦。从此，真挚感情的名字，叫"脱离实际"，超越世界本来的样子。超现实主义绘画的野心，把两个原本没有关系的场景放在一起，由于有了这种新关系，两样原本平庸的场景就不再平庸，它有意制造了一个错误。错误的联系产生错误的联想，让旧形状变形，它不再是自己原来所是的东西，它的新形态正在形成之中。这是由于有柏格森式的绵延在起作用。这是真的，女大十八变，"丑小鸭"变成了"白天鹅"，重叠地把两者画在一起，就等于画出了时间。画家的眼睛要活在时间之中，就像电影镜头一样，绝对不能只有一个拍摄角度——思考和写作难道不是也可以这样吗？是的，只要加快速度，去掉多余的"因为"和"所以"。直接将洛特雷阿蒙的诗句移植到画面上，诗人就成了画家，这也是"智力的化学反应"。诞生美感的途径有千万条，不仅像狄德罗说的"距离产生美"，而且还像毕加索说的，变形产生美，而且可能是更真切的美，因为他画出了时间。没有任何一个活灵活现的真人，像照片中的自己那样扁平，难道不是吗？智力的化学，例如德里达原本在翻译胡塞尔《几何学起源》后想写篇简短的译序，结果却把"译序"写成了一本书的篇幅，因为写的过程中思想聚变反应过于强烈，绝对不要拦着有话要说的欲望，因为那可能会毁掉一篇杰作。怎么写成的？怎么会有那么多的话要说？是由于念头马不停蹄地接踵而至，因为不断在胡塞尔的句式中发现了思想转弯的可能性。转弯后还会发生怎样的思想情景，继续设想，就像一个农民在劳动时偶然挖出了一个泥人，结果却整出来阵容威武雄壮的兵马俑大军。这是一个不断否定原有判断的过程，所谓发现，就是去试错。福柯说对了，这叫"知识考古学"。这是乱联系吗？我觉得不是，世界上的一切事物能产生一切事物，所谓原有的界限或者学科分类，只是人为设置的思想障碍，要消解它们之间的界限，要诞生新的思想，就要从 A 联想到 B 和 C 也可能存在。思想之路就在脚下，不可能的事情就要变成可能。一个事实是由另外一个事实引起的，后者只是还没有被我们发现而已。在发现之前，一切都显得神秘莫测，而发现之后，与其说一切都显得如此简单，不如说我们要惊呼人类活跃的大脑能创造一切奇迹。教训只有一个，那些不幸的人经常被自己的想法吓坏了而不敢继续想，更不敢行动。那些现成的事实从来就不是"就要出现"的事实，就像同一个人刚才还百无聊赖，顷刻之间就变得活灵活现。古典绘画怎么过渡到现代绘画的？这同样与哲学领域里的革命有关：人们发现，肉眼看见的现实，其真实性远不如内心感受到的心理事实。

叔本华制造的不是矛盾而是悖谬，它宣布黑格尔的对立统一规律失效，而康德的二律背反则揭示了悖谬的积极意义，这种积极意义是康德本人也没有看出来的，叔本华不再需要像康德那样为思想本身规划各种界限。迷人的叔本华指出直观本身已经意味着理解，没有必要将概念与直观一分为二，好像想象概念的能力外在于直观似的。直观就是"智力的化学"，这里强调的是直接性或者智慧的速度，这正是叔本华思想的迷人之处。这些有速度的念头连接起来，就是一切精神现象的总称，而"原因"一词之所以欺骗了我们，在于一方面我们离不开它；另一方面它的真相是偶然性，即一切原本可以不是现在这个样子的，只是由于被我们撞上了而已。一个有序世界的真相其实是乱套的（就此，我以下将从学术上认真讨论关于"胡扯"这个概念）。这是有着创造性思想之积极意义上的乱套。为了说得更明白些，可以把"直观"理解为无意识之中的理解力，即理解总是在当下不知不觉地发生，它发生在我们并不知道它正在发生的时刻。这就像我现在确实不知道下一句话我会写出什么，但是却完全可能写得很好（"我不知道"的情形因此很迷人，这种思想挑战是刺激我继续写下去的动力）。这种"好"是自己产生自己的，它只是似乎借助了外部世界的力量（读书），但这种所谓"借助"只是一种假象，就像"因为"的真相不过就是偶然撞上而已。一切发生，都发生在当下瞬间，它可以完全不理睬过去，而"将来"则是纯粹的乌托邦，因为"将来"不仅尚未到来而且永远不会到来。"将来"只存在于我们的幻觉中，而我们唯一有能力拥有的,只是当下、此情此景。还应该把意志(will)理解为当下的冲动,而不应该是某种观念性的设计。冲动本身已经充满内容,而设计本身空无内容。换句话说,只有不确定性才会展示充满内容的情景或者实情,而确定性本身就已经是一个死物。"一切人都是要死的"——这判断无比确定但是空洞无物,它没有展示人生不确定的各种各样的细节,既不有趣因此也就丧失了思想的深刻性。"悖谬""错误"的真谛,在于它们离开了确定性,它们是"正确者"(确定者)站在"正确的"(确定的)立场上强加给"不确定性"的标签。如果我们暂且用这个标签说话,那么充满内容的思想实情就是:有独创性的思想来自于荒谬的错误。而犯错误,就像女人嘴里的男人之"坏"一样,怎么犯错误都行,怎么"坏"都成,要"坏"出个性出来,她不爱一个什么错误都不犯的老好人。为什么呢?因为某种行为究竟是否是坏的,将永远处于无休止的争论之中,但是从某行为本身获得的快乐,却是深有体会,是看得见摸得着的。

顺着以上的思路,天才能力的内心特征是"发疯",一个没有能力创造欣喜若狂的人,当不了天才。对于欣喜若狂,有时要做一种错误的理解,即它包括了精神上的各种极端行为、一种精神夸张的能力,例如在常人看来不必要的焦虑,在常理看来是无用的激情等。但是,这种无用在精神细节上是有用的,正是这些细节成就了天才。这些,同样适合对于美的欣赏能力。由于陷入了有灵气的深思,美感超越了表面上的漂亮,例如在超现实主义绘画作品之中。

很多天才的艺术家欣赏叔本华,例如德国音乐家瓦格纳。思想天才有自发的艺术气质(就像艺术天才自发地具有哲学气质),维特根斯坦也对叔本华推崇备至。但是,与其说他们是叔本华的追随者,不如说从叔本华那里得到了这样的启发:活出自己的思想艺术——这在叔本华那里被说成自在,而在萨特那里就被叫作"自为"了,可见概念中的思想精髓才是最重要的,而不在于词语表面。"要做一个人,别跟着我——要做你自己!你的生命只在你自己眼中是正当合理的。"① 歌德和尼采都如此大声疾呼:活出我自己!我自己开花,别人是否欣赏,与我何干?我不要做别

---

① Friedrich Nietzsche, *The Gay Science*, Translate by Walter Kaufmann, Vintage Books Edition, 1974, p. 155.

人眼里的我。可是，在传统道德里，倘若我尽情任性地开花不顾别人的感受，就好像是已经招惹到了别人，似乎自由本身就已经是一种邪恶似的，似乎从出生之日起，我就应该成长为别人眼里的样子，我不要过这种扼杀个性或漠视人性的生活，不要糟蹋只属于我的生命，它对于我只有一次，为此，我不惜付出深度孤独的代价。没人和我玩？我自己玩！过时的法律愚蠢地以为让一个人与别人隔绝是最残酷的惩罚，却不知道一个人安静地独享精神生活该有多么惬意和快乐。自由并不在于处理与别人之间的关系，自由是自己与自己的关系。也就是说，天然的自由是无法被剥夺的，即使周围都是栅栏。要对生命心怀感激，满心欢喜。口拙不要紧，心巧就可以了，幸福从来不是说出来的，而是做出来的。

德勒兹说，哲学是做出来的。按我的理解，他的意思是说，一个活出自己的哲学家，是活出自己的哲学风格。一个哲学家也是一个"文体学家"。尼采的思想在格言式的语言之中（例如他说，"凡不曾杀死我的东西，都使我更坚强"），他没有像康德和黑格尔那样写哲学书。尼采和康德分属两种不同的哲学风格，两人都文如其人，都很伟大。生命的本质在于意志，意志之高贵在于坚强。意志怎么做到高贵的？答曰：去超越现成已经有的东西。例如，汉语是在使用外来语的过程中丰富自己的，人不仅在读书更在写作中丰富自己，而如果一个人没有独立思考的能力，单纯的经历或者所谓阅历，可能会使自己更有城府或者更通人情世故，但这并不意味着提升了自己的精神创造力或者精神的质量。"超越"一词不仅只能在哲学意义上使用，同一句话里同时有几个不同的意思，这也叫超越，是这几个不同意思之间在相互关联中超越。句子自身的这种超越本身，具有美感。我写不下去的时候决不硬写，而是出门以快步走的方式散步，这叫走路的脚对写字的手之超越。散步回来，可能会比散步之前更有灵感，因为我刚才走路时，脑子并没有闲着。想不出来的时候（比如想不起来某个"曾经是熟人"的人的名字）也不要硬想，因为这种硬想就像用玻璃片在不锈钢板上划出的尖锐而刻薄的声音，令人极不舒服。奇特的是，当我不去想时，这个人的名字有可能会不由自主地自己冒出来，这就是每个人其实都具备的脑子的潜力。作为人的天然本能之一，思想随时随地都能开始，而决不仅仅是当我坐在电脑前才开始的。乔伊斯的整部《芬尼根的守灵夜》一直在胡扯，但是扯的非同凡"想"，要有本事从中读出快乐，就像读同类性质的书《堂吉诃德》那样。绝少有人看出这两部书的相似之处，两者是在"胡扯"中偶然相遇的，就像洛特雷阿蒙笔下的缝纫机和雨伞在解剖台上偶然相遇那样如醉如痴，可见胡扯也不是一个样子的，也是能见思想水平和精神境界的。要有想得到的能力，比如聊天的原理就是胡扯，海阔天空。如果精神不自由或者缺少多维度的想象力，胡扯的水平就不会很高或者很低俗。如果"胡扯"这个名字不好听，它就叫它漫谈，这一点儿也不会改变事情的实质。如果漫谈中的思路转弯的速度太快，就会显得晦涩难懂，但其实有这种能力的人是思想高手，就像我们在惊悚动作影片中常见的飙车镜头。转弯其实是新刺激的开始，就像写作过程中不时会出现"但是"一样。但是"但是"不如"好像"更具有美感，读一本书的过程中，对其中的某段落某句子某词语，不要去和它们太较真，而要使它们不断地在"好像"过程中唤醒别的思绪情景，这种快速跳跃，就是创造性的阅读能力。

使心情艺术化，这是高雅的快乐，它与低俗的快乐的区别，是在想象力的层次方面，也就是上述"好像"的能力。艺术并不与科学冲突，就像快乐与科学不冲突。不但不冲突，而且是一致的。何以见得？答曰：使看似僵死的东西动起来，以揭示原本不明显的关系，在这个过程中恍然大悟，这种"悟"同时也是快乐的（感官的和感受的）思想，或者说既是艺术的也是科学的、既是有趣的也是深刻的。必须动起来，它强调的是速度，也就是时间。

有才华的文字作品，好像一棵参天大树，有主干有分枝，有疏有密，它来自有灵感的种子。这棵思想之树不可能是在温室中长大的，它要经历疾风暴雨，也就是怀疑与批判的过程。要使自己坚强有力，先要过一种不依赖别人的生活，忍受在别人看来是无法忍受的孤独，将这种常人眼里的痛苦化为你日常生活中的幸福。这时可以说，正是这没有杀死你的长期寂寞，不仅使你更坚强，而且更有精神创造力、更幸福。

但是上述情形，很令人困惑不解，它需要哲理上的证明。人们为什么害怕孤独？因为与世隔绝的孤独就相当于死了。处于孤独状态的人，就像一个死了的人，因为别人不需要你，一个人只有被别人需要时，才是他活着的证明。但事情并不这么简单，尽管在没有与他人日常交流（马克思说，人的本质是全部社会关系的总和）的意义上，可以说绝对孤独不啻于你死了，但这也暴露了一个西方传统哲学绝少接触过的话题：自觉选择孤独、选择这种"死亡"（像自杀）、一切都发生在自己与自己的关系之中——在这条死路上，传统哲学家们似乎没话可说了，因为一切思想似乎都是被用来交流的。一个反抗者的意义，在于存在着被反抗者。如果被反抗的东西不复存在，那么就无所谓反抗了。换句话说，关于反抗的思想，仍旧局限于交流的层面上讨论问题，这就像把爱和被爱联系起来思考的情形。如果一个男人爱上某个女人，但这个女人不爱这个男人，而且永无爱的可能，但是在这种情况下，这个男人还固执地爱她，这通常就被描写为悲剧，似乎这个男人固守着某种毫无意义的爱。为什么？因为不会有结果。为什么有这种想法？因为没有意向对象的"意向"是不可思议的。这等于把对象、动机、目的等人生重大话题从人的生活中抹掉了。意向总是朝向某个对象、想法总是关于某某的想法、爱总是有某个被爱的人或者事物，如此等等。但现在的情形是：如果意向为空，意向本身就失去了意义。所以，在这里，生活有意义的前提，就是意向不能为空，否则，生活就显得荒谬难解了。与世隔绝的孤独就属于这样的荒谬难解，它自觉选择了不交流，这相当于没有了"被关于"的东西，人们熟悉的生活动机全部失效，以至于"动机"本身也失效了。但是，我这里并不涉及悲观厌世的宗教话题，而是在探讨这样一种似乎不可能的可能性：为什么"与世隔绝的孤独幸福"是可能的、为什么这种"邪恶"的可能性是可能的。这好像在讨论某种魔鬼的存在是可能的、某种幽灵般的存在是可能的、精神深渊的存在是可能的、荒谬是可能的、虚无也是一种存在，如此等等。

　　这里不是在远离人性，而是在探索人性的新维度。德国电影《窃听风暴》描写了一个反抗极权的作家，但这个作家在片中一句关键的话却不是针对极权而是针对自己的，他说自己最害怕的是孤单和写不出东西。换句话说，其实一切有才华的作家的共性，恰恰是能享受在孤独之中，思如泉涌——实事求是地说，这是一个人自身的亲自性，就像爱的能力一样，它与极权制度没什么关系，与反抗不反抗，没什么关系。换句话说，任何强大的世俗权力，也无法真正干预到人内心的孤独与"写出好东西"的能力，这就像一个人总得亲自死一样无可奈何，囚徒和国王都得死，都得经历临死前的恐惧，在这个问题上人人平等。

　　通常被人们认为的恶棍和好人，在害怕孤独（就像恐惧牢狱）这一点上是共同的。能享受孤独的人是尼采那样的超人。哲学和文学艺术描写的永恒主题不是两个而是三个：爱、死亡、孤独。在这里，"孤独"不是词典上的意思，它由一组"家族相似"（借用维特根斯坦的说法）的词语构成：不可交流性、无法理解性、不可能的可能性、虚无、"自杀"、荒谬、他者。这里是否可能实现一种智力的化学反应呢？就是转变难以忍受的孤独的性质，变苦闷为趣味、变恐惧为沉思、变"无动机行为"为下意识的创造性思想、死而复生。这些都不是"与他人交流"的问题，而是元哲学—艺术—宗教问题。

此刻，本来我想说，孤独能培养起敏感而微妙的精神，但是这个念头马上就被一种更强大的念头所取代，国王和囚徒都得死并且都同样得经历临死前的恐惧，分析这种恐惧，远比上述那个作家的精神反抗，更有意义。我的意思是说，这种亲历的恐惧（想想还有很多必须亲自参加或亲自体会而无法被替代的身心行为）使我们回到了尼采所谓"原样的精神"，而卢梭在尼采之前早就描述了人的天然自由状态。很多肤浅的人认为卢梭描述了一个并不实际存在的精神乌托邦，殊不知人的身心行为的天然自由状态，就是后来尼采所发展的"原样的精神状态"，尔后则有各种各样的补充说法，例如弗洛伊德所诉诸的性本能与无意识等。于是，与"孤独"共同组成的"家族相似"的词语，又增加了新成员：原样的精神状态、性本能、冲动、无意识、天然自由或者意志自由（以下随着我随写随明白的过程，成员还会不断增加，就像尼采说的，要有这样的精神快乐能力，只要给我一颗灵感的种子，就能迅速成长为思想上的参天大树）。这些成员之间各有自己的特点和情趣，而孤独是它们的共性。这孤独并不来自拒绝与别人交流或者拒绝共享，而在于即使与他人交流或者共享的时刻，我仍旧是孤独的，因为我无论如何不是你，那些只属于我能感受到的神秘性不是我不想告诉你，而是即使我告诉你，你也不会有感同身受的理解，你永远不能成为我。

上述"不能成为"，属于精神的原样，就像天性一样。但文明史的一个重大转折点，就在于破坏这种"不能成为"状态，人类发明了各种各样的替换行为（文字取代了口头语言、车轮取代了脚、歌声取代了船工号子，等等），即使是第一个发现这种疏远或者异化现象的卢梭和指出这些危险的增补性的德里达，也没有说到所有这些，都是用更方便的交流取代了孤独。人越来越远离了孤独，从而丧失了一种天然的只属于自己的幸福,并且本末倒置,视孤独为邪恶,唯恐躲避不及。

寂寞不是去"耐得住"的问题,而是去享受的问题。所谓"耐得住"似乎是一种被动行为,似乎是在克服困难情况下的一种无奈之举,而去享受则是主动去选择"如此寂寞"。它的优势,在于幸福的安全系数高,它选择了无论外部世界如何改变,都与我无关的精神态度:我奈何不了世界,世界也奈何不了我,但是我也不与世界之间相互折磨,我只是不理睬这个永远没有新东西的世界而已。既然天底下没有新东西,那我就自己生产新东西;如果没有人欣赏,那我就自娱自乐。总之,先绝望,尔后收获的,就全是幸福了。人们经常批评理想主义者,认为这些人总是往好处想。人们不知道其实先对世界持绝望态度的人,也是理想主义者,而且还是乐观主义者。这里有大智慧,因为已经先死过了,死而复活了,没有被"死"杀死的人,是世界上最快乐最坚强的人。有权力不叫强大,能战胜自己的厌倦心情的人,才叫真强大。但我说得不准确,应该是享受自己的厌倦心情,要有这种变化感受的能力。很多貌似强大的东西不是被打败的,而是被自我的无聊感所滋生的深深的厌倦所摧毁。极端无趣的生活会使人因精神崩溃而自杀,这决非耸人听闻。什么叫有趣呢?比如人宁可被感动也不要听道理,但是如果真正感动的机会十分稀少,就会深陷无趣的生活之中,这与独处还是与很多人在一起毫无关系。有趣不等同于在娱乐,就像有高贵与低俗的"胡扯"一样,也要区分高贵与低俗的有趣,从施展自身的能力(不靠外部世界的人与事物的帮助)获得的趣味是高贵的,是他人无法从你手里抢夺去的天然快乐能力。我这里绝对不是在设想,而是在描述事实,就像你越是让孩子不许做某件事,孩子对那件事情的好奇心反而越强烈,孩子会趁你不在家时,释放自己的好奇心,你的严厉反倒成全了孩子的胆量。无论就人类整体还是具体到每个人,初衷从来就没有以本来的样子实现过,因此,只有敢于承认自己的本质是"犯错误"的人,才是真实的人。

三 "实践哲学"新解:独自一人时的心事

尼采第一次提出"上帝死了",是在《快乐的科学》[①],这是典型的

[①] Friedrich Nietzsche, *The Gay Science*, Translate by Walter Kaufmann, Vintage Books Edition, 1974, p.167.

尼采式语言，是格言，它高度浓缩，唤起不同的想象，可以使我们联想到它像是一句广告词。现在学界时兴讨论"实践哲学"，但吊诡的是，某些学者所使用的语言却是学究式的，抽象干瘪乏味，要使哲学接地气或者充满人味，根本不必出现类似"实践哲学"的字眼，只要以类似"上帝死了"的语言娓娓道来，直接描述思想情景就可以了。广告词是极难写的，它要用最简短的句子使人过目不忘。对"上帝死了"的瞬间反应千差万别，陀思妥耶夫斯基通过自己小说中的人物说到尼采这句话，其反应是：从此人什么都可以做了（没道德了），但由于我比较神经质，从来不顺着字句表面的意思思考。我想到的，是上帝可能是笑死的。上帝可以任意创造一切而一旦创造出来后就撒手不管了，而且"人类一开口，上帝就发笑"。上帝能看见我们，而我们看不见上帝——这确实是极乐的境界。但是，鉴于以上情况，上帝也确实孤独。其实哪里有什么上帝，是人类把自己不具备的精神品质寄托在"上帝"这个词语上面并顶礼膜拜。人类希望自己能达到上帝的精神境界，但是却永远达不到。我觉得这里的"达不到"，就是人类不可能理解永无休止的孤寂中竟然会有快乐。我们的俗语和古典诗词一向把类似的情形描写为凄惨（"打入冷宫""高处不胜寒"）。可以说体验上帝的快乐和体验魔鬼的快乐其实是一回事，因为似乎这里的人味极端匮乏，但如果我说这里存在着没有被开发出来的人性新维度呢？研究所谓"实践哲学"的学者难道不应该在这里深入研究一下吗？这里有实践和生活中的极端情形，可以说是其中最高难的动作（如果可以把生活方式比喻为某种动作的话）。

上帝死了的画外音是"什么都可以不在乎"了，但是倘若"什么都不在乎"本身就已经意味着是上帝的根本性格呢？也就是说，其实上帝并没有死，道德还在，最高的道德就是自由意志（暗含"什么都不在乎"，但是需要有哲学味的语言加以详细解释）——我这么说是否会把人的思绪弄糊涂了？哲学并不是故意绕来绕去的，但是每个行当都有自身的特点，哲学中的"绕"并不是做作地故弄玄虚，"绕"本身可能是精彩的，它告诉我们任何真正有价值的思想，不可能被简单的一句话打发掉，例如"上帝死了"。这里的哲学批判并不是不再理睬已经有的哲学概念，而是对这些概念重新解释，并使之具有焕然一新的精神面貌。哲学批判者的功夫并不在于考据（但是对传统有深入的理解，应该是从事哲学批判的前提),而在于"自己产生自己的思想"的想象力。

康德在《纯粹理性批判》中绝少会突然莫名其妙地插上一句"这让我感到厌倦",但叔本华和尼采在自己的著作中决不排斥类似的插话。这样的插话本身,已经意味着"实践哲学",这是两种哲学文体的冲突。康德严格区分了理性语言与私人感情语言,他只把类似"我厌恶"的表达放在私人信件中。"怎样表达"本身,就是一个哲学问题。在传统哲学文本规范中,明明是我自己的想法,但要说"我们",顶多说"笔者",但会极力排斥"我"。从学理上说,这是在排斥不可公约的"孤独个体"或者勒维纳斯所谓不同于存在的"他者"、排斥绝对的差异和陌生,不敢直面绝望和恐怖,就像害怕外星人。似乎不仅"他人就是地狱"[①],而且"我"的极端化情形也是地狱。沉浸于孤独状态,相当于我是我自身的他者——我要保持快乐的心情和精神创造力,就得保持对自身的陌生感、新鲜感。若充分发挥自身的潜力,就得先"不认识"从前的自己:每天都在新的渴望之中跃跃欲试,这个过程无所谓失败,因为成功已经处于"跃跃欲试"之中了。在这个过程中,我学会了哲学思考的新方式:那就是一个哲学概念的意思,在于我怎么使用它。在"怎么使用"的问题上,可以自由想象,任何先哲都约束不了我,在这里不存在"一定要如此"的法律。这很惬意,刺激而冒险,就像一个孤儿独闯世界,能独闯到什么程度,全仰仗他自己的能力了。这个过程是在创造新的思想、新的美感、新的感受,哲学—文学艺术的界限在这里消解了。

很多哲学名言都像一句广告词,例如"人是机器",看似容易,不是普通人能说出来的,其奇妙之处,在于把人和什么东西联系起来思考。这里的路有千万条,但是要想说出深刻而有趣的新思想,就得有看似意料之外却在情理之中的联想。就写作而言,一切创造性都孕育在当作者写出一句话或一个词语的时候,下面要连接什么话或词语——这种能力来自天赋,是别人教不会的。哲学家经常像一个孩子那样提天真的问题,例如:宇宙有目的吗?这没有答案的问题却有哲学意义,因为元哲学问题就是无答案的,只是把问题显示出来供人玩味。目的是有的,但从来都是以想象

[①] 萨特这句名言也像一句广告词,他还有"存在先于本质""人是无用的激情"等标志着他独有风格的语言,可见这种创造判断(格言—广告词)的能力,是哲学家的基本功。

的方式存在于人的头脑之中，人在偶然环境下（例如，每个人都无法选择自己的父母是谁）偶然接受某念头作为形形色色的目的，因此"目的"和其他很多事物一样与偶然性关系密切。

"偶然"这个概念非常迷人，它使人想到只要活着，时刻都会有自然世界和心理上的新鲜。虽然"必然性"实实在在，但却是一个死物（例如"人都是要死的"）。与偶然性相遇，就像与灵感相遇，这是鼓舞人继续活下去的一个重要理由。所谓新鲜，就是"不知道"与"知道"在同时发生时的内心感受，它使人超越了间接性直接进入了事物的内部，我称之为"正在工作中的内心感受"。这个过程并不否定重复，但却是有差异的重复，因为活着就意味着在经历时间。这里有经历的厚度，所谓阅历就是厚度。格言或者广告词式的哲学，乃不是判断的判断，也就是作为感受的判断，由于它说得不全对（例如"人是机器"）因而从其他角度看是一个误判。可见哲学判断的力量并不来自它是一个正确的判断。哲学文章的力量并不来自批评别的哲学家说得不对，因为任何思想只要形成判断句，天然就具有局限性，批评者自己的判断也是有局限的。那么，思想的力量在哪里呢？在于真理是一个真正新鲜的角度，它使我们感受到从前没感受过的思想，它无中生有创造了新东西。

"逻辑的起源——逻辑学是怎么来到人的头脑之中的？肯定来自非逻辑，非逻辑的领域在来源上一定是浩瀚无边的。"① 举一反三，把尼采这里的"逻辑学"换成"几何学""哲学"等也是可以的，某东西是其所不是的东西，这里已经包括了时间哲学问题，我来自非我，我也将化为非我，只要一说到起源就是在涉及"关系"，而只有与时间联系起来讨论，才有可能最真切地描述关系。尼采以上的论断涉及确定性与不确定性、界限与跨界的问题。他通过时间讨论不确定性，也是从时间出发思考任意某事物自身的局限或界限。时间不再像一条直线，时间是某种观察（体验、感受、思考，等等）角度的改变，时间绵延就是时间不断改变自己的拍摄角度。在这些改变的边界上，事物原有的性质不复存在。必须要这样，否则生活就会把人厌烦死的。工作、娱乐、饮食、睡眠，它们之间是彼此

---

① Friedrich Nietzsche, *The Gay Science*, Translate by Walter Kaufmann, Vintage Books Edition, 1974, p.171.

轮换的关系，对此，大独裁者希特勒也不会违背的，因为他毕竟也是人而不是妖怪。因此，严肃地研究这些轮换关系，要比"种族斗争的哲学"更重要，因为这种"斗争"属于异化出来的问题，而不属于事物的原样。某种非人性的斗争以人为的方式折磨人使其不能睡觉，这就有可能使人成为非人（死掉）。所以，过一种不让人家睡觉的生活是没有意思的，因为人家会反抗即让你也睡不好觉，在这种相互折磨的生活中度过一生的双方，都太悲惨了，远不如我在轮换之中自我消遣的生活更为惬意，理由很简单，人的本性，原本就是这个样子的。

尼采以上也是在反对"平等"、对等、彼此一样，反对将这样的观念普遍化，以至于反对泛泛而谈"普遍性"。他所反对的，是一种非常古老的道德传统，例如将心比心、己所不欲勿施于人、共同的人性，等等。这也是欧洲近代思想启蒙的口号。它反对特权，这是对的，但是它忽略了差异，差异不等于特权。什么是差异呢？例如人心确实永远不会一致（高度一致的人心反而意味着人不再存在了），对张三是无比快乐的生活方式，对李四却是生不如死的折磨。这里不涉及什么特权的话题，它其实是在揭示人性本来的样子，最好从差异的角度加以探讨。

逻辑学本身无法成为"实践哲学"，因为在真实的生活之中，没有人在说话时想着自己说出的话是否符合逻辑（不符合逻辑而在现实生活中起重要作用的说话方式，比比皆是①）。在这个意义上，哲学本身也是"非逻辑"的，因为哲学使用一种抽象化了的日常语言。逻辑学对人类文明的意义，大致相当于数学，但两者自身都不属于哲学。我们可以对逻辑与数学做哲学思考，但这种思考的性质，一定超越了逻辑与数学本身，即这种思考可以是"非逻辑的"或者"非数学的"。在完全不理睬哲学家的思想的情况下，数学家仍旧会把自己的数学工作做好。但是，第一流的数

---

① 这里试举一例：张三说李四的人品不好，因为李四确实经常偷人家东西还死不承认，李四在这个问题上被张三说得哑口无言，但李四在尴尬的瞬间突然灵机一动，反口说道："你张三更不是个东西，你们家儿子在学校欺负女同学被人家告了，你先管好自己的儿子再去谴责别人吧"——这种吵嘴方式，绝对违反了逻辑规范，因为从张三的儿子欺负女同学这个事实，并不能替李四经常偷人家东西这个事实辩护，更无法证明偷东西是合理合法的。还有，就是人类的报复心与嫉妒心，B得罪了A，但是由于B太强大了，无法直接报复，于是A就选择了无辜的C作为泄愤的对象。至于一个人会被嫉妒，那就更是无法提防的，你根本就与嫉妒你的人之间毫无关系。我所列举的这些生活现象，都没有按照逻辑思维，但它们是生活事实。

学家和逻辑学家,在做出对本领域具有开创性贡献时,经常会借助非数学的或非逻辑的思考,也就是自由想象或者自由假设。这种自由精神,就属于哲学研究的对象了。

但是,以上与哲学治疗有什么关系呢?逻辑与数学相当于人生中一切确定性的东西,广义上也包括了日常生活中一切算计性的行为、看得见摸得着的那些以数量方式呈现在人们面前的好处或者坏处。它们是可以像数学和逻辑那样计算与推论的,例如:如果你这样和人家说话(做事),你就会得到……如果你那样和人家说话(做事),你就会得到……这种数量性质的思维在日常生活中的表现不胜枚举,当然也极其广泛地深入文明的各个领域:与人交往、法律、外交、政治斗争、经济活动。① 这种数量思维还以呆板的因果关系体现出来,例如,人们更倾向于相信一个非常有名的电视主持人对科学领域某个具体问题所发表的见解(这个主持人只要说"据某位著名科学家说",在效果上就远比这位科学家亲自登场亮相好,理由很简单,某专业领域的科学家在"著名"这个问题上肯定比不过著名的电视主持人),而漠视一个"不起眼的"科研人员对相同问题的看法。为什么呢?没有为什么,只是因为脸熟,似乎脸熟就代表正确,就像一句话天天被听见,似乎就成了真理。这种数量思维的害处,就像是温水煮青蛙,人在不知不觉中被害死,还不知道自己是怎么死的,甚至还会感谢那害死自己的"东西"。我在这里说的"死",是比喻人在不知不觉中成为了动物或者"非人",也就是丧失了思考能力。就世界范围内,当代社会生活带给人类的危机就在于,生活中的一切都被程序化了,人的一切举止都像是公式化的自动反应,即应该是什么样子的模本是现成规定好了的,我昨天中午去公园散步,见一位女士给她的两个女友拍照:"喊茄子",咔嚓一声。然后,被拍的女士之一接过相机:"我也给你俩拍一张"。这样的对话和30年前一模一样,即情趣都被程序化了。程序化了的生活缺乏真正的情趣与美感,这种缺乏,与丧失了独立自由的想象力有密切关系。

上述数量思维还表现在人们固执地只追求"有用的"东西,它渗透

---

① 还包括对一个科研人员科研能力的评价,如他的职称、学位、获得的奖项、公开发表的著述的数量,等等。

到"喊茄子"这样生活的细节,而在相机"咔嚓"的那个瞬间,如果你目光走神,拍出一张"失败"的照片,就会由于不符合生活的常理而孤立了自己。为什么呢?因为"茄子"是有用的,而走神是没用的。这种程序化了的"美感"终将导致生活的无趣。换句话说,真正的趣味与快乐、真正的浪漫,与独出心裁的精神创造力有密切关系,这种感受上的新鲜感属于事物性质上的改变,这不是数量性质的思维所能解决的问题。数量思维的死板,在于永远把 A 看成 A,① 而在创造性思维活动中,A 究竟是什么,取决于我如何灵活地看待它。正是变化莫测的灵活性或者灵感,让我们觉得生活本身是有滋有味的。具体怎么做?比如,可以发现陌生而细微的因果关系,微细到人们觉察不到自己为什么快乐,但是已经收获了快乐。获得人家的好感根本就不必到人家跟前炫耀自己,你默默而精彩地活出自己,自然会获得赞许的目光。你只要觉得自己在开花在快乐就行了,不要事先在意别人认为花应该怎么开。

以下描述与哲学治疗有关:怎么叫浪漫的心情?想到"真正的哲学问题只有一个,那就是自杀"——这与让人们以自杀的方式成为哲学家毫无关系。事实上自杀的哲学家凤毛麟角,绝大多数哲学家都没有自杀,因此这个判断显然不是"自杀"一词表面的意思,它真正的意思之一,是生活本来是没有道理的,就像不要去寻找生命的意义或者诸如活着的奋斗目标之类,但哲学告诉我们,这不但不是使我们悲观失望的理由,而是恰恰启发我们可以从任意角度(这个角度最好是选择自己的天性)无中生有地创造某种趣味而不是去实现某个"意思"(这里的"意思"是广义上的目的观念,例如年收入多少了、结婚了、生儿育女了、孩子培养得有出息了、长寿了、当上爸爸妈妈或者爷爷奶奶了)。我这里并不是否定这些意思对我们的生活质量的重要性,而是说我们不能去刻意追求它们,尤其不能以牺牲与这些意思无关的个人情趣作为代价,去追求这些刻板的意思。这些意思要让位给活出自己的天性并在其中获得的天然快乐,这些意思可以作为这种"活出自己"的副产品而出现,但是千万不要将这些意

---

① 泛泛而谈坚持"普遍性",就属于这种情形,似乎谈论者在讨论之前就已经知道了什么是普遍性,但这个"已经知道的前提"却是经不起推敲的。这里的情形不仅适于"普遍性",它适于分析一切概念。

思成为我们整天想着去实现的目标，因为这会使生活变得死板僵化乏味：这些意思似乎是"活"给别人欣赏的。

换句话说，原因、动机、目标、计划等人为给自己制造压力的概念，也在人为地左右着自己的情绪，它的乏味在于忽视动机不明的快乐，而为了未来的希望中的某种快乐，甘愿忍受当下的痛苦过程，但当我们盼望的目标实现的瞬间，我们非常有可能突然发现这"实现"所带给我们的快乐，远不如我们事先想象的那般美好。通俗点说，我们为一时的痛快而曾经忍受的痛苦或者作出的牺牲很不值当。这个道理并不难理解，但是在历史上，人类为观念之争、输赢之争、权力之争，付出了极其惨痛的代价。

这与柏拉图哲学有关，即不相信印象或感受的世界，总认为凡事（现象）背后都有某个原因作为支撑（以上我所列举的一大堆"意思"即广义上的目的观念，也属于我这里所说的"原因"）。叔本华认为康德哲学的最大贡献是划分了现象世界与自在之物，但我觉得叔本华还没有说清楚康德的贡献。这贡献其实康德本人也没有意识到，那就是康德揭示了我们所能拥有的就是现象世界，自在之物就是现象世界，现象背后的所谓本质（或者超越的自在之物），其实不过是我们设想出来的某种特殊现象而已（这就像人在找马时却不知道自己已经骑在马上了，人在赏景时绝少想到自己也是别人眼里的一景）。人们总是用一个事实解释另一个事实，但究竟在哪个事实与哪个事实之间建立起所谓因果关系，几乎是任意的，就此而言，我们完全可以把历史哲学读作文学作品。词与词、意思与意思、事件与事件，当然各自都不一样，它们各自之间究竟怎么一个接着另一个连接起来，这是文明史最为关键之处。也就是说，因果关系是必然的还是偶然的，是上帝事先在天上已经写好了的，还是来自人类自由意志的创造？我们总是下意识地用已经知道的东西去解释或者理解陌生的东西，这能给我们某种安全感和自信心，但这同时也会剥夺我们做出新发现的可能性。先承认自己无知或者不知道，等于选择了勇敢无畏的探索态度，选择了不懒惰，或者说给自己制造创造性的工作机会。

人类文明绝少分析"绝对独自一人"的情形，人类学、社会学，都是分析群体，以至于个人"什么都不是"，更不用说个人"孤僻的心思"了，它们绝对是要被文明记载所抹去的。但是，也有例外，凡是当我们以普遍性的口吻做全称判断时,"找出例外"就是创造性思想的开端,例如以"我"的口吻描述个人"私心"的两部《忏悔录》(分别来自奥古斯丁和卢梭),以前人们还有记日记的习惯,也是想保留"我"曾经的心思,现在人们绝少记日记了,我觉得这是社会生活普遍平庸化的结果,暗含的意思是:"我"和大家是一样的,"我"也忽视我,宁可与大家一起在追求程序化的目标过程中过庸常的日子,也不愿意"浪费时间"记下个人无用的心思。这心思是无用的,还由于时下人们的心思基本一样,难有真正属于个人独立的微妙感受,也就没有什么好写的了。《安妮日记》是孤独的产物,这个小女孩靠写自己的心思不仅在打发时间,而且以丰沛的精神内涵使用着自己的时间。但是,绝少有人会想,研究孤僻的"我"的念头本身,是否可以成为一门科学?这种可能性是自相矛盾的,因为"科学"的前提是被普遍承认、是建立在相互理解和交流基础上的。但是,孤僻的"我"的念头不可能被普遍承认,这些念头几乎总是以被人误解的方式"被别人理解"的。如果在这种情形下,我们坚持说研究孤僻的"我"的念头本身,仍旧可以成为一门科学,那么我们就得重新定义"科学"——科学是关于"例外"的学问,是关于他者的。这个他者乃不是自身的自身,是自身的例外,如此等等。这个科学新定义并非来自我的杜撰,它的实质是将"不确定性"作为自己的研究对象①,认为不确定性先于确定性,就像先有心思,再寻找合适的语言表达出来,内心的想法是不确定的、忽而这样忽而那样的,但一旦表达出来,就有了确定的词语选择,就突破了内心的混沌状态。在这个意义上,也可以说,回到孤僻的"我"的原始念头,就是返回精神最原初的不确定状态,而这是科学的态度。研究不确定性,相当于返回到微观世界,回到事物的原始状态,它观察和描述事物出场亮相过程中的细节:不确定的情形是如何被确定下来的,而确定下来的意思本身却是由不确定性所组成的,它们随时随地都会或华丽或悲惨地转身,在这个过程中,我们沉醉于焦虑不安,难以自拔。敏感的读者立刻会联想到,我这里其实也是在描述时间即绵延。不确

---

① 20世纪以来,从爱因斯坦的相对论(发现同时性是不同时的)开始,到量子力学的测不准原理、非对称科学、以跨学科为标志的新学科大量涌现,混沌理论、蝴蝶效应、波普尔的证伪理论,所有这些,都与不确定性有密切关系。

定性的标本形态，就是时间。

在释放内心天性的过程中，全神贯注于这个释放本身，全然没有服从任何权威（经典文本、长官意志、各种条条框框）的想法，渴望喝下午茶的念头要比这些权威的思想更天真可爱、更深刻有趣，因为它正活生生地形成我天性的一部分，这是更细微的自然感情，与之相比，如果说中国传统礼教中原本含有些许自然感情的话，也是极其粗线条的，而且在漫长不变的死板中反过来异化为压迫活人本真的自然感情的教条。类似喝下午茶的嗜好是人都具有，在这个问题上强调中国人就是与外国人不一样，这是自束手脚的愚蠢想法，但是我这里并非是在强调人性的共同性，而是差异性，即一样是由不一样组成的。要在合适的地方强调"不一样"，才会创造出文明的新思想，而在人性问题上认为中国人特殊，不但不会创造出文明的新思想，而且会自废思想力。因此，我极其警惕各种各样的中西文化的比较研究，因为它自以为知道了中西文化各自是怎样的，而忽视了人性的复杂性，也就是共性和共性中的例外，但它是一种"杂交"的例外，就像某个中国人的文化性格像西方人，而某个西方人的文化性格像中国人。不研究人性，文化研究就成了空中楼阁，一切文化都是人活动的产物。人性中的例外，就是每个活生生的个人"孤僻的心思"，它表明人性是开放的、有无限的可能性。

要从"人被判定（含有惩罚之意）为自由的"读出"人被判定为孤独的"。言外之意，谁也不和你来往——人们非常武断地认为，这是对一个人最为严厉的惩罚，等于被判坐监狱。美国法院曾经判一个黑手党头子这样一种无期徒刑：在监牢里每天 24 小时中有 23 小时是独自一人。自由并不意味着身体行为上的，比如想去哪儿就去哪儿，想做什么就做什么。自由只与内心念头有关，意味着没有人能管得住我在想什么。所以，监狱并不能真正束缚人的自由。还有，如果一个人把独处乃至保持孤独状态视为快乐，那不仅任谁也拿他没办法，而且这种快乐任谁也夺不走，就像你不可能花钱买到别人的思想能力一样。这是一种最为安全的快乐方式，它不在意别人的理睬（包括喝彩），从而也在最大程度上解除了别人对自己的嫉妒以及由此带来的烦恼。一个坚持与别人无关的人是一个活死人，但是死而复生之后，他成为世界上最为坚强的人，就像孤岛上的鲁滨孙一样。

我以上理解的自由，牺牲了"与别人在一起的快乐"。换句话说，很多人宁可永远听别人的吩咐，也不选择自由（如果自由意味着孤独）：如果能吃得好穿得好住得好，动不动脑子有什么要紧的？就让别人替自己动脑子好了。你让我鼓掌我就鼓掌，而且鼓得高高兴兴！这种精致而普遍的平庸将导致历史的终结。换句话说，它在最大程度上消除了例外的可能性。再换句话说，"永远不犯错误（等值于永远正确）"的想法本身，就是错误的。但是，如果"例外"（等值于想去纠正错误的行为）总是遭白眼，将导致一切等于一，而趣味与思想的深刻性是建立在差异基础上的，这是一个非常严峻的有关如何活着的问题，是活着的质量问题。精神贵族选择自由，平庸者逃避自由，就像平庸者害怕孤独，感到无事可做，不知如何打发独处的时间。平庸者欠缺"与他人打交道的能力无关"的个人能力。人们喜欢相聚在一起，并不是由于志同道合，不过抱团取暖而已，是精神懦弱的表现。

　　"活出自己，只按照自己的尺度自我尊重……这种倾向一向被认为是疯子，它总是和悲惨与恐惧连接在一起。"① 这也是自由意志所要付出的代价。能战胜自己的人，才叫真正的坚强。精神懦弱的人，是全然被自身的动物性需要所支配的人，而意志坚强的人，能自觉超越自身的动物性需求，对这种需求说"不"。哲学能力表现为对现存看法的否定能力。日常生活中充满着否定判断，萨特在《存在与虚无》中列举了最常见的例子，"我和彼埃尔约好某时在咖啡馆见面，我晚到了一会儿，发现彼埃尔没在咖啡馆"。从这个句子含有的否定性中可以分析出哲学思想，即"否定"不意味着纯粹的虚无，不在场的东西是"存在"的某种特殊形态。但是在实际生活中绝少有人像我这样分析萨特所描写的这个例子。我这样把本来十分简单的判断搞得如此复杂，就像一个"神经病"。哲学能力很像是这种神经病的能力，如果把它变成文学作品，就成为萨特的《恶心》或者加缪的《局外人》，这两本小说的共性是，人物的内心活动与普通人的正常心理活动的方向背道而驰，似乎焦虑、凶残、绝望的诱因防不胜防，非常随机。《局外人》的主人公枪杀了一个阿拉伯人，他对自己杀人的唯

---

① Friedrich Nietzsche, *The Gay Science*, Translate by Walter Kaufmann, Vintage Books Edition, 1974, p. 175.

一解释，竟然是当天天气很热！^① 因果关系如此不对称，几乎等于取消了动机，似乎一切心理活动可以导致一切行为似的，这使得心理与行为之间的关系像是某种神秘的蝴蝶效应——极其微小的"原因"或者"动机"导致巨大的效果（这效果既可能是流泪的悲剧，也可能是痛快至极的喜剧，也可能是悲喜交加）。它凸显的人生意义无常和荒诞就在于——内心活动的质量与内容与外部世界的关系，是极其曲折的、任性（任意）的，既可以说心理活动与外部世界的具体情形几乎毫无关系，也可以说它们是任由人夸大和缩小的关系。

存在主义小说描写那些甚至还算不上事的事，心眼小得像强迫性神经官能症那样的心理活动。按照这类新小说家的判断，既可以说人活着几乎就脱离不了痛苦，就像人间地狱（如果世界首富比尔·盖茨对萨特的小说走火入魔，也会由于没拾起地上的某一张与自己一点关系都没有的纸片而痛苦不堪），但是，同时也可以说人简直时刻活在天堂，因为人的心思也完全可以"给点儿阳光就灿烂"，如果痛苦不需要明显的理由，防不胜防，几乎无处不在，那么快乐也可以是同样的。也就是说，心理神经的敏感度几乎到了"病态"——这意志坚强到了极端，它既可以把心思停留在一件小事情上终生难以释怀，也可以玩世不恭，不停顿地对刚刚发生过的事情说"再见"，但是这两种方向相反的心思在性质上其实是相通的，差异仅在于前者悲观后者乐观。但是，一个极度敏感的人可能同时具有细微的悲观与细微的乐观之能力，他徘徊在两者之间而令别人和自己都捉摸不定。

与人们通常的印象相反，孤独不会使人精神迟钝，反倒创造了精神的敏感。一个人在与别人交往时，当然会有自私心理，但这种自私通常是算计性的或者属于上述数量思维。自私的意思，只体现在他人发生利益关系时，才有意义，而在纯粹孤独状态下，是无所谓自私的，因为无论此刻的

---

① 另一个相似的例子，参见萨特的小说《恶心》的一个段落："今天早上，我八点一刻从普兰塔尼亚旅馆出来去图书馆，我看到地上有一张纸片，想拾起来，但没能拾起。就是这件事，甚至还算不上一件事。是的，可是，说实话，我受到了深深的触动，因为我想我不再是自由的了。在图书馆里，我试图摆脱这个想法，但挥之不去。我逃到马布利图书馆，希望它会消失在灯光下，但它仍然待在我身上，沉重而痛苦。"《萨特精选集》，沈志明编选，北京燕山出版社 2005 年版，第 15 页。

心思和行为是怎样的，都没有与他人发生任何事实上的关系。人性有一个基本特点，就是欲求自身所匮乏的东西。孤独所匮乏的，是来自外部世界的人或者事情的刺激。由于长期独处和孤独，对普通人来说"不算事"的事，会使孤独者浮想联翩，也就是精神的敏感与微妙——天真，有大量奢侈的时间去玄想。这微妙、敏感、想象，是纯粹的，很像在玩味——精神的自我消遣，天然具有诗意或艺术气质。王国维曾说，正是由于作为帝王的李煜深居简出（缺少实际生活阅历，易对"不算事"的事悲伤或快乐），很多时候只有宫女伺候左右，才成全他写出了不朽的诗篇——这判断很有道理，当然首要的是李煜的艺术天赋。[①]

胡兰成说中国传统最活泼的思想在一个"禅"字，而禅的精髓在于"机"。所谓"机"，我的读解就是心思的缘起。这个缘起之所以是生机活泼的，就在于它并不是思前想后的产物，它就在当下，从而与思想习惯中的"应当"无关。内心在遭遇什么、行为在遭遇什么，触物所起的思想感情是怎样的——这些都无法遵循某种"应当"的方向去坚定不移："譬如写文章。好文章不是写出作者所已知的东西，而是写作者他自己到此刻所尚未知的东西，这应当说是先没有要这样写或那样写的念头的了。因为是生出来的。然而也不是没有该这样该那样的拣择的念头。不同只在于，凡人是拣择了文字的内容与体裁来写，而圣人是随写随明白起来，随着写去而自然生出秩序，它只是这样的，而意念则是随着这一节一节生出来的秩序的自觉。"[②] 此刻"什么都不知道"却成为能写好东西的一个必要条件，这在逻辑上无论如何说不通。这种写作的随意性所考验的，是作者的

[①] 胡兰成曾经谈到中国"千余年间，思想的活泼在禅。禅的思想是一个'机'字……西洋人惟说条件，条件是因果性的，而机是飞跃的，超因果性的"。参见胡兰成《禅是一枝花》，上海社会科学院出版社2004年版，第2页。这里一个"机"字，含义模糊而丰富，它与"缘"结合生成的"机缘"远比人们通常的理解更具有哲学意义，我认为它含有古代文论"赋比兴"的"兴"之意。这个"兴"可以有无穷不重复的滋味（或者意象）：钟嵘称"文已尽而意有余，兴也"。也就是寄托。寄托必得出于真情才会感人，它甚至就是中国人创造性的宗教艺术能力，能沉浸于永不悲观的愉悦之中。王夫之认为"兴在有意无意之间"。王氏此言甚至可以说是接触到了"无意识"概念，而与朱熹的解释互补："兴者，先言他物以引起其所咏之词也。"所谓自由无束的感受之（无）意识的流动，没有前定的方向，这就是哲学意味上的"兴"，它独立自由、挣脱束缚、绝对无前提条件，因此也可以成为信念或者信仰。信仰的含义不是服从，而是自由，就像自由意志的重点不在意志，而在意志之自由。

[②] 胡兰成：《禅是一枝花》，上海社会科学院出版社2004年版，第9页。

天赋。所谓"什么都不知道"的真正意思,是不利用已经知道的(蓄意不赞同)。

以上的"机"与 20 世纪发端于欧洲的艺术哲学(指胡塞尔现象学和以超现实主义为代表的现代艺术)巧遇了(在中国为古董的东西却在现代西方成为新潮),后者也极力强调去掉设计好了的思想情节、正确与错误的观念、人物性格、因果关系、命运安排。一切公式化的(在学术上叫"学术规范",就小说而言叫固定的套路)思想形象都由于缺乏新奇而使人昏昏欲睡、毫无价值——因为我们不能从中有所感悟。反对讲故事的意思,是反对事先的设计,我们不要读已经能猜到结果的文章,就像记忆所带给我们的痛苦和遗憾,总是多于快乐(由于人性贪婪,从不满足)。要诱惑读者继续读下去,就得有更有趣的没暴露的部分。也就是得使趣味不固定而是动起来,使读者总是猜不透你,就像是在做梦一样。这梦就是机缘,就是"兴",也就是人的心思与行为不需要事先的原因。由于心思总是动的,就使得被思考的"什么"变成了精神电影,也就是任何确定的照片所不是的"东西",它使得任何注释、任何多余的解释、任何确定性的追求,都费力不讨好,好像是在做着在圣人周围忙得团团转的工匠的事情。在圣人眼里,单纯的注释什么都不是,除非把"注释"工作变成重新创作的过程。

思想感情的艺术化,就是被某些深刻的印象所震撼,但是你要让我准确说出这些印象的性质和原因,我却说不出来,而且一旦我用"是非"给这些印象加以定性,艺术感受就跑掉了。"是非"判断的本意是想返回现实,就像照镜子时镜子里的我的形象。但由于我是有心的,镜子里我的本来模样顷刻之间就会融进我的感受,因此所谓现实或者事物本身一向就以超现实的形式启发着我们,这也是康德哲学的伟大贡献:我们周围的世界文明,是人类头脑自觉构造的结果,绝对不再是自然世界本来的样子。显然,自然界变成了"世界",自然界原本不是现在的世界这个样子。或者某国度可能是另外一个样子,如果某个天才人物不曾在那里出生的话。

可见,活着的乐趣在于去构造或者创造自身的历史,以如此方式占有时间,而不在于注释或者重复别人的或者曾经的历史,以如此方式杀死时间。这里所谓构造或者创造,是靠机缘中的自主与自觉,总是飘飘然,脚下与头脑心灵都踏着轮子①,因为在我们的内在中,事情永远不是其现成的样子,事情正走在"生成别的样子"的路途中,而对这些别的样子,我处于知道与不知道之间,这就是诱惑,它带给我的乐趣不是去猜测将会发生什么(这样的猜测只会令我焦虑,又总是猜不对,白费力气),乐趣来自我永远在路上"踏着轮子",飘飘然然。

要想产生强烈而愉快的印象,先要去掉一切羞涩、不好意思之类,这种精神的力量毅然决然,好像别人一问他理由他就要去拿枪(瞄准这个问他理由的人)或者愤然写下一个诗句:"某人被窗子切成了两段。"② 这就像在炎热的夏天某个没手的人在一把扇子面前拼命地来回晃动着脑袋,幻想着以此达到凉快的效果。当然,又可能像唐·吉诃德骑着战马拖着长矛大战风车。这些情形,与窗子、扇子、风车本身,一点儿关系都没有,但是某些人却可能在其面前莫名其妙的发疯,这是一些好可爱的人,有艺术或者哲学的前途。总之,人若不"发疯",不仅无乐趣,而且文明也无进展,这决非戏言。

不问理由和根据的写作,使得下笔的速度快于脑子里的念头,句子永远没有被完全想好而且中途会转变意思的方向从而一句话会拐弯即有好几个意思接踵而至。它的妙处在于思想灵活,文字的意思本来是现成的(词典上的)并因此是僵死的,但是如此的思想灵活使死文字死而复生,有现场直播之效果,又像是沉浸于一部惊险电影,刺激而诱惑,因为我们强烈的好奇心促使我们特别想知道某人一丝不挂时的样子,暂时忘记了羞怯,为什么呢?因为这是科学的入口处,就像地狱的入口处一样,来不得半点儿犹豫,让读者或者观众觉得深刻而有趣,这是一门科学,难道不是吗?

我似乎还没有说清楚为什么"不问理由和根据的写作,使得下笔的速度快于脑子里的念头",反而会比总是停下来每句话都在寻找"根据"的写作方式,写得更好?但我又重读上段话,觉得它已经解释清楚了,唯一的补充是:这是创造性的写作方式,考验的是人的天性,每个人的天性

---

① 超现实主义的奠基人之一,法国诗人阿波利奈尔有句名言:人不满足于用脚走路,于是发明了轮子,但轮子与脚一点儿也不一样。

② 转引自布勒东《第一次超现实主义宣言》,参见柳鸣九主编《未来主义、超现实主义、魔幻现实主义》,1987年版,第255页。

都在自己的天赋之中，即生来的精神（包括感官）癖好：把这种癖好不害羞地实录下来就成了，别受任何人的影响。不必害怕，因为你在做梦时（无论是夜间还是白天）即使枕边人，也看不到你的梦。这是广义上的梦，指你此刻由外部或者自我刺激而唤起的感受。这是细节上的真实，似乎人与人的关系、人与世界的关系，都还原为感受中的真实。这是哲学与艺术意义上的孤独，它并不在意形式上是否与别人在一起。

思想活泼，心思四通八达，就会觉得快活，这就是哲学治疗要达到的效果。虽然哲学治疗不是针对身体的，但是却能通过心灵之快活唤醒沉睡的身体（因为我的身体受我的自由意志支配）。通过自我冥想不停顿地创造新的兴趣——要好奇、有热情，才会有冲动。创造和享有"不可能"的快乐，因为心中有神灵。它使得空寂无聊感不再是消极的感情，反而是创造新思想的泉源。有，来自没有，而没有并不是一个零，就像"否定"不意味着零一样。当我们提到某事情不存在时，它只是在外部的物理世界不复存在，但是却活跃在我们心里，它在感情上存在。我当下所在乎的人和事情，就存在，即使它们此刻并不存在于我的周围。我不在乎的，就不存在，即使它们就在眼前，我视而不见听而不闻——我越是不需要主观故意就能排除它，我的精神就越是强大。"要么一无所有，要么兴趣盎然。"[①] 让无用的烦恼不复存在，需要千锤百炼的精神修养。

"机"是现在滋生出来的，我刚才还不快乐，但是现在一坐在电脑前打字就忘乎所以了，这就叫生出来的机会。我随时有能力创造我的机会，并且从中获得快乐。就精神本身的需求而言，这种独立自主的自由意志可以自己产生自己所需要的一切，它渴望并保持独处与孤独，它认为与他人交往就必须让渡自己天然的自由而考虑别人的态度，因而会处于一种不自由的状态。长期习惯于交际的人，自由思考的能力不是提高了而是降低了，而且精神的嗅觉不再敏锐，甚至会在自己独处时不知所措，视之为悲惨，而这种"悲惨"在我这里是大快乐。有内容的孤独，譬如在写作中度过，并且真正文如其人，生活方式是独立自由的，其文亦然。于是，如何生活竟然衍变成如何写作的问题，这使物质生活变得简单平淡，却使得

[①] Friedrich Nietzsche, *The Gay Science*, Translate by Walter Kaufmann, Vintage Books Edition, 1974, p. 212.

精神生活丰满而广阔。

四 当你写出"我很孤独"时，你就不再孤独了

写作中的择字择句比日常生活行为的选择更灵活多变，它们不是同一层次的问题。日常生活中，人们经常面临选择的两难性，也就是非此即彼，但是心思经常是两者都不想要，从而处于无所适从状态，就像克尔恺郭尔在《非此即彼》中列举的例子：你选择结婚，会后悔；选择不结婚，也会后悔；无论选择结婚还是不结婚，你都会后悔。这是由于现实生活与文字蕴意不在同一个精神层次。现实生活中不允许出现自相矛盾：张三此刻在旅店或者没在旅店，二者必有或只能有其一，不可以说同时在又不在同一个房间。但是，文字可以无视这个逻辑的事实，文字是从现实生活中飘起来的韵味，我这里说的韵味不光是指文学性的文字，甚至也包括了哲学语言。传统哲学的一大失误，在于以为哲学语言是真理性质的语言，就像镜子里的你一样反映现实生活的本质。不是的。真正的情形是，只要自以为是用语言陈述或者描写现实，语言就从来没有很好地完成过这个任务，因为语言会自发地走向乌托邦，一个现实世界中根本不存在的地方，也就是语言的含义化或寓意化是不可避免的，也就是从具象走向抽象。张三此刻在旅店或者没在旅店，二者必有其一。但是，语言其实根本无视这个事实，因为语言是飘起来的蕴意，它灵动、活跃、跳跃。心思在现实生活中的无所适从状态（例如上例面临结婚还是不结婚的选择）完全与心思在写作中的无所适从状态无关，后者却是写作中的最佳状态：最有才华的写作并没有事先要这样写或者那样写的选择，写出来的东西是即兴在笔端生出来的，这个过程中并非完全没有斟酌或者选择，但这些字句的选择几乎都是临时的"急就章"。总之，是想入非非的某种意思首先且临时吸引到你，此刻不存在择句的问题，因为字句与意思是同时出现的，意思不可能脱离语言而存在，所谓文字生动，其实是意思生动。完全没有较劲，是在有意无意之间自己脱颖而出的，似乎无缘由无根据。这个过程中的才华就在于："有意"随着"无意"不断变换自己的意思，从而显出自己的精神气质或者人格力量——它不是模仿别人的产物，也是别人学不来的，因为它就是你自己的生命，你写出它就等于活出了自己的人生价值。但

是，逻辑秩序啊？不要管，在"有意"随着"无意"不停顿地变换自身意思的过程中，会展示你自身精神生命的天然逻辑与秩序，卢梭的作品已经证明了这一点。"言不尽意"的本来意思是贬低语言的，但却也可以反过来理解，因为人是非常奇怪的精神动物，人不仅有时候有某种心思（类似思乡与相思之类）而找不到适当的词语表达，还有时候没有完全想好就说话（醉酒）或者写作（忘乎所以或者称沉醉），却能够滔滔不绝。即兴的说话往往是真心话。没有想好就出口或者下笔，很像是无思的行为，就凭着精神本能的冲劲，其质量如何全凭天赋了。对于天才来说，也就是有质量却找不出原因。由于人们总是把"思考"与"原因"联系起来，在这个意义上，我这里说的质量与思考之间没什么关系。于是，再不能说"言不尽意"了，而是很多"言"的意思之美，还没有被读出来。①换句话说，写得越多越快，反而写得越好！

　　言尽意，似乎是冲着对称去的。一问一答，这叫对称，也叫一致。答非所问，这叫非对称。唐诗中的七律，这叫对称。相比之下，宋词的长短句，就不那么严格对称了。不严格对称的长短句却更有可能易于抒发跌宕起伏的感情，例如李煜的词。随写随明白起来也是心思的不对称，蓦然回首，她就在灯火阑珊处；七嘴八舌也是心思的不对称，最重要的不是说得正确，而是说得热闹有趣，因此人们宁可花钱去听唱戏，也不愿意花钱去听训话。独处的情趣在哪里呢？去冥想啊，当然不是闭着眼睛空坐着，而是借助于影像、书籍、音乐之类。还有独享风景，无意中听到周围陌生人的谈话（这些陌生人之间是熟人）也是我可以独享的风景之一。总之，这些引起我冥想的风景一定要足够陌生。在陌生的人和事情面前，才会凸显我的存在感。对于我来说，"存在"这个词意味着从虚无到形成之间的过渡，它处于"不知道"与"就要知道"之间、有意与无意之间、印象与正在唤起的感受之间、心思就要吐出的瞬间，如此等等。这里的"陌生"并非字面上的，熟悉的人与事情也会陌生，就像你自以为熟悉或了

---

① 我这里描述一下类似圣人的写作：圣人在尽兴展示自己的写作才华时，甚至并不知道自己写的东西是什么，但在实际效果上，却是写得非常出色。"不知道自己写的是什么"是由于没有想好就下笔了，字句的速度快于心思的速度，之所以在效果上出色，那是由于心思中的天赋。就像狂草大师张旭的字迹一样。这些过程，我们看到"疯"是其中的共性，也就是身心顺着激情尽兴发挥，千万别中途拦住它。

解某个人，但他或她今天做出的事情，令你大吃一惊。这"一惊"本身，就蕴含着趣味了。这是阴暗心理？其实是人之常情，人们愿意以旁观者的身份盼着"出点事儿"，就像欣赏惊险的电影情节一样。这心理并不阴暗而是一种审美的态度，即使它们可能发生在周围日常生活之中。

"一惊"的意义不仅在于它是活生生的日常生活中的美学，其深刻性还在于它是对"承诺"的否定。生活中充满着判断句，但判断句的乏味，在于其中充满着"是"与"不是"。从判断句中我们读不出或体会不到时间，因为无论肯定还是否定的判断，都暗示此刻时间的指针不动了、停摆了。若时间不停摆，"是"就正在生成"不是"，或"不是"正在生成"是"。也就是说，是与不是的情形乱套了。精神无所适从，首先表现在语言无所适从。由于语言太习惯于以"是不是"的方式说话，在这种乱套面前，"语言"尴尬得说不出话来。因此，从学理上说，即使一个诚实的人非常认真地对你许诺什么事情，你也千万别真的相信所许诺的内容会实现。比如，一个男人深情地对一个女人说"我爱你！"（这是表面省略了其实暗含着"是"的承诺句，全说出来有点蹩脚："我是爱你的！"）。让我尝试着对"我爱你"做一种枯燥的分析：它究竟是判断句还是具有行为特征的感叹句？我认为是后者，其真正的含义，类似"现在我非常想亲吻你"等。它的迷惑性就在于，它明明只是在当下生效却被误认为是一种以判断句形式出现的永久承诺，误被认为将来也生效，从而诱发了多少本不该出现的由语言而导致的爱情悲剧啊！

一种语言表达方式（即判断或者承诺）沉默了，另一种语言表达方式登场亮相了，即显露自身的行为语言或者叫作图像—意象语言。这是我们汉语的优势，它是汉字天生的精神禀赋：传统汉字的单字性、字与字之间连接的机动灵活，使字母文字目瞪口呆。多数情况下，单个汉字所蕴含的意思是由与其连接起来的字词的意象唤起来的，它更像是一个情景、风景、心思的气氛，而不是僵死的判断。这就是汉语表达天然的模糊性、迷惑性、不确定性、含蓄性，它把"是不是"的判断句急得干瞪眼。单就此种思想情景而言，汉语因一个字句天然就倾向于含有好几个意思而显得诗意盎然并因此而像一位高雅秀美的贵妇，而只想准确表达意思的字母文字，就像一个承诺保证完成家务的女仆了。

判断句的优势在于讲道理，意象语言的优势在于美丽动人。我们究竟是要趣味还是要听道理呢？我觉得人首先要被打动或者被感动，被感动自身就已经意味着身处道理之中了，而不必要在感动之外（之余），冷静地分析为什么某人或者某件事情能感动我们。

　　笛卡儿说"我思故我在"，帕斯卡尔说"人是一根会思想的芦苇"，这两句名言被哲学史高度认可，颇有人们还没有意识到的深意："我思故我在"不仅是一个判断句，还是一句诗，因为它同时含有不同的意思倾向（就像我以上分析的"我爱你！"），决不仅仅局限于笛卡儿给予它的意思。换句话说，笛卡儿不仅是冷静地写出这句话，他写这句话时饱含激情。哲学家们的主观意图，似乎总是试图把激情（或者情绪化的表达）从哲学中清除掉（但哲学家们忽视了判断句"我思故我在"中含有武断的疯狂、强大的意志力），以至于造成了福柯的一个误解，他以为传统哲学语言中没有激情（以癫狂表现出来的激情）。但事实是，哲学家自己句子的意图与句子中无意中吐露的秘密之间并不一致。正是冷静中的激情可以毫不夸张地把"我思故我在"读作一句诗。有的学者在分析尼采时，认为应该将尼采那些情绪化的语言从哲学价值中过滤掉，但这种去掉"修辞"的"本质还原"，就像轻视现象而回到本质（或者"理念"）的柏拉图传统一样，它们把原本复杂无比的世界或者思想简单化了。如此望文生义的胡塞尔的"现象学还原"也会以同样的思想态度害了我们，因为现象不仅不与本质分家，而且纷乱的现象就是事物的原样即自身，就像原样的时间就是绵延一样。尼采的深邃思想几乎都是以带有情绪化的格言形态展现于世人，像是不容分辩、不屑于推论、证明、分析。① 去掉了这些格言，就没有尼采的思想了。这就像可以有不同的小说写法，正是恍然大悟"想不到小说还可以这样写"（类似"没想到哲学著作还可以这样写"），才推动了小说艺术的发展与创新。德里达的写作天分，恰恰来自于他的阅读天分——他不是持某种"还原"的态度或者去掉现象保留本质，而是将看似简单的意思复杂化，读出字面上所没有的意思或者原作者所隐秘的动机。这些动机之所以隐秘，就在于作者本人也没有意识到，但

---

① 就像本书开头引用的几句："上帝死了""希望是最大的祸害、真理是我们生存不可或缺的一种错误、真理的敌人不是谎言而是深信不疑、死亡的最终报酬是不会再死一次！""任何不曾杀死我的东西，都让我更强壮。"

是从其写作的语句中暴露出来，这是天然的隐含，不是德里达生硬地强加给原作者的。因此，可以说德里达有一双极其善于倾听的耳朵。

广义上的"思"不仅使思具有诗意，而且是一种行为意义上的诗意，它可以将"思"换成某某行为动词，但无论怎样变换，这里都是对自身亲历活动（精神上的与身体上的，无法截然分开）的高度概括。换句话说，它肯定了孤寂是人的生命（人生）之原样，它是对人自身最亲爱的"东西"，它是"认识你自己"的真谛所在，它隐藏着人同时最爱又最恐惧的愿望，它既是人生的源头又是人生的归宿——享受虚无，从"一无所有"中开辟独享的趣味。爱——自己！

一个没有信仰的人，不可能有高质量的精神生活。但是"信仰"一词，一方面几乎被人们用滥了；另一方面真正有信仰几乎成了人最为昂贵的奢侈品，它是金钱买不来的。我这里不讨论相信金钱权力等世俗的信念，因为这些所谓"相信"属于算计的理性，尚属于形而下的精神层面。我这里讨论的信仰与"宗教"是近义词。一个没有宗教感的人，不可能有高质量的精神生活，但是应该重新翻译"宗教"和"信仰"，我不利用它们已有的意思，它们的新意思应该是内心最深的感受、最能感动自己的内容、不依赖外部世界的各种"原因"而自身就具有抵御一切艰辛苦难的精神力量。它不是平和的、不是微笑，而是跌宕起伏的激情。虽然它可能与他人产生共鸣，但其本质上是独享的，无法真正传达给别人。它不仅是对待别人的态度（博爱），更是对待自己的态度。这里我强调"自己"，就是回到精神的原样，我要增补尼采没有充分发掘出来的孤独的价值。"孤独"一词与"我"同生同在，孤独总是我（任何一个自我指称的人）的孤独。描写孤独状态不必提"我"，因为"我"自然而然已经身处其中了。要使爱"自己"成为一种新的宗教感、坚定不移的信念，使保持孤独状态不是一种修炼而是快乐的源泉。这是一种快乐的宗教，因为孤独者在精神上是无助的，必须自助，而自助者天助！换句话说，在这种快乐的宗教中，快乐永远伴随孤独并且自己产生自己，无论外部世界发生了什么，"孤独宗教"的信仰者总是以惬意的目光，把这些"什么"当成抽象而积极的快乐的事情[1]。这些"什么"与我之间，关系非常复杂，但是无

---

[1] 读者可能此处有点费解，对此，我只能说，本书都在解释这个问题，这里不再单独赘述。

论如何，这些关系的性质不是孤独意义上的，也就是说，与"活出我自己"的价值无关。在这个意义上，我是这些"什么"的局外人。

要把强调孤独的"自己"与世人所谓"自私"区别开来——自私是自身利益与他人利益之间的关系问题，而我说的孤独与利益无关，我只是对纯粹孤独做原样描述。一个信仰孤独者仍旧是与人为善的、助人为乐的，但后者只是世俗生活的态度，与信仰孤独的态度或此种宗教感无关。信仰孤独的根本态度，在于人的一切喜怒哀乐，只能像我以上所描述的"亲自性"一样，独自承担。与人分享或者分担的情形，只是一种假转移，它在使我依赖别人或者受别人影响的同时，遗失掉一部分自己。例如，我到了某个聚会场所，那里的人都在痛哭流涕，无形中我也感到悲伤。我这悲伤是毫无道理的，因为我此刻还不知道这些人为什么痛哭，我只是先"哭"了再说，先"哭"了再问周围的人到底发生了什么事情。于是，我损失掉部分的自己，以便与别人保持一致。这种感染是消极的，使我处于"不得不"的状态，也就是丧失了自由，但这丧失自由的意思，只是在这些时刻没有了"我自己"。

信仰孤独的宗教感，好像每时每刻都在告别或再见，都是临终时刻，它凸显了任何当下时刻都珍贵无比。但是事实上，难道除了当下时刻，我们还有其他时刻吗？过去的不复存在，将来的还不曾存在啊！但很少有人如此想，人们总是在回忆（包括悔恨）和期盼中生活，唯独忘记了抓紧享受当下的快乐，这就是以一种虚假的方式过日子，因为实在说来，除了当下的快乐，你真的以为自己还有其他时刻的快乐吗？死亡就像什么事情再也不会发生的平静孤寂的大海或者沙漠。我们活着，就是让海面有点波澜、在沙漠上留下些许足迹。什么？让别人看见、记住并且夸奖这些波澜和足迹？大可不必！但与其说这种态度叫作"毅然决然"或者"破釜沉舟"，不如叫信仰孤独的宗教感。但是，对别人的感情啊？感情当然有，但那是深情，未必一定用痛哭表现出来。懦弱的人不敢正视内心的事实，却又因虚荣而经常做着虚伪的事情，而信仰孤独者能正视自己真实的内心，是精神强大者。

人生的每一刻都是死去活来，都在面临陌生，要以新奇的目光看待每一天，即使在习惯上看确实什么新鲜事儿都没有发生，但这种习惯的态度不实事求是，因为我们确实在面临陌生。这陌生首先不是发生在外部世界，而在于"死去活来"的标志是我们的思绪总是处于活泼状态。面临陌生，就是说，给自己的心思制造陌生感、新鲜感，与其说是制造希望，不如说希望时刻在形成和变形。人总处于盼望状态，这当然是积极的心理状态，但不是在期待将来才会实现的某种情形，而是说盼望已经化为我们手中的行为——我们总是在孤独地做事情和想心思，这与此刻是否周围有人陪伴无关。信仰孤独者的宗教，也是思考死亡的宗教，因为孤独本身，意味着死去活来。正如尼采说过的意思：一个人若是被绝望杀死，那还不算是内心强大的人，而不被绝望杀死的人，其精神生命的质量超过了常人：今后在遭遇人与事情的时候，他已经先绝望过了，因此再不会被太阳底下发生的任何事情而感到惊奇！那么"超人"活着的意义何在呢？他孤独地自己玩，他永远不会枯竭的智慧源源不断地自己制造出人世间还不曾有过的新奇。至于世人懂不懂，与他又有什么关系呢？

与人亲近的有效办法是与人"唠嗑"[①]，与自己亲近的办法是与自己在心里唠嗑。在这两种情况之下，要想收到奇效，就得别把自己当外人，也别把别人当外人。与别人唠嗑，别人被你称为"你"，我与你唠嗑提起别人时，把这些"别人"叫作"他（们）"。显然，"你"比"他"要亲切多了。文字要耐看，就得与读者套近乎，就像与读者唠嗑一样。也就是说，称呼读者为"你"是一个绝妙的办法。塞万提斯在《堂吉诃德》的"前言"中，第一句是"闲逸的读者，你……"[②] 塞万提斯太聪明了，这样开头，非常有益于他马上开始滔滔不绝地说废话，而且说得津津有味（《堂吉诃德》有心理治疗之效，这决非戏言），也就是蓄意不正经，嘲笑一切。说白了，就像当今人开始聊"八卦"新闻一样。这样写有一个好处，就是不怕写不下去，总有话说。比如，实在写不下去的时候，就开始如实写道："哎呀，可爱的读者，你要原谅我呀，我今天好像脑残了，看见字就觉得恶心，脑子空空如也，一句完整的句子也写不出来啊，烦死我了！"其实，这是在骗人呢！这括号里的句子难道不是写得还挺好的吗？写作有个诀窍，就是像和自己唠嗑一样，把心里话如实招来就可以了。

[①] "唠嗑"是东北话，普通话叫"聊天"，我这里暂且用一下东北方言。
[②] ［西］塞万提斯著：《堂吉诃德》（上），焦卫国、李福军译，台海出版社2000年版，第1页。

《堂吉诃德》就是如此写成的,他只是假装有读者,其实就是他的内心独白。这是孤独的乐趣,与他写作时是否真的有别人在身边无关。

为什么读者愿意听塞万提斯这些滔滔不绝的废话:"废话"要有人听,不在于说得正确或者真有其事之类,而在于有趣。他在文学史上的贡献恰恰在于使废话变得有趣:第一,这是一些以无缘无故的疯话①表现出来的废话,也就是夸大其词,从头到尾都不正经。整部书都拿"理由"或者"动机"之类不当回事,它们是随意的,好像是一些无动机行为。轻视动机却疯得有智慧。第二,它完全是杜撰出来的,绝非深入生活的产物。换句话说,它全凭自由想象力把文字激活,纯粹虚构一些场景。因此,《堂吉诃德》的精髓,在于5个字:让文字发疯。它之所以被称为第一部现代小说,我觉得在于它把全部精力都用在文字本身,它与现实世界无关并使我们暂时忘记现实世界的烦恼,因此才会有心理治疗作用。换句话说,虽然小说里的内容很热闹,但由于它其实是返回纯粹的文字,让文字与自己唠嗑,因而是孤独内心中的热闹,属于自娱自乐之列。

我解释一下"文字发疯":就是文字(心思)执着而任性,其中充满冒险精神,笔下的行为全都是不可能的事情,但它们硬是不顾别人的嘲笑全部活生生地发生了。它就是想蓄意制造事端,用不断出点儿事的方式打破无聊而程序化的日常生活。塞万提斯写《堂吉诃德》是为了自我消遣,他全然不在乎读者的反应。②

在"前言"中,塞万提斯毫不掩饰可以用文字说谎。这个道理与道德无关,后来卢梭在《爱弥儿》中讲出了这样的道理:文字本身就已经

---

① "'这是关键所在',堂吉诃德说,'也是我如此做的绝妙之处。一个游侠骑士确有缘故地变疯就没意思了,关键就在于无缘无故地发疯'。"参见[西]塞万提斯《堂吉诃德》(上),焦卫国、李福军译,台海出版社2000年版,第147—148页。也就是说,本来是蓄意装疯,为疯而疯,但全部的趣味和深刻性就在于,人们并不在乎这部书的蓄意本身。也就是说,动机并不重要,重要的是享受疯本身所带来的快乐,这就像奥古斯丁在《忏悔录》中描述自己青少年时代曾经"为偷而偷",享受偷本身带给自己的快乐,而不是为了吃偷来的梨子。

② "你可以不受任何约束,不承担任何义务,对这个故事横加评论。请不必担心,说它不好,没有人指责你,说它好,也没有人奖赏你。"参见[西]塞万提斯《堂吉诃德》(上),焦卫国、李福军译,台海出版社2000年版,第2页。

意味着脱离现实生活，无论我们的动机是如何想用文字反映现实生活。

有趣而深刻的是，塞万提斯在"前言"中还讽刺了当今还被我们奉为"学术规范"的做学问方法。① 看来，"真知灼见"确实不过就像大海中航行的一条船，这条船只是暂时破坏了大海的平静，开辟了"一道航线"，但船只过后，海面又复归原貌，似乎什么都不曾发生。哎呀，人们为什么那么重视装饰门面的东西啊？好像自己活着只是为了给别人看的，是为了让别人羡慕或者表扬自己。这种虚荣心使人变异，这一切都为了什么啊？我觉得造成这种现象的根本原因，在于人害怕孤单，好像离开了他人就没有幸福。我不否认他人对我获得幸福的重要性，但至少就做学问而言，我写出一句话，其思想质量如何，取决于我独有的想象力的质量，与前人是否曾经说过，一点儿关系都没有。

活着不是为了给别人看的，这是爱自己的重要标志："疏远的友谊——我们曾经是朋友，现在成了陌生人。但这是对的，我们不要对自己掩盖和模糊这个事实，好像由于这个事实我们应该感到羞耻似的。我们是两条船，各自有自己的航线。我们在航行的中途可能交叉相遇，我们可以一起庆贺曾经在一起的美好时光，但我们毕竟还是相互分离的两条船。"② 这与德里达所谓"友谊政治学"遥相呼应："我的朋友啊，这个世界上没有朋友！"朋友被重复了两次，说明共鸣的相遇是暂时的，多数时刻我们各自只能与自己唠嗑，低头走自己的路。这与可悲抑或可贺都没有关系，它不是理论而是人性的事实：人与人之间是相互他者的关系，最能照顾好自己的、最喜欢自己的，只能是自己。但这种情形会显得很晦涩不好懂，它

---

① 塞万提斯检讨自己这部书"不像其他书，即使粗制滥造，也满篇亚里士多德、柏拉图和一堆哲学家的格言，让读者肃然起敬，认为作者是博学多识、文才横溢的人"。尔后，塞万提斯又讽刺了套话连篇的文风，攻击程序化的写作方式，其基本特征是：力图每句话都有出处，都来自名人名言，以示自己博览群书。"总之，你要做的事情就是要开列出这些名字……现在，咱们再来谈谈参考作家的名单吧。别人的书里都有，而你的书却没有，解决的方法很简单，你只须找一个作者名单，就像你说的那样，按照字母 A 到 Z 列到你的书上。尽管一看就是假的，因为你大可不必参考那么多作者，那也没关系，说不定真有人头脑单纯，相信你为写这个简单普通的故事参照了那么多作者呢。这个长长的名单即使没什么用，也至少能给你的书额外地增加权威性。并且，也不会有人去调查你是否参阅了那些作者，这跟他没关系。"参见［西］塞万提斯《堂吉诃德》（上），焦卫国、李福军译，台海出版社 2000 年版，第 4 页、第 5 页。

② Friedrich Nietzsche, *The Gay Science*, Translate by Walter Kaufmann, Vintage Books Edition, 1974, p. 225.

断定真正的交流是虚假的甚至是"不可能的",而且对好朋友说"我们是两股道上跑的车",它享受独自一人似乎"什么都不曾发生"的状态,对世界上正在发生什么毫不在意——这缺乏人情味的情形是晦涩的,它无法被拍成电影,因为电影故事必须不只一个人出场,要有对话,要有外部世界,要符合世界和人之间交流的秩序与逻辑,这些全都没有,纯粹的内心独白以及用原样的独白形成的文字,是无法以电影的形式表现出来的。无法拍康德的电影,他的生活刻板单调。这是电影的局限,它表明书籍是无法被取代的,与作为人类精神境界最高表达方式的书籍比较,电影永远是大众娱乐产品,不可能取代书籍,人们不可能单纯从欣赏影片获得读书才会领悟的思想以及相应而培育起来的人格修养。为什么呢?因为书的"孤独"(我以上描述的不能被拍成电影的情形)以及读书独有的领悟过程中的孤独,是无可替代的。不读书,人生就少了深邃以及由此获得的快乐。电影中有的一切,都可以在孤独的想象中浮现,但孤独中的抽象冲动,电影无力表达,这是孤独者的力量。这种力量在于模糊、晦涩、不确定的心思,它们喜新厌旧的速度远远快于电影镜头。人能无缘无故地浮想联翩而且迅速转移到与刚才想到的人与事情无关的情景,这种冲动是抽象的感情,在这方面人有无限的潜力。为什么强于电影呢?因为电影无论怎么"艺术",总要照顾观众的理解力,但是任何一个人的内心独白,根本就不存在所谓"照顾听众"的问题。

要用"漂泊"替换"目标",因为漂泊更符合精神的原样:内心的状态是漂泊的,如果永远死盯住一个目标而不懂得变化心思,那是强迫性神经官能症,那会令人忧郁乃至绝望而死的。因为若是那样,一张无论多么漂亮的脸蛋也会变丑、一句无论说得多么正确的话也会令人乏味。让别人讨厌你的最好的办法,是让别人时刻只能看你,不允许看别人。你要是不改变,那么你的"亲爱的"迟早会和别人私奔的。强迫性神经官能症的基本特征不在于死盯着一个目标,精神正常的人也会终生为实现某个志向而努力奋斗,但是问题在于神经病死盯住的目标毫无趣味可言,例如洁癖,没完没了地洗手。神经病的痛苦在于,明明知道自己正在做的事情是毫无价值的,毫无乐趣可言,别人也在嘲笑自己,但是却欲罢不能。为什么呢?因为舍此他就不知道如何打发自己的时间了。

强迫性神经官能症的下场注定是悲惨的,这悲惨源于他不会变通,或者无论如何想不通这么一个问题:对无法反抗的事情怎么反抗?这是一个不透明的问题、一个悖谬的问题、一个克尔恺郭尔式的问题、一个纯粹与信仰乃至宗教有着密切关系的问题。无法反抗的事情或者无法由自己决定的事情——这是真的,例如死亡、别人对你的态度、环境、谁是你的父母、你生在什么年代或哪个国家、别人都认为你是错的而你却满怀真诚相信自己是对的——总之,我是指那些都不给你有内疚感或者自我背叛的机会的事情,但是,昧着良心诬陷他人以保全自己并因此而飞黄腾达,就不在此列,因为这也是一种选择,而我所谓"无法反抗的事情",是指你没有任何选择的可能性,在这种情况下不是举手投降而是无谓地反抗(堂吉诃德式的反抗是其中一种),就凸显了精神的高贵与最终价值,这种任性、"走极端""不信邪"、激进的浪漫,集中表现在思想艺术与风格方面,它是艺术—哲学或信念宗教感的形而上的元问题,而不是社会科学问题。但是,社会科学最大的理性,应该在于承认差异而不是强求一致。思想的创造力来源于有兴趣的冲动(叫"激进"也可以),但我们不能因某个故意杀人犯也是出于一时冲动,就漠视冲动本身的巨大精神价值。对无法反抗的事情怎么反抗?我以上已经一直在试图回答,下面也是。

  以上尼采用不同航线上的两条船,比喻人之间的陌生关系,其中并没有排斥友谊,但这友谊绝非江湖义气或派别意义上的,不能以牺牲个人作为代价,这是友谊的前提:在我与你彼此建立友谊时,我仍旧是我,你仍旧是你。我俩不可能好得就像一个人,若是这样,人类悲剧就开始了,因为若没有差异,就像陪伴我的人总不犯错误一样,我决不与这样的人建立友谊。友谊是暂时的但绝不是为了权宜之计,这种暂时性不是被人设计出来的而是出于人类喜新厌旧的天性。友谊是接触中才会显现出来的暂短的身心共鸣关系,它所拥抱的是瞬间的美好——本雅明认为这就是人类文明的现代性之最为鲜明的标志,其意义不仅是艺术美感上的,更是学术思想上的。文明史是人的历史,是人创造的,是人的活动和活动的过程与结果。但是,一切历史都是"当代史",就像时间只存在于"当下"一样。无论回顾还是展望历史,我们都是在当下享受"回顾"与"展望"的瞬间美好,把"历史"这个词换成"我的人生",在效果上也是同样的。

  分析人与人之间的陌生感或距离感,远比分析人之间的亲密关系,要深刻得多。要从这种陌生感出发,研究如何建立合理的人类社会,它将导致尊重个人权利平等的法律,这就是一个理性的社会。而从自然感情的亲疏或者家庭家族出发，无论这种精神风俗多么悠久，都不是心智成熟的表现，也就是不理性，它缺少一个超越的维度，无法从这个维度反思人性，于是也就不能深刻理解"陌生的友谊"。我们的文化传统，很少从学理上讨论陌生人之间的关系，似乎危险存在于陌生人之间，但我们去读司马光的《资治通鉴》，最大的危险和伤害却大都来自熟人甚至亲人之间。我们先不要去哀叹"亲密的危险令人绝望"之类的形而下问题，而要注意到"陌生的危险"天然就是一个形而上学的问题：这里与其说是陌生人对我们的危险，不如说是一切无法反抗的陌生感本身给我们的灵魂所带来的挑战：这里所聚集的一切感情和情绪，几乎都是无解的、想不通的、无缘由而降临于心的，但我们要以积极的心态迎接它们：它们中有我们人生中最丰富的秘密——从这里出发，我们才会有最富有成果的精神创造力，才有最为惬意的快乐！漂泊而无岸可靠，不是找到归宿的安全感、不是回到家的感觉，而是四处流浪，永远在险峻的路途上。

所谓回家的感觉——落叶归根，但这里有某种不容易觉察到的软弱，把希望寄托在"不是自己所是"的事物上面，而不是相信自己。孤独者无家，有家的含义是不再孤独。因此，落叶归根宣示给我们的，是弱弱的叹息，而孤独者的自信，是建立在永远不服气基础上的，从这里走出来一种尼采式的崭新道德，这种精神是"野性的、任性的、异想天开的、混沌无序的、令人吃惊的。"① 这种快乐不是田园诗人有能力给予我们的，它来自洛特雷阿蒙笔下的诗意和超现实艺术感受。以诗意（艺术）满足自己，这就是新道德的真谛，它是返回自身的道德——尼采如实说。

我们的风俗习惯还忽视了纯粹属于个人的习惯，似乎在习惯上大家都一样。孤僻是否可以作为习惯？但孤僻是要被人排斥的，就像人人都想远离一个无法猜透其心思的人。只属于自己的个人习惯癖好——这个被"习惯"所遗忘的角落能创造出伟大的思想，因为它是抵制"大家一致认为"的。为什么彻底返回自我？因为对人绝望，但是还有世界啊，还有猫啊狗啊，还有桃花和丁香，还有那么多优美动听的音乐和视死如归的战争，人是多么伟大和智慧啊！人最爱的是人，最厌恶的也是人，这令人绝

---

① Friedrich Nietzsche, *The Gay Science*, Translate by Walter Kaufmann, Vintage Books Edition, 1974, p. 233.

望！人就是这个样子的，希望在将来的时代人类不再贪婪与残暴，这是不可能的，罪恶是人性的一部分，我们以欣赏和愤怒等多种隔离的心态沉沦其中，我们活得非常自相矛盾，我们说的每句话同时是真实的和错误的，其真实是就当下而言，其错误是因为马上就有另一种真实的善良样子，体现在同一个人身上。就我个人而言，宁可保留纯属我个人的习惯，我当然会为此付出巨大的代价，其中有很多以十分悲惨的方式呈现出来的让我永远想不通的情形。但是，剩余的生命十分短暂，我必须做出取舍。毅然决然地以我自己的方式活着，日复一日。为什么？因为自由。"自由"这个词只有用在个人的意义上，才货真价实。

一切满足，都是私下的满足，即使是在公共场合。参加任何群体活动，是亲自的公共、公共的私下、是我自身对大家的反应。这个过程始终存在着的，只是我。别人也是一样，对他始终存在着的，是他自己的"我"。大家彼此的反应都是真实的，即使在相互演戏，说着言不由衷的语言，也是在真诚地说，因为其表情、眼神、口气、姿势是难以掩饰的，而且还得牺牲脑细胞，就此而言，这些本来使我厌倦的场合偶尔也给我带来快乐，幸亏有了我的"公共的私下"。某个心胸狭隘的人，对我滔滔不绝地说着心里话，但此刻我的脑子如何转动，他这辈子都猜不到，当然现在我也不知道，我只是在纯粹做假设，它全凭我临场发挥。脑子之间的比拼，比的是当时谁转得快，也就是即兴反应能力、在来不及思考的情况下的思维质量，但是这并一定非得发生了紧急事件，其实我们一生中难得遇见几次针对我们个人的紧急事件，大部分都是日复一日的平凡的日子。平凡是难以忍受的，就像平庸与庸俗一样，所以准确说，是时刻在想把平凡的日子过得不平凡，自己折腾出点事（对学者而言，就是思想事件，创造出真正有价值的思想）。折腾或者创造的最好办法，不仅是脑子快更是心灵敏感尖锐，千万别放过细微的念头，它往往一滑而过，永不再来。究竟哪些奢侈而微妙的念头中能长出参天大树，取决于心智直觉能力。此刻，有两个秘诀：一个要自然而然，胆子大别拦着；一个要转弯快，要迅速清除思想垃圾，不必修饰，只需要白描精神的兴奋点之间的跳跃性连线，就像精神的电影一样。

个人习惯，指的不是起居作息和日常安排等这些形式化的东西，而是指心思本身，是心理习惯，它通常是短暂的，我是说人总是一会想这个一会想那个，这种变换会令人保持兴奋或者快乐状态。但实在说来，这种变换是需要能力的，普通人的变换僵化而缓慢，盘踞在计算性的理性，只有在其中增补艺术（或者想象）的维度，才会有效地防止沮丧或者无聊感，这很像是与自己恋爱、与自己结婚生子的过程。要与厌倦情绪斗争，就得有获取新的兴奋点的能力：不接受现成的。要从平凡的日子中感受到幸福和美好、要相信自以为已经知道的东西中肯定含有其实自己并不知道的东西、要相信今天确实不是昨天的重复而是新的一天，这不是自欺而是实情。这是很矛盾很复杂的，比如当你不在乎它是"重复"而全身投入自己的兴致时，日子就没有重复。如果你不主动创造新的精神兴奋点而是消极等着事情自己来找你，那你就真的在重复日子。想不重复，要敢于说再见，就这么简单，但也不简单，例如同样一杯咖啡，昨天不好喝今天好喝，怎么回事？咖啡没变，是我变了。所以我们不要去改变什么世界，改变自己比改变世界困难得多（当你改变了自己，世界在你眼里就改变了，即使世界在物理形态上还是老样子）。很多能改变世界的大英雄因为自己品行方面的天生缺憾，给人类带来了巨大灾难，因为他的品行不仅是他自己的，他以改变世界为己任。于是，世界面貌也就具有了这个英雄所带来的天生缺憾。在这个学理意义上，对于任何一个个人影响世界历史进程的情形，尤其要看到其消极面。这甚至是不道德的，因为影响别人是不道德的，它使别人没有活出自己的天性。我主动去"遭遇"，这是道德的，因为它是我自己的自由选择。你先告诉我什么是对的，你这是不尊重我，因此你很不道德。我自己找到真理，这是道德的。要以商量的口气与人说话，而不能是"你必须因为你必须"。改变自己，就是承认自己是人不是神，有局限性、会犯错误。为什么会犯错误呢？因为人事实上总是处于"想不到"的状态，但这给人以深刻有趣的启示："我"偶尔也会成为神，因为那时刻我灵机一动，想到了只有神才有能力想到的事情，这是我活下去的主要动力之一。

第三章 心灵感应与语言的"炼金术"

一 通灵者的生命

日复一日，替换过程的创新，这就像注释的历史，一个词替换另一个词的过程中，蕴含着温柔的杀机，就像传话终究会变成有创意的"谎言"。胡塞尔认真地只读了康德很少的"几页"，因为怕受影响？是也不是，读多了世上只是多了个康德研究专家而无胡塞尔现象学，胡塞尔把康德的哲学范畴换成了自己的现象学词语，其中的遗传密码只有天晓得。创造性的想象给人真正的幸福，这是真的。灵机一动，眼前惯常的事物是别的东西，这些别的因素很美、有吸引力，让我兴奋，我渴望享有它们。这就使多么难熬的日子陡然具有了诗意。无论是哲学还是科学，都起源于具有艺术气质的精神。是力量，不服气的冲劲。当然还可以说下去：文明起源于野性。事实上，占星术家、炼金术家、巫师之类，都曾经对人类文明做出过贡献。科学来自非科学、确定性来自不确定性、哲学来自思想，这千真万确。

要保持身体饥渴和精神渴望状态，坚信有很多好吃的味道还没品尝过、很多躲在暗处的光还不曾被看见，这些当然是真的。每当想起这些，我就有了活下去的动力。动力要先于勇气的，否则，为了长寿而长寿的精神虽然可嘉，却了无情趣。要制造身体和精神的饥渴，心满意足的缺憾令我们心满意足，也就是倡导好奇与冒险精神：别害怕，再遥远的地方，你遇见的还是人，不会是魔鬼。陌生人？在你遭遇的人眼里，你也是陌生人。你怕他，他也怕你。你害羞，他也害羞。要敢于先带着微笑对他说"你好！"气氛就无形中进入了你的轨道。当然，再见是必然的，要勇敢地说再见。

从陌生到说再见,这就是人一生的全部故事。每个人呱呱降临人世,我们在那一刻和父母之间本是绝对的陌生人,但这是非常不对称的关系,父母立刻就懂我们,而我们要用一生去懂我们的父母。

凝思的真正内容是在幻想:眼花缭乱的各种假设迅速地穿越脑际,推迟消逝的,是那些印象最深的部分、那无法度量的不确定的感受、那些还不曾存在的思想感情冉冉升起。我们欢喜的是正在发生而不是已经发生。就是这样的,就像当我们辨析什么是激情时,已经丧失了激情。新的思想感情发生时我们绝对不会知道,还会以为那是没有价值的胡思乱想。高手写作总是处于有意无意之间的:知道要写什么吗?似乎知道。真的知道吗?不知道。其中有深不可测的思想诱惑。不确定性高于确定性,就像想象高于思想,这两种情形中的后者都出于前者。一个精神敏感的人更容易受到伤害但也更容易获得快乐。

一句话说得深刻正确,在于它说得"不正确"、有明显的漏洞,它的高明只在于它确实描述了一种瞬间的真实,就像我们真实感受到的永远是此时此刻——永远不走的今天,但从前的日子确实曾经发生过,它充实着我们的现在。将要到来的日子值得憧憬,"从前"和"将来"都不会单独存在,它们是当下的一部分。善于创作者,没有不是善于抓住当下状态的(情景、心思等),因为丧失了不会原样的回来。为什么说"当下"最为重要呢?因为无论我们是否愿意承认,它永远是一个新东西。既然是新东西,我们就得有适应它的态度,比如好奇心,它不是复习、不是我们曾经知道的东西,我们不要主观地以为它不过如此,我们还不知道它,我们的所谓"知道"只是曾经知道,而现在它可能将是别的样子。如果我们总是用曾经的惯例(表现诸多:古训、礼仪、注释古人)约束当下的想法,就等于杀死了时间,因为我们的生活将毫无新意。重复的日子,确实可以被叫作"没有时间"。"时间"这个词只能意味着变化或者差异,但遗憾的是,这种意味,很多人缺乏理解的自觉,甚至根本不理解。

抽象的思想冲动和灵感,并非一定是被眼前的东西所打动,更多的是鬼使神差地联想到某种不在眼前的东西、道听途说的东西、从来不曾亲身经历的东西,甚至联想到昨晚做的一个梦,如此等等。这就是被启蒙了的人和蒙昧人之间的主要差别:幼稚的人往往只是看重看得见、摸得着的好处,目光短浅。当然,人类永远不会脱离这种广义上的幼稚状态,也就是动物状态：西装革履就像雄性鸟类漂亮的羽毛，香奈儿的味道也同样诱惑异性。但是我们作为人，如果只有动物性的需求、只是为了当下的舒适，那么我们就走在非人的道路上了，我的意思是说我们将杀死时间、人类历史将就此终结，因为近乎动物性质的娱乐至死将杀死人之为人的精神品质——杀死思考本身带给人的灵感、与动物性利益无关的想象、创造性的艺术生活。这些被杀死的东西，共性在于它们都是抽象的思想冲动，它们不是眼前的东西，与"为了获得某某好处（即使是抽象的好处，例如为了获得他人的羡慕）"无关。但事实上，若是一个人活着完全不为了获得具体（幼稚的普通人所谓过上好日子）或抽象的好处（有文化的人看重的名声荣誉等），那就会被世俗世界视为一个局外人。局外人在局内人眼里是不可理喻的非人、一个疯人、不理性（没有理由而活着的人，你可以说为了吃喝玩乐而活着的人"水平低"，但这种人自认为自己的生活是有理由的，在这个意义上也是理性的）。于是，我这里就分析出了两种相互冲突的人生态度，彼此互为"非人"。尽管我以上似乎已经有了关于什么是真正的"非人"的选择，但我并不认为这是一种纯粹理论的态度，也就是说，作为一个对"局外人"的欣赏者，我并不认为"局外人"真的在局外，恰恰相反，由于局外人返回了内心深处的真实从而比所谓局内人活得更为真实，相比之下局内人是一些自欺的人，也就是装睡，因为他们是这样一些聪明人：他们不愿意放弃动物性的群居生活，因为他们太聪明反而没有能力享受虚无缥缈的孤独的精神生活。当然，装的时间久了，也就真睡了。

所谓"自欺"，就是说"撒谎和被骗的是同一个人，这意味着我作为说谎者本来就知道真相，我作为被骗的人其实是向自己掩盖真相。"① 但是，与其说这里存在的是道德品质问题，不如说是哲学问题。我的意思是说，每个人在某种程度上其实都是"自欺"的，因为我们总是自以为本来就知道了事物的真相是什么，这种事先就确定了真相的态度，就是使"自欺"这个概念得以成立的前提。但是，我在这里所做的哲学思考的意义，就在于它无意中却揭示了另一种"自欺"：不自知的自欺（说"自欺"是不自知的，似乎在超越"自欺"原来的意思，但以下的解释表明

---

① Satre, *L'être et le néant*, Gallimard, 1943, p. 83.

"自欺"应该加上这个新意思),即其实我们并不知道我们自以为知道了的事物之真相。这就为"自欺"提供了新意,并使我们的新解释具有了诗意,因为所谓诗意,在广义上说,就是给现成的词语以新的精神连线。它的本质与象征有关,也就是19世纪法国诗人兰波说的"言语炼金术",任何一个词语都有可能引发某些幻觉,我们暂时找不到引起这些幻觉的根据,但是幻觉本身实实在在地发生了,就好像我们的心灵被施加了魔法一样——不是对大脑施加了魔法,因为此刻大脑还是清楚的,但大脑的"应该"与情绪上已经发生的"不应该"之间产生了冲突。于是,理由、动机、根据,这些大脑原本可以支配的推理行为一时间都失去了效果,它们都妨碍了心灵的感受能力肆意地流淌,用"自欺"描述此情此景已经不太恰当,因为这里不存在本来的真相这回事,正在发生着的心灵生活本身就是真相,但这些真实却被"正常心理"描述为精神迷乱。但从艺术上说,这种迷乱是最佳的创作状态,它最符合人道是因为它使人极端快乐。这快乐是自我心灵自己带来的,不来自外部世界的恩赐。在这个瞬间,艺术创作者成为兰波所谓"通灵者",这并不难理解,因为每个人都有类似的体验,只是它们十分短暂而且通常难以表达而被人们完全忽略掉了,除了艺术感受,它们本身再没有其他任何"用处":听到电话里陌生女人悦耳的声音会自然而然联想起她一定有美丽的容貌、看到了桃花盛开联想到姑娘要出嫁了(这是对中国古代《诗经》里的一句诗的翻译)、在阅读一本思想深刻的书籍时,会觉得作者本人在现实生活中的一切都会像书的内容一样可爱、一道菜的色香味俱佳,还没亲口品尝就会断定"一定好吃"、优美的句子既会使人联想到一道风景,也会与某段音乐旋律联系起来。总之,"通过长期、广泛和经过推理思考的过程,打乱所有的感觉意识",通过所谓"言语的炼金术",寻求一种"综合了芳香、音响、色彩、概括一切,可以把思想与思想连接起来,又引出思想""使心灵与心灵呼应相通"的语言,以求达到不可知。[①] 在这里,"不可知"与实际获得的精神快乐是联系一起的,"知道了"反而减轻了快感,这里的"不可知"成为一种信仰的力量,它相信一切感受能引起一切感受,从而能治疗任何消极僵死的感受(例如厌倦、无聊感、恐惧、绝望)。

---

① 参见[法]兰波《彩画集》扉页,王道乾译,上海译文出版社2012年版。

以上所谓"通灵者",也可以说是隔离了原先感受的习惯,突然插入一种新鲜感受,没有来由,就是从天而降。兰波不仅成为超现实主义的奠基人之一,也成功开启了现代艺术的大门,就是拥抱瞬间的美好。这个"美好"完全突破了原有的界限,就像我以上讨论过的一种新的自欺突破了"自欺"一词的原来意思。它是破坏平庸气氛的艺术、是直接与人亲近的艺术,以至于是一切当代行为艺术的灵感源泉。它使艺术降下了身段,或者说以艺术的方式体验日常生活,就是去制造令人震惊的效果。这种效果之所以是艺术的,在于它超越了其表面上带给我们的意思。比如你走在大街上没有任何礼貌性的搭讪直接而突然地问一个陌生人"你幸福吗?"也许这个问题本身对于这个陌生人来说不难回答,但难以理解的是你的这种与陌生人打交道的方式。如果你以如此方式去问10个陌生人,也许会有10种不同的反应(假如可以设想被问的是一个纯粹文盲,也不懂"幸福"这个词语的意思,就会以为你在问他的姓氏,于是可能回答道:"我不姓'福',我姓王",但这个回答也可能来自一个人的恶搞,因为他讨厌这个问话),但这10种反应可能都不是直接回答你的问题。为什么呢?你给陌生人带来了意外。这个意外的性质本身就是艺术的,这个陌生人收获了一件今天没想到的事情,暂时打破了他的生活惯例。总之,你使这个陌生人暂时脱离了平庸状态,为什么呢?因为这个陌生人平时太注重礼貌了,你唤醒了他的好奇心。如果你问的是一个已婚女士,她回家后可能会对丈夫说"今天我遇到了一个傻瓜、神经病。"她这个表达,就是在表达一种瞬间的美好,因为她遭遇了某种惊奇。

生活艺术不是做作的,而是太沉迷于自我并且与遭遇到的任何人与事情都不见外,好像是自我心思的某种自然延伸。这与现实主义艺术的方向正好相反,因为对现实生活太熟悉了,感受的神经反而迟钝了、新鲜感乃至创造活力反倒减弱了,这种态度只会对现实生活说"对"和"错",缺少无中生有的美感。

以往的哲学、道德,甚至文学艺术,把大量的精力,倾注在论述或分辨"对"与"错"上面,用一个已知其意的概念论证另一个已知其意的概念,这本身就是不美的。没有任何人是学了伦理学后才有道德的、没有人是读了文学艺术理论之后才会写小说、会画画。审美能力、趣味嗜好、享受快乐,这些能力都是天生的。当然,趣味是极其复杂的,会心的领悟也会产生精神的趣味,哲学家叔本华说:"要么孤独,要么平庸",不必解释,对这八个字在心理上有激烈反应的,就有哲学思考的潜力,否则就不是知音。这八个字的力量,全在于它从天而降的瞬间,它是被叔本华临时想到的,我在这里强调的是天赋。对词语的含义极其敏感的天赋、从一个词想到另一个词的才华。这种出自本能的才华也许针对的不是语言而是色彩和线条,但这不是最重要的,我这里想揭示的,是人类在不同领域里的创造性才华,在如何出场这个问题上,具有某些共同的特点。

海德格尔说,在19世纪之前,"艺术"的含义是宽泛的,只要被创造出来的东西,都是艺术,而不仅仅指美的艺术。① 具有"我思"性质的判断,并非真正通向艺术的途径。艺术是技艺性的,是去做的行为,而不是知识性的判断。在这个意义上,我们宁可跟着尼采说艺术倾向于成为"艺术的生理学",而不像在黑格尔那里成为"一种"精神的形而上学。生理上的艺术表现:眼神、肢态——这是比类似"沉醉"这样的字眼更具体的身体语言,是瞬间便充满我们全身血液的东西,激起我们反应而非认识或理解意义上的反映。这个过程不是在照镜子、不是在重复或模仿,而是纯粹私人性的感受状态。它一下子就是纯粹、绝对、全部。一旦我们进入分析状态,品味的情趣就消失殆尽。"艺术的生理学"排斥心理学,是为了强调艺术的"肉身性"。语言的肉身化,首先是把本来是由语言构成的概念或范畴还原为语音、声调、节奏、字形等元素,也包括从行为角度描述语言的意义、语言的诗意化等。与此同时,人的自然身体当然不是石头那样的自然,因为人有心理而石头没有。尼采的思想返回古希腊的酒神精神,其中有一个关键词"rapture"(全神贯注、着迷、狂喜),把这个词用在生活世界各种方式。就是说,在世界没有任何改变的情况下,我们也可以使枯燥而让人绝望的日常生活成为艺术生活。"沉浸"只是表面上的紧张,其实是彻底放松,它使"劳动"成为享受。享有不实际而又实际的力量,生命被充实得满满的。沉浸是艺术的生理学前提。我们以某一种沉浸方式重新发现我们自身,这就是最本真的亲自性。我与他人、我与生活世界,不分彼此。我们不是有身体或有生命,我们就是身体或就是

---

① Martin Heidegger, *Nietzsche*, volume I: *the will to power as art*, Trans by D F krell, Harper San Francisco, 1991, p.71.

生命。当我们沉浸于任何事物的时候，在那个瞬间那些事物就奇妙地成为我们生命自身的一部分，并构成我们的美好记忆，一个女人想到她正在热恋中的男友，她的念头不属于任何纯粹观念的性质，她这"想到"的唯一明显特征，伴随她的是感官快感。似乎不仅大脑能思维，人身体的所有部位都能思维，它们全都能自然而灿烂地开放。在以上的意义上，我们可以以真实的不具有任何比喻含义的口吻唱道："我们就是世界、我们就是孩子，我们就是这世界上的一切。"

我们就是生命。这里有语言的界限，"生命"不再是一个词，怎么做到的？要用"非语言的语言"使"生命"不再是一个词语。这"非语言的语言"具有广义上的诗意，它只是揭示生命现象而不去解释生命，因为解释会使我们陷入概念的牢房。生命的每个瞬间都以不同的方式活着，景象忽而这样忽而那样。"令人激动的生命，令人战栗的生命不知疲倦地绵延不息，生命也许来自虚无并走向虚无。生命对应着死亡。我就在生命里，我爱你！"[1] 这里生命的神圣性不是把生命提升到心灵之中，而是心灵生活体现在生理意义上的生命之中，以艺术的眼光活出自己的生命并且使周围的自然世界成为生命的世界。

凡抽象僵化确定了的事物、自我重复，这些都缺乏生命感，生命的特征，比如诱惑、冲动、热情，从这里走出来的哲学与艺术，才是人应该有的哲学与艺术，它不再滞留在理论状态，似乎周遭的一切都成为我们身体生命的延伸，进而一块石头似乎也是有生命的：让自己的生命被事物的生命所唤醒，仿佛自己的生命还新鲜稚嫩，还没有任何记忆从而急切地憧憬着什么，等待着被启示。要平地起波澜，要有新的色彩。诗意哲学家一定同时是一个文学艺术家，反之亦然，勒·克莱齐奥就是这样的人，他的全部作品都像是一个幼稚的孩子睁大眼睛在世界中独自流浪。似乎在返回生命的原始状态，生命在尽情地嬉戏没有界限。

人们不快乐，理论上的原因来自总在设想某种美好的状态而又难以实现，现时的原因是时刻在追逐功利性的好处。这"两大原因"的共性，在于它们是某些由大观念组成的动机。就像童话《小王子》所描述的："大人们喜欢数字。当你对他们谈起新交的朋友时，他们从来不问实质问

---

① Le Clézio, *L'extase matérielle*, Gallimard, 1967, p. 174.

题。他们从不会问：'他的嗓音怎么样？它喜欢什么游戏？它收集蝴蝶标本吗？'他们会问：'他几岁了？有几个兄弟？他有多重？他爸爸挣多少钱？'只有这样，他们才以为了解了他。如果你对大人们说：'我看见了一幢漂亮的粉红砖房，窗户上摆着天竺葵花，房顶上栖息着鸽子……'他们是无法想象这幢房屋的。你得对他们说：'我看到了一幢价值十万法郎的房屋。'于是，他们就会惊叹道：'多么漂亮啊！'"[①] 这里一个关键问题，在于大人和孩子眼里的实质问题完全不同，孩子关心的问题是细致具体的这个或者那个，大人喜欢数字，等同于喜欢"抽象的一般"即概念化了的数量思维，并且在其中算来算去。勒·克莱齐奥认为孩子比大人更懂生活的真谛，那就是去获得快乐，就得像孩子那样对世界发问。

　　大人们反而对现实世界中的美好视而不见，因为缺少了惊奇的能力就没办法去憧憬什么。勒·克莱齐奥像孩子一样，需要大人们忽视了的那些"小玩意"：嗓音、头发的气味、蝴蝶标本、粉红的颜色、葵花、鸽子，不沉浸在这里，就不叫真实。这叫"客观世界"？不是的，"客观世界"只是大人们虚构出来的一个概念，从这个概念出发，无论我们说了多少遍"真实"都不是真正的真实。因此，与人们习惯的印象完全相反，孩子或者童心从来不虚构，是大人们在虚构。你把布娃娃从女孩手里抢走，她就哭，她就这么实在。现在大城市的孩子很可怜，几乎没见过蚂蚁、蜻蜓。孩子们还没见到苍蝇和狐狸，就被大人们教育说，这是些肮脏狡猾的昆虫与动物，几乎就是"坏蛋"的同义语了。这就完全破坏了童贞。

　　如果已经成为"大人"，能否再找回童贞？能！只要我们不再总是问为什么而保持天然的欢喜状态，就足够了。具体怎么做呢？比如，去掉给事物命名的习惯，当我们不再用语言思考的时候，身上的其他感受器官就补充进来，代替语言进行"思考"了。不要用言语去解释这些"思考"（视觉、嗅觉、触觉、味觉、听觉），这样我们就活在生命的快乐之中了，绝不会滋生从某概念的含义与现实生活对照而导致的不愉快。若语言不去命名，就是诗化的语言，只有这样的语言，对人的快乐才是"有用的"。要珍惜语言难以描述的时刻和场面，因为这意味着新思维就要冉冉升起。所谓诗的语言，就是描述难以描述的心情，这就迫使语言不得不去创造、

[①] 参见刘华编选《圣爱克絮佩里精选集》，北京燕山出版社2005年版，第438页。

创造新的语言。只要有童贞，创造的机会几乎无所不在，因为一切事物，无论它们是什么，都超出了人们有能力对它们说"是"或"不是"的界限，即使它只是茶几上一杯普普通通的咖啡，也没有任何恰当的词语能接近它、进入它，它有着不透明的神秘。去说它不如去触摸它、去闻它的味道、亲口品尝它。言语从来无法全面地接近事物，因为只要词语一被表达出来，就等于在着手对事物做某种递减式的性质还原，就是在扼杀感官所感受到的事物之生动具体情节。在这种情况下，语言在保持寂静（即不去给事物命名）的前提下活跃自己（即留下诗意的语言），就成全了我们快乐的心情。诗意语言写下这样的倾听："倾听在这世界上不断倾诉着的另一种声音……我透过这种声音去观看、去理解、去感受。"[①] 这不是理性的声音，这是生命的声音。这声音，例如嗓音，不是说嗓音象征着我们生命的能力，嗓音就是生命能力本身，它从虚无中走来，脱口而出。

　　让我们设想自己独自一人在空旷的山谷，暴风雨即将到来，这感觉是我们听音乐或者看电影不能带给我们的，因为我们实实在在地处于危险之中，越是危险，语言就越加显得无力。在这个时刻，我们的生命必须亲自出场经受考验，生理和心理上都会起明显的变化，这就是最真实的艺术，也就是人的行为本身。德勒兹说希特勒是真实战争的导演，这样的惊心动魄绝对不同于我们看关于战争的电影。再比如，我们倾听花开的声音，毫无夸张地说，这是生命本身的声音，它本身就是艺术，而无须我们把这种自然现象升华为艺术。总之，艺术就是一切生命现象自己活出自己的过程。这个过程能感动我们，在于它无比真实。为了显露真实，就得对虚假视而不见。辨别的标准很简单，凡是立刻能击中我们、震撼我们的东西，就是真实的，不需要用理性去鉴别，我们感受的本能就有鉴别的能力。那些无需解释就能感动我们的东西，就是真的。但是，这种真实具有当下的暂时性，它只是瞬间为真。

　　瞬间为真的情景，用哲理性的语言说，世界时时刻刻都意味着新世界。这个新，在理论上能脱离人（在没有人类之前地球就存在了）但只有与人在一起，"新"才有意义，而且它还融进了人类文明的创造，这已经是艺术情景了。陌生的东西总是新的，显然沉浸于艺术状态，就是去创

[①]　Le Clézio, *Terra amata*, Gallimard, 1967, p. 137.

造瞬间的陌生感，即某样东西不再是其所是——事实也是如此，考虑到一切事物都处于时间中或者改变过程中。所以，我们的全部感官，都像是属于一个化学家或者魔法师的——这当然是事实，我们的手难道不是什么都摸吗？我们难道不是曾经在不同场合呼吸吗？更奇妙的当然是嘴和眼睛了。嘴的主要功能：吃饭、说话、接吻……但是这三种功能之间，一点儿也不相像，也就是说相互之间无法替换。但是，严格说来，不可以说嘴被人当成实现快乐的工具，因为嘴就是快乐自身，嘴或者生命自身就意味着已经快乐，而不必画蛇添足地说，嘴给我们带来快乐。这里有思考方向上的细微差别，但倘若我这里不加以区分，对于快乐本身的分析就会"失之毫厘谬以千里"了。

　　要想享受乃至过一种创造性的生活，嘴就得"惹点事儿"，它本身就意味着行为，因此不同于只是在心里想。我只是以"嘴"作为例子，说明我们的感官与所接触的场合之间，有着非常奇妙的关系，这种关系本身，以及不同感官之间自动的综合反应，使我们人类天生就是诗人兰波说的所谓"通灵者"。要想日子过得不平庸，就得有这些细微的感受，就得亲自去尝试做一个"通灵者"。否则，就难以称得上真正活着，也就是以被窒息的方式"活着"，就会感到无聊乃至绝望——别这样，要自觉地做一个"通灵者"，这是继康德之后，关于启蒙的新箴言。如果我们总是处于"知识"或者"已知"状态，就是在重复，我们在看似"平庸的日子"里也可以收获难以置信的沉醉精神，这全靠我们自己——要去伪存真、要脱去伪装，这些伪装使我们离开了事物本身、不能感受到事物自身所具有的诗意。与人们习惯的印象不同，这里没有任何象征意义、没有间接性、还没有发生自然生命的异化："枯藤老树昏鸦，小桥流水人家，古道西风瘦马"。此情此景的感叹者可以将自己的任何感受带进去，但是这不是象征。这几句古诗所描述的情景很像是摄影机选取并且连接起来的现实生活，它十分逼真，这真实场景自身就携带着生命中的诗意。只要生命被视为活动的，就是一种诗意，而生命不可能是不动的，因此生命自身就具有诗意。这几句古诗中的情景是当时极为平常日子的写照，但当诗人如实记录下来的时候，竟然显得极不平凡，这就是人的心灵与肉体感官之间发生了神奇的"化学"反应，因为我们是人而不是一块石头，石头本身没有生命但是当我们看见石头时，石头就有了生命，就这么神奇，这就是人的文明。如果一块石头被人珍藏了几十年，收藏者就与这石头有了深厚感情。这不是象征，因为它是无比真实的即刻感情。这情务必要十分具体，就像小女孩抱着布娃娃——如果配上一幅这样的图画，那么我们宁可欣赏图画，也不要读"小女孩抱着布娃娃"。为什么呢？因为后者传达的仍旧是句子的含义，而图画所表达的，比这个句子的含义多得多，因此，图画比句子更具有艺术性。

显然，要使语言更具有艺术效果，就得模糊句子的含义，让同一句话同时有很多意思。但神奇的是，这里的模糊不是刻意的，它甚至可以通过清晰的字面表达诗意，就像"枯藤老树昏鸦，小桥流水人家，古道西风瘦马"——我认为，它在艺术上的成就，超过了乔伊斯的《尤利西斯》，道理非常简单，前者自然而然，后者加入了很多主观故意——这首古诗就像一部摄影机拍摄的画面，诗人没有主动给画面本身添加任何人为的意思，一切都靠读者自己去感受——这空灵之中无我却有"我"，这画面塞满了我的感官，"我"在这些画面面前消失了，我沉浸于这些自然景象之中，从中冒出了某些兴致与情趣，帕斯卡尔把这种情景叫作消遣，以求避免人一想到自己就备感孤独。如果一个人既想躲避交际又不想孤独寂寞，那么最好的方式，就是要有自我消遣的能力，比如写作或从事艺术创作。如果夜晚皎洁的月亮能吸引你，你能有兴致地盯着月亮看一晚上，说明你有无限的艺术潜力。不要思考，思考很累人，但是倘若有本事在消遣中不知不觉地完成了思考，这就不累人，还非常惬意。当然，这思考融进了想象，就像月亮能唤起很多惬意的念想，比如我夜晚看见的，和唐代大诗人李白看见的是同一个月亮，这千真万确，但是却使我想入非非。万物与我齐一，是说万物之间能相互变化，这里有神秘的梦，它超越现实却又在现实之中。

由于心灵的作用，眼睛不再是现实事物的照相机。再没有什么事物本身，事物本身就是在心灵中所呈现出来的样子，这是人的天性、幻觉的能力、浑然不知却自然升起的兴趣与冲动。眼神（或者神态）本身就意味着心灵，而不是眼神后面还藏着一个心灵。

有心灵的往往是孩子而不是大人，以上《小王子》的情节表明，大人关心的事情，孩子根本就不在乎：房子多大？开什么车？什么职业？年龄？从哪来到哪去？其实大人们也可以这样，毫不在乎这些东西，都无所谓，真正"有所谓"的，是给自己沏上一壶绿茶，一边品茶一边看世界杯决赛。一切都成为精神的消遣，但其中有消遣的品位，也就是艺术。要有一颗纯洁的艺术之心，最好是一点儿世俗的心眼都没有，能盯住一只蚂蚁看上好半天。在大人们看来不算事儿的事，在孩子这里可是大事，因为在孩子眼里世界是陌生的。如果你已经是一个大人，却被别的大人说"你什么都不懂！"这对你来说简直太好了，丝毫不必因此而沮丧，因为它表明你的心还很稚嫩年轻，还有很多令你痴迷的机会，人能被诱惑，说明你还年轻。

生命质量中起决定性作用的因素，是心情。善于控制和转移心情，要学会迅速解脱"错误的心情"，方式是：就当它从来不曾发生，既然"回想过去"和"展望将来"都会使我们苦恼，那至少"现在"还属于我们。想到时间是"永远的现在"，如果我们永远能保持现在的乐观，我们将永远乐观！令人烦恼的事情确实发生了，但是就当它从来不曾发生，这就是定力，这就是修养，甚至是"动物的修养"（相对于人类而言，动物对人类并不记仇，但是人对人的仇恨，罄竹难书！）。在多数情况下，即使面临同样的事情，我们也确实能在苦恼与快乐之间做出选择。简洁说，就是在乎什么与不在乎什么，这与年龄无关。你在乎的事，它就是事，否则它就根本不存在，就这么简单。关于什么年龄应该或者是什么样子的说法，完全是人们自己臆想出来的。"不在乎"是最佳的反抗方式。但是与别人的关系啊？这确实是一个真问题，但是在我看来，这个问题也可以不存在。真问题可以不存在？是的，因为我不再想它。一样东西只有在我想它的时候，它才真的存在。这确实是人的局限性，人会忘记、会忘事，但这种局限性很好，它不但能免除人的烦恼，还是保护自己的最佳方式。所谓"不在乎"，就是把坏事想到底了，它还能怎么样呢？当你这么想时，一切坏事就都会对你绝望了。每个人的存在对周围其他人来说，"都不重要"，或者只是偶尔重要，我觉得这也是一个真理。就是说，我只是把某个人看成是重要的，但这个重要性完全是我赋予他的，我不在乎他，他就什么都不是，即使事实上他有才华很厉害，但是这一点已经不重要了，因为我选择了不在乎（不是轻视）。

是的，让坏事对我绝望，这种反方向的思维让我感到愉快！让别人对我绝望？不可以这么说，因为"别人"和坏事之间没有等号。"他人就是地狱"（萨特语）？但这"地狱"没有一丝想贬低他人的意思。我这里是在说一种保持乐观心情的有效方法，因为很多时候，我是我自己的敌人，这个敌人是指我百无聊赖的消极情绪本身，就是我的坏事。当然还有很多坏事。当你在某个游戏规则之外（即不在乎它们），在这个规则之内的所有人看来，你就相当于一块石头、你不再存在，你得孤寂地存在。

不要胆小懒惰，保持勇敢的艺术之心。精力来自意志，生命的价值，在于投入创造性的工作。尼采肯定"为了艺术而艺术"的口号，反对将道德目的乃至一切目的性思维，纳入艺术的轨道，他认为神圣的精神态度，就是"孩子气"的，像一个在嬉戏的孩子，[①] 一个成年人靠"心的修炼"，重新成为一个"嬉戏的孩子"这应该被看成一个壮举！"绝望但不要被视为悲壮"的壮举。这里确实有这样的哲学治疗——知道没有任何希望，于是我先绝望，不再盼着什么，不对周围的人有任何奢望，但是绝不记仇，宁可对别人没有态度，但绝对不要把别人看成一个坏人，不要因为别人和我之间存在着各种不同，就消极地评价别人，因为我不可能懂得人家的才华与幸福。但是，我自己的才华与幸福在哪里，我自己最清楚。不记仇是孩子气的重要特征，要有这样的动物性（如上所述），简直是一种最高的修养！

不要因为缺乏明确的目标而绝望，目标是臆想出来的乌托邦（来自束缚人的强迫症）、一种根本就不存在而只是被人们视为"存在"的东西，举个不恰当的例子：人的目标不是死。但是，海德格尔所谓"人是面向死亡的存在"的说法却很有意义，因为它能启发人们接着思考。我就由此想到，要区分"面向"与"目标"，目标是一样"东西"（物理性的）、一个意思（观念性的），但死亡不是一样东西，它所包含的"意思"没有我们在世俗生活里交流的任何"意思"。死亡在不存在的意义上存在着——这是真的，绝非我故弄玄虚，因为我说过了，当人处于在乎状态时，被在乎的某某就存在，凡是人没有不在乎自身死亡的，因此死亡"存在"，但严格说，死亡只在"异托邦"（异域）的意义上存在。在这

[①] 参见 Friedrich Nietzsche, *The Gay Science*, Translate by Walter Kaufmann, Vintage Books Edition, 1974, p.248。可以将勒·克莱齐奥"孩子气"的作品与尼采的这个见解相对照，这两个"绝对没有见过面"的人，在性情方面有相似之处，在某种意义上，他们两人的作品都类似散文诗。

个思想的死胡同里继续思考,就进入哲学、艺术、宗教领域了,也就是超越,或者叫创造。在这里存在与虚无是一回事。唯物主义在这里遭遇了问题的瓶颈,即在这个方向上几乎无法继续思考了。如果唯物主义认为人的死亡是彻底的"什么都没有了",进而无所畏惧,这种态度由于拒绝思考"虚无",从而在精神成果上不能对"不存在的存在"有所贡献,也就很难理解真正的宽恕,是原谅那些不能被原谅的事情,如此等等。从彻底的唯物主义态度里也出不来"超现实主义艺术",因为后者与"存在与虚无是一回事"的态度有关,存在是我们创造出来的,如此而已。总之,没有目标,但"面向"却仍旧存在着,这是真正的形而上学问题。

"痛苦中的智慧与快乐中的智慧一样多。"① 痛苦和适度的烦躁一样,与快乐之间会产生化学反应。要略微紧张,这是创造性活动的必要条件,保持某种神秘感、期待中的快乐、言语难以形容的极为痛苦或极为快乐的时刻或者场合,已经迫近人的精神中最为诡异的部分。当人们说到神圣感(与宗教有关),表明宗教感情距离我们很近。对虚无的思考已经在迫近宗教,精神在升华。复兴是复活——托尔斯泰如是说。这是一种积极的人生态度,即使只活一辈子,或许也能活出性质不同的自己。什么是伟大?伟大是征服与超越自己,尼采反问道:"如果不能在遭受磨难的意志中发现自身力量的强大,配得上被称为'伟大'吗?"② 不配!这当然不是说着玩的,因为要沉浸其中,带入自己的身心(神性)经历——从叔本华和尼采开始,这种"带入"表明,哲学的叙事方式已经开始明显区别于康德与黑格尔的哲学。非常奇特的是,从笛卡儿到康德一直强调"我思",但这个超越的"我"被叔本华和尼采开创的现代哲学以另一种方式成为纯粹经验的描述,这种描述近乎痴迷从而忘"我"。"我"不再是一个概念(我思或者自我意识)而像萨特说的,是一堆"无用的激情",我可以接着萨特说,像是粘在手上一堆不透明的物质、浑浑噩噩、不可言说。"我"不再具有命名的功能,"我"成为多余累赘的东西。激情从无

---

① Friedrich Nietzsche, *The Gay Science*, Translate by Walter Kaufmann, Vintage Books Edition, 1974, p. 252.

② Ibid, p. 255.

用到有用,经历了毁灭与复活。不仅怀疑"我"的命名能力,而且怀疑一切曾经的哲学概念的命名能力,这是从海德格尔区分"存在"与"存在者"开始的,更严格地说,是从胡塞尔试图搁置 being 开始的,这里确实有哲学的转折点,它是人类思考史上的一次壮举,因为所谓命名,就是试图去说"是"与"不是"什么,就是在做以形式(概念)为中心的所谓深度思维,试图给事物一个能被识别的标签,如此而已——这使人绝望,就像一个人仅仅靠名声或名誉活着,这不是真实地活着,尽管被搁置的 being 还"存在着",但已经发生了实质性的"化学反应",就像人不再是一堆骷髅,而是有血有肉,但这有血有肉是人的生命,它是飘起来的,从而区别于一块赤裸裸的石头。

二 "笑起来"的哲学艺术

如果文艺复兴和启蒙运动提倡的科学性曾经把人还原为"骷髅",如果笛卡儿和康德都把人还原为"我思",总之,如果人曾经是一个概念意义上的名字,那么到了 19 世纪中叶之后,"人"就飘起来了,"人"不再只是一个名字,叔本华与尼采对人的描述,与同时代的欧洲诗人对于人的描述,遥相呼应。[①] 一言以蔽之,"人"的面目从此模糊不清,成为一种具有鲜明艺术色彩的象征。用哲学语言说"象征","象征"的哲学意义在于,它使哲学重新肯定了不确定性,即我以上所谓"飘起来的"。启蒙时代的卢梭凭借其天才以"不确定性"对抗伏尔泰高声呼吁的科学之理性——确定性的精神。我们处于一个因速度而带来的、以"不确定"作为基本特征的图像时代,这"图像"与"象征"遥相呼应。"不确定"是克服绝望心理的妙方,它告诉人们,别人说的(包括自己感觉到的)再有道理,也可以选择不相信,也就是永远给自己出路,因为事物的真相还是别的,我们不可能彻底揭开其中的神秘,不要以为自己真的很理解人性。速度为我们提供了事物发生的细节,揭示出以前人们不曾思考、不曾

[①] 到了 20 世纪,西方文学艺术的叙述方式,开始忽略广义上的名字,包括人的身份、职业、穿着、因果关系、故事情节,总之试图消解一切确定性的东西,以至于模糊不同学科之间的界限,"专业"成为妨碍精神自由的东西。所谓"荒诞感"也是对抗确定性的,以返回细节上的真实。这方面的典型代表,是乔伊斯的作品。

发现的现实世界和人的内心生活。

从哲学治疗角度分析，与人们通常的印象相反，人在安静的情况下反而容易产生苦恼，尤其在独处的情况下，这种苦恼大都来自在这时人总是不自觉地想到自己、自我评价，由于人从不满足的天性，自我评价时总是在不适当地与别人攀比。总之，人在独自一人时似乎天然地倾向于不愉快。这不愉快会想到自己的不幸并且加以夸大。能在独处的情形下长期保持快乐的心情，这是在精神上长期自我修养的结果，能战胜自己悲伤倾向的人是真正强大的人，因为这时人超越了自己身上的动物本能，发掘出自己的精神本能，即能使人真正成为人的本能。也可以说这是广义上的"我在思考"状态，它沿着帕斯卡尔所谓"微妙精神"前进，就像尼采说的，沉浸于思想，有良性的麻醉作用，可以忘记痛苦。沉浸的标志，是念头的速度快、更替的速度快，这很像是自我提供精神呼吸的新鲜氧气，它是治疗心病的良药——随时保持创造性地重新思考的能力，从"没有"中创造"有"，这个过程是快乐的。似乎苦闷的时刻（因为孤独和想到周围环境而导致的失望）却成为快乐时刻的起点，这是一种变丑为美的精神能力。在此，尼采在"意志"或者"愿望"问题上，对叔本华有所修订，尼采比叔本华更强调"意志"的积极方面，这在他的第一本著作《悲剧的诞生》中就显露端倪，他欣赏古希腊人的酒神精神、强调诗意精神——肯定生命本身是美的，那么生命所创作出来的世界，也是美的。尼采不哭泣！

要在思想中发现欢笑、在欢笑中发现思想，以往的哲学严重忽视了思想的趣味性，似乎思想的深刻与趣味没有关系，它严重忽视了趣味本身的深刻性就在于：思想本身就是艺术行为，是行为艺术，正是基于这一点，尼采提出了"快乐的科学"。也就是说，真理本身必须令人产生愉悦，真理不是我们已经知道的东西，而是处于正在被创造过程的"东西"，它总是处于不曾存在与正在存在之间，这也是艺术状态。

以快乐作为思想的主题，这发展了叔本华的思想，也是尼采思想中被人严重忽略了的部分，它与哲学治疗有最为直接的关系：要笑、要制造笑、要制造大笑、要在笑声中度过每一天，要与"一本正经"做斗争，这是启蒙的新箴言。"人类一思考，上帝就发笑"，这个判断的不足，在于它暗中认为笑与思考不是一回事，它没有注意到笑本身就已经在思考。① 笑中的思考所具有的特征，例如笑包含对事物本身的"不在乎"态度、笑中的思考一定是敏捷的思考（因为人毕竟不能时时刻刻都笑）、笑是乐观豁达的象征，并不意味着笑出声来。笑的形而上学，比严肃的形而上学更"形而上学"，因为前者是把自身的亲自性直接带入形而上学，把它最为恰当地用到终极之处，就是面对死亡的态度。苏格拉底"哲学就是关于死亡的练习"的更准确说法，应该是关于死亡态度的练习：我们应该如何面对死亡，这是一个不可能有正确答案的问题，面对无解或没有答案，不是绝望而是哈哈大笑，正是在这个正经与不正经的交接之处，人超越了自己，进入了不可理喻的极乐世界：这笑声是没有理由的，因而才配得上是深度的笑、形而上学之笑，它就是要杀死绝望，因为绝望是由找不出事物发生的原因或者理由而导致的（例如对人必死感到绝望），在这个意义上绝望者始终仍是一个世俗之人，即使他可能被人们不恰当地称为诗人。杀死绝望，用"不正经"取代"正经"。无中生有的东西起初都被认为是不正经的，因此无中生有的笑（没有原因的笑），才是真正的笑、意味深长的笑、匪夷所思的笑、神秘而神圣的笑、脱凡超俗的笑、卓尔不群的笑。这又是疯与不疯的交界处，但它是有才华的疯、创造性的疯、使人陶醉的疯，是真正的风流倜傥！这就达到了笑的艺术之顶峰，它极不严肃地（嬉戏的态度）对待极其严肃的事情（例如自己的死亡）——我的死亡我做主！这就是被杀（包括死于疾病与意外之死）与自杀之间的界限，自杀即为自己的死亡做主，在这个终极意义上（自杀的瞬间），自杀者超越了死亡。我这里当然不是在提倡自杀，而是在讨论如何以自觉的态度"活出我自己"，这是对"我的死亡我做主"最好的态度。

笑对身体的好处不言而喻，但笑是一种能力，不是每个人都有笑的能力——我不是指愚蠢的笑声，而是享受思想的乐趣，这是一种高品质的笑的能力，我甚至认为要证明自己有此种能力，就得写出能使人会心一笑的思想作品。笑不再是著作中的修饰、例子之类，而是作品的精神骨髓。一部作品若不能使读者领会深处的思想幽默，就不配称得上是一本好书。在这个意义上，又可以把哲学治疗称为"心灵快乐术"——它不是理论而

---

① 法国哲学家柏格森曾经有一部作品专门研究笑，顺便提及。

是可以操作的实践方式，例如要想获得性灵快乐而不是单纯的身体快乐，首先要使自己陷入不快的境地，例如保持孤独状态，甚至与世隔绝，无人理你，你写出的东西无人喝彩，这就是当年叔本华和尼采共同的遭遇——这是好事，因为越是孤寂和无人理睬，你反而越是自由，越能激发自己通过文字快活自己的力量！写作只是为了自己精神的宣泄，压力全无，无视外界和读者会如何看待自己，这绝对有利于思想艺术创作。叔本华和尼采，继承了奥古斯丁和卢梭的思想传统，在"哲学"书里有自己的身影，我们可以把康德的书与他日常的心情隔离开来，因为康德认为个人心情与哲学真理之间没有关系，但是这绝对不适用于尼采。从尼采开始的现代哲学著作，也可以成为艺术作品。哲学书不仅追求普遍真理，也追求个性风格。在这个意义上，现代哲学著作，并不仅是一部艺术作品。

如何在自己的"哲学"作品里活出自己的思想？就是要有倾听差异的能力，寻求例外、发现原先认为是不可能的事情其实是可能的、在思想的死胡同里头撞南墙，生生钻出一个洞，这将获得大乐趣，这乐趣只属于你自己，因为你得亲自钻：亲在、此在，这是海德格尔开创的哲学问题，而后又发展为异在（萨特说，我是我所不是的东西）、生活在别处。如果思考总是在别处，这就接触到了精神走神原理之精髓，不由自主的念头在冒出来的过程中，大致总是倾向于诱惑人就要去的方向，这是孤寂中（写作本身是孤寂的）的乐趣，无论是写过去的事还是将来的事，其实质都是记录现在脑子里就要出现的念头。在这个意义上，它是将要发生的事情，由于这其实是我自己创造出来的事情，会带给我乐趣。再说一次：创造活动是快乐的活动，这快乐来自创造活动的过程，而主要不是来自别人对你创造活动的结果之评价。

哲学治疗，实现快乐的思维心态，它既区别于《娱乐至死》[①] 一书中提醒我们注意的理性之危机，也区别于《美妙的新世界》[②] 中的"快乐丸"，因为这两部有影响力的作品都提醒我们：缺乏思想品质的快乐是危险的，可能会使人类重返动物界。哲学治疗，正是要实现思想品质领域的

---

① ［美］尼尔·波兹曼著：《娱乐至死》，章艳、吴燕莛译，广西师范大学出版社 2009 年版。

② ［英］阿道斯·伦纳德·赫胥黎著：《美妙的新世界》，孙法理译，译林出版社 2008 年版。

快乐，它既可以化解思想本身由于无趣而带来的精神危机，也可以避免愚蠢的快乐给人类理性造成的伤害。哲学治疗区分了思想中的激动与物质欲望的心满意足，后者作为一种纯粹功利性质上的满足，不会产生形而上学意义上的"无用的激情"。换句话说，就像海德格尔区分了"存在"（此在）与存在者（某样事物的现成存在）一样，哲学治疗师认为，物质欲望方面的心满意足（包括广义上的虚荣心、荣誉、社会地位、财富、性、物质生活质量的满足）与思想和心灵深处的激动，风马牛不相及。也就是说，思想和心灵中的激动，是不实用的，没有看得见、摸得着的使用价值。这种激动来自我们自身精神的创造力，是金钱地位都买不到的东西。形而上学意义上的"无用的激情"，是高质量的精神产品，它来自精英知识分子的自由创造活动，不可以将它混同于社会习俗生硬地强加给我们的规定动作，更不可以将这些规定动作称之为"幸福"。

什么是形而上学意义上的"无用的激情"？它来自个人自身独一无二的精神风格，和任何一个他人都不一样，从而自觉地不受制于他人，不受他人的影响，抗拒整齐划一，它是做一个独立自主的精神人的能力。就此而言，守住孤独是令人激动的，因为这可以使你不必顾及别人对自己的看法，所谓的惯例不再起作用（单独一人无所谓惯例，惯例是用来调解人与人之间关系的），这最考验你的自我激动能力——你得自己制造兴趣，而且这种兴趣不需要别人陪你玩。显露"个人自身的独一无二性"，而与他人在一起的行为本身，往往是平庸的开始，因为这些场合充满了一系列规定动作，它使我们的身体，成了没有精神的空壳，而在我们自己独处或者孤独之时刻，却可能全神贯注，使自身的生命被精神充实得满满当当。于是，真正的感情只能自己独守，与他人联系起来，就等同于在冒险，你要学会先绝望再尝试。思想的激情与真正的感情是相互包含的，看来这些精神上的奢侈品只能自己独享。

因此，做一个孤独而快乐的人，这简直就是一个人的梦想，是一个人拼尽一生所要达到的最高人生境界、一个有道德的人的最基本特征，因为这是自主的选择，避免了"不得不"，这简直就是难以想象的人生壮举。他一点也没有撼动别人，甚至没有人拿他当回事，但是他仍旧很了不起，因为他战胜了自己的胆怯，他选择了坚定不移地做自己，他做了一辈子的自由人。

一个叔本华式的尖锐问题：一切以追求的方式被规划了的人生，都不可能幸福。换句话说，人最害怕的不是在追求目标过程中所遇到的重重困难，而是欲望获得了满足：一切物质欲望都获得了满足之后，人是否就幸福了呢？摆脱了贫穷实现了民主，人是否就幸福了呢？回答很可能是"未必"，因为那可能是新的厌倦的开始。那么，毛病到底出在什么地方呢？可能出在"目的本身"与幸福是格格不入的东西。"目的本身"应该理解为无所谓目的，任何目的都是当下时间之外的东西，除非它直接化为我们当下的沉醉。梦不在未来，梦就是以飘乎乎的心情享有正在独自对我发生着的一切。为什么呢？因为人们一向追求的所谓"完美"，实际上却是自由的敌人——完美和目的一样，都属于沉醉之外的东西，而自由却无处不在，它就在当下：想喝茶？自己泡一杯就是了。沉醉来自琐碎的点点滴滴，而完美和目的一样，它们自身就构成一个吓人的压迫我的整体。

精神生活的最高境界，就是独享精神中的秘密，也就是自己的独一无二性得到了证明，它是我自己的精神（个性）。

有充分的信息，什么书都可以读到，就能获得自由吗？未必，精神自由是一种自主的能力，在丧失了这种主动寻求的能力之后，在不在乎自由问题之后，在只有广义上的物质性追求之后，在人们自觉地选择了不再读书之后，一切自由就都结束了，因为选择已经是既定的了，而且坚定不移。也就是说，自由的主要条件并不来自外部，而来自人自身所具有的思想兴趣、获取这种兴趣的精神动力，它来自教育，这被人们严重忽视了。

古典哲学家严格区分了感情与知识，就像斯宾诺莎在《神学政治论》中说过的："只要理解——不要笑、不要眼泪、不要厌恶！"[①] 表达感情成了哲学的禁区，叔本华、尼采、海德格尔、萨特、德里达，前赴后继，开始尝试打破这个哲学禁区，使深刻的哲理趣味化、艺术化。他们渐渐渗透，写出了关于感情、关于心情的哲学，从而在思想中融进了快乐。他们力图解决快乐的思想品质问题，从而避免《娱乐至死》和《美妙的新世界》中向我们描述的平庸的快乐。简洁说：如果没有哲学的目光，世俗的快乐是平庸的甚至是愚蠢的，而有了哲学的目光，世俗的快乐就被融进

---

① 尼采在《快乐的科学》中引用了斯宾诺莎这句名言，转引自 Friedrich Nietzsche, *The Gay Science*, Translate by Walter Kaufmann, Vintage Books Edition, 1974, p. 261。

了心情哲学之中。在这个过程中，根本不必区分现象世界与本体世界，我们所拥有的是同一个世界，但眼光不同，一切就全变了。

　　严格的、唯一的、标准的理解、解释、翻译，这只是完美的梦想，只存在于真空的世界，是纯粹的乌托邦，并不存在于活生生的生活世界。一个有细菌和微生物、"到处是错误"的世界，各种不同方向的动机混杂在一起，交错纵横，平衡着世界的秩序以不至于毁灭。理解力从来就不曾存在于真空之中，而是处于某个时代、环境、时空的场合，所有这些，都是关于感情或心情的学术性说法。一说到感情，总是具体环境下的，感情等同于角度或者视角本身，人总是身陷某种环境角度（感情）而不自知。肯定角度（现象学术语叫"意向性"）同时等同于肯定了界限、视域、某种思想气氛、某种感情或者心情，正是由于没有看清这里的精神连线，我们可能会犯斯宾诺莎式的错误，斯氏的所谓理解：就像无论我们究竟是睡着还是醒着，一个三角形的内角之和永远等于180°，但这可能是似是而非的观点，就像康德错误地认为欧氏几何是唯一的几何学——任何一种科学的理解都是一定条件或范围之内的理解（这就是波普尔证伪原理的真谛），这就是目光的界限或者局限，而这与思想气氛或者说感情，有非常隐晦但却是本质的关联，这就是问题的焦点。所谓理解或者知识（知道），总是一种目光（它意味着方向性）下的产物，就像尼采说的："在知识之前，我们已经先有了笑的本能、哭泣的本能、厌恶的本能，这些本能预先就已经从某个角度把事物或者事件呈现出来了。"① 某个事物的性质是人赋予的，没有什么事物本身，或者事物本身是纯粹的虚无——某个人或者事件可恶，但真相是我们将之视为可恶，作为事物的性质，它已经预先存在于我的目光之中了，这里确实有康德哲学的贡献。

　　于是，普遍的公正，就是全部偏见的总和，这就是"言论自由"所蕴含的哲学原理。任何人的一生，都是既笑又哭、既爱又恨、既喜欢又厌恶，如此等等。不需要制造这些感情，这些感情作为人的本能，是人之为人的心理基础。如果一个人的一生只有一种性质的感情，比如始终处于仇恨之中，那就可以说此人的心理不正常、不健康，但这是一个疯子，因为

---

　　① 尼采在《快乐的科学》中引用了斯宾诺莎这句名言，转引自 Friedrich Nietzsche, *The Gay Science*, Translate by Walter Kaufmann, Vintage Books Edition, 1974, p. 261。

一个正常人（无论是天才还是平庸之辈）总是又哭又笑又羡慕嫉妒等。

所谓意识的冲突，不能仅仅局限在黑格尔所界定的概念辩证法的范围之内。意识或者理解的冲突，还意味着要突破概念自身的界限，深入到不同思想感情的冲突，即情感的冲突，这种感情在先的学理依据在于：兴趣是不讲理的，但兴趣本身已经就是理，因此这个世界上同时有哲学家、数学家、物理学家、诗人、音乐家、画家等。这些所谓"家"都是兴趣的产物。当我们把快乐还原为兴趣的时候，快乐就升华了并且因此不再平庸，因为兴趣本身深藏于人类精神本能之中。换句话说，意识的原形（或者用尼采的话说：原样的精神）是作为本能的精神，不仅包括后来弗洛伊德所谓"无意识"，还包括感情本能：哭、笑、厌恶等。它们可能是无意识瞬间的中止并显露出来，就像会心一笑。但仅仅"笑"就可以区分出多少种不同的类型啊（可查阅现代汉语词典"笑"的条目）！它们都是心理无意识的过程中某个瞬间的外露。意识本身也是无意识转化的结果，无意识本来处于混沌无理状态，但是一旦变形为意识或者语言，就"彬彬有理"了（在这里"理"通"礼"并且比"礼"更能引起我们思考）。

于是，时间的问题被带了进来，因为意识、概念、知识等原本被认为是现成的等待那里被我们接受和学习的，但是由于视角、感情、无意识等我们精神本能因素的作用，它们使我们看到意识、概念、知识等这些原本暗设为静止的东西（非时间的永恒，时间不能改变它们，因此不必考虑时间因素）是如何出场亮相的。这个"如何"本身在经历着时间，也就是行为或者思想感情的姿态。这样，就引入了生成哲学（柏格森）或者过程哲学（怀特海）的话题，它们与叔本华和尼采讨论过的哲学话题，是一脉相承的，而且扩延到不同学科领域。

三 "爱智慧"的真谛：尼采发现了"无意识"

尼采下面这段话在哲学史上具有里程碑的价值，它可能直接影响到弗洛伊德："在相当长的时期内，思想意识被认为是思想本身。只有到了现在，真理才向我们透露出一丝曙光：至今为止，我们精神活动的最重要部分，仍旧被遮盖着（此处尼采使用'unconsciouse'一词），没有被人们感受到。但是，我认为这是一些倾向于相互冲突的本能，从这些本能出发，可以很好理解如何使其自身被感受到，以及这些本能如何相互伤害。"① 不像被"正经儿的"哲学史所忽视了的奥古斯丁和卢梭，斯宾诺莎、康德、黑格尔从来不在自己的哲学著作中透露只属于自己的痛苦，但尼采继承了奥古斯丁和卢梭的思想风格，尼采这段话已经在倾向于说：要研究哲学家本人的痛苦，这痛苦本身就是哲学的一部分。然而，尼采这段话在哲学史上最重要的意义，在于它有意识地透露出"无意识"对思想本身的价值，"无意识"是思想的潜在来源。

从此，哲学家要关心内心里的七上八下，而从前这些与人心距离最近的感受，哲学家却视而不见——与其说这里存在着勇敢，不如说是关于勇敢的处女地。这里就像一台精神永动机，似乎永远不匮乏精神能源，但推动它运转的能源性质不明。它完全是自因的，而一旦受外来的影响，就意味着被奴役——就像斯宾诺莎曾经说到的那样。关于精神燃料的性质，赫拉克利特曾经描述为"火焰"，卢梭说是"冲动"。这就使我们不得不重新审视"爱智慧"（哲学）中的爱，智慧是爱（兴趣、像烈火一样的冲动）出来的，当我们无视"爱"这个智慧的发动机的时候，智慧就会因冷却而熄火，从而导致乏味的知识。

人类可能还没有学会爱，如何去爱，爱的姿态。在音乐之中、在花开的声音之中，善于倾听，这就是在爱。所谓飘起来的浪漫感受，就是从中分离出其他精神元素。在物质元素中升华出精神，其中最重要的，是要克服精神上的懒惰，善于欢迎陌生。尼采特别关注音乐，从音乐中培养爱的感情，这与《娱乐至死》②的作者的悲观主义相反；后者用大量篇幅分析电视（视觉图像）的娱乐效果，但忽视了音乐。音乐不仅在娱乐人心或者使耳朵享受到某种物质情趣，它更能培养出一种抽象的爱的冲动，它是心灵想象力的发动机，它朝向没有形状的思想、没有形状的美。无形的东西比有形的东西更神秘，听觉比视觉更神秘，更抽象。音乐是无形的艺术，绘画是有形艺术。

---

① Friedrich Nietzsche, *The Gay Science*, Translate by Walter Kaufmann, Vintage Books Edition, 1974，p. 262.

② ［美］尼尔·波兹曼著：《娱乐至死》，章艳译，广西师范大学出版社2009年版。

潜意识，意识背后的意识，没有明说出来但是起支配作用的意识。例如，当你说"这是对的"，这背后有某种信念在支撑着你这样说，那信念是一种出自良心的本能，并不是反思论证的结果。因此，简单一个"对"字也分属于不同精神层面：经过反思论证的"对"（判断）属于世俗的计算层次，而信念或良心吐露的"对"出自人的形而上本能，不需要算计，只要是人，就会认为"这是对的"。由此可见，问题的关键并不在于我们读到或者看到了什么，而是我们思考的方式究竟是出于精神细微处的本能反应，还是某种意识形态的立场，这两者都可能是一种即刻反应，也都有着似乎不假思索脱口而出的"立场"，区别在于，精神细微处的本能反应是私下的、个人的，朝着私人兴趣的方向（它是自己的良心，自己的人性，既然自己是人，那么自己的人性就是普遍人性的一种可能性），而一旦涉及到算计，就要运用公共理性，从而超越了我自己。

我这里描述的不是普遍的潜意识，而是私人的潜意识，它不属于公共精神，甚至难以与人交流，但给私人以莫大的幸福感，其中的喜欢和不喜欢细微到毫厘之间。谁能看出来我的内心冲动呢？谁能预料我为什么而冲动呢？这个世界上不可能有人知道，就连我自己都不知道，但是它赋予我不同于他人的修养、思想创造能力、审美能力。

总之，任何一句话自身都是一句空话，单凭一句口号式的判断，我们会觉得索然无味，如果我们把这样的判断当成继续思考的前提，那么我们的思考也将是空洞乏味的。为什么呢？因为我们没有分析和描述该判断背后所藏匿的真相，而这个真相是从该判断的表面意思中读不出来的。当人们表述同一句话的时候，背后的动机五花八门，其复杂性让人惊叹。这些动机是某些私人性的东西，是真正有趣而且值得深思的东西。因此，我们宁可请某个朋友吃饭以便私下聊天，也不愿意听大会的报告，因为私下会吐露更多的真相，甚至吐露出报告是如何出笼的，这当然更有趣。虽说"话不投机半句多"，但话要投机，两个人之间最好，这种私人之间的共鸣，就叫感情，叫友谊也行，反正得彼此相互倾听发自良心的心声。

能感动人、启发人的，是思想的细节，潜意识就是思想的细节。要区分潜意识的语言和意识形态的语言，前者属于思想的细节，它揭示后者是如何登台亮相的。在婚礼上来宾们不满意新人已经结婚这个事实，而要听新郎新娘是如何从相识到恋爱的过程，这就是细节。当然还有更细的细节，直到不便于用言语表述或者言语难以表述的程度。也就是说，有才华的思想感情之写作，往往处于能表述与不能表述之间，显得结结巴巴[①]（像是用陌生语言写作），经常变幻景象，而不是在动机与目标之间建一座直通的桥梁。为什么"结巴的语言"会显得有才华？因为它深入到事物在发生的时刻，也就是细节的真相。

倔强是一种性格，但倔强与毅力之间并不相似。性格是天生的，而且一生相对保持不变，性格与人生成就之间无必然联系，各种性格的人都可以成才。但毅力不是性格，它不是先天的，而是后天修炼的结果，可以说毅力是成才的必要条件之一。也就是说，人的本能并不会自发地给人才华，即使是天生的灵气，也必须配置以毅力（意志力），意志力是修炼而成的，就像哲学思考能力一样。

因此，哲学上的创造性思维来自两方面：要在似乎相似的词语或者概念之间，分辨出不相似之处；要有能力分析同一个词语（例如萨特在《自我的超越性》中对"我"的分析）在什么条件下分属不同的思想层次。重复说，要追溯概念背后的理解，例如有人批评康德的"道德律令"空无内容，这批评只是拘泥于康德字面上的"必然性"，殊不知支撑他这"空洞道德观"的，却是对心醉沉迷的肯定，即潜入到自在之物内部，发现那里有自由、灵魂、不朽——这些就是道德的内容，是精神的瑰宝。"（康德）就像一只迷了路的狐狸，绕了一大圈又返回到自己的笼子里。"[②] 思想要有创造性，先得迷路，找不到目标和对象，不知道自己正在说什么，而只是说得有兴致，止不住要滔滔不绝地往下说，就像一个天

---

① 精神上的结结巴巴，用更为地道的文言表达，就是处于绵延过程的心不在焉，这种延续的流畅性，心不在焉的流畅性，取决于临时的灵感或者即兴的想象力或缓慢或急促但不会停顿下来，这就是普鲁斯特的诗与艺术的小说《寻找失去的时间》（又译《追忆似水年华》）的基本写作方法，人们通常称之为"不由自主的回忆"。这整部小说几乎都是用具有浓郁的诗意语言写成的，它们是飘起来的、朦胧的、不透明的语言，只有这样的语言可以被称为艺术语言。构成其精髓的是朴素天真的感情（因为更贴近内心的真实），它既包括积极的感情，也包括消极的感情，其核心是不考虑世俗利益的爱：爱融进各种情绪或者心情之中，爱的能力来自诚实地相信（去掉功利性算计）。在互不信任的人际关系中，每个人在爱的能力上都会大打折扣。爱的能力不仅是维系幸福的日常生活之基础，而且是精神创造力（艺术、哲学、宗教、科学等）的最终来源。

② Friedrich Nietzsche, *The Gay Science*, Translate by Walter Kaufmann, Vintage Books Edition, 1974, p. 264.

才艺术家没有学习过哲学史,但是却说出了真正的哲学思想。尼采这里说的"笼子"就是哲学本身。康德所谓不可知的"自在之物"(事物本身),是因为自相矛盾而不可说,但是这"不可说"的精神状态本身,恰恰就是原样的精神,就是潜意识乃至无意识的混沌状态,就是"非逻辑的"悖谬状态,一切尚不确定状态,它是我们生活世界(现象世界)的来源,这里有真正的形而上学问题。但是,尼采说得对,康德并不知道自己无意中已经触摸到了思想的珍宝,康德身在福中不知福,以为幸福是幻觉,其实不是的,因为他正处于沉醉之中,他在哲学上迷路了,但这却是哲学新发现的开始,难怪叔本华说康德哲学中的最大贡献,就是发现了自在之物。

尼采对康德的批评,远不只在于康德没有发现自在之物的真正价值。其实,尼采是以康德作为借口,批评一切持类似做法的哲学家。这种做法,就是"自私",但这个自私是学理意义上的,不是通常说的"自私自利":"什么?你认为在你那里有命令式的范畴?有你所谓道德判断的坚定性?这种'无条件的'感情就是'在这里每个人的判断都要像我一样'?在这你是自私……你体验的是你自己的判断,却把它误认为是一个具有普遍性的判断,这就是自私。"① 这同时也具有时间意义,即把某个瞬间的体验化为永恒,以只适用于某个时间场合的语言行为作为永远的尺子,去衡量一切时间场合的语言行为是否与之符合。它也表明,"承诺"不具有永恒性,人们只是在美好的愿望中,赋予承诺以永恒的价值。由此可知,任何以全称判断出现的句子,都有思想上的盲点。这些盲点表明这种性质的句子天生所具有的缺憾,也就是抽象空洞无物,它掩盖了自己判断的内容中包含着与自己判断的表面意思自相矛盾的因素,而这些因素迟早会消解现有的判断,朝向某个自己没有想到的方向,这"捣乱"的因素并不来自自身之外,而就在自身内部。

这里存在着说话角度的误差,除了上帝,没有人有资格代表人类说话,但是哲学家一开口就是"我们(人类)",在这里暴露的学理问题与其说是要返回到"我",不如说是应该研究关于差异(角度、视域、关

---

① Friedrich Nietzsche, *The Gay Science*, Translate by Walter Kaufmann, Vintage Books Edition, 1974, p. 265.

系）的哲学。与古典哲学不同，现代哲学不再寻求同一性，而是去发现绝对的差异。要从表面相似的事物中间发现差异，因为正是这些差异造就了新的思想、新的情趣。世界上不存在两片完全相同的树叶，或一模一样的两张人脸，显然这是大自然带给人类的幸福造化。不言而喻，克隆人的实现之日，就是人类开始毁灭之时。首先，你的判断只代表你自己，或者你这一类人，但不可说代表全体人。其次，在承认了差异的绝对性之后，一切判断在可能性上都是或然判断，由于考虑到时间就活在我们身上，逻辑推理在时间面前失效了，因为我们事实上不可能准确判断将要发生什么，而只能说"可能会发生什么"，显然可能性是无穷尽的，现在的不可能在将来也会成为可能。

要活出自己，成为自己所是的人，一个与其他一切人都不具有可比性的新人，就要守住内心的孤寂状态，这就是启蒙的新箴言。

逻辑来自"非逻辑"、真切来"误判"，总之确定性来自不确定性——这一思想绵延的过程，发生了思想中的化学反应。完成其中某个阶段性思想反应的标志，就是确定性从不确定性中跳了出来，产生了或者说凝聚成某个概念。概念同时是伟大的与危险的，概念是伟大的，因为人在兴奋的极致之处脱口表达出难以表达的抽象意思，在这意思周围团结起一切类似的精神现象。概念是危险的，因为它疏远了混沌的精神或精神的原样，从而当此后人们以概念思考事物的时候，会发生极其危险的品质异化倾向，即用事物的标签取代事物本身。标签是平庸的，但事物本身是精彩的，它有可能与自己身上的标签一点儿关系都没有。

但是，有各种各样的替换，不仅有奴役性的替换，还有自由的替换。没有替换，就没有文明的进展。例如，替换现象给我们这样的启示：确定性是由不确定性组成的，而"别人"那里有"我"，但这决不意味着作为独立的词语，"确定性"和"我"没有使用价值，而只是说以往我们只是将这些使用价值盯在它们自身（即只是通过词典查找其意思），而忽视了它们隐而不露的真相（使用价值）在不确定性那里，在别人那里。就像没有"你"，"我"还有什么意思呢（但是词典里决不会告诉读者"我"离不开"你"）？因此，在纯粹的独处或者孤独之中，是无我的，只在与别人交流时，"我"才有实际意义。

什么叫想象？想象本身已经处于创造状态，在性质上一概属于艺术

("艺术"与"创造"是同义词)。在时间维度上,想象总是针对未来(从学理和事实效果上说,站在当下的时刻朝向过去与面向未来,其意思是一样的,这是普鲁斯特和伽达默尔以明确或者隐蔽的方式告诉我们的),朝向当下不在场的事物。在这里,可以广义上使用"科幻"一词,尼采和写了《共产党宣言》的马克思与恩格斯、写了《追忆似水年华》的普鲁斯特、写了《1984》的奥威尔、写了《美妙的新世界》的赫胥黎、拍摄了电影《撕裂的末日》[①]的导演科特·维莫尔一样,有才华的作者一旦动笔,就是在以向过去(现成的事物=过去)告别(也可以叫作批判)的态度,自觉或者不自觉地描述将要发生的事情。如果态度是不自觉的,就像普鲁斯特那样;如果态度是自觉的,那就是在批判旧世界的同时设想社会生活将朝着哪个方向发展、将会发生什么——这个过程一点儿也离不开想象。那么,如何区别想象与空想呢?合理的想象中有冥冥之中的逻辑在起作用,但这不是我们通常理解的确定性逻辑,而是不确定性的逻辑,看起来不像是逻辑的"逻辑",看似无理却有理、看似无情却有情。不是用情代替理,而是从理("逻辑")中引出情。这种融合使科学与艺术恋爱生子,它就是生命本身。

人的生命不是钟摆,因为生命几乎就是感情的同义词,其中有身心和谐的逻辑(这就是尼采所谓"艺术的生理学",他强调生理或者物质因素。是批评笛卡儿和康德把人的本质等同于"我思")。如果问"什么是感情",我的回答也许与通常的理解不同,我认为感情最基本的特征,就是排斥因果关系。因果关系是建立在"现成的"事物基础上的,而感情是滋生出来的,或者说是创造出来的,感情中有着看似无道理的"道理",这就是人之为人的最根本人性。[②] 当人们生硬地规定感情应该是什么样的时候(比如,对"敌人"不应该有感情),感情就被命令(这使我

[①] 《撕裂的末日》是一部由科特·维莫尔执导,2002年上映的科幻电影。故事讲述世界在一场核战争后统一,统治者认为导致战争的原因正是人类的贪欲等各种情感,于是强制所有人注射麻痹情感神经的药物,并销毁一切可能导致产生感情的事物。拥有感情的人类被视为"感情犯",由政府派遣身怀绝技的"教士"前去剿灭。

[②] 例如,我原本没想要这样写,"句子们"自告奋勇地往外冒,这在使我痛快的同时,也在显露无意识的逻辑,这逻辑的性质不是公共的,它在每个写作者那里都不尽相同,相似的只有一点,那就是显露精神的个性,也就是说"风格即人"。如果把写作当成钟摆,我们能预判其方向(把艺术当成政治意识形态,用立场正确取代艺术趣味),那么艺术的生命就将枯萎。

想到斯宾诺莎的"只要理解——不要笑、不要眼泪、不要厌恶!"和康德的道德律令)取代了。或者说,用具有强制性的理解,取代了虽然可能不理解但是正在享有的快乐感情。不仅有不理解的感情,也许不理解本身就已经是一种超然的投入了巨大感情的理解,例如面对死亡的想象。当所有感情都是被命令出来的时候,与其说原样的感情不再存在了,不如说感情本身将不复存在了。那么,人将不人,人将堕落为一台机器、一座钟的钟摆。

在某种意义上,所谓将心比心,[①] 还有回顾过去和展望未来之类,都是虚妄不实之词,或者说是自欺,因为它没有自觉揭示出这些情形都是建立在当下的想象基础之上的。我们既不出生在古代,也不可能活在"百年之后",但是却可以做古代和将来时代的精神代言人,就像尼采曾将做过的那样。在这样的时刻,我们在精神上已经飘飘然了,处于创造性想象过程。作者只是表面上在回忆过去,其实是在创造某些全新的感受,它在过去不曾存在但绝对不会因此而丧失这些全新感受的艺术价值,这就是创造出不曾有过的美好时光。但是,与其说此刻作者能创造出时间(这是不可能的)不如说是利用时间从事创造活动(这是可能的,时间在有才华的作者那里被创造性活动所填满)——就是去想象至今还不曾被人知道或想到的情景或者思想感情。

四 感情是一种病:尼采的"自由增补式逻辑"

尼采的"说理方式"或者说"逻辑",看起来不像是逻辑,它既不是形式逻辑或者数理逻辑,也不是辩证法的逻辑或者辩证逻辑。总之,它是至今还不曾被人称为逻辑的"逻辑",我大胆地称其为"自由增补式逻辑",也就是从前提似乎推不出结论,前提与结论之间的关系,只是众多可能性之一种。例如,把以下的判断连接起来:生命是由感情所构成的,感情是一种病,因此生命本身就是一种病!这里没有充足理由律的地位,

---

[①] 其实,在传统上,哲学家不需要将心比心,而是像尼采在以上提到的,哲学家们在自己的著作中往往在应该写"我"的地方,直接写上"我们",即没有经过别人的同意而直接代替别人思考。相比之下,文学家要困难得多,比如小说的基本功就是写个人与个人之间的对话,这可不是将心比心从而"己所不欲,勿施于人",因为这样的话,人物角色之间思想感情的差异将不复存在了。如此看来,文学作品里有传统哲学中所没有的现代哲学思想。

只是相信而已，相信本身就构成全部理由。还有，就是这种逻辑不仅只有一个名称，因为它也可以被叫作"诗意逻辑"。但是，为什么这里一定要冠之以"逻辑"的大名呢？这是为了强调它是我们内心中的"实事求是"，我指的是它触动我们内心最脆弱的那根神经，令我们感动不已，因此又可以叫作审美逻辑、关于想象力的逻辑、不由自主的逻辑，不一而足。

这就如同我们不去直接说某个人是什么，而是形象地说某个人像什么。当我们不说"是"而说"像"的时候，考验的是恰如其分的想象力。什么叫恰如其分，我举个例子，说毕加索的立体绘画就像是一个"盲眼的老色鬼"画出来的。他画裸体女人时，把自己触摸到的印象最为深刻的女人身体部位画得最大，而且把这些部分毫无秩序地连接起来，竟然成为一部杰作！再举两个例子，都来自叔本华，他主张将逻辑还原为直观，为此他批评了数学方法："我们要求的是把一个逻辑的根据还原为一个直观的根据，数学则相反，它偏要费尽心机来作难而弃却它专有的，随时近在眼前的，直观的依据，以便代之以逻辑的证据。我们不能不认为这种做法，就好比一个人锯下两腿以便用拐杖走路一样，又好比是《善感的胜利》一书中的太子从真实的自然美景中逃了出来，以便欣赏模仿这处风景的舞台布景。"①"逻辑的证明总不过是证明着人们原已从别的认识方式完全确信了的东西。这就等于一个胆小的士兵在别人击毙的敌人身上戳上一刀，便大吹大擂是他杀死了敌人。"② 也可以说，自由增补式逻辑（这逻辑在叔本华这两句判断句中，分别由"就好比"和"这就等于"加以引导，叔本华这种恰到好处的比喻能力，绝对不输给普鲁斯特）乃是批评一切现有逻辑的"逻辑"。

尼采揭示了人生一种永远无法摆脱的现象：日复一日的日子永远回来，③ 尼采在暗示我们厌倦，至少此刻我能从中读出来无可奈何的厌倦

---

① ［德］叔本华著：《作为意志与表象的世界》，石冲白译，杨一之校，商务印书馆1982年版，第114页。

② 同上书，第123页。

③ "你现在过的日子，就是你曾经过的日子，你还得继续过，只要你活着，这重复的日子就没完没了，不会有任何新意。你生命中的每一种痛苦、快乐、思想，无论大小，还会再次返回你的身边。"参见 Friedrich Nietzsche, *The Gay Science*, Translate by Walter Kaufmann, Vintage Books Edition, 1974, p. 273。

感,甚至令人感到深度无聊以致绝望。如何反抗这些消极情绪?让我们先这样分析:从生活中体会到"永远回来"现象或者能超越生活本身洞察到"深度无聊"感,这决非普通人的思想能力,它已经属于精神贵族了,显示了精神自身的高贵。在这个意义上,这些消极情绪并不消极,当精神玩味它们的时候,精神在享受它们。这就是我以上所谓感情是一种病。称其为病,是因为它脱离了正常心理、"没事找事"——这是必须的,为了避免无聊。人们没事找事折腾自己,但荒诞的是,哲学家在"没事找事"的时候,一下子就找到了无聊(例如尼采发现人生无法摆脱"日复一日")。此时此刻,哲学家不是普通人,因为哲学家的思想感情"不正常",所犯的病可以被叫作"感情过度细腻罪"。所谓过度细腻,就是说,普通人的感情总是从具体的生活诱因中被唤起来的,而哲学家的思想感情可以超越自己的生活环境,无中生有。这些"不正常"的思想是由感情过度细腻造成的,纯粹属于"没事找事",但非常奇特的是,当哲学家在思考"日常日子很无聊"的时候,哲学家就处于不无聊的状态了。在荒诞之中自有精神的创造力。换句话说,"感情是一种病",但是却病得十分健康——我是说心理健康。

于是,人的自由意志开始发挥作用,想抵抗那不可能被抵抗的"日复一日"。怎么抵抗呢?我首先发现尼采这个判断不过是他瞬间的一种看法,他反复说这个看法,后来人们觉得他说得有道理,又无数次地重复尼采这个看法。但是,无论它被提起多少次,也等于只被提起来一次,即尼采第一次想到它的那个瞬间。但是,真正的问题来了:凭什么说尼采这个看法道出了绝对真理呢?尼采的这个看法之所以是真理,只在于它在瞬间击痛了人内心深处的那根最脆弱的神经。但是,人的内心还有很多其他的神经,人们很快就会把尼采的精彩判断抛到脑后,因为即使是非常正确的真理,由于人天生的感情病(罪),人会不理性地相信毫无道理的事情,于是认为尼采只是说了一句毫无内容的空话。什么是生活的真实内容呢?就是去遭遇。尼采只是说对了生活的形式,但是他绝对没有能力预测我们生活的内容,每个人都只是活在自己的"内容"之中,因此并不无聊。

真正的遭遇,就是享受那些有风暴的瞬间,甚至将这些瞬间在想象中加以延长,延长的方式,就是以一种创造性的艺术生活姿态沉浸其中,这确实考验人的思想感情之能力,但是非常值得尝试,因为去掉了这些有风暴的瞬间，就只剩下了尼采所描述的生活空壳子，好像人只剩下一身皮囊。要把有风暴的瞬间与精神负担区别开来，前者是去遭遇不由自主的快乐，后者却是高悬我们头上随时会掉下来的一把利剑（这里指一切不可能被我们想通的、一再回来的问题，也包括后悔等无用的情绪）。这利剑确实存在着，但只有我们想到它时，它才会发挥作用。我们抵抗的方式，就是不让它有机会发挥作用。怎么办呢？让我们的心思（时间）被"有风暴的瞬间"占得满满的，让自己没有时间无聊，让自己把生活视为艺术即培养出（自己培养自己）过度细腻的感情。

感情要迎接自己"犯病"，因为这病本来就是人身上的一部分，摆脱不掉，所以千万别把它视为精神负担。这叫把坏事想到底，反倒不害怕了。与自己的害怕心理最有效的斗争方式，就是问自己到底怕什么？你害怕的事情不会到来的，为什么不会到来？因为你不再害怕[1]，事情就是这么简单！——只要不怕，消极的东西就不会影响我（尽管这个判断不是万能的，但是在实际生活中非常有效），我千万不要自己去制造"害怕"。简单说吧，在我们清醒时，大多数念头毫无必要，我们只要保持心情的天真、自然、淳朴。

查拉图斯特拉没有感到孤独，他享受自己独特的精神生活。本来可以享受到死。但是，终于有一天，他改主意了。那是一天早上，他迎着初升的太阳发问：宇宙中最伟大的恒星啊，如果缺少了那些被你的光芒所哺育的众生，你还能感受到幸福吗？查拉图斯特拉问得有道理：能忍受乃至享受孤独的精神生活，支撑点在于强大的自信：虽然足不出户，但是人类需要我！真是堂吉诃德式的英雄气概——以挽救天下为己任。我这里没有任何讽刺意味，完全是从正面积极意义上说查拉图斯特拉。就像对于地球人来说，我们的太阳是唯一的太阳——这不准确，我是想说每种光都是唯一的。人需要各种各样的光，哪怕是黑光，人需要各种各样的养分。自从人类开始利用电能，黑夜就不再寒冷，夜生活的快乐甚至超过了白昼，那是因为表面看太阳落山了，但"太阳"还在，只是在我们肉眼看不见的地

---

[1] 在第二次世界大战期间，罗斯福总统为了鼓励美国人民，在公开演讲中说道"we have nothing to fear but fear itself"（我们唯一所害怕的，就是害怕本身），其引申的意思是，如果我们免除了害怕心理，那些原先被我们所害怕的东西，就会反过来怕我们了。

方。想到这里，地球人感到心里暖暖的。想到明天太阳还来，似乎晚上也有太阳了，那是心里的太阳。"我的太阳"——帕瓦罗蒂唱道。肉眼看不见的光，可是最厉害的光呢！它更准确，就像"X光"；它远远胜过语言，就像超人的目光，不用说话就能征服一个普通人。

有人以看不起人类的口气写道："人类一思考，上帝就发笑"。现在好了，尼采说了，"上帝死了"，人类中有才华者欢呼雀跃，"这下好了，再没有谁敢以上帝的名义自居。尽情思考吧，没有谁天生有资格笑话你！"这当然不是说从此以后断绝了人对人的鄙视，而是说人与人之间可以无视对方的鄙视。"可以"的依据，就是上帝死了——一缕阳光铺在我这正在走向衰老的身躯之上，感到暖暖的，足以抵制任何鄙视的目光。暖暖的，就是心里本来就有光，心里有光还需要偶遇任何一缕阳光，因为有准备（心里有放光的能力，来自强大的自信，这自信莫名其妙，但就是有），因此给点阳光就灿烂。若要身体不衰老，最重要的，是给身体以思想之光。巧逢甘露，石头也显得有精神。别等待，要唤醒内心的甘露。不是指心脏而是泛指似乎可以飘逸在肉身之外的魂灵。它不阴冷，它暖暖的。有了它，无聊感在我这里从来就成不了气候。魂灵是指这样的功能：仿佛感官能去那些身体去不了的地方，仿佛自己的感官能与自己的肉身相分离似的。我是说"灵魂感官"，把灵魂和感官联系起来，似乎有点荒谬，但是为了有滋有味，有时就顾不上合理不合理了。我与你怎么可能沟通呢？你叫作"光明的"我称之为"黑暗"，我叫作"黑暗的"你却称之为"光明"。孤独能把你逼疯，但我却享受孤独。但我与你，我们都是生命，一个生命绝对不应该鄙视另一个生命，那等于我瞧不起自己，我绝对不要瞧不起自己，我的根据是我一生都在寻找光，都在训练尼采式的能力：让灵魂中正在萌发的思想的种子迅速长成思想感情的参天大树——这不是比喻，因为只要我在动笔写作，就是在实践它。

一个缺乏想象力的人，首先是一个习惯于听话的人。如果环境使总是"听话"的人生活得更舒服，就等于铲除了培育想象力的土壤，不仅想象力面临枯竭，而且由于人们已经在"愿望"上实现了高度一致，愿望本身就形同虚设、等于不存在了，理由很简单，总是能被别人猜中的愿望，既不深刻也不好玩（不浪漫，缺少品位），从这两种角度说，都不配叫作真正的愿望。想象力又是怀疑的基础，缺乏想象力的人，虽然可能是一个怀疑一切的人，但这个人说不出为什么怀疑的深刻道理，因此到底还是一个缺少怀疑能力的人。"怀疑"一词和"创造"是相辅相成的，最善于怀疑的人往往不屑于花时间去批评旧东西，而是径直去创造一个新东西。很显然，不熟悉旧东西的人，也没有能力创造新东西，因为这个人不懂得新旧差异到底在哪里，这可以给人以多方面的启示，比如一个中国的文化人或者学者，应该懂古文、古典诗词，总之要珍惜历史。

叔本华在《作为意志与表象的世界》中，激烈抨击了知识论或者"系统化"的德国古典哲学传统，尼采继承了叔本华的批判："一个例子，各类公务人员的主要工作，一直是将命令传达给基层，将命令分配到不同的文件中去，将具体事物抽象系统化，学者就是这么工作的。学者们认为，只要他们将知识系统化，他们所考虑的问题就被解决了，这也是哲学家们的主要工作。对于哲学家来说，他们父辈哲学家工作的形式，就是自己的工作内容：一种给事物分类的才华，列出范畴表的才华[①]……花了巨大代价只是为了做别人的儿子。"[②] 在这里，尼采批评他之前的哲学研究缺乏真正突破，究其原因，就在于误将知识性的归纳和分类等同于哲学工作本身。哲学创始之初，在古希腊哲人那里，具有天才般地创造性。但是，某种哲学思考方式被开创出来之后，就是漫长衰落过程的开始，后代人只是模仿前代人如何做学问，它用理性的必然性强制我们屈服。但这是靠不住的，而且导致无趣，问题不在于一个铁匠的儿子非常有可能还是铁匠，真正深刻而具有艺术气质的问题，在于一个铁匠的儿子，可能是个哲学天才。[③] 这种例外，成就的是天才人物，这不仅是一个人物传记方面的小插曲，它本身就是哲学问题：思想的突破处在于转弯，在于说出从前面的知识里推论不出来的新思想，我们还不知道这些新东西到底是什么，它是被我们创造出来的。它不可能获得有理据的解释，就像无法解释为什么德国一个偏远小城镇的某个马鞍匠，生出了天才哲学家康德。

知识躲避那些自己没办法解释的现象，但文学艺术将这些现象视为至

[①] 这里暗示康德。

[②] Friedrich Nietzsche, *The Gay Science*, Translate by Walter Kaufmann, Vintage Books Edition, 1974, p. 290.

[③] 康德的父亲是一个马鞍匠，德里达父亲的职业是汽车销售员，用现在的标准，这两个哲学天才的父亲，都算不上知识分子。

宝。尼采对民主有一种"偏见",这偏见使他把民主理解为否定差异,例如过分强调人人平等——这是最为关键的地方,这种平等天经地义,就像逻辑必然性那样强制人们接受。① 尼采的敏锐,在于他预见到如果不加以有效抵制,民主与专制中间可能只隔着"一张纸的距离":近代民主通常是以某种口号政治表现出来的,而且不乏自相矛盾的感情宣泄:自由与博爱固然不错,但自由与平等之间存在着天然的冲突。问题的关键,并不在于尼采反对民主,而在于他反对的其实是"平等"意义下的民主,尼采从来不攻击自由,问题在于如何理解自由。对于逻辑理性,要区分法律的层面与哲学艺术的层面。在法律层面,必须规定人人政治权利平等,即这种"虚幻的"信念是必须的,它在无形中约束人的行为并能有效地限制特权。但是,在思想科学艺术创作层面,人的能力当然是不平等的。在这个层面上所讨论的"逻辑理性",指的是创作方法之类,例如我以上所谓"自由增补式逻辑"。在这个思想艺术层面上实现了具体地而非空洞地尊重每个人之间的差异,即这种尊重不是以法律规定的方式,而是在具体操作中(在哲学思考中,在艺术与科学实践中)得以实现——在这里,绝对不抹掉"鹰钩鼻"和"直鼻"之间的差别,不把两者只是统称为"鼻子"从而在偷懒之中固执地维持索然无味状态。这就像德里达说他不要一般地回答"什么是爱(情)",而宁可说,"我爱你,因为你是你,我爱你身上独有的某种气质,爱你的美丽或爱你的才华"。

承认差异并不一定要导致各种各样的歧视(例如种族歧视)。当代欧洲大陆哲学继承了尼采的思想,是一种"承认差异"的哲学,那么这种哲学的态度恰恰是理性的,不会导致希特勒式的丧心病狂(种族歧视)。这种理性,恰恰是反种族歧视的,因为种族论预先设定了优劣的界限,而德里达这样的哲学家认为,这种界限是人为的、不真实的。"差异的"哲学态度反对把预判的东西视为真理性的判断,从而在最大程度上避免标签式的或者政治口号统治下所发生的人间悲剧。

再回到斯宾诺莎的"只要理解——不要笑、不要眼泪、不要厌恶!"

---

① 尼采说:"所有人都高度重视逻辑,逻辑是靠合理(reasons,通常被译为"理性")的力量强制人们同意……因为没有什么比逻辑更民主的了,这里没有对个人的尊重,不区分鹰钩鼻和直鼻。" Friedrich Nietzsche, *The Gay Science*, Translate by Walter Kaufmann, Vintage Books Edition, 1974, p. 291.

明眼人马上会看出,这个判断与下面的判断是等价的:只要理解什么是鼻子就可以了,至于具体是鹰钩鼻还是直鼻子,都无所谓。这里抛弃的不仅是趣味,也放弃了思想的复杂性。当我们一听到"鼻子"①,会联想到各种各样的鼻子,但斯宾诺莎认为理性应该拒绝朝这些方向想问题,哲学不需要形象只需要理解。那么斯氏暗含的前提就是,形象与理解之间,不发生关系。换句话说,理解可以忽略细节。那么,忽略了细节的理解会产生怎样的"科学判断"呢?在这里尼采猛烈抨击达尔文主义,他认为达尔文学说的要害,在于试图以粗线条勾勒出生命进化过程中的所谓规律,而当人们把这种学说应用到人类社会时,"社会达尔文主义"将会给人类带来灾难性后果(其中之一就是种族歧视)。② 一个人要生存得好,就得与同类进行殊死斗争——作为生物和动物世界的现象,被照搬到有着极其复杂的自由意志的人类世界,并且将之公式化普遍化,也就是尼采说的给予一个"单方向"的发展前途。此情此景,要不导致社会灾难,几乎是不可能的,因为它试图主动地制造人与人之间的仇恨。于是,在广义上说,"杀人"者迟早必被他人"所杀"。难道人类世界就要这样进入无休无止的恶性循环吗?当代地球人说:"不!"尼采在19世纪末就发出了这种声音。尼采认为,以上所谓"生存斗争"的态度非常容易被社会上"平庸的人们"所接受,他们往往是生活在社会底层的人。"生存斗争"不会导致精神的高贵,而只会制造仇恨,将别人不当人。在尼采眼里,不能把"生存斗争"混同于"生命的意愿"(强力意志)。对于"生命的意愿"而言,"生存斗争只是某种例外。"③ 所谓"例外",就是说,它是一个事

---

① 可以联想到德里达说的:"我爱你,因为你是你,爱你的美丽或爱你的才华"。如果我们广义地把"高而挺拔的鼻子"理解为"漂亮",那么可以说,"我爱你,因为你漂亮",这么直白地说出来,传统哲学家肯定不会赞同,认为这忽视了精神因素,但我这里不做这种争论,而只是想提醒哲学家:男性会被女性自然的美貌所吸引,这是天性,这本身就已经是精神的,因为美貌也是不一样的:我爱你,就因为你有别人没有的如此漂亮的鼻子!康德在《判断力批判》中提醒哲学家注意:美不是判断而是趣味。现在尼采和德里达也提醒康德注意:哲学上的知性(即理解力)也不应该仅仅限于抽象而一般的概念关系,要在形象中(风格或者精神气质也属于思想形象)去理解。也就是说,理解也离不开趣味。

② "最近的和最糟糕的是,达尔文主义是一种令人匪夷所思的'生存斗争'的单方向学说。"Friedrich Nietzsche, *The Gay Science*, Translate by Walter Kaufmann, Vintage Books Edition, 1974, p. 292.

③ 同上书,第292页。

实,但不能当成普遍适用的现象(事实)。

五 应和关系:知道/不知道,以及好意思/不好意思

一提到"哲学",首先应该想到"爱智慧"。使"哲学"回到"故乡"的好处,在于这两个词语唤起我们不同的想象,"哲学"会使我们不自觉地联想到一门学科、知识体系、枯燥难懂,而爱智慧是亲切的、开放的,一个"爱"字透露着深厚的感情兴趣。"哲学"是确定的、僵死的,爱智慧是不确定的、有生命力的——哪里有智慧,哪里就有哲学。

也可以这样说,在没有"哲学"的地方也有智慧,因为在后来的约定俗成过程中,"哲学"不时地脱离了爱智慧者应该有的思想活力,甚至与智慧不再发生关系了(如果"哲学家"成为只是一味注释和翻译"圣人"的学究)。爱智慧者从"哲学"诞生之日,就宣告自己始终处于"不知道"状态,不是从不知到知,而是始终不知,其潜在的意思,是不让念头凝固为知识。凡凝固为现成的而且实证性的知识学科,就不得不被赶出"爱智慧"领域,因为在知识学科中,作为前提性的真理已经被知道了,或者被认为是已经知道了,剩下的一切,都成为广义上的计算推论。但是,爱智慧者无中生有,只提出设想(想象),让别的学科将这些设想作为其学科得以成立的前提。

所谓"不知道",就是既不说是,也不说不是,因为所谓知道,就是知道事物是什么或者不是什么,也就是对"这是什么"这类问话的回答。为什么要回避类似"这是什么"的提问呢?因为在爱智慧者看来,这是一个问题陷阱,它将使我们误入某个学科,一切学科式的问答,都是针对"这是什么"的,这种问答之所以缺少智慧,在于它其实是一个假提问,也就是这时人处于自欺状态,因为答案事先已经被知道了,人们只是假装不知道。人们在学科中是从已知推出已知,相当于计算,而缺乏真正想象力的单纯计算,并不能增加人的智慧。因此,所谓"不知道",其真谛在于搁置"确定性"、搁置"从现成的想法出发"。在这个意义上说,爱智慧的思想姿态从一开始就是怀疑的、批判的。

尼采返回爱智慧,而不是哲学。如果说哲学给智慧穿上了"工作服",那么爱智慧就是智慧的赤裸状态,这里有念头的野性、勇气、天

真，不知道害羞为何物。就像当我们不用一堆其意模糊的"责任"之类概念装扮道德（道德的衣服），道德便返回了活灵活现的感情、返回了道德的故乡、道德的裸体状态。有人会说，害羞是必要的，害羞导致文明，但是尼采说，的确如此，但是有一利必有一弊，害羞也培养起胆小、怯懦、伪善的精神风俗，而健康的文明不应该这样。

广义上的害羞也包括不好意思、爱面子等意义上的伪自尊、不顾事实而只想满足自己的虚荣心，即不是做真正的自己，而只想做别人眼里的自己，仿佛人生的目的就是让别人羡慕自己，而这羡慕的标准，是人们的精神风俗早就规定好了的。因此，精神怯懦是严重的精神疾病。过分的礼貌用语，把这种精神疾病深深地隐藏起来。例如，无论是言必出彬彬有礼的"不好意思"还是真正出于不好意思而耽误了实现自己真正的兴致，都应该从道德中剔除。"不好意思"有尊重他人的意思，但出于"不好意思"而违心的行为，则会培养起令人越来越难以忍受的乏味无趣，在这些情形下，诚实地拒绝才是真正符合道德的行为——去掉"不"，就是"好意思"（玩味一下汉语的奇妙："你真好意思！"意思是"我为你感到不好意思！"这就是语感）。不要让礼貌用语中的"不好意思"入侵道德的腹地。如果"不好意思"是道德的衣服，那么这腹地则是道德的裸体，要直视真诚的火辣辣的感情、目不转睛。

在尼采看来，宗教的起源和人们的解闷需求有关。尼采应该联想到宗教也是一种精神的消遣，是为了摆脱烦闷以获得快乐。因此，宗教应该让人们打心眼里感到快乐，而不应该压抑人性的一切本能需求，因此"快乐的宗教"之说法，应该成立，但这里不是赫胥黎描述的"美妙的新世界"[①]，因为这里决不排斥人类的痛苦本能和思想本能。也就是说，"快乐的宗教"里既有哲学，也有文学艺术。总之，精神需求[②]几乎就像吃饭睡觉一样，是人身上必不可少的一部分。在精神层次上，与别人在一起的精神需求，要低于孤独的精神需求。理由很简单，孤独本身具有制造原创性

[①] ［英］阿道斯·伦纳德·赫胥黎著：《美妙的新世界》，孙法理译，译林出版社2008年版。

[②] 打麻将（赌博的一种形式）、抽烟喝酒、唱歌跳舞、喜欢把自己打扮得更漂亮、聊天、聚餐、性行为，普通人的这些日常活动，也都属于精神消遣（追求快乐）的需要，而不仅是通常被人们蔑称的"吃喝玩乐"的物质性需求。

精神需求的更为强烈的愿望,一切真正的宗教、哲学、文学艺术作品几乎都是孤独(私人、独自、独处、沉默)状态下构思并且创作完成的。人们普遍害怕孤独,是由于孤独或者自恋式的精神自我满足是非常奇怪的、几乎不可思议,它需要自己独自产生与他人在一起才能获得的快乐效果,这才是尼采说的"超人",即此人超越了我们通常对"人"的理解范围。不需要"社会关系"?是的。不需要社会关系,而人的本质仍旧保留着,这就是纯粹的私人性,但它不是"自私自利"性,因为自私是在与他人的关系中体现出来的,而在纯粹私人性的情形下,没有与别人发生物质性的关系(没有与他人在一起)。在纯粹孤独的情形之下,甚至"我"这个词语都是不必要的,因为并没有"你"在场。因此,严格说,孤独连"自恋"也不是,因为自恋是有"我"的,甚至是有"你"的,自恋的原意,就是爱上了自己在河水里的倒影,因而自恋在效果上是自欺的。但是,孤独舍弃了我(连同虚幻的你,被当成你的"我"),就无所谓自欺,总之,一切在含义上与解释人际关系有关的词语,在孤独或纯粹私人性中,都失去了效果。关于孤独,尼采说得很学术:"人的生命过程的大部分实情,并没有这种镜面效果,这在我们思考、感受、意愿的生命中是真真切切的。"① 换句话说,当人们相互交往时,始终只是停留在意识的表层,而真正深刻的东西存在于纯粹私人性之中。尼采敏锐地觉察到他这样说严重冒犯了传统哲学家,传统哲学家只停留在意识的表面。也就是说,似乎离开了交往,意识自身就无法存在。正是从这里出发,尼采实际上已经接触到影响了弗洛伊德的"无意识"(包括潜意识、下意识等)的话题。

那么,当一个人处于孤独状态,虽然他的大脑和心灵混杂在一起处于活跃状态,但这种状态并不是用于交往的需要。如果意识和交往(交流)

---

① Friedrich Nietzsche, *The Gay Science*, Translate by Walter Kaufmann, Vintage Books Edition, 1974, p. 297. 在这里,所谓"镜面效果"可以有两种解释,一种就是以上提到的自恋的原意:爱上河水里自己的倒影,河水就相当于镜面;另一种解释就是与他人交往,别人是我的一面镜子,意思是说,从社会关系中寻找人的本质:在这里发生了卢梭描述过的社会异化现象。就是说,你究竟是怎样的人不是你自己能决定的,要由别人的眼光来决定。这些眼光,其实是与人自身的精神孤独完全无关的因素,例如你的职业、家庭、荣誉、财产,总之是人的身外之物、是装扮人的衣服。

之间事实上是相互依存的关系,那么,可以说孤独属于"无意识"状态。正是在这里,有大量没有被挖掘出来的精神生活的宝藏。不要停留在意识,而要去发现意识是如何发生的?意识来自无意识,来自想要表达的需要,它表现为"人不断地在不知道的情况下去想。"① 也就是说,不知道在想什么但是在想,这就是原汁原味的想,并没有想"交流"但是"想"(但它却是潜藏最深的"交流",即孤独的无意识的"想")已经不知不觉地发生了,这是最精彩的、是独享。如果在这个时候"自我意识"(相当于笛卡儿的"我思故我在"的时刻)插了进来,那么,想的趣味就消失了,因为"清楚明白"的时期到来了,也就是发生了能相互理解的"交流"。

于是,有理由说,可以把苏格拉底"我唯一知道的事情就是我不知道"延伸到尼采的"人不断地在不知道的情况下去想,冒险去达到意识(在此上下文中,"意识"一词在尼采看来等同于交流),这意识只占人全部心思中的最小部分,是最表面的、最糟糕的部分——因为只是在意识之中,心思采取了词语的形式,也就是交流符号,这个事实掩盖了意识的起源。"② 在这里,心思(thinking)也包括了感情。语言无力传达感情,或者说非语言因素更能传达感情。"人不断地在不知道的情况下去想。"在这个过程中,语言处于十分尴尬的地位,似有似无,心思根本就不会注意语言的存在,因为"没有"交流的必要,但在这种情况下,心思反倒回到了本真状态,很像是在天真地自言自语、纯粹的"私人语言"。自言自语相当于私人语言,它们与通常理解的以交流(理解)为目的的语言是冲突的。③

"总之,语言的发展与意识的发展(意识的发展等同于理性的发展,而只是理性进入意识的方式之发展)关系密切、齐头并进。"④ 也就是说,

---

① Friedrich Nietzsche, *The Gay Science*, Translate by Walter Kaufmann, Vintage Books Edition, 1974, pp. 298 – 299.

② Ibid., p. 299.

③ 在20世纪五六十年代,英语国家受到维特根斯坦哲学的影响,关于是否存在着"私人语言",成为一个热门话题,这种讨论,也可以说是对尼采早就提出的"意识"与"无意识"关系问题的一种回应。

④ Friedrich Nietzsche, *The Gay Science*, Translate by Walter Kaufmann, Vintage Books Edition, 1974, p. 299.

第三章　心灵感应与语言的"炼金术"

无论语言还是意识，都不能自动等同于理性——尼采这是在背离古希腊哲学的逻各斯传统，他在向赫拉克利特靠拢，暗指后者的"非理性"（不确定性）才是理性的。也就是说，理性不仅仅指确定性，不包含不确定性的理性，是残缺的理性。在这里，不确定性就是其自身，尽管它需要参照确定性以理解自身，但是其真正的含义，简单说，就是否定一切形式的命定论，承认绝对不可能的事情是可能的。因此，不确定性与确定性处于一种悖谬的关系，而不是对立统一的关系。"悖谬"与"对立统一"的差异就在于，前者有"自由增补式的"逻辑，无视自相矛盾，而后者并不犯逻辑矛盾的错误。比如，不能说一个人现在既活着又死了，但悖谬现象的支持者，认为完全可以说一个人现在既活着又死了，而且认为这个判断不具有任何比喻的性质，它本身就是一个科学的判断、事实判断。

尼采继续说，"只有作为社会的动物，人才会获得自我意识——人现在仍旧日益走在这个进程之中。我的想法是，意识并不真正属于个人的存在①而只属于社会的或者羊群的存在本性，由此观之，只是就它是社会的或者羊群的功利性需求而言，不断推进着城府与世故……（在这方面）'认识我们自己'，我们每个人只有在不是个人而是'平均值'②的情况下，才会有可能生成意识。我们的思想本身不断地接受意识特征的支配——这统治权来自'人类的天才'所下达的命令。"③

---

① 这里，我偶然想到尼采这里已经在讨论在他之后半个世纪萨特的《存在与虚无》中的核心问题。

② 尼采在这里的"平均值"具有要下大力气挖掘的深意，质言之，一切抽象都是从生动具体的现象世界中获得一个"平均值"，这个过程既是科学也是逻辑，当然更是哲学家的思想方式，即它实质上就是用概念进行思考与工作的习惯。"概念"或者"理念"，是"平均值"的积极因素，无疑在人类文明史上有巨大的价值，它推动了知识的进步，它赐予人类价值观与世界观（例如自由、平等、博爱）。从学理上分析，这是在给社会现象命名，也就是创造概念的过程。它是用一般（或者普遍）代替个别。全部危险，都来自这种替换，它也是近代世界政治制度的理念设计之本质，即公民的利益被议员所代表，这种"人民代表"是必要的，但却是危险的，即社会时时刻刻都可能产生异化现象，可能产生"虚伪的代表"。"平均值"另一个通俗易懂的理解，就是"平庸化"：社会生活本身就是平庸的，或者人在结成社团群体的时候不是倾向于更有智慧，而是趋向平庸。群体达成的一致，往往是个体之间相互妥协的产物，并不比单独个体更有智慧。对于人类自身的管理和人与人交往的需求而言，这样的平庸是必要的，却也是危险的。上述一切，要害在于忽略纯粹的个人性或者私人性，也就忽视了趣味和原创性思想的来源。

③ Friedrich Nietzsche, *The Gay Science*, Translate by Walter Kaufmann, Vintage Books Edition, 1974, p. 299.

换句话说，在意识中，"个人"从来不曾真正地存在过，尼采在这里尖锐地提出了个人生存的价值问题，但这个问题是"意识"无法回答的，因此要把意识搁置一边，不予理睬。首当其冲，尼采将批判的矛头，指向笛卡儿的"我思故我在"，因为这个近代以来最著名的哲学命题，表面上推导出来的是"我"，其实是自我意识，而自我意识的实质，是意识本身。因此，笛卡儿所排斥的，恰恰是个人、是纯粹的私人性，而他却以迷惑人的姿态提出了"我"——它其实是抹杀个人的"我"，这是一种自欺的说法。

"人类的天才所下达的命令"，尼采此刻可能不会想到这话也会针对他自己。他就是这样的天才，那我们就又一次陷入悖谬之中，尼采此话同时是错误的与正确的：它是错误的，如果尼采要把自己的话当成普世的真理传达给我们并支配我们的思想，并且由此导致我们的平庸化；它是正确的，因为尼采这话恰恰在告诉我们：活出你自己，这样才不平庸。引申一步：它还启示我们，知识分子不得不在"消失"之中重新寻找出路，因为别人不再需要你去"代言"。你的首要责任，是活出你自己，而不是对他人的责任。换句话，活出了"对他人的责任"不过是活出了自己的一个副产品而已。他人的目光只是在社会功利性交往中是有价值的，但是在从事思想与艺术的创作过程中，对来自他人的目光可以不理不睬。

可以广义地理解以上的"个人性"，方法是把它与差异联系起来思考，尼采使用了"视角"（perspective）一词，而这与后来胡塞尔使用的"意向性"和海德格尔那玄而又玄的"Dasein"之间，有着隐秘的相似性。视角、纯粹私人性、"Dasein"，这些都是创造出来的，而不是现成的现象世界之中的东西，因此它们并不平庸。从学理上说，意识（形态）的世界、语言的世界，就它们局限于一般性而不是差异性而言，它们活在平庸的世界。当然，这并非说心思和语言本身一定没有逃离平庸的办法，办法就是寻求真正的差异。

在尼采看来，"任何成为意识的东西，也就象征着成为肤浅的、相对愚蠢的、一般性的、符号的、群体符号……总之，意识的生长是危险的。"[①]

[①] Friedrich Nietzsche, *The Gay Science*, Translate by Walter Kaufmann, Vintage Books Edition, 1974, pp. 299–300.

这样，精神的疾病（不正常的精神）不再是孤独（或者纯粹的私人性），而是意识（形态）本身，在交流中的语言和意识一样都是"有病"的，尼采用了更为严厉的字眼：浅薄、弄虚作假、腐败堕落。这同样适用于尼采对黑格尔所谓思辨辩证法的厌恶："你们由此会猜想到，我这里所涉及的，并不是所谓主体与客体的对立：我所搁置的这种对立，属于认识论的范畴，认识论被套牢在文法（人民的形而上学）之中。"① 在这里，尼采把文法（暗指语言—意识）与形而上学联系起来，这些都成了他批判的靶子，于是哲学连同形而上学，在尼采这里就成了"贬义词"。尼采还暗含这样的思想：人们通常所说的"现象世界"来自平庸肤浅而不真实的目光，如果返回恰如其分的"爱智慧"目光，现象世界就应该是事物本身，而这事物本身，就是差异或者某一视角之中的世界。

尼采继续说，人们通常所说的"知道"（例如"我很了解你"）到底是什么意思呢？② 这涉及如何定义"理解"或者"解释"，那就是所谓"知道"，就是把原本陌生的东西变成熟悉的东西，但是这个"变成"究竟是如何发生的？这是关键问题！这里的真相是：人们总是用自己已经知道了的东西对照和解释自己尚不知道的东西。这种认识论还原并没有给"知道"真正增加新东西，却是对陌生的东西实施了某种不恰当的暴力，它粗暴地给陌生的东西定性。所以，为了真正有所创见，不能用熟悉对待陌生，而应该以陌生描述陌生。在这里，胡塞尔的哲学态度（区别于普通人的自然态度）也许会得到尼采的赞赏。从此处追究，暴露出人们对陌生东西的焦虑与恐惧，对此情景，人们在潜意识中总要想出某种对策，如果还没有对策，就创造出某种对策，创造出某种根据，以获得某种虚假的安全感（心安理得）。这种自欺或许对安慰人心有虚幻的好处，但是从更高的艺术哲学角度，戳穿这种自欺是必要的。处于安全感之下的，是虚假，即意识总是保持着自以为知道了"意思"的状态，而处于焦虑之中的却是真实——不知道在想什么却总是在想的状态。

---

① Friedrich Nietzsche, *The Gay Science*, Translate by Walter Kaufmann, Vintage Books Edition, 1974, p. 300.

② 顺便说一句，尼采在这里无意中也开辟了他自己所代表的哲学解释学的传统，就是从追问概念的含义入手，实现对哲学的批判。在这方面，海德格尔应该受过尼采思想的启发。

"知道"、意识或自我意识、确定性、[①] 科学、理性、普遍性——这些概念，代表了近代欧洲思想启蒙运动的精髓，从伏尔泰到狄德罗、从康德到黑格尔，这些概念所代表的启蒙大方向是一致的（不包括卢梭，卢梭发现了"不确定性"的价值，他是个另类）。尼采以不无讽刺的口吻说到："这些知识的拥有者是多么容易满足啊！""满足"这个字眼是一种情绪，斯宾诺莎开创的哲学就像排斥哭与笑一样，也排斥在"正经儿"的哲学著作中讨论个人的情绪满足，但尼采就是蓄意冒犯斯宾诺莎去谈论"满足"乃至纯粹个人的（生理的、情绪和情趣的、思想的）满足，他继承叔本华使哲学从天上降临人间的事业。尼采认为满足于获得知识，这很可笑，这相当于永远只是盯着世界上我们所熟悉的事物。如果"熟悉"相当于我们"内部"已经拥有的东西，那么知识论的态度就是回避纯粹"外部的思想"（这是后来福柯的用语）。这个外部与陌生是等价的，例如，他人（他者）和纯粹的私人性都属于陌生（自己对自己也会感到陌生，会有看似内部实则外部的感受），总之，看似熟悉的事物和人其实是陌生的，只要我们的目光变得陌生（转变自然朴素的态度），胡塞尔的现象学正是如此告诫我们的。

[①] 笛卡儿说得非常清楚，他的目的是要通过普遍的怀疑精神，寻找到一个清楚明白的、无法继续怀疑的思想出发点，就像几何学上的"阿基米德点"。笛卡儿寻求的是确定性，"确定性"成为理性的代名词，而他确实找到了，这就是"我思故我在"。Friedrich Nietzsche, *The Gay Science*, Translate by Walter Kaufmann, Vintage Books Edition, 1974, p. 301.

第四章　尼采是20世纪新启蒙运动的开创者

一　"确定性的丧失"与"唤醒绝对的差异性"

尼采与黑格尔的冲突代表了两种启蒙态度，尼采开创了20世纪的新启蒙运动。在黑格尔看来，哲学的任务是去理解或者回答"这是什么"，而尼采将这种古典哲学的提问方式，视为一种自欺欺人的思想态度。尼采使哲学的面貌变得陌生，他为哲学开辟了两个新维度：艺术的维度与生理（广义上的身体因素，包括感情因素）维度。以艺术的目光看待一切事物，这为哲学态度添加了快乐因素，使哲学成为"快乐的科学"（这里的"科学"不是比喻）。尼采从卢梭手中接过了"不确定性"，[①] 反对广义上的目标式思维方式（包括分工、角色，一成不变的分类原则等）。作为反

[①] 20世纪最重要的哲学家之一卡西勒写道："卢梭，这位思想家与作家，他给他那个时代施予了无与伦比的力量，而之所以能够如此，最根本的原因就在于，在那个世纪里人们将形式的建立拔高到前所未有的高度，使之日臻完善，成为一个有机的整体，但卢梭却再次使形式这一概念与那与生俱来的不确定性浮出水面。无论在那时的文学，还是哲学与科学当中，18世纪都停留在一个固定而明确的形式的世界里。事物的实在性根源于这个世界；这个世界保证并决定了它们的价值。这个世纪为事物的精确无误而欣喜，为它们分明的轮廓与确定的界限而高兴，这个世纪将划出如此精准界限的能力视为人类最高的主观力量，同时也将之看成是理性的基本能力。卢梭不仅质疑这种确定性，而且是撼动其根基的第一位思想家。他拒斥并彻底打破了塑造伦理学，政治学和宗教学，还有文学与哲学的种种模式——他这样做，冒着使这个世界又一次沉沦于原始的混沌，沉沦于'自然'状态的危险……他从未超出暧昧不清而且时常是自相矛盾的表述。对他而言，已经确定的，也是他用思想和感情的全部力量抓住的，不是他趋向的那个目标，而是他所追随的那种冲动。他有胆量顺从这种冲动，他用完全一己之思想、感情和激情的动力，来反对那个世纪本质上静止的思想模式。"［德］恩斯特·卡西勒著：《卢梭问题》，［美］彼得·盖伊编，王春华译，译林出版社2009年版，第31—32页。

对确定分类的简明例子，也许从文本风格就可以看出来，卢梭和尼采的作品同时既是哲学的也是文学的（萨特和德里达等当代法国哲学家也"走在哲学与文学艺术"之间），反对用任何模式约束思想，抵制任何预先的真理或"应该如此"的说法。社会职业的分工分类，只是人的衣裳，就像所谓好人与坏人的说法也是披在人身上的衣裳一样，它们并非人的内容，人的真实内容是由行为遭遇的偶然性组成的，这里有"衣裳"掩盖下的"种种东西"，它们的命运不可能被事先决定。

原始的混沌状态，在每个人这里从来就是最真实的出发点（而非笛卡儿式的清楚明白），各种倾向同时都是可能的，当代科技手段分别从物质与精神两大层面为个人角色的多样化提供了技术支撑，它时刻在解构原有的社会分工和个人角色，每个人"什么角色都能当"，而社会对此无可奈何、不得不宽容。科技的前景不再是原来人们所担心的使人成为"单向的人"，反而使生活本身成为令人眼花缭乱的艺术生活，意为每个人不得不每天面临陌生并且凭着感觉的本能去生活，筹划几乎成为不可能之事，因为"计划没有变化快"。是技术手段带来的速度，使我们来不及思索从而使我们的时代变得疯狂。

意识的艺术化、感情化、私人化，这可能是未来哲学的发展方向。"意识只是经验的偶然形式。"① 即经验完全可以不以意识的形式表现出来，例如由印象、图像表现出来，由流动着的、不由自主的感受表现出来。原样的精神生活不是意识，意识可能是对精神的一种无趣的总结。意识是"正常的"，而"不正常"却使私人感到亲切。这亲切的东西，是那些与生理（包括身体因素）等物质因素分不开的艺术化、感情化、私人化的东西、是在"社会"看来"有病"的精神状态，它们处于"哲学的边缘"、② 生活在别处、③ 异托邦或者他者状态、④ "游牧者"或"波西米

---

① Friedrich Nietzsche, *The Gay Science*, Translate by Walter Kaufmann, Vintage Books Edition, 1974, p. 305.
② 《哲学的边缘》是德里达一本代表作的书名。
③ 这是当代著名小说家米兰·昆德拉一部作品的名字。
④ 来自福柯的一篇文章"另一空间"，亦即"异托邦"之意（他说到一个易懂的例子：那些被安葬在公墓里的人们，曾经生活在彼此根本无法见面的完全不同的年代，但却在公墓里紧挨着），它是真实存在的，因此不同于乌托邦。"他者"，来自勒·维纳斯的哲学思想。

亚文化人"状态①。总之，不惹人注目、逃离公众视线，却成为藏身于社会生活深处的最具有原创思想（创意）爆发力的启蒙新一代。从叔本华和尼采的生活状态就可以看出，他们不再像伏尔泰和左拉那样的在社会上公开鼓动民众的知识分子，他们并不想启发或影响他人，他们不想代表别人说话，他们只代表自己，他们只想活出自己的个人价值。

显然，尼采对"being"这个哲学本体论"概念"评价不高。以上的边缘精神和边缘的文化人就是想脱离"being"的约束，自由放牧自己。由于"being"是西方传统逻辑的基础，那么这些边缘精神就朝向搁置了"being"之后的"尼采的逻辑"。尼采把以"being"作为系词或者语言交流中介的情形，叫作流通中的"伪币"。那么，真币是什么呢？这就是新启蒙要回答的问题、需要"being"之后的"逻辑"回答的问题，胡塞尔开创的现象学传统，一直在试图回答这个问题。这甚至与尼采所谓"上帝死了"有关，因为上帝存在的意思，乃"God is"。"上帝死了"，就是说，在语言流通过程之中，要最大限度地减少自欺，胡塞尔对"being"问题存而不论、海德格尔给"being"上面划叉叉，都是为了减少自欺。

要把伪币改造成真币，就得返回原样的精神，研究原初的精神是如何出场亮相的，这个如何，这个how，就成了新的提问方式，它实现了从逻辑推论式的哲学向描述式的哲学之转变。这是无声的思想战争，哲学在经历着炼狱、在毁灭自己的过程中获得重生。尼采在19世纪末写出了《快乐的科学》，是以乐观或者艺术的姿态看着新旧世界处于转折点上，这转折的痛苦要理解为快乐，就像尼采对待自己严重的偏头疼的态度。人的身体构造没变，但是支撑这身体的精神早已天翻地覆。尼采说："人们曾经在哪里看过如此美丽的毁灭呢？"② 意思是从没看过。此情此景更恰当的字眼，应该叫"转宗"（conversion，宗教术语），即信念之转变，原本被视为无聊痛苦无价值的事情，成为艺术与哲学的事情。原来被看作支撑自己幸福观的那些高大的目的，变得丑陋，而毁灭这些丑陋的行为，是美丽的行为。这叫思想革命或"灵魂深处爆发革命"。与法国大革命不同，新

---

① 这两个说法，都与德勒兹的思想有关。
② Friedrich Nietzsche, *The Gay Science*, Translate by Walter Kaufmann, Vintage Books Edition, 1974, p. 310.

启蒙运动的革命,不是去革别人的命,而是革自己的命,革命不再是对着别人而是对着自己。我的身体构造没有丝毫改变,但我成为一个新人。"信仰上帝的思想大厦坍塌了。"① 怎么倒塌的?由于疾风暴雨甚至龙卷风,这就是尼采的思想与写作风格,他的每个句子都有一股冲劲和力量,这又像卢梭,还像叔本华。

要使精神有冲劲,其实并不体现在呼口号之类,而是对陌生事物的好奇以及由此导致的思想冲动,这冲动的性质是艺术的(为了艺术而艺术)、哲学的(为了思想而思想),因此属于抽象的冲动,抽象的冲动属于创造性的精神,例如,艺术实践可以直接创新哲学思想,或者反过来语言类的作品与非语言类的艺术形式之间可以相互启发。总之,在很多情况下,创新总是在意想不到的别一领域中收获精神的成果。路德的宗教改革启发了新的哲学,甚至启迪了近代欧洲音乐之父巴赫以及巴洛克音乐。不理解基督教或者缺乏宗教感,就不可能深刻理解西方的哲学与艺术。换句话说,诞生在欧洲的那些反宗教的经典著作本身,其实却是渗透着浓浓的别一种宗教感情的,并非字面看起来的"唯物主义"(绝非吃喝玩乐的功利主义),我们中国的读者尤其不容易读懂这一点。

"转宗"相当于心理改造,做心理手术,但这绝不来自外部压力,没有外部的强迫,而是一种自觉的修养:除非我自己愿意,没有人能改变我。面对来自他人的思想,最重要的倒不是我接受还是不接受其影响,我确实接受了很多来自他人的思想,但这里在学术上最有价值的问题却在于,我在接受他人的思想之前,必须有自己独立的判断能力或者选择能力。我的独立判断力的质量,决定着我有选择地接受别人思想的能力。那么,我的独立判断力来自哪里?来自我天生的思考勇气,这勇气给我以改写他人的能力。路德用一句话改变了基督教的形象,给教徒们做了心理手术,使人们转宗,这句话就是"每个人都是自己的神父"。自我启示,不需要别人来洗脑,这不啻一场伟大的思想启蒙运动,它在废除信仰领域的特权:没有人天生有权利来教训我,即使我是一个农民,我也与贵族权利平等,我也可能成为神,而贵族却可能是个混蛋。

---

① Friedrich Nietzsche, *The Gay Science*, Translate by Walter Kaufmann, Vintage Books Edition, 1974, p. 310.

这就是"一句话"的力量,"每个人都是自己的神父"中所蕴含的复杂的创新思想,绝不亚于笛卡儿的"我思故我在"。这里问题的关键,在于独立说出前人没说过的"一句话"的能力,它不能从以往"圣人"的思想中推论出来,它像闪电从天而降。路德和笛卡儿这两句话,都可以被改造为:最重要的是活出我自己的价值——尽管这两个思想伟人也许会认为这是在篡改他们的思想,但遗憾的是,他们早就没有能力控制说出自己的话之后,其意思的影响力了。换句话说,创造性思想家的第一心理素质,就是高度敏感。其次,是敏感之后的冲动,极力想吐露出来,表达欲望强烈。这种自由精神,就蕴含在路德与笛卡儿上面两句话里,尽管它们分别是用宗教语言与哲学语言表达出来的。表达自由精神的路径有成千上万,而"自由"本身却什么都不是(看不见摸不着),却同时又是一切。对此,没有宗教感情的人,是难以理解的。与中国历史总是以农民武力暴动的方式(或者宫廷政变的方式)改朝换代不同,路德属于"农民"(被宗教特权阶层奴役的下层人民)在精神上造反,从而人在灵魂深处成为"新人",而中国历史上朝代的更迭并没有如此转变人的心灵,以至于无论谁来统治,人的精神品质永远和从前一样。宗教感使人真诚地相信精神信仰的力量比世俗的权力更为强大,而缺乏这种信念的人把世俗权力本身当成"信仰",并且为了获得权力不择手段而绝不会有道德上的内疚感。因此,是否有宗教感,事关是否有诚有信(诚信的唯一标志,是说到做到,而在缺乏诚信的社会里,人民对谎言已经无动于衷)。一个天真的人天然倾向于有诚信,一个世故的人倾向于欺骗、虚伪、做作。

"躁动不安的精神、渴望独立的精神、相信自由权利的精神、'天然的'精神——这些精神的生长全都归功于(路德的)宗教改革。"[①] 如此看来,路德的宗教改革运动,也是近代启蒙运动的精神前提之一。但是,很少有学者去分析路德与卢梭的关系、与尼采思想的关系。这种关系返回"躁动不安的精神"——原样的混沌精神。精神的自然状态,就是还没有以目标方式呈现出来的暗能量。这能量保持跃跃欲试状态,却不知道要去尝试什么,它没有名字,但有能量。它有能力朝向任何一个方向,但还没

---

① Friedrich Nietzsche, *The Gay Science*, Translate by Walter Kaufmann, Vintage Books Edition, 1974, p. 312.

有朝向。"人们所坚持的一个古老的错误,就是习惯于认准一个目标。"①尼采的意思是,不能将一个死板的目标当成精神的驱动力,精神能量的兴奋与幸福,不来自"目标"。目标其实是无所谓的,千变万化的,问题在于能量或者能力本身。尼采这番话是深刻的,他似乎预见到20世纪的"轮船舵手们"会在"正确的目标"推动下,把轮船驶向歧途。"目标"被当成了干坏事的借口,也杀死了人们原本幸福奔放的精神能量(似乎"放弃目标"的精神能量,是错误的),从而培养起"单方向的机器人"。尼采的意思,是原样的精神不需要那个下命令的人,哪怕这个人是一个天才。为什么?因为路德早就说了,每个人心中都有一个只属于自己的神。在自己心中的神之外的一切"身外之物"或者目标,都是没有价值的自欺。② 那么,精神能量如何活动呢?严格说不是"(河)流"那样的,因为若是这样,方向太单一。原样的精神能量是横七竖八的,任性而不管不顾、满不在乎。自由意志?是的,但这意志并没有必须的方向,它完全不需要舵手。"我们仍将需要批判'目的'概念。"③

受尼采的影响,20世纪的思想家,渐渐放弃了方向单一模式的思维方式,连同动辄想建立思想体系的做法。但是,这并非意味着彻底返回封闭的自我,在这方面尼采称赞拿破仑,不像人们习惯认为的拿破仑只是为了法兰西,尼采认为拿破仑的伟大在于超越了民族利益,打乱民族的界限并使各个民族的人心心相印,这就不再是"方向单一"的事业了,而是活跃着的人心相互普遍的交流。④ 这很像是精神的魔法作用:一切感觉导致一切感觉。很清楚,拿破仑不赞成民族主义,他要一个统一的欧洲。这"统一"不意味着专制,他把法国大革命的自由精神种子,播撒在欧洲大地:自由、平等、博爱!所谓"博爱"的意义,同时是宗教道德的、法律的、哲学的、政治的、艺术的。我以"后现代哲学"的方式,把"博

---

① Friedrich Nietzsche, *The Gay Science*, Translate by Walter Kaufmann, Vintage Books Edition, 1974, p. 316.

② 在《快乐的科学》中,尼采在多处提到"自欺"概念,半个多世纪之后,萨特在《存在与虚无》中详尽分析了"自欺"。

③ Friedrich Nietzsche, *The Gay Science*, Translate by Walter Kaufmann, Vintage Books Edition, 1974, p. 316.

④ Ibid., p. 318.

爱"理解为一切感觉可以引起一切感觉。

一切感觉可以引起一切感觉，这是一种崭新的博爱精神，它敏锐地看到爱的差异，因此超越了传统启蒙中的"平等"。爱是不平等的、不对等的，就像爱的癖好各有不同，就像每个人对同样的瞬间场面，内心感受绝不会相同。就像一个女人（若"女人"换成男人亦然，后半句的性别只要相应调换即可）不爱自己的丈夫（尽管她丈夫深爱她）而深爱着另一个男人。① 因此，感觉（例如爱情）和博爱一样，属于原始的感情，属于"实际是"，而平等则是人为规定的乌托邦，属于"应该是"。实际是差异，却被生硬地说成平等。这里的差异与身心感受的天然能力有关，而与特权等级制度无关。近代启蒙思想的道德成果在法国大革命中直接以法律的形式确定下来，于是道德上的"应该是"就变成了法律上的"必须是"——也就是"你必须"。我为什么必须呢？没有为什么，由于这是所谓的自然权利（或者"天赋人权"），如果一定要回答，那就是"我必须因为我必须"，因此，等于没有回答，它是无理据的"理据"，从而脱离了"实际是"。

尼采说："我决不认为男女在爱情上的权利是对等的，不存在这样的平等，因为男女对爱情的理解不同。两性相爱的前提条件既不在于对性行为有同样的感受，也不在于彼此'爱情'的程度相同。女性对于爱的理解十分清楚：那就是奉献出全部身心（不是屈服），没有任何保留……而当男人爱上一个女人时，他就只要她的爱，他自己却是尽可能远离上述女人对于爱情的理解……一个像女人那样理解爱情的男人，就成为了（爱情的）奴隶，而一个女人若能像一个女人那样理解爱情，则成为更完美的女人。"② 这几乎等于说，爱情的基础不是男女之间的激情，而是相互具有妥协式的理解，其中包含了理智，如果联系到婚姻一起考虑的话，尤其如此。尼采在这里描述了爱情在男女那里"实际是"的情形，而不是"应该是"的情景。尼采上述的话又暗示女人的天性在内心，她用心灵去

---

① 这种情形被影视、文学、音乐作品不厌其烦地反复描写，而观众或者读者们百看不厌、百读不厌、百听不厌，足见它是现实与理想之完美的世俗结合，而且雅俗共赏，可见它是多么深深扎根于人性之中。

② Friedrich Nietzsche, *The Gay Science*, Translate by Walter Kaufmann, Vintage Books Edition, 1974, pp. 318 – 319.

思考，而男性在沉浸于心灵生活或者感情生活时，同时就有能力从这个感情圈子（哪怕它此时此刻正在发生）里跳出来，成为自己正在沉醉其中的感情活动的"旁观者"，仿佛比女性多了一只观察与思考的眼睛似的[①]——这就是柏格森说的感受性的深度，这种深度表现为将当下正在发生的激情不仅理解为其本身，而是迅速理解为别的任何东西，这在男性那里是不由自主的，而女性此刻的不由自主，只是沉浸于正在发生着的事情本身。这也可能从性别角度解释了相对而言，为什么女性的感情更专一而持久，而男性更容易见异思迁。

上述女性的爱情观是天然的（在不受恶劣社会环境影响的情况下），与她的教养和文化程度无关。换句话说，女性天然就比男性更接近人（为了爱本身而爱，成为爱的"奴隶"），但也许正是因为男性更复杂更有世俗的力量，正是男性身上保留了更多的动物性并且一般而言比女性更加喜欢抽象晦涩的科学，这种自相矛盾体现了男性天然比女性"更不天真"（但这决非智力上的差别，也不是勇气和毅力上的差别，在实际生活中，在这些方面女性丝毫不逊色于男性）。男女各自天性的差异，难以平等的目光看待。抹去男女差异的社会是可怕的、无趣的。男女的差异是人类情趣的根本来源，而对"她"没有感觉的哲学家，在自己的著作中天然就缺少了心灵的柔美，这正是传统哲学所缺失的领域。换句话说，应该以欣喜的态度看待男女之间的天然冲突，没有这种冲突，就不会相互吸引。所谓文明之进展或者生命之动力，来自好奇、陌生、补充自身天然缺乏的东西，它首先就是异性（至于同性恋，应该被理解为特殊的"异性恋"：爱某个不同于自身的他人）。

于是，承认上述男女在爱情上的天然差异，这才是道德的——敏感的人会从中读出它否定了人为订立的"男女平等"的武断道德。总之，道德只意味着服从人的自然感情，这就是本然的自由。只要不是违心，只要符合人性就是道德的。更具体说，是女性就要活得像个女人，是男性就得

[①] 这似乎能在学理上解释一句广为流传的大实话：女性是先有爱后有性（于是，性是主动的爱引导之下的自然而然的结果，意味着她是全身心的投入），男性是被女人的性吸引而有爱，这使得女人对性行为的理解比男人更像是人应该有的理解，而男性对性的理解，却像是原始的动物行为。但吊诡的是，男性对人类文明史（这里指各个学科领域里的开拓、发明、创造）的贡献要大于女性，也许只能说男性比女性更复杂，无论在原始性还是想象力方面。

活得像个男人。但我们不应该事先规定女人或者男人应该是什么样子的，即不是男人眼中应该像的女人形象，或者女人眼中应该是的男人形象。无论男女，其可能性都是开放的、自由的。女性身心一致的天然爱情倾向，其中有深刻的哲学内涵，这正是尼采所向往的新哲学。他用沉浸、痴迷、沉醉、酒神精神，歌颂这种具有浓浓诗意的新哲学。尼采之前的哲学家，极少像他这样写作，就像斯宾诺莎说的，只要理解，不要感受（哭笑、痛苦与快乐、无聊与厌倦、绝望与自杀等）。当哲学家分析人类感情时，其态度是理性的或者理智的（站在感情之外，忌讳带入自身的感情），甚至是几何学的（例如斯宾诺莎写的《伦理学》）。

一切感觉能产生一切感觉——虽然这个判断同时适用于女性与男性，但以上我和尼采都描述了男女在感受方向上的天然差异，因此男女在写作时的方向感也会不同，有没有像女人的男哲学家呢？回答是肯定的。在写作风格上，男人能具有女人的风格（例如叔本华与尼采）而女人能具有男人的风格（例如阿伦特），这样的男女通常都很厉害，有非凡的才华。很多人看不惯叔本华与尼采，认为这两个家伙"瞧不起"女性，我觉得他俩没有瞧不起，尤其尼采，他赞美女性更接近人性本来的样子，而既然尼采要返回原样的精神，他的写作风格，无意中就接近女性——当然要特别补充一句，是接近于女性的激情，除了疯狂还有柔美。女人的柔美是天生的，男人的柔美则是修炼出来的，男人的柔美近乎无敌，这就是尼采散文的味道：它既深刻又有情趣。一个像女人性格的男哲学家在宣泄"一切感觉能产生一切感觉"，其文体风格就在于，思想的激情是随时转弯的，从不在某个话题上面停留很久，其作品不可能围绕一个中心思想形成某个思想体系——后者是典型的男性写作态度，例如康德与黑格尔。一个像女人性格的男哲学家的文体风格，像是在思考的心灵中随波逐流的水那样漂泊不定，居无定所，表情多端、难以捉摸。尽管笔下已经惊涛骇浪，但凡是写作都是沉默而孤独的行为。写作或者文字的根本特征，在于它难以用图像表达出来，可说的从来就不同于可看的，反之亦然。例如下面意味深刻的三句话："'上帝死了'，尼采写道"；"'尼采死了'，上帝写道"；"'有些人死后才真正出生'，尼采写道"。[①] 这是尼采在和上帝辩论

[①] Friedrich Nietzsche, *The Gay Science*, Translate by Walter Kaufmann, Vintage Books Edition, 1974, p. 321.

吗？我不知道，但我从中读出了两个字："不服！"（尼采向上帝吼着："你说得再有道理，我也不相信！"）也就是自由意志，或者说"强力意志"。

二 尼采的鉴赏力：一切感觉能诞生一切感觉

一切感觉能产生一切感觉——这就是《叔本华论说文集》和尼采的几乎全部作品的写作风格，也是蒙田、帕斯卡尔、卢梭的写作风格。这种风格的特点，是"百科全书式的"，也就是什么话题都能说，想到哪说到哪，好像是宋词的长短句，好像每次爱情都持续不了多久，见异思迁，但每次都非常真诚，好像20世纪西方小说的一个潮流——忽略全书的整体情节、因果关系不可能在全书一以贯之，而只是笔下正在发生着的念头之细节，尼采《快乐的科学》竟然有383个小节，最短的小节就一句话，最长的也不过是几页，长吁短叹，好像是精神生命的节奏，好文章就是有话则长无话则短的。总起来看每小节的篇幅都很短。用尽可能少的句子表达更多的意思，这很像是格言和诗意的表达。

那么，读书啊！书是一定要读的，但绝不要僵死的学究气，怎么能使读书生活显得活灵活现呢？尼采写道："对面前的这部学术著作——我们并不属于这些作者之列，这些人的念头只是在别的书里寻找，作者的想法是被别的书刺激起来的。我们的习惯是在户外思考——散步、跳跃、爬山、跳舞，无论在孤俊的山峰还是浪漫的海滩，所有这些场所的痕迹，都已经就是思考。①关于书的价值、个人的价值、某部音乐作品的价值，我们首先要问的是：它们能随机游走吗？或者更进一步，它们能跳舞吗？"②要使思想活灵活现，就得不仅是靠一个文字（一句话）的意思唤醒另一个文字（另一句话）的意思，不要拘于字面，而要直接从感官接受的全方位刺激中萌发起来的仅仅属于自己的东西，无论它是文字作品还是音乐作品。那么，只要人是活生生的，作品也是。不要模仿别人书里的意思给

---

① 勒·克莱齐奥的作品具有这种风格：享受大自然、去沙漠、去异域旅行，像大地上的陌生人。

② Friedrich Nietzsche, *The Gay Science*, Translate by Walter Kaufmann, Vintage Books Edition, 1974, p. 322.

予自己的书以意思，就要首先把别人的书扔掉，先问问自己：什么最令我激动？在这么拷问自己灵魂的时候，千万别自欺。不自欺，抓住接触人与事物最初瞬间的感受，那一定是新鲜生动的。要盯住一个人的面部表情，直接产生你自己的思绪，而不要借助于任何别的东西。这就是事物本身的细节。

如果能促使自己激动的事情很少，甚至根本没有，那就真的是绝望与死亡开始倒计时了。活着的价值，首先在于持之以恒的激动之能力，不断开辟新的激动方向之能力。激动的内容千变万化，但激动本身永远保持着。甚至不惜以牺牲身体健康为代价，因为身体的价值只在于它是激动的、兴奋的。

尼采和卢梭一样，读得不算多。他俩的作品，靠的是理性直觉。他俩都绝少引用别人的著作，对于别人的书，即使是经典著作，俩人也只是凭借着心灵感受力去触摸那最能激动自己的部位。没有精读？很可能是这样，反正读得很快。俩人以文字作品永载史册，但之所以如此，恰恰在于他们不是书虫，不是"文字人"。如果我们读一本书，心灵获得极大启迪，却好像根本没有文字存在，不会在感情的激流中途停顿下来去猜测某个词语或者句子的意思，这就是最有才华的作品、是最善于阅读的读者。在这个过程中，速度是第一位的，就像读一部精彩的外文原版书，要尽量避免查字典，因为少量不识的字句可以依靠阅读过程中的想象力自动弥补。阅读与写作相辅相成，天才式的阅读与写作从来就不复制别人。相辅相成？我的意思仍旧是一切感觉能产生一切感觉。例如创新，它可能与坏的记忆力有关系。普鲁斯特究竟是记忆力惊人还是很糟糕？两者都是，但是更恰如其分地说，应该把他的"记忆力"改成细腻的"想象力"——因为一切感觉形式连通一切感觉形式。各种感觉形式彼此包含，从来就不是纯而又纯的。无论是否受过学校教育，人的心智自觉地具有这种复杂性。这种复杂性是顷刻之间一起涌上心头的，在变成文字过程中，却可以舒展而缓慢地将其成分显露出来，好像在显示同时刻的多样性，就像时光暂时凝固了，等着我们把原本一下子说不清楚的印象娓娓道来，这就叫品味或者鉴赏的艺术姿态，能使我们看见在粗鲁和习惯的目光下所体味不到的感受细节，这些细节简直就是历史的真实含义。所谓历史，不仅是外部事件的历史，更是心思的历史，是一部精神史，因为显而易见，人们做了某些事情,总要先有能力想到它们。与"定命论者"的腔调相反,事实上人们只是随机或者即兴地想到什么,或者被激怒了,于是就做出了某些不理智的行为。或者干脆就这么说吧,人类都是因不理智的行为而出生于世的。因此,人生下来就遗传上了不理智的基因——但是这对于人类来说,是极其宝贵的精神遗产,因为如果一切都是事先规定好了的按部就班的规定动作,那么人类就真的成为机器人了,那将是我们的灭顶之灾。

一切感觉形式连通一切感觉形式。这一次连接,从视觉想象力转移到听觉——耳朵的物质情趣,也就是音乐:"扪心自问,我整个身体果真要从音乐之中期待什么呢?我认为是期待身体彻底放松:因此而恢复了身体的原始功能,它有着轻松、无畏、精力充沛的生命节奏;好像是雄狮……我的忧伤要躲藏在暗处获得平复,那是完美的深渊:这就是我需要音乐的原因。"① 看来,音乐是孤独者最佳的放松方式之一,但它的门槛并不低,不是有听觉就可以入门的,需要有"耳朵的"想象力。靠耳朵想?这是真的,不是比喻。耳朵想(换上其他身体感官亦然),就是没有想但是"想"已经并且正在发生着的"想",它们不可能被语言说中,但感官正在享有美妙奇幻的感受,那里的历史从来就不曾被语言记载下来,但是它们曾经并且还将发生,正在发生。在这个意义上,作为一门科学的学科,历史学还非常短暂,尽管它十分古老,但它记载的线条太笼统太意识形态化了,它没有给我们留下感官印象中的细节,那些稍纵即逝的精彩,它们才是我们每个人生命中的关键时刻。

主动寻求艺术享受,就是不考虑甚至搁置关于"知道"的问题,不知道但是有深刻的印象,这就足够了。在这里,"知道"等同于说得通,反之就是不知道,比如把艺术享受=玩味自己的悲观情绪,这处于精神的"贵族"层次,它能为创造性的精神提供灵感(这不是平庸者能理解的)。这要有思考的勇气。欣赏最危险的时刻,这里来不及虚伪,这里有最逼真的身心反应、心智反应,也就是直接印象,懂就懂,不懂就不懂。灵魂生活与反思的生活最根本的差异,在于前者形象生动、即兴发生、仅此一次决不再来,而后者却是循环反复的东西。简单说,灵魂生活抓住的是一般

---

① Friedrich Nietzsche, *The Gay Science*, Translate by Walter Kaufmann, Vintage Books Edition, 1974, pp. 324—325.

性中的例外，而反思生活只盯住一般性本身，排斥例外或者对例外视而不见。尼采说奢侈的视觉是看见了强烈地震前瞬间的"地光"，那真是惊心动魄，今生今世也许再不会有了，几乎就像是死亡之前的回光返照。这是真正有力量的东西，就像尼采对那个惋惜自己没能抓住性爱机会的心理医生说：对性掠夺者说出神圣的"不"字，这个机会你抓住了。这又像尼采对法兰西民族的赞赏：把民族最危急的时刻转化为拯救自身的时刻，它们就是同一时刻，而不是相互分离的两个时刻。换句话说，享受"危急"是这样一种崇高的艺术感受能力：它享受瞬间的厚度，能把正在发生着的事情看成与其表面意思或者与其使用价值无关的别的事情，好像就在众人都在地震面前慌乱不堪时，唯独你不慌不忙似乎觉得此事与你无关，似乎是一个旁观者。

尼采就是这样欣赏音乐的，他从德国音乐中，从贝多芬的交响乐和瓦格纳的歌剧旋律中，听出了地震的效果，仿佛见到了地光，其中有最原始的力量，[①] 震撼心灵，从高度紧张感受中放松自己，这绝不同于放松的"放松"，就像为了完成好一件事要先做另一件事，就像为了避免想到死亡而带来的恐惧，就豁出去不停顿地处于走神中的陶醉状态（当一个人身患绝症时，就陶醉于最有兴趣的工作，这样走过最后的时光，而尽量不要躺在病榻上等死，就像对付失眠的最佳办法，就是拼命把自己的身体搞得筋疲力尽、根本不躺下"闭着眼睛熬夜"。这是非理性的吗？不，这是理性的态度，也就是东方文化讲究的迂回，较量并非一定要以面对面吵嘴打架的方式，而要用心灵的力量"镇服"他人。如果是因为沉醉于极有兴致的事情而忘记了时间并且导致心身疲惫，这是极好的事情，它有助于我们的身心健康，但这么做，有一个必要前提，那就是沉浸于感兴趣的事情的性质或者形式，必须不时地发生转换，一大早就开始写作，如果写得顺利，到午后一点钟，就能完成大约 3000 字。然后，在一天最热的钟点外出快走一小时（或者跳进泳池中途不休息游 1200 米），回家后在电视或者电脑上看激烈的足球或者篮球赛（或者代之以读那些我认为"最好的书"，是为了读而读，也就是精神消遣，不一定为做学问而读），接下

[①] Friedrich Nietzsche, *The Gay Science*, Translate by Walter Kaufmann, Vintage Books Edition, 1974, p. 327.

来的时间也许看电影、听纯音乐，也许下象棋（我不好评估自己下棋的水平：我按照自己正常水平在网上下棋的时候，能同时输给最差的棋手和战胜最好的棋手），这段叙述省略了吃饭之类。我认为最没意思的事情，莫过于吃饭了，但是有酒喝的时候除外。一天下来，虽然只有猫陪伴着我，但我却过得紧张而投入，没觉太累是因为投入的内容是轮转变化的。是的，这就没有时间去感受无聊与孤独。千万不能停下来为自己担不必要的心，那些事情，说实在的是人都有，无非是生老病死、与他人的关系之类（至于钱财权力奢华的穿戴之类，在我眼里的地位，几乎可以渺小到尘埃）。我实行"鸵鸟原则"，面对身后的危急，只是一头扎进沙堆里。烦心的事情，你不想，它就不存在——这是真的，但这有一个前提，就是你毫不在乎它们。

　　细心的读者会看出我的自相矛盾，我提倡快速阅读，但我读尼采这不算厚的《快乐的科学》，却抓住几句话就不尽其余，仿佛是惊人的慢。这里的关系在于，快是理解的需要，慢是写作的需要。理解得很快，但品味就得慢慢来了（等于第一次快读，第二次慢读，是包括自己写作在内的，这就像首先把思想变成心情，然后让它慢慢地走），但这并不意味着写得慢，事实上我写得很快。快是慢的表现形式，尽管文字很多，但"此时此刻"一直处于将某种思想化为某种思想气氛的过程之中，所以是慢的，这就好像不停地给某个思想加括号，就像我现在写的这句话也在括号之中，就好像"好像"之后还有"就像"，就好像我写在正在写的"句子们"之间的连接，它们在自己诞生之前，对自己即将诞生这件事一点儿也不知道，因为它们根本就不曾存在。一切都在瞬间实现了，它们从不存在变成了存在，这是快的，写比想要快得多。怎么做到的？不复杂，只是特别珍惜此刻的思想感情，先写下来再说，没什么可犹豫的，它毕竟是一次出生而不是死亡。它是带着激动出生的，即使可能由于携带某种先天的疾病而很快死去，但是它已经活过了，所以不能算输。我所谓慢，指的是面对我所感兴趣的尼采的某句话，我极尽自己的遐想之能事，直到一个思路的尽头，也就是发现不可硬写的时刻，这就至少保证了说出来的都是真心实意的语言，虽然它们未必是正确的话，但避免了故意说假话。

　　普鲁斯特说，有才华的写作好像是用外语写成的，他这话并不好理解，他所谓"外语"不是字面的意思，而是"意外之语"，即没有想到会写成那样。换句话说，创造思想的是下笔的行为，就像重要的不是我一直想抬起自己的胳膊，而是我现在正在抬起我的胳膊，这个简单的举动证明了我的肢体能力，它是我个人生命史的一部分。再换句话说，想和写是截然不同的两回事。有才华的写作，是正在写出来事先没想到的意思，这种即兴的才华就像即兴演讲（即使结结巴巴）的效果肯定优于念稿子。句子与句子的关系是不平等的，无论一个哲人多么有天才，其著作中也有众多平庸的句子，即同一个意思反复说的重复句，但某些句子是句子中的"贵族"，这些句子相当于一个概念，正是这样的概念能开启我们的灵感，当然前提是我们拥有抓住它们的能力。

如何辨认自己的文字中的平庸句与"有点才华"的句子呢？最简单的识别方法，就是你感到某句子还意犹未尽，这些句子很像是演绎推理的大前提，例如"人都是要死的。"从这个判断出发可以说出无穷无尽的思想感叹，从古至今也没能说完，而且只要人类不灭绝，我们的后代就会永远接着说下去。我上面"没有想到会写成那样"也属于这样的关键句，它和"人都是要死的"一样都含有神秘乃至诡异之处。"没有想到会写成那样"是神秘的，因为它没有办法传授给别人，它是一种行为能力、做的能力，是语言中的实践活动。写是替换"想"的，人们之所以知道你想得精彩，唯一的标志是你做得精彩，在这里就是化成了语言：即兴写得或者即兴说得精彩。

为什么"没有想到会写成那样"的情形往往出现在写得好的时候？因为这时没有执行命令（书本知识、长官意志、现成的惯例等），而是灵机一动，属于从别处的观点推不出来的思想情景，它正在形成不曾有过的意思——也就是接上了一个新念头，这是猝不及防的、令人惊喜的，它不一定来自读书，倒很可能来自对身体行为某次偶然遭遇的如实记录，它绕过了书本直接将感受中的印象化成了文字。谁能像普鲁斯特那样，从来自他人的一笑想到那是用目光与你接吻呢？谁能从踩在故乡的石子路上仿佛听到了那里小教堂的钟声从而带给自己喜悦呢？这里属于"一切感觉形式连通一切感觉形式"（视觉引发了幻念中的触觉、触觉启发了幻念中的听觉）、属于"没有想到会那样想"——如果把这情形直接化成文字，就是"没有想到会写成那样"。这样想和写的能力是天生的，别人学不来，也没法教给别人。

我还意犹未尽，为什么"没有想到会写成那样"？在这里片刻起着至关重要的作用，也就是说思想心情经常因"一点小事儿"（其实是有感觉、被感动、受到启发的事件、句子等）就打破了生活的惯例、心思一时走进了歧途，很容易欢喜，但也容易悲伤，但是这欢喜或者悲伤与外部世界几乎没有什么关系，是我们临时的目光把各种各样的性质赋予了外部世界——如果换成读书，那就是我把某些意思"强加给"尼采。注重片刻感受，这感受能持续很久，这种心理"疾病"同时具有艺术与哲学气质，它总是不请自到，每天"按时上下班"，因此并不像每天坚持长跑那样需要"主观努力"的毅力。一个人注重片刻感受，他同时是一个细腻的人与粗心的人，理由很简单，越是在意的事情就越是不由自主地细致，而粗心，是由于根本不在乎，想都懒得想。注重片刻感受，也是中国文化的精髓之一，它就在成语与俗语里。这些"现成话"属于有才华的重点句（意犹未尽），获得了世代华人的高度认可，它们几乎随处可拾，例如"红白喜事"，把人死了看成喜事，人死了而引起的极度悲痛和说不清楚的愉快心情竟然同时涌上心头，这个心情的瞬间，被"红白喜事"抓住了，这里已经蕴含了哲学思想，也包括了尼采的思想。

　　从"没有想到会那样想"到"没有想到会写成那样""一点小事儿"，也就是"一切感觉形式连通一切感觉形式"，所有这些，就是"浪漫"这个概念的真实含义。尼采从中看到了哲学治疗的作用，认为它能强健人的生命："什么是浪漫主义？——每一种艺术，每一种哲学[①]都可以被看成一种治疗，它们有助于生命的奋斗与强健，它们的前提，是经历苦难。"[②] 看来，浪漫并非简单的轻松愉快，浪漫与危急中的灵机一动有密切关系、与打破惯例有关，幸福就存在于"遭罪"之中，而不是先奋斗后幸福（不是先有纯粹的遭罪，后有纯粹的幸福）。尼采在这里升华了叔本华的思想：有了艺术与哲学，生命就有了质量，生命就不再贫瘠，就有了痛苦中的快乐。在这里，尼采从叔本华转向了伊壁鸠鲁。痛苦只能使平庸之辈更加衰老，而不曾被痛苦（乃至绝望）杀死的人，精神将更年

[①] 这里尼采把艺术放在哲学之前。

[②] Friedrich Nietzsche, *The Gay Science*, Translate by Walter Kaufmann, Vintage Books Edition, 1974, p. 328.

轻、身体将更强壮,正所谓爱之越深,痛之愈切!"生命的成长就像一棵树——这是很难理解的生命之树——它不是生长在一个地方,而是在所有地方。不是指朝向一个方向,而是上下左右朝向所有方向。我们的生命能量同时活跃在树干、树枝、树根。"① 因此,我们身体上的所有感官,都具有潜在的思想感情能力,要把它们开发出来——它们不是我们从前所认为的样子,我们还不知道它们,因此要在自己身上做各种各样的思想实验,珍惜每一次自己的感官品尝特殊事物的机遇,把非我变成我的一部分,而这之前,我尚不知道那会成为我自身的一部分,我开发出自己的例外,这就是"只要活着就有希望"这句话的注解:所谓拯救自己,就是超越自己。

没有超越,就只能停留在痛苦本身。痛苦本身就形成快乐的一部分,就在自我变形,不痛就不快。如果不痛,快活的程度就有限。死是快活的,否则人就不会说"快活得要死了"——这根本不是比喻,但是要真正读懂它,就得穷尽你的一生。不能说或者西方或者东方,就像不能说或者拯救或者逍遥自在,两者本应在超越的思想层面上会合。要给庄子的"逍遥游"添加概念的维度,就是说,当一个思想者对"没有希望"这个自古至今的思想事实做一种饶有趣味的思考与写作的时候,"没有希望"本身就正在生成着"没有希望的希望",我就从不存在到达了存在。但这是多么复杂的存在啊!是拐了多少个弯的存在。希望就在这些拐弯的路途本身,而绝对不在存在那里。目的本身什么都不是,人是活在机会里的,"没有希望的希望"是机会中的高难动作。要想抓住这个机会,一定得是个天才。不是所有人在头撞南墙时都头破血流,天才在如此撞墙时既痛苦又快乐,但是不流血。为什么呢?根本没有为什么。一个人之所以是天才,就在于他从来不必问为什么,他既无目的也无动机,他似乎并不清楚自己如此行为的根据,但是他做得是如此之漂亮,这漂亮本身就是根据。

如果有人这样问我:"你怎么知道有希望?"我会反问:"你怎么知道没有希望?"你断言了你并不真正知道的东西——虽然这个事实并不能成为"我知道有希望"的根据,但是当我们从理论上清除掉"没有希望"

---

① Friedrich Nietzsche, *The Gay Science*, Translate by Walter Kaufmann, Vintage Books Edition, 1974, p. 332.

的说法时，剩下的难道不就是希望了吗？当然，这个希望就是在瞬间曾经、正在和即将呈现出来的不会是一样的我自己，而不是所谓的远大理想——所有人的目的地只有一个，那就是死亡。但是，死亡本身根本没有资格成为人的目标，人不是为了死而活着的，但想到死却赋予了人生以哲学的意义，这里出现了终极意义上的哲学问题，那就是悖谬本身。也就是说，人既是又不是为了死亡而活着的，这两种情况都无比真实，但是彼此相互冲突，这里不存在逻辑即不可以采取非此即彼的态度。

悖谬的态度，也就是例外的态度，当绝望到来时，悖谬对绝望说，别急，事情的真相还会是别的样子的，而别的样子还会是别的样子的。因此，悖谬几乎就意味着灵活性本身，而任何一种下结论的态度，虽然是必要的，但我们同时要清醒地意识到这种必要是"小心眼"的，也就是说，它有限度或者界限，而当我意识到此类界限的时候，我已经处于例外的态度了，我超越了（所谓"不当回事"就意味着超越，要细致品味纯粹汉语表达方式中的哲学思想）这个界限。例外是如何到来的？例如，我对惯例现象扫过一眼，把它当成了别的东西，当然"别的东西"之性质，与我当时的心情有关，全看我当时高兴还是厌恶。换句话说，现象本身永远是老样子，只是我自己已经变了。

哲学治疗的疗效，就是学会在周围世界如故的情况下，善于改变自己。那扇子本来是用来凉快的，但它就是懒惰而不想成为其应该是，那怎么办？我自己面对着扇子拼命摇头晃脑，尽管这样做凉快的效果要差一些，但是我并没有游手好闲，没有虚度年华。我始终怀疑所谓"顺应自然"的态度，这种态度等于放弃了自己的生命，把命运交到别人的手里，就好像自己心情的好坏，全看别人对自己是好是坏一样——这种态度，酿造了多少人间悲剧啊！我却觉得，另一种态度是非常哲学的，当然它是修炼（经过哲学治疗）而成的：我对你的态度，与你对我的态度无关。我对你的反应是本然的、主动的，我既不受你的诱惑，也不受你的威胁（但是我绝对要反抗一切在我看来是错误的东西），这怎么能做到呢？这怎么就做不到呢？只要修炼到如此之程度：你呈现给我的样子是真相还是假象，这个问题与我无关，我只在意我是否动心，这是唯一的标准，这使你在我的眼里，是"你呈现给我的样子"的别的样子，但是，这里并不是说你有两个样子，但是你此刻的样子很复杂，你的样子是我给你的，我绝对不能把自己的命运交付给你！绝对不存在类似这样的问题：你要是死了，我怎么办啊！由于这里的"你"高度抽象，其具体样子或者品性差异极大，要说我不曾受过你的影响，那是假话，但更真实的情形却在于，即使我在受到你的影响时，我仍旧固执地认为你的样子是我给你的，我决不放弃思想的自主权。

我以上说"漂亮"其实在心里想的是"美"。有的漂亮是不美的，能想明白这一点，才算是走到了哲学治疗的门槛。感官的世界本身，无对无错，它就在我们眼前，不可以从个人的偏见出发，下结论说当代人的感官世界是堕落的而古代崇尚大自然的世界是美好的——可以用这样的偏见写散文，但这散文的论调不再是哲学的。换句话说，漂亮与美的界限，就在于漂亮是确定的，而美是不确定的。换成文章或者文字，口气越是独断，其美感效果就越差。美感，就在于回避对事物做性质判断，而是唤起事物的可能性，而这些可能性是欣赏者动心之后自己创造出来的，因此，事物的真相从来就不是现成摆在我们面前的样子，事物正在存在只在于它还不曾存在但就要存在——这就是事物之美的真谛。

尼采认为，与感官比起来，观念是更差的诱惑者，因为观念是冷的，没有热情。[①] 一个只消费观念的哲学家，是一个"冷血动物"。不要作为中介的观念，直接把心灵印在感官世界——哲学思想可以成为这样的吗？或者可以迂回地说，哲学思想要活跃起来，就离不开热情，但热情的燃料，来自直接把心灵印在感官世界。在这个过程中，观念是言不由衷却富有诗意的哲学思想之总爆发，就像说："我爱你！"热恋的情人之间在说出这句誓言的时刻，不仅很少想到这其实并非是一句承诺却价值千金，而且也更不会想到这句话里含有最为丰富的哲学思想，它既是又不是字面上的意思，它具有瞬时的价值但永恒因这种瞬间而变得永恒，它最具有哲学治疗的疗效。

但是，传统哲学家在著作中不讲感情，"这些老哲学家排斥感情。"[②] 似乎一旦谈论感情，哲学就变得不深刻了，但是真实的情形恰恰相反，正

[①] Friedrich Nietzsche, *The Gay Science*, Translate by Walter Kaufmann, Vintage Books Edition, 1974, p. 333.

[②] Ibid.

是由于谈论感情,哲学才真正变得深刻起来,因为"深刻"这个概念的深刻性,就在于它朝向变动不居的生成状态的时刻,不是把这个时刻带入思考,而是思考本身就处于这样的时刻。以往的哲学忽略了这样的时刻,从而是"冷血的"。当代哲学家,要成为对感官世界感兴趣的旁观者——这又是我所欣赏的悖谬态度:它在沉浸其中的同时,就是反思的(即对待感官世界的态度)。它是同时的不同时性,一身而多角色,界限模糊、变换自由。

总之,在尼采看来,传统哲学天生的精神疾病,在于停留在观念论,而忽视了千变万化的感官世界,匍匐在柏拉图的洞穴之中。与其说洞穴之外的阳光是真理的象征,不如说它是感官世界的总象征,感官世界意味着趣味。只要是趣味,哪怕是病态的趣味,也不是精神的疾病,即使它在病理学上被诊断为疾病,真正的哲学家也不承认,因为自然科学意义上的医生并不真懂心灵上的事情,被医生叫作"精神疾病"的情形,不适合贴在快乐与趣味上面,因为这个世界上根本就不要去区分什么正确与错误的快乐与趣味,只有快乐与趣味本身——严格说来,它们是私人的,因此已经意味着独享——这里搁置了与他人的关系,只有在发生这种关系的时候,才会产生所谓"正确"与"错误"的问题。

三 存在的荒诞性:怀疑以"社会人"为基础的人道主义

因此,精神病院的医生、心理医生,他们的目光,都不及哲学治疗师那样深邃宽阔。我这里加快语速,说到底,它是人与机器之间的战争。很多科学家不会想到自己正在做着这样的荒唐事:他们刻苦研究,其结果却使人不再成为人,加速度地实现人的不自由、人被广义上的机器所奴役。每一个科学证明,都等于给人身上套上一道枷锁,科学不但没能解放人反而奴役人,因为科学不仅是在发现自然世界的一种可能性,科学在这种发现中同时就等于宣布纯粹心灵生活的不可能性、宣布我们的心灵是受心灵之外的客观规律(它几乎就是命运的代名词)所支配的,而我们只是不自知。即使从自然科学和数学逻辑的立场上看,这些专家们所讲的道理无可挑剔,但是世界上绝非只有一种"道理"。我们之所以是人,在于感情本身就是一种道理,在于我们可以选择不做我们认为(或者"科学认为")有道理的事情,甚至在这个意义上发生在我们身上的"言行不一"现象意味着我们仍旧是人,而言行一致则意味着我们正走在成为机器的路途上。

为什么呢?因为"言行不一"现象是悖谬的——这里也许加缪和萨特的描述更深入浅出:人有最终的自由选择权,人选择了自杀,这是最终的自主权,它在最终意义上维护了做人的尊严。也许下面这样打破惯例的说法更能描述我们是人:与其说人的标志在于言行一致并且与人为善,不如说这个标志在于我们言行不一并且"与人为恶"——这个说法绝非意味着提倡人人都去做坏蛋,而是说人之为人恰恰在于人能选择不去做"正确的"事情,例如没有理由的自杀或者随机性的自杀。问题不在于否定动机和理由,而在于动机和理由千变万化难以捉摸。这就纠正了人们的一个长期偏见,这个偏见认为犹豫不决是懦弱消极的性格,但事实上"犹豫不决"是人之为人的一个标志,它使人处于自由状态,它象征着人不想被外部力量所控制。

因此,"对世界的'科学'解释也许是对世界所有可能的解释之中最愚蠢的、在意义上最贫乏的解释之一。"[1] 尼采的意思是说机械决定论是没有意思的,或者人不能成为机器。一个不做"坏事"的机器人不能给人以任何惊喜和乐趣,我们宁可选择一个虽然"做坏事"但是很有趣的人,甚至像福柯的戏言那样,做一个无耻而有趣的人。为什么?关于好与坏、关于无耻与否,永远争论不清,但有趣与否,却是立竿见影的,就像我知道自己此刻是否感觉舒服(或者高兴)一样。因此,任何一门学问,都不可以奠基在无趣的基础之上,有趣本身不仅意味着美的鉴赏力,其中还包含着深刻的思想。可以举例吗?当然,你听到山林里各种小鸟参差不齐的叫声,习惯了鸟鸣的当地人不会感到惊奇和有趣,但对于长期在大城市居住的人们来说,从鸟鸣可能会联想到唱歌和音乐,这种联想是"不科学"的,科学家和传统哲学家从来就不在乎这种联想,甚至觉得它不

---

[1] 参见 Friedrich Nietzsche, *The Gay Science*, Translate by Walter Kaufmann, Vintage Books Edition, 1974, p. 335。这里使我想起莱布尼茨的名言:我们生活的世界,是一切可能世界之中最好的世界。他这个判断也是解释,是无法被证明的解释,因而不属于科学解释,而属于哲学解释。

值一提、压制它们,它们不可能登上思想的宫殿。但是,按照我以上的道理,人之所以是人,就在于能把小鸟的叫声听成唱歌的能力(当然这只是一个例子),这种能力是人类世代遗传的精神本能,它与时代、民族、语言、受教育程度、人的善恶、聪明还是愚笨,一概没有关系。但是,也正是由于没有这些关系,它更深刻有趣地扎根在人的天性之中。

换句话说,人之所以能够脱离动物世界而成为人,在于人从虚无之中创造意义的天性。这些意义的名字,可以简称为思想感情。即使是最简单的思想感情,也表现在对于事物的"非实用态度"。即使人是在抱着最实用的态度从事活动的时候,也是被超越这个活动本身(超越机械的物质活动本身)的精神联想激励起来的。这种激励,也可以叫作搁置,人在乎的是当下活动的象征性意义。搁置与象征,就是从虚无到存在、从动物到人的文明过程。例如,把鸟鸣听成鸟在唱歌,这叫精神视角的改变(意象—意向),它创造了新的意义。但是,新意义并非一定包含狭义上的语言或者形象。纯音乐的情形也许更能表达人之为人的最高天性,这天性同时是抽象的、艺术的、思想的,其抽象性在于这里不发生狭义的语言与形象,其艺术性在于它是从虚无中走来的,其思想性在于在没有狭义语言和形象的情形下,仍旧有人的精神(这种精神叫思想),这精神处于莫名其妙却也非莫名其妙的状态,也就是朦胧。越是朦胧越是真切,[1] 越是夸张越是真切(鸟鸣——鸟在唱歌),这几乎就等于在说:越是不确定就越是真切,越是犹豫不决就越是接近精神的本色。

不确定,精神自我放牧、像幽灵般游荡、不属于这儿或者那儿但是却表面上停留在这儿或者那儿、无家可归,于是精神的本色犹豫不决而且焦虑不安,在这里精神活出了自己并因此而感到快活。快活的焦虑?是的,比如思念——"因为他们的命运是严酷的,他们的希望是不确定的。"[2]

---

[1] 这个"莫名其妙"和"真切"的判断,不是来自西方哲学家,而来自一位中国诗人朱生豪(1912—1944)写给他未婚妻的情书,他因翻译莎士比亚戏剧而闻名于世。他这个判断本意并非指向音乐,但我认为它完全适合于对于音乐的审美判断力。国内哲学界几乎完全忽视了类似朱生豪这样的诗人思想家。这些中国诗人也极少能意识到自身的哲学天性。把他们的深刻思想挖掘出来,这是当代中国学人的历史责任。

[2] Friedrich Nietzsche, *The Gay Science*, Translate by Walter Kaufmann, Vintage Books Edition, 1974, p. 338.

一旦停止思念或者不再焦虑、一旦走入婚姻生活、一旦"才子佳人"成为"柴米夫妻"、一旦有了家，本色的自由却要褪色了。也就是说，舒适或者按部就班的精神，可能是精神的坟墓。精神需要靠"不舒服"激发自身的创造潜力。"今天仍旧支撑人们的冰层将变得很薄，融化它的号角已经吹响，我们这些无家可归的人构成了破冰的力量，而那些守家的人则看护着他们薄薄的'真实'。不再有永恒的东西，我们不要返回旧时代……我们工作不再为了'进步'。"① 尼采这段话使我想到福楼拜的《情感教育》：旧世界的思想模式和生活模式行将土崩瓦解、思想感情的坚冰变成薄冰，从被动选择变得更积极、更具有个性、动荡不安、独立不羁。

"他们的'平等权利''自由社会''既没有主人也没有仆人'的赞歌再也不能诱惑我们。在世界上建立一个公正和睦的社会——这不值得要，因为它肯定是一个隐藏最深的中国式平等的道德说教。"② 这里肯定含有尼采对近代思想启蒙的偏见与怀疑，但是他不相信目标式思维（无论这个目标承诺有多么美好）。与其说尼采不愿意要它们，不如说他认为它们事实上不可能实现，并因此而不值得要（追求）。尼采在这里的学理根据是：应该强调差异而不是大家一起平庸，要打破社会均衡状态，凸显精神力量之存在。尼采认为道德的名字不应该叫"温顺"，而应该叫"冒险"与"不服"。他更喜欢动词而非名词——"生命"应该是动词而不是名词。过分强调平等，等于纵容了平庸而牺牲了社会精英，因此"平等"是在强调怜悯，这是弱者的哲学，有了以上的想法作为铺垫，可以理解尼采以下的意思："我们不是人道主义者，我们不敢允许自己说我们'爱人类'。"③ 在这里，尼采拒绝圣西门乌托邦式的空想社会主义，而19世纪形形色色的空想社会主义，与18世纪法国思想启蒙运动有直接关系。这里需要对尼采所谓"不爱人类"加以解释，以免给他安上"反人类罪"。为了易懂，可以将尼采说的"人类"与卢梭在《爱弥儿》里的名言加以

---

① Friedrich Nietzsche, *The Gay Science*, Translate by Walter Kaufmann, Vintage Books Edition, 1974, p.338.

② Ibid.

③ Ibid., p.339.

比照:①"凡是来自造物主的东西,本来都是好的,可是一旦到了人的手里,就全变坏了。"卢梭这里表面说的是"人",其实指得是"社会"——"人"从来就是一个复数,复数的人＝社会。因此,近代启蒙思想家一说到"人"必联系到"社会",而"社会"意味着人与人之间的关系。换句话说,哲学家们是以已经异化了的人作为思考的出发点,全部问题的灾难,就此被导演出来了。

为什么呢？因为在思考的出发点上,就排除了真正意义上的个人。只有在孤独或者不考虑与他人关系的情形下,才显露纯粹的个人。在这里,并不是说事实上个人可以脱离社会或者与其他人的接触而活着,而是搁置这个"事实",进入一种纯粹个人状态,然后加以逼真的描述,② 这并不是乌托邦,而是福柯说的另一空间即异托邦,它可以真实存在着。所谓"自然人"只有在被理解为"纯粹个人"才是有意义的。与已经异化了的人比较,纯粹个人可以完全不考虑社会因素,即不考虑与他人之间的关系。于是,"平等"与否、"博爱"与否、"怜悯"与否、"合法"与否、"道德"与否、"幸福"与否、"进步"与否,由于这些问题在近代思想启蒙背景下一概是在社会意义上提出来的,不是说这些问题没有意义,而是说这些问题被搁置起来,它们属于人的交往或者交流,甚至属于礼仪,而不是或者没有回到人的本来样子,也就是个人。不难看出,在异化的人或者社会基础上,意向指向"同一性""统一性""一致""规范",当社会提倡差异（尊重个人权利）的时候,是统一性之内的差异,这也符合黑格尔的辩证法。什么是异化呢？最简单的回答：异化就是人在自欺,人在对自己"自欺欺人"。也就是说,为了"抱团取暖"而容忍相互之间按照社会规则进行礼仪性的交往。这种交往天生就是不真实的真实,因为人得放弃自己的天然自由而屈就他人。当然,在社会中每个人都得这样,即

---

① 尼采在随后解释了他所谓"不爱人类"的真实意思,证实了我对他的猜测,他怀疑类似"德国人""为了德国""民族主义"等说法,他说自己宁可不合时宜地远离人类住在山上。住在山上只是个形式,其实尼采选择了为了思考和写作而孤独,这不同于中国式的"出家"。参见 Friedrich Nietzsche, *The Gay Science*, Translate by Walter Kaufmann, Vintage Books Edition, 1974, pp. 339 – 340。

② 2008年诺贝尔文学奖获得者勒·克莱齐奥的大量作品,生动细腻地描述了脱离社会的纯粹个人感受,就像他一部作品的名字《大地上的陌生人》。

不存在没被异化的人,没有人能在与他人的关系中保持自己天然的自由。圣西门空想社会主义之所以是"空想"或者乌托邦,在于这个念头从一开始就不能真实实现,他用一堆真实的概念设计出不真实的人类理想社会。于是,社会宣布理想国已经诞生,平等、博爱、道德、幸福、进步等已经统统实现了,但是,如果不是有意自欺的话,问问作为自然人的纯粹个人,这个人会说:我没感觉,我仍旧会感到无聊、厌恶、生活没有意思,甚至感到绝望。

也就是说,传统哲学只盯住社会,而忘记了个人,如果道德和自由与他人无关,如果一个人没有朋友终生孤独在临死时说自己并不寂寞而且度过了美好的一生,传统哲学家会惊讶得目瞪口呆。全部精神财富都藏在这个被社会遗忘了的角落——这才是尼采(还有之前的卢梭)所提出的深刻问题之意义,这才是所谓"超人"和"不爱人类"的意思,这个意思绝对不是不尊重他人,但问题的深刻性在于,对"尊重"可以有别的理解方式,尊重并非一定是社会本身所要求的"尊重"。①

尼采另一本书的名字恰到好处地表明了上述意思:《不合时宜的思想》。让我来设想一下采取尼采和卢梭那样"不合时宜"的人生态度:我放弃不情愿的人情世故、不怕得罪人、不怕没人理睬(用时髦的话说,一点儿"人脉"都没有,摆脱社会的笼子、最大限度地摆脱"不得不"、处于纯粹自由而"无家可归"的孤独状态)——我将陷入生命的无底深渊?但这是多么美妙的人生深渊啊!卢梭"沉浸于自然的内在生命之中,并随着自然本身的节奏而动。就是在这当中,卢梭发现了一种永不枯竭的幸福的新源头。"② 卢梭的一个朋友觉得卢梭孤独贫穷很可怜,卢梭写道:"您把我看作最不幸福的人,我没法告诉你这让我有多么难过。要是全世

---

① 莫里哀曾经生动形象地描述过彻底孤独感,并明确说"尊重"的基础是偏爱(如同爱的基础是偏爱一样),一旦将差异或者个别拔高到一般或者普遍,就难免虚假:"不,不,心性高傲的人绝不肯接受这样滥的一种敬重。敬重的基础是偏爱:一律敬重等于一个都不敬重。我见不得对人品无所轩轾的交游手段。我看见人像他们那样生活在一起,我就打心里闷闷不乐,苦恼万分。我发现到处都是卑鄙的阿谀,全是不正义,自私自利,奸佞和欺诈。我受不下去了,我一肚子的气闷,我打定了主意,和全人类翻脸。"转引自〔德〕恩斯特·卡西勒《卢梭问题》,〔美〕彼得·盖伊编,王春华译,译林出版社2009年版,第38—39页。

② 〔德〕恩斯特·卡西勒著:《卢梭问题》,〔美〕彼得·盖伊编,王春华译,译林出版社2009年版,第78页。

界都知晓我的命运该有多好！果真如此的话，每个人都会想要和我一样的命运；世上将一片安宁；人类将不再设法相互戕害。但当我孤身一人之时，又是什么使我满心喜悦呢？是我自身，是整个宇宙，是一切现实与可能，是那感觉世界、想象世界和心灵世界的所有美丽。"① 让我来具体描述一下：思想感情冲动，这都是自己的，与别人无关，思念当然是爱别人，但也深深掩盖了是爱自身的冲动，掩盖了自爱的本能，也就是自恋——要证明这一点并不困难，那就是人会移情别恋即爱的对象改变了但爱本身还强烈保持着。换句话说，专一的爱与一夫一妻制度一样属于社会的道德，而不是爱的本性的道德、不是自然的个人的道德。纯粹个人思想感情的冲动被社会异化掉了，要是没有这样的异化，如果沉醉于纯粹个人的思想感情冲动之中，将唤醒多么强大的、无与伦比的精神创造力量啊！这里埋藏着真正幸福的金矿——原始的混沌、自然的自由、暧昧不清、黑暗、生气勃勃——当然，需要个人的胆量尤其是才华。幻想、感情、欲望，这些都是梦的延伸，梦得亲自做。亲自就是独享，独享就是偏爱，偏爱就是有差异的爱。当强调我自己、我自己的爱的时候，已经自动包含了差异，而且是被夸大了的差异，它是"不真实的实事求是"，它相信自己由衷爱着的一切都是世界上最好的。

社会生活是现实的，完全孤独是不现实的，因为人离开他人就活不成。但是，在这个问题上不能较真儿，事实上，如果承认我以上也描述了某种真实，那么人离开他人不仅也能活，而且非常可能活得更有道德、更幸福、活得更好！

人们普遍认为孤独是消极的生活，因为害怕寂寞。但是，先且不说孤独并非寂寞的同义词，我可以先描述一下时下人们如何不寂寞地活着：那是由"不得不"所组成的活动海洋——这与你的身份和社会地位无关，因为只要进入社会活动（工作），你的时间就不再是你自己的：你必须开会、上课、访客、旅行等，但是去掉这些生活内容，人们会谢天谢地喜不自禁吗？可能不会！因为已经完成异化的人真的害怕孤独。被异化的人认为从事那些"不得不"的活动才是幸福的，进而已经不觉得那是"不得

---

① ［德］恩斯特·卡西勒著：《卢梭问题》，［美］彼得·盖伊编，王春华译，译林出版社2009年版，第78页。

不"了，已经学会享受这些"不得不"了，人们把这些最初的苦恼变成了"想要"的幸福，并且以最快的速度逃离卢梭和尼采这样的孤独者，就像狄德罗把卢梭看成魔鬼与地狱。

已经被异化的人，很难有能力体会到这些思想感情：浮想联翩的瞬间、灵光一现、充满激情、活力四射的思绪成批成批地自己送上门来，觉得自己的精神强大无比、难以名状的狂喜，心潮澎湃——这些是纯粹思考带来的，它诞生于私下，需要长期独处的环境。这些思想感情是纯粹个人的或孤独的，但它们恰恰揭示了孤独者不但不寂寞，而是身处充满生机的生活内容之中，孤独者似乎什么都没有接触，但是却正在接触着一切。这里我尤其要强调一句：网络时代从技术上（在古典时代，则是读书思考、写作、艺术创作）支撑了这种孤独的幸福，这里有什么全凭我乐意、这里有纯粹的乐趣、这里我可以被感动得独自落泪、这里我所有的梦想都能即刻实现、这里我可以自由拥有我欣赏的一切、这里我处于匪夷所思又不是不可思议的兴奋状态，如此等等。如果孤独令人悲伤，那么它是多么令人着迷的悲伤啊！

真正拥有能自己自由支配的时间，这是人类全部幸福中最大的幸福、是人生最大的财富，可惜被异化了的大多数人类宁可选择交际，而不是孤独。如果人浪费自己独处的时间，就等于主动放弃自己的宝贵财富。孤独或者令人着迷的悲伤，就像卢梭笔下相思的恋人泪流满面地扑倒在楼梯上，不住地亲吻那冰冷的地板，给地板以温度——这就是卢梭为人类贡献的新感情，它的名字叫浪漫！冰冷象征着孤独，亲吻象征着孤独是迷人的，它充满热情——这是一种超脱乃至超越的思想感情冲动，歌德和康德都在这里被卢梭唤醒了！这里有一种无法自持的独孤冲动、巨大的道德力量，这感情与自然的生命保持着距离。诉诸"社会人"的启蒙运动极力从科学（自然科学和社会科学，例如医学、人类学、社会学等）出发描述人的自然生命，而卢梭则把精力放在人的感情生命、朝向古里古怪、难以理解、不合群的孤独。狄德罗这样的启蒙思想家不理解，卢梭的激情恰恰没有停留在感官上，而且超越了感官直达精神的本性——这本性是折磨人的，使人心神不定。

在孤独中思考和在社交中思考，这是性质完全不同的两种思考，前者的成就在宗教哲学艺术方面，后者则是关于社会本身的学问。孤独的思考，几乎避免不了心神不定的折磨、想入非非、甚至使人处于半疯状态、"不可思议又不是完全不可思议"。要想在孤独思考中获得持久的快乐而不感到寂寞，这种思考就得回避社会现实。为什么呢？因为性质不同，这里可以调侃一下：孤独的思想是错乱的、虚无缥缈的，而社会现实却真实到虚伪的地步。孤独者的孤独不是所谓的自然感情，恰恰超越了自然感情，因为自然感情天然地朝向交往、朝向与他人的关系、朝向社会。也正是在这个意义上，人们认为彻底孤独是完全不可思议的精神状态，是魔鬼、是精神的地狱、是不快活的根源。这魔鬼与地狱违背了人类感官享乐本能，但人类除了有感官的享乐本能，还有心灵、意志等自觉选择抗拒感官享乐的本能，这种超越揭示了精神自由才是道德中最本质的问题，精神自由才是善的最终标志，它标志着人摆脱了自然感情的约束而走向了自由——它是灵魂的主动性（意志的自发性，它自己产生自己），而非感官的主动性，从而与功利和感官享乐区别开来。朝向孤独就是朝向灵魂的主动性，这里有对自身的道德义务、有康德所谓心（但这不是心理学意义上的"自然心理"）中的道德律。例如，从自然感情来说，悔恨是一种没用的感情，但悔恨这种自寻烦恼的能力同时也揭示出它来自意志的自发性，或者灵魂的主动性，它表明人的感受是自由的，它超越了朴素的自然感情（区别于同情和享乐）全在于它自身是"没用的"，因而也是奢侈的、多余的。因此，人的天性不仅不只一种性质，而且还相互冲突，例如交际与孤独的冲突、感情与自由意志的冲突。要特别注意区分人类"自发的冲动"绝非只停留在感官享受领域，朝向孤独的热情和自由意志也属于人类"自发的冲动"本能。

卢梭和尼采比近代启蒙思想家"更有精神"，这里的"更"就是与确定性的概念无关的一切身体—精神因素，它们完全是自己的，与别人无关，天然朝向独处与孤独。它们几乎不可能不带有鲜明的个人风格。换句话说，在这里"风格"已经不再是修辞意义上的，而是存在（用传统哲学的术语）本身，即属于纯粹哲学的话题，它是重复中的例外。"例外"是如何成为哲学主题的？传统哲学家严重忽视了这个话题，但细心的思想者认为这很简单，它就像我们读到某本极具才华的作品，有一种接着作者继续说的冲动。但是一旦继续说就说"坏"了，即把自己的感受带了进去，从而事实上成为某种修改或者误读。在这个过程中，读者并不是致力于选择正确的，而是呼应那些与自己情投意合的，而对原作品中那些"平庸乏味"的东西视而不见。于是，接着说的效果，是说出了原作者也许不会同意的意思，但是原作者对于这些新的意思，却有着"没有责任的责任"。这就像一位多情的才子打开窗户碰巧看见了楼下过路的一位漂亮姑娘，感慨之余不禁赋诗一首，甚至进而患了相思病。对于这些，全然不知的姑娘是否应该承担些许责任呢？我觉得应该承担一点，谁让你的容貌如此漂亮呢？但是，我坚决认为，这位漂亮姑娘当然有权利对这位自作多情的欣赏者置之不理，以往的哲学过于重视了相互对应的互爱，但严重忽视了爱的真实情形是积极主动却没有回应的爱——去爱，即使永远不被爱。在这个意义上，艺术与宗教比哲学更伟大。

把存在理解为风格，也就是从差异理解存在、某个视角、意向性。不是平等的爱、普遍的爱，而是爱这个、爱那个。德里达说，我爱你，因为你是你。是偏爱，爱你的才华或者爱你的美丽。在这里，德里达并非否定概念思维，而是追溯到某概念得以成立的前提，即在提到任何一个哲学概念时，我们马上会想到它的界限或者局限性，即它有一个含而不露的视角，或者叫作偏见，但这是隐藏着的，因为概念本身并没有明确告诉我们其自身所隐含着的偏见。含而不露的视角，也就是方向性，胡塞尔把这称为意识的本质特征："一切意识都是对于某事物的意识"——这看上去极其普通的一句话藏匿着"哥白尼式的哲学革命"，这句话的关键，在于"对于"即方向、视角。换句话说，不再问事物是什么，因为事物究竟是什么取决于事物如何是，或者说事物究竟是谁眼里的"什么"。这里的"谁"就是视角、差异、"怎么"或者"如何"的问题。正是在这个意义上，德里达说，"我不能笼统地回答爱情是什么，我爱你是因为你是你。"在这里"你"被重复了两次，其意味是我爱你的如此这般或者如此那般。这就把差异问题提到同一性之外的领域、提到例外的领域。这里当然也尖锐地连带出关于时间的哲学问题：时间成为多维的而非一维的，最真实的时间以如此这般（海德格尔的"此在"）的方式显露出来，也就是凸显了瞬间在时间链条中的主导地位。

正是在上述学理意义上，尼采诉诸于超越善恶的彼岸。为什么要超越善恶呢？因为把善与恶单独拿出来孤零零地作为哲学话题加以讨论，那么立刻浮现于脑海的，就是这样的问题：什么是善？什么是恶？这就马上陷入了普遍性的陷阱,因为你如何回答这种提问方式,都是给出了一个普遍适用的(不考虑时空界限)答案,因此这种提问方式本身已经蕴含着偏见或者不道德——不符合超越善恶的彼岸道德。这个彼岸和此岸是相互连接的,如此这般和如此那般之间并没有隔着万里长城,而几乎可以一蹴而就,犹如远在天边近在眼前,蓦然回首,它(她、他)就在灯火阑珊处。这也解释了人与人之间思想感情上的不对称关系,才是人与人之间关系的常态,而永恒的对等只存在于乌托邦的世界,并不真实存在。在这个意义上甚至可以说,向往乌托邦的世界暴露了道德上的软弱即缺乏道德感,因为道德感的重要特征是直视内心的真实之勇气。在这方面尼采批评了同情与怜悯,与其说尼采提倡无情,不如说他认为人之为人的重要特征是勇敢决绝。如果说懦弱能杀死人,那么尼采的箴言则是"凡不曾杀死我的东西,都使我更强大。"

在上述意义上,可以说超越 χ:超越西方(人)、超越中国(人)、超越爱情、超越政治、超越幸福等,总之是超越原来的界限,这就是尼采强调超越人(超人)和超越权力(强力就是超越权力本身)的意义。超越 χ 的效果,可以说是"没有 χ 的 χ",在两个 χ 之间只有象征性的关系,但性质已经改变,已经朝向某个真实的异托邦。就像一个人的身体躯壳还是旧的,但是灵魂已经升华。在这里自由意味着超越、摆脱原有局限的束缚。

一个思想者如何获得这样的自由?以怎样的思想姿态展示新的思想启蒙者的形象,那就是对"思想"本身极感兴趣,总是在想但不必知道自己到底在想什么,只要着魔于思想本身就足够了——思想的实际活动内容,就是以例外的眼光看待习以为常的现象,而例外则是各种各样的,思想总是变换观察或描述的角度,于是同一样事物显得时而这样,时而那样,就像思绪一样变化无常。但是,这些无常都属于思想本身。不必为了获得所谓的永恒或者本质之类而过滤掉千变万化的无常,正是这些无常构成了思想与生活的真实内容,使生命显得生龙活虎。生命还活着的标志,就是"还要",也就是只要一想到就感到幸福的需求本身。一旦这些渴望消失了,生命就等同于活死人。

不应该事先规定我们还要什么,我们也不知道还要什么,而只是保持着"还要"的精神状态而时刻准备着。幸福只降临在有准备的头脑。想到生命是一个不断告别的过程,这使我们伤心痛苦。但是,无论悔恨还是遗憾,活着就有"还要"的机会,这就是乐观精神永不枯竭的源泉,其前提是,我们的身心具有这种"还要"之能力。这就是健康的保证,要健康,首先要消耗,而要消耗,就得有热情即吸收或者储备能量。很多人不懂得不能把消耗与吸收当成两个相互分离的阶段,事实上消耗本身就是在吸收,就像沉醉于写作不是在呕心沥血而是快活本身:身心处于既不可思议也不是不可思议的状态、无家可归的状态、没有主题的状态、在萌芽中不断开花的状态,告别与新欢同时到来的状态,痛苦本身即刻变形为快乐的状态、劳累同时就是快活的状态、茅塞顿开(山穷水尽直接连着柳暗花明)的状态、朱生豪写情书的状态("如果说'今天天气真好,春花又将悄悄地红起来,请你莫怪我,我不肯嫁你',那就是绝妙好辞了"[①]。尽管这句话是从"柳暗花明"直接连接"山穷水尽",却也仍旧令人振奋),因为他完全打破了如何写情书的惯例,他的笔触中有一种惊世骇俗的陌生的美丽、令人哭笑不得的幽默。也就是说,其中的情调完全不透明但是却诱惑和打动了读者,思想感情能如此鲜活,即使在茅屋里读它,也由衷地幸福过了!

[①] 全文如下:"你不懂写信的艺术,像'请你莫怪我,我不肯嫁你'这种句子,怎么可以放在信的开头地方呢?你试想一想,要是我这信偶尔被别人在旁边偷看见了,开头第一句便是这样的话,我要不要难为情?理该是放在中段才是。否则把下面'今天天气真好,春花又将悄悄地红起来'二句搬在头上做帽子,也很好。'今天天气真好,春花又将悄悄地红起来,我没有什么意见'这样的句法,一点意味都没有;但如果说'今天天气真好,春花又将悄悄地红起来,请你莫怪我,我不肯嫁你',那就是绝妙好辞了。如果你缺少这种 poetical instinct,至少也得把称呼上的'朱先生'三字改作'好友',或者肉麻一点就用'孩子';你瞧'朱先生,请你莫怪我,我不肯嫁你'这样的话多么刺耳;'好友,请你莫怪我,我不肯嫁你',就给人一个好像含有不得不苦衷的印象了,虽然本身的意义实无二致;问题并不在'朱先生'或'好友'的称呼上,而是'请你莫怪我……'十个字,根本可以表示无情的拒绝和委婉的推辞两种意味。你该多读读《左传》。"读了最后一句,我当天晚上订购了一套《春秋左氏注》。

第五章 成为我自己

一 "太人性的"——这就是尼采的宗教感

善于享受孤独者，天然就具有宗教情怀！

尼采一本书的名字，叫《人性，太人性的》。他认为人性的精髓在于"太人性"的因素，而所谓"太人性的"，指的是人在灵魂深处那些难以言表的极端心理，它是温柔的、暴力的、微妙的、粗狂、豪放的。它是精神的深渊，含有某种嗜血的美丽。它是思想感情领域里的高难动作……要像叔本华那样做人，尼采也"活出自己"。成为我自己——这是一个非常有诱惑力的口号！它简直就是我的信仰，其中包含我的全部自信。它是我的人生目标：我不得不成为我自己、我已经成为我自己，在剩余的生命中，我仍将成为我自己。在一切不由自主的选择中，"成为我自己"是我最终的选择，它带给我最大的快乐。

活出自己，这不是市面上那些"励志书籍"的世俗意思，当它流露在叔本华和尼采这样的思想天才笔端的时候，活脱脱地展现在世人面前的，是再不会存在的那种独有的精神特质。在世俗意义上，每个人都在活出自己。但是，在精神气质上，极少有人有资格说"我活出了自己"，这不是指个人的脾气和性格，而是指在思想领域独有的风格：倘若世界上不曾有这个人，世界就真的不再是现今的世界，就在精神上缺了点什么。人与人之间的差别，有时比人与动物之间的差别还要大呢！自古的圣贤岂止只是寂寞，而且还是极其痛苦的，它是能杀死人的绝望。支撑天才活下去的动力，竟然是此类人觉得自己要对人类的前途负责，这人简直是疯了。这就像一个人根本就不被别人当回事儿，但是他却觉得别人可怜，并且在为自己如此出色感到幸运的同时，多少又感到有点不好意思。这些细腻的心思怎么能和别人说呢？即使说了别人能听得懂吗？

因此，面对世人的侮辱，最好的办法，不是以暴力对付暴力，而是根本不予理睬。因为我们永远改变不了这种侮辱。想去侮辱别人，或者瞧不起某一类人。如果这个"别人"或这"一类人"里也包含我，我会以我的方式，给蔑视我的人一个白眼：我会让他一辈子都感到我的存在，甚至他的存在要依赖我的存在，但是与此同时，他对于我来说，就连被我蔑视的资格都没有，因为对我来说他根本就不存在——虽然他还活着，但已经死了，这里没有任何"恨"的意思，因为一个被恨的人往往是一个有力量的人，在这个意义上，值得被人恨，就像值得被康德批判的哲学家一样，那是一件值得自豪的事情。

换句话说，倘若一个人由于被蔑视而不被理睬，其悲惨程度，要远远超过了被人憎恨，因为我在恨你的时候，既浪费了我的情绪也浪费了我的宝贵时间。即使我是在消费我的恨，我也是不划算的，因为在曾经和将要来的历史过程中，绝对不会缺少像你这样的人。你这样的人会源源不断、前赴后继，你这样的人绝对不会被我的白眼所消灭，因此要是我恨你，在效果上反而却等同于我被你所奴役。但是，像我这样极其善于胡思乱想同时又耐得住孤独寂寞的人，实在是稀少得可怕，因此我绝对不要被恨你的情绪所诱惑，因为我刚才说过了，你虽然还活着但在我看来和死了是一样的，你已经被我艺术化地处理过了。也就是说，虽然你仍旧活着是一个事实，但你已经死了也是事实。因此，能区分出自己周围还在精神上活着的人，才具有真正能活出自己的能力。

当尼采说"心理学"，他指的其实是"灵魂学"，他主张要经得住灵魂的磨难，这里已经有宗教感了。一个没有宗教感的人更容易自杀，而一个有宗教感情的人在面临死亡时会相对从容。也许我的宗教感情与习惯的看法不同：我认为宗教感不在于相信什么，而首先在于在什么都不相信的基础上去相信什么——但丁曾经描述过"炼狱"，也就是极大的内心磨难。堪称人生悲剧典范的如《俄狄浦斯》：把你心中最美丽的东西撕破了给你看，由于看到美丽中的丑恶而绝望厌世乃至自杀的人，往往天真单纯。要以极其复杂的感情挑战自己，要正视那似乎对你好的人其实是鄙视你的，你从来没有认清这一点，是因为你从来就恐惧黑暗，那黑暗里确实隐藏着人的原罪：例如人有幸灾乐祸的天性，只要是人都有这天性，区别仅在于隐藏深浅而已。认清这一点，会受益无穷：直白地说，那最好的人已经事先就被你看成一个坏蛋了，你误解了这个人或者因此感到内疚，但是这种科学的态度却最大程度地避免了你由于此人可能会有的对待你的行为而导致你因想不通而窝囊地自杀。窝囊地自杀虽然很勇敢，但是人生不应该、也不值得走到这一步。只有内心有充分准备的人，才经受得起炼狱的考验。对此，与其说去与人奋斗，不如说去独享孤独。我觉得后者比与人奋斗更为困难，而那与人奋斗者的动机真相，根本就不是我们听到的那样，原来不过是害怕自己的孤独而已。人们到外面去折腾，只是由于害怕因想到自己而感到寂寞。无论在与人争斗中获得了多么了不起的胜利，但天下没有不散的宴席，最后残留下来的，仍然是绵绵无期的孤单感。这与人的前途只是死亡的情形，在本质上是不同的，但非常遗憾的是，很多人真的是把被"打入冷宫"（"孤独寂寞"的同义词）视为生不如死的生活。换句话说，与自己生活、与自己说话，却能获得大快乐大快活，绝大多数人都会觉得不可思议。

《俄狄浦斯》的巨大启发意义在于，它等于坦露了人生最为悲惨的情景，既不是杀人如麻也不是死人如麻，而是内心的绝望。绝望的精确含义，是不可能有任何希望。不是指不可能有不死的希望（因为在"人必死无疑"的绝望面前人人平等），而是指永远不会"心想事成"，似乎命运在出生之日就铸造好了。换句话说，在反抗毫无意义的情形下，是否还要选择反抗？这是一个真正的哲学问题。选择还要反抗的人，是真正值得称为大写之"人"的人、一个超人，因为他相信了荒谬的力量，在效果上等同于："你说得再有道理，我也不相信！"这又等同于选择做一个永远脱离实际的人、一个不实事求是的人、一个对犯错误情有独钟的人、选择做一个不利于自己的人。总而言之，这个人不理睬一切好心人有关人生的谆谆教诲，而只相信自己此时此刻感觉非常好！为什么此刻感觉好？没有为什么，不过是说得痛快而已。

在以上例子中，与平庸者的看法相反，选择"无意义的反抗"恰恰选择了活着的真正价值，那就是你自身成为一个例外。所谓"活出你自己"，是因为你活出了一个例外。"活出例外"是一种杰出的活法，就像第欧根尼在罗马人就要攻城时，却在大街上将自己的桶滚来滚去，他对周围正在备战的人说：我在做自己的事，没有游手好闲。绝大多数人是没有这个能力的，因为人们只是表面上活得不一样，其实差不多全都一个样。总结人类文明史，正是"例外的人"在活着时屡经磨难，却推动了文明的进展。为什么多数人活得差不多呢？因为"例外的人"有一副铁石心肠，在不为所动的基础上却感受（思想感情和想象力）极为丰富，从而超越了平庸。不为所动的人在平庸者无动于衷时却热泪盈眶，在平庸者热泪盈眶时却无动于衷。这种荒谬的真实，它完全可以与选择"无意义的反抗"相媲美！就像快感是由于不服气本身所带来的，而与不服气的抗争是否最终获得了胜利无关。

"我"不是笛卡儿与康德哲学中的反思意识或自我意识，不是自我，甚至都不是我思，我宁可把"我"称为"这儿"或者"那儿"，这就是我与时间的关系，更准确地说，是我与瞬间的关系：我固然是我，就像死亡固然是我的命运，但这只是一种假象，因为"不能由于我不能从我的眼界里跳到自身之外或者由于我不可能长生不老"，就一口咬定我这里放在双引号里的含义是绝对真实的，因为关于什么是真实，我有一套自己的看法：只有当我想到我的死亡时，这死亡对于我来说，才真实存在。但是，我和一切其他人一样，只有在人生的极少场合，才会由于想到自己必死而恐惧万分，事实上大多数时间内我都不会想到"我的死"这个念头（要是总处于对这个念头的恐惧之中，我早就被逼疯了）。换句话说，事实上并不是由于我比别人意志更坚强或者一直做毫无意义的抵抗，而是由于我和所有精神正常的人一样早就在生活中一直在做"无法反抗的反抗"，正是这种反抗赋予生活以人的意义。我活在"这儿"或者"那儿"的念头之中，其中关于"我的死"的念头只不过是我脑海中众念头的一个、"沧海一粟"而已，它转瞬即逝。也许有人反驳我说，这个念头重要并且永远像恶魔一样永远回来萦绕在心，但这也不是唯一的真实，因为还有其他重要的并且永远回来的念头。

所以，我要批评尼采：我对你抱有复杂的感情，就你的主观愿望而言，你还活在永恒之中，但你的字里行间却随时提醒我——人的快乐是每时每刻由自己创造出来的。快乐的秘诀在于：我认为这是快乐的事情，而并不在于它事实上是值得快乐的。

要像尼采那样写"哲学论文"，题目可以是"尼采谈尼采与叔本华的关系"，我指的是《作为教育家的叔本华》。根本就不存在"哲学论文的第一段应该怎么写"的问题，因为怎么写都可以，于是尼采就如此随意的开头："一个旅行者去过好几个大陆，到过不少地方，见过很多人，别人问他：'在你去过的地方，你发现人们的普遍品德是什么？'旅行者答道：'人天然倾向于懒惰'。"[1] 这几句话和叔本华没有任何关系，当尼采想写叔本华，笔下却冒出这几句，和叔本华无关的句子却是"想到叔本华"时被刺激起来的。由于被刺激起什么，作者事先毫无把握，那也就是说，尼采关于叔本华的文章如此开头是非常偶然的，倘若他此文第一句话晚了半个小时（为什么一定是"半个小时"？我的设想毫无道理，把它换成"一分钟"也可以，这就是我想说明的道理）写出来，绝对会有一篇不一样的文章，标题也许成了《乐观的叔本华》，谁知道呢？

同样道理，说人的品德倾向于懒惰，这既有道理又没道理。尼采的诡计在于，言语只要写在纸上被印成书出版，就会对读者产生奇妙的化学反应：读者倾向于相信它。为什么轻信呢？还是因为头脑天生倾向于懒惰。多数读者读书并不是为了训练自己的思维而只是为了精神的消遣，故意不同意作者或者对作者采取批判的态度，很少有读者愿意如此没事找事的。绝大多数读者的目的是消遣，他们宁可换一本书来读，也不会去写一篇文章诉说自己为什么不喜欢某本书。那么，说人天生懒惰就是说对了？当然"对了"，但问题在于，这句话之所以说得对，根据却在于它说得不对（这就像虽然海德格尔的心思在女人那里，但是他在自己的书里从来不写出这个真相），因为人们只是对于自己不愿意做的事情，才是懒惰的。对于自己愿意做的事情，累死都不怕。

换句话说，从人的天性开始写，让读者读起来有亲切感，写起来又可以"胡说八道"，因为人有"乱七八糟的"天性，怎么写人的天性都行。在这个时候，哲学家要有文学家的才华，也就是说，要造成这样的效果：看着似乎是在抒发感情，其实却是在讲道理——卢梭、叔本华、尼采，都有这个本事。这就使得哲学家的文章比纯粹的小说家更能使读者感到震撼。因为娓娓道来的道理是在不知不觉中感染读者的。为什么会"不知不觉"？因为作者是在描述事实而似乎不是在和你讲道理，这就是高明的

---

[1] Nietasche, *Untimely Meditations*, Cambridge University Press, 1997, p.127.

哲学写法，而平庸的哲学文章通常以真理在手的全称判断句让人昏昏欲睡。

只有被理解（讲道理就是被理解）了的事物，才能被更深刻的感受。但是，作者在试图使读者理解的路途上娓娓道出"不可能被理解"的情形，却瞬间化作更深刻的理解。理解了吗？没！真的没？不，我享受到智慧的魅力，甚至觉得你很性感！

环顾左右而言其他，精彩之处在于，本来应该被直接谈到的事情（主题）的本质，却在"左右"或者"其他"那里，这不是故意的，但正由于它是自然而然的，才本色、直率、真实。优美的文章最忌讳"八股文腔调"、最忌讳"本来应该"。于是，尼采马上接着说道：人们表面上懒惰，其实是胆小，懒惰不过是胆小的一个借口。无论把懒惰与胆小联系起来是否符合很多事实，但要害在于它总会符合部分事实，这就是尼采的智慧之处，这个微小的部分被他抓住了。所谓原创性的思想，不过就是创造某种新的因果关系的精神连线。顺着习俗观点是省事的，因而培养起懒惰，反之则"累"而冒险，还要承担胆子大的后果。但是，生命的冒险何尝不是生命的享受呢？因胆小而懒惰者从来不曾朝这个方向想。如果一个民族精神风俗几千年不变，该民族的创造想象能力就会渐渐丧失，而这样的想象力是哲学、宗教、科学、艺术的共同来源（要记住，这个来源不可能是模仿能力或只会模仿式的学习能力）。如何去判断一个人缺乏想象力呢？就在于他总认为自己处于"知道"的状态。

他"知道"，但也许他不知道他的所谓"知道"其实不过是一种自欺。径直地说，胆小懒惰的人喜欢合群，他们似乎觉得凑在一起就能具备自己独处时不具备的品德：勇敢和智慧（想象力），但这是不可能的。别说是三个，就是一万个"臭皮匠"也抵不上一个"诸葛亮"，因为想象力属于人的质量问题，与人的数量无关。千万不要以为只要是警句格言就都有道理，就像很多成语其实误导我们，而且不同成语的意思之间又相互冲突，但我在此却无意贬低历史遗留下来的这些"语言表达的精华"，因为它们自有其部分合理之处，其道理就像一个值得被批判的哲学家，才是有才华的。

于是，可以接着说，人们不敢不顾社会习俗，是由于害怕孤立、不被理睬，这就又返回了孤独的主题：几乎没有人能长期忍受孤独，人们怕这个，会联想到自己死亡时周围无人——不寒而栗！我胆子稍微大一点：即使那时刻周围没人又怎样？反正自己都快死了，稍微挺一挺不就过去了吗？康德说的确实好，敢想远比想得对更为重要，我上面的"挺一挺"，意思就是勇敢点，换成思想，就是硬往南墙上撞，不惜头破血流，这种例外的死法远比平庸的死法有才华。只要你勇敢，思想的感觉就会好，此刻可以搁置一切曾经的哲学天才，我喜欢把此刻美好的感觉写下来，至于被写下的内容不曾被哲学天才们说过，我真的不顾虑这个。

必须有生活习俗，或者我们都得忍受我们确实不太喜欢的规矩。习俗，就像翻译一样，它必须有，但学者的使命却是批判它们，否则文明不但不会进步，而且将毫无趣味。有人把冒险当成精神负担，但也有人把探险看成精神快乐的源泉，也许有人会认为这两类人之间不适合结婚，我却以为他们之间的结合由于能从对方获得自己所没有的精神营养而地久天长，绝对的志趣相同，反而会乏味。

传统哲学家的使命是揭示"规律"或者普遍性，当代思想者的使命却是发现和发明独有性，凸显差异与精神个性。时代精神不一样了，彼一时此一时也。每个人天然都与别人不同，后天之差异在于平庸者努力和别人一样，杰出者不顾习俗要活出自己。这两类人的区别，在于"在乎"的方向有天壤之别。一个人若是敢于向世人展示真实的自己（不是正确而是真实），这行为首先在性质上就已经属于艺术了。就此而言，即使他的行为是错的，却仍旧是美的，而一个在公开场合没完没了讲"正确观点"的人却因为听众感到乏味而丧失美感。显而易见，人们对于趣味的追求要远甚于对"正确"的追求。

人的懒惰之社会效应，就是人与人之间趋于相似甚至相同，因为敢于标新立异之人越来越少。但是，这种社会风气并不令人快乐，起初是人们所做的、想的，都不是自己真心想要的。渐渐地，人们会遗忘掉自身的独有性，以和别人的看法一致为光荣，于是就不再有自己了，以为活着就是活出别人眼里的自己。对此，人们迟早要后悔，但是趁着还年轻的时候后悔比较好，否则后悔也晚了。以上思想懒惰的人没有了自己，他们似乎每天都很忙碌但事实上他们杀死了自己的时间。

二 叔本华的灵魂如何以另一种
方式活在尼采的思想之中

为什么尼采说"作为教育家的叔本华"？难道不是作为哲学家？我也学习一下尼采的叙事方法：假如大学只设一个系，应该是哲学系（不是神学系）。因为哲学是能使人成为人的学问，人一生下来，只是自然人，要真正成为人，靠的是教育，而信仰、智慧或者思想的广度与深度、审美能力、独立自由地思考习惯与能力、社会批判意识、坚忍不拔的毅力、对他人的尊重、自尊自爱，要培养人具备所有这些能力，只有哲学堪担此任！尼采不说"哲学家"而说"教育家"，是说哲学家应该人如其文，有自己的精神风格。哲学思想不是说教而是哲学家的身家性命，哲学属于行为本身的问题，属于实践问题。如果大学毕业了，上知天文下知地理，但唯独不是一个真正的人，这就是一个失败的大学、失败的教育。

哲学是使人成为人的艺术。强调艺术，是说哲学是一门专门创造思想的学问，而不是注释和传授知识的分支学科。首先要活得真实而不是活得正确，正是这种求真的思想感情，使得每个人在活出自己个人价值的同时，也有益于整个人类。哲学教育，也是哲学治疗：通过提升精神境界使人强大起来，从而有一颗健康的心灵。以上等于尼采在做精神出场的仪式，足够长，叔本华终于登场："我是叔本华的这样一个读者，我读完他的一页著作，就确信我将读完他的每一页著作，我不会遗漏他说过的每个词语……他的书就像是专门为我所写！"[1] 看来，崇拜确实存在，标志就是说过分的话，就像说："我永远爱你！时时刻刻（相当于你的每一页）！"这"不是承诺的承诺"只是热情的心灵在快活地跳动。你与我是天生的一对！一点没错，我这里指的是叔本华与尼采：没有你，我可怎么活啊！我从尼采的口气里读出了嫉妒，似乎只有他才最懂叔本华（不许别人懂？你挚爱的女人就不许别人爱吗？），但历史证明尼采没说大话，我非常惭愧地不曾认真思考尼采的大话"我为什么如此聪明？"

但是，有激情地说话不仅能打动人，更在于说出深刻的思想，这确实

---

[1] Nietasche, *Untimely Meditations*, Cambridge University Press, 1997, p. 133.

是本事,必须心领神会。这里有非常奇特的思想景象:我说"我爱你"其实掩盖了这句话更含有我对自身的热情,而别人对我说"我爱你"却是我永远难以听到的(就像叔本华死后尼采才说出上面的话,但是这话使叔本华不死)。换句话说,叔本华不是为了让别人爱他而"仪表堂堂"的(事实上他的相貌很古怪并不是常人说的"帅"),他写作时抱有同样的态度:"叔本华写作只为自己,所以没必要骗读者……他在著作中和自己说话。"① 叔本华写作是为了打发孤独,但这使孤独有了全新的含义:不仅在于它是最适合他的生活方式,更在于只要是人就孤独,因此这个最善于利用孤独感的人,打动了所有(孤独的)人。"最自恋"的人是哲学家与艺术家,最善于投入个人事业的人,这里指的是独处时的创作活动。"与自己说话"并不是肆意胡说,因为自己同时也是自己的听众——这种想象绝非故意的而是自发的。

康德没有把孤独视为一个重要的哲学话题,他的视线和话题始终是公共的或普遍的,一生未婚的康德却是逃避孤独的,他并不神秘因为他按部就班,他在亲自享受的场合也要与别人共享,他吃饭的含义是与朋友聚餐,这与叔本华形成鲜明对照。叔本华喜欢在小饭馆独自用餐,并且经常付双份钱,他把旁边的座位也买下了。陌生人坐在身旁,他不舒服。康德是善于社交的,叔本华讨厌说客套话;康德要应付教育体制,叔本华回到自己的书房尽享孤独:"康德依附于大学,不得不顺从大学的规则……要忍受同事和学生,所以很自然,他的生活模式出产大学教授和职业哲学家。叔本华不堪忍受学者的生涯,并与之分离,极力不依赖国家与社会,这是他的生活方式。"② 于是,叔本华把哲学从职业哲学家那里解放出来,克尔恺郭尔、尼采、萨特都继承了这个特点,这等于使哲学返回到古希腊的原貌,在当今时代实属凤毛麟角。

"他(指叔本华)全然是一个隐士……拥有真正朋友的人绝对不会知道真正孤独的滋味。"③ 尼采就喜欢以如此绝对的口吻说话,走极端,因

---

① Nietasche, *Untimely Meditations*, Cambridge University Press, 1997, p.134. 无独有偶,当代法国思想家布朗肖与叔本华的生活和著述态度十分相似,也是一个隐者。布朗肖著有大部头的《无尽的谈话》,就是记录自己和自己说话。布朗肖曾经影响了福柯和德里达。

② 同上书,第137页。

③ 同上书,第139页。

此像马刺,这被德里达说成是尼采的风格,似乎不遭受强烈的思想刺激,思想就会跑得慢、没有灵感,似乎激情就是思想受到强烈刺激的后果!究竟是感官刺激还是思想刺激?当代人已经不太会区分两者了,这是从尼采来的。当尼采用思想刺激我们时,同时也刺激我们的感官,读康德的书没有这样的效果,奥秘在于尼采和叔本华一样让哲学语言变成有力量的日常语言:你是想要朋友还是要孤独?不可兼得。真正的朋友就是可以在关键时刻拉你一把的人,因此绝望的程度有限。真正的孤独是谁也指望不上了,除了你自己——与其说这是"个人道德"问题,不如说是哲学问题本身。

思想跑得快?康德从来不这样论述问题,哲学家们都鄙视这样的论述方式。但即使不是知识分子也立刻就会明白什么是"思想跑得快",可是话说回来,即使是知识分子,也很难从"思想跑得快"联想到孤独,除非自己也像叔本华那样是一个纯粹的隐士。这就像你对一个从不失眠的人倾诉失眠的痛苦一样。人与人说话,也大量存在着类似"对牛弹琴"的情形,所以要寻找志趣相似的人,但同时又远距离地抛个媚眼,要相思但不要厮守,"才子佳人"千万别演变成"柴米夫妻",这就是保持孤独的艺术,就是孤独的独特魅力。爱是可以的,"结婚的不要",半生不熟的"日本汉语"和玩笑话,就是在本来的意思之上多出一点意思,但要区分玩笑与幽默,幽默更为意味深长,就是那些怎么也说不清楚的意思,意思不透明但有意思,就像敬畏孤独,因为要全靠自身的努力从本来无趣中创造盎然的兴致。能热爱孤独的人,天然就有宗教感情。

在世界之中奋斗,这气氛也一点儿没有孤独的事儿。有"可以去恨的敌人",与"有可爱的朋友"一样,都是好事,因为有正经事儿可做,唯有既没有爱也没有恨的情形是不可容忍的,那令人悲伤!这悲伤是真实的,那么我跑得快的念头不妨做如此理解:我们从来就没有从积极方面思考过孤独的哲学意味。孤独感使人深切地接触到或者体会到这样一种世俗的宗教,它有一大堆绝少被人想到的同义词,例如:艰难而快乐的自由、恐惧感、无中生有的能力、分神、彻底独立、自由选择——这些同义词还有一个共同特征,即它们都很性感,这不仅是指联想到活着真好的欲望,而且指在广义上保持渴望状态即爱的姿态。

孤独者痴迷于与别人保持距离、与世隔绝,做一个观看者而不是直接参与者。在酒吧里独自饮酒的叔本华和书斋里的康德,两人看上去都很安静,但这是两种多么不同的安静啊!康德的沉思和笛卡儿一样,是发生在头脑之中的惊涛骇浪,他们更像是科学家。但是,在叔本华与尼采这里,倒海翻江是发生在感情里的,是从感情过渡到思想,它们更像是艺术家。康德那里有光明,叔本华这里有黑暗。其实光明与黑暗都是启蒙,两者纠结在一起,我们同时用脑又动感情:遥望繁星布满的天穹,反思内心深处的道德律,不知不觉中已经热泪盈眶。此时此刻,就哲学意义而言,真正感受生活的人不是在社会中交际的人,而是独自享受内心思想感情的人,后者是距离世人更远但是距离神灵更近的人。"叔本华追逐在这幅画卷时就像哈姆莱特纠缠于魂灵一样伟大……"① 要返回内心的生活世界。

　　智力越是高级,孤独感越是强烈。孤独感不是与生俱来的感情,它是人类自身修养与修炼的结果,从意识到进而忍受之,再到从孤独感中获得幸福快乐,其间发生了类似顿悟或者宗教感的"转宗"。孤独不是想办法去"打发"的问题,而是最纯粹的享有本身、是自我陶醉的能力。我自认为自己曾经拥有的一切,其实都不是我的,我所拥有的只有时间,因为我还活着。但是,在这里我强调时间和孤独其实是一个意思,把时间"充满"就是丰富孤独的内涵,它当然不仅有读书写作的方式,也可以像堂吉诃德或者鲁滨孙那样,或者像勒克莱齐奥笔下的"大地上的陌生人"——当代亚当,沙漠里独自跋涉的亚当,世界上第一个人和当下唯一的人。当亚当"创造出"夏娃的时候,世界就发生了奇迹。把日常生活里的规定动作当成遭遇,把每个遭遇视为奇迹,就像把每一天都当成自己生命里的最后一天。总之,奇迹是这样发生的:让曾经熟悉的事物变得突然陌生。创造陌生感并且有能力感受之,这是孤独本身所滋生的细腻感受能力,就像与自己说话(无论是独白还是写作)的行为已经将自己一分为二了:我是我所不是的东西,为了寻找这些东西,我不惜跋山涉水、远渡重洋。也就是说,我是谁?看来我一直到死都没有能力回答这个问题,这终生的困惑给我众多的虚幻,使我在寻找过程中献出了我所不知道的价值。

　　奇迹是这样发生的:日常生活里的规定动作每天都有,但是终于有一

---

① Nietasche, *Untimely Meditations*, Cambridge University Press, 1997, p.141.

天，它是最后一次了，不会再有了，某样东西只有失去了才会觉得它宝贵。这很奇怪，因为似乎曾经遭受的屈辱都是珍贵的，它不曾杀死你并且使你更成熟，它使你体验过人性的丰富性。他是个坏蛋，但坏蛋也是人，道理就是这么简单和复杂，说得复杂一点就是，完全有可能我在别人眼里就是一个十足的坏蛋，我这么写是需要点勇气的，但它是事实。凡是事实都应该被记录下来，因为它们既然是人类的心思，就属于文明世界的一部分。事实是我根本约束不了别人如何看我，这并不令我沮丧却使我惊喜，因为我终于懂了"被别人欺负"是我人生必不可少的一部分，我可以在"报复"和"不在乎"等众多选项中自由选择：你对我不好我就一定也对你不好？那可不一定，可能你越是对我不好，我越是对你好！你对我好，我就一定也得对你好？那可不一定！可能你越是对我好，我越是对你不好！我这绝对不是成心不讲道理，我只是如实描述了生活中某种稀少的心理事实，因为正是由于发现了例外，才有了科学新发现，要想发现人性新的可能性，就得寻找像萨德那样的怪人，当然还有叔本华，他称自己的狗为"先生"，但倘若这畜生惹他生气了，他就叫它"人"。这简直等于发生了奇迹，它使"你不是人，是狗"成为一句尊称！[①] 人们不仅恨自己不能须臾离开自己所恨的东西，甚至也隐隐约约地恨自己不能须臾离开自己所爱的东西，因为离不开就意味着受其奴役、处于不自由状态。但是，要是真的给你完全的自由，你却可能失去自己独立生活的能力，反而会要求被奴役了。自由，是需要能力的，你有吗？

其实，最本真的自由状态只有一个，那就是孤独。人们正是由于无法忍受独处的孤寂，才去找朋友到外面的世界"瞎折腾"，其中充满了尔虞我诈的艰辛，但似乎也比孤独强得多，岂止"强得多"，简直就是其乐无穷。换句话说，似乎孤寂是空无内容的，这空洞最令人难以忍受。独自一人时，不是想到别人就是想到自己，但是由于人的天性就是不满足，因此这两种"想"都会使独处者感到不快活。当我说享受孤独是一种哲学能力，是指独自一人时能克制自己不想自己却能充满精神活力，就像第欧根尼在大街上将自己的水桶滚来滚去，它象征着他在享受自己的孤独，他并没有游手好闲，他也在工作，甚至也在准备战斗或者正在战斗。

[①] 还可以如此联想，当你被别人骂的时候，可以视为对方是在骂他自己。

人在学会享受孤独之后，就获得了第二次生命：第一次生命是生理意义上的；第二次生命是精神意义上的，这精神使人神圣，甚至成为天才，因为这情景最有利于你施展自身的天赋。写出天才的思想与多读书没有必然联系，不读亚里士多德也能与他发生超越时空的精神共鸣，因为大家彼此都是人类。

关于叔本华，尼采继续写道："孤独就是他的同类赐给他的礼物，让他活在自己的愿望里，他的愿望在洞穴，他的愿望像沙漠……他既不沮丧也不抑郁，他想到的都是美景和勇敢，这就是他：叔本华。"① 对丑恶与懦弱视而不见听而不闻，因为那是别人的事儿，不是他自己，而他要活出来的，是他自己。

选择孤独，等于选择了活在危险之中，选择了在他人眼里的"沉闷"甚至"死亡"之中，但别和别人争论这个，因为你永远左右不了人家如何看待你。对于叔本华来说，证明他不仅仍旧活着而且比嘲笑他的人活得更好的唯一依据，就是用自己的作品说话！写作使孤独感充满芳香，危急中的美妙绝伦，无限风光在险峰！最会活着的人从不怨天尤人（永远不要将自己活得不好的责任推卸到别人身上），而是战胜自己。孤独感天然适合善于想象之人，是思想家和诗人艺术家的生活专利。从某一个瞬间见证所有瞬间、从一滴水晶尝了所有的水。我从月光中能想到一切曾经、当下、将来的人所看见的，和此刻我所看见的，是同一轮月亮，顿觉自己确实是不死的或不朽的，因为此时此刻等于我活在人类的所有时代，我同时属于历史与未来，而我唯一需要的，就是现在好好活着，它是我唯一拥有的不可能被别人抢走的真实感。我从不担忧到处都有小人，因为任何时代都不缺乏君子。我也从不抱有世界大同的梦想，因为人性永远有丑恶的一面，那么这恶就是文明不可缺少的一部分了：别彻底灭绝恶，因为那样人类就变得无趣了。一个模式是不好的，"例外"才是好的，但你却将"例外"说成是坏的，唉！

"极有可能将来的世纪会把我们的时代视为黑暗岁月。"② 为什么呢？因为"我们时代"的激情用错了方向。何以见得？例如尼采在19世纪末

---

① Nietasche, *Untimely Meditations*, Cambridge University Press, 1997, pp. 143 – 144.
② Ibid., p. 147.

就告诫德意志不要陷入狭隘的民族主义,不幸被他言中了。就像当黑格尔哲学被奉为"国家哲学"时,叔本华所发出的警告;就像萨特极力保持作家的独立自由本色,甚至拒绝领取具有官方色彩的诺贝尔文学奖;就像卢梭认为国家本身就像社会本身一样会自动滋生邪恶。尼采认为叔本华天才的目光不是朝向国家、民族、社会,而是返回自己,像苏格拉底一样首先询问"我是谁":"我始终只是我自己……现在他要用一连串问题让自己进入深度的(生命)存在状态:我为什么活着?我要从自身生命中学会什么?我怎么能成为我所是的人?为什么我必须从我所是之中遭受磨难?"[1] 总之,要给我一个活着的理由,这个理由既不能是为了国家、民族、社会,也不能简单地说为了我自己。这个理由要能激动我、让我感动亲切、距离我很近、似乎一伸手就能摸到。热情、冲动、想象力,又一次像火一样点燃了生命,这个信仰不是柏拉图的《理想国》那样的:为了成为一个好公民、好学者、好医生、好政治家、好丈夫、好妻子等——因为这些只是人的身份或者职业,相当于人的标签或者衣服,但不是人本身,不是人的血肉之躯。因为这些身份或者职业只有在社会的"各种细胞"中才有可能存活。总之一句话,所有这些都与纯粹的精神孤独状态没有什么关系,顷刻之间,几乎一切学科都在孤独面前失去了效果,因为孤独本身属于灵魂的质量问题,它"既不吃也不喝"。

一个人处于忘我状态时最有力量,他不再害怕。害怕是由于自私、算计事情对于自身的利害关系。一个绝望者或没有希望的人最有力量,因为他已经没有了"我"这最后的私有财产,[2] 他的力量来自他没有被绝望杀死,他的力量来自总是失望因而索性将"希望"这个字眼从自己的心思中彻底剔除——那么,他的幸福何在?呵呵,他从此不再在人世间寻找幸福,他自己发明创造别人不能理解的幸福,他像第欧根尼一样快乐地在大街上把自己的木桶滚来滚去,他像电影《阿甘正传》中的"傻子阿甘":毫不理睬天气条件,每天坚持独自一人疯狂地奔跑,他望望身后,跟随他跑步的"傻子们"很多,他感到厌倦了,不跑了,掉头回家了。那些跟随他跑步的人们呆呆地望着阿甘:"你走了,我们可怎么办?"让我替阿

---

[1] Nietasche, *Untimely Meditations*, Cambridge University Press, 1997, p. 154.

[2] "他的力量在于忘记了自己",参见同上书,第 155 页。

甘回答："我可没让你们跟随我！是你们这些精神懒惰的人自找的。我跑步只是因为我想跑步，你们跑步却是因为觉得我好。记住人生的教训吧，绝不要跟随别人，因为我不会引领，即使你跟随的是一个好人。要自己去发明幸福，而不要享受别人所给予你的现成的幸福！也别跑在一个充满智慧的人前面，因为他不会跟随。"自己发明幸福？就像感觉拔着自己的头发就能脱离地球引力飞上太空？是的，我正是这样想的，因为这可以给我这样的愉快，即嘲笑那些自封为实事求是的人，我最喜欢享受别人望着我时那迷惑不解的目光。与全世界为敌？是的，至少这句话使我找到了一个知音。如果能脱离地球的引力，心思将是这样"式"的：像幼儿园小朋友画的画。是的，没道理可讲，超现实主义绘画就是成人版的"幼儿园小朋友画的画"，自己去发明一点儿也不世故的幸福，千万别和我讲道理，为什么这样画啊？我就喜欢这样画，你管得着吗？你这么问是因为你不懂真正的幸福属于那些不可能被表达却身心陶醉的感受，凡实事求是的语言，都和陶醉无缘。哲学已经走进了死胡同，哲学要死了，哲学要想不死，必须从"求真"的愚蠢状态中解放出来。要在"好像是"的含义上使用"是"，这是从康德哲学过渡到尼采哲学的关键一步。① 关于"好像是"可以换成各种各样别的说法：胡塞尔的"现象学还原"、弗洛伊德的"无意识"、詹姆士的纯粹心理事实描述，甚至柏格森的（心理）绵延与自由。当然，20世纪的文学艺术也不甘落后，表现为令人眼花缭乱的变形（transfiguration）。例如，卡夫卡的荒诞性作品之典型代表就是《变形记》、塞尚的绘画是"变形"的、毕加索的作品更是如此。

尼采是叔本华的"变形"：

变形，就是说，要创造脱离地球引力的幸福、要发明幸福而不是寻找幸福。两者之间有什么区别呢？区别就在于能被找到的幸福都不是真正的幸福，真正的幸福在于变形，变形是发明的同义语。变形和发明一样，都喜欢夜生活，也就是在常人什么都看不见的地方，看到光明。是的，其实人类最重要的事情，多数是在黑暗中完成的，因此可以说黑暗比白昼给予

---

① 尼采生于1844年，胡塞尔生于1859年。尼采的全部著作都完成于19世纪，胡塞尔的最重要著作都在20世纪问世（其最初的代表作《逻辑研究》第一卷于1900出版，这一年尼采逝世）。但在我这里所描述的意义上，应该说胡塞尔与尼采的思想有相似之处，而不能反过来说尼采受过胡塞尔的影响。胡塞尔完全有可能读过尼采的基本著作。

人类更多的幸福。

　　变形，就是说，超越正常人的眼界，似乎"能看见"地平线之外的疆域、似乎能做到不可能的事情——变形的理解能力、非确定的目标、纯粹偶然性的定格。我不再是我而是任意一个别人、我不想要我想要的东西或者我想要我不想要的东西。从兴奋异常到心事重重之间不但没有隔着万里长城，而且简直就是一蹴而就，是眨眼之间的事情，小心眼的情形是防不胜防的。

　　变形，就是说，完全不理睬动机或者伟大目标之类、不理睬起源与目的。那么，还剩下什么呢？残留——这个词若在此处不好懂，那就说片段。若再不好懂，那就这么说吧：就是不连贯性，就像你读一本书时可以从任何一页开始——这绝对不是痴心妄想，而是人们故意视而不见的事实，但我这个例子只是想连接这样一个真理命题：当下瞬间是我们有能力享有的唯一真实可靠的时间，在这种情形面前人人平等。"当下瞬间"与"当下瞬间"之间不是连续的而是走神的，就像哭与笑、痛苦与快活之间的连接完全没有一定之规，我们绝对不可能事先知道它们之间的顺序、不知道它们何时到来何时消失。

　　变形，就是说，我们每个人的内心深处，都残留有某种极其顽固的东西，几乎能保持终生。这些残留着的印象往往不是我们幸福的时刻，而是我们被侮辱的时刻。换句话说，这些时刻已然成为不可改变的事实，但我们自寻烦恼的天性却顽固地想对此有所作为。那么，怎么办呢？让这些记忆中的痛苦印象变形或者重新理解这些曾经发生了的印象。在这里，变形就是更改，就是说，尽管曾经的"物理事实"（历史事件本身）本身并没有也不可能发生改变，但是对于这些"事实"的印象或者我们当下唤起它们的感受是完全可以改变的：它们不再是或者不仅是我们曾经赋予它们的意思，它们还有更多的处于黑暗中的意思。变形，都发生在黑暗之中。

　　变形，就是超越平庸之辈，也就是凸显、高傲得不得了。对，决不谦虚，就像英雄总是以弱胜强一样。弱而高傲，这种荒谬感已经是变形。一切消极的字眼具有了崇高的意义，例如自不量力，这也是为什么读者喜欢堂吉诃德，这不自量力的高傲之人做到了小人物们甚至想都不敢想的事情。变形，就是没有什么不可以。在这个意义上，也可以说，变形就是自己和自己作斗争，但这种斗争的真正含义是心理出路四通八达，就像一个心思能导致怎样的另一个心思是我们永远无法事先知道的,这显示了人性之伟大而神秘,因为这表明人的精神是强大的、富有成就的。人的本性是可变的,绝对不要蔑视任何人,因为你自己完全可能也是那个样子的。

不要给沮丧的情绪留下一点儿空余时间,怎么能做到?办法就是冥思苦想——永远有问题可想,它们是纯粹的问题。纯粹的问题之唯一标志,在于它是纯粹由我自己发明出来的,不受别人的影响。我引用尼采是想说出尼采没有想到的意思,尼采的话虽然重要但必须在我这里拐弯,我"宁可回到无意识的本能。"① 这就接近发明状态了,因为"无意识的本能"在每个人那里是不一样的,就像看见同样的东西每个人的即兴反应决不会一样。我任由自己的本能随意在尼采的书里收集某句话,就像采集一粒思想的种子,它就能快速在我的大脑里蔓延开来,就像一粒种子在土壤里能迅速长成参天大树。为什么生长得快?因为跳跃。尼采说叔本华的灵魂能从拼音文字迅速地跳跃到"象形文字"。hieroglyphic 的意思不仅是象形文字,还意味着难以理解、是疑难本身。疑难和冥思苦想是一个意思。普鲁斯特说有才华的作品像是用母语写外语,他的意思在于写作处于冥思苦想的疑难之中,要有令人惊讶的专注度。这专注决非只是盯住一处,老问题生成新问题、从一个领域蔓延到另一个领域:从非哲学看到哲学、从不确定中思考确定性、从没有希望中思考希望。没有艺术感的"哲学"不再配得上哲学、没有哲学味儿的"艺术"不再配得上艺术,就像没有趣味的思想不配称思想、缺乏深度的玩笑不过是浅薄。哲学与艺术分别从对方获得自身的显现方式。

怎么做到的?那就是从此以后一切"是"都不过是"好像是",要使做梦成为生活方式,要改变顽固不化的以为做梦就是脱离实际的偏见,事实上没有比做梦更为真实的现实生活了,不信你就设想一下自己能否饶有兴致地度过头脑完全停止活动的一天,这是不可能的,因为饶有兴致本身已经表明你的头脑处在活跃过程之中。怎么才会饶有兴致?答曰:"是"自发地浮现为"好像是"。顺便说一句,"好像"也是胡塞尔现象学最为关键的字眼之一,他那玄妙的所谓"现象学还原",就是建立在"好像"基础之上的,他明确说这基础是沙滩、是虚构。但"好像"连同沙滩与

---

① Nietasche, *Untimely Meditations*, Cambridge University Press, 1997, p. 158.

虚构一起,成为比物理事实更为真实的事实,因为现象学是只关心意义本身的科学。那么,意义究竟怎么浮现出来的?靠在以上基础之上的描述。这描述就是实证,就是回到事实本身。

从"是"返归原样的精神即"好像是",灵魂转移了方向,胡塞尔没有提到其中的心理治疗乃至哲学治疗的积极作用,但弗洛伊德和尼采都提到了。也就是说,由于讨论灵魂治疗的问题,尼采的思想比胡塞尔现象学更为深刻有趣。例如:我的生命好像不是我自己的——能从这句话读出它不是比喻而是事实的人,才具有哲学—艺术思维的潜力。但是,不可否认的是,很多人确实固执地认为自己的生命才是自己唯一的财产。这"很多人"固守于"是"的思维习惯,因而容易狭隘、容易患心理疾病(容易被眼前的利害关系所左右,但人生不如意事十之八九),这些人看不到"是"是表面的物理对象或者事件,"好像是"才是真实的,是物理对象或者事件的含义或者意义。意义是多重的、多角度的,这才是问题的关键,它是一个疑难。这里发生了心灵的性质转变,它就像是一个奇迹!我以上所谈论的发明(不是发现),就是积极主动地去创造"好像是"。

为什么说"创造"?因为"好像是"数量众多且都在灵魂的暗处,只有鬼使神差的幸运时刻,它们才会降临。这降临就是创造,就是人们通常说的灵感。大凡患心理疾病者,皆因心中有太多的"我"字,不懂得"我"不仅不是"我"而且会变形为某种莫名其妙的难以觉察的无我或者忘我,这甚至会使人永不悲观,因为悲观的人生态度是从总想着"我"开始的。哲学治疗是从转移患者的注意力开始的,让患者只想问题而不想自己,是与"我"毫无关系的问题本身。要做到这一点,需要长期刻苦的心灵修炼。我既不恨我也不爱我,因为恨和爱不仅与我正在思考的问题本身无关,而且会使我的注意力偏离正在思考的问题本身。我也不在意你究竟是爱我还是恨我,你对我的态度不会影响到我对你的态度,因为你不仅是人而且还可能是另一个"我"的异形状态。我在排斥你时也会尊敬你并且把你当人看待。与其说我死了,不如说我变形了、隐身了。

心理发明、好像:"这内在状态的贡献首先在于文化。"① 文化领域的创造,就是这内在状态(创意状态)外化的结果——天才的作品,就像

---

① Nietasche, *Untimely Meditations*, Cambridge University Press, 1997, p. 163.

叔本华那样的——心思必须升华为作品，才会证明自己。心思创造出一个"好像"的社会。心思按照自己的想法改变社会，就像心思与世界接触时会自动地降临某种被刺激起来的情绪。以往的哲学家忽视情绪，认为应该从真理中过滤掉情绪化的因素，这就使得真理虽然可敬但不可爱。这个时刻人们往往是不讲理的：宁可选择可爱而抛弃真理。我的意思是说，爱不是一个概念而是一种情绪。既然是情绪，就具有临时性的特点。虽然情绪是暂时的，但它是生命中真实的片段，相似但不相同的情形还会反复到来。

三 尼采："我"不是一个有国籍的人

1. "我没有标签"

爱是这样一种情绪：它首先是一种强烈的兴趣，它吸引你，你切莫对于广义上的感官刺激视而不见，否则将表明虽然你的心智趋于成熟，但你接受新鲜印象的能力趋于衰老，这迟早将会使你的心智走向无趣。在《作为教育家的叔本华》中，尼采反复强调保持情趣的能力，是教育的宗旨之一，一个无趣的人是不完整的人。他谈到在情趣方面，德国人要向古希腊人、法国人、中国人学习。他提到情趣是产生天才的前提条件之一：只有爱才会创造奇迹。德国人太忙忙碌碌了，而要成为天才，就不可以是忙碌的而是闲暇的、自由散漫的：要学会享受孤独。享受闲暇的意思，是在众多选择中间自由地穿梭往返，既不焦虑，也不忙碌。爱闲暇，尼采欣赏叔本华在人生大部分时间里都不是一个大学教授，事实上尼采自己也是如此，甚至后来十分看重叔本华思想的维特根斯坦也劝朋友千万别在大学任职。大学与自由闲暇的冲突，在于大学里有很多不得不做的、自己不喜欢的事情、规定动作。每想到此，我由衷地为自己感到庆幸，虽然是我自己努力奋斗而争得的选择权，但命运或者上帝的眷顾使我能承受任何苦难。

任何职业都像是人身上的衣服，偏见正是看重人的这些外表，似乎人内心的想法"根本不值钱"，这当然是社会对人本身的异化，就像叔本华说的："要么孤独，要么平庸"。换句话说，你究竟是要活出一个真正的人本身，还是为了人身上苦不堪言的标签而奋斗终身？本色的生活，就是当两个人直接的自由的交往，忘记彼此的性别、年龄、身份、国籍，没有事先的印象，回到人与人之间的本色关系：赤裸裸的直接性使得与陌生人交往很有味道。只有当我不知道你是谁时，交往才是平等的。此时此刻，猜测总是白费力气，才华或者平庸就在当下，无法掩饰。这既令人好奇又使人激动。康德那一堆概念在这里完全派不上用场：你就是你，是你本身，是你身上蕴含的一切潜能。此时此刻，要把"抽象"与"好像"区别开来，"抽象"背后是概念与道理，"好像"则是说在我面前完全陌生的你自发地成为"你好像是"。好像是什么？那我不可能事先知道，全凭现场发挥。因此，当我们不用概念或者观点评判人的时候，就会暴露出这个人逼真而细微的言行举止。别给他贴标签，他就是有趣的，因为他是一个谜。想验证自己的才华吗？就从接触陌生人做起。有什么捷径吗？有的，全神贯注于自己想说的语言，就像善于演说者全然不管在场的有多少听众，他只是将想说的话带有感情地吐露出来，所谓怯场，就是莫名其妙的害怕掩盖了自己的才华。

强调兴趣，并使之升华为艺术风格，这就是尼采眼中文化的精华。文化的要义不是普及知识，而是天才的创造，就像离开卢梭和歌德，法国与德国文化是难以想象的。我们想到某国文化时，首先想到的是一批天才人物的名字。文化的象征必须是天才，也就是创造意义的非凡能力，而"创造"一词本身就已经意味着艺术。以艺术的方式生活，这简直就是人生的最高境界。学会现成的知识，这不叫有文化，文化意味着去创造"文化"、创造出新的意思、新的情调——这也叫"需求"，但它脱离了动物性的需求、脱离了低级趣味的需求。在这方面尼采批评德国文化而对法国文化大加赞赏，认为法国文化是独立自主的、是"自己创意"的产物，而一味模仿法国文化，德国文化就没有出路，这与尼采前面的论述是一致的，就像一个人必须活出自己独有的价值一样。一个民族就像一个人，有自己的文化性格。其实，这里换成中国人也是同样：我们的文化性格是什么呢？

以上涉及的是"原创性"话题，而不是普适性。普适性是重要的，但作为一种现成的东西，在原创性面前，普适性是僵化的。一切普适性都来自原创性，它总是被某个特殊民族甚至由某个特殊的人最先提出来的。因此，尽管普适的规则非常重要，但更重要的，是每个人普适的规则的基础上，以活出自己的价值，作为最终的幸福——作为学者，我则要活出自己的创意，例如我的文化性格、我的写作风格。订立社会契约的人，是具有不同风格的人，舍弃后者而抽象地谈论普适性，就成了纯粹的空中楼阁。真实的人就是具有不同风格的人，而一旦进入社会，厄运就到来了，人们开始趋向相同，风格被淡化乃至抹杀，因为坚持自己的风格会冲击生活惯例，后者比风格强大得多。在这个意义上，"社会"连同"社会契约"都只是被设想出来的纯粹概念，它们是莫须有的，没有任何一个真实的个人曾经在这份所谓"社会契约"上面签过自己的名字，它只是卢梭想象出来的一纸空文。因此，不可用不真实的抽象的公民义务之类压制纯粹个人的文化创造性、个人的文化风格。要追溯来源，"社会"和"社会契约"之类概念来自某个人的"文化创意"。

尼采谈到德国与法国文化的关系："只有当我们将原创性的德国文化输入法国文化的时候，才可能有所谓德国文化的胜利。但是，这是一个问题，与此同时我们不要忘了，像从前一样，几乎在所有的文化方面，我们仍旧依赖巴黎——直到现在，我们还是不得不依赖它，我们没有原创性的德国文化。"[1] 尼采意识到了德国文化的危机，这口气确实是悲壮的，似乎尼采下这样判断的同时，就已经自觉承担起复兴德国文化的重任。后来的历史证明，尼采的"狂妄"实事求是，他不仅为德国文化贡献出了自己的价值，而且出口到全世界，成为德国文化的骄傲。

要复兴一个民族的文化，这个民族首先要出现类似尼采这样的天才人物。要使公共的文化生活私人化、使公民暴露其本色不过是一个真实的个人。但是，这有赖于一个前提：个人有独立思考的能力，否则任何文化复兴都无从谈起。我们的学者不仅要翻译与"精准解释"西方学术著作，还要出现一批自由独立地写出自己思想的哲学家，类似尼采这样有独立风格的中国哲学家。中国文化复兴的内容应该是这样的："我"的私人文化生活（质量）就是社会普遍的"公共"文化生活（质量），这里的"我"意味着每个中国人。

尼采将目光盯住他所处的时代，他的问题具体而决不抽象，给人一种真实的亲切感，这使得他的文字活灵活现，不像是从故纸堆里走出来的。

---

[1] Nietasche, *Untimely Meditations*, Cambridge University Press, 1997, p.6.

他在谈到古希腊文明时,也是"古为今用"。但是,这倒不是什么"理论联系实际"的问题,而是建立在这样的学理之上:我们所能拥有的唯一时间维度,就是现在。

2. 尼采与第欧根尼

就是现在,我能否有能力创造出只属于自己的生活习惯、思想方式、写作风格?它们没有什么道理,它们唯一的"道理",就是我自己从中感到十分惬意。这种惬意别人读不懂,因为别人无法钻到我的内心深处,因此这惬意是神秘的,而越是有他人陪伴,就越是得顾及别人的感受,因此独处的生活是最佳的生活方式——当然,这只对极其稀少的人是适用的。对于这些少数人来说,外面的世界无论发生了什么,都与其毫无关系,除非属于他们纯粹的个人兴趣。① 这是令人极其兴奋的情景,其前提是克服恐惧。克服恐惧之后的兴奋,不再是平庸的兴奋,兴奋被升华了。兴奋不再是"应该的兴奋"而是被发明出来的兴奋,就像喜欢沉浸于某种神秘的气味、嗅觉、味觉,即使这不被别人理解,又有什么关系呢?是的,别人不理解,并不会对我们正在滋生的快乐心情有丝毫影响。

第欧根尼的轶事为人们津津乐道,但绝少有人敢去效仿,他选择了绝对孤独、不关心世事、自得逍遥自在。他蔑视礼仪和周围人们对他投来的鄙视目光。在这些意义上,可以说他与人类为敌、与全世界为敌。既然如此,他就成为人们取笑的对象、被看成是一个疯子,没有人关心他的生死,因为他不能给任何人带来益处。第欧根尼的哲学意义,在于他满心欢喜自主选择了一种不可能的生活,自由自在,别人没有能力干涉他和打扰他,即使贵为君主也对他无可奈何。他和别人的目光对视时,彼此都在可

---

① 另一个关于第欧根尼的例子:亚历山大是希腊城邦的首脑,一代英豪,到处都受到人们的尊敬和拥戴,他知道第欧根尼的名声,决定前去拜访。当亚历山大走到第欧根尼居住的"狗窝"(一只破木桶)附近,周围所有的人都热烈鼓掌甚至高呼"万岁",但第欧根尼只是一肘支着坐起来,一声不吭。更无礼貌的情形就要发生:亚历山大以君主的口吻问候第欧根尼之后,看到坐在破桶里的第欧根尼衣衫褴褛,同情地继续说道:"第欧根尼,我能帮你忙吗?""能",第欧根尼说,"躲到一边去,你挡住了我的阳光。"亚历山大不顾周围人的窃笑,叹了口气,说道:"假如我不是亚历山大,一定做第欧根尼。"

怜对方,但是究竟谁真正可怜呢?可见,"可怜"这个概念本身,除了字面上的意思,什么都没有告诉我们。词典是无力回答怎么才叫"可怜"问题的,回答"可怜"的细节甚至不是文学家的工作,而是哲学家的责任,哲学家要以身作则向人们显示怎样才是有意义的人生,那就是他自己选择的感到惬意的生活方式。

选择走自己的路,难免和生活习俗发生冲突,也就是"不懂礼貌",不被人理解甚至被鄙视、没有人关心你,你得勇敢地选择孤独,能在如此困境下仍旧感到得意的,就是第欧根尼在大白天提着灯笼寻找的"人"。

有创意能力的叔本华,区别于不能发明自己独有生活方式的庸俗之辈——那就是对自身的忠诚,它的意思不是自私,而是不要以"做别人眼里的自己"为使命。迎合别人,就不会感到孤独,但会导致平庸。但是真实啊!问题在于不同人眼里"真实"或"事实"的意思,差别极大:在叔本华那里,在孤独中创造性地写作才是最为真实的生活方式,而在很多人那里,按照生活惯例生活才是实实在在的生活。所以,关键并不在于概念,而在于对该概念的理解方式,这才算进入了事情的真实细节(细节就是"如何",与方式有关)。我们的信念不应该坚守在某个理念之上,而应该执着于构成理念的细节,这些细节是作为心理活动的身体行为或者化为身体行为的心理行为。我们真正所爱的,是如此这般地在细节上想心思。

细节(心理的、身体的、行为的、社会活动的)最根本的特征,就是自相矛盾,也就是积极意义上的"荒诞",因为在道理上讲不通:你在给出一个理由(事实)时,同时会有一个相反的理由(事实)在等着你,而且这两个"理由"都是铁的事实。换句话说,如果我们呆板地遵循逻辑学家的教导,那我们向前跑一米的路程都不可能,因为在理论上一米的距离可以无限分割下去,我们怎么能在我们有限的生命时间之内跨越无限的距离呢?但事实上我们轻松而惬意地向前跑,这就是细节的真实而非理念的真实。问题出在逻辑判断是现成的、不变的,它假设自己不依赖于时间地点(放之四海而皆准),但事情的细节却在于,一个东西既在此处又在彼处,而且这里的"彼"与"此"到底是什么,是无法预判的。换句话说,事物只有处于行为之中才是最真实的,而行为本身的特征,恰恰就是荒诞的或者是不确定的、亦此亦彼的。① 彼此都是真实的，但彼此相互冲突、相互否定。在这个意义上，寻找"正确"的人，是一个处于自欺状态的人，他把自己的身家性命投注到从开始阶段就靠不住的东西上面。

两可、无可无不可、什么都有可能、怎么都行，同时令人恐惧与兴奋，兴奋的极点就是死亡的开端。加缪说得并不准确，因为靠回忆为生的人，其行为能力已经死了一大半了，因为回忆永远不如身临其境的快感与惊慌失措。我们甚至盼着惊慌失措的时刻早些到来，因为当我们为"不惊慌失措"而做准备时，心情很焦虑，更糟糕的是，无论我们事先怎样准备，临场还是免不了感觉紧张、手足无措，这些甚至并不完全是由于没有经验造成的，而是因为日子永远是新的，要发生什么意外，我全然不知道。因此，第一个说"我不知道"的哲学家有大智慧，"我不知道"中包含多么丰富而有诱惑力的含义啊！首要的含义：它是一句在心理上非常健康的判断，实事求是且满怀渴望；它保持爱的姿态并且机动灵活；它对"什么"都无所谓，它不偏食，因为它好奇、它处于"不知道"状态；它所面临的可能是情意绵绵、粗口、侮辱、暴力、奋不顾身、在惊险刺激中死去、厌烦透顶，谁知道呢？

要把文学情景与哲学情景区别开来，以上我所描述的第欧根尼的奇闻轶事属于哲学情景，它没有宣讲哲学道理但是这些情景本身就已经是哲学道理，如果有足够多的类似轶事，串联起来，就构成一部真正的哲学小说，它与通俗流行小说的区别，在于哲学小说中的每个段落都意味深长，就像一句话背后有十句话，就像十句话所凝聚成的一句话。更重要的是，它不是来自生活或者是对生活的升华。不是的，哲学就是生活方式本身，而这"本身"的精神气质是艺术的。第欧根尼尊重亚历山大，才不见外地对其说："请躲到一边去，你挡住了我的阳光！"此刻第欧根尼心里只

---

① 以法国当代哲学家加缪下列警句为例：1. 如果你继续去寻找幸福是由什么组成的，那你永远不会找到幸福。如果你一直在找人生的意义，你永远不会生活。2. 不要走在我的后面，因为我可能不会引路。不要走在我前面，因为我可能不会跟随。请走在我的身边，做我的朋友。3. 一个人只要学会了回忆，就再不会孤独，哪怕只在世上生活一日，你也能毫无困难地凭回忆在囚牢中独处百年。4. 当对幸福的憧憬过于急切，那痛苦就在人的心灵深处升起。5. 当我听某人说话听烦了想要摆脱他时，就装出欣然同意的样子。6. 在隆冬我终于知道自己有一个不可战胜的夏天。

有阳光而城邦首脑亚历山大是"不存在"的,其"存在感"是他挡住"我的"阳光时才被我感受到的。但是,显然他更需要的是阳光而不是亚历山大。没有亚历山大,他仍然能活出他自己,但没有阳光他就活不成。因此,从哲学意义上说,亚历山大及其所代表的势力究竟是死是活,与第欧根尼一点儿关系都没有,后者只要有阳光照耀或者温暖他的"狗窝"就足够了,他只需要这一点点,他给点阳光就灿烂。第欧根尼不容易,因为他太不合群,一切全都指望他自己了,"克服困难"成为他的乐趣。当亚历山大说"假如我不是亚历山大,一定做第欧根尼"的时候,这个君主没说假话,因为做君主也得"克服困难",而且未必就比第欧根尼更自由自在。

必须亲自克服困难,在这个问题上人人平等。但是,分析人的差异比分析平等更有意义:你问我为什么痛苦?你问我为什么快活?我没法说出口、感到不好意思,因为我觉察到在遇到值得我痛苦(或者快活)的同样的事情时,别人是不痛苦(或者快活)的,这使我倍感孤单,但是值得我欣慰的是,我的痛苦与快活都很适合我自己,它们的深刻性在于它们是别人那里的例外或者意料之外、绝对的差异。当我为自己不被人理解而感到恐惧,美丽的时刻反而到来了。恐惧本身就是美丽的,就像身处风暴之中并且战胜风暴,就是美丽的。生活太舒适了,所带来的痛苦就是无聊感、无所事事。也就是说,没有困难需要克服,没有逆境来挑战自己,没有与艰难困苦搏斗的勇气,人生的幸福就减少了一大半。不要把克服困难与获得快乐,分为两个不同的阶段,克服困难本身就是最大的快乐。也不要努力克服困难,因为困难已经成了人生时刻面临的常态,就像努力已经化为我们的血肉,成为下意识的行为了。

想要、意志、愿望、兴趣、嗜好,这些都是近义词,它们之间相互解释。点燃生命之火的是热情。没有冲动,思想就是僵死的、毫无味道。在这个意义上,热情本身(或者博爱本身),就是人的宗教。"想要"本身(而不是想要的东西)就是生命的宗教,因为当人不再想要的时候,人的身心感官就会由于衰退而走向死亡。"想要"不似目标始终如一的"一条线",宁可说它由各种各样的差异性组成,不同线头之间的连接形式五花八门,是的,没偏食,才最符合营养师的建议,也就是什么都吃,这情景确实令人羡慕,就像一个失眠的人羡慕一个只要困了在任何环境下都能倒头就睡着觉的人（在某种意义上，这个失眠者和偏食者性质相同，偏食者只吃或者不吃某种食物、失眠者只有在特定的时间而且环境安静还得熄灯的情况下，加上服用安眠药，才能入睡，条件很苛刻，准入的门槛很高。在这个意义上，极度失眠者和极度偏食者，有一个共同的性格特征：追求完美）。因此，什么都吃和倒头就能入睡的人，天生如此，他们和偏食者与重度失眠者之间，彼此有天然的差异。

"想知道"（wonder）是"想要"的表现形式之一，要想活得有趣，不仅不要遏制自己天生的兴趣方向，还要善于发现自身的各种潜力，培养出自己原来不曾有的兴趣爱好，因为实在说来，每个人都并不十分清楚自己还有哪些潜在的才华。换句话说，只要动心，就可以勇敢地尝试。只要去尝试，即使"失败"了，也算有了人生经验，因此不仅算不上失败，甚至可以算作一次小小的胜利。好奇心甚至还可以对着自己，因为就像萨特说过的：我是我所不是的东西。有这信念做支撑，萨特什么都不怕，他表面上是一个无神论者，其实却是一个特殊的有神论者，他首先将自己虚无化，就"我"是一个深不可测的无底深渊而言，"我"就是我自己的神，就像尼采表白过的：假使有神，我怎能容忍我不是那神，所以没有神。尼采是精神贵族，有资格高傲。最有资格称为神的是"我"，但我不屑于这么自称，因此请众神都闭嘴吧！"想知道"或者"想要"是真诚的、不是自欺的，第欧根尼有着公开与风俗撕破脸皮的勇气。如果睡在木桶里面最舒服，那么别人理解还是不理解又有什么关系呢？他不仅停留在"只是想"的阶段，而且成为他的生活方式，它的深刻性就在于它的唯一性：别人都不曾像他这样做过，因此他受到众人的羡慕。理由很简单，人们出于天性，嫉妒或者想要自己缺失的东西，无论那是什么东西。

只有被囚禁在监牢里的人，才知道自己不能须臾离开的东西，那一旦缺失死亡就会很快到来的东西，我指的不是自由而是阳光。对于一个真正的哲学家来说，牢狱并不能使他丧失自由，因为他在任何时候都能想心事、回忆、动心眼，这些内心的精神活动是完全自由的，无论由多么牢固的铜墙铁壁铸造的监狱大门，都管不住这样的自由。但是，没有阳光，人就活不成。在哪里晒太阳都无所谓，就其属于凤毛麟角而言，第欧根尼懒懒地躺在木桶里晒太阳比一对躺在海滩上的情侣更浪漫。木桶是监狱吗？绝对不是，哲学家选择了不舒适的居住环境，是把克服困难（象征着思考疑难的哲学问题）当成生活方式了。但是，话说回来，哲学家在任何环境下都能思考，在大街上第欧根尼兴高采烈地滚着自己的桶，多么不合时宜的兴高采烈啊！与周围环境多么不搭配啊！但问题的关键并不在这里，而在于这桶被滚得高高兴兴。第欧根尼在根本见不到光的地方，极其蛮横地创造出属于自己的光，因此以上所谓阳光，并非是外来的，而是自己身上原本就有发光的能力、就在发光——这存在于无数细节之中的阳光几乎无所不在，随时随地等待我们发现它们，唤醒它们。这有点类似于恋爱，而恋爱可以说是人性天然爱心的最忠诚代表。一切浪漫的共同特点，是偶然遭遇而产生的爱，无论是即刻发生还是随着情景延续而缓慢地出现，它们都是不知不觉的相互感染，它的艺术价值不在于它有完美的结局，而在于它在出现的时刻就是缺失的，当说"你好"的冲动达到高潮，说"再见"的时刻很快就要到来了。"再见"挡住了刚才还情意绵绵的阳光。哲学家要有不断发光的能力，不要去选择舒服的情意绵绵。我的意思是说，要选择不舒服，就像只有睡在硬板的行军床上，拿破仑才能打胜仗。

第欧根尼、犬儒学派，不是消极和玩世不恭的人生态度，而是真实的积极乐观的人生观。与绝大多数人不同，犬儒学派从极其细微的小事情上获得极大的快乐，没有什么宏大的理想，就像陀思妥耶夫斯基描写的那个天真快乐的人，他认为喝下午茶这件事惊天动地，比世界是否即将毁灭的问题还要重要。这种细节上的激情与普通人想要的快乐有一个非常明显的差别，那就是普通人往往要通过与别人交往过程中获得共享的快乐，但这快乐要牺牲掉一些属于自己独有的东西，那些自己即使说出来别人也难以理解的快乐。在这个意义上，强调独享的犬儒学派表面上是遁世的、消极的，但是就其个人而言，则完全是自由的、积极的。在尼采看来，这些细微的、琐碎的、甚至在普通人看来没有价值的幸福、这些闲暇而困难的幸福、这些毫不起眼的幸福，才是真正的幸福，但它们却被绝大多数人视而不见听而不闻，人是多么不智慧的动物啊！[1] 重要的不是大幸福而是小幸福，但更加准确地说，愚蠢的人们不合时宜地纷纷将目光放在了瞧不起小幸福的大幸福上面，而根本就不知道与其说大幸福是由小幸福所组成的，

---

[1] Nietasche, *Untimely Meditations*, Cambridge University Press, 1997, p.61.

不如说根本就没有什么大幸福。所谓大幸福，收获的不过是一个大概念而已，但是概念本身既不好吃也不好玩，什么用处都没有。是的，不如下午茶那样情意绵绵，只要一想起来就有情调。就像我现在①期待着上午九点钟开赛的今年NBA"雷霆"对"勇士"的西部决赛（还有已经算不上遥想但却几乎时刻在想的6月10日欧洲杯的开场哨）。令我困惑不解的是，它根本不会让我现在走神写不好哲学问题，相反我顺其自然地把这种意味深长的期盼本身，视为最好的分析哲学的案例。那就是，幸福是一件非常容易的事情，我所需要的只是动动心眼而已，而且我这心思绝对不会对他人造成伤害。活着真好！为什么现在没走神呢？因为我想倘若我现在抓紧时间写点哲学问题，我就赚了——我要即时的幸福感，而不要死板地等待却手头什么事情都不做，这就亏了，因为这就等于我现在被一会（九点钟）才在央视5频道上所发生的事情所奴役。不是说现在的心情与九点钟无关，恰恰相反，九点钟就是现在的八点三十五分。当你有所期盼时，此时此刻的时间就有了厚度。这厚度不仅是由记忆组成的，还更包含了预期中要发生的事情。事实是，由于人有自由选择权（这与社会制度民主不民主毫无关系，再不民主的制度，也不会管制到你走路先迈左脚还是右脚），人们总是选择自己喜欢的事情，比如喜欢的细节可以琐碎到走路先迈右脚（即使左脚感到很不高兴）心里才踏实——我坚决认为这才是最真实的人生，而它是令人欢喜的。换句话说，一切怨天尤人的态度毫无道理可言，因为欢喜是一件非常容易的事情。

　　快乐的时间快到了，但它越是接近，我反倒越是冷静，相反的情景也一样，蒙田曾经说过一个使他感到非常不好意思的场合，那就是他的一个好朋友死了，周围的人都在掩面而泣，但蒙田却怎么也哭不出来。他当然与这个好朋友之间有着深厚的友谊，但就是哭不出来。于是，他总结道，看来在这个场合哭泣，并不是人性中一定要有的成分。于是，我总结道，要成为哲学家，首先要有某种"例外的不好意思"的能力，然后还要分析这种勇敢的厚脸皮究竟是怎么回事，这个思路会使读者感到亲切，因为它距离人性比较近，很多人都有类似的感受却没有能力（或者是出于不好意思）把它清晰地表达出来。

---

① 2016年5月25日上午8点15分。

要创造类似这样的强烈刺激：它看上去令人为难，似乎会使人感到不舒服，但是一旦粘上了就难以自拔，我此刻想到的是冷水浴和硬板床，也就是主动去创造或者迎接不舒服中的舒服。这很像是以如此的态度收拾坏家伙：既然你是坏蛋，那么好吧，我跟你走，把坏事做到令你难堪的程度也不罢手。你不好意思让我住手，因为命令是你亲自下的。你为了掩盖一个谎言，就得制造两个或者更多新的谎言，显而易见，谎言越多，圆谎的成本就越大，就越是可能被人揭穿。换句话说，摆脱奴役有两个办法，一个是走极端，例如你喜欢某种颜色，我就让全天下都是这种颜色；你喜欢吃饺子，就让你顿顿吃饺子；另一个办法，则是极端个人主义，例如陀思妥耶夫斯基的"下午茶"和第欧根尼的"木桶"。

犬儒学派是乐观的，它强调真正幸福的生活永远发生在当下，无论当下正在发生什么，当下总是活生生的，这就与记忆区别开来了。当下"记忆"所带给我们的快乐，只在于我们事实上在想起往事的时候，总是不自觉地修改往事的性质或者意义，就好像只有善于遗忘才会给我们带来快乐似的，就好像对付此刻危险景象的最佳办法，就是对危险视而不见，就好像无论别人怎样看待我，我都应该对别人不怀恶意而面带微笑，我管不住别人怎么看我，但我能管住我对别人的态度。千万别对别人抱有成见，因为他在特定的环境场合今天对你如此这般，明天环境变了，他对你的态度就会如此那般，这种情形，就和见什么人说什么话一样，绝对不是做作虚伪，而是灵活机动的真实。

四 "缘遇"与去标签化的思想运动

赫拉克利特的箴言，告诉我们别离不可避免，但我和你好并不是为了说再见，就像我并不是为了死而活着，哲理在于虽然"离开"不可避免，但态度仍旧可以选择视而不见，这就像我们不能将时间浪费在讨论幸福究竟在哪里一样，因为这种讨论本身等同于试图用理论代替活着的内容，从而使我们不幸。我知道你要走，但是此时此刻我和你在一起，这就是幸福的全部含义——事情的本质既简单又深刻，难度不是吗？活着的真谛，就在于使当下变得有趣而生动，而不是把时间浪费在对过去发生的事情感到后悔，或者对即将到来的事情感到恐惧。活着的真谛，就在于使当下有趣而生动的情景"走得缓慢一些,再缓慢一些",给我们的生命以值得玩味的厚度。

抓住有厚度的"现在",沉浸其中,这是人与动物的区别,这区别的维度在于时间。动物是完全没有时间概念的,它们活在简单的当下,但是人活在有厚度的"当下",是时间之中的人:唯一真实的时间就是现在,这是对的,但"现在"活动的精神动力,来自对曾经的自己的满意程度和对于未来的期待。过去、现在、将来,都浓聚在当下,这就是我所谓时间的厚度。也就是说,人类文明的一个重要标志,在于人知道自己有历史,而动物不知道。当人说自己知道的时候,人处于反思状态。这就加深了我们对叔本华所谓"意志"的理解,"Will"这个简单的英文词同时意味着"意愿"和精神的朝向,但必须要从中读出英文词典里没有揭示的含义,例如它还应该包括冲动、动机等,而这些又与短期和长期的兴趣连接在一起,它构成了我们正在做的所有活动,因此叔本华说世界来自"Will"——它是"我想要",已经含有行为因素了,因而不同于忽略了时间因素的静态的"我思"。"我思"是清楚明白的,因为排除了对于时间本身的思考,就等于排除了自相矛盾现象。换句话说,只要是人,"我思故我在"就放之四海而皆准,这个道理忽视了"我思"这种清晰的反思式归纳来自无意识的行为,也就是那些混沌但是却有厚度的"我想要",它包括了以上加缪描述的世界的荒诞。世界之荒诞在于人心之荒诞。通俗地说,即使人类最简单的行为,也只是看上去清晰明了,但这些行为本身(无论是念头还是在制造某个日常事件)是一些自相矛盾(也就是荒诞)的"晶体",就好像同时的多样性中不得不只选择一种可能性。传统哲学家们往往只注意到这个"一种"即清晰性与逻辑性,但是就掩盖了其他可能性而言,这些所谓公理或者"约定"(用19世纪法国科学家彭加勒的话说)并不具有普遍适用性,它有局限、只适用某场合,它只是很多潜在的视角之一,属于有幸被实现了的可能性。但是如果我们把它视为唯一的可能性,就大错特错了——这正是悲观主义的思想根源,因为它只盯住了"唯一"的悲惨方面,并且视之为无法解脱的命运,从而错误地认为"自由"就是认识这唯一的必然性并且在它的基础上约束自身的行为——这哪里叫什么"自由",分明是奴役。

自由在于尼采说的"返回原样的精神",也就是原本既可能这样也可能那样出现的跃跃欲试状态，但奇特的是，它并不是只处于念头状态或者纯粹理论状态，它属于行为——再重复一遍，即使最简单的人类行为，都是"荒诞的清晰状态"，因为它实现了在逻辑上不可能的事情（古希腊哲学家早就说过，运动是不可能的，因为即使简单的跑步，从逻辑的观点看，都是不可思议的）。正是在这一点上，海德格尔和德里达这些人，描述了很多从近代西方形而上学传统看来非常奇怪的思想，将原本清晰简单的问题复杂化了，类似这样的表达"不可能的可能性"，这是当代隐晦哲学家、当代的赫拉克利特。所谓"不同于存在"或者"全然的他者"，不过是用当代哲学语言描述赫拉克利特式的"诡辩中的真实"，例如人不仅不能两次踏入同一条河流，就连一次踏入同一条河流都是不可能的，这是对同一性的彻底否定，或者叫对"纯然的差异"之彻底肯定。它的荒诞性就在于，它同时肯定了辨认是不可能的但却又是必须要有的，它"普遍有效"，即使是简单的翻译亦然。

举一反三，人生的意义就在于它是"无意义"的，并因此而显得非常有意思，因为事实上日常生活就是由"不可能的可能性"所构成的，平庸的人没有能力发现这一事实，还以为日常生活不属于发明创造呢！进一步说，"不可能的可能性"等于说"活着就是创造生活、就是以艺术的方式活着。"因此，可以修改尼采的"永恒回来"的意思，它并不令我们绝望，因为永远回来的可能性，在于这些事情原本是不可能的，是我们生硬地、决绝地使它们成为可能。也就是说，平淡的日常生活本身却是由各种各样的奇迹所构成的，就像世界上每个人能降临在这个世界上都来自纯粹偶然的幸运或者遭遇，它既来自父母偶然的"缘遇"，更来自某个精子与卵子鬼使神差地撞到一起：你和我，我们原本完全可能不存在，因此要庆贺自己能存在。换句话说，总有人降临，但是降临的是"我"的概率太微乎其微了，"我"一出生在天性上就是"不可能的可能性"，这种没有理由的存在似乎作为人的精神遗传基因，属于人性，不分种族，也无论是古代人还是现代人。这是对悲观主义的彻底驳斥，因为每个人的天性都应该是乐观的，因为你已经"大赚特赚"了，你原本不可能存在，但是你却令人匪夷所思地存在了，你降临这个世界，这个大快乐你首先应该记住。由此推之，对于琐碎而片段的人生记忆、面对将要发生的无论任何事情，你首先要以感恩的姿态记住快乐，并且以乐观的态度对待普通人所沮丧的那些事情。乐观的根据恰恰在于它的荒诞性，即不讲理总是可能的。如果悲观绝望是人生最终极的恐惧，那就让我们以不讲道理的方式玩味这些事情。但是，我并不是在这里提倡玩世不恭，幸运的心态和不恭的态度根本就是两码事。我说"不讲理"，其实意思是说即使是人生最危急的时刻，也可以不把时光耗费在悲痛之中，而是转移注意力，全身心地投入自己感兴趣的事情之中。

我把叔本华的"Will"哲学，理解为没有纯粹个人兴趣，人就不再称其为人，它不是身外之物，而是纯然内在的活着的动机。所谓不是身外之物，是说我们并不是想真正在物质形态上拥有某种东西，而只是全身心沉浸其中，是一种欣赏的态度，这就升华了纯粹个人兴趣。

我进一步补充加缪描述的荒诞人生，它们一概以自相矛盾的方式存在着，例如全然孤独却高效地与世界（它包含但不局限于当下的世界）交往、欣喜若狂的紧张焦虑感、非常高兴地看到自己被人怠慢、以决绝地方式活着即把每一天都看成非常可能是自己人生中的最后一天、要以写遗书的笔调快活地写出自己的活思想、①越是危险越兴奋。真正值得读和值得写的，是以冒险的方式思考着的东西。有可能两个聊得非常热烈的人其实心里恨不得对方死，而两个彼此有真诚友谊的人在交谈时话却不多，只是相互之间深情地行注目礼。所谓荒诞，就是以非常规的方式撕破对人生惯常的理解，于是生活目的、爱情和友谊、幸福、智慧、勇气、美、善良等概念，全然拥有了不同的意义，以往的哲学家很少从这些意义出发思考这些概念，更不用说普通人了。于是，可以这样说，什么是荒谬的人生呢？就是不平庸。这就超越了《社会契约论》中强调"平等"概念的卢梭，但是却显露出卢梭的另一半，他极度自信自己生来就不同于别人。卢梭真实的肖像应该像一幅毕加索的立体画，同时的多视角：这几乎就是人生荒谬之本意：人们总是在既想要这个又想要那个的犹豫不决中急匆匆地"胡乱"选择了一个，为什么呢？因为我们已经闲暇到如此程度——我们没有时间。我们变得自己都不再认识自己了，我们比我们想象的还坏，同

---

① 克尔恺郭尔说自己只读"死囚犯"写的书（我想到索尔仁尼琴的《古拉格群岛》），或者冒死而写出的书。尼采在《查拉图斯特拉如是说》中也说过类似的话，他说自己只喜欢读蘸着生命的鲜血写成的书。

时我们又比我们想象的还好（当然，这里的"好"与"坏"换成别的概念也可以，例如愚蠢与智慧）。只有不聪明的人，才会纠结于想弄清楚自己究竟是一个好人还是坏蛋，因为究竟什么是好和坏，千年之后人们还会争论不休的。因此，有兴趣地"使坏"，至少收获了实实在在的兴趣，而没有为赢得某个标签很累地活着。蔑视平庸也是一件很惬意的事情。还有就是，事情如自己所预料的那样出现了。在这些时候，惬意等同于暗暗地称赞一下自己的智慧。

继续说荒谬的人生，把烦恼、痛苦、孤独感等逼真地书写出来，竟然转变为莫名其妙的快乐。文字使得原有的感受发生了质变，注意力发生了奇妙的转移，这动笔的过程很像是电影观众在欣赏灾难片《泰坦尼克号》，快活地流着眼泪。

我几乎顷刻之间就明白了克尔恺郭尔的"死囚犯"写的书和尼采所谓"血书"，它们是完全改变哲学面貌的惊人见解。径直说吧，就是把自己代入所写的东西之中，这是西方传统哲学的禁区。斯宾诺莎说要理解真理，不要笑也不要哭泣，但克尔恺郭尔和尼采反驳说，笑和哭泣本身，就是真理。传统哲学属于纯粹的思想或者思辨，而当哲学家把笑和哭泣本身作为思想的研究对象时，哲学从深刻转向了"有趣"，哲学不再似乎高高在上与我们无关，因为我们每个人都体会过哭和笑。就像胡塞尔说的，从此哲学再也不离开生活世界。这个世界并不是从外面硬塞给我们的，而应该更恰如其分地说，生活世界就是人类的骨肉、是我们血肉的延伸，我们原本就是这个样子的，因此要"返回事实本身"。

当代哲学以独有的方式复兴前苏格拉底的哲学，那就是与其要知识，不如返回实实在在的生活世界，它如此这般或者如此那般，如此这般有趣或如此那般无聊。我们的一生同时是有趣的与无聊的，分也分不清，因此无聊的事情本身就是有趣的，就像我们投入的全部感情都不过是来自我们自身的幻象，我们爱我们自身之外的人或者事物，但是它们一概不过是某些并不真实存在的东西。相比之下，这样的说法更真实，即在这些情形下我们爱的不过是我们的"爱本身"。自恋的深刻性就在于它赤裸裸地揭示了人的存在本质就在于人注定是孤独的。天下没有不散的宴席，这是真的。但是，更深刻的，在于人不可能驱除孤独感，孤独就是人的生存方式。既然如此，我们不要指望能赶走它而要爱上它。就像爱是全然的，或者全有或者全无，爱就是连同对方的缺点也一起爱，因为不完美是爱的一部分，就像人天生就是有遗憾的，因为人必死无疑。大大小小的遗憾激怒了我们，但每次当我们奋力想去摆脱它们的时刻、在我们真的摆脱了某个遗憾的时刻，却同时也是陷入另一个遗憾的时刻，这种令人绝望的真实人生又一次揭示了人生是完全荒谬的过程，千万别妄想能把它梳理清楚。这就等于以哲学的方式解读了李煜的"剪不断，理还乱"。所谓哲学方式，就是积极方式、就是不把它当成无可奈何的情绪而当成一个问题去思考，从而给当下滋生的某种情绪以永恒的价值。

不完美、自寻烦恼、没有意思等，这些情绪本身同时是坏的和好的、消极的与积极的，因为我们在其中活着的同时，也享受着其中的思考。我们永远想逃跑、永远想生活在别处。生活在别处的人也想逃跑，但却想逃到我们这个地方，我们从这个事实中收获的绝不仅仅是窃喜，也不能简单地说人是愚蠢的，而要把这个事实想象为这样一个哲学问题，即我们永远与尼采指给我们的人类命运奋力抗争，我们寻求的有意义就是有意思，就是想让永远回来的似曾相识的东西不相似。我们必须把它想象为一个新东西，即使它仍然是旧东西的翻版，但是趣味就在翻版之中，我们走神就是期盼发生期待中的奇迹。自我制造这些幻想新奇的能力，就能使我们面对生活世界的时候保持津津有味的乐观态度，而缺乏这种童贞态度的所谓有城府的人是不快乐的，因为他们太实际了，实际到在任何情况下都知道自己应该怎么做才是"对"的。也就是说，从脱离童贞的时刻开始，他们在漫长的人生中远不像人们所认为的那样快乐，因为没有好奇驱动他们的兴致、没有因精神匮乏而产生的折磨供他们享受，他们完全不处于不可思议状态。

混日子的态度，就是每天都差不多一样。艺术—哲学的态度，就是心怀某种并非全然不可思议的紧张感，认为那些几乎伸手就能够抓到手的东西在自己的犹豫不决之中会迅速溜掉，这些东西既普通又神秘，它的普通性就在于它的神秘性之中。在这里，有意思就在于紧张感，心思似乎处于知道与不知道之间。这里的意思就在于我们不可能完全准备好，一切都指望临场发挥。在这里，事情的珍贵就在于它马上就要消失永不再来，因为再来的绝不会是同样的东西。当下的价值就在于它就要没有了。悲观主义的人生态度，就在于它总想要恰当的东西，但问题恰恰在于，恰当的东西根本不存在，就像完满不过是我们想象的产物，我们只能面临当下似乎是恰当的东西而它一会之后就不再恰当，或者干脆在我们遭遇它们的时候，它对于我们就是不恰当的。换句话说，虽然它不恰当，但是它新奇，我们误将新奇理解为恰当了。所谓恰当与否的问题，属于反思层面上的问题，它是僵死的因为它总是事后诸葛亮。

因此，要用热情取代恰当。热情属于精神本能，恰当属于意识形态。人性高度凝缩在本能，而不在于恰当（人性是善的或是恶的）。无所谓恰当的人性，只是人性。

历史是被那些敢于冒风险的人创造的，他们并非一定是自己所处时代最聪明的人，他们的胆量甚至大于他们的智慧。他们只是被一时的热情激发起来，它们的行为既可能永垂青史，也可能带给人类巨大的悲剧，这些蝴蝶效应是这些勇敢者事先不可能知道的。如果事先知道，他们的冒险行为很可能就消失了。意志在效果之前，效果是现成的存在，是曾经的意志之结果，意志则永远以混沌的状态不可思议地在效果之前，意志可以指向任意的方向，只要具有想到的能力，没有意志不敢想的问题，只有想不到的问题。

如上所述，追求恰当，等同于追求乌托邦——世界上并不真实存在着的东西，因为它属于超越时空事实的普遍性，在这个意义上，合适不同于恰当。合适，可以用两个汉字"凹凸"来描述，它属于在某种特殊情境下相互感到惬意的时刻，例如"酒逢知己千杯少"。尽管乌托邦并不真实存在，但并不妨碍多少世纪以来人类不合适地以实现它为人生目标，这就使得人生过得很累而且不合适。为什么累呢？因为不实事求是，但我这里不实事求是的意思，不是把"实事求是"理解为所谓按照客观规律生活，我的意思恰恰相反，实事求是的态度，就是以敏锐的心思注意到事情总是以脱离常规的方式实现的，也就是我们总是事先自以为聪明、自以为知道事情会以怎样的情况进展或者发生，但真实的情形是我们不可能事先准确知道，甚至就连大致知道都不可能。因此，真正有智慧的人，就在于随机应变的能力，到什么山上唱什么歌、见什么人说什么话的能力，这不叫虚伪，这恰恰应该叫实事求是，它们与有限度的当下场合相吻合。但超越这个界限，见人说鬼话，见鬼说人话，就不会有"酒逢知己千杯少"的效果了，这个效果之所以值得珍惜，是因为即使千杯万杯，最终还是得说再见,这就是事情的界限。没有这个界限,人会厌烦的,因为一个界限就代表一种性质,而人活着的趣味与深刻性,都在于人"不只有一种性质"。

离开常轨、失常,这样的情形不是偶尔出现,而是时刻发生着的事情的本来状态,这就出现了很多意料不到的错误搭配,例如可以说合适的东西竟然是一个在常识看来是错误的东西。错误=合适,但这是一个正确的判断,这里没有"好像",因为它实事求是。所谓规矩本来就是习俗的结果,即使它是符合人性的,也只反映了人的某种性质,但人的荒诞性在于人同时想获得自相矛盾的东西,只是由于自身匮乏那种东西而暂时地想要,它是一种临时的界限,但是却活生生不可视而不见,因为生活中这些曲线构成了我们有遗憾的一生。巴金的小说《家》为什么当时有轰动效应?因为它破坏了暮气沉沉的老套大家族的生活习俗,它解放了一种被叫作"个性"的东西,而这对于当时的中国人来说是离开常规的、陌生的,因而也是痛快的。这甚至使"罪"这个概念同时有了相反的含义,如果把获得了本来根本无法获得的快乐叫作罪恶的话,人性中就永远暗藏着重复犯罪的动机,因为"正确"在与"快乐"的较量中,永远要落败的。帕斯卡尔早就看清了这一点,因此他在《思想录》中极具智慧地指出,柏拉图是怀着精神消遣的目的,一不小心写出了传世佳作《理想国》。

因此,在人类文明史上,若是只有"正确"而没有快乐,那么这"正确"就是"不正确"的,因为快乐本身就已经意味着正确,没有趣味的"正确"是不可能长久的,因为这种所谓的"正确"恰恰是从根本上压抑人性(人的本能)的东西。因此,我倒是觉得,如果说人有原罪的话,恰恰就在于世世代代的人类总是追求"唯一的正确",它使得人类活得很累、很不快乐。

锁链必须有,但是要挣脱,用卢梭的话说,人生而自由,却无往不在枷锁之中。很多人把这个著名判断理解为必须从枷锁中挣脱出来,但读完了《社会契约论》就会知道,卢梭不是这个意思。后来,人们争论卢梭到底是社会主义者的先驱还是自由主义的鼻祖,这个争论是不可能有正确答案的,因为偏执一方的人们没有想到,卢梭在无意中揭示了人类自相矛盾的天性,也就是所谓荒谬性。卢梭的天赋使他可以随时从相反的思路出发,以滔滔雄辩的姿态使他随意播下的一粒思想的种子迅速成长为思想上的参天大树,这是他精神的冲劲与偏执的效果,为了合适,就得"偏执"。他的自相矛盾,只是他的思考视角转变的结果。没有什么唯一正确的思想视角,只是视角而已。没有"偏执"就没有兴致,如同看足球或者篮球比赛的心态,必须拥戴比赛中的某一支球队,否则公平倒是公平了,但趣味全无(因此,在这个意义上的"公平"是"不正确的")。人是自己天性兴趣、性格的产物。这是第一天性,但是与此同时,接受自己第一天性之外的事物的影响,自由而独立地思考,会培养起自己的第二天性,后者之所以更重要,在于它是反对命定论的:我们可以有更加美妙的未来,因为我们可以自己创造出一个新的自己,这个新自己,无论从家庭遗传还是民族遗传,都是解释不了的。这也是尼采的风格,他总体上是强调经验反对先验的。

无论对于一个人还是一个特定社会而言,什么叫有文化?也许有人会回答说:有信仰、有人文关怀、有发达的科学技术、人们的精神文明素养高——但这都是表面上的、俗套的回答。我们从中只是读懂了某些自以为事先就明白了其含义的概念,并且下意识地将这些概念串联起来,但如此获得的理解并没有给我们留下深刻的印象,它滞留于一般性或者普遍性,它不流动,因此它没有深入到事情的内部:"这就解释了为什么我们的现代文化不是活生生的事物……它完全不是一种真正的文化,而只是某种关于文化的知识;它只是关于文化的观念或关于文化的感情,但却不是从这观念或感情中所呈现的文化成就。"① 这里有知识与灵感的冲突,知识是现成的东西,表现在我们给各种各样的事物贴上一个标签,似乎这就表明我们已经理解了它们的本质:这是文明的、人道的、有素养的,那是不文明的、非人道的、没道德的。这会培养起"不思考"的习惯,我们爱某些概念或者恨某些概念,但无论怎样,这些概念虽然很可敬却不可爱,因为它们与我内心此刻更为真实的想法毫无关系,我从中只能获得一种异化了的自欺或者"假激动",我能假激动因为我忘记了我自己,我将心思用在我自以为与我有关其实跟我一点关系都没有的"标签"上面了,这是一种无趣的、浪费年华的思维习惯。

一百多年以来的西方文化,在某种意义上说,就是"去标签化"的文化,还原原汁原味的真实:叔本华的"意志"比康德的范畴更原始更

---

① Nietasche, *Untimely Meditations*, Cambridge University Press, 1997, p.78.

真实、印象派绘画捕捉的自然现象的瞬间景色，比透视画的"永恒"更原始更真实、弗洛伊德的无意识比传统哲学家关于概念的意识形态立场更原始更真实。与近代启蒙思想运动不同，去标签化的新文化启蒙是泛艺术化的，其学理根据在于瞬间、印象、灵感、当下、初始时刻、情绪、冲动，这些词语都不仅是概念，而首先是内心行为，或者是这些行为的直接表现，它们是刚才还不曾有的当下才涌现出来的东西，它们自身的呈现已经意味着创造（无中生有）并因此可以被称作艺术。思想归化为艺术而不是相反，也就是，要对思想提出最为苛刻的要求。如果不是创造性的思想，语言就不要"说话"。虽然我们知道语言不可能接受这个要求，但没有什么不可能，因为我们这里所讨论的既是哲学也是艺术。

"去标签化"并不是从此再也不使用标签，而是说，创造性的思想要求我们把"标签"置于我们当下的意识流动之中，从而导致对"标签"的过度而激进的理解，但这种被当今学界叫作"激进解释学"的思想，应该恰如其分地被叫作"原样的心思"，也就是实事求是地在描述正在发生着的精神状况，而拒绝以"标签"作为正确思想的条件或者先导。

有各种各样的"标签"，它们都像是超级市场的货架上揭示各种不同商品的文字说明，但事实却是，这些具有广告效应的标签，往往与商品的真实内容之间，一点儿关系都没有。我们所消费的从来就不是标签，而是商品的内容。广义上的标签，既包括了广告宣传，也包括了各种各样的装饰，也包括了广义上的名牌，甚至可以从中建立一门被叫作"名牌心理学"的新学科。人们不再相信一个人的内在价值，人的价值被异化了、被下列东西所代替：一个身着名牌衣服的人、一个有着显赫头衔、开着豪车、住着豪宅的人，甚至只是由于某人的手机号码以"8888"结尾，就会遭来自发的尊重，人们相信拥有这部手机的人一定实力不凡，是一个有价值的人、值得打交道的人。对于凡此种种现象，如果我牵强附会地说，它与概念思维有关，而且表明它和概念思维一样只是一种停留于事物的外表（没有还原出事物自身的原样）的思维，即使可能很多人不会同意我的这个见解，我坚信我的这个说法是有道理的，它和童话《小王子》的一段讽刺实质是一样的，小王子觉得成年人根本不懂得自然事物真正的美，要让大人们承认一座房子是美的，你得对他们说："这房子花了我1000万人民币"（我这里自动转换成国人容易懂的语言）——这就是典型的标签式思维方式。同样，为了形容一个人厉害，你得说他是个部长、总裁、是一个亿万富翁之类。

名牌衣服、豪车豪宅、部长或者总裁的头衔、拥有一部尾号为"8888"的手机、甚至办公室挂着一幅大人物的"墨迹"、认识很多大人物，如此等等。这些东西同时是不真实的与真实的，相信这些外部标签的人都非常现实，这些现实的人不但不是"傻子"，甚至可以说比脱离实际的哲学家要"聪明"得多，他们从中会获得真实的来自他人的羡慕的目光，他们能拥有实实在在的物质财富，他们甚至有更多的闲暇与自由，他们远比普通人更能实现自己的世俗愿望。但是，有一点被人们忽视了，只要拥有这些实在的外部标签的人还是一个活生生的人，这些人几乎有一个共同特点，他们是活在别人眼里的人，但我的真实意思是说他们害怕孤独，忍受不了独处的寂寞，他们之间互相依赖（以互相赞美的方式互相利用），他们为此付出了巨大的时间成本。从哲学上分析，由于这是一种最典型的异化现象，也就是这是误将人的第二天性看成了人的第一天性，从而这些活在"标签"里难以自拔的人最害怕的，就是失去这些标签。但是，非常不幸的是，这些标签确实是靠不住的，笼罩在自己身上的这些"标签光环"随时随地有可能失去，这情景对于这些人来说是恐惧的，因为那样的话，他们将不再是自己，他们将会感到孤单寂寞，这是由于他们再也不能返回人的原始的第一天性了。

从此，重要的是人们所穿着的衣服质量，而不是藏在衣服背后的肌肉的质量，就好像一个人为了让自己显得更像一个知识分子，无论是否真的近视，也要戴上一副文绉绉的眼镜，即使实际的情形是，是否拥有智慧，与是否戴眼镜之间，一点儿关系都没有。是否有健美的身体，与穿什么样的衣服之间，一点儿关系都没有。看重眼镜和衣服之类的装饰，这就是"文化"的最重要起源之一，也就是替换、象征，因为事实上很多有智慧的人确实是戴眼镜的或者在穿着方面有独特的审美能力，但这种替换是非常危险的，它忽略了那些视力极好同时又智慧非凡的人，以及不修边幅却感情深厚极其细腻的人。于是，在这些危险的替换过程中，我们拥有了标签或者事物外在的形式却放弃了真实的生命，忘记了那健美的身体原本是不需要衣服的。

也就是说，我们误将原本没有生命的东西，视为有生命的，而真实的生命却被种种作为装饰的标签掩盖了、压抑了。令人惊奇的是，当我以上说到"一百多年以来的西方文化，在某种意义上说，就是'去标签化'的文化，还原原汁原味的真实"，尤其应该分析其中"真实"一词，有着极其复杂的情形，因为表面看似乎有矛盾，因为广告、装饰、包装业，在20世纪似乎到了登峰造极的程度，它们是"没有必要的必要"，也就是奢侈。所谓奢侈，就是从"必要"中多出来的东西。于是，我可以修订我的说法，"去标签化"应该被理解为不再用同一性的眼光看人，如同同一个人同时有很多相互冲突的行为和心思。人是各种不同碎片的连接，同一个人同时是贪婪的、节俭的、勤奋的、懒惰的、无私的、自恋的、聪明的、愚蠢的。总之，人是难以描述的、是荒唐的甚至是不可理喻的——进入这荒谬性，等于打入了人生荒谬性的内部，平静的心态不见了，我们不再回避胡思乱想、焦虑不安。我们从此搁置或者回避试图给人类一个统一的、一以贯之的"正确"说法，因此20世纪新启蒙运动质疑"人道主义"，就像萨特说的，一个人是他（她）所不是的人。于是，孤独与荒谬的本色浮出了水面：不被理解、有隐私、神秘感、不合群、偏执、有怪癖——这就对了，人原本就是这个样子的。幽默点说，就是活得结结巴巴。一个结巴在公众场合出于自尊也能比较流利地讲话，但此刻他在极力控制自己，他是劳顿的，远不如在结巴时那样痛快淋漓。

因此，痛痛快快地结巴，可以说是人生的高等境界。比如在酒桌上，你和你位置左边的人说话可能有酒逢知己的感觉，转而和右边人搭话时，却马上转到"半句多"了，彼此的过渡，就是千万种结巴中的一种。结巴是必须的，见什么人说什么话是必须的，这不叫说假话，而叫恰如其分。恰如其分地结结巴巴，就像忽而这样说忽而那样说，虽然说得自相矛盾但是说得痛快就顾不得那么多了。为什么？没有为什么，因为荒谬所以我才相信。我小时候看电影，女特务总比女八路吸引我，我觉得非常自责，认为自己因此也不是一个好人。但是现在，我终于想明白原因了，女八路的化妆和举止行为基本上是一个套路，因而就框死了，直白点说就是女性特征不明显，相比之下，女特务要妖艳且嗲声嗲气，而且怎么嗲都行，戏路子就宽得多，因更接近人性从而更吸引人。这是导演事先没有想到的，因为观众选择了"不正确"的"坏东西"。但是，这也是没有办法解决的事儿，就像一个人写出一句话，他认为读者应该怎样理解，但事实上,他永远左右不了读者实际上是如何理解的,因此,会说的永远赶不上会听的。如果一个军礼和嗲声嗲气都是标签,那军礼是透明的但"嗲"因不甚透明而更加具有神秘性。

换句话说,是从标签过渡到象征,标签是一对一的,就像货架上的商品一样,但象征不是一一对应的,它可以同时隐喻很多彼此没有关联的因素,得靠想象使之一一连接起来,在这里甚至一切感受能产生一切感受,以至于我们忘记了最初的感受。这些增补的多余的感受往往是我们自作主张创造出来的,它们既可以这样也可以那样,又是精神上的结结巴巴。

既然美在于心思,既然美想有就有,既然美随处可得,那么,为了拥有一幢价值1000万元的房子而奋斗终身,岂不是非常不划算的想法吗?为什么如此多的人想不通这个道理?为什么如此多的人甘愿受奴役?为什么如此多的人穿衣服是为了给别人看而不是自己感觉穿着舒服?我觉得原因在于,多数人总是自觉不自觉地看重别人对自己的看法,并且不恰当地认为这些看法决定了自己的价值。背后深层次的原因是不自信、更深层次的原因是离开了别人就没法活、害怕孤单。还有另一种不恰当的自信,就是自以为自己能改变别人,这和将自己的生活方式强加给他人一样,是不道德的。同理,一个模仿他人的人,是没有力量的人。

我还是喜欢结巴,一个人要是总谈论什么,就是喜欢什么,一个人写文章总是把"我们"写成"我",这个"笔者"不是自私的而是自恋的,但反过来的人我觉得对孤独心怀恐惧,好像在说"我不是一个人",以此壮胆。当然,我喜欢的不仅有结巴,通常的情形是这样,如果我对某种思想情调有兴趣,就非得把它说到底,一直说到无话可说,再换别的话题,但若是又有了对刚才的情调的新感受,就不惜破坏写文章的礼节,固执地重叙旧情。"你这是冲动",是的,但我在冲动时同时也是把"冲动"本身当成哲学问题来写的,是双重写作。比如,飘起来的冲动就属于抽象的冲动,属于冲动中的高难动作。

人的冲动属于神的冲动,与动物的冲动不同。人固然不是上帝,但人有一种奇特的精神本能,即能在瞬间以凝思或者凝视的方式走神溜号,从内心深处改变自己正在从事着的行为的性质(把 A 当成 B、C、D 等)。换句话说,重要的并非这些行为本身是什么,而是我们将它们看成什么。所谓信仰,通俗点说,就是没有原因地"看成",它不是一次性的行为而是流动行为（因此当代欧洲哲学家认为漂泊流浪破碎而不连贯的生活，是更为真实的生活）。这些"看成"是自内而外的精神需求使然。换句话说，生命是由一连串的精神冲动所构成的。一个抽象的人只不过是人的雕像而已。以往人们过于关注人与人的关系即社会性，又设定人是生而平等的，当然这是必要的法律和权利意义上的平等，但是这些看法在强调作为个体的人的同一性的同时，忽略了人在精神秉性上的差异性。人与人的关系，不是和一个"客观对象"的关系，而是一种不透明的"我"与"你"的关系，是陌生的、进不去的关系，这是更真实的关系，就像宴会总要散去而"与自己为伴"的亲自性是永远不会散去的（只要你还活着）。这就暴露了在法律与权利上的人人平等只能以一种必要的理想状态存在着（这就像翻译是必需的，但同时又是不可能的），这就是近代启蒙思想告诉我们的文化。当代哲学不满足于这样的文化，因此才有了去标签化的赤裸而原始的行为：活出我（或者你）自己。我疏远社会、疏远他人，我是社会上的陌生人，这就没有发生法律方面的问题，因为法律是建立在人与人之间关系基础上的，在单独一人的情形中法律失效了。由此可见，法律只不过揭示了人的真实生活的极小部分，而且是外部的"文化"部分，法律与孤独的话题，风马牛不相及。但是，孤独却构成了真实人生的大部分内容，在这方面的精神金矿，以往的哲学家们只挖掘了十分可怜的"一点点"。

五 "我"的教养：与自己搏斗并且认真地去"制造一个错误"

以往的文化中人们十分看重自己在别人眼中的"形象"，"谁也不敢显出自己的原形，而是作为一个有教养的人、一个学者、诗人、政治家，将自己伪装起来。"[①] 但是，当代哲学家对这样的"教养"很不满意，就像普鲁斯特对上流社会的社交生活感到枯燥乏味一样。人们突然发现自己除了"教养"什么都没有，人只是为了成为别人眼中的"自己"而很累地活着，却没有活出真正的自己。是去除这种社会异化现象的时候了、是

---

① Nietasche, *Untimely Meditations*, Cambridge University Press, 1997, p. 84.

去除这种自欺的时候了。把名牌衣服脱了吧,别在豪宅豪车里给人家看吧,无论它们如何雍容华丽。亮出自己赤裸裸的身体吧,尼采只看重它是否健美,倒要看看,没有了社交生活的"教养",能不能死?当然不能,反而有豁然开朗的陌生,因为顷刻之间一切惯例都不复存在。仿佛在顷刻之间,即使日子还是平常的日子,即使周围的一切如旧,但是尼采已经泪流满面——这就是他自己独创出来的陌生,它刚才尚不存在。他足不出户却仿佛已经周游了世界——幸福是件非常容易的事情,但是又十分困难,得更新自己的灵魂。是的,灵魂只有在最危急的时刻才经历检验,尼采像德里达晚年说的:"我向我自己开战!"

什么叫作"与自己搏斗"和认真地去"制造一个错误"?对于这两点,其实有各种各样的理解。首先,这两者之间原本"不认识",但巧遇了,我觉得他们属于我上述的缘遇,因此应该有思想上的惊喜。其次,同时思想这两者,会形成某种新思想,由于是缘遇,所以也可以说是"爱思想",它不是一本正经的思想结果,而是因新奇而发生的思想走神现象,例如以下的描述与分析:

如果一个"哲学工作者"只关注或者只书写哲学史上"曾经有什么",哪怕他能使用20种不同的文字,也配不上"哲学家"的称号。为什么呢?因为他没有将自己的生命和自己的思想,代入所写的东西之中。是的,他没有写出自己的思想生命。精神要与生命联合成"精神生命",而这个概念只意味着"精神个性"。个性是无法掩饰的,就像眼神一样。个性会不自觉地显露出来,就像眨眼睛一样失去控制,在这里一切控制都会失败。"读书无禁区"这句话曾经被批判,但是现在再没有人有兴趣批判这句话了,因为根本就控制不了。与此同时,现在的青年人或许对这句话毫无反应,人们可能已经根本不读书了,还什么"读书无禁区"(这句话暗设了人们是想要读书的),好笑!"不是说我对'禁区'不感兴趣,而是说我根本对一切书都不感兴趣!"这决非危言耸听!人不读书肯定不会死,但会是我们这些读书人眼里的纯粹陌生人,我们彼此感到好奇!试图控制类似"眨眼睛"之类绝对控制不了的事情,只会遭来无情的嘲笑,费力不讨好,自己也感到身心疲惫。眨眼睛是必须的,就像遇到危急眼睛会自动闭上一样,是自我保护、自我调养的本能。总之,一切有违人的本能天性的东西,都不会长久,即使疯子希特勒下令灭绝犹太人,但是他还没有疯到不许犹太人眨眼睛，因此他还算有点常识，或者说疯得还不够彻底。相比之下，用人为的方法控制人不让其睡觉（相当于不让人眨眼睛）把人折磨致死，远比"枪毙他"的办法疯狂得多，因为这种控制彻底违背了人的天性，只有纯粹的疯子才想得到，而想到它的人也算是"超人"了。"超人"这个概念是中性的，它描述人在各个方向上所能达到的极限。

一篇同时用法语与英语写成的文章（几乎每句话都同时包含法语和英语，例如 J'ai décidé décrire the world's first article bilingue that you could read without stoping to think），同时掌握这两种语言的人有能力写出来或者读懂，这文章不符合写作规范，但仅此而已，我们读得懂。因为是描述作者身世的文章而非专业文章，我阅读它几乎没有多大障碍，除了语感上觉得有点怪，但是它只是由于与我以往的阅读习惯不同所造成的。问题是这双语文章也可以写得精彩并被读懂。这有点像给文章加了密码，把不懂这两种语言的人排除在外。为了流畅地欣赏，最好忘记这个是法文那个是英文——它形成了杂种的新语言，而普鲁斯特早就说过了，好文章似乎总要掺杂外国语。倒不一定非得像钱锺书那样的，而是说流畅的走神是欣赏好文章的必要条件——在这个过程中读者似乎忘记了文字的存在，或者阅读直接显示场景，像是能直接被感官消费的东西：听它的和谐和看它的秀丽，唤起若有所思的肉体快感。类似的文章总要出现的，就像活在此就是活在彼，近在眼前的与远在天涯的两个点实现了无缝对接。它甚至就是现代艺术中的拼贴画的某个变种，这种"恶作剧"似乎一个多情的人不愿意好好说话非得嗲声嗲气，但是这语言的姿态中不仅有绵软柔细，还有敏锐犀利，这种反差制造情趣，完全不一样的东西接在一起，就会使人无语、尴尬、兴奋，想逃走却是欲罢不能、欲说还休，好一个不明不白的诱惑！"虽赏析之作，而实忧患之书也。"[1] 玩味它："忧天将压，避地无之，虽欲出门向西笑而不敢也。消愁抒愤，述往思来。托无能之词，遣有涯之日。"[2] 将最为危急的时刻不动声色地顷刻之间就转化为赏析的时刻，这就是原本"无能之词"之大用，古往今来、古今中外，不拘一格，随手

---

[1] 钱锺书：《谈艺录》，中华书局1999年版，第1页。
[2] 同上。

拈来，这种任性中肯定掺杂着普鲁斯特式的不由自主的"浮在眼前"（记忆）。善忘多谬？不必在意，这样很好，因为一本正经儿的正确，一点都不好玩。玩味，就是说，从来都不直抒愤怒，愤怒的能量发生了逆转，转化为更为深沉普遍的情趣。钱锺书写书没有事先思虑好了的系统，倒是很像"线头乱接"的读书笔记，极尽溜号跑题之能事，这种"胡乱拼接"的写法，西方有蒙田的《随感录》，也是引经据典地变相写自己的思想感受。钱锺书的这种文体的独特性，在于它在中国几乎是前无古人后无来者，我姑且称之为汉语版本的"解构文体"。大凡结构都是人为的，单凭原始的冲动所划出的文字轨迹肯定是无结构的、散漫的，但这种散漫的艺术欲达到高境界，非天才不可得。这就是神韵——魂不守舍而变之。入神，首先得津津有味、神气活泼、有声有色、秀色可餐，精神欲望大振。灵魂可以与灵气或者灵感互换，它们都不同于大脑在思考，欲望它们都是从上天掉下来的念头，而不能从现成的书籍中找到。

我们获得的，总与我们事先的想法有距离、不一致，而且一向如此。尽管我们的动机总是失败，但我们屡败屡战，甚至乐此不疲，并不感到有多么失意，因为已经习惯了。不能说由于总是失败，动机就毫无益处。这里面大有文章，因为真正丰富的只是我们的内心世界，智慧的人只享受自己的想法本身并不太关心想法在世俗世界的实现，因为事实上人们总是收获与想法不一致的东西，这种冲突与距离非常有趣、值得玩味。不能把内心的想法理解为"知"，因为我们其实并不知，总是不知而想，想本身就是一切。做的永远比想的少，在其实并不知的情况下说得津津有味——这就是知识分子的基本特征。

不要故意打破写作的惯例，但心里最好也不要有这样的惯例，只要我的思想里有真实而富有创见的内容，我以令自己感觉舒适的语式直抒其意就可以了。这就是以出世的态度入世，一个知识分子出家未必一定去寺院里当和尚，那太形式主义了，而且根本不是货真价实的出家，因为在寺庙里仍旧过集体生活，还有清规戒律。身居闹市仍旧体会出家的感受，那就是旁若无人、熟视无睹、我行我素。抽烟喝酒吃肉？当然可以。出家的唯一形式，就是精神上与世隔绝，尽享孤独。如果身体行为也能跟上就更好，就像漂流在荒无人烟的孤岛上的鲁滨孙那样生活。总之，出家就是转嫁困难，它有两种基本形式，其一用不恰当的比喻"放下屠刀立地成佛", 这里并非狭义地指自己手里正拿着杀人的屠刀, 而是说身处世俗世界的忧患之中毫无希望, 怎能顷刻（"立地"）进入赏析（"成佛"）状态呢? 答曰: 去玩味忧患, 把忧患看成别的, 它就真的是你所看成的东西, 这不是自欺, 而是你靠自己卓越的想象力开发出事物潜在的别的可能性; 其二, 就是自己给自己制造困难, 例如去无人区探险、终生与动物为伴, 人类学家列维—斯特劳斯说第二次世界大战和他一点儿关系都没有, 这是真的。对于自己厌烦透顶的人与事, 惹不起还躲不起吗? 对于恶, 不参与并且惬意地过自己选择的生活, 这是智者的态度。

意志中的判断往往以直觉的方式出现, 直觉本身就形成判断, 但这里强调速度, 直觉判断就是一语中的, 迅速中的准确, 决不拖泥带水。直觉, 就是明明看见了某种情景但视而不见, 让此情此景从其周围环境中脱离出来, 成为另类的存在, 这个过程可以称作广义上的无中生有。所谓直觉, 就是看出了现场并不存在的东西。看出了不存在的什么东西呢? 看出了不曾存在的任何东西, 因此直觉并不来自读书的能力, 也不来自寻找的能力, 而是发明的能力。这种发明的能力既不是经验的也不是先验的, 它是中性的。就是说, 它保持沉默状态, 但每个时间片段都可能是创造性的出发点, 从那里奔赴四面八方。因此, 它是发散性的思维。它不是一次只想一个问题, 而是一次"同时"想很多问题。这"很多"的背景始终是模糊的。一个问题就是一个观察的视角, 把这些视角连接起来, 就形成了一个独特的思想网络, 它前所未有, 是我们发明出来的。

例如, "山雨欲来风满楼", 寂静之中隐藏着惊涛骇浪, 最深情处却无言以对。这时, 原始的肢体语言就派上用场了, 它是生命的语言。要使"文明语言"写出原始语言的效果, 首先要写出肢体语言的效果——活灵活现, 仿佛身临其境, 有语言而无语言。没有人在场却有语言, 这令人感到惊奇甚至恐惧。日常生活里到处都有此情此景, 只要有足够敏锐的直觉: "下雨了"这情景和人一点关系都没有, 是人类自作多情地以为下雨与人类有关。唐代诗人王维写道: "空山新雨后, 天气晚来秋。明月松间照, 清泉石上流。"也是如此。无我之境, 令人释然而恐惧, 就像"我死了"。

艺术的真实就是想象某种我不可能真实在场的情景, 它突破了世俗世界的有用性, 考验着人的耐心和勇气。说耐心是因为很少人会想到我可以像王维那样悄然进入"下雨了"这类无我的表达式。有勇气,就先得直面实事,根本就对"我死了"无动于衷。世界在我死后该什么样还什么样?对于这个严重的形而上学问题,我很关心,但是我已经"关心不着了"。既然如此,我在周围的世界和我认识与不认识的人们中间瞎操什么心呢?结论只能这样:第一,我操心不是让世界和别人回报我,我只是在人的世界上留下我微不足道的精神痕迹,即使除了我自己没人在乎这些痕迹,但是倘若我活着时没有想到这些痕迹,没有想到要折腾点痕迹出来,我就打心底里觉得自己白活了,但这个残酷的现实却揭示了人活着确实得自己去创造意思,我们其实并不真的知道意思在哪里,只能靠并没有根据的自信活下去。这自信是盲目的却因此而让我感到快乐,因为我能自由地选择,即使是盲目的选择。第二,就像尼采和德里达都会赞同的,真正的搏斗,是与自己的搏斗,与周围世界和别人,并没有直接的关系。没人有能力使你一想到自己潜在的能力就感到兴奋,这全靠你自己。记住:没人能真的帮你,你只能自救。这想法是决绝的,却使人强大,因为是先绝望而后做事情,而且做得兴趣盎然,你说奇怪不?是的,心脏足够大,你的心思心理医生也猜不到!第三,迅速从失意之中恢复过来的能力,这种能力没法教会,它不是教育的结果而是磨炼的结果:要亲身经历撕心裂肺的痛苦并且从中挺了过来,让痛苦对你无可奈何,每次如此的经历都使你今后更强大。第四,心理暗示要积极。我们时刻都在心里暗示自己,但多数人的暗示总是来自外部经验对我们的刺激。尼采和德里达这样的天才人物,属于那些对外部世界"无动于衷"的"稀有物种",这物种有能力主动出击,在没有光亮的地方放射出普通人看不见的光芒。例如决不琢磨与"我死了"这句话无关的事情,就琢磨"我死了"这句话本身:它的荒谬(因为我在死就不在,死在我就不在)就是它的意思,我能在我所不在的地方惬意地想心事。于是,我死而复活了,要活先得死或者活是战胜死的残留成果,即失意或者对自己说再见是活着的一部分。在这个意义上,我正是由于想到自己会死而强大起来,死对于我来说不但是存在的,而且比一切存在都更为真实——死先是吓着我,然后激励我。

因此,不是活着没意思,而是你觉得活着没意思,这是微妙而本质的差异。这差异只来自你的意志,与世界本身没有关系。在这方面,坚忍的人比宁折不弯的人会更有出息。很简单,坚忍的人总是首先责备自己,而不是先去谴责恶人。理由就在于，你是自己选择了你自己的现状，在这方面你既然是自由的，就得独自承担自由选择所面临的代价。毫无疑义，你没有绝望的理由，因为只要你愿意，随时可以改变你的现状，这种改变几乎与金钱以及来自别人的帮助，没有任何关系。与什么有关呢？一个字"爱"——我们的兴趣、韧性、动机、冲动、价值，都来自此。爱任意的什么，不一定是对人的爱，也不一定是爱某个大字眼。可以坚持不懈地爱某些小东西，比如爱喝茶、爱一段音乐旋律、爱我儿子小时候照片中的神态和我自己小时候某照片的神态几乎一模一样。换句话说，爱随时会到来，并不需要去努力奋斗。

把某件事往好处想，就意味着已经在爱它，这也适合于想到某个人，即使是和自己毫无关系的人。爱是想象出来的，没有想象力，冲动的能力都是有限的。人的眼睛不是动物的而是艺术的，人的心思也应该这样。能在平静的场合制造焦虑、兴奋、激动，由于心思到了别处。要用爱战胜同情，因为同情不是爱。觉得活着没意思的人，是活在过去的人，你怎么就能断言很多意思不会马上就到来呢？只有那些勇敢地善于创造意思的人，才有爱的能力。现在还活着的某个人的价值，只有未来的人最有资格做出准确的判断，这就像只有当我老了，我才有资格说我年轻时某个选择是对的还是错的，这是从结果反推原因。我会说，要是当时我不这样做而是那样做就好了，尽管人生不能做假设或者没地方可以买后悔药，但正是这种自寻烦恼的能力给我们一生创造了很多意思，而且只要我在人生最重要的关口的选择大致是正确的即符合我自己的天性，老年的我就会对自己感到自豪。

一百多年以来，我们的生命对科学愈加依赖，这同时是好事与坏事，我们从中获得的好处并不比失去的曾经的好处更多，而且是永远的逝去，令人唏嘘不已。人是如此追求趣味的动物，因此我们憎恨任何统治我们的东西，例如所谓"科学"。科学在是个好东西的同时就是一个坏东西。当下我们被手机所奴役，手机作为我们的主子我们得不时地看它，它在拉近人与人之间距离的同时又使人之间变得遥远而陌生，这就是手机里的哲学问题：手机是一个奴役我们的魔鬼，扔掉它，就像当年卢梭扔掉自己的怀表一样，从此他就自由了，因为再也不需要按钟点吃饭了，而是饿了就吃。我扔掉手机有什么好处呢？你猜对了，从此谁也找不到我，我失踪了、下落不明,多好啊!换句话说,我不要人家给我的烦恼,而宁可活在我给自己制造的烦恼之中。我当然知道并享受着科学带给我的舒适与便捷,但我的贪心使科学的坏处赤裸裸地暴露在我面前,正是我的贪心给了我更多的精神财富。早在《爱弥儿》中,卢梭就看出来只有处于还没有被替换的生命,才是幸福的、生动活泼的。要有亲切感、要产生爱,就得有亲密接触并且产生共鸣。这种亲密性既是内心的也是身体上的,但首先是内心的。我一定要特别珍视自己的真实想法,只要它们是我独自想出来的,它们比一切书本更加重要,因为心思就是生活本身的最重要组成部分,心思和消化有关,都是身体器官自动发生的行为,胃感觉舒服,而心里想到美事也会难以自制咯咯地笑出声来。

不由自主地笑出声来,这和心事有关,更和本能有关。热爱生命,就是别压抑人的本能,这是最为根本的人道或者人权。我以上人要眨眼睛的例子虽然有点走极端,但本能就是对极端的热爱,也就是过分性,它是有趣性的证明,更是人活着的证明。一个被外部力量完全控制从而丧失了发挥自身独特本能机会的人,因其不自由而最终将成为没有独立思考能力的机器人。对此严峻形势,我必须大声呼吁:重要的不是学习知识的能力而是想象的能力。想象力是一切知识的最终源泉,我们有想象力才会去怀疑曾经的知识并且创造新知识,就像文字的原形生命形态不过就是心思而已。

在人类漫长的历史中,人的生命乐趣主要来自本能而不是知识,依赖科学知识,只不过是几百年的历史,到了20世纪,这种情形几乎到了登峰造极的地步,就像《美丽的新世界》的作者赫胥黎说的,科学几乎接近给人类制造"快乐丸"了。我甚至设想,未来科学有可能治愈人的各种疾病以致能让人"长生不老"。但是,无论科学如何发达,它毕竟起源于人的想象力和智力。让我这里学着帕斯卡尔的例子也赌一把:人的想象力和智力是一把双刃剑,它的哲学意义就在于科学发明的方向只愿意给人类舒适和便捷,它不肯正视痛苦对于人类存在下去的特殊价值,从而科学的这种发展方向,会使人类在无比舒适中毁灭自己的物种,这决非危言耸听!因为科学越是发达,人就越是依赖,随之人自身原始的能力势必衰退(由于这些人类自身生命的能力长期以来被越来越发达的科技手段所替代)。科学既然有能力奴役人类,也就有能力毁灭人类。这种荒谬性就在于，人类将来有可能不是毁于自身的愚蠢，而是毁于自身的聪明。

于是，一个超越科技回答能力的问题就是：为什么要回避痛苦？为什么要回避无法回避的东西？为什么要以人为的手段妄想让人"永远活着"呢？也就是说，看似无比深奥的科学技术，其底牌却是苍白胆怯的，这不是某个人的局限性而是整个人类的局限性。这使我又想起那句著名的"人类一思考，上帝就发笑"。上帝为什么笑？因为它能超越人类的尺度思考问题，它能旁观人类的痛苦绝望而无动于衷。凡是人间的事儿和人类能做出来的事儿，在上帝那里都不算事。人是上帝醉酒的时候创造出来的，这就揭示了为什么人生是荒谬的，因为那一刻孤独的上帝痛苦地快乐着，它不是"不省人事"而是什么事都"不省"。人类是从"不省"中懵懵懂懂出来的，人类从上帝那里遗传过来的首先不是智力而是沉醉的本能，也就是冲动。冲动的力量有多大，人的智力就能走多远。由此看来，上帝对人类很不负责任，于是人类从上帝那里继承了任性的本能，这种自由任性，构成了人性中最为主要的成分。

就说唱歌吧，凭什么说人唱的比小鸟唱得更好听呢？所谓"好听"只是人的看法（人的尺度），并没有经过鸟的同意。由于长期以来人类只用自己的尺度代替万物的尺度去思考，也就是不敬自然之神，人类已经并且还将收获来自大自然的报复。又由于人只关注自身的尺度而不能超越之，就无能欣赏这尺度之外的美丽。有办法弥补吗？有，但要先忍受绝望痛苦，也就是像上帝那样孤独。人类都想错了，上帝不是善的象征，上帝的根本特征，就是残酷无情、什么都不在乎。这是超越人性的，因为这等于说死都不怕，而上帝确实是不死的（所以上帝注定是孤独的：高处不胜寒）。既然上帝这么狠，人类凭什么要景仰它？很简单，人都渴望自身所匮乏的东西，而不屑于已经到手的东西。所以，获得别人尊重的一个好办法就是别让他因摸到了你的底牌而控制你，要保持你对别人的陌生感。

尼采认为，伟大，就是去认认真真地制造一个错误。[①] 这个作为事件的错误打破了百无聊赖，就像噩梦降临、划过光明的黑暗。这黑暗是人类的这样一种天赋，它的另一个名字叫痛苦。没有不经过撕心裂肺般的痛苦而伟大者，然有这痛苦经历者，未必就一定伟大。伟大者还有另一个名

[①] 参见 Nietasche, *Untimely Meditations*, Cambridge University Press, 1997, p.197。

字,那就是细敏的神经能将痛苦升华到形而上之学,并且从中总结出放之四海而皆准的人性之普遍真理。

六 不合时宜的"超人"与生活在异域的"原始人"

创造概念的哲学家是伟大的,康德活在"书"里,这"活"等同于思考。当康德说一切知识都起源于经验时,我们不要弄错了,这"经验"既不指身体活生生的体验,也不指行为艺术,而是作为概念的"经验",尽管它来自我们之外。当康德讨论直觉和物自体时,距离讨论"本能"只有一步之遥了,可惜康德没有跨越这关键的一步,他的"三大批判"中都没有"本能"的地位,没有被我叫作"划过光明的黑暗"的内容,这内容不是心理学意义上的精神病,这个人性中的巨大黑洞被康德忽略了。虽然是一个单身汉,但是康德并不觉得独自吃饭比请朋友一起吃饭更美妙。康德用很多篇幅讨论爱人类,但绝少谈论爱自己。他不曾设想类似"亲自性"和"孤独",是值得认真思考的最重要的哲学话题之一。当康德讨论"时间"的时候,决不曾将时间变形为"刹那间",即使后者是我们觉得更亲近亲切的东西。事实上,人类的身体也具有思考能力,只是这身体像猫一样不会说话而已。身体的痛快与精神的痛快在性质上截然不同,因此不具有可比性,但忽略了身体的痛快而认为精神能代替身体,那显然就"太不黑暗"了。原始人类曾经有对男性阳具的崇拜,最初的宗教形态也包括"身体的宗教",它是生命之源。要去寻找源头,比如从正常人的角度看,天才就像是一个"疯子",天才的神经太纤细、太活跃了,一个不老老实实地在家里陪老婆孩子而宁可冒着生命危险想看看大洋对面是什么样子的男人,叫哥伦布——这是一个黑暗的男人对人类的贡献。是的,就是发现异域文明。哥伦布活在了别的时代,他不属于自己的时代。别时代的人们能更加公正地评价他。就此而论,他很像叔本华,还像尼采。事实表明,天才在其所处的时代往往被描述为"不合时宜"。福柯写了一本书叫《癫狂史》,他写了一本不可能的书。他自己并不是真的疯子,凭什么资格替疯子说话呢?没有代言人的资格,就像人类硬说自己的歌比小鸟的歌好听,可惜小鸟因不会人语而无法为自己辩护。可惜古代的疯子们早就死光了,没法来责怪福柯。在这个意义上,人们可以拍着胸脯对福柯吼道:"你在写小说。"但是,福柯没有写小说,这是真的。这个道理就像"翻译是必须的,但又是不可能的。"福柯写了一本虽然荒谬但是绝对有学术价值的名著。

生命在延续,但生命是由一个又一个转折点连接而成的,因此不能说从前所发生的一切都是为了此时此刻,例如比赛胜利的结果不是为了最后的失败,但是一个无论有着多么出色的运动天赋的运动员,他不得不退役因为身体能力下降了,他衰老了但从前的胜利象征着他曾经的辉煌。如果他除了体育运动还有别的领域里的天赋,那么他在新的转折中将为新的辉煌而奋斗。因此,生活总是在别处的,这不仅意味着我们只能生活在时间之中,更意味着要以崭新的沉醉能力,向已经做不下去的事情告别,当然是暂时的告别。我的意思是说,即使在短暂的一天之中,也要轮换生活的内容,在兴趣、才华、精力开始下降的时候,迅速转移到一个与其性质完全不同的别的事情上去,这种转折点的连接相当于一种积极的休息,它没有浪费时间,因为刚才是精神在紧张的工作,现在则是身体在紧张的运动。适度的紧张感有助于使我们保持注意力集中的状态,而性质不同的紧张感之间的转移,起到了休息的作用。在这些过程中,接受新鲜刺激有助于激活我们的脑细胞和身体其他器官细胞的新陈代谢。

"生活总是在别处"与时间的关系,比如我现在正在写作,笔下必须有能力迅速流淌出转弯抹角的不同的意思,而且不同意思之间的连接必须是流畅的。不同心思之间的转移与衔接,就像是电影镜头的剪接,电影观众并没有觉得不适应。高水平的导演会在观众就要厌烦的时刻转移镜头,但这时刻却往往是情节的高潮。换句话说,接下来的场面就是重复了。为了再次吊起观众的新胃口,就要衔接别一时空的新场景。生活在别处,还意味着它深刻揭示了时间的原形,就是刹那间。即使某件事情我们每天都"重复"在做,也必须将它们看成"第一次",这确实考验着我们的感受能力,但这绝不是自欺,因为今天确实不是昨天,不仅是我的心态有微妙的差异(我对于同样的事情昨天是厌烦的,今天却是欢喜的),而是我之外的世界在今天发生了与昨天不同的事情,这是我不能左右的,但很有意思。同样有意思的是,每天生活的内容或者意思其实是我自己创造出来的,哪怕是与陌生人的几句简单交谈。我的创造甚至就表现在我今天主动和陌生人说了话。举一反三,不仅说话,而且要有能力给陌生人终生难忘的记忆,比如改变一个人,可能只需要几个小时,而这个人绝对不知道乃至永远不知道你是谁,这使你高兴了好半天——这些,也属于"划过光明的黑暗"。

永远不要在事情没有真正发生之前,就因为担惊受怕以致被吓死,因为事情永远不会像你事先所设想的那样"原样地"发生,我永远不会知道事情到底怎样发生,于是索性就不去猜测了,我需要做的,只是尽力做好手头正在发生着的事情,这就构成了我个人的历史,它对于别人来说可能什么都不是,但这又能怎么样呢?全部问题的关键在于,我认为它对于我非常重要,就像我自己的死亡一样。

"生活在别处"在学理上所揭示的是时间问题,在逻辑上揭示的是"关系"问题。但与作为清规戒律的逻辑学科不同,有各种各样的"逻辑",而没有所谓标准逻辑。例如,生活中的逻辑就不是书呆子的书本里的逻辑。生活的逻辑是可能性的逻辑,其中偶然性发挥着巨大的作用,"关系"可以任意建立起来,之间不需要什么对称性或者等值。当然,与此同时,"关系"也可以随时解除,就像死亡一定到来一样。生活在别处,生活中发生的,是与将要发生的事件(或者人事)之间的关系,无论我们对曾经的人与事情的态度如何,我们都不可能返回过去,对于无可挽回的事情之决绝,使我们下决心改变眼下和今后的生活,无论对以前的生活满意与否,我们都不可能再是从前的自己了。

生活在别处的人,最讨厌的事情,就是别人干涉他的生活。勒·克莱齐奥在《诉讼笔录》[①]中描写了一个叫"亚当"的社会边缘人。问题并不在于他住在哪里,而在于他根本就不关心周围环境,"他也从不思索自己的过去,回忆自己的亲人,思考自己的将来,似乎与现代社会斩断了一切联系。他唯一关心的现实问题,只是自己的吃喝拉撒睡这几个从原始人的时代就存在着的、可说是人类最古老、最基本、最原始的问题。"[②] 他"就像自然界中一头安静的动物,在城市的街道上不止一次毫无目的地紧跟着一条狗,模仿狗的动作,找作为狗的感觉……他只感受着自己在行走

[①] [法]勒·克莱齐奥著:《诉讼笔录》,许钧译,安徽文艺出版社1992年版。
[②] 同上书,第5页。

时的生理感觉。"① 这也属于我所谓"划过光明的黑暗",返回第欧根尼时代,与近代启蒙的光明思想相对抗。无聊的举止就是黑暗,但是这黑暗现在很有意思,就像美国"二战"之后"垮掉的一代"那样自觉与传统社会脱钩。

生活在别处的人,是这样一批抵抗社会的人。科耶夫这样评价法国当代女作家萨冈的小说《你好,忧愁》:她描写了后历史的人琐碎而放荡的生活,没有负罪感和宗教感情,吃醋或因男女私情而来的嫉妒心荡然无存。什么捉奸、情杀,因为所爱的人不忠诚而自杀之类的历史现象,已经不时兴了。这样一些不伤感的人,令人恐怖,尤其当她们是女人时,她们靠色相玩弄了男人!男人从此再也不能从两性关系中征服女人,因为女人堂堂正正地想男人是在"展示他们的躯体并且主动献身"。②

这很悲惨吗?未必,正如莎士比亚在《哈姆雷特》中说的,"这是一个乱套的时代"。精神脱钩了,但人的历史并没有终结,因为人还有继续做迷人的假设的能力,也就是任意虚构的能力。

以上的"原始人"超越了尼采的"超人",因为超人毕竟还在心里装着别人,而对于当代"原始人"来说,别人根本就不存在,因此不会被下面的情形所击垮:即使周围到处都是不幸的人,但不幸者都有招致其不幸的自身原因,这原因不是这些"原始人"有能力左右的,因此,原始人完全没有必要也把自己搭进去。换句话说,他在周围到处不幸的人之中完全可以创造出只属于自己的幸福感,他不应该因此而被称为不道德的。这个"原始人"周围充满着暴力、欺骗、不公正,但他没有必要因此而绝望,他不绝望是符合道德的,他因此而绝望,未必符合道德。周围到处都是平庸之辈,"原始人"未必就也得平庸,他可以是智慧的,就像第欧根尼那样,即使他睡在自己的木桶里。绝对不要在意别人对待自己的态度,无论是好态度还是坏态度,一切态度都是过眼烟云,而一颗强大而坚定的内心,才是幸福最重要的条件。对一切事情,要有一种根本意义上的艺术态度。例如,把创造当成消遣、把焦虑当成休息。最为重要的

---

① [法] 勒·克莱齐奥著:《诉讼笔录》,许钧译,安徽文艺出版社1992年版,第8页。
② 参见[加] 莎蒂亚·德鲁里《亚历山大·科耶夫:后现代政治的根源》,赵琦译,新星出版社2007年版,第94—95页。

事情是在按照自己的意愿活动，无论是哪一种意愿。要坚决拒绝有悖于自己意愿的活动，哪怕事后证明这种拒绝是"不恰当"的，重要的不在于我们的行为在别人眼里是恰当的，而在于你自己认为它是恰当的，因为你愿意。

以上和一种全然陌生的幸福感有关，那就是无法与别人共享的快乐，即使你告诉别人，别人也不会理解。永远渴望被人理解而这渴望是不可能实现的，这又是人生的荒谬之处。就比如说身体"很疼"，你说给别人听，别人听懂了，但被听懂了并不等同于被理解了，因为是疼在你自己身上，别人无法感同身受。换句话说，这疼痛是没有能力传达给别人的，这就是语言的界限。这又是"划过光明的黑暗"。语言靠彼此交流意思而实现理解，但是这个"疼"的例子说明，语言的理解只是触及了事物的表面，没有到达事物本身。事物本身是神秘的，它在不显现为语言的时候，更有可能接近自身本身的模样，比如人的眼神、表情、音乐、电影、绘画等艺术形式，是感受性的肢体"语言"的延伸，就它们"放肆不羁"而言，它们超越了我们对语言的理解，它们不是语言有能力管束的，因此它们能制造莫名其妙，也就是神奇或奇迹。创造艺术，就是"电闪雷鸣"的时刻，让人目瞪口呆，令人震惊，使其昏厥乃至大脑一片空白。就像你的"一个亲密无间的好朋友"突然用手枪顶住你的脑袋，他扣动了扳机，这也是"划过光明的黑暗"，这可不仅是被用来欣赏的，而是被提供给我们思考的，但是语言对如此严峻情形无能为力。没有了语言的帮助，我们如何思考？于是，人们绝望地喊叫，这喊叫就是一切音乐的雏形，可以说音乐是在人最为危急的时刻偶然发明出来的，它不是一种语言而恰恰是对语言绝望的产物，还有舞蹈也属于同样的情形。

真正的超人，是在目睹了这一切悲惨之后，在对人类表示绝望之后，仍旧高高兴兴地喝着下午茶的人、是在洗菜做饭过程中享受着别人不理解的快乐的人、是感觉自己能忍受别人无法忍受的事情并且在这种忍受的同时真的能保有愉快心情的人。这样的人，不仅是真正强大的，而且是智慧的，并因此是一个道德的人。一个因发现自己与他人不一样而感到由衷高兴的人，也是一个道德的人。"道德"这个词语指的是一切稀缺性而不是指普遍性，根本就不存在所谓"普遍的道德"。道德观念不仅在每个时代、每个民族那里都不一样，而且在同一天之中都会变化好几次呢！因为它与你所接触的人或者环境有关,"到什么山上唱什么歌",这是道德的,否则就是不礼貌。虽然"礼貌"这个词与人之间的关系有关,但人们都忽视了"礼貌"首先是与自身的关系,在这方面礼貌等同于极度的自尊,一个由于坚持真理而不惜与多数人闹翻并且因此而感到不好意思的人是有礼貌的,但支撑这种礼貌的首先在于自尊,而与作为社会礼节的礼貌没有任何关系。我是在属于我自己的山上唱歌呢,和别的山没有任何关系。

于是,一切在传统上被认为属于人与人之间的社会关系的概念,都可以被迷人地重新设想一次,这一次与别人或者与社会没有任何关系。例如当一个旷世奇才想到自己比别人都聪明的时候,感到很不好意思,由于这种"不好意思"属于世界上极其稀有的品种,按照我以上的说法,它是道德的,而且属于道德中的高难动作,因为不是所有人都有资格或者能力享有这种"不好意思"。至于把"对不起""谢谢"之类说成道德,虽然有维护社会安定的重要作用,但由于它具有最为广大的普遍性(已经普及到全部地球人)因而属于道德的最表层,它不包含任何创造性的成分,不能制造出任何惊奇,并且完全可以输入机器人的程序语言之中。

"迷人地重新设想一次",就是说,爱情、法律、道德、交流、怀疑、气愤、交易等一切在传统上被看成要与某个不是自己的他人之间才能发生的现象,现在被设想为也可以是自己与自己的关系,这种奇妙就像一个人可以自己与自己下象棋一样,就像我既是伤口又是刀刃,是受刑者又是刽子手——这很像是两句诗,没错,可以用诗人的目光看待在传统上被认为与诗人没有关系的学科,例如法律,因为法律与创造性(立法或者立法权,是法律界最重要的事情)有关而绝不仅仅是某种现成的规范条文。当我说"迷人地重新设想一次",是想返回思考爱情、法律、道德、交流、怀疑、气愤、交易等现象究竟是怎么发生的、怎么冒出来的?比如说友谊,其原貌是我被自身的热情激动起来,它急切地使我期待与外部世界建立某种关系,但它在性质上与我由于想看后半夜三点开哨的欧洲杯决赛而在前一天晚上失眠的道理,其实是一样的。换句话说,它首先是一种自爱,而被人们误解为是爱某种与自身不一样的人或者事情,但事实上它们是这样一些缘分,这人和事情的因素事先就潜伏在我们身上,只是没有合适的机缘被唤醒罢了。想到这些，每个人都有了不绝望的最根本的理由，那就是你其实还不了解你自己，你只是知道了之前曾经发生在你身上的事情，但是你不可能清晰地知道虽然还没有但是就要发生在你身上的事情，难道这种情形不会使你很兴奋吗？你身上的潜质及其可能性，还远远没有被唤醒呢！当然，只是需要去遭遇机缘。对此，虽然多数人选择了去闯荡世界，但更明智的人却首先选择了去胡思乱想。理由很简单，只有先想到才会去做。倘若一个人的全部行为都由无动机行为所构成，那么这个人只有两种可能性：他或者是一个纯粹的疯子，或者是一个机器人（机器人不需要独立思考，一切按照事先编排好的程序执行，在这个意义上属于无动机行为）。

换句话说，和一切文明现象一样，道德感是被后天创造出来的，而绝不是人出生后就自动具备的。关于道德感，也许更重要的是道德主体的独立自主性，而不是强行地规定某种"大家一致认为"的情形。换句话说，尊重个人自由选择的权利，这是元道德，道德的其他要素，都是从中派生出来的。

从此，理解不再仅仅是语言上的，更与感同身受有关，它突出了身体感官和感情因素，它不再是不动声色的冷静，而是变幻多端的。有感受但不一定有能力表达出来，因为一切语言似乎都不能恰当地描述此情此景。此刻的兴奋激动是纯粹的黑暗，它难以交流不仅在于它是纯粹的隐私，更在于缺少现成的词语。换句话说，词语带给我们的快乐不是感同身受的，词语远不如图像、音乐、现场的热烈或悲伤的气氛、大自然的壮观更能带给我们身心的震撼。感同身受，就是把我们自身也带入进去，我们不再是冷静的读者、写作者、听众或者观众，我们同时就是参与者。感同身受的阅读与写作，就是尼采说的其中有我们的热血：能读得热血沸腾是由于阅读没有停留在字面上而是由于切中了自己的心思而浮想联翩，就像当年卢梭读到第戎科学院的有奖征文题目时的感受。让写作超越词语的方法，也是感同身受，带入自己的身体感情，无视逻辑上的"应该"，挖掘人性的黑洞，这样读者在阅读时，就像在欣赏蒙娜丽莎的微笑，无论从哪个角度观赏，都觉得那微笑是朝向观赏者，从而与这微笑发生难以言表的心理化学反应。同样，当我们全身心专注于或投身于自己所喜爱的事情时，会努力使这些事情服从自己而不是让自己被动地服从这些事情。为了做到这一点，我们就得在沉浸于这些事情的同时，自觉不自觉地不仅将这些事情看成其自身，而是同时视为别的任意的什么，这会是一种否定性的享受，也就是说，我们必须改变动物式的顺从自然的态度，保持人的态度，也就是修订自然态度，创造属于人的文化。

第六章　拂晓:道德的黎明

一　"破晓"的"地下人":以绝对差异的方式去"爱智慧"

如今社会上流行各种励志的书籍,全部社会风气都齐声鼓励成功,似乎一切掌声都是送给"第一名"的。"第一名"总是极少数,它使得绝大多数人在无形中都有某种挫败感,觉得自己不行。这种一味鼓励成功的暗示,受害者是人的心灵。亚龙在《叔本华的治疗》① 中描写了一个欧洲女性,她远赴印度修行,严格遵从教规,自觉克制自己的本性。经过刻苦的实践,她终于净化了心灵。但是,最奇怪的事情发生了,就在她实现了这个重大愿望的时刻,却怎么也高兴不起来,并不觉得兴奋,"流遍全身"的享受竟然马不停蹄地在她的心头上蒙上一层阴影。这是莫名其妙的,一切所谓成功都有类似的难以言表的心情。所谓成功和心理所预期的成功之间并不吻合,失望感不请自到,不是周围的掌声不热烈,而是自己对自己的不满意:目的实现了,接下来做什么呢?这确实是一个严峻的问题,就像和平年代根本不存在什么将军,真正的将军只存在于战火硝烟之中。

尼采强调沉醉于悲剧之中,简单说吧:必须有内心的混乱:焦躁不安、犹豫不决、害怕恐惧,只有在这些混乱之中,就像只有在乱世之中、只有在战争之中,才能才会脱颖而出。人们都搞错了,因为目标式或者用取得成功来鼓励人,是这样一种自欺,它试图消灭混乱、痛苦、焦躁,但是生活里如果真的没有这些,日子也就没有什么意思了。人活在克服困难过程中才会有快乐可言,但我们却不能以没有了困难或者乌托邦式的

---

① ［美］欧文·亚龙著:《叔本华的治疗》,易之新译,希望出版社 2008 年版。

"世界和平"作为生活的目的。也就是说,不要欢迎停滞在任何已经完成了的状态,哪怕这个状态是"成功"。一切不再发生变化的状态,都是死态,因此一个"已经被净化了的心灵"肯定是一个因无趣而不再深刻的心灵、一个脱离了生活世界的心灵,这样的心灵或者这样的成功,是不值得追求的。

要警惕类似"追求"这样的字眼,因为你可能把所有的时光都以"克己"的方式白搭在这个追求上面。在你成功的那一刻,却像上面提到的那个女人,怎么也高兴不起来。这个道理告诉我们,并不存在所谓"总的成功"这回事,我们宁可把它拆散打碎,化整为零,把当下即刻发生的一切,当成我们的全部生活,我们不去判断它而只是拥有它,因为实在说来,即使将来成功的那一刻,也不过是我曾经有过的众多一刻中的一个而已,没有什么可值得特别大惊小怪的,不必特别渲染它而忽略琐碎朴素的当下日常生活。成功的时刻高兴不起来,而看似平庸的日复一日的生活却充满大大小小的不一样的混乱心情,它们是不纯粹的、时时变化着的,这就是生活,这才是生活。

不是净化心灵,而是在内心的混乱中脱颖而出,但是这个"脱颖而出"的状态,却并没有摆脱内心的混乱,只是不一样的"内心混乱"罢了。也就是说,虽然我们实实在在的是人而不是神,但是却可以成为人—神:同样是内心混乱,但性质有消极与积极之分,天才的使命是化消极为积极,把遭罪变成一种享受,例如在"随写随明白"过程中获得积极的心理慰藉,虽然在这个过程中也有内心的混乱和身体的劳顿。这个过程非常神奇,笔下有实实在在的恐惧、焦虑、内疚、压抑、愤怒、沮丧,但由于它们是在笔下发生的,这些情绪在化成文字的过程中有了非常奇妙的"精神化学反应",竟然在变成文字之后产生了令笔者兴奋的效果,就好像自己的心思正在与自己的文字交配生子一样,这生育决不需要有女人或男人的配合。于是,紧张感在放肆的文字中释放出来,一篇新作品出笼了,自己的新孩子出世了,这兴奋怎么能不由衷呢?说实在的,此时此刻,拿一个国王和尼采的心情相交换,尼采都不愿意。这不是幻觉,周围人劝尼采说,换吧,多划算啊!尼采瞥了这群人一眼:平庸之辈!

人确实是在混乱的动作中被孕育进而来到世界上的,这想法不是想象而是实事求是,这描述绝非色情的而是科学的。科学有时就是胡思乱想的结果，其起源甚至可以追溯到巫术。因此，"坚定"在道德上的意义，远不如"灵活"，但两者不可分开，死板不好，太任性也不好，最好的思路是灵活的坚定。一个善于创造的天才，内心要足够黑暗，要把人和事情往坏处想，设想其能邪恶到什么程度，莎士比亚的《李尔王》和《哈姆雷特》都是如此想象出来的，不可以没有杂念，心灵太干净了，心思就"暗"不起来了。黑暗的心境与佳句之间，暗送秋波。

对于生命中所发生的事情，有时确实需要放弃、牺牲、顺从，但是绝非对待所有事情都如此态度，我们还有喜悦、拓展、热情，甚至抓住瞬间的快乐。尼采的喜悦就在于自己盛开的生命，他开花是为了自己，而不是为了给别人看的，别人对他品头论足，那是别人的事。

但是还有柏拉图啊？柏拉图的辩证法并不主张内心的混乱，混乱是感性的，应该被清理掉，似乎一个哲学家只能有他的思想本身的传记："他出生，他思考，他死了"。就这么简单？是的，要理解，不要笑、不要哭泣。尼采既不同意柏拉图也不同意黑格尔，在尼采看来，不被理解的感受（可以表现为哭泣和笑声）不但有意义，而且有更重要的意义，变动不居的现象世界才是唯一真实的，而不变的理念世界只是纯粹虚构出来的乌托邦。尼采要勾画人与世界的新景象：人的本质在于人是任性的，它表现为对自然界的否定态度，人要有所作为，但这种否定未必一定要把人的本性定义为社会性，因为"任性"属于未完成状态，也就是对可能性的开放态度，而"社会性"的意思却已经被完成了，它封闭了人的其他可能性。逃离社会未必就等于返回自然界或者动物世界，叔本华和尼采的孤独，既不属于社会也不属于动物世界，他们两人开辟了哲学研究的新方向。孤独最能暴露出感同身受、不交流的精神丰富性，它甚至漠视动机和目标这些只有与他人或者社会发生关系时才会产生效果的心理现象。将自己逼进纯粹无所事事状态，然后逼迫自己做点毫无用处（因为没有与他人交往或者交流）而只是自己感兴趣的事情——这是一个全新的人、一种"不出家的出家"状态。

任性是人的本能之一，它与意识形态无关，它不遵从逻辑因果律，但又不同于机器人。任性表现为灵性支配下的身体行为，具有发散性与跳跃性的特点。它既表现为拒绝也表现为顺从，没有规律可循。就这不是"社会人"应该具有的态度而言，任性是人性中最原始而可怕的力量，而社会性只是人的第二天性,它规范人、使人温顺。

任性是自由之最本质的含义,它的敌人是一切现成不变的东西,也就是枯燥的重复、一成不变的成见。特别值得玩味的,是一成不变的动机。很多中国人是特别灵活的,但令我大为惊讶的是,推动人们做事情的动机,却极其奇特的一致。为了实现这些相对简单的动机或者人生目标,国人任劳任怨,想尽各种灵活的手段。这些动机并非在学校里教育课程里的内容,人们在公开场合也几乎从不将这些动机坦露出来,谁都不说,但心里特别看重它,这也就是所谓传统吧——甚至是信仰。

人类文明的进步,总是在批评和超越传统中获得的。我们必须批评那些曾经对我们来说最重要的东西,因为没有了批评,就活不出其他可能性。这其他,就是乐趣,即我们自身所匮乏的东西,所缺少的精神营养,最先吃这些营养品的人胆子足够大、要冒风险,甚至成为众矢之的,但是现在,如果两个成年人见面不是握手而是作揖,我们就会觉得怪怪的,很像是在开玩笑、演戏,因为握手早已经成为我们生活的一部分,尽管"握手"也曾经被视为怪怪的。我们还能恢复上下级之间要"磕头"的传统吗?肯定不行,作为曾经的风俗,死掉了就不可能原样地恢复起来,强行恢复就会成为一场闹剧、笑话。例如开会之前,首先众下级集体给上级举行磕头仪式,并且还规定要大声地在口中念念有词。这么做不是绝对不可以,如果规定不磕头就会有很可怕的后果的话。但是,问题在于,即使有此类的当代磕头现象,也已经不存在像在传统中那样的虔诚,被磕头者和磕头的人,彼此都会觉得有点不伦不类,而旁观者只有非常正式地将所看到的场面当成行为艺术,才有可能不感到好笑而继续看下去。也就是说,人们只有在彼此十分真诚交心的情形下,相互之间才会有吸引力、生命力,否则就是活僵尸、木偶剧。

如果老调子已经唱完,考验的是唱出新调子的能力。但是,这能力可不是想有就能有的。从纯粹学理上说,你不能先有立场,然后按照这个立场去编造证据。有经验的法官都知道这会冤枉无辜的,过去曾经如此制造过无数冤魂。一个人的思考能力,表现在思考过程的复杂性,而不是武断地做出判断(或决定、结论)的能力。一个严肃的思想者从来不这样说话:"我看你这人就不像是好人,搜他的身!"这种命令式语言是最容易的,但是毫无学术分量可言,把自己降格为拦路抢劫者了。

追溯根源,也就是研究"动机",能发现问题到底出在哪里。动机就是兴趣所在,而为什么有那样或者这样的动机,却不是一两句话就能解释清楚的。这使我们不得不返回一切事物得以呈现的出发点。也就是说,所谓"前提"到底是怎么来的?如果说前提是天赋的、属于人的自然权利,这样的回答并不令我十分满意,因为这等于在回避问题而不是在回答问题,因为人们完全可以用同样的逻辑思维方式,说人的"不平等"也是与生俱来的。也就是说,当我们无限回溯寻找原因时,还是要追问第一原因是怎么来的?第一原因是靠上帝之手推动的——我觉得这倒是一个具有学术性质的回答,但是上帝真的存在吗?这又是无法证明的,一个没法被证明的、其存在与否都不确定的东西,怎么能作为第一推动力呢?但是,这恰恰是这个回答具有浓厚学术性质的地方。也就是说,我们再不能循着寻找原因的思路继续往前走了(这也适合于回答先有鸡还是先有蛋的问题),"原因"来自"非原因",也就是来自纯粹的任意性、纯粹的偶然性,其结果,才诞生了被我们叫作"原因"的东西。这些所谓"原因",被我们当成了思考的前提,而且又极不恰当地被我们说成是某种"必然性"("天赋"之类)。

万事开头难,有了前提相当于思路的开端,因此智慧者体现在能被具有突变性质的念头刺激起来,体现在能迅速抓住这类念头的能力。这些念头往往无凭无据、来去匆匆,书呆子式的学者通常是不敢去碰这类念头,因为从曾经的典籍中查无此证。但是,书呆子们从来不去想第一部经典,也就是没地方去抄袭的书,一定是第一个作者拍着脑袋随意想出来的,而且极有可能就是出于好玩:抱着消遣的心情却写出来严肃的思想,这种动机与效果之间的不一致是完全可能的,它所破坏的不是"原因"和"结果"这两个词,而是怀疑它们之间的对称性或者是其间连接的必然性。在这方面,人的思想绝对不同于自然现象,自然界里种瓜得瓜种豆得豆,但人之所以为人就在于人能"睁眼说瞎话",在人的复杂心思中,从"瓜"的念头中能滋生出什么莫名其妙的奇怪品种,就是正在思想者本人,就是上帝都无法事先预料到。这个随意的"第一原因"、这"第一句话",它的特点是从中能继续生出很多别的与其有关或者无关的话语,既深刻还得有趣:凡读起来无趣的东西,其深刻性有限,因为深刻性在于提供给读者意料之外却又在情理之中的思想,这本身就已经有趣了。这

"第一句话"是先验的,也就是无中生有,生出这个新婴儿的作者确实是凭借自己的天赋偶然想到"第一句话"的,他的才华就体现在"生出孩子"的瞬间是极度兴奋的,虽然还不可能知道孩子会长成什么模样,但孩子总是自己的好,于是不管不顾地朝前走,究竟走得是否精彩,除了才华还靠运气。但是,这就像欣赏体育比赛一样,"第一句话"相当于我对某个球队的偏爱,至于无法事先断定输赢,不但不会令我沮丧,且恰恰是能够吊起我的胃口,感到有滋有味:我不仅在渴望或期待,而且仿佛化身为球员、感同身受。这是人最奇怪的本性之一,因为此刻人们颠覆了常识,在美国棒球铁杆球迷那里,他所崇拜的某个球星,远比在职的美国总统更伟大。人类这种原始本性,不再像现代人那样懂得算计和区别事情的重要性,却像一个天真孩子:现在兴致勃勃关心的事情,就是最重要的事,至于成年人是否同意,孩子根本不在意。

尼采是这样说的:"我否认道德就像我否定炼金术,我不承认它们的前提……我们得学会不同凡'想'……去感受差异。"① 如果把这段话所表达的思想理解为批判,那就是推翻旧理论前提的能力。如果理解为建树,那就是我以上所谓"说出第一句话"的能力,这也是启蒙,尼采使用的原话是"破晓"(daybreak)。天就如此亮了起来,但它在传统道德那里却是黑的,要显露这黑色的光,就得不同凡"想"。做自己的法官为自己立法。当康德说人为自然立法时,不能理解为人是自然界的主人,而应该理解为人能对自然"睁眼说瞎话"、蓄意或者任意对抗自然界,其实这里涉及的是形而上学问题,因此与当今的环保主义者并不冲突,因为两者所讨论的不是同一个问题。

尼采上段话也是在批评康德:一个普遍意义上的道德命令,也就是在所谓的"应当"指令下,不可能有不同凡"想"。尼采说的"差异的思想",就是思想出发点或者"第一句话"的差异,这种差异在学理上是正当的,因为人有原始的任性,因为人可以没有"因为"而去做事情和想事情的能力。在这里,差异问题提出了有别于普遍整体的纯粹个人性问题,也就是无法归纳性、无法分类,认为确定界限是危险的。如果去掉了

---

① Nietzsche, *Daybreak: Thought on the prejudices of morality*, Cambridge University Press, 1997, p. xiv.

康德的"应该",道德上的"应该"就是差异的、多样性的,甚至是难以公约的。义务和责任这些字眼,也可以重新审视,赋予它们以新的内容。

任何道德,都是有前提的。如果前提值得批判,该道德理念就靠不住。尽管我这里是从纯粹理论层面分析道德问题,但也不是与风俗习惯无关。事实上,很难说道德是纯粹的理论,人们日常生活中的言行举止具有道德意义。道德在理据上不具有康德所说的普遍必然性,就在于我以上所分析的"原因"出了问题。如果结合日常生活或者生活习俗,某种道德的根据只在于我们在传统上习惯于这么做,尽管随着时代变迁仍旧沿袭老祖宗留下来的习惯,我们感到有些不舒服以至于不太虔诚、只具有仪式上的表面意义,但出于面子或者胆怯,人们还不想破例废止它。换句话说,道德的理据来自于遵从它的人真诚地相信它,而不在于它在形而上学意义上真的有道理,即并不在于它是真理。如果人们已经普遍不相信某种道德,那么这种道德就滞留于纯粹的说教和摆设,也就是我以上谈到的活僵尸——尼采这里指他所批评的基督教的道德,但这个道理本身,却具有普遍意义,它暗示我们有比道德观念更为根本的东西,它隐藏在人性的最深处。

普通人只是遵从风俗习惯,哲学家则探讨人们的道德感的根据,终于发现这根据就在于它没有根据,只是某种做法做得人多了,年长日久,就被说成了根据,也就是道德感。尼采批评道德,是批评观念或者说教意义上的道德,认为它是假的、骗取了人们的信任。但是,这不应该被理解为对道德本身的怀疑,不是要取消道德。人们应该相信的,是去掉观念化(例如极度僵化的善恶观念等)、去掉说教的道德,返回人性化的道德。于是,思考就在此处分岔了,它引导我们思考使人与动物区别开来的根本因素,究竟是什么?回答是:使人成为人的决定性因素,并不在于人的物质生产能力,而在于人从精神上对于自身的动物性视而不见、对自然界的一切既定的现实采取一种不切合实际的拒绝态度,这就是所谓自由,通俗的说法,人之所以为人就在于人能"睁眼说瞎话",因为我们再也不能追溯自由本身的根据了、自由本身是无根据的、像是任性的无动机行为。一切与理性或者必然性联系起来而被解释的"自由",等于把自由等同于科学知识层面的范畴了。

总之,人的本质并不存在于与自然界的搏斗之中,而存在于与自身的搏斗之中，虽然人努力促进科技的进步使自己生活得更舒适，但与此同时，人绝对不想使自己"进化为"机器人或者智能机器，这就是人与自己搏斗的意义所在。常识告诉我们必须锻炼身体、有病寻医，才有益于身体健康，但这并非是人类与自己搏斗的哲学意义，因为它就像是输入智能机器人程序里面的正确指令。人与自己搏斗的价值，恰恰在于人能蓄意不执行这个"正确指令"，并且做某些明显不利于自己的事情甚至自杀，但是这些"胡作非为"并没有背后的功利性动机，它们是任意的或没有原因的（或者难以被称为原因的"原因"），这是一种区别于动物本能的自由意志本能——创造和毁灭现存事物的本能（这与现存事物的好坏无关），而动物本能的最基本特征却在于"活下去"。

一个没有世俗原因（指"原因"的任意性或者解释不通、"原因"中极其罕见的例外，比如由于当天天气很热）而莫名其妙地自杀了的人，是一个神经病，它当然不是惯常的社会现象而是稀少的例外，因此才说这个人是神经病，但这个神经病行为具有深刻的哲学意义，值得详细分析：它首先是一个心理事实和现实发生过的社会事实；其次，它是一个稀少的"例外事实"。这个例外是一种偏激的行为，但是它却以如此高调的行为告诉我们，其实一切被我们习惯上称为"正常的"行为背后，都是被我们所不知道的偏执的心思所促成的，就像人们常说的：爱是自私的、是偏爱（那么"博爱"是怎么回事呢？它在事实上不可能有，但是在理论上或者信仰上必须有，在后一种意义上，"博爱"并不是在故意说假话）。凡事只要一"偏"，就与不自觉地忽略了个体差异（即每个人都是偏执的，共识只是浮在理论表层）的所谓公正或者普遍性对不上号了。换句话说，尼采可能没有继续深入挖掘：只有偏执或者某种视角之中的道德，但遗憾的是明明是有偏见的道德，却被近代启蒙思想家说成是全视角的、放之四海而皆准的——这说法就偏离了真实。因为它空洞。

越是普遍的道德，越是空洞的，因为它太好了反而远离开某具体时间场合下的个人。如果这个人足够呆板，时刻怀揣一本《普遍道德手册》，并且时刻对照自己每个细微的言谈举止是否与之符合，这就是一个迂腐到不可救药的人了，他的乏味在于他不真实。

传统哲学看重普遍性：我首先是人，然后才是中国人。于是，开始居高临下分析普遍的人性与本质。但是，如此分析时暗设了一个前提，那就是不考虑时间与空间因素,并且在任何时空下的人都应该如此。因此,这是一种真空之中的纯粹理论假设,在性质上和欧氏几何学公理差不多。我们能说欧氏几何学公理不真实吗?似乎不能这么说。但传统哲学和几何学都忽视了所谓真实,并不只是以一种样子呈现给我们,就像还有超越二维平面的非欧几何一样。

于是,另一种真实不仅使我们感到更亲切、甚至感到更真实:我就活在当下,活在中国、使用汉语、是一个男人,如此等等。当然还可以更具体:我多大年龄?住在中国什么地方、职业,等等。描述得越具体,才越充实,才越有生命感。但这并非是纯粹个别的,因为如果我有能力写出"旷世杰作",那么就能启发阅读我作品的某个"别人",即个别的东西是普遍的。但我们的关注点,得从个别开始,只有这样才能有活着的真实感、才能发现真实的问题是如何开始浮现出来的。于是,再不可以抽象地这样描述一个哲学家:"他出生、他思想、他死了",因为这等于什么都没说。20世纪的法国哲学家不再从普遍性出发并从特殊性中寻找证明普遍性是正确的论据,这些哲学家极为详细地观察思想的细节是在怎样的上下文或者是在何种思想环境下出笼的。所谓原创性,就是独特性,也就是出现了出乎普遍性意料的"例外",这才是发现真理的逻辑过程。

活在当下的思想创造性,可以随时抓住偶遇的任何身边事物,这是从普遍原则出发难以做到的。一个人的生命活着,就是身心不断地吸收和吐出某些东西,这些吸收和吐出都是基于周围环境,难道不是吗?有人越是到了关键时刻越是紧张害怕,但另有人越是大战生死临头就越是兴奋并跃跃欲试——普遍的道德理念从来不会如此生动地向我们描绘人性的细节,但正是这些细节决定了人生的痛苦与快乐,难道不是吗?

如何换成"哲学",也出现了类似情形,分析哲学和法国味儿的哲学彼此甚至都不承认对方"是哲学",但两者确实都是哲学,只是风格、修辞、关注方向等方面差异极大而已。这甚至给了在世界哲学界不太有名的当代中国哲学家以某种莫名的鼓励,但前提是:你得有创造原创性思想的能力,人家能从你这里学到点真东西。有了这个能力,用汉语写哲学,不成问题,人家巴不得翻译成自己的母语呢!

但是,与其还原为民族文化特性,不如更彻底地还原为个人,例如正在写出这句话的"我",在这个基础上说"我"就不仅有了自传的味道,其哲学意义更在于我不愿意像我自己之外的任何东西，而且我的"强迫症"迫使我自由地纠结在任意偶遇的某个或者有趣或者无趣的念头之中。一个人思想的质量，要看他所纠结的那些念头的质量。某个念头横空出世的"横空"，在于它出世的因果关系非常奇怪，就像冷水浴的瞬间痛快与我曾经体验过的完全不同的痛快（1978年初我接到大学录取通知书）连接到一起，这种连接之所以不讲道理，在于它可以是任意的（我第一次去巴黎）、根本不可预知或建立不起因果关系，也就是说我没有必要将时间浪费在思考"原因"上面。如此的被唤醒，也许就是一切事物所谓的起源——它诞生了或者开始了，它的意义是精神的而非物理的，因此一个男人或女人可以有很多次处男或处女状态。严格说来，停留在利用事物的功利性状态一直被说成是理性的态度，但这种与数学或者计算性有关的态度，其实却是与动物态度十分相像的态度。至于人与动物态度的根本区别，不在于所谓"主观符合客观"，而在于对自然的或者事物的现成状态熟视无睹：与其说是否定它们，不如说是将它们看成任意别的东西的能力，从此出发而出现的描述，就是原创性的。它表现在任何貌似"强迫"或者上瘾的东西，在内容上都可以被撤换掉，而只是保留着上瘾的形式，我称之为人应该有的生活方式，即沉醉本身，它既区别于动物，也区别于像动物的人，它属于尼采所谓的"超人"，它是在孤独状态下实现的，它是21世纪哲学的新方向。

  国内学界只分析胡塞尔的"意向性"概念如何重要，但往往只局限于认识论领域，如果把它广义地与will联系起来，就会联想到叔本华与尼采，更为广泛的不学究的启蒙意义，就显示出来了：它是事物的原动力、是事物本身、它意味着will方向是任意的而且并不以存在着所意愿的对象作为存在的前提。就像当我知道自己在想什么的时候，我并没有真正投入思想状态，而只有当我并不知道我在想什么的时候，我才真正处于思想状态。想只意味着被某莫名的愿望或者冲动激励起来，也就是处于无意识状态的"想"。一旦清楚地筹划"什么"，"想"就属于意识领域了。换句话说，意识来自无意识，无意识状态是思想的原创状态。如果将这种状态与胡塞尔的"意向性"概念联系起来，受启发的更应该是后者。为什么呢？因为胡塞尔的思想是哲学的，而对于无意识的分析是"非哲学"的，历史上的哲学家们没有明确地提出这个，也许只有尼采是个例外，但尼采曾经一直不被承认是一个哲学家。如果哲学从"非哲学"领域获得推动自身发展的原动力,那康德为哲学"划定界限"的做法就值得商榷了。康德的思考,就好像一个作家在写作之前先写出"写作大纲"或者在演讲之前先写好发言稿。① 但是,事实上在具体写作和演讲过程中,如果是真正忘情投入的话,往往要脱离大纲的限制,或者不会照着稿子念。原因很简单,我们草拟大纲或者写发言稿的时间与场合,不同于具体后来写作和演讲时的时间场合,两种场合下的心思不会一模一样,我们即兴的心思总是处于改变之中。其实,从来就没有纯粹的哲学,最严肃的哲学家在著作中也不免要举例子,使用比喻,使用"好像"。或者用德里达的术语,"解构"从来就是一个思想事实,而不是理论假设。

一个自律的人往往是按每天计划生活的人,这确实不错,但事情往往是复杂的,不在计划而吸引我们的事情往往不请自到,所以远虑的能力和即兴的能力都是重要的,而且远虑(或者计划)是由即兴所组成的。懂得两者之间平衡的人,就会生活得既泰然又有激情、既理性又没有遗漏细节。无意识而做出有高质量作品的人,是真正有才华的人,无论其职业是否属于艺术领域,他的精神气质都是艺术的,这还是一个有诗意、有幽默感的人。诗意和幽默感是不经意间流出来的,一旦刻意就免不了做作。为什么人们都不喜欢做作呢?因为在做作的情况下,人们没有受到惊吓,没有感到意外。这就深入到"任性"中比思考更黑暗的部分了。笛卡儿说,"我思故我在",作为学者他只想到人的本质在于人会思想。但是,他忽略了人活着的动力来自对快乐的渴望。也就是说,获得快乐比思想更重要。在这里,"快乐"是广义上的,它包含了被惊吓,很少有人注意到人性中这个黑暗之处,比如人们喜欢看真实的搏杀,在古代是角斗场里不是你死就是我活的角斗士,在更文明的当代就是体育比赛中最激烈的项目:拳击、橄榄球、足球、篮球等。聪明的电影导演如希区柯克深谙人喜欢被刺激的本能,他发明了惊悚片或悬疑片。不同于不用动脑子的娱乐片,他始终让观众处于紧张的"想知道"又不可能知道的状态,让观众的脑子

---

① 这也是黑格尔对康德的批评。他批评康德在认识之前首先考察人的认识能力的做法,就像在学会游泳之前首先在岸上练习一样。为了懂得什么是认识,就得已经处于认识之中,就像为了会游泳,必须下到水里。如果在岸上,即使把《游泳手册》背得滚瓜烂熟,但除非真正下水,否则一辈子都不会游泳。

和感官一起极度活跃去"猜测"：不但脑子紧张感官更紧张。要使感官紧张，就得使感官忍受程度到达极限，他的《惊魂记》就是让观众享受被惊吓的极限，好像揭示了"人得对自己狠点、再狠点"的黑暗本质，偏重女主角在浴缸里被精神病患者刺杀的场面，暴露出最血腥的连续转换的激烈挥刀和临死前难以名状的面部表情，这当然超越了揭示而只是坦露，它是"行为艺术"、它超出了哲学家的表现能力。

哲学家没有画笔、不会曲谱、不会拍电影，但哲学家并不会对此感到绝望，因为除了感官，思考也是人的本能（观众对《惊魂记》的欣赏也离不开思考本能）。哲学家有能力用文字（而不是画面）制造《惊魂记》的效果，而且由于媒介是文字含义，其意蕴更为抽象、复杂、神秘。

传统哲学在评判一个人的道德行为时，往往去追溯其动机。但这样的追溯通常又总是将"动机"固定化或者单纯化，这是对动机的错误解释，以往真实的情形是，"动机"经常改变，甚至动机属于无意识领域，模糊不清、复杂难解，甚至是下意识行为（心思和身体行为都可能是下意识的），不可以将动机"意识形态化"，并且借此判断这个人的全部品质。事实上，人有着相互矛盾的动机，再呆板的人也是随机应变的，人会经常有"不像他自己"的行事举止行为。所以，人既不要相信别人给自己贴的标签，也不要自己给自己贴标签。更不要对照这些标签而人为制造自己的虚荣或者苦恼。

在动机面前，哲学家们有两个分析方向：一个方向朝向意识（如康德和黑格尔）强调道德判断的理性前提；另一个方向朝向无意识（如尼采），它消解道德判断的理性前提。康德所谓"无条件的道德命令"其实是有条件的，这个条件就是局限在纯粹（实践）理性可理解的范围，而尼采则超越理性强调动机的无意识性，人是一个自由的主体只意味着人是一个任性的主体，创造想象高于理解或解释，即艺术高于哲学。前一个方向强调"知道"，人总是知道自己正在和将要做什么，以及自己行为的后果——这似乎符合人们的常识看法，但尼采说，这些"知道"是一种自欺，事实上我们对将要发生的事情，总是处于不知道状态（即使我们可以计划将来并试图按照计划去做）。换句话说，道德判断的基础不是"知道"而不是"不知道"，我们总是以没有完全遵守规则的方式"守规则"的，因此犯错误或者意料之外是一种常态并因此人才会觉得生活是因有趣而有意义的。

如果与语言联系起来思考,以上的分歧可能会更清晰地显露出来。如果搁置理论上的假设而只是考虑事实,那么有生活阅历的人都会有这样的体会:我们往往没有能力用语言描述我们在生活世界所遭遇的真实情形,而语言意味着思想或者"知道"。我们不知道但是并不妨碍我们有感受。换句话说,有比"知道"更为深刻的驱动力,驱使着我们的举止行为。这些驱动力往往相互冲突地纠缠在一起,容不得我们有时间思考而随机地仅仅凭着运气或者本能做出选择。我们并不能完全理解我们正在做什么而只是在做而已,因此人们常说,我都变得不知道我是谁了,我既不知道我从哪里来,更不知道我要到哪里去。不可以将生活中的这些神秘感强行以理性的方式变成"知道",因为这将使生活本身丧失趣味。什么都知道了,我怎么才会有被惊吓的感觉呢?斯宾诺莎说,人要用自己的理性控制自己的情绪。但是,尼采说,情绪和冲动一样是无法强行控制的,因为它们和理性一样也属于人的本能,而且可能是更为重要的本能。于是,尼采使哲学"失控了",他对20世纪的西方哲学有非常重要的影响。传统哲学把"爱智慧"还原为知识,而尼采则还原为"爱",也就是热情本身,他以爱的冲动发展了叔本华的意志哲学。将"原因"非理性化,一切稳定的判断前提,在尼采面前都烟消云散了。"传统的'道学家'相信我们是自由地选择我们的行为,这些行为的动机是我们已经知道的,所以要肯定我们行为的道德价值。但是,尼采暗示说,这种道德行为的全部画卷都是不真实的,我们没有自由地选择我们的行为(我们只是自己内在的各种冲动之间搏斗的旁观者)。我们并不知道自己所行为之事的'各种动机'到底是什么(确定我们各种行为的是潜在的各种驱动本能及其在它们之间相互'搏斗'的结果)。"①

在传统上,一个被称作"自私"的人往往意味着不道德,而道德通常意味着放弃个人服从公共利益。这听起来很好听,但其中暗含着"杀机",也就是所谓"公共利益"既可能是"必要的真实"也可能是被虚构出来的,以实现个人的野心。鉴于公共意向的这些模糊性和难以判定性,

---

① Nietzsche, *Daybreak*: *Thought on the prejudices of morality*, Cambridge University Press, 1997, p. xxviii.

第六章 拂晓：道德的黎明

私人生活高于公共生活。"自私"这个虚伪的字眼是让人放弃自我的借口。一个为他人而活着的人是不道德的，因为它自觉选择了放弃人之为人的根本——这个根本，就是不承认任何"人生为了某某"的公式，因为无论我们为了什么，都等同于受这些"什么"的奴役。但"活出我自己"的情形不同，它不是"为了什么"，因为我自己就是一切的"什么"（这就像纯粹沉醉状态是无我的）。人之为人的根本，不在于服从（任何某某），而在于独立思考怀疑一切现成的东西。相信"不相信"，或者相信自身的判断。"什么是传统？传统就是人们要服从的更高的权威，不是因为这权威是对我们有用的，而只是因为它给我们下命令。"[①] 这等于说，人们接受传统道德的奴役，就在于人们自愿放弃自己自由思考的权利、让别人代替自己思考、承认有高于"我自身自由意志"的权威。换句话说，一个道德的人被说成是一个服从命令的人、一个听话的人——尼采指出，这里有一切道德的起源。它所确立的道德传统就是使个人感觉自己十分渺小、害怕孤独，总是期待和别人一样、十分看重来自权威的评价（也包括来自别人的评价）。如果不能倚靠在这些貌似强大的权威（包括来自社会舆论的肯定评价）之上，就会感到十分焦虑，以至于不知道自己该做点什么，就像不知道如何打发孤独的生活一样。"不知道"来自丧失了权威（命令），因此很多人宁可依赖传统的权威，并且终其一生不知道自由为何物。

这甚至影响了我们最琐碎的细节生活，例如娱乐，我们观赏体育比赛（戏剧电影艺术展览等）的时候，只是被动地作为一个纯粹旁观者，这不能叫作真正参与。旁观者获得快乐的最高境界，是钦佩被旁观的人或者事情，并从中获得领悟的快乐。但是，这就像只是单纯地读书一样，再主动的阅读也是被动的，因为我们没有真正参与也就是修改自己所看到的东西，而只能被动地接受。换句话说，真正的沉醉，其实是有自己加入其中的创作。这就像对于一个人来说，真正的历史不过就是他自己的自传。只有他不是作为看热闹的旁观者的情况下，才可以说他直接参与了历史，但这历史不过是他亲身经历的广义上的自传的一部分。也就是说，他影响或

[①] Nietzsche, *Daybreak: Thought on the prejudices of morality*, Cambridge University Press, 1997, p. 9.

者修改了自己身边所发生的人和事情的现状。但是，听话或者服从权威的生命过程，严格讲并不构成他的自传，因为在这些情况之下是没有"他自己"的。也就是说，他的身体虽然在活着，但是没有真实的内容，他的身体和"精神"（已经变味了的精神）只是在执行命令或者顺从传统（顺从惯例）。

然而，参与者或者非旁观者的态度，能获得更为由衷的快乐，如写作的快乐（尤其是其作品被别人欣赏的时候，这就像一个足球运动员射门入网的瞬间感受），这需要才华、付出艰辛——很多人忽视了它是道德行为，即使此刻的考虑只是尽情发挥自己的能力，而"被别人欣赏了"不过是一种意外的结果。换句话说，即使没被别人欣赏，写作者也是快乐的，因为他是在活出自己，而不只是看别人在"活出别人的自己"（如欣赏体育比赛）。

很多人没有意识到以上"旁观"与"参与"之间的区别，从而也就无缘享受本源的快乐。由于辨认不清这种区别，很多人认为"享清福"是快乐的，但事实上，怀有浓厚的个人兴趣以"艰苦"的劳动沉浸于看似工作实则是娱乐之中，远比无所事事地"享清福"更为快乐，因为在这个过程中，就像自始至终陶醉于足球运动员射入对方球门的瞬间，虽然辛苦劳累但是获得了极大的身心快感、幸福的高潮——这才是一种最为道德的生活，因为它使我真正成为作为人（而不是作为动物）的人。如上所述，作为人的人之最为根本的标志，是从否定现成事物的瞬间开始的、是从不顺从自然状态（自然事物或者事情现成的样子）开始的、是从"睁眼说瞎话"开始的。这就像身体好的前提是精神好，而精神好的标志就在于不满足现状，这种不满并非为了获得自己身外的好处（如财富名誉等），而在于维持自己还有新鲜事情可做的状态，也就是继续创造，而要有真正的创造，就得不断提醒自己：我还处不知道的状态，但是"知道"正在我笔下发生着、流淌出来。尤其要特别注意，书呆子气的知识分子尤其忽视了这种不满不仅是自己在精神上对新鲜事物的渴望或者创作欲望，还包括了对于自己的身体健康的同样态度：一方面，保持精神创作能力（不仅是读书）确实可以奇迹般地促进身体健康；另一方面，还要以对待创造性的精神生活之态度，锻炼自己的身体。但是，与其说这里需要所谓"坚持锻炼身体"的意志，不如说把锻炼身体当成一种享受，就像冷水浴是为了获得痛快淋漓的感受,而所谓身体好意志坚强,不过是冷水浴的一个副产品而已。

我的体会是,即使同样是对于自己感兴趣的事情,纯粹"旁观"看起来不累但由于没有参与感,反而更容易疲倦。反之,只要亲身参与其中的酸甜苦辣,看起来确实付出身体的劳作而"很累",但由于是感同身受的过程,就可能会发生这样的奇迹:我们不感觉疲倦,以至于我们得提醒自己应该休息了,否则不利于身体。但是,事实上在"不利于身体"这个时间尺度之前,我们忘我的"不疲倦感"却是始终有利于身体的,因为兴奋的创造感受使脑细胞活跃促进新陈代谢,这些"兴奋的紧张"比无所事事的"享清福"式的放松更有利于我们的身心健康。

要把"尊敬"与"顺从"加以区别,叔本华曾经抱怨康德:当康德说敬畏"布满繁星的苍穹"和"内心的道德律"时,其"敬畏"包含了"顺从"的意思,而被顺从的对象则成为事实上的权威。于是,尊重先成为敬畏,然后变成了顺从。但是,作为道德的"尊重"应该与另外一些概念组合在一起,这些概念本身已经属于"最高级别"的(如自由,它只意味着自由意志,而决不意味着最高的权威或者命令),不再可能有超越其上的更高的权威(哪怕这个权威来自"布满繁星的苍穹")。要把尼采的"强力意志"中的"强力"理解为自由,而绝不要理解为任何意义上的权威。自由本身就是最有力量的,如此而已。在康德那里,敬畏或者顺从与害怕有关,但是尼采说,自由只在于自主的否定性本身,这种能力不惧怕任何东西,哪怕是自身的毁灭。

因此,要克服害怕,要超越恐惧,甚至正视绝望,在这里含有对于人的生命最为激进的态度,也就是对于自身的否定性——人与自己搏斗,而不是与自身之外的东西搏斗。它与"布满繁星的苍穹"无关,也与内心的任何权威无关。即使是"良心",当这个概念与权威或者传统联系起来的时候,"良心"就成为非道德的借口了。为什么害怕或者恐惧呢?因为迷信。要用自由意志取代迷信,要相信"不相信",即相信一切皆有可能。进一步说,人之作为人,其本质特征恰恰不在于顺从自然规律,而在于人能以任性的态度抵抗任何"无法抵御的恐惧"(如人生最终的恐惧:怕死)。在这里,问题的关键并不在于人真的能够做到不怕死,而在于人对于"怕"的抵抗,即使在理性之人看来这种抵抗毫无意义,但人之创造性的荒谬态度，恰恰在于人能主动选择去做看上去不可能之事，如抵抗对于死亡的恐惧（不是抵抗死亡的到来）。如果我们将正常的怕死心理看成一种终极意义上的心理疾病：死在，我就不在；我在，死就不在。但是，由于死是一把随时都高悬在我头上的一把利剑，而"我是必死的"这个永远挥之不去的念头决定了我如何选择过自己的一生，因此，死对于我是真实存在的，只是在我不想"死"时，它才不存在。但是，我不可能不想它，即使我不怕死。这种心理疾病的另一个名字叫绝望。那么，真正健康的心理，就是去想不可能之事的心理——抵抗"绝望"的心理疾病。

因此，勇敢比敬畏更优越，就像思考的勇气比思考的能力更为重要。为什么？因为勇敢或者勇气，含有"明知不可而为之"的意思，在不知道前景的情况下去做，这并非意味着蛮干，而是过一种创造性的生活（蛮干与创造没有区别，它们指同样一件事情，它们是被持不同态度的人分别看成蛮干与创造的）。为了不一样而不一样？确实如此！敬畏是一种态度，而勇敢则是一种行为。去做，有可能成功或者失败，但是不做，则永远不会成功。相信命运也属于弱者的心态，它是懒惰的最好借口。"上帝"这个概念只有在意味着自由而非权威的意义上，才是有价值的。尼采的判断"上帝死了"具有推翻旧道德的意义，也就是权威死了。至于他所谓"超人"，等于重新理解了"自由"概念：自由是荒谬的，属于不可能的可能性，例如"超人"能克服绝望、能判自己真实地享受终生孤独。

对权威的怀疑，等于对一切前提的怀疑。这并不是在否定常识，而是说既然科学理论已经被证明是正确的，我们从此之后只守着这个"正确"，就不叫作"过人的日子"了，因为一味地敬畏与顺从使我们"生不如死"——或者叫作"活着的死人"。为什么呢？因为我们只是在"正确而流畅地"活着，而不是"错误而结结巴巴地"活着。没有看到权威的倒台、没有看到人们所看重的神也有软弱而不堪一击的时候、没有真实地感到所谓"著名者"远不如我有智慧、没有看到某人唱不出任何新调子的尴尬表情。总之，如果没有亲眼看到"著名者"无可奈何、气急败坏、装腔作势，如果生活中缺少了这些活生生的喜剧色彩，就像缺少新鲜空气一样令人苦闷不堪了。换句话说，学术的真正进展就是从怀疑和批判权威

（及其各种各样的著名人士）开始的。但是，我这里需要着重说明的是，一切"权威"本身，都有极其重要的研究价值，因为它毕竟曾经是权威，并且获得了认可。这些认可是不可否认的事实，在这种现象背后，是某些重要的人性因素在起作用。

我把"正确而流畅地"活着的方式，以我特有的吃饭姿势，统统吃掉了。也就是我早已把它们忘了，就像你曾经会说某一种语言，但倘若你长期脱离说这种语言的生活环境，在你某一天不得不出门办事使用这种语言，就会说得"错误而且结结巴巴"，人家笑话我，于是一气之下我就不再出门了。我独来独往，一切时间都是我自己的。就在这个瞬间，我觉得一个国王的财富都不如我多，因为我认为一个人的真正财富只是他这辈子还剩下的时间，所谓自由和拥有时间其实是一回事。不让别人安排和占有自己的时间，世界上难道还有比这更惬意的事情吗？如此看来，幸福很容易，说有就有，只要你足够勇敢和舍得放弃某些在别人看来"重要得不得了"的东西。

虽然"著名"和"权威"不完全是一回事，但彼此还是有着微妙的共同因素。人们对它们的抵制，可以从消极与积极两个方面分析，消极方面就是嫉妒心、盼着别人倒霉、幸灾乐祸——对于这些心理，谴责是没有用的，因为几乎人人都深藏此种黑暗心理，它们是人性的一部分，这部分人性甚至在某种特殊情形下能鼓舞人，那就是在它发生转换的时刻，在这个时刻我们不是怀有"盼着别人倒霉"的阴暗心理，而是我有能力超越"著名"和"权威"，这种自信来自我发现它们不过如此。这时刻，我的灵魂获得了新的生命，它不再狭隘，它来自我的自我启蒙，就像尼采那样，因不再从权威的角度看待上帝，尼采在道德上变得高尚。

自由，就语言而论，表现在可以给某个词语或者概念以任何意义，比如被信仰的"上帝"既可以理解成相信权威，也可以被说成是一种心理习惯。但我也可以独特地认为"上帝"意味着任性而无理由的创造行为。也就是说，所谓思想的创造性，不过就是将事情看成某某的能力。这种"看成"并没有模仿任何一种已知的说法，从而使人耳目一新，甚至能治疗人的心理疾病，因为这病源在于极其固执地将某个概念只理解为某种意思。也就是说，患心理疾病者，通常是一个心思死板的人。

人们不断地做假设，又不断地怀疑和否定自己曾经做出的假设，这情形是非常正常的。也就是说,心思只从某个前提(哪怕是科学公理)出发,不仅会使思想变得死板,而且会自我束缚,生出很多完全可以避免的烦恼。要承认事情本来的样子啊——是的,这没错,但我管不住自己不由自主地把事情的这个本来的样子,看成任意别的样子。我是说我根本管不住自己,而不是说我应该怎么样。换句话说,在这里公理恐怕要失效,与其说是我的某种本能代替了公理,不如说本能本身就是新的公理,公理也不是一个样子的,就如同启蒙的"光"有各种各样的颜色。有人一到阴天就心情不好,我恰恰相反,就喜欢阴天下雨——我和这个人就此争吵有意义吗?没有,因为这里不存在正确与否的问题,而只是喜欢与否的问题。

在实际生活中,人们经常把"喜欢"混同于"正确",这确实是不对的,但这在生活世界而非科学世界的层面上,也是对的。在生活世界里,起决定作用的,往往不是事实与否,而是喜欢与否,这是正确的,因为它是真正起作用的因素,就像所谓爱一个人,不过是偏爱而已,说某个女人漂亮或者某个男人帅,道理也是如此。在这里,科学公理不仅无用而且还可能有害,因为如果将来的某一天,靠先进的科技能把所有女人整得一样漂亮或者将所有男人整得一样帅,那么,人就终结了、没有了、不存在了。

换句话说,没有差异,就没有存在。没有偏爱,就没有爱。这里所谓"偏",就象征着差异。我爱你,因为你是你,我对你的缺点感到生气,但即使如此我仍旧不爱打败了你的他,我因为他打败了你而嫉恨他——这就是典型的偏爱,事实上他可能各方面都不比你差,但这个事实与我一点关系都没有。我盼着你好,给你买好吃的,这没有什么可值得奇怪的,因为我就是这样对自己的,我对你的偏爱和爱自己的道理是一样的。你是我的另一半,如此而已。如果缺少了差异,人和社会都会朝着机器的方向发展。机器是正确的,却也是乏味的,如果你不相信我的这个判断,就盯住一座走时精准的钟表,不许走神,试试你能盯住多长时间而精神不崩溃。是的,我是说,人更愿意胡思乱想,而不是"正确精准"。以上,我曾提到一个去印度"灵修"的欧洲女子,她在终于成功地净化了心灵的时刻,却兴奋不起来了。为什么呢?我想我已经回答了这个问题。

但是,千万要注意,绝对不能由于自己的偏爱或者承认差异而导致各种各样的等级或者歧视。在这里，人们确实需要哲学家的引导：我们要尊重和我们不一样的"别人"，在各种不一样之间不是优劣的问题，而是方向不同的问题。承认差异，就是承认别人永远有我的能力所不及的地方，反之我也有别人所不及的地方。千万不要以权威或者拳头命令或者强行使别人和自己一样，因为这会毁灭文化生态和人的生命—精神形态的多样性，其前景如同毁灭大自然物种生态的多样性一样可怕。同样道理，也不可以建立起语言的"巴别塔"，即不可以英语独霸人类的语言，因为这将最后毁灭英语自身、毁灭人类的语言。换句话说，必须保护方言，以便使各种族交流需要翻译——正是在翻译过程中词语更加丰富起来，由于"误解"而发明了新的意思。各语种之间必须"错误而且结结巴巴地"交流才有意思，有障碍有疑难才有意思，我们因好奇而冒险去发明创造。如果人类语言只剩下英语，用英语实现了语言的大同世界，人们彼此能"正确而流畅地"交流、毫无误解地交流，那么，语言将走向一潭死水、走向终结、没有了、不存在了。

以上这些，尼采也说过吗？说过的。他说："我们必须要学会以差异的方式去思想——以便于……以差异的方式去感受。"[1] 尼采这个想法在19世纪是惊世骇俗的，因为整个19世纪的欧洲延续了18世纪的近代启蒙思想，也就是强调科学的普遍性、确定性、唯一性。非常有趣的是，尼采"以差异的方式去思想"（think differently）竟然成为苹果电脑公司创始人乔布斯成立初期的广告词："非同凡想"（Think Different）——它令人惊叹地反驳了19世纪以来瞧不起人文思想的传统，因为20世纪最伟大的科技发明之一（个人电脑），竟然起源于人文方面的灵感。乔布斯说："我小的时候，一直都以为自己是个适合人文学科的人，但我喜欢电子设备，然后我看到了我的偶像之一，宝丽来创始人兰德说的一些话，是关于既擅长人文又能驾驭科学的人的重要性的，于是我决定，我要成为这样的人。"[2]

将我与其他人不同的差异性解放出来，这只能靠我自己精神上的勇敢

---

[1] Nietzsche, *Daybreak*: *Thought on the prejudices of morality*, Cambridge University Press, 1997, p. 103.

[2] ［美］沃尔特·艾萨克森著：《史蒂夫·乔布斯传》，管延圻等译，中信出版社2011年版，第13页。

行为。这勇敢是人身上的一种潜在本能，要唤醒它需要自我启蒙。还有，就是分类的方法，不应该让一个大概念取代其中的小概念，比如，我们最好不要用这样的表达方式说话：中国人如何、美国人如何。为什么？因为这是在异化的基础上的表达方式。如果一个中国人的精神像美国人，或者一个美国人的精神像中国人（略有生活经历的人都知道，这两种情形都是真的），这种表达方式就失效了。也就是说，用大字眼说话，会人为制造误解和毫无必要的争吵，根本不利于揭露事情的真相。换句话说，千万要警惕被"替换"的情形。当你听到某人说"我代表"，你立刻就应该想到他是否真能代表。尼采写了一本书《破晓》，就是破除"代表"的道德，还原到本来的道德即个体自身的道德。道理很简单，我们不能保护张三、李四，何谈能保护人类呢？

如果只说到"普遍的道德"，就等于说了一句还没有落到实处的空话，而且我们还要警惕它要代替所有人的道德，这个前景非常可怕，它将使人人成为见面只会面带微笑说"你好"的机器。因为这种最表层的客套在我们的内心深处几乎激不起任何兴奋。如果以上"差异的哲学"更接近人内心的事实，那么"道德偏见"就不再是贬义的。"道德偏见"不是任何意义上的歧视，"偏见"只意味着每个人看问题的视角都会有微妙的差异，这种微妙差异甚至会导致本质的差异。种族歧视所遵循的是另一套逻辑分类原则，例如黑人是怎样的、白人是怎样的。但是，正像我以上指出的，社会生活中的下列真实情形驳斥了种族主义理论：一个白人的精神举止像黑人，或者一个黑人的精神举止像白人。换句话说，新的人类原则试图还原为单独的个体，并且对例外的情形非常感兴趣，同时警惕任何一种归纳，因为归纳和被代替一样，是危险的，它强行将原本不一样的个体，看成是一样的。

在《破晓》一书中，尼采开头就自称"地下人"。柏拉图曾经有著名的"洞穴之喻"，生活在洞穴里终日不见阳光，他显然是贬义。但是，在柏拉图贬低的地方，尼采的"地下人"却是褒义的：一个在黑暗中独自工作的人、一个在"地下室"（取自陀思妥耶夫斯基的说法，他写过一本短篇小说《地下室手记》）自己发光的人、一个只像他自己而不像任何一个"别人"的人、一个绝对有能力忍受孤独的人、一个绝对不指望别人而从自身就能获得身心幸福的人、一个除非他自己任何别人都不可能将他打败的人、一个绝对任性的人——我使用的这一系列排比句中,用来形容人的特性的这些字眼,在传统道德中是没有位置的。为什么呢?因为对于传统道德而言,这些字眼太陌生因而配不上高尚。

一个自愿选择了终生孤独的人,他这个选择绝对不可思议,但我觉得这个人可能是天才中的天才,勇者中的勇者,他几乎就要接近"不是人"了,但他绝对是人,他的精神燃料除了自己自发的想象力之外,不可能是别的了。在这个意义上,他是人类的先行者,他靠一己之力开辟着人类新的可能性。这样的人,我至少想到三个:卢梭、叔本华、尼采。这是一些自恋的狂人?但是,这个说法需要理性加以解释:这是一些特别有"着迷能力"的人,随时随地不分场合,他们以为令自己着迷的不是自己,但事实上他们自己就是一个永远也解不开的谜——他们狂热地热爱自身的冲动,但是却误以为自己爱的是别的东西。在这个意义上,他们之所以是思想的天才,在于他们是一些"错误的人"、是人群中的例外,在他们那里发生了似乎不是人能够忍受、想到、做得出来的事情,所以叫他们"地下人"恰如其分,他们把黑夜叫光明,他们把启蒙叫作"划过光明的黑暗"而不是"划过黑暗的光明"。

什么?这是一些疯子?绝对不是!他们是解放人类思想的先行者,因此必须受苦受难!想想这有多难:每走一步都没有先例,伸手不见五指,够吓人也够刺激!没有人跟随,因为没有那个胆量,"甚至他的朋友也不可能猜到他在哪或者他要去哪儿。"[①]"地下工作者",这是一些躲在暗处的人、潜伏着的人,周围的环境十分险恶。必须有险恶,否则就不够味儿、不够刺激!

因此,在另一种意义上,这绝对是一群疯子,是内心的疯狂,外表未必看得出来。疯狂,是指他们专门想一些古怪的问题,并且为之苦恼不堪。因此,也可以说,那些引起他们焦虑和失眠的事情,是一些在普通人看来毫不值当的事情,他们在这些方面的"不普通",简直就是思想天才的重要特征。但是,他们并不是一些悲观的疯子,当普通人由于相信了不值得相信的事情而悲观失望之时,这些疯子们早就瞬间跨越了悲观情绪开

[①] Nietzsche, *Daybreak*: *Thought on the prejudices of morality*, Cambridge University Press, 1997, p. 1.

始琢磨"不相信"可能在信仰中具有极为重要的地位,以至于想到荒谬现象本身才是日常生活中事实的真实,而真理之实现不过只是假设中的"真实"。

荒谬现象?是啊!比如特想做一个厚颜无耻的天才,我记得三个著名的法国人曾经公开承认这个说法的正当性:18世纪的萨德、20世纪法国天才女作家萨冈以及时下中国学界都知道的福柯。一个特不正经的人同时是一个天才,这无论是想法还是事实,都令人觉得很刺激。一个善于思考的人,应该去抓关键问题,比如"不正经"本身,就是一个正经的哲学问题。

二 荒谬感与道德

为什么不该否定而该严肃地思考荒谬现象?因为它是一个正经儿的哲学问题。一个思想懒惰的人会将自己不理解的东西统统称为"荒谬",而一个思考速度特别快的哲学家会在思想过程中省略很多哲学常识直接以跳跃而非论证的方式把想到的结论连接在一起,读者就会抱怨说晦涩难懂以至于荒谬无稽。但是,有才华的思想者绝不会单纯从字面了解词语,类似荒谬、厚颜无耻、不正经等,总之被正经的道德排斥在地下室的"意思"本身,是特别值得玩味的精神现象,就像嗜烟和酗酒绝对是坏事,但是为什么总是有上瘾者不顾生命危险而前赴后继呢?厚颜无耻和上瘾之间是什么关系?厚颜无耻的快乐背后藏有怎样的人性秘密?为什么说一套做另外一套是"地下室里"的人生常态?见什么人说什么话是不道德的吗?怎么能做到在自己的身份转换过程中态度始终如一呢?当然做不到,因此灵活机动者其实是一个实事求是的人,如此等等。

19世纪末到20世纪,是世界文明焦虑不安的关键时刻,其中最焦虑者写出了在当今看来最重要的学术著作,尼采、胡塞尔、弗洛伊德,等等。也就是说,危机感、痛苦,这些"负面情绪"是能够成就人才的。这就像是一个没有出路的人会破釜沉舟。要有所创新才能自救,要过崭新的创造性生活就得逃离习惯,尤其是别相信道貌岸然的权威观点,并且思考被伪道德称为"邪恶"的东西到底指的是什么:原来这些伪君子口中的邪恶,是指自由任性、意外的东西、不可预见性、无法算计的东西等。

原来一切失控的东西都被视为"不好的东西",而凡是有标准可对照,就是好的,如此等等。失去控制就不好吗?难道文思泉涌的过程不好吗?想入非非不好吗?换句话说,在不能说的地方硬去说而不是保持沉默,这绝对不是邪恶,而可能是创造性思维的开端,而那些不请自到不能确定原因的快乐,那些无法预测和算计的快乐,却是深藏人类天性之中的。总之,要反抗任何外来的"你必须因为你必须"。新启蒙,就是说,绝对要避免"为了服从而服从"的社会现象、避免没有经过独立思考的服从、避免"我服从因为它是命令"——德国女哲学家艾伦特称纳粹各个级别的军官所犯下的罪行,就是这样的"平庸之恶"。

一部人类文明史,也是向权威开战的历史。发现了权威的弱点进而战胜之,这和战胜自身的弱点一样,使人感到无比痛快。一味顺从的人,选择了懒惰与捷径,因此不是勇者的道德。这里的勇者同时意味着智者,反之亦然,只有勇敢的智慧才是真智慧:坚信那些不可能实现的事情是可能的,真的勇士决不悲观。害怕和命令是一对儿,背后支撑它们的,是认为以往统计出来的那些"现成的东西"在现在和今后同样有效——这种"可理解的确定性",或者说对命运顶礼膜拜,恰恰不是大写的人的精神。勇敢是人性之第一要义,一个敢做的人首先是一个敢想的人,勇者并不知道其行为的确定后果,但勇者想的痛快做的痛快。这些痛快来自它们史无前例。优秀的艺术和有才华的哲学一样是勇敢的,"勇敢"恰当地描述了创造行为的基本特征。

几乎所有的哲学概念都至少可以在对立的意义上再说一次,传统哲学家们当然意识到这一点,比如"敌人"的"敌人"是我们的朋友。但是,把这种二元对立思维绝对化,在活生生的日常生活中有时很害人,比如它在莎士比亚笔下制造了罗密欧与朱丽叶的爱情悲剧,更不用说人类历史上无数以敌我或者"敌友"作为标签的战争悲剧了,任何关于种族优越或者种族歧视的理论,也属于这类标签式思维方式。当代哲学家们普遍搁置了标签式的思维方法,代之以"差异性"思维。于是,本段第一句可以修改为"几乎所有的哲学概念都至少可以在差异的意义上再说一次"(其实是可以再说很多次),例如"完美""神秘性"等。还有必定如此的结果(或者"原因")与偶然的结果(或者"原因"),完美当然向往后者,期待"冷门"就是渴望发生不可能的事情,例如电影《罗马假日》和

《泰坦尼克号》中的艳遇——艳遇之所以让人心之往之，在于它们属于偶然中的偶然，也就是几乎是不可能的事情。这种不可能当然无法与在地球上真的发现了"外星人"的不可能性相比，但前一种不可能指得是"为什么遇到了这么一个人"是纯粹偶然的，如果你是一个总按惯例生活的人，就不可能抓住这些偶然。换句话说，抓住偶然意味着创造性的生活，它一定需要某时刻的勇敢行为，在哲学—艺术领域里的创造，也是同样的道理。

　　真实的世界总是比想象的世界小得多——这就是孤独者的精神支柱。如果一个人相信"只有获得现实世界中实实在在的东西才是幸福的"，那么他将整日周旋于与实在事物打交道，其结果就是他必须实事求是，从而在无形中遏制了自己的想象力（即脱离实际的能力），与此相反，一个能享受孤独的人离开想象力几乎就无从谈论他的享受了。孤独者的享受来自想象中的世界比现实世界大得多，而且永远如此，这种享受不受客观条件的限制，它只是动心眼的自由或者"想到的能力"而已。当然，我们的痛苦也来自想象，日常生活中很多焦虑是不必要的，或者夸大所焦虑的事情在真实世界中能对我们产生的影响，或者焦虑某些我们自己完全没有能力控制的事情，比如害怕自己死于交通事故，但难以想象我们因此而永远不出家门。即使不出家门也难以避免意外之灾。如此看来，只要人们有焦虑的意愿，就永远不会缺少导致焦虑的原因，因为即使真实世界中缺少这样或者那样的原因，人也有能力自己创造出各种各样的、奇形怪状的"原因"。换句话说，只要一个人愿意，他就能一辈子都过得不痛快，这不快乐与他所拥有的任何身外之物毫无关系，也就是说，精神压力并不来自外部世界某个真实的事情。这就解释了为什么一个万众羡慕与崇拜的人，也会选择自杀。人们不能理解类似这样的自杀行为，就像不能理解一个人为什么自觉自愿地选择终生孤独并认为如此生活是快乐的。维特根斯坦临死前说："告诉他们，我度过了快乐的一生"，听者感到难以理解，因为从世俗角度维氏的一生是"不快乐"的。但是，从哲学角度，维氏的遗言显示了不仅快乐确实是不一样的，更重要的是，有难以理解的神秘的快乐。

　　这些神秘的快乐，有赖于人类的想象力，它们是我们创造出来的——想象中的世界永远比真实的世界大得多。因此，创造一种稀有的幸福品种

（或者感觉），和创造一种世间稀有的焦虑感，都证明了人性的伟大，它们都植根于人的天性之中，属于人的本能、真正的自在之物，在那里书写着两个大字"自由"。

传统道德与传统哲学是一致的，它们被困在成对对应着的范畴之中，难以自拔，如原因与结果、罪与罚、想与被想的东西。如果超出这里无形的囚禁去胡思乱想呢？如我可能处于"什么都没想"的思考状态、我说不上原因但就是喜欢这个——这可能是我最为快活的事情了，但是在权威控制下的生活中，一个最讨人嫌的事情，就是迫使人们去编造原因。在这种情形下去编造的人，无论所从事的是实际工作还是理论工作，这种行为的性质已经是"理论的"。一个理论人之所以讨人嫌，在于他是一个关于人的"雕塑"而不是活生生的人。

"原因"本身就已经属于理论的说法了。一个活生生的人若有幽默感，会经常对"原因"开玩笑，也就是去消解"原因"，把不是原因的因素硬说成是"原因"。这会激活词语的创造性意义，它搁置某个词语的惯常意思，例如法国女作家萨冈的处女作《你好，忧愁》。对忧愁说"你好"，"你好"的原因一下子变得莫名其妙起来。它的扩展意思是，我们身上的一切情绪都值得我们去亲近它们而不是讨厌它们，即使这种情绪叫"绝望"——按照这个思路，我们可以滔滔不绝地写出很多新的思想，以致于会形成一部有情节的哲学小说——在这里，事物本身的逻辑绝对不是按照计划中的"因为—所以"发展起来的。某些话语不断从笔端流淌出来，笔者只是感觉它们亲近、不吐不快，犹如箭在弦上。忧愁很迷人，就像神秘的微笑很迷人一样，达·芬奇的《蒙娜丽莎》的成功不在于绘画的技法，而在于她的表情。一个神秘的亲切表情，又近又远，我们能感受，她却无力表述，在这里"原因"也是失效的。这是荒谬的？是的，就像写出哈姆莱特那些"疯话"的莎士比亚并没有真疯。虽说如此，他随时都有疯的能力。为什么呢？因为"疯"就像癌细胞一样早就潜伏在人的体内了，要由忧愁将它唤醒，但我这里说的不是癌细胞而是看似没有关系的词语的"意思们"彼此艳遇——相互吸引，非常迅速地繁殖起来，好像很短的几天就把"一辈子"过完了。是的，我此刻想到的，是电影《泰坦尼克号》中的那对男女主角。

并非真的一辈子，其实我心里真正想到的是"一气呵成"，就像篮球运动员手感好的时候那命中率是不可思议的，怎么投怎么有。写作灵感从天而降的情形也是这样，根本就不用留神或者不需要任何原因，所有的佳句都是在不留神的情况下娓娓道来的，我们从中明白了为什么要听从自己内心的天性而不要模仿别人的东西。

什么都没有想的"想"究竟是怎么回事呢？是狂喜、出神、忘形、无法自控，此时此刻并非一概没有表面上的原因，而经常是一件事情或者现象的意味实在超越了我们能讲清楚的范围，我们是为那些超越的部分而狂喜的，显然这是一些无序的部分，即我所谓"什么都没有想的'想'"——它有点像迷幻状态，我们只是感觉到了舒服的顶点但是却无力描述它，可是这种"无力"对于我们正在享受的痛快而言，一点儿都不重要。这就像在非常有灵感的时刻只是往下写就是了，根本就不需要考虑逻辑语法之类，你在此时此刻写出来的意思肯定是非常符合逻辑的，它是人性的逻辑——这里不需要任何恐惧，怎么写都行，只要你感觉舒服："倾听这些孤独的符号搅动着心灵。"① 让原本在暗处的东西明亮起来，唤醒它们，它们原本就是隐藏在我们自己身上的能力，但我们从前却不知道，这唤醒与爆发，让我们热泪盈眶。这时刻非常珍贵，它像黑夜里的流星一样就要溜掉，所以我说，我们要一气呵成。我们感到了从来不曾有过的自信，我们活出了自己。那么短暂的、有才华的、决不平庸的、无法自控的快乐，仿佛在嘲笑自己以往平庸的日子都算白活了——这想法当然不符合物理意义上的真实，它们是奢侈的心理意义上的真实。

"人们想象自己化身为大自然：仿佛到处都看到了自己，看到自己的善良尤其是自己的邪恶、看到自身任性的品质。所有这些，好像就隐藏在云彩里、风暴中，在被捕捉的野兽、树木和植物之中。"② 大自然最令人惊叹的，是它的无限多样性，人类从中看到了自己智慧的影子，唤醒自身无限的智慧潜能。善良和邪恶都是人类发明出来的字眼，人类从大自然中联想到自己应该有的自然行为，从中筛选出适合自身生存的行为，并且称之为善良，而称那些能毁灭自身的力量为邪恶。可见，缺乏联想力，人类

---

① Nietzsche, *Daybreak*: *Thought on the prejudices of morality*, Cambridge University Press, 1997, p. 15.

② Ibid., p. 16.

文明将寸步难行。总而言之，我们所看见的一切，就是我们自身的一部分——这太任性了，是的，不过准确说，是太人性了。人性化就是自然化，就是事情本来的样子。人类文明中最好的规则，都与事情本来的样子协调一致。也就是说，这些规则绝对不阻拦对于人类来说一定要发生的事情，也绝不要对于这些"对于人类来说一定要发生的事情"设置讨人嫌的人为的障碍，因为这就相当于一个人"自己在扫自己的兴"，何必呢！那些使别人不幸的人终将也会使自己不幸，因为他在破坏着自己的生存环境。换句话说，人类要战胜自身的愚蠢，邪恶是由愚蠢造成的。一个愚蠢的人，首先是一个缺乏想象力的人，蠢人的行为类似动物，只被眼前的东西所迷惑。在自然界所有动物中，只有人类会微笑。笑是最为神秘的一种表情，它超越眼前所看见的东西，它是自然表情的升华。只有人类在身处大自然之中，有能力联想到万事万物都向着自己微笑，因为人自己就有笑的能力。笑是人内心感受的外露，笑的本质是私下的、会心的。

人类从自然界中走了出来，但还要返回自然世界之中，人以自身在自然界微笑的姿态与大自然的万事万物和睦相处，只守住自己应该有的位置，别总想着要做什么"主子"，人杀死自然世界就等于杀死自己，就像无论你认为自己周围的人多么不善良，事实上你要生存下去，必须依赖周围的人，或者更确切地说，你们相互依赖。

要学会遭罪——我这么说似乎有点奇怪，人来到这个令人又爱又恨的世界上既享福又遭罪。但是，由于人的本性贪婪，人从来就不会满足于已经获得的幸福而用放大镜看到自己在遭罪。"遭罪"既是物理事实又是心理事实，后者甚至是最主要的。其实在很多情况下，所谓"遭罪"不过是觉得生活无聊缺少意义的替换词而已。于是，问题的关键就渐渐清晰了：要培养自己在已经高度程序化了的日常生活中保持快乐心情的能力，比如要创造出新的渴望，我倒不是说一定要从事一件新事，更重要的是从惯常的事情中（因为我们毕竟不得不生活在其中）联想到新的意思，这新的意思可以每天都不一样，就像一个有出息的电影导演要有能力拍摄出不一样的电影、一个作家要写出一本真正的新书。如果这导演或者作家只是靠重复自己从前的作品打发日子，就会感到郁闷。只读不写，就没有了写作的快乐，写作就像生孩子一样，文章总是自己的好，就像孩子总是自己的好，尽管这想法并不真实，但是人已经快乐过了。

遭罪的快乐是荒谬的快乐：与其关注真实与否，不如重视快乐与否。自从人类超越了大自然、一旦人脱离了童贞变成一个成年人，快乐本身就不再单纯，甚至可以说是荒谬的快乐。我说荒谬，主要指很多快乐破坏了惯常所认为"应该快乐"的因果关系，快乐成为一件不可理喻的稀有心情的产物，真正的哲学家与艺术家更有能力创造这样的心情，因为他们以"想象力"作为自己的职业。比如萨德发现人身上有受虐和虐人的双重"残忍的"快乐本能。萨德从来就不是哲学家，但他这个发现具有重要的哲学—心理学意义。萨德的这个发现，靠的并不是读书，他只要最真实地不回避自己的"残忍"和"邪恶"念头并且在此基础上勇敢地继续想象，就可以了。于是，他发现了不起眼的"肮脏的"大问题。萨德式的快乐告诉我们，绝不要忽视自己最细微的兴奋与沮丧，其中有人类共通的哲学话题。问题的关键其实并不在于人经历了多少，而在于人想象的能力。这也就是为什么很多"行万里路"的人反而不如整天不出门的人更有想象力：越是整天接触实际的人，反倒越是缺乏想象力，因为想象力无助于他实事求是地（即按照惯例）处理日常事务；越是生活孤寂的人反倒越拥有想象力，因为他周围的环境一点儿也不生动、缺少变化，那么为了不无聊或者有快乐感，他会自发地寻求改变自己的心情：从眼前的某某联想到本来没有关系的另一个某某。

要想超越自身，使自己具有原来没有的体魄和思想，就得对自己狠点、把遭罪当成快乐的事情。这超越，就是人们常说到的"过分"、甚至叫"奢侈"，总之就是那多出来的东西。要从遭罪中创造出不是逆来顺受的快乐，与那些试图主宰我们命运的东西搏斗，从中培养起自己敢于探险的精神气质——要发现和发明新的享受，而决不没有出息地只是享受继承而来的现成的东西，因为这些东西不是在遭罪中获得的，我们要的是在遭罪或者辛苦劳动中获得的快乐。

根据老经验预测未来、怜悯、只想享清福、缺乏个性、所谓"保持平常心"，与任性和勇敢相比，算不上美德。尼采严肃地思考关于身体的哲学问题。身体本身的状况，肯定与人的思考能力有关，它们彼此之间是相互促进的关系。也许身体本身具有我们尚不知道的"思考"能力，人们总是认为人在激动时会手舞足蹈，但究竟是心情导致了肢体动作还是肢体动作唤醒了隐藏着的心情呢？也许长期以来，我们忽视了后一种情形：

我们要用优质的身体状态，唤醒处于沉睡之中的思想才华。由于有身体的加入，才可以叫沉醉、痴迷。也许学会思考要从改变自己的体魄开始，让人的热情超越人自己，觉得是自己的身体复活和创新了自己的思想，要在遭罪和忍受中体验狂喜，这就是爱，爱我们自己的身体，这是萨德说的。这里有一种黑暗的高贵。它在身体活动中超越了动物性的东西（或者我们表面上我们看到的东西），这超越的证明与动物性的东西的差别只是一种微妙的表情：人会笑而动物不会笑。这多出来的奢侈的表情，使人在动物面前感到很骄傲，因此人类超越却也永远没有超越自然，因为人是要死的，我们绝不要被这里所揭示的荒谬感杀死，人活着就是去超越自己，这应该成为我们的信仰。什么是信仰呢？就是让本来不能见面的东西，相互见面！什么是偏见呢？偏见就是只觉得自己的信仰是唯一的、最好的信仰，而别人的信仰都是错误的。什么叫宽容呢？宽容就是在天地之间，你信你的，我信我的，彼此不要打仗，相安无事。

　　自己喜欢的字眼不由得多问几次：信仰到底是怎么一回事？答曰信仰就是与荒谬结缘，就像最爱和最恨的是同一个人、距离最近的和距离最远的是同一个人。你的价值离不开你的决斗对手。换句话说，"爱"这个字眼是一切荒谬事情中最荒谬的，因此"爱"才有资格处于信仰的核心：我爱我内心的你，我爱你让我遭的罪。我本来是脆弱的，是你使我变得更坚强。只要想起你，我就得意洋洋，在漫长的寂静环境中充满着欢乐气氛。你不是要来，因为你从来就不曾离我而去。你使我的精神升华，你使我独处时也不感到孤单。有了你，我不再只是我自己。在暴风骤雨之中有了你，你是我身上所藏匿着的超越我自身的潜力与能力，我不知道你到底在哪里，但我清晰地知道你在我心里。你是我身上的超能量，我爱你的神秘。有了你，一切皆有可能。有了你，"不可能"不再存在于语言里。你是我心里抽象而无形的力量，你的温度让我的生命永远有冲劲。我不要看到你、不要听到你、不要知道你，而只要想起你！你是我力量的源泉，你创造了我，但是这只是在说我身上那无法自控的超越之物，在创造着我自己：我有不同的自己。

　　我要把自己的一生，奉献给你！你是我灵魂的医生，只有你有能力驱除我内心的痛苦、空虚、无聊。只要有了你，我就有能力对付无与伦比的悲剧命运！为什么？因为我笔下之所以能滔滔不绝，全由于有了你！在你曾经对我说过的话中，最有教益的是这样一句：别相信一切现有的东西，它们不是你的，我才是你的。是的，尼采也曾经说过类似的话："真理最大的敌人，是深信不疑。"

不再有人拦着我们，不让我们沉默、不让我们读书写作。只要愿意，我们可以找到和阅读任何想读的书，还有比这更令人振奋的吗？没有了，孩子长大了，父母就管不了了，这是孩子的幸福。从此，父母得学会与孩子平起平坐。一个人要强大，只有一条：决不依赖任何人，一切都自己独立解决，我说的是一切！只要自己意气风发得意洋洋，没有获得他人的理解又有什么关系呢？

"我否认道德就像我否认炼金术，也就是说，我不承认它们的前提。"① 这个前提、根本性的动机，在尼采那里一文不值。话不投机半句多，你走你的阳关道，我走我的独木桥。你获得了尊重，我获得了尊严，那就是按照我自己喜欢的方式选择自己的生活。"我们得学会'非同凡想'。"② 同样，也包括"非同一般的感觉。"③ 这又使人想起萨德，这没有什么不好意思的，凡是能发生在人身上的任何事情，都是人性的一部分。

虚伪的道德，这里指的，倒不是从满嘴的仁义道德读出"男盗女娼"，因为从道德本身角度，"仁义道德"和"男盗女娼"并非冲突的关系，只是后者用词贬义味道太强烈而已，两者之间的关系，就像接人待物要讲究礼节，但是在酷热难熬的夏天，独自在家可不就是穿得越少越凉快吗？怎么着装甚至根本不着装，场合不同而已，因此"男盗女娼"的含义不清，它到底指什么？如果它是在谴责放纵性欲，那这种情形其实可以从不同角度研究：社会必须以道德风俗限制它，但是从人类性本能研究它，会有弗洛伊德那样的重要发现，如果没有看到这一点，态度就不够科学。我所谓"虚伪的道德"指的是对于人性自私的谴责，因为根本就没有"纯粹自我"这回事。"纯粹自我"的原形到底是怎样的？它很像是对于作为"自恋"的神话故事的"反其道而行之"的描述：我不是将自己在河水里的倒影误认为是心向往之的另一个美人，而是根本就不存在所谓

---

① Nietzsche, *Daybreak: Thought on the prejudices of morality*, Cambridge University Press, 1997, p. 60.

② Ibid.

③ Ibid.

自恋这回事,"自恋"和"自私"一样,都假设了不真实的道德前提,但真相则是萨特揭示出来的:我是由不是我的因素组成的,这与动机无关,而与效果有关,我得爱某个不是我的人,我整天握着自己的手,什么感觉都没有。在这方面,我得爱我自身所匮乏的东西,你能给我这东西,于是你使我超越了我自己,但这和自私无关,因为我也使你超越了你自己。费希特就说过,我是由非我组成的。

也就是说,我是不连续的、中断的。当我非同凡想时、当我开创出自己的新感受,就与昨日之我告别了。如果对于我来说,这种情形并非偶然出现,而是终生如此,那么我就会得意洋洋,因为我没有重复自己,等于延长了我的生命。人与人之间不要比赛谁活得更久,而要比赛谁没有浪费生命,即没有重复自己。

"我"不是一个概念,不要相信任何冷冰冰的概念。概念必须活跃起来,变形为别的概念,因此尼采不相信"人",为此他创造出"超人",意思不过是——超越"人"这个概念能使人想到的自己的样子,人还有别的可能性——各种各样我们尚不清楚的可能性。"可能性"是开放的,其含义多于封闭的"目的",显然开放比封闭更为迷人。因此,我什么都不"为了",只要活得高兴,早上、中午、晚上,都有各自的高兴,我终生都在自我培训"更高兴"的可能性。很多人不高兴,他们陷入了"高兴需要理由"的理论陷阱,事实上高兴不需要任何理由,这是动物们不能理解的,它们不能理解人脸上显露出来的"笑"这种表情,因为动物自己没有这种表情,笑的能力使人类脱离了动物世界。

仔细分辨表面上相似的词语之间的差异,有助于描述难以表达的感受,与其说这考验语言能力,不如说考验直觉能力。例如高兴和幸福之间不能画等号,因为"高兴"与天性更为接近,而"幸福"更接近概念(天性是与生俱来的,概念是人们创造出来的)。我们在咬文嚼字过程中寻找更恰当的表达,靠我们与生俱来的直觉能力。一支箭在飞行,很傻的人把这支箭的飞行路线划分为无限个确定的点,并且煞有介事地说,这支箭在每个这样的"点"上面都是"不动"的。但是,既然在每个点上都不移动,更多的点加起来也不会移动一公分啊!然而,这支箭毕竟是实实在在地飞行着啊!傻人陷入了具有概念性质的幻觉之中,他们太相信现成的东西(在这里指被孤立出来的不移动的"位置点")而不懂得"此"

就是"彼"。如实描述这里的状态,那就是事物要想活,就得时刻超越自身生命的原有形态——A 就是 B,这是不讲道理的,因为道理似乎告诉我们 A 就是 A,B 就是 B。以上我说信仰就是原本不能见面的东西见面了,你就是我,于是我从"一支箭在飞行"中理解了信仰问题,心里暗自高兴起来。如此看来,没有人能拦住我的高兴能力。

　　直觉就是极其迅速的分辨力,没有原因的自信,快速跳跃到看似无关其实密切相关的另一个问题上面,比如支撑信仰的,就是特异的直觉力量,它不是对别人的判断,而是对自身感受性的判断。以后,我们不要这样提出问题:你有信仰吗?这是过时的提问方式,它暗示你说出某种你已经知道了的意思。所谓信仰,就是渴望或者寻找某种我们尚不知道的快乐,我们相信这快乐肯定存在,这就是我所理解的信仰。保持盼望状态、活在盼望之中,不是实在地拥有所盼望的东西,而是说盼望本身已经使我们感到快乐,这是一种不踏实的踏实、惬意的焦虑、紧张的放松(就像写作),这些都是自相矛盾的,有荒谬感。就像说,不停地写就是我的信仰,而电影《阿甘正传》中阿甘的信仰就是不停地跑——"快乐就在前面"的真实意思,是快乐就在脚下,而后者的真实意思是快乐就在别的地方("跑"就是去别的地方,就是没有停下来),别的地方有我们尚不知道的快乐,我们不知道它们究竟在哪里,却知道它们肯定存在,靠的是直觉。

　　入神也会使我们快乐,聚精会神是一种非凡的能力,但它指的不是聚精会神地打麻将之类的事情,而是类似由眼前正在发生着的事情所导致的若有所思,联想起别的任意什么,这个过程才是我所谓入神或者聚精会神,要特别珍惜这种控制不住的自主性,它属于我们身上天赋的才华,不是教育有能力给予我们的。其实,教育只能给我们一点微不足道的东西。每个人都是其所是的人,总会在细节上暴露出来。

　　一切词语只有重新再说一次,才会更为恰当。比如"注意"就是没有注意的注意,"思考"就是没有思考的思考——若有所思,加缪吸烟时的姿态就是如此,此时他很迷人。那些能到来的东西是自己上门的,不是我强求的。对胡塞尔的"意向性"概念要重新理解,不再是所谓"对于某个对象的意识",而是没有注意的注意——没有方向的方向,才是真正的方向或者意向,它就像我只需要保持爱的姿态就足够了,至于真的拥抱了与否,其实只是一个次要问题。爱是一种信仰,谁都不曾真的拥抱过上帝，但是在心里拥抱过就足够了。为什么说"没有方向的方向"呢？因为你在暗处能看见我，而我看不见你。我知道此时此刻一定有我不知道来自何方的目光对我若有所思，这很奇特。不，不要用"偷窥"这个词，而应该说：你无所不在。

如果一定要说我的写作方法，那就是我不知道下句话要写什么，但总能写出来，这很没道理，但我回头重读一遍，意思也算清楚。既然哲学家说最真实的时间只显示为现在，那么我即兴的念头是没有时间编瞎话的。编瞎话很慢，因为它要考虑对方的心理反应，而我的即兴只需要如实坦露自己的心思就可以了，即使它们很丑，也是天生的。凡是天生的东西都能触动人，比如一个天生丑得出奇的人，就能吓到人。当然吓不到猫，猫分辨不出人的美丑。

不要想，只要看！为什么不要想？因为想总是伴随着想不通，令我们悲伤，我们还来不及欣赏风景，我们已经永远看不到这些风景了，这就像我变老了，我曾经认为的年轻人也已经不再年轻了，曾经的风景不再，这使得我有双重的失意，但是失意很快就过去了，因为世界上永远有年轻人，这个简简单单的道理让我感动不已，仿佛时间能停滞似的。所以我说别多想自己，要多看年轻人。

三 "去经历，就是去发明"

"去经历，就是去发明。"① 它的意思是说，经历与经验不同，经验是某些已经发生过了的事实——我们每个人都拥有很多这样的"事实"，深藏在记忆之中，从而我们的全部生活就像是在日复一日地重复：不仅知道什么场合下该做什么，而且知道该有怎样的表情甚至心思，这使得我们很像是一个机器人、完全按照事先规定的程序对于所发生的事情做出反应的智能机器。这是一种看似有感情和心思其实却是欠缺发明思想能力的人，他不懂得真正的快乐（我这里姑且把快乐作为一切思想感情的样本）是没有预料而突然到来的快乐，而不是计划中的，这就把临时性或者即兴性

---

① Nietzsche, *Daybreak*: *Thought on the prejudices of morality*, Cambridge University Press, 1997, p. 76.

的问题摆在了我们面前。经验越多的人，即常说的饱经沧桑，是一个不幸的人，由于他自称自己什么都经历过了。那么他为什么还活着呢？他混淆了经验和经历：他的经验是那些对他已经发生过了的事情，经历是他的"第一次"意义上的，即与其说他不知道，不如说他不愿意想到只要自己还活着，前面就还有很多第一次在等着他，例如每个人都得第一次也是最后一次经历死亡。他不比时下的年轻人知道得更多发生在当下生活世界里的时尚。经验和记忆的重要性，在于它们的意义时刻被我当下的经历发明出来的心思所修改，这些新的意义是我过去经历这些事情时，所不知道的。换句话说，一个智慧的人是看重当下的人，因为当下总是我尚不知道的"第一次"，它不是重复。关键的问题并不在于它事实上是重复的（例如夜与昼轮转），而在于它们在我心里仿佛是不重复的。正是这个"仿佛"把人的态度与动物态度（智能机器的态度）区别开来。这个"仿佛"就是人的性灵，它使得人会有千姿百态的笑，而动物的实事求是态度，却是永远做出重复的姿态或者表情。

去发明，就是寻找那些意料之外突然到来的念头，它们可能在惯常思维看来不正常、不正经，但凡是形成了习惯的东西，在某种意义下都是压迫我们的暴君，因为"习惯"迟钝了我们感受和接受新鲜事物的能力。

去经验就是去发明。就是说，我们早上起来，就当作自己对于就要去做的事情之细节，还处于一无所知的状态。尽管这种"当作"没有实事求是，因为事实上我们每天做什么大致都是重复的，我们清楚地知道自己要去做什么，但是，这态度与"我们就当作自己对就要去做的事情之细节还一无所知"的态度之间，有着微妙而本质的差异：我们知道但是就当"不知道"，就像数学中的"0"虽然是零但绝不是纯粹的一无所有。这种好像的"一无所有"状态，就是几乎能成就我们一切的精神状态：它是乐观的、有自信的、勇敢的、独立自主的，它能创造奇迹，因为我们没有受到已经发生过的消极事情的影响，我们正在改变自身过去的形象。在这个过程中，发明相当于"虚构"。我们在"我们已经知道但是就当成不知道"的基础上虚构，因为尽管惯例告诉我们生活是重复的，但事实却是：生活和心思一样是不连续的，会被突发的东西打断，从而任何事情都无法按照原来所设想的样子进行到底，它们最终的样子不过是生活中各种合力的效果。但是，在这个过程中，人不是无能为力的，人可以随时做出即时选择——自由的快速反应能力,去虚构。在这个意义上,"没有自欺的自欺"保证了我们的乐观态度。

因此,对重要的判断要再思考一次,它是值得批评的却正是因为它是对的,例如"不要哭,不要笑,要去理解",因为虽然生活的物质内容(包括物理时间)是在哭哭笑笑过程中被打发掉的,但是只有在伴随理解的情况下,哭和笑才是深刻的、才是属于人类的。理解揭露了哭与笑背后的意味,哲学家的价值在于能写出这些意味,而普通人想不到这些意味。只有当哲学家写出来时,他们才恍然大悟。同样,对于"害怕"和"同情",也要再思考一次。第二次思考发生了性质改变,当我们害怕("害怕"也可以用"感到活着没有意思"代替)却缺乏具体的害怕对象、缺少害怕的原因,自己就开始感到恐惧和不好意思了,就处于复杂的无法与人家说清楚的心理状态,就在无意中闯入了哲学—艺术—宗教领域,它表明人性需要这三个领域的维度。普通人难以开心,就在于不懂得开发自己在这三个维度方向上的精神潜力。这些"不懂得"使人的心胸狭窄,总觉得别人是在算计自己,其实却是自己总在算计别人。在一个相互算计的社会里,没有人是真正幸福的。但是,哲学家说:幸福是私下的、是一种完全可以不依赖他人而自主开发出来的一种心情的能力。

人们的烦恼,大都发生在对大大小小的事情做预判、去推测。所谓"人无远虑必有近忧"只说对了一半,我说说为什么它有一半不对:因为甚至没有人会准确知道明天会发生什么,在这种情况下你叫人们怎么"远虑"呢?但事实上人们仍旧在远虑,并且免不了随之滋生事先的担忧与快乐。那么好了,我们当下的时间,都被预判或者推测、对前景的担忧和"预付的快乐"占据了,没有比这种状态更属于有神经病的了,而且在此情形下我们无聊而不快乐地打发着非常宝贵的当下时间,我们本来可以利用这些时间享受自己当下的发明创造。一切选择都是当下的选择,不要在现在,就对我们尚不知道的将来做出失望或者快乐的选择,它们是假失望或假快乐,因为它们根本就不会按照我们现在所设想的样子实现。

人们太习惯于顽固不化的"应该",就像一个在"听话"教育下被管束的孩子,对于自由怀有天然的恐惧,不会打发属于自己的时间。我们做事情不要认为没有回报或者别人不认可就白做了,我们做事情的唯一价值,在于现在我有兴趣做这个事情,但这个事情做完之后,我无法对它的效果负责，就像我管不了读者对我的书有什么看法。因此，我现在觉得好或者不好，就是唯一我能真实把握的东西。

要尽量回避自己没兴趣的一切，把无趣而不得不花费的时间压缩到最小。在回避和压缩不了的情形下，自己的态度还是可以自由选择的。你透过牢房的铁窗看见的夜晚明月，和国王坐在宫殿里所看见的是同一个月亮，而且你此刻比国王还快乐，因为你是诗人而国王不是。这个例子说明，自身拥有的东西远比外部赐予的东西更为重要。

但是，任何伟大的判断，最多只是说对了一半，尽管王尔德尖锐而明智地说过受他人影响是不道德的，但来自智者的影响会鼓舞我提升我，这绝对是真的。尼采说："康德赐予我们的最宝贵礼物，就是启发我们这样问自己：我们是否是这样的人——在相信道德的事情是不可思议的时候，感到很幸福，而且在这种情况下能有兴致地获得关于道德的知识。"① 简单说，尼采是说康德赐予我们的是悖谬本身，它不属于我们知道的领域，不知道但又有浓厚的兴致，使我们感到幸福的，正是这样的兴致状态。这种灵感状态来自"自在之物"的领域，那里才有真正的形而上学，形而上学根本就不可能作为一种认识论或者知识论意义上的科学。这就使康德的伦理学与孔夫子的《论语》区别开来，后者谈论的是可理解之事，前者认为吸引我们的是不能被理解的东西、不具有理解的可能性的东西——但古老的中华文明自发地具有这种东西，它不存在于儒学的道德说教之中，我想到的是书法艺术中的"狂草"。康德把自由放在自在之物这个不可命名的领域，而叔本华读出来这个领域里有人之作为人的神秘本能，那些我们管不住自己却让我们畅快无比的一切——这是荒谬的，它根本就不实事求是但却无比实事求是：我们正在畅快着。

人类表面上敬畏神，其实是敬畏能创造一切但自身却不属于这一切的"东西"，这东西也就是最自由任性的力量，它在创造的同时也在破坏，它既是善良的又是邪恶的，它是人类对自身本性模拟或者想象的产物，属于超越人的力量、它实现"不可能"的事情：例如神是不怕死的，而凡是人都怕死，于是人设想真有不死的"人"，只不过把这个人叫作"神"而已。

---

① Nietzsche, *Daybreak: Thought on the prejudices of morality*, Cambridge University Press, 1997, p. 91.

遇到不可思议的事情的时候，第一个感觉不是继续迷惑不解，而是感到很幸福——虽然我这个感慨来自尼采上面一句话的影响，但为什么他这句话能影响我？是因为我心里早就有底稿、有心理准备，只是没有被挑明，这就是阅读哲学经典的重要性，当你发现这些著名哲学家与自己想到一块时，就会觉得自己也很厉害，无形中就有了继续写下去的勇气和自信，而自信是能够创造奇迹的，在事情真正开始做之前，千万别认为自己不行！这句话现在就是我的信仰，我爱它！我自己的座右铭是：对于重要的东西要再思考一遍，如果同时遇到两个重要的东西，就配对思考！配对：女人对男人说："太不可思议了！你竟然做到了！"男人答道："在事情真正开始做之前，千万别认为自己不行！"恋情就这样悄然发生了！这是道德的。

继续恋爱：原来人们盼望发生奇迹，但多数人自认为自己很理性，只相信心目中的因果关系，却不相信例外，但奇迹就是发生了例外啊！如果没有例外或者偶然性，生活将变得索然无味、毫不深刻，而且更重要的是，这世界上真正的爱情就不复存在了啊！人类心目中，只有死亡配得上爱情的地位！有人会和我争辩说，匈牙利诗人裴多菲不是这样看的，有诗为证："生命诚可贵，爱情价更高，若为自由故，两者皆可抛！"但是，其实很多人没有读懂，因而不懂得倘若离开对于死亡和爱情的思考，"自由"就只剩下光秃秃的两个字了，自由就丧失了最为真实的内容。我不能回答你什么是自由，而只能如实描述：我在遇到不可思议的事情的时候，感到很幸福——这就是我所理解的自由。就像爱情只发生在某个具体的人身上，自由只是对某个生动具体且偶然情境的描述，如此而已。

例如，如果厌倦了，我就干点别的，这就是自由——当然，这属于自由的低谷，因为它一点儿也不"不可思议"，但我也可以想的稍微复杂一点：不可思议的是你竟然一点也不可思议，翻译了《莎士比亚全集》的大翻译家朱生豪这样写给自己的爱人："醒来觉得甚是爱你！这两天我很快活，而且骄傲。你这人，有点太不可怕。尤其是，一点也不莫名其妙。"最后一句，画龙点睛，等值于不可思议。你为什么一点也不莫名其妙呢？我想要莫名其妙你却不给我，我对你"一点也不莫名其妙"感到莫名其妙，于是"这两天我很快活，而且骄傲"。这不是神经病吗？热恋中的人都犯神经病的，要不怎么"醒来觉得甚是爱你！"是哪天早上醒来？我这么问等于我是个傻子，因为在这里究竟是哪天根本不重要，重要的是"醒来"，这个词用得极妙，只要还活着，就还将有无数次的醒来，才华总是遥相呼应的，普鲁斯特《追忆似水年华》第一卷第一句就是"在很长一段时期里，我都是早早就躺下了。"这句话平淡如水，写得一点也不莫名其妙，这对于在"如何写好文章第一句话"问题上冥思苦想的人，也是一个极好的教训。和"醒来"一样，重要的是描述"早早就躺下了"本身，只有笨蛋才去追问究竟是哪天。不是告诉你了是"在很长一段时期里"吗？它的深刻性在于，重复本身是毫无趣味可言的，美感和意味都在于瞬间从天而降的感受，这瞬间例如"醒来"或"躺下"，这就是描述的真谛，也就是莫名其妙，有无数次的醒来，不同的"醒来"之间可以相互唤醒（联想）。于是，发生在30年前的印象深刻的事情，就像刚才发生的，想起来还会心惊肉跳或者泪流满面。换句话说，真实的生活总是记住了那些差异的事情，也就是不重复或仅此一次的东西，它意味着不平庸，或者叫作不可思议、莫名其妙。

举一反三，在动笔之前，我根本就不知道究竟要写点什么，但是我自信只要给我一点阳光，总能灿烂起来，于是我和读我文字的人一起感受莫名其妙。我抓住一个印象深刻的好词，一定要好好地"吃"它，直到自觉得"吃饱吃好"为止，而且这也不妨碍某天早上醒来或早早躺下的时候，曾经对我发生过作用的"好词"（当然，这里的"词"可以换成任意别的东西：人、事件、经历过的场合等）再次唤醒我，但绝对不是重复，就像莫名其妙虽然和不可思议相似，但我坚信这两个成语的意思之间有微妙的差异。问题并不在于它们是否真有差异，而在于我相信它们之间有差异。我在相信的基础上总能找到根据。这就是说，这个世界上本来什么问题都没有，新问题都是人们凭空创造出来的，至于"凭空"得是否有理，可以忽略不计，因为"理"从来都是人造出来的。我是人，所以我自信我也可以造"理"。

所谓造"理"，来自不满足，人们总是不满足已经被认为是合理的东西，这甚至是"新闻哲学"的第一原理。也就是说，真正的新闻，并不是指惯常总在发生的事情，而是新鲜事儿——它既是用来思考的，但也是被用来娱乐的。在传统上，人们总是将严肃的思考与娱乐分开，但是在21世纪，人们将在娱乐中思考，一切以往的界限，都处于消解过程中，人的天性希望这样：要出点新鲜事，供人们在娱乐中思考。如果有人说，我们处于一个"把任何事儿都不当回事儿"的玩世不恭时代，在我看来这个说法是不对的、肤浅的，因为我此刻想到了笛卡儿和帕斯卡尔：人的伟大在于人会思想！思想是人类最大的尊严！我想补充的是，思想还是人类最大的乐趣。虽然创造性的思想永远只属于少数人，就像列车车厢要跟着火车头的方向走，但我们每个普通人，经过艰苦劳动，都有可能成为这少数人中的一员。

如果"娱乐"这个说法过于平庸，那么可以换成"艺术"。艺术和创造是同义语，思想和乐趣在这两个同义词上会合了。这甚至可以给"娱乐"一词恢复名誉，它不仅是商业性的东西，它首先要成为艺术，震撼到人类的心灵，让人大笑流出眼泪，才具有娱乐价值，进而具有商业价值。在这里，一切领域连接一切领域，就像一切感受可以连接一切感受。任何界限都可以暂时忽略，这样的"暂时"就像入迷一样，只有当我们处于这样的精神状态的时候，我们才真正具有创造能力。我们暂时无视我们已经知道了的东西，我们正陶醉于思想的艺术。

沉醉于思考的艺术，首先要搁置我们已经知道了的"合理性"，执迷于自己幻觉中的渴望，要那些不合理的东西，即使要不到，偷偷地望一眼、动动心眼总是可以的。"这是没有用的"——理性主义者和实用主义者会这样对我说。我回答说，正是由于它是没用的，它才是我想要的，因为它奢侈。那些开豪车住豪宅的人虽然很"低俗"，但符合人性的某种根深蒂固的需求：这多出来的东西（奢侈）是供别人羡慕的，但这毕竟不是这些低俗的阔佬们自身的东西，而是他们的身外之物，因此，我想要的是自身拥有的精神奢侈的能力，我逃避以那些本来就不属于自己的身外之物炫耀自己，因为这炫耀很"低俗"。

尼采是这么说的："你的愿望总是多于你的理性，你的自负（vanity）甚至大于你的愿望。"① 我的自负大于我的愿望？什么意思？无论尼采在这里怎么想，我认为是这样：最高的愿望，比愿望还多的愿望，就是这样的愿望：我肯定能做到不仅别人而且我自己都认为自己做不到的事情！这

---

① Nietzsche, *Daybreak: Thought on the prejudices of morality*, Cambridge University Press, 1997, p. 99.

就赋予"自负"以积极正面的意思,那就是相信自己能创造出奇迹!

所谓思想,就是"非同凡想",于是我大胆想到,像尼采这样的人,数学不可能好,甚至记忆力也不好,他晚年的癫狂可能与记忆力紊乱有关。虽然好的记忆力与数学能力没有直接关系,但两者都对精神有某种负面影响,即总忘不了某种东西(无论是知识还是深刻的印象)的客观效果,就是给精神增加了无形的负担,它妨碍我们对新东西的热情(总是将新东西还原为某种自己已经经历过的旧东西)。这就是为什么成年人总是怀念自己的童年时代,儿时的快乐与痛苦都是纯粹的"第一次"(那痛苦甚至也是有趣的):满心的好奇与热情、分不清大事情与小事情、两小无猜、初生牛犊不怕虎,多好啊!还盼着长大?幼稚啊!小学老师不要过早对孩子讲"寸金难买寸光阴",孩子不可能过早懂这个而且懂了更对孩子不好。那么什么好?比如本页下脚注里的心思。①

热情若是本能唤起的,就有倾心的快感;热情若是概念引起的,就可能会制造人为的仇恨。因为本能的热情总是针对具体的场面和具体的个人,而概念则不恰当地对本来是生动具体的个人进行归类,以至于以偏概全。当法律条文不得不归类时,最重要的就是要尊重个人的权利:千万别给我贴标签,要尊重我的灵魂(信仰)、尊重我的身体。

偶然与必然之间的关系,有点儿像心灵与词语之间的关系。心灵的深邃神圣是语言难以表达的,心灵敏感细腻难以捉摸,忽而这样忽而那样,这些都与偶然性有缘,可是一旦化成词语就等于被贴上了外部的商品标签,化成了某样似乎可以任凭人们搬来搬去的现成的东西,我把这东西叫作"必然"。既然已经是"现成的",就不再陌生与新鲜、不是第一次相遇、不是"发明"。我想要的,是真正的发明创造,"每一种发明都是由

---

① 台湾校园歌曲《童年》:"池塘边的榕树上知了在叫着夏天,操场边的秋千上只有蝴蝶停在上面。黑板上老师的粉笔还在叽叽喳喳写个不停,等待着下课等待着放学等待着游戏的童年。福利社里什么都有就是口袋里没有半毛钱,诸葛四郎和魔鬼党到底谁抢到那支宝剑,隔壁班的那个女孩怎么还没经过我的窗前,嘴里的零食手里的漫画心里初恋的童年,没有人知道为什么太阳总下到山的那一边,没有人能够告诉我山里面有没有住着神仙,多少的日子里总是一个人面对着天空发呆,就这么好奇就这样幻想这么孤单的童年。总要到睡觉前才知道功课只做了一点点,总要到考试以后才知道该念的书都没有念,一寸光阴一寸金老师说过寸金难买寸光阴,一天又一天一年又一年迷迷糊糊的童年,哦一天又一天一年又一年盼望着长大的童年。"我觉得这歌词写得妙,可以与童话《小王子》中的佳句相媲美,故全文抄录之。

机遇产生的,但是绝大多数人与这样的机遇无缘。"① 这里用机遇替换偶然,显得亲切一些。多数人无缘发明创造,并非运气不好,而是抓不住就要到手的机遇。就像某个哲理只有被哲学家一语道破,普通人才恍然大悟。这道理就像发明某个词语,只有第一次被说出来的词语,才是灵魂的活化身。以上的"抓住",就是恰到好处。以上所谓"发明",不是指现实世界真的发生了被发明出来的事情,而是我同时"想"又"促成"这样或者那样的新世界。

不必等事情结束,在事情发生时或者萌芽阶段,就要去选择想与做的方向,因为一切"抓住"都是抓住了瞬间,将这些瞬间连成串,就形成发明创造的思想轨迹。新思想总是以不合时宜(不合当时的道理)的方式被说出来的,它与多数人没想到一块,属于康德说的"思考的胆量"(启蒙的真谛),例如尼采这样说人类的婚姻:"一个人赞成婚姻,首先是因为他还不知道它,其次是由于他已经习惯了婚姻的观念,最后是由于他已经结婚了——然而,这三条理由都不能证明婚姻本身是一件好事情。"②一个像尼采这样终生未婚的人,不仅有资格而且可能比处于婚姻之中的人,更能洞察婚姻观念,这是由于婚姻和一切已经实现了的事情(某些惯例或者"应该")具有相似性。哲学家不可能亲历每样事情,但这绝对不妨碍能洞察其本质。克尔恺郭尔说,人选择结婚或者不结婚,都会后悔。但他没有继续说是否存在着既结婚又没结婚的状态,这状态不符合逻辑,但是他却接触到了人生真实的情形恰恰就是荒谬的或者叫"不逻辑"的、不合时宜的。叔本华说人生的本质就是痛苦或者悲剧,我觉得他还没有想开。加缪关于人生荒谬的说法,是从旁观者角度(即超越自身)说"痛苦",因此比"痛苦学说"更深刻。

不合时宜的想法,例如,我觉得与其说诗意是浪漫,不如说诗意,就是勇敢地写出一大堆大实话,例如尼采曾经说过火辣辣的正午的太阳就是最可怕的光天化日之下。尼采的启迪在于,如实描述心里话,不用任何修饰就具有诗意,因为修饰的效果恰恰由于加入了伪装而显得脱离了内心的真实。诗意就在于,人们通常在公开场合的语言交流过程中由于讲究礼仪

---

① Nietzsche, *Daybreak: Thought on the prejudices of morality*, Cambridge University Press, 1997, p. 167.

② Ibid.

从而不讲心里话，而一个纯粹的（具有孩子气的）人如果在这种场合说出心里话，就因其不合时宜而具有诗意的浪漫了，但是它们不是经过修饰的假话而是货真价实的真话。

美是无法表达的，但能被我们的心灵"看见"，前提是心灵足够机敏，否则会视而不见、熟视无睹。例如一块毫不起眼的石头从山坡上滚落下来，停到了同样不起眼的某个地方。如果这块石头有思考能力的话，它停在那地方是由于那里不起眼从而更适于独处吗？我觉得虽然这个念头没什么用但是却很美——自由意志会制造美，即使是来自一块石头的自由意志。举一反三，一个自作多情的人也是美的，不应该被嘲笑。就像彩色照片更贴近真实世界（五颜六色的、光怪陆离的），而比黑白照片（只有黑白两种颜色，就像"这树叶是绿的"但它不过是印刷在书籍上的白纸黑字）更美。语言作为表达心灵的工具天然就是不称职的，弥补的办法就是代之以上述的诗意"语言"，显得不太像语言的语言、试图使语言成为"彩色照片"的语言。在"看上去很美"和"想起来很美"之间，是共鸣的关系，相互唤醒、不可分离，这就是永远让我们感到快乐的事物本身的模样——要去发现新的享受，靠我们心灵的眼睛，"看见——用新的眼睛。"① 所谓"新的眼睛"就是眼光，能"看见"物理世界里看不见的东西。

"邪恶的人——狄德罗喊道：'只有孤独的人是邪恶的'，卢梭立刻感到自己在道德②上被狄德罗冒犯了，狄德罗那话是冲着自己来的。"③ 孤独

---

① Nietzsche, *Daybreak*: *Thought on the prejudices of morality*, Cambridge University Press, 1997, p. 185.

② 虽然卢梭强调人生而平等，但同时也强调每个人的"唯一性"，也许尼采看到了卢梭在这里的自相矛盾，他想纠正卢梭。在尼采看来，人不是生而平等，而是生而不平等的。站在20世纪哲学的评价角度，尼采同意一种绝对差异的哲学。体现在道德领域，例如，尼采批评穆勒类似儒家"己所不欲，勿施于人"的立场。尼采问道：对一个人说来是正当的事情，对于另外一个人也同样正当吗？你不愿意旁人对你做的事，他也不要对旁人做？尼采认为这是一种非常平庸的观点：这种原则乐于把人与人的全部交道，建立在相互效劳上，于是每一件行动仿佛都成了对于给我们所做的事情的现钱报酬，其中的假设卑鄙到了极点：认为我的行动与你的行动之间，在价值上有某种相当是理所当然的。尼采反对道德上的功利主义，认为美德不是有利可图的东西，也不是让人谨慎、怜悯，因此美德只属于少数精神贵族。我的补充是：后者属于真正有能力享受孤独的人，尤其是属于那些使这种享受与思想创造合为一体的人。

③ Nietzsche, *Daybreak*: *Thought on the prejudices of morality*, Cambridge University Press, 1997, p. 203.

属于伦理学的话题,与灵魂的天性有关,甚至形而上学的最高问题,它不是科学与知识论所能解决的问题。可惜当康德称卢梭是道德领域里的牛顿的时候,忽略了对孤独本身的研究。孤独不属于普通心理学,而属于元心理学或者哲学心理学,这里隐藏着全部道德—宗教的秘密:没有接触的接触,新的眼光,能洞察他人而永远不可能被他人所理解。总之,孤独感就是与自己的灵魂直接相撞。不要将孤独与无助联系起来,那会遮盖住自己的灵魂,从而什么都看不清:"一个人为什么看不见东西呢?因为他自己站在路中央,他遮住了事物。"[1] 因此,孤独也不是返回"我"。无我的孤独——有一颗"大心脏"。孤独——内直觉,也就是亲自性。谁知道我处于心满意足状态呢?谁也不知道,除了我自己,但此时此刻却是无我的,这很荒谬。是的,孤独确实是荒谬的,孤独所拥有的精神财富,就在于它不可理喻。它能有不可理喻的微笑,就像超越了因果关系的高兴,没有原因的高兴——最高级的高兴。

---

[1] Nietzsche, *Daybreak*: *Thought on the prejudices of morality*, Cambridge University Press, 1997, p. 187.

主要参考书目

中文：

1. ［丹］克尔恺郭尔著：《哲学片段》，王齐译，中国社会科学出版社 2013 年版。

2. ［德］安东尼娅·格鲁嫩贝格著：《阿伦特与海德格尔——爱和思的故事》，陈春文译，商务印书馆 2010 年版。

3. ［德］恩斯特·卡西勒著：《卢梭问题》，［美］彼得·盖伊编，王春华译，译林出版社 2009 年版。

4. ［德］尼采著：《查拉图斯特拉如是说》，黄明嘉译，漓江出版社 2000 年版。

5. ［德］叔本华著：《作为意志与表象的世界》，石冲白译，杨一之校，商务印书馆 1982 年版。

6. ［俄］阿·古雷加、伊·安德烈耶娃著：《他们发现了我——叔本华传》，冯申译，人民出版社 2007 年版。

7. ［法］部莱兹·帕斯卡尔著：《思想录》，钱培鑫译，译林出版社 2010 年版。

8. ［法］拉罗什福科著：《道德箴言录》，何怀宏译，生活·读书·新知三联书店 1987 年版。

9. ［法］兰波著：《彩画集》扉页，王道乾译，上海译文出版社 2012 年版。

10. ［法］勒·克莱齐奥著，许钧译：《诉讼笔录》，许钧译，安徽文艺出版社 1992 年版。

11. ［法］卢梭著：《忏悔录》，焦文逸译，北京燕山出版社 2000 年版。

12. ［法］卢梭著：《漫步遐想录》，徐继曾译，人民文学出版社 1987 年版。

13. ［法］洛特雷阿蒙著：《马尔多罗之歌》，车槿山译，上海人民出版社 2008 年版。

14. ［法］让·雅克·卢梭著：《爱弥儿》，李士章译，内蒙古人民出版社 2002 年版。

15. ［加］莎蒂亚·德鲁里著：《亚历山大·科耶夫：后现代政治的根源》，许钧译，新星出版社 2007 年版。

16. ［美］尼尔·波兹曼著：《娱乐至死》，章艳、吴燕莛译，广西师范大学出版社 2009 年版。

17. ［美］欧文·亚龙著：《叔本华的治疗》，易之新译，希望出版社 2008 年版。

18. ［美］欧文·亚隆著：《当尼采哭泣》，侯维之译，机械工业出版社 2014 年版。

19. ［美］沃尔特·艾萨克森著：《史蒂夫·乔布斯传》，管延圻等译，中信出版社 2011 年版。

20. ［英］阿道斯·伦纳德·赫胥黎著：《美妙的新世界》，孙法理译，译林出版社 2008 年版。

21. ［英］阿瑟·I. 米勒著：《爱因斯坦·毕加索——空间、时间和动人心魄之美》，方在庆、伍梅红译，关洪校，上海世纪出版集团、上海科技教育出版社 2006 年版。

22. 《纪德文集》（散文卷），李玉民、罗国林等译，花城出版社 2002 年版。

23. 《蒙田随笔全集》上卷，潘丽珍、王论跃、丁步洲译，译林出版社 1996 年版。

24. 《萨特精选集》，沈志明编选，北京燕山出版社 2005 年版。

25. 胡兰成：《禅是一枝花》，上海社会科学院出版社 2004 年版。

26. 柳鸣九主编：《未来主义、超现实主义、魔幻现实主义》，1987 年版。

27. 钱锺书：《谈艺录》，中华书局 1999 年版。

28. 塞万提斯著：《堂吉诃德》，焦卫国、李福军译，台海出版社 2000

年版。

外文：

1. Arthur Schopenhauer, *The world as will and idea*, Liaoning People's Publishing House, China, 2016.

2. Arthur Schopenhauer, *The Essays of Arthur Schopenhauer*, ［德］叔本华著, ［德］桑德斯译, 世界图书出版公司2011年版（该书是国内出版社影印叔本华德文原著的英译本）。

3. Friedrich Nietzsche, *Human, All Too Human*, Translated by Marion Faber, University of Nebraska Press.

4. Friedrich Nietzsche, *The Gay Science*, Translate by Walter Kaufmann, Vintage Books Edition, 1974.

5. Satre, *L'être et le néant*, Gallimard, 1943.

6. Martin Heidegger, *Nietzsche, volume I: the will to power as art*, Trans by D F krell, Harper San Francisco, 1991.

7. Le Clézio, *L'extase matérielle*, Gallimard, 1967.

8. Friedrich Nietasche, *Untimely Meditations*, Cambridge University Press, 1997.

9. Le Clézio, *Terra amata*, Gallimard, 1967.

10. Friedrich Nietzsche, *Daybreak: Thought on the prejudices of morality*, Cambridge University Press, 1997.

11. Jaques Derrida, *Eperons, Les styles de Nietzsche*, Flammarion, 1978.

12. Jaques Derrida, *Marges de la philosophie*, Mimuit, 1972.

13. Kierkegaard, *La répétition*, Payot, 2003.

14. Bergson, *La pensée et le mouvant*, Presses Universitaires de France, 2013.

15. Gilles Deleuze, *Différence et répétition*, Presses Universitaires de France, 2014.

16. Augustine. *The confessions*, Everyman's Library, 2001.

17. Kant, *Critique de la raison pure*, GF – Flammarion, 2006.

18. Georges Bataille, *L'expérience intérieure*, Gallimard, 1943 et 1954.

19. Bachelard, *La poétique de l'espace*, Presses Universitaires de France, 2012.

20. Roland Barthes, *Le plaisir du texte*, Seuil, 1973.

21. John D. Caputo, *Radical hermeneutics*, Indiana University Press, 1987.